本书得到"中央高校基本科研业务费专项资金"资助

(this book supported by "the Fundamental Research
Funds for the Central Universities")

上市公司法治论

SHANGSHI
GONGSI FAZHI LUN

李东方◎著

中国政法大学出版社

2025·北京

图书在版编目（CIP）数据

上市公司法治论 / 李东方著. -- 北京 ：中国政法
大学出版社，2025. 1. -- ISBN 978-7-5764-1901-6

Ⅰ. D912.290.4

中国国家版本馆 CIP 数据核字第 202528C5B2 号

出　版　者	中国政法大学出版社
地　　　址	北京市海淀区西土城路 25 号
邮　　　箱	fadapress@163.com
网　　　址	http://www.cuplpress.com (网络实名：中国政法大学出版社)
电　　　话	010-58908524(第六编辑部) 58908334(邮购部)
承　　　印	保定市中画美凯印刷有限公司
开　　　本	720mm×960mm　1/16
印　　　张	46.5
字　　　数	780 千字
版　　　次	2025 年 1 月第 1 版
印　　　次	2025 年 1 月第 1 次印刷
定　　　价	129.00 元

前　言

拙作《上市公司监管法论》11 年前在中国政法大学出版社出版，中国证券市场经过 11 年的发展，立法机构制定了诸多新的上市公司法律制度，尤其是 2019 年新修订的《证券法》[1]确立了许多新制度，特别是其中以证券发行注册制为中心的一系列新制度的确立。这些新制度基本上都是针对上市公司法治化的新制度。另外，2020 年通过的《民法典》对公司法人（营利法人）主体及其相关民事权利和民事法律行为都作了重要规范。而 2023 年新修订的《公司法》对包括上市公司在内的公司法人治理结构及其他相关问题作了重要修订。经过 10 多年的深入思考，本人对上市公司监管在理论上又有了许多新的认识和思考。有必要在原书的基础上写一本《上市公司监管法论》的升级版《上市公司法治论》。对此升级版有两个方面的考虑：

第一，上市公司监管是一种法治监管，而非人治监管，更非运动式监管。法治监管让所有市场主体具有稳定的预期；人治监管或者运动式监管，往往让市场主体心无定力，而且容易造成权力"寻租"，腐败丛生。上市公司监管法本质上是对上市公司内外部治理的法治化，通观本书所论"监管"，均为法治的监管。所谓法治，就是指政府在一切行动

---

〔1〕 为行文方便，本书中提及的我国法律规范文件均省略"中华人民共和国"字样，如《中华人民共和国证券法》简称为《证券法》。

中都受到事前规章的约束。这些规章使得个人可以十分肯定地预见到当局在某种情况下，会如何使用它的强制能力，再根据这种预见规划他的个人事务[1]。私权为本，公权为用。坚持私法为体，公法为用，权在法下的"法治"理念。

第二，升级版将上市公司监管法作为《上市公司法治论》的一个有机组成部分，使本书围绕着上市公司，将上市公司监管法、公司法和证券法作为一个法律体系进行法治研究，这样更具理论价值和实践价值。恰巧，《公司法》与《证券法》第二次重大修订分别于 2023 年和 2019 年完成，因此，更有利于本书将《公司法》与《证券法》的各项新制度结合起来研究。例如，在上市公司金融中，股票和债券的发行离不开《证券法》的具体规范，这是《公司法》与《证券法》最需要衔接与协调的地方，二者相辅相成。因此，本书对证券发行注册制的改革以及其他新制度进行了深入的论述，既体现出了立法的最新精神，也反映了学术的最前沿观点。

一本专著的形成，往往是作者长年研究与思考的结果，也往往与作者的学术经历紧密联系，对作者学术经历的了解，会更有利于了解其所著。为此，特将记载了自己早期学术经历的一篇纪念短文"不忘来时路"，收录于本书之后，也算是再次对"改革开放"以来中国第一代五位经济法学先贤的纪念和景仰。五位先贤按照该文出现的先后排名依次是：杨紫烜先生、李昌麒先生、种明钊先生、徐杰先生、刘文华先生。

李东方（字修远，号德元）

于北京–法大

2024 年 6 月 11 日收笔

---

　　[1]　参见［英］弗里德里希·奥古斯特·冯·哈耶克：《通往奴役之路》，王明毅等译，中国社会科学出版社 2013 年版，第 94~107 页。

原版前言

本来公司运行更多强调的是意思自治，公司法对其赋予更多的是授权性规范。但是，作为现代企业形式中最高形式的上市公司，其运行与投资公众的利益或者说与社会公共利益的联系更加紧密，它的一举一动直接影响着证券市场上它的股票价格的变化，甚至影响到整个股票指数的波动。一个上市公司的危机可能引发整个证券市场的危机，进而给一个国家甚至全世界带来金融危机。因而市场经济国家都试图通过法律手段对上市公司进行宽严不一的监管。这也正是本书得以写作的学术前提。

2000 年我作为西南政法大学经济法专业的第一个博士毕业生，在种明钊老师的精心指导下完成了博士学位论文《证券监管法律制度研究》（后经北京大学出版社 2002 年出版）。正是在研究证券监管法律制度的过程中，我认识到上市公司监管法律制度的重要意义和重大学术价值，并决意深入研究。抱着这样的初衷，同年我进入北京大学法学院跟随杨紫烜老师做博士后，经过 2 年对金融证券法的研究，写出博士后出站报告《上市公司监管若干法律问题研究》。按照要求，出站报告只有十来万字，所以篇幅比较小。此后一直想将这篇出站报告深化，进而形成一部学术专著。结果，一是由于自己驽钝，二是由于这对我而言是一个不小的"工程"，直到今天硬是苦苦探索了十几年的时间才形成眼前的这本书。"慢工"的确是慢，"细活"却不敢讲，只能说当年的愿望算是初步完成了。

本书有几个理论前提需要在此说明：

第一，本书是从经济法视角，以经济法的国家干预、实质正义和社会本位等基本理念作为指导思想来考察上市公司监管法的全部内容。因此，书中论及的法律关系主要是以公法为主的监管法律关系，而对上市公司内部和外部纯粹平等主体之间的各类私法关系未作专门论述。但是，本书对于虽然是私法关系，但该类私法关系与公共利益联系紧密，需要政府或者自律监管机构介入的这类法律关系进行了研究。比如，在"上市公司投资者关系管理"（见本书第五章第一节）中，虽然其中的社会关系是上市公司与投资者平等主体之间的"管理"[1]关系，其本质上是一种私法关系，但是这种私法关系，如同经营者与消费者平等主体之间的关系，仍需要纳入属于经济法的消费者权益保护法中进行调整一样，也需要政府或者自律监管机构的介入。相对于强势的上市公司而言，作为"散户"的投资公众，其地位与消费领域的消费者相类似，属于"金融消费者"；当然，投资者中还有实力强大的机构投资者，也是上市公司主动"维护"的对象。但无论是上市公司与相对弱势的金融消费者的私法关系，还是其与相对强势的机构投资者的私法关系，他们都与社会公共利益联系紧密，会直接影响证券市场上的公共秩序，正是从这个角度出发，本书才将其纳入研究的范围。

第二，关于证券监管法和上市公司监管法的关系。这二者是整体与部分的关系，即上市公司监管法属于证券监管法的一部分，是对证券监管法进一步地专业化和精细化。上市公司作为上市公司监管法中的主体，虽然也是公司法的主体，但是，上市公司监管法绝不是一部"小公司法"。这与对正在起草的《上市公司监督管理条例》的认识是一致的，对此，笔者在书中特别指出：现在见诸报端的许多文章都是告诫避免将《上市公司监督管理条例》写成"小公司法"，这种告诫本身是不妥当的。因为正在起草的《上市公司监督管理条例》如果正式出台，它将是一部行政法规，是

---

[1] 这里的"管理"实际上是指上市公司主动"维护"与各类投资者的关系。

证券监管法的一部分，是一部以公法规范为主的上市公司监管规范，属于经济法的领域；而公司法则与之不同，它是以私法规范、任意性规范为主的私法，属于民商法的领域。（见本书第一章第二节关于《上市公司监督管理条例（征求意见稿）》相关问题的讨论）。正是由于上市公司监管法属于证券监管法的一部分，前述拙著《证券监管法律制度研究》一书与本书自然形成联系紧密的姊妹篇。本书算是笔者关于证券监管法系列研究的又一组成部分。

第三，上市公司监管体制与证券监管体制具有一致性。从被监管主体来看，在证券监管体制内，除了对上市公司的监管之外，还包括对证券业的其他全部主体（如证券公司、证券服务机构等）的监管，因而其范围更宽。从监管主体来看，包括政府监管机构和自律监管机构，政府监管机构，如中国证券监督管理委员会（以下简称：中国证监会），实施对全国证券业的监管，这与上市公司的监管主体完全一致。但是，不同的自律监管机构其侧重点有所不同，比如上市公司协会实施对全国上市公司的自律监管，而证券交易所、证券业协会等只实施对上市公司部分行为的自律监管。可见，上市公司监管体制与证券监管体制具有一致性、重叠性，因此，在本书的论述中，笔者未将二者进行明确区分，只是在涉及被监管主体时，将论述的重点放在了上市公司上面。

第四，本书所论述的上市公司监管法始终包含政府监管法和自律监管法两个部分，前者具有国家公法性，后者具有社会公法性。社会公法是笔者将其与国家公法和私法相对应的一种提法，这个概念产生的必要性在于，社会公法既不同于体现国家意志的国家公法，也不同于体现私人意思自治的私法，它是介于国家公法和私法之间的这种中间性质的、由自律监管机构行使的、具有相当强制力的社会自律监管权，为现实社会所必需且现实存在着。因而，用社会公法来表明其性质更为准确。本书强调的是，证券自律监管机构行使监管权的社会公法性。比如，上市公司退市监管（见本书第十三章），由于其主要是自律监管机构（证券交易所）的监管，因而其监管法的公法性就主要是社会公法性。

本书共四篇十五章。第一篇，上市公司监管法总论，共五章，主要包括上市公司监管的基础理论、上市公司与证券市场监管体制、上市公司信息公开制度、上市公司危机监管、上市公司投资者关系管理与上市公司社会责任。

第二篇，上市公司法人治理监管，共四章，主要包括上市公司法人治理监管总论、上市公司股东权的行使与保护、上市公司董事（会）制度特别问题研究、上市公司监事（会）制度研究。

第三篇，上市公司证券发行与交易监管，共四章，主要包括上市公司证券发行与上市监管、上市公司收购监管、上市公司股权分置改革研究、上市公司退市监管法律制度。

第四篇，法律责任，共两章，主要包括上市公司监管法律责任、上市公司股票禁止性交易行为及其法律责任研究。

由于个人水平有限，无论自己多么勤勉，想必书中的不足甚至错误在所难免，敬请各位同行不吝赐教，欢迎各位读者批评指正。

李东方（字修远，号德元）

于法大

2013 年 2 月 11 日收笔

目 录

第二篇　上市公司法人治理法治化

第四篇　上市公司法律责任法治论

第一篇

上市公司法治总论

第一章

上市公司法治的基础理论

如果说公司是最重要的现代企业形式，那么上市公司则是现代企业形式中的最高形式。[1]本来公司运行更多强调的是意思自治，公司法对其赋予更多的是授权性规范。但是由于上市公司的运行与投资公众的利益或者说与社会的公共利益更加紧密，因此，上市公司在各国都受到宽严不一的监管。必须强调的是，这种监管不是抑制上市公司及其相关主体的权利，恰恰相反，监管的终极目的是彰显各类主体的权利。这正是法治的根本目的，也正是在这个意义上，本书更名为"上市公司法治论"，以时时彰显监管的目的性。

依照历史发展的逻辑，首先是产生公司、上市公司和证券市场，然后才产生上市公司的监管行为。对上市公司的监管必须是审慎监管，必须依赖于公司法、证券法和上市公司监管法。因此，要深入研究上市公司的法治化，应当首先研究公司、上市公司和证券市场。

第一节　公司、上市公司和证券市场

一、公司

（一）公司的界定及其分类

1. 大陆法系国家对公司的界定及其分类。由于法律体系及立法习惯的不同，各国对公司内涵的界定和分类也各不相同。即使是在同一国家或地区，随着社会经济生活的变化和公司法的发展，公司的概念和分类也会随之发生变化。

---

〔1〕 上市公司是一种公司形式，但就公司形态而言，上市公司属于股份有限公司，是指其股票在证券交易所上市交易的股份有限公司，因而不是一种能够脱离股份有限公司而独立存在的公司形态，详见本书第一章第一节有关"上市公司"的论述。

大陆法系对于公司的界定，一般来说是指依法设立的以营利为目的的企业法人。在大陆法系国家和地区，公司立法中通常都会明确规定公司的定义，例如，《日本商法典》第 52 条就规定："本法所谓公司，指以经营商行为为目的而设立的社团"，"依本法规定设立的以营利为目的的社团，虽不以经营商行为为业者，亦视为公司"。该法第 54 条还规定"公司为法人"。[1]再如，我国台湾地区"公司法"第 1 条规定："本法所称公司，谓以营利为目的依照公司法组织、登记成立之社团法人。"[2]

当然，在大陆法系中，也有一些国家的立法并不就公司作统一定义，而是对各类不同的公司分别定义。例如，《意大利民法典》就分别对无限公司、普通两合公司、股份公司、股份两合公司、有限责任公司等作出了明确界定。还有一些国家的立法，既未对公司下统一定义，也未对各类不同的公司分别定义，而只是规定各类公司设立的目的、性质，但从中能够概括出各类公司的定义。例如，《德国股份法》在这方面就比较典型。

大陆法系对公司法的分类，如果以公司的信用基础为标准，可以将公司分为人合公司、资合公司与人合兼资合公司。

人合公司，是指以其成员即股东个人的信用为信用基础的公司。外界对公司的信赖，非产生于公司资产，而是产生于股东个人的信用、声誉、地位等，即所谓"信用在人"。因此，此类公司就股东对公司出资的数额、方式等均无限制，但对股东之间的连带关系、人身信任关系以及股东的退出机制和出资转让等设有严格的限制性要求，并且股东个人对公司债务承担无限连带责任，人合公司的典型形式是无限公司。

资合公司，是指以公司自身的资产为信用基础的公司。外界对公司的信赖，非产生于股东个人，而是产生于公司资产，股东个人对公司债务仅以出资为限承担有限责任，即所谓"信用在物"或"信用在资"。因此，此类公司对股东之间的连带关系、人身信任关系以及股东之间的出资转让和身份转换规制较为宽松，但对于构成公司资本的股东出资、公司资本与资产制度、特定情形下对债权人的特殊保护等方面的规制则较为严格。资合公司的典型

---

〔1〕 吴建斌主编：《日本公司法规范》，法律出版社 2003 年版，第 17 页。

〔2〕 林纪东、郑玉波等编纂：《新编基本六法参照法令判解全书》（修订 23 版），五南图书出版公司 2005 年版，第叁-2 页。

形式是有限责任公司和股份有限公司。

人合兼资合公司，是指兼以股东个人信用和公司自身资产为信用基础的公司。外界对公司的信赖，既产生于股东个人，也产生于公司资产，其中无限责任股东以其个人信用对公司债务承担无限连带责任，有限责任股东以其出资为限对公司债务承担有限责任。人合兼资合公司的典型形式是两合公司和股份两合公司。

2. 英美法系对公司的界定及其分类。英美法系国家不注重对法律概念的严格界定，这与大陆法系国家的法律传统有很大的不同，因而英美法系缺少明确的公司定义。

公司的英文表达方式有两种：一是 Company，二是 Corporation。通常，"Company" 为英国对公司的表达方式，是指一定数量的自然人为了共同目的，往往是以营利为目的进行经营，而结成的社团（Association），也指适合于规模太大以致无法以合伙运作而采用的一种组织形式。

"Corporation" 则为美国对公司的表达方式，根据《布莱克法律辞典》（Black's Law Dictionary），其含义为依据法律授权而注册成立，具有法定组织结构和法人资格的实体。[1]在美国，公司形式分为三类：商事公司（Business Corporation）、非营利公司（Not-for-profit Corporation）和有限责任公司（Limited Liability Company）。为规范这三类公司，各州相应制定了商事公司法（Business Corporation Law）、非营利公司法（Not-for-Profit Corporation Law）和有限责任公司法（Limited Liability Company Law）。其中，商事公司在学理上通常又被分为封闭公司与公众公司。

美国法学会（American Law Institute，ALI）的《公司治理指南》（Principle of Corporation Governance）将封闭公司（Close Corporation/Closely Held Corporation/Private Corporation/Privately Held Corporation）界定为股权证券由少数人拥有并且不存在为这些证券提供活跃的交易市场的公司。此外，美国的一些州也对封闭公司予以专门立法。封闭公司具有下列特点：股东人数较少，一般为30人以下，且股东多亲自参与公司管理；不面向公众发行股票，其股份未注册为公开发行股份；其股票交易不存在公开的外部市场，股份转让受到限制。

---

〔1〕　See Henry Campell Black ed. , *Black's Law Dictionary* (5th ed.), West Publishing Co. , 1979, p. 255.

此类公司，所有权与经营权相互之间联系较为紧密，政府对其干预较少，赋予其公司治理更大的灵活性。与之相对，封闭公司之外的商事公司即为公众公司（Public Corporation/Publicly Held Corporation），其特点为：股东人数众多，且多数股东不参与公司管理，对公司管理持不同意见的股东可用"以脚投票"（Voting by Foot）的方式出售其股份；其股份公开发行（Public Offering），且须进行登记注册；其股票交易在公开市场（Open Market）上进行，如证券交易所或"柜台市场"（Over-the-Counter Market）。

在英国，以是否注册为标准，可以将公司分为注册公司与非注册公司。注册公司（Registered Company），是指依照1948年的《公司法》（The Company Act of 1948）登记注册成立的公司，是英国最为普遍和重要的公司形式。非注册公司（Unregistered Company），是指注册公司之外的依照特许令或者特别法而成立的公司，根据具体设立依据的不同，又可以分为"特许公司"（Chartered Company）和"法定公司"（Statutory Company）。所谓"特许令或者特别法"主要包括皇家特许令状、国会特别法案以及某些专门法令等。

以股东人数以及股份能否自由转让为标准，可以将公司分为私人公司与公众公司。这是英国普通法中关于公司的最基本分类。私人公司（Private Company）是指，由具有人数限制的股东共同出资设立且其股份转让受到限制、不对外公开招股并实行封闭式经营的公司。英国1908年的《公司法》对私人公司予以专门界定：成员不超过50人；对股份转让加以限制；禁止向公众发行股份。公众公司（Public Company）是指，股东人数无法定限制，依照法定程序可对外公开招股，且其股票可在公开市场上自由转让的公司。英国1980年的《公司法》（The Company Act of 1980）对公众公司予以专门规范：须在公司组织大纲（Memorandum of Association）中明确规定其为公众公司；须遵守公司法上有关登记注册的要求；须在公司名称中标明"公众公司"字样（Public Limited Company 或者其缩写 PLC）；公司正式营业前须满足法定最低资本限额要求。

3. 我国对公司的界定及其分类。我国《公司法》第2条规定："本法所称公司，是指依照本法在中华人民共和国境内设立的有限责任公司和股份有限公司。"第3条第1款规定："公司是企业法人，有独立的法人财产，享有法人财产权。公司以其全部财产对公司的债务承担责任。"有限责任公司的股东以其认缴的出资额为限对公司承担责任；股份有限公司的股东以其认购的股份为限对公司承担责任。

根据我国《公司法》的上述规定，笔者认为，公司是指依照公司法规定的设立方式，由符合法定人数的股东，以其认缴的出资额或认购的股份为限对公司承担责任，公司以其全部财产对公司债务承担责任的企业法人。

我国《公司法》对公司的法定分类如下：

（1）有限责任公司与股份有限公司。我国《公司法》第2条规定："本法所称公司，是指依照本法在中华人民共和国境内设立的有限责任公司和股份有限公司。"根据这一规定可知，我国《公司法》对公司的法定分类为：有限责任公司和股份有限公司，未承认无限责任公司和两合公司。

根据我国《公司法》的相关规定，有限责任公司是指由50个以下股东出资设立，每个股东以其所认缴的出资额为限对公司债务承担责任，公司以其全部财产对其债务承担责任的公司。股份有限公司是指由1人以上200个以下的发起人以发起设立或募集设立的方式设立，其全部资本划分为若干等额股份，股东以其认购的股份为限对公司债务承担责任，公司以其全部财产对其债务承担责任的公司。

（2）一人有限责任公司（One-person Companies with Limited Liability）。一人有限责任公司，是指只有一个自然人股东或者一个法人股东的有限责任公司。

一人有限责任公司，在本质上虽仍属有限责任公司的范畴，与普通有限责任公司具有共通之处，但因其股东仅为一人，对公司的社团性予以了突破，故其在股东出资、设立、组织机构以及责任承担等方面存有诸多特殊性规定。我国旧《公司法》在第二章专设一节进行了特别规定，新《公司法》删除了一人有限公司的专节规定，保留的相关规定将其纳入到普通有限公司的规范之中[1]。

（3）国有独资公司（Wholly Stated-owned Companies）。除上述一人有限责任公司外，我国《公司法》中还规定有另一种特殊形态的有限责任公司——国有独资公司。根据我国旧《公司法》第64条的规定，国有独资公司，是指国家单独出资、由国务院或者地方人民政府委托本级人民政府国有资产监督管理机构履行出资人职责的有限责任公司。按此界定，国有独资公司在性质

---

〔1〕　本书所称新旧《公司法》分别指2023年修订后的《公司法》和2018年修订后的《公司法》。未加"新/旧"的《公司法》指我国现行《公司法》。

上仍属有限责任公司，但因其投资主体具有特殊性、单一性，涉及国有股权和法人所有权之间的复杂关系，且其所处行业的垄断性和保值增值的经营目的，使其具有不同于普通有限责任公司的特殊之处。新《公司法》将上述国有独资公司纳入到"国家出资公司"之中，其中第 168 条规定："本法所称国家出资公司，是指国家出资的国有独资公司、国有资本控股公司，包括国家出资的有限责任公司、股份有限公司。"

（4）外国公司的分支机构。严格地说，外国公司的分支机构并不是我国公司法上有关公司的分类，但基于我国《公司法》在第 13 章专门对其加以规范，同时它在社会经济生活中具有日益重要的地位，因而，本书将其作为公司法的法定分类的一种。

根据我国《公司法》第 243 条的规定，外国公司是指依照外国法律在中华人民共和国境外设立的公司。而所谓外国公司的分支机构，是指外国公司依照我国法律规定在我国境内设立的非法人经营性组织。

（二）公司的基本特征

从上述公司的概念我们可知，公司是企业之一种，是从事商业活动的经济组织。对其特征我们作如下概括：

1. 公司以营利为目的。公司营利的目的直接来源于股东，股东设立公司或向公司进行投资，就是为了实现自己的经济利益。不从事营利性的活动，就无法满足股东的投资愿望。公司的营利性是其与生俱来、名正言顺、无须掩饰的本性。就此而言，公司不过是投资者实现投资利益的法律工具。所以，设立公司的宗旨就是通过经营活动获取最大利润（Maximization of Profits）。

2. 公司的社团性。从公司组织形式来看，公司是一种法人组织。传统法人理论将法人区分为社团法人和财团法人。社团法人是指由 2 人以上集合组成的法人，它是以社员的结合作为其成立基础。其成立的目的有的是为了直接谋求全体成员的经济利益，如公司、合作社等。财团法人又称"目的财产"，以一定的目的财产而成立的法人。财团法人的形态是无成员组成，表现为独立的特别财产，因此称为"一定目的的财产的集合体"。[1] 它是以社会捐助的财产作为其成立的基础，故在我国又称为捐助法人。其成立的目的一般是为了社会公益事业，如慈善机构、基金会等。

---

［1］ 龙卫球：《民法总论》，中国法制出版社 2002 年版，第 336 页。

公司是一种社团性质的法人，因而，它的成立必须由若干成员发起设立。然而，随着一人公司的地位逐渐为许多国家的法律所承认，有些学者认为，公司已逐渐失去其社团性特征。因此，在一些公司法的著述中否认公司的社团性特征。不过大多数学者依然认为，无论是从公司的本质上看，还是从各国公司法的规定来看，公司都应当是一种社团或团体，这是公司与独资企业的根本区别之一。忽视了公司的社团性或团体性特征，就很容易把公司与独资企业混同起来，从而也就失去了公司企业组织形态存在的必要性。我国修订后的公司法基于鼓励投资创业、促进公司设立和发展的立法目标，尊重现实生活中一人公司在我国大量存在的客观事实，并顺应各国先后承认一人公司的国际潮流，也同样承认了一人有限责任公司，并专列一节对其作了特别规定。一人公司只不过是公司的一种特殊形态，这并不能否认以社团性为常态的公司特征。

3. 公司具有法人性。法人，是指具有民事权利能力和民事行为能力，依法独立享有民事权利和承担民事义务的组织。在学理上，法人可以分为公法人和私法人、社团法人和财团法人、商法人和公益法人等。而我国立法机关根据中国的实际情况，将法人分为国家机关法人、事业单位法人、社会团体法人、企业法人四大类。公司即属于其中的企业法人。公司的法人性具体表现如下：①公司有独立的财产；②公司有独立的组织机构；③公司独立承担民事责任。

二、上市公司

（一）上市公司的性质

在上述对公司分类的论述中，笔者并未将上市公司作为公司的一种类别或形态。然而，在我国，不论新旧《公司法》均将上市公司单列一节进行规定。也有的教科书将"上市公司与非上市公司"与"股份有限公司与有限责任公司"并列作为一种公司形态[1]。毫无疑问，上市公司是一种公司形式，但就公司形态而言，上市公司属于股份有限公司，是指其股票在证券交易所上市交易的股份有限公司[2]。在各国公司法中，并无将上市公司和非上市公

---

〔1〕　周友苏：《新公司法论》，法律出版社2006年版，第25、31页。
〔2〕　《公司法》第134条规定，本法所称上市公司，是指其股票在证券交易所上市交易的股份有限公司。

司规定为基本法律形态的立法先例。尽管英美法系中有公众公司与封闭公司（或私人公司）之分，大陆法系有股份有限公司和有限责任公司之分，但是绝不能简单地将前后二者分别等同于上市公司和非上市公司。上市公司和非上市公司实际上是证券法上的概念，其区分的标准是公司的股份是否向社会公众公开发行以及发行后的股份是否可以在证券交易所上市交易。公开发行并不一定与证券交易所必然发生联系。实际上，证券交易所内的证券交易并不涉及股份有限公司最初进行的股份公开发行。而已经公开发行的股份的交易和转让，也不一定都在证券交易所内进行。在非上市公司中，既有有限责任公司，也有股份有限公司，把有限责任公司等同于非上市公司与把股份有限公司等同于上市公司都是不成立的。因此，就公司形态而言，上市公司属于股份有限公司，它不是一种能够脱离股份有限公司而独立存在的公司形态。

在证券法上，股份有限公司可以有上市公司与非上市公司之分，如果把上市公司与非上市公司的概念引入公司形态之中，就势必将上市公司的法律规范置于公司法之中，这又必然导致在立法上造成公司法与证券交易法混淆不清的问题。正是因为意识到我国1993年《公司法》已经发生的这一问题，我国立法机关在2005年《公司法》与《证券法》同时修订的过程中，将1993年《公司法》中"上市公司"一节中的若干本该属于证券法调整的内容归还到《证券法》之中，而只在2005年《公司法》中规定"上市公司组织机构的特别规定"。应当说，这是我国公司法立法与证券立法相互衔接与协调的一次有益尝试。

由此亦可见，上市公司运行的法律规范主要是证券法律规范。由于它的股份有限公司属性，其组织形式又必然受到公司法的规范。

正因为如此，本书也主要是从证券法的角度来论述对上市公司的监管。

（二）上市公司的特征

作为股份有限公司的上市公司与一般股份有限公司相比，具有如下特征：

1. 上市公司是股票已经向社会公开发行并在证券交易所上市交易的股份有限公司。

（1）股票公开发行是股份有限公司成为上市公司的前提。按照《公司法》第91条和《证券法》第9条的规定，股份有限公司公开发行股份分为向不特定对象和向特定对象公开发行股份两种情形[1]。前者可称之为"向社会公开募集股份"，简称"公募"，后者可称之为"向特定对象募集股份"，简称"定向募集"。"公募公司"（亦可称之为公众公司）和向特定对象发行证券累计超过200人的"定向募集公司"均可成为上市公司。

（2）股票上市交易是股份有限公司成为上市公司的标志。按照《公司法》和《证券法》的规定，股份有限公司通过向社会公开发行股份之后，如果符合上市条件，就可以申请其股票在证券交易所上市交易。我国《证券法》通过不断修订，对股票上市交易制度进行了不断优化，具体内容如下：

第一，上市申请的优化。旧《证券法》[2]第48条的规定，申请证券上市交易，应当向证券交易所提出申请，由证券交易所依法审核同意，并由双方签订上市协议。由此确立了"证监会管发行、交易所管上市"的股票发行和上市的新制度，克服了1998年《证券法》第43条规定的证券交易所需中国证监会授权方能"核准股票上市申请"。新《证券法》保留了此项制度。

第二，上市交易的优化。旧《证券法》将证券交易方式局限于证券交易所集中竞价交易，实行价格优先、时间优先原则，交易方式过于单一。当时之所以如此，是因为1998年制定《证券法》时，投资者主要是个人投资者，这些投资者的每笔交易不但额度较小，而且交易频繁；而集中竞价这种高度集中统一的交易模式，具有操作简便、高效灵活的优势，能够有效地发挥价格发现功能，有助于保障证券交易的公开性、公平性和公正性，适应了当时投资者的需要。但随着市场的不断发展，越来越多的机构投资者进入证券市场。如果坚持将集中竞价交易作为唯一的交易方式就不合时宜了。因此，旧《证券法》第40条将证券交易方式的规定修改为："证券在证券交易所上市交易，应当采用公开的集中交易方式或者国务院证券监督管理机构批准的其他方式。"因而，除集中竞价方式外，大宗交易、做市商双边报价、协议转让等其他多种交易方式都具有了法律依据。

─────────

[1]　关于募集设立，《公司法》第91条第3款规定，募集设立，是指由发起人认购设立公司时应发行股份的一部分，其余股份向社会公开募集或者向特定对象募集而设立公司。关于公开发行，《证券法》第9条规定，有下列情形之一的，为公开发行：①向不特定对象发行证券；②向特定对象发行证券累计超过200人，但依法实施员工持股计划的员工人数不计算在内；③法律、行政法规规定的其他发行行为。

[2]　本书所称新旧《证券法》分别指2019年修订和2005年修订的《证券法》。未加"新/旧"的《证券法》指我国现行的《证券法》。

（3）公开发行股票和股票上市在法律上本来是两个不同的阶段，法律对公开发行股票和股票上市规定的条件是不相同的。也就是说，公开发行股票之后并不意味着该股票就一定上市，或者说"公募公司（公众公司）"并不等于上市公司。然而，现实中我国目前采取的是股票公开发行和上市联动的制度安排，表现为在公司向社会公开发行股票和股票上市上采取了"直通车"的做法，即中国证监会依法对股份有限公司向社会公众发行股票作出予以注册的决定，[1]其也就等于是同意其股票上市。

在多数国家和地区，证券监管机构主要审查发行条件，上市条件主要由证券交易所等自律机构制定，股份有限公司是否能够上市则由证券交易所按照上市规则进行独立审查。因此，公开发行的证券，未必能够上市。在我国，证券发行条件及上市条件在法律上虽然有所不同，但在实践中经过了中国证监会的注册决定，交易所并无理由驳回发行人的上市申请。也就是说证券监管机构在审查股票发行注册申请的过程中，实际上也就同时完成了对该股票上市条件的审查。尽管新《证券法》与国际接轨，赋予交易所审核股票上市的权力，但基于上述现状证券交易所上市审核的独立性仍显不够。

2. 上市公司以证券市场为依托，是证券业的核心主体。证券市场由证券发行市场（即一级市场）和证券交易市场（即二级市场）两个部分组成。上市公司首先是在一级市场公开发行股票，然后依照法定程序，将其公开发行的股票在二级市场即证券交易所挂牌交易，这就决定了它的存在必须以证券市场为依托。作为现代企业形式中最高形式的上市公司，其主要功能的形成和释放，离不开证券市场。

所谓证券业是指通过证券市场而进行的有价证券的募集、发行、交易以及管理、监督所形成的一种金融行业。[2]如果说西方近代信用制度的建立为证券市场的发展提供了制度前提，那么股份公司的出现和发展则为证券市场提供了现实的物质基础，因为股票和债券始终是证券市场的主要交易对象。股份公司的建立，使股票、债券应运而生，而股票、债券在社会上的发行和流通便产生了证券市场和相应的证券业。[3]在证券业领域除了上市公司和证

---

〔1〕 参见《证券法》第22条。
〔2〕 李东方：《证券监管法论》，北京大学出版社2019年版，第25页。
〔3〕 李东方：《证券监管法论》，北京大学出版社2019年版，第27页。

券交易所外，还有证券公司、各种证券服务的中介机构、广大投资者和政府监管机构等。上述主体主要是围绕着上市公司向社会公开募集股份、股票上市后增发新股和配股、股票的交易、股息红利分配等事项而展开活动，因此，如果没有上市公司这一核心主体的运行和需求，整个证券业的运行将不可想象。

3. 上市公司股东人数众多，公众性强，存在保护中小股东利益的内在需求。作为股票上市的法定必要条件之一，1993 年《公司法》曾于第 152 条规定："持有股票面值达人民币 1000 元以上的股东人数不少于 1000 人"，即所谓"千股千人"。虽然《公司法》在 2005 年修订之后取消了这一规定，但是《证券法》对此亦未作出相应要求。其实，在法律上无论是否作出上述要求，在现实生活中，上市公司股东都会人数众多，动辄上万、甚至以数十万计。这是因为，任何人通过证券市场购买股票都可以成为上市公司的股东。因此，在其股东构成上，一端是人数众多的社会公众，由于股权分散，这些自然人股东多为持股数额较少的中小股东；而另一端则是人数较少的上市公司控股股东。这在上市公司股东的构成上形成强弱两大阵营，弱势一方的合法利益需要法律的特别保护，以实现法律价值的实质公正。实际上，证券法的最终产生乃是源于保护中小股东利益的内在需求。保护投资公众的利益乃是各国证券法的根本宗旨所在。

4. 上市公司是受国家强制程度最强的股份有限公司。国家强制的程度，决定了公司法中任意性规范与强制性规范的比重，在涉及公司的法律体系中对上市公司的国家强制性远远大于一般公司，因而，对上市公司的强制性规范远远多于一般公司。这可以从几个方面体现出来：首先，上市公司既要受《公司法》调整，更要受《证券法》调整，并且其调整规范几乎都具有强制性，其他相关的法律法规对上市公司的规制亦多为强制性规范。如：大股东对中小股东的忠实义务、大股东表决权排除制度、表决权代理行使的劝诱制度、上市公司收购制度、独立董事制度，等等。如果违反了这些规范，就要承担相应的法律责任。其次，我国《刑法》分则第 3 章规定的公司证券方面的犯罪行为，多数都是与上市公司直接相关的。最后，国家证券监管机关对证券业的监管，其最主要的对象就是上市公司。为此，中国证监会针对上市公司先后发布了大量规章，如《上市公司收购管理办法》（2020 修正）、《上市公司章程指引》（2023 修正）、《上市公司信息披露管理办法》（2021 修订）、《上市公司治理准则》（2018 修订）等，目前国务院正在酝酿出台专门规制上市公司的上市公司监督管理条例。

5. 上市公司是信息最公开、最透明的股份有限公司。实践表明，只有那些财务状况良好、有发展潜力的上市公司才能给投资者带来近期或远期的收益，而投资者只有依据上市公司公开的各种信息才能作出是否进行投资的抉择。并且，这些信息对上市公司反映的透明度越高，投资者作出准确判断的可能性就越大。由于公开性的证券市场是形成证券公平价格的基础，而上市公司的信息及时、充分、真实地公开，是使证券市场处于良性公开状态的基本前提。因此，各国证券监管部门均制定严格的上市公司信息披露制度，使上市公司在存续过程中依法将公司有关事项的真实信息以一定方式向社会公众予以公开。信息披露是上市公司必须履行的一项法定义务，正因为如此，上市公司也就成为了信息最公开、最透明的股份有限公司。

6. 公司一旦上市就从"地方队"变成了"国家队"。这是一个形象的比喻，其意思是指公司一旦在证券交易所上市而成为上市公司，就从地方公司变成了全国性公司。因为任何一个公司都是成立于某一个行政区划之内，在上市之前，其股东具有明显的地方性，但是上市之后，证券交易所的股民是全国性的，甚至是国际性的（如 B 股），而且它展示的平台也是全国性的，即天天在全国性的股市信息平台上展示该公司的各类经营信息。

（三）上市公司的制度功能

人类创设上市公司的目的在于发挥其优越的制度功能，较之于一般公司而言，其突出的制度功能主要体现在以下几个方面：

1. 融资功能更强。上市公司是最有利于融通资本的公司形式，这不仅是由于它可以对外公开发行股票和债券，而且由于它的股份金额划分为均等的小份额，买多买少投资者可以自行决定，这就为广泛吸收社会的小额分散资金提供了便利。加之上市公司以证券市场为依托，股票的上市交易使股票具有很强的流通性和变现性，因而成为最受投资者欢迎的投资形式。上市公司不仅可以在其募集设立发行时迅速集资，而且也可以为其日后进行的增资和新股发行创造有利的条件，使其在证券市场上的融资能力得到实质性的增强。可以说，这是一种宝贵的融资载体，所谓的"壳资源"就是指上市公司作为融资的"壳体"是一种稀缺的市场资源，许多公司千方百计地争取上市就是看中了上市公司融资的强大功能。

2. 分散投资风险的功能更强。由于上市公司大量的股东个人所拥有的股份只占公司资本总额的很少一部分，股票又具有很强的流通性和变现性，并且股东仅以其拥有的股份金额对公司承担有限责任，这就十分有利于分散投资者的投资风险。

3. 管理更科学，公司行为的规范性更强。在上市公司中，所有权与经营高度分离。一般投资公众远离公司的生产经营活动，生产和经营的决策及管理活动由以董事会和经理层为中心的专门管理机构进行，一般投资公众只是作为股票的单纯所有者而领取股息和红利或者在证券市场上通过交易而赚取差价。这种职业化的专门管理使上市公司的管理水平更高、更科学。如前文所述，上市公司的行为受到比普通公司更多的强制性规范的约束，在其日常运行中，不仅必须接受证券监管机关和证券交易所的行政管理和市场自律管理，而且因其必须进行信息披露而受到社会公众和广大投资者以及各类新闻媒体的监督和约束。这些因素决定了上市公司行为的规范性更强。

4. 知名度和商誉度更高。较之普通公司，上市公司具有更高的知名度和商誉度，其主要原因有二：

（1）上市公司利益的牵涉面范围广，社会影响力大。在现代经济生活中，证券市场成为社会经济的重要组成部分和经济发展情况的晴雨表。上市公司成为公众密切关注的对象，无论是股票的发行，还是上市交易都受到社会公众密切的关注，证券交易所股票交易的行情更是人们每日关注的经济新闻。

（2）强制信息公开制度，使上市公司的任何重大活动都在公众视野之下，证券法对上市公司的信息披露有严格的规范和要求，并且按照信息披露制度公开的信息还必须在指定的媒体上公布。上市公司由此具有普通公司难以达到的市场认知度或知名度，业绩良好的上市公司会因此而获得更高的商业信誉和更强的市场竞争力。

正如任何事物都有两面性一样，上市公司的制度功能同时也存在局限性或者说存在缺陷，为了克服该缺陷需要政府和自律监管机构公权力[1]的介入，依法实施对上市公司的监管。对此将在下文专门论述。

---

〔1〕　自律监管机构的公权力有别于政府公权力，本书称之为社会公权力，其源自于社会公法，参见本章第二节的相关论述。

三、证券市场[1]

（一）证券市场的特征及其分类

证券市场是股票、公司债券、金融债券、政府债券、外国债券等有价证券及其衍生产品（如期货、期权等）发行和交易的场所，其实质是通过各类证券的发行和交易以募集和融通资金并取得预期利益。

在现代市场经济中，证券市场是完整的市场体系的重要组成部分，它不仅反映和调节货币资金的运动，而且对整个经济的运行具有重要影响。

与一般商品市场相比，证券市场具有以下两大特征：

第一，证券市场的交易对象主要是股票、债券等金融商品，人们购买它们的目的是获得股息、利息和买卖证券的差价收入；而一般商品市场的交易对象则是各种具有不同使用价值的商品，人们购买一般商品的目的是获得其使用价值。

第二，证券市场上的证券价格，其实质是所有权让渡的市场评估，或者说是预期收益的市场货币价格，其决定机制甚为复杂。证券价格不仅受到发行人的资产、盈利能力的影响，而且还受到社会政治、经济乃至投资者心理等多方面因素的影响。因此，证券价格具有波动性和不可预期性，故证券市场的风险较大。而一般商品市场的商品价格，是商品价值的货币表现，商品的价值量取决于生产该商品的社会必要劳动时间，在交易过程中实行的是等价交换原则，波动较小，市场前景具有较大的可预测性，因而一般商品市场的风险较小。

按照不同的标准，可以对证券市场进行不同的分类，最常见的有以下三种：

第一，按照市场的职能，证券市场可以分为证券发行市场和证券交易市场。

第二，按照交易的对象，证券市场可以分为股票市场、债券市场和基金市场。基金市场是基金证券发行和流通的市场，封闭式基金在证券交易所挂牌交易，开放式基金的投资者只能向基金管理公司申购或赎回。

第三，按照组织形式不同，证券市场可以分为场内市场（即集中交易市

---

[1] 参见李东方：《证券监管法律制度研究》，北京大学出版社2002年版，第12～14页。

场）和场外市场。场内市场是由证券交易所开设，以提供有价证券竞价买卖的场所。上市公司之所谓"上市"，即指在此场内交易市场。场外市场则主要指店头市场，亦即柜台市场，它是指非于交易所集中交易买卖，而于证券商之营业处所或其他场所进行交易的市场。

（二）证券市场的作用

证券市场的作用主要表现在以下四个方面：

1. 筹集资金。筹集资金是证券市场的重要作用之一。企业为了实现正常运作和规模扩张，当依靠自身积累和内部集资不能满足资金需要时，从外部筹集资金就成为必然的选择。外部筹集资金主要有两条途径，一是向银行贷款，此为间接融资，银行在企业和投资者中间扮演了中介的角色，投资者将闲置资金转化为银行存款，然后银行再将其作为贷款发放给企业。二是企业依靠证券市场筹集资金，此为直接融资，即企业直接面向广大投资者发行股票和债券来筹集资金。直接融资使企业所筹集到的资金具有高度稳定性和长期性，因为股东一旦入股，就不能要求退股，在企业经营状况不佳时，企业可以减少分红或不分红，从而不增加企业的负担。而且，直接融资还可能使企业的筹资成本降低，各国上市公司所发红利占股价的比重普遍低于银行储蓄利率；并且业绩优良、信誉卓著的公司可以经常在证券市场上配股或发行新的证券筹集新的资金。另外，直接融资使企业面对众多的个人投资者和机构投资者，发行人可以积少成多筹集到巨额资金。证券市场所能达到的筹资规模和速度是企业依靠自身积累和银行贷款无法比拟的。

2. 优化资源配置，调整产业结构。在证券市场的运作过程中，投资者往往抛弃收益率低、缺乏增长潜力的证券，转而购买收益率高和具有增长性的证券。这种趋利行为，使效益好、有发展前景的企业能够获得充足的资金，而业绩差、没有发展前景的企业就得不到资金，从而逐渐被淘汰。就整个产业而言，证券市场的资金也会在选择企业的同时，自发地从夕阳产业涌向朝阳产业，从而推动一个国家的产业结构调整和经济发展。

3. 增强企业活力，健全制约机制。证券市场中的上市公司的资本来自诸多股东，股票又具有流通性和风险性，这就使上市公司处在各方面的监督和影响之中。首先，最具影响力的监督是来自股东的监督，因为股东作为投资者必然关注企业的经营和前途，而且股东还可以通过股东大会选举董事会、董事会决定经理人选、经理具体负责企业日常运转的三级授权关系来实施他们的权力；其次，是来自社会的监督，特别是会计师事务所、律师事务所、证券交易所的监督和制约；最后，是来自股市价格涨跌的制约，企业经营好坏影响股价，股市价格也牵动着企业，经营不善而产生的价格下滑可能导致企业在证券市场上被第三者收购。所有这些制约都将促使上市公司形成健全的内部制约机制，并增强企业活力。

4. 证券市场是政府货币政策的重要依托。第二次世界大战以后，主要资本主义国家的中央银行经常利用证券市场来实施其货币政策，通过证券市场的活动来控制其货币供应量。当生产萧条、资金短缺的时候，中央银行在证券市场购买证券、投放货币，以增加货币供应量，刺激经济发展。当生产过热、投机盛行时，中央银行在证券市场上抛出证券、回笼货币，以减少货币供应量，从而抑制经济的过热发展。中央银行在证券市场上买进或卖出有价证券是其管制信用、调节金融的有效办法。证券市场是货币政策发挥作用的重要基础。

（三）证券市场与证券业的关系

证券通过证券市场而运动（发行、交易）起来，这一运动形成了错综复杂的经济利益关系和法律关系，最终成为商品经济中的一种新兴的行业，即证券业。如前所述，证券业是通过证券市场而进行的有价证券的募集、发行、交易以及管理、监督所形成的一种金融行业。证券的发行、交易以及国家对证券业的监管行为都必须通过证券市场而有机地联系起来，所以，证券市场是证券业不可缺少的核心组成部分，也是衡量一个国家证券业发展程度的重要标志。证券业的发展、成熟和繁荣离不开证券市场，没有了证券市场，证券业也就失去了依托。

证券业是一个经久不衰、充满活力、生机盎然的行业。在市场经济条件下，它可以起到集中社会资金、扩大生产和经营规模、实现社会资源优化配置的作用。同时，由于证券业存在的"双刃性"，即在其具有上述积极作用的同时，由于证券市场自身的弱点而易于发生少数人操纵市场、证券欺诈和内幕交易等违法行为，从而导致破坏国家经济秩序的消极作用，这就使证券业成为各国实施监管最严的行业之一。

尽管上市公司与证券业密不可分，但是相对于证券市场而言，上市公司与证券市场联系更紧密、更直接，而证券业所涉及的范围更宽、更广，上市公司与证券市场只是属于证券业集合体的核心组成部分。由于本书是研究上市公司的法律监管，因此，更多的时候是将上市公司与证券市场相提并论。

（四）证券市场与上市公司的关系

通过以上分析，我们可以认识到，证券市场是一个十分综合的概念，它不仅指证券交易所，还包括交易所之外的各类证券交易场所；在证券市场里面，不仅有上市公司的股票、债券及其衍生品的发行与交易，还有诸如金融债券、政府债券等其他各类有价证券的发行与交易。可见，证券市场并非仅为上市公司服务，上市公司虽然一刻也离不开证券市场，但它并非利用了证券市场的全部，而只是利用了其部分功能，在证券市场的部分领域内活动。当然，无论如何，上市公司是证券市场上最活跃、最核心的主体，也是最受人们关注的证券市场主体。也正因为如此，上市公司和整个证券业紧密联系起来，对其实施的监管理应纳入到证券监管的体系中来。

第二节　上市公司的法治体系

上市公司的法治体系，有狭义和广义之分。狭义是指在证券市场直接维护上市公司权利、监督上市公司履行义务的法律规范系统，主要包括：公司法、证券法与上市公司监管法。而广义上的上市公司法治体系是指凡是对上市公司行为具有规范意义的法律均可归入其中，例如，刑法、行政法等。本书是从狭义的角度研究上市公司的法治体系。

一、公司法、证券法

（一）公司法

公司法是调整各类公司在设立、组织、运营、管理和解散的过程中所发生的各种社会关系的法律规范的总称。

公司法所调整的社会关系主要包括以下两类：一是公司内部的关系，即公司、股东、管理层之间的权利义务关系，此主要表现为组织法规范；二是调整一定范围公司对外的社会关系，主要限于公司与债权人、特定交易相对人之间的关系，此主要表现为行为法规范。

公司法具有形式意义上的公司法与实质意义上的公司法之分。形式意义上的公司法，又称狭义上的公司法，是指一国立法机关颁布的公司法典，是直接以"公司法"命名的法律规范，世界大多数国家都有这种以制定法形式表现的公司法，例如我国的《公司法》、法国的《公司法典》等。实质意义上的公司法，又称广义上的公司法，是指调整与公司有关的各种社会关系的全部法律规范，是作为部门法意义上的公司法，即公司法律规范总称意义上的公司法。任何市场经济国家都存在实质意义上的公司法。

无论是形式意义上的公司法，还是实质意义上的公司法，上市公司均属其规范的重要主体。公司法是上市公司法治体系的有机组成部分。

（二）证券法

证券法亦有形式意义上与实质意义上的证券法之分。实质意义上的证券法是指调整全部证券社会关系的法律规范的总称，包括公法上和私法上的法律规范。前者如经济法、行政法中有关证券监管和证券违规行为的规定，刑法中有关证券犯罪的规定；后者如民法、商法中有关证券发行和交易关系的规范。形式意义上的证券法专指调整证券的发行、交易以及对证券业进行监督管理而形成的社会关系的法律规范的总称。形式意义上的证券法又称狭义上的证券法，是指一国立法机关颁布的证券法典，是直接以"证券法"命名的法律规范〔1〕。

就证券法与上市公司的关系而言，可以说，上市公司是证券法规范的核心主体。证券法无论是规范证券发行市场（一级市场），还是规范证券交易市场（二级市场），在某种意义上讲，都是围绕着规范上市公司的行为而展开的。证券法是上市公司法治体系较为核心的组成部分。

---

〔1〕 其实，对于"证券法"的名称，各国立法差异较大。有些国家直接使用"证券法"的名称，比如美国《1933年证券法》就是这种立法例的典型代表，此外还有菲律宾《1936年证券法》、加拿大《1966年证券法》等。有些国家则使用"证券业法"的名称，如新加坡1937年和1986年的两部证券业法，澳大利亚（4个州）的统一证券业法等。而另一些国家和地区则使用"证券交易法"的名称，如美国《1934年证券交易法》、日本《证券交易法》、韩国《证券交易法》以及我国台湾地区的"证券交易法"等。在证券法的名称选择上，我国在证券立法起草过程中曾经考虑过三种不同的名称，即证券管理法、证券交易法和证券法。之所以最后定名为"证券法"，是因为"证券管理法"的名称过分强调政府对证券市场的管理，似乎缺少了对证券市场平等主体之间的证券发行和证券交易关系的规范。而"证券交易法"的称谓，则恰恰相反，它反映不出证券市场另一类重要的证券监管关系的规范，同时，还容易使人误认为它只调整证券交易关系，而不包括证券发行关系。可见，使用"证券法"这一名称，就不易使人产生上述的歧义。因此，以"证券法"作为证券基本法的法律名称更为合理。

（三）公司法与证券法的关系

关于公司法与证券法二者的关系，有学者将其说成是"姐妹法"或者"母女法"，也有学者认为它们是一般法与特别法的关系。这些说法尽管在法理上并不完全准确，但我们完全可以说，公司法与证券法是联系最为密切的两个法。在各国公司法上，股票和公司债券的发行是公司特有的权利能力，而股票和公司债券的发行与交易行为又是证券法直接调整的范围。可见，在调整的对象和范围上，公司法与证券法具有交叉重叠的部分，即它们都对因股票和公司债券发生的社会关系进行调整。

尽管上市公司只是公司法与证券法调整的市场主体之一，但是其在证券市场主体中所处的中心地位，决定了上市公司在公司法与证券法的关系中起着核心纽带的作用。

二、上市公司监管法

（一）上市公司监管的含义

上市公司监管乃上市公司监督和管理的合称。

"监督"一词，汉语的含义是察看并督促[1]。与之相对应的英文是"Supervise"，按《布莱克法律辞典》的解释，其词义为照看、主管或检查[2]。而"管理"一词就其本身的词义来看则是指照管并约束[3]，以及管辖、处理的意思；就其基本含义来看，是指把人力和资源通过计划、组织、控制来完成一定的组织目标的过程[4]。管理是人类生存、社会延续、生产发展、经济繁荣的必要条件之一，它在整个人类历史时期都是存在的。与"监管"相对应的英文是"Regulate"[5]，相关词典将其解释为"control or direct（sth）by

---

〔1〕　中国社会科学院语言研究所词典编辑室编：《现代汉语词典》，商务印书馆1979年版，第539页。

〔2〕　Henry Campbell Black ed., *Black's Law Dictionary*（5th ed.），West Publishing Co.，1979，p. 1290.

〔3〕　中国社会科学院语言研究所词典编辑室编：《现代汉语词典》，商务印书馆1979年版，第403页。

〔4〕　单宝：《中国管理思想史》，立信会计出版社1997年版，第1页。

〔5〕　"中国证监会"的英文表达为：China Securities Regulatory Commission（CSRC），其中的regulatory 的动词形式即为："regulate"。

means of rules and restriction”，即以规章制度控制或者管理某事物[1]。

上市公司监督是指国家相关主管机关或自律监管机构对上市公司的治理结构、并购重组、证券的发行和交易等活动所进行的经常性的督促和检查，以保护公司和投资者的合法权益，使证券市场有序运行的行为。而上市公司管理则是指除了对上市公司相关活动实施督促、检查之外，还包括进行组织、领导、协调和控制等行为。可见上市公司监督侧重于对上市公司和证券市场的督促和检查；而上市公司管理则较前者范围要宽，除含有督促和检查的内容之外，更侧重于对有关上市公司主体及其活动的组织、领导、协调和控制。所以，上市公司监督与管理既相互区别、各有侧重，又紧密联系，共同组成上市公司监管的整体含义。因此，这两个词在实践中一般并称为上市公司监管（The Regulation of Listing Corporation）。

本书还有一个经常被使用的概念——“国家（政府）干预”[2]，“干预”一词包含了监督和管理的全部抽象意义。在本书中干预与监管的含义很接近，经常将二者当作同义语来使用。如果说二者有什么区别的话，其区别在于“干预”所表达的是行动主体对某种社会关系的一种抽象介入，它不强调介入的具体方式，而“监管”则除了表达监管主体对某种社会关系的介入行为外，还含有对介入的具体方式的要求。另外，“干预”所适用的范围更宽泛一些。

综合以上分析，本书将上市公司监管定义为：国家证券监管机关和自律监管机构依法对上市公司的治理结构、并购重组[3]、证券的发行和交易等活动实施监督和管理，以保护公司和投资者的合法权益、维护证券市场秩序并保障其合法运行为目的的行为总和。对此定义可作以下三个方面的解析：

---

[1] ［英］霍恩比：《牛津高阶英汉双解词典》（第4版），李北达译，商务印书馆1997年版，第1259页。

[2] 笔者曾经主张在经济法学领域，用“国家介入”代替“国家干预”，理由有二：一是“介入”包含了“干预”“协调”“调节”和“管理”等的全部内容；二是“介入”既能体现经济法以公权为主的公法属性，又能体现经济法在一定程度上和一定范围内的私法性，“介入”在此可谓以刚为主，以柔为辅，刚柔相济。（参见李东方主编：《经济法案例教程》，知识产权出版社2006年版，第4页。）然而，由于经济学领域多用“国家干预”，而本书相关理论与经济学联系紧密，为了不产生歧义而与经济学相衔接，故仍然使用“干预”一词。

[3] 本书未将“上市公司的并购重组”与“上市公司法人治理法治化”“上市公司证券发行与交易监管法治论”并列而单作一篇，而是将相关内容在“上市公司收购监管法治化”一章中予以论述，因为其与上市公司收购在本质上均属于一种特殊的证券交易，所以归入“上市公司证券发行与交易监管法治论”一篇中比较简洁、合理。

第一，实施上市公司监管的主体是国家的证券监管机关和自律监管机构，其监管权的行使实质上是国家行政权力或者社会公权力在证券市场的运用和实施，具有强制性。证券监管机关权力的取得须经国家根据有关法律规定而授权。比如，我国《证券法》第7条规定，国务院证券监督管理机构依法对全国证券市场实行集中统一监督管理，国务院证券监督管理机构根据需要可以设立派出机构，按照授权履行监督管理职责。该法第12章还具体规定了我国证券监管机关的权限范围和行使职权的法定程序。

第二，上市公司监管的实施对象是上市公司的治理结构、并购重组、证券的发行和交易等一系列活动。其中，上市公司治理结构和并购重组直接涉及上市公司组织结构及合并与分立的重大问题，它们是上市公司存在和有效治理的前提，故在我国首先将其纳入上市公司监管的范围。而证券的发行和交易则是一些十分复杂的融资活动，它涉及面广、内容复杂、影响广泛。因此，各国都对证券的发行和交易实施程度不同的监管。对证券发行的监管，主要通过证券发行审核制度和证券发行信息披露制度来实现；而对证券交易则主要是通过证券上市制度和上市公司信息持续性披露制度来实施监管。同时还采取诸如禁止操纵市场、禁止内幕交易和禁止欺诈客户等禁止性行为，来实现对证券发行和交易的监管。

对上市公司的监管一般采取国家监管和自律监管两种方式。前者指国家证券监管机关按照法律、法规及各种行政命令来规范和约束上市公司的相关行为，该规范和约束具有强制力。后者指上市公司成立同业公会等自律组织（如中国上市公司协会、证券交易所等），通过该自律组织制定的章程、规则来进行自我约束，这种自律监管权的行使具有社会公法性质。

社会公法是笔者将其与国家公法和私法相对应的一种提法，这个概念产生的必要性在于，社会公法既不同于体现国家意志的国家公法，也不同于体现私人意思自治的私法，它是介于国家公法和私法之间的这种中间性质的、由社会自律监管机构行使的、具有相当强制力的社会自律监管权。这种社会公法体现出来的权力，与国家公权力相对应，可称之为社会公权力。社会公法为现实社会所必需且现实存在着。本书使用社会公法这一概念，是为了揭示证券自律监管机构行使监管权的社会公法性。比如，上市公司退市监管（见本书第十三章），由于其主要是自律监管机构（证券交易所）的监管，因而其监管法的公法性就主要是社会公法性。

对于将自律监管权视为社会公法的性质，笔者有一个认识深化的过程。2002年笔者在书中写道："在对证券市场实施监管的过程中，也包括私法的调整方法，其中最具代表性的就是证券市场的自律监管。虽然，自律监管规范对所有会员都具有约束力，违反自律规范要受到相应的处理，但是，其后果远不如违反公法性监管规范的后果严重。更重要的是，自律监管规范在确定之前，所有会员都享有平等的发言权，共同制定，然后要求共同遵守，因而，其规范主要是平等主体之间共同协商的结果，具有明显的私法性质。"〔1〕这种对于自律监管私法性质的解释无疑是正确的，但是尚不够深刻。而如果将其解释为社会公法的性质则更加到位。理由如下：首先，大多数国家和地区都要求自律组织的规章必须根据国家的证券法授权而制定，可见自律监管在一定程度上也体现了国家实施干预的意志。其次，证券自律监管机构有权单方面决定对自律组织的会员行使监督、审查、奖励、处罚等权力，这种权力的表现形式与公法的权力形式（即监管者意志的单方性和强制性）基本上是一致的。所以，国家监管和自律监管两种方式都在本书的研究范围之内。

第三，上市公司监管的目的在于规范上市公司的组织和行为，保护公司和投资者的合法权益，促进上市公司质量不断提高，防范证券业的整体风险，从而保护投资者和社会公众的利益，维护证券市场秩序，保障证券业的健康发展。

（二）上市公司监管法的定义及其与公司法、证券法的关系

上市公司监管必须以法律为依据，证券监管机关的设立及其监管权力的取得和行使都离不开证券法律。离开了证券法律，不仅证券市场将失去控制、规范、指引和保障，而且证券监管机关也会失去监管的标准、权威、手段和基本前提〔2〕。笔者认为，上市公司监管法是调整国家在实施对上市公司的主体运行与变更及其证券的发行和交易等活动的监督和管理过程中所发生的社会关系的法律规范的总称。它是证券法和公司法的组成部分，但主要是证券法的组成部分。

证券法所要规范的社会关系包括两类：第一类是平等主体之间围绕证券的发行和交易而发生的各种证券民事关系，规范这类民事关系的法律规范为

---

〔1〕 李东方：《证券监管法律制度研究》，北京大学出版社2002年版，第56~57页。

〔2〕 张忠军：《金融监管法论——以银行法为中心的研究》，法律出版社1998年版，第5页。

任意性规范；第二类是证券监督管理关系，即国家介入证券市场的监督管理和证券业自律监管关系，规范这类监管关系的法律规范为强制性规范。上述两类社会关系经过证券法调整之后我们分别称之为证券民事法律关系和证券监管法律关系。

上市公司监管法所调整的范围主要是上述第二类证券监督管理关系中与上市公司相关的国家监管和自律监管关系。可见，上市公司监管法属于证券监管法[1]的一部分，是对证券监管法的进一步专业化和精细化。就公司法而言，它和证券法一样，也是任意性规范和强制性规范的混合体。与证券法不同的是：公司法是以任意性规范为主，而以强制性规范为辅；证券法则反之。在强制性规范中可能涉及上市公司的这部分规范属于上市公司监管法的范围，其中，我国《公司法》中第5章第5节关于"上市公司组织机构的特别规定"这部分内容，可以明确地归入上市公司监管法的范围。

综上，上市公司监管法是证券法和公司法这两部法的各一部分，即证券法和公司法中可能涉及上市公司的、具有经济行政管理性质的那一部分规范，本书是将其作为经济法的范围来进行研究的。需要说明的是，到目前为止，笔者尚未见到任何一个国家在立法上就上市公司监管基本法进行一个单独的立法[2]，并由这个单独的上市公司监管基本法囊括所有的上市公司监管的法律规范。同时，国家权力机关颁布的某一部证券法典或者公司法典也不能够穷尽上市公司监管的所有法律规范。所以，目前尚不存在一个单独的上市公司监管基本法，即狭义或形式意义上的上市公司监管法，而本书将要论述的是广义或实质意义上的上市公司监管法，即相关法律、法规中所有具有上市公司监管性质的法律规范的总和。证券监管法是上市公司法治体系中最核心的组成部分。

（三）关于《上市公司监督管理条例（征求意见稿）》的相关问题

2007年为了贯彻落实《国务院关于推进资本市场改革开放和稳定发展的若干意见》（即业界所称的"国九条"）和《国务院批转证监会关于提高上市公司质量意见的通知》的具体要求，在总结过去我国证券市场发展及上市公司监管的实践经验，充分考虑全流通环境下上市公司监管工作的实际需要，

---

〔1〕　关于证券监管法的系统论述，见李东方：《证券监管法论》，北京大学出版社2019年版。

〔2〕　虽然我国目前正在制定上市公司监督管理条例，但这与基本法还是有很大区别的。

并在参考成熟证券市场有益经验的基础上，根据《公司法》和《证券法》，中国证监会起草了《上市公司监督管理条例（征求意见稿）》（以下简称《征求意见稿》，对草拟中的上市公司监督管理条例简称"条例"）。现就2007年《征求意见稿》的相关问题简述如下[1]：

1. 制定"条例"的历史背景。

（1）契机。上市公司是资本市场发展的基石，是我国经济运行中最具发展优势的市场主体群，是资本市场投资价值的源泉。但由于受体制、机制、环境等因素影响，一些上市公司还存在治理结构不完善、信息披露不规范、大股东行为缺乏有效制约、董事和高管人员未能勤勉尽责、不重视对中小投资者的保护和回报等问题，影响了上市公司质量的提高，从而严重影响了投资者的信心，制约了资本市场健康、稳定发展。为此，"国九条"明确提出要"健全资本市场法规体系，加强诚信建设。按照大力发展资本市场的总体部署，健全有利于资本市场稳定发展和投资者权益保护的法规体系。"《国务院批转证监会关于提高上市公司质量意见的通知》也提出"强化上市公司监管。有关部门要完善相关法律法规体系，抓紧制订上市公司监管条例"。这两个文件的颁布对建立上市公司监管法规体系提出了明确的要求，也为总结上市公司监管经验、制定条例创造了契机。同时，新修订的《公司法》《证券法》对与上市公司治理结构和信息披露有关的内容进行了较大调整，在上市公司监管方面提出了许多新的要求。为更好地配合上述两法的实施和执行，客观上也需要从不同层面制定相关的行政法规、部门规章、规范性文件等配套制度。

（2）立规的现有基础。我国证券监管部门一直在探索上市公司监管的有效途径，出台了一系列关于上市公司监管的规则和规章，如《上市公司治理准则》《上市公司章程指引》《上市公司股东大会规则》，等等。经过十多年的探索和实践，已逐步形成了一套行之有效的监管制度和手段，但上述监管制度和手段大多仍停留在部门规章和监管政策层面，在执行效力上与《公司法》《证券法》等国家法律之间层级跨度过大，缺乏必要的衔接。

（3）国际趋势。随着资本市场对外开放步伐的加快，全球化也要求我们尽快建立与国际潮流相适应的上市公司监管法规体系。健全上市公司监管法

---

[1] 参见中国证监会：《〈上市公司监督管理条例（征求意见稿）〉起草说明》，载《中国证券报》2007年9月8日，第A14版。

律法规，加强对上市公司的监管，是一个国际趋势。安然事件后，美国很快出台了《萨班斯-奥克斯利法案》，对上市公司的公司治理、信息披露、内控机制、高管人员的权利、义务与责任等作出了更加明确细致的规定，提出了更严格的要求；欧盟、日本、中国香港、韩国等国家和地区也根据自身情况，纷纷修订或出台了有关上市公司监管的法规。

2. "条例"的目标和定位。

（1）提高上市公司质量是其基本目标。通过对上市公司的外部和内部规制实现这一基本目标：第一，外部规制，通过"条例"的制定，强化监管手段，提高监管质量和效率，加强监管协作，构建综合监管体系，营造良好的证券市场发展环境；第二，内部规制，"条例"以提高上市公司透明度和推进上市公司现代企业制度建设为基础，以规范上市公司董事、监事和高管人员及控股股东、实际控制人行为为重点，从而在上市公司内部实现其质量的提高。具体目标包括：①解决目前上市公司监管实践中存在的难点和突出问题；②完善对上市公司的监管手段；③明确上市公司监管中中国证监会、中国人民银行和其他金融监管机构、国资监管部门、工商、海关、税务、公安及国务院其他相关部门、地方各级人民政府、司法机关等的监管协作义务和职责分工，构建综合监管体系。

（2）定位。"条例"作为一部证券市场的行政法规，应当与新修订的《公司法》《证券法》具有和谐的衔接和协调性，立足监管、发展、改革和创新，强调"条例"的针对性和前瞻性，有效应对我国当前及今后上市公司监管中出现的情况和突出问题，为维护投资者的合法权益、促进上市公司规范运作和证券市场健康发展提供法治保障。因此，"条例"的定位是上承两法，将两法的规定加以细化和具体化，增强可操作性；下接证券监管部门有关上市公司监管的部门规章和交易所的上市规则等规定，为其提供坚实的法源基础。另外，"条例"重在规范当前我国上市公司监管实践中存在的难点和突出问题，突出实效，强调重点，不求面面俱到，旨在更好地满足监管工作实践的需要，避免将其写成一部"小证券法"，[1]甚至是面面俱到的

---

〔1〕　现在见诸报端的许多文章都告诫避免将《上市公司监督管理条例》写成"小公司法"，这种告诫本身是不妥当的。因为正在起草的《上市公司监督管理条例》如果正式出台将是一部行政法规，是证券监管法的一部分，是一部以公法规范为主的上市公司监管规范，属于经济法的领域；而公司法则与之不同，它是以私法规范、任意性规范为主的私法，属于民商法的领域。

"证券监管法"。

3.《征求意见稿》的主要内容。《征求意见稿》共 10 章 106 条，对我国上市公司监管工作中存在的突出问题做出了具体规定，主要包括以下几个方面的内容：

（1）完善上市公司治理结构，提高上市公司规范运作水平。完善的公司治理，是提高上市公司质量的关键所在。由于"代理人"缺位和越位现象同时存在、公司治理诚信文化和制度缺失、法制不健全及违规成本低等诸多原因，我国上市公司在公司治理方面仍存在不少问题，如公司治理流于形式、上市公司缺乏独立性、部分董事、高管勤勉尽责意识淡薄、上市公司内控机制不健全等，严重影响了上市公司的规范运作和质量提升。为此，《征求意见稿》在其"总则"里提出了完善上市公司法人治理结构的基本原则，要求上市公司应当完善股东大会、董事会、监事会制度，形成权力机构、决策机构、监督机构以及经理层之间权责分明、各司其职、有效制衡、科学决策、协调运作的法人治理结构，并在其第 2 章对上市公司的章程、组织机构、内控制度和股权激励做出了明确规定。

（2）规范上市公司控股股东和实际控制人的行为。在我国，一些上市公司控股股东或者实际控制人通过各种手段掏空上市公司，侵占上市公司利益的现象层出不穷。有些上市公司虽然在形式上与控股股东之间保持了人员、资产、财务分开，机构、业务独立，但公司的人事、机构设置、重大经营决策、投资等都直接受制于控股股东，上市公司成为控股股东的附属公司，上市公司独立性严重缺失。为此，《征求意见稿》在其第 3 章强化了上市公司与控股股东、实际控制人及其控制的其他企业的人员、资产、财务分开，机构、业务独立方面的要求，鼓励公司通过定向增发等手段实现整体上市，规定控股股东、实际控制人及其控制的其他企业不得利用关联交易、资产重组、投资等任何方式直接或者间接侵占上市公司资产。

为与《刑法修正案（六）》的规定相协调，《征求意见稿》在"法律责任"一章里还具体列举了控股股东、实际控制人的若干禁止性行为，补充和完善了侵占上市公司利益行为的行政责任，使之与民事责任、刑事责任相呼应，力求从根本上杜绝类似情形的发生。

（3）规范上市公司董事、监事、高级管理人员的行为。由于我国上市公司诚信体系尚未建立，高管人员的激励约束机制不健全，董事、监事、高级管理人员存在不勤勉尽责甚至弄虚作假的现象，损害上市公司和中小投资者合法权益的现象时有发生，严重影响了投资者对证券市场的信心，亟待加以规范。

为了强化对上市公司董事、监事、高级管理人员的监管，《征求意见稿》于第4章，规定对上市公司董事、监事、高级管理人员的任职实施备案管理，并重点细化了公司法中董事、监事、高级管理人员勤勉义务的内容。同时，为保障董事会秘书依法履行职责，《征求意见稿》本着责权对等的原则，赋予了董事会秘书参加公司相关会议、查阅会计资料等方面的权力。

（4）规范关联交易和重大担保行为。关联交易是控股股东与上市公司进行业务往来、利益输送的管道，一些控股股东利用关联交易操控上市公司业绩，侵占上市公司利益，违规担保也是上市公司存在的痼疾。有些控股股东或者实际控制人通过关联交易、违规担保等手段损害上市公司利益，或者通过其他途径曲线转移利益，增加上市公司负担。为此，《征求意见稿》于第5章，规定了上市公司进行关联交易、对外担保的基本原则、审议权限和程序，要求上市公司保证关联交易公平、公允、合理，强化及时披露涉及关联交易相关事项的义务，并规定上市公司违法违规担保的，将依法追究公司和相关责任人的责任。

（5）规范上市公司发行证券、收购、重大资产重组、合并及分立行为。《征求意见稿》于第6章，进一步细化了上市公司申请发行股票、公司债券等行为的要求，规定了上市公司募集资金使用及变更用途的基本要求，强化了保荐人对上市公司募集资金使用的持续督导责任，并要求上市公司建立募集资金专项存储制度。同时，鉴于证券监管部门已起草了新的上市公司收购管理办法，《征求意见稿》仅对上市公司收购的基本原则、收购人资质以及禁止收购的情形做了原则性规定。为进一步规范跨国并购等行为，《征求意见稿》确立了禁止利用上市公司的收购、重大资产重组、合并及分立活动危害国家经济安全和社会公共利益的原则。

（6）规范上市公司信息披露的行为。上市公司通常以达到最低披露要求为准，较少主动、全面、充分地披露公司的具体情况。一些上市公司对重大事项披露不及时或者不履行信息披露义务，定期报告未能按期披露或者信息披露的格式和内容不符合要求；极少数公司甚至存在性质恶劣的虚假信息披露行为，严重损害了投资者的利益。为此，《征求意见稿》于第7章，要求上市公司应当建立信息披露管理制度和重要信息的内部报告制度，在证券法相关规定的基础上，进一步明确了信息披露义务人的范围及责任，规定上市公司控股股东和实际控制人为信息披露义务人，明确了董事、监事、高级管理人员对公司定期报告签署书面确认意见、审核意见的义务，规定了重大信息首次披露的时点以及对尚处于筹划阶段的重大事件的披露要求，并规定通过委托或者信托等方式持有或者实际支配上市公司股份表决权的投资者的披露义务。

（7）进一步规范对上市公司的监管行为。《征求意见稿》于其第8章进一步规范了对上市公司的监管行为。对构建综合监管体系、完善上市公司监督管理机制的具体措施和程序等方面的内容进行了规定，进一步明确中国证监会依法对上市公司及相关各方实行监督管理时可以采取的监管措施，要求相关中介机构及其从业人员应当勤勉尽责、恪守职业道德和执业纪律，要求传播媒介发挥舆论监督作用，客观、真实地报道涉及上市公司的情况；明确规定了上市公司监管系统内部实行辖区监管责任制，强化了监管协作方面的规定，以及省级人民政府对陷入重大危机、可能对社会稳定造成重大影响时的上市公司组织实施托管的机制等。

2007年至今已经过去17年，该"条例"仍在孕育之中，已几易其稿，据作者了解，2023年该条例草案又出新稿，但尚未向全社会公开。作为国务院的行政法规，该"条例"已纳入近期立法规划，由于2023年修订的新《公司法》已经出台，该"条例"还存在与新公司法相协调的问题。该"条例"一旦出台，更能够从实体法的层面，证明上市公司监管法的存在，并且构成上市公司法治体系的核心组成部分。

第三节　上市公司监管的经济和法治分析

一、政府监管的经济理论

对上市公司的监管从根本上讲，就是国家干预社会经济在证券市场中的体现，因此，要回答为什么要对上市公司实施监管，就有必要首先研究国家干预经济的一般理论。

（一）古典经济学家论政府

英、法两国在经历了两个多世纪重商主义者所崇尚的国家主义或国家干预的强权政治之后，为了解决在发展资本主义经济过程中日益暴露出来的政府干预的弊端，以亚当·斯密、萨伊和穆勒为主要代表的古典经济学产生了。古典经济学的核心理念乃是政府对市场应当自由放任，不要干预。

1. 亚当·斯密的"经济人（Economic man）"与"守夜人"。亚当·斯密对政府职能的界定，首先是以剖析作为经济活动细胞的"人"为起点的。他认为："我们每天所需的食品和饮料，不是出自屠户、酿酒家或烙面师的恩惠，而是出于他们自利的打算。"在交易过程中"我们不说唤起他们利他心的话，而说唤起他们利己心的话"[1]，斯密的这一命题后来在经济学上被称为关于人的行为的"经济人"假设[2]，即每个人都是利己的，其活动的最终动机都是为了谋取自身的利益。对于"经济人"的谋私性，斯密是给予肯定的，认为自由市场机制能够把个人私利同他人利益和社会利益协调起来，"固然，他所考虑的不是社会的利益，而是他自身的利益，但他对自身利益的研究自然会或者毋宁说必然会引导他（将资本——笔者注）选定最有利于社会的用途。"[3]

斯密还论证了"经济人"在增进社会财富中的进步作用。他认为"经济

[1]　[英]亚当·斯密：《国民财富的性质和原因的研究》（上卷）（以下均简称《国富论》），郭大力、王亚南译，商务印书馆1974年版，第14页。

[2]　我们不能简单地理解亚当·斯密关于"经济人"的论述，其实，他在早于《国富论》（1776年出版）之前出版的《道德情操论》（1759年出版）中就作出了"道德人（Moral Man）"的论述。所谓"道德人"，就是有利他心（或者同情心）的人。作为经济人，人当然具有自私自利的一面，但这种自私自利又不是纯粹的，人还有富有同情心的一面。也就是说，人除了自利的一面外，还有利他的一面。"无论人们会认为某人怎样自私，这个人的天赋中总是明显地存在这样一些本性，这些本性使他关心别人的命运，把别人的幸福看成自己的事情，虽然他除了看到别人的幸福而感到高兴外，一无所得。"亚当·斯密将经济学看成一门使人生幸福的艺术。一方面，人是利己的，会在看不见的手的支配下追求财富；另一方面，人也是利他的，是追求自己与他人共同幸福的"道德人"。其实，个人利益的最大化应当是幸福的最大化，而不是财富的最大化。财富之所以重要，在于它是幸福的物质基础，但财富并不等于幸福本身，因而不能把财富作为唯一目标去追求。事实上，人们的行为，尤其是在非经济活动领域，并非都是为了谋取经济上的利益，而是出于某种非经济的动机，如善良（或良心）、荣誉、地位、权力、社会责任感等。

[3]　[英]亚当·斯密：《国富论》（下卷），郭大力、王亚南译，商务印书馆1974年版，第25页。

人"的行为能够产生资源合理配置[1]的结果，只要政府不压制人们的天性，每个人出于自利的主观动机，就会把自己的资本投放到客观上最有利于社会的产业中去，给其他人提供尽可能多的收入和就业机会，从而实现资源的合理配置，即"用不着法律干涉，个人的利害关系与情欲，自然会引导人们把社会的资本尽可能按照最适合于全社会利害关系的比例，分配到国内一切不同用途。"[2]

在充分肯定"个人利益"和个人在增进社会财富中的作用之后，斯密得出的结论是，作为维护社会公共利益的国家或政府没有必要对市场经济进行过多的干预，当好一个"守夜人"就足够了。此"守夜人"的职责有三："第一，保护社会，使之不受其他独立社会的侵犯。第二，尽可能保护社会上各个人，使之不受社会上任何其他人的侵害或压迫，这就是说，要设立严正的司法机关。第三，建设并维持某些公共事业及某些公共设施（其建设与维持绝不是为着任何个人或任何少数人的利益）。"[3]斯密认为，超出上述范围的政府干预都是有害的，将会导致资源配置的恶化和滋生腐败。他尤其反对政府对私人经济活动的过多管制，因为"管制的结果，国家的劳动由较有利的用途更改为较不利的用途。其年产物的交换价值，不但没有顺随立法者的意志增加起来，而且一定会减少下去"[4]。

2. 萨伊和穆勒的政府干预观。1803 年，法国经济学家萨伊在其《政治经济学概论》一书中，提出了一个重要命题，即萨伊定律：供给能自动创造对

---

[1] 资源的合理配置是指经济中的各种资源（包括人力、物力、财力）在各种不同的使用方向之间的合理分配。在资源供给有限的条件下，需要研究的是如何有效地把经济中的各种资源分配于各种不同的用途，以便用这些资源生产出更多的为社会所需要的产品和劳务。任何社会，只有做到人尽其才、物尽其用、地尽其利，才能被认为做到了资源的合理配置。如果社会上人力、物力、财力有被闲置而未能得到充分利用的部分，或者人力、物力、财力有被浪费而未能充分发挥作用的部分，这些都是资源配置方面存在的问题。经济学所要着重研究的问题之一，就是使资源配置趋向合理，以便让现有的资源发挥更大的作用，让潜在的资源被发掘出来。参见厉以宁：《非均衡的中国经济》，广东经济出版社 1998 年版，第 2 页。

[2] [英] 亚当·斯密：《国富论》（下卷），郭大力、王亚南译，商务印书馆 1974 年版，第 199 页。

[3] [英] 亚当·斯密：《国富论》（下卷），郭大力、王亚南译，商务印书馆 1974 年版，第 252～253 页。

[4] [英] 亚当·斯密：《国富论》（下卷），郭大力、王亚南译，商务印书馆 1974 年版，第 29 页。

自身的需求。他肯定市场具有宏观平衡功能，政府过多的宏观干预非属必要。这与当代人思想中，市场似乎完全没有宏观调控经济的功能而只能由政府进行宏观调控的观点不同。他认为，市场经济是一个顺畅周流的过程，能够自动维持社会总供给和总需求的均衡，政府为维持供求均衡而实施的干预行为是多余的。萨伊指出："政府影响生产，一般有两个目的：使人们生产他认为比其他更有益的东西，使人们采用他认为比其他更适当的方法。"〔1〕对于这两个目的，用现代经济学的语言来表达，也就是生产什么和怎样生产的问题。萨伊认为，价格和利润会把生产要素推引到报酬较高的部门，而报酬较高的部门正是其产品符合社会需求的部门。这是生产要素的一种自然运动趋势。对于这一运动趋势，最能够发现并尽力去遵循的，是生产者而不是政府，因为生产者比政府更关心自己的切身利益，更了解社会的需求。如果由于政府干预而使这种自然趋势受阻，受害的不仅是生产者，也包括政府和国家，最终危害的是全社会利益。最后，萨伊的结论是："最繁荣的社会必定是不受形式拘束的社会。"〔2〕产业和财富的健全状态，乃是绝对自由。

对于萨伊定律，我们过去一直持否定态度，但对其全盘否定是不科学的，因为市场的确具有一定程度的总体均衡功能。否则，即使有国家的宏观调控措施，生产要素也不可能在不同企业、不同部门、不同地区之间流动，生产要素的流动与市场自身具有一定的总体均衡功能分不开。

约翰·穆勒的经济理论是斯密、萨伊等人学说的综合，其研究方法和基本结论与斯密接近。他的代表作《政治经济学原理及其在社会哲学上的若干应用》对政府干预问题作了深入的研究。穆勒认为："个人要比政府更了解自己的事情和利益，并能更好地照顾自己的事情和利益。这句话对于生活中的绝大部分事情来说都是正确的，因而在所有适用于这句话的方面，各种政府干预都应受到谴责……而且，应该记住，尽管政府在智力和知识方面要强于某一个人，但它肯定不如全体个人。在干某一件事时，政府只能雇佣全国一部分有学识、有才干的人……在政府招聘的人才以外，必定还有不少同样适合做此项工作的人，在个人经营制度下，这种工作常常会很自然地由这些人

〔1〕　［法］萨伊：《政治经济学概论》，陈福生、陈振骅译，商务印书馆1963年版，第154页。
〔2〕　［法］萨伊：《政治经济学概论》，陈福生、陈振骅译，商务印书馆1963年版，第197页。

来做，因为他们能比别人更好、更省钱地做这项工作。"[1]由于政府官员与干预结果没有利害关系，因此，"尽管政府消息灵通，资金雄厚，能在市场上雇佣到最有才干的人，但所有这些却不足以抵消它的一个巨大弱点，即它不那么关心经营的结果。"[2]所以，"即使政府能把全国最有学识和才干的人都网罗到各个部门内，很大一部分社会事务仍应该留给具有直接利害关系的人去做"[3]。

当然，穆勒并非一概否定政府干预，在政府干预"能够增进普遍便利"的前提下，他认为政府干预是必要的。但这种干预只能限于政府力所能及的范围，"有些事情政府应当干预，有些事情则政府不应当干预。但无论干预本身是对还是错，如果政府不了解所干预的对象，干预必然会带来有害的后果"[4]，因此，"除非政府干预能带来很大便利，否则便决不允许政府进行干预"[5]。穆勒反对政府对经济生活过多干预的思想，至今对我们仍有启发意义。

亚当·斯密、萨伊、约翰·穆勒三位经济学家的观点代表了 18 世纪 70 年代到 20 世纪 50 年代西方经济学家关于政府与市场相互关系的基本看法，即市场、个人能基本解决资源的配置问题，不需要政府过多的干预。这一理论指导西方资本主义走过了近一个半世纪的历程，直到思想领域的凯恩斯革命，才宣告它的结束。

（二）市场失灵与政府干预

1. 市场完美神话的破灭。1929—1933 年的资本主义世界大危机不仅给资本主义经济带来前所未有的打击，而且彻底动摇了人们对自由市场的信心。人们原以为市场经济是一个自然周流的过程，但经济危机呈现出来的却是相反的景象：生产停滞，商品积压，金融体系和证券市场崩溃，经济秩序全面

---

[1] [英] 约翰·穆勒：《政治经济学原理及其在社会哲学上的若干应用》（下卷），胡企林、朱泱译，商务印书馆 1991 年版，第 536 页。

[2] [英] 约翰·穆勒：《政治经济学原理及其在社会哲学上的若干应用》（下卷），胡企林、朱泱译，商务印书馆 1991 年版，第 536 页。

[3] [英] 约翰·穆勒：《政治经济学原理及其在社会哲学上的若干应用》（下卷），胡企林、朱泱译，商务印书馆 1991 年版，第 537 页。

[4] [英] 约翰·穆勒：《政治经济学原理及其在社会哲学上的若干应用》（下卷），胡企林、朱泱译，商务印书馆 1991 年版，第 502 页。

[5] [英] 约翰·穆勒：《政治经济学原理及其在社会哲学上的若干应用》（下卷），胡企林、朱泱译，商务印书馆 1991 年版，第 372 页。

混乱。这说明市场并非完美无缺，它也会失灵（Failure）。这次大危机孕育了经济思想领域的一场革命。即凯恩斯革命，凯恩斯革命的基本论点是强调政府干预，而政府干预理论是建立在市场失灵（Market failure）理论基础之上的。市场失灵理论又是基于对市场缺陷（Market defect）的分析，这种分析是福利经济学家和凯恩斯主义者分别在微观经济学和宏观经济学两个领域里展开的。分析所得出的基本结论是：市场不是万能的，它存在着自身无法克服的种种缺陷和弊端，为了消除这些缺陷和弊端，除完善市场制度本身外，政府的干预是不可或缺的。以凯恩斯经济学派为主的政府干预理论尽管有忽视政府干预存在局限性的一面，但是其基本结论是有许多合理成分的，依然可作为我国在发展社会主义市场经济中完善国家干预机制的理论借鉴。

2. 市场缺陷〔1〕和政府干预分析。所谓市场缺陷是指由于市场自身的弱点，会经常出现市场运行失衡的状态，从而丧失其优化资源配置的作用并进而降低经济运行的效率。造成市场缺陷的原因及其根源，我们可从以下几方面进行分析：

（1）不完全竞争。在亚当·斯密那里，由于有一只"看不见的手"作用于市场，因此，他所设想的市场是一个完全竞争的市场。现代经济学研究表明完全竞争的市场至少要满足以下几个条件：①市场上要有众多的买者和卖者，任何一个买者和卖者的交易量都不足以影响市场价格，或者说它们只是市场价格的接受者。也就是说"完全竞争的市场体制是完全分散的体制，有许许多多决策者在生产每种产品和劳务，除了在价格上作些微小的变动外，他们之中的任何一个人都不能对价格产生显著的影响"〔2〕。②市场主体有完备的信息，买卖双方的信息对称或信息量大体相等。③生产要素具有充分的流动性。④市场上进行交易的产品是同质的。然而，现代市场经济的实践证明，完全竞争的市场体制是不存在的。市场竞争的现实并非所有的决策者个人对市场价格的上下波动无能为力，市场价格常常是由一个或几个决策者控制着，结果造成了某一个或某几个生产者控制某个行业的局面，形成不完全

〔1〕　市场缺陷与市场失灵是两个联系紧密而又不同的概念，市场失灵是因为市场缺陷的存在而导致市场机制的作用不能够有效地发挥，此时可以通过政府的干预（或介入）来弥补失灵的市场机制。所以，要研究市场失灵，首先要分析市场缺陷。

〔2〕　[美]埃冈·纽伯格等：《比较经济体制——从决策角度进行的比较》，荣敬本等译，商务印书馆1984年版，第82页。

竞争。不完全竞争的典型形式即为垄断，按美国经济学家萨缪尔森等人的解释，垄断是指"单一的卖者是他所在行业的唯一生产者，同时，没有任何一个行业能生产他的产品的接近的代用品。"[1]垄断会造成由价格扭曲和产量扭曲构成的市场扭曲，在市场扭曲的情况下，不可能实现资源的合理配置。因此，反垄断是政府的重要职责，政府可采取以下反垄断措施：①政府颁布和执行反垄断法；②政府管制：对垄断企业的价格、利润和服务质量进行监督，在规模经济的限度内由政府强行拆散大企业；③对自然垄断行业实行政府直接经营。

市场不完全竞争的另一个表现就是信息的不对称和信息的不完全，二者统称为信息偏在。信息不对称是指交易双方有掌握信息优劣的差异，例如卖主比买主更了解自己产品的质量，当卖主比买主更熟悉一种产品时，信息就是不对称地分布于市场中的，反之亦然。同样，在证券市场中，上市公司内幕人员对有关证券信息总是较外部人占有优势，内幕交易之所以有利可图就在于对信息掌握的不对称上。信息的不完全则是指市场主体获取的信息往往是不完备的，不完备的原因一方面是由于获取信息需要付出代价，这就使市场主体在搜集信息时考虑到成本而有所顾忌；另一方面则可能是信息披露本身不充分，花钱也无法搜集，同时还可能存在有人故意隐瞒事实真相、掩盖真实信息甚至提供虚假信息的情况。对于信息偏在，私人通常是无能为力的，须借助政府的力量给予纠正。

（2）外在性（Externality[2]）。这里的"外在"是指外在于市场而言，罗伯特·考特等在其著名的《法和经济学》一书中认为，市场内部的交换是自愿的和互利的；相反，外在于市场交换的经济效应可能是非自愿的和有害的[3]。外在性是经济学中的一个重要概念，它是政府干预必要性的基本依据之一。对外在性的研讨从古典经济学时期就已经开始了，例如，斯密对公共工程的分析、穆勒对灯塔的分析，就是这方面的著名例子。外在性有正外在

---

〔1〕[美]保罗·A·萨缪尔森、威廉·D·诺德豪斯：《经济学》（第12版下册），高鸿业等译，中国发展出版社1992年版，第842页。

〔2〕"外在性"译自英文Externality，有外部经济效应、外部效应、外部经济（或不经济）、外部性等多种译法。

〔3〕[美]罗伯特·考特、托马斯·尤伦：《法和经济学》，张军等译，上海三联书店、上海人民出版社1994版，第59页。

性与负外在性之分别，英国经济学家、福利经济学的创始人庇古在解释此二者时说："此问题的本质是，个人 A 在对个人 B 提供某项支付代价的劳动的过程中，附带地，亦对其他人提供劳务（并非同样的劳务）或损害，而不能从受益的一方取得支付，亦不能对受害的一方施以补偿。"[1]例如，某户人家在过道上安装路灯，行人不花任何费用就能受益（经济学上称这类受益人为搭便车者[2]）；又如，一家化肥厂，假设在生产农业急需的化肥的同时，它也将工厂的污水排放到河里，这些污水不但毒死了水中的鱼虾，还威胁到两岸居民饮用水的水质和空气的品质，但这些公害并没有计入化肥的生产成本，社会却为此付出巨大的代价。可见，外在性是指，某一经济主体的生产或经营活动对其他经济主体、消费者、社会整体造成有利或有害影响，但该经济主体并不能获得相应的报酬或承担相应的损失。

外在性的存在导致在资源配置的过程中，边际私人成本与边际社会成本之间、边际私人收益与边际社会收益之间发生矛盾。这种矛盾是市场自身所无法克服的。因为，市场主体在进行决策时只考虑对自身利益有直接影响的成本和收益，对自身没有直接影响的成本和收益则视而不见。结果，在市场经济的社会里，必然造成具有负外在性的商品生产太多，而生产具有正外在性的商品生产者得不到合理的补偿。因此，外在性必须由政府出面校正。对此，庇古提出的校正措施是："这种毛病可以用设计恰当的补助金和征税的办法加以纠正——凡是边际私人成本超过边际社会成本的东西予以补助金，凡是边际社会成本超过边际私人成本的课以捐税。"[3]换言之，即政府通过征税和补贴的干预方式来引导私人资源配置活动使之符合社会利益。

（3）公共物品（Public goods）。这是上述正外在性效应的特殊情形。一

---

〔1〕　［英］庇古：《福利经济学》（上册），陆民仁译，台湾银行经济研究室 1970 年版，第 154 页。

〔2〕　所谓"搭便车"，是指个人不愿主动为公共物品付费，总指望别人生产后自己免费享用。它出自美国西部的一个掌故，早年美国堪萨斯州的道奇城盗马贼横行，于是牧场主们组织起来保护牧场，他们每人为这种自发的"保安力量"贡献一定的人力物力，但不久就有一些牧场主撤出这种组织，而成为自由骑手（free-rider），因为他们发现，只要"保安力量"存在，自动撤出后便可免费享受它带来的利益。没过多久，由于人人都企图撤出而占集体的便宜，"保安力量"便不复存在，盗马贼又猖獗起来。（参见樊纲：《市场机制与经济效率》，上海三联书店、上海人民出版社 1995 年版，第 156 页。）

〔3〕　［英］庇古：《社会主义与资本主义的比较》，谨斋译，商务印书馆 1963 年版，第 26~27 页。

种物品如果供给一个人而其他人能够不花费用就能加以利用，这种物品就是公共物品。例如，国防就属于典型的公共物品，它不是提供给某一个人，其受益面涉及一个国家的所有公民（不论其是否为国防作出支付），国防具有效用的非排他性与利益的非占有性等特点。再如，长江上的航标灯一旦安装，所有过往的船只都能平等地加以利用，不会出现某些船只对航标灯的利用而影响到另一些船只对它的利用。另外，公共物品不限于物质产品（如航标灯、路灯等），一些由政府提供的非物质产品和服务也是公共物品，如法律、规章、政策、环境保护、天气预报、消防、社会保障、失业保险，甚至有效率的政府本身也被视为一种公共物品[1]。从上面的举例，可总结出公共产品具有如下两个紧密相关的特点：第一，某一个人消费这种产品不影响其他任何消费者的消费，即所谓的"非竞争性的消费"；第二，杜绝搭便车者的费用太高以致没有一个追求利润最大化的私人厂商愿意供应这类产品。

对于社会和消费者来说，公共物品的供给是必需的。按常理供给公共物品需要成本，其成本应当由受益者共同分担。然而，事实上却是公共物品一旦提供出来，很难排除那些没有支付任何费用的消费者对该公共物品进行消费，这就出现了搭便车的问题。由于消费者无论对公共物品的供给是否支付了代价，他都能够从公共物品的消费中获益，出于利己的动机，他总是希望别人贡献得足够多，以便把公共物品生产出来，然后他来免费享用。由于存在搭便车的可能性，所以没有一个追求利润最大化的私人厂商自愿为公共物品的供给付出代价。因此，个人具有搭便车动机的直接结果就是：公共物品不能由私人来生产和供给，而必须由政府来提供[2]。政府提供公共物品，方法有二：第一，政府可以直接或间接地通过税收制度对供应公共产品的私人予以补贴；第二，政府可自行供应公共产品，国防服务就是用这种方法得到供应的[3]。

（4）社会不平等。人们要求政府干预市场的另一个重要理由是认为，放任的市场机制会导致收入差距悬殊和社会不平等。放任的市场机制为什么会

---

〔1〕 贝多广主编：《证券经济理论》，上海人民出版社1995年版，第126页。

〔2〕 政府提供公共物品的经费来源于全民税收，因此纳税人对于公共物品本质上是不存在搭便车的，而是其理应享有的福利，这也是纳税光荣的道理之一。

〔3〕 ［美］罗伯特·考特、托马斯·尤伦：《法和经济学》，张军等译，上海三联书店、上海人民出版社1994年版，第62~63页。

造成社会不平等呢？对此，英国著名经济学家 J. E. 米德作了较为系统的分析。他认为，市场机制承认人们的所有差别，包括生理素质、选择运气、工作能力、社会地位、财富拥有量，等等。市场会将所有这些差别转化为收入的差别，当收入差别一旦产生，市场就会使其逐步扩大，并且不存在抑制它的力量。米德还进一步论证财产占有上的差别是造成收入差别的主要因素。因为占有财产不仅可以获得财产收入本身，而且还可通过投资来获取更大的收益。如果没有足够数量的财产，即便投资赢利的机会摆在面前，也无济于事。而且，如同人的生命特征可以遗传一样，由财产造成的收入差距也可以世代相传。首先，财产可以不断地被继承；其次，富人可以花钱培养自己的下一代，使他们能够有资格谋取较高的社会地位而获取高薪；再次，富人可以花钱为子女建立良好的社会关系，而良好的社会关系可以使人优先得到各类信息和充分接近各种机会。因此，不平等一旦存在，哪怕是很小的或偶然的经济不等，随着时间的流逝，它就会不断地积累。

（5）市场的非均衡性。这里讨论的市场非均衡性是相对于法国经济学家瓦尔拉斯[1]的均衡性理论而言的。瓦尔拉斯均衡（Walrasian Equilibrium）是在假设存在着完善的市场和灵敏的价格体系条件下所达到的均衡。根据瓦尔拉斯的学说，既然市场是完善的，价格体系是灵敏的，每一个参加市场交易的人对于现在的和未来的价格都有完全的信息，对现在的和未来的供求状况都有充分的了解，价格随着供求的变化而随时进行调整，那么在任何一种价格条件下，需求总量必定等于供给总量，社会中的超额需求和超额供给都是不存在的，任何交易的实现，都以均衡价格为条件。没有达到均衡价格，不会成交，只有价格均衡了，才可能进行交易。于是，生产的过剩、商品的滞销、经常性的失业以及与超额需求有关的通货膨胀也就不会出现。[2]这种不

---

　　〔1〕　瓦尔拉斯（Léon Walras，1834—1910 年），曾经被约瑟夫·熊彼特认为是"所有经济学家当中最伟大的一位"。他开创了一般均衡理论，是一位数理经济学家、边际革命领导人、洛桑学派创始人。瓦尔拉斯是边际效用价值论的创建人之一。他把边际效用称为"稀少性"，并在经济学中使用了数学，研究了使一切市场（不是一种商品的市场，而是所有商品的市场）都处于供求相等状态的均衡，即一般均衡，成为西方数理经济学和一般均衡理论的创建者和主要代表。他的一般均衡分析方法被西方经济学所普遍使用。他把自由竞争的资本主义看作最理想的制度，但也主张国家根据正义原则干预经济。他的主要著作有《纯粹经济学要义》《社会财富的数学理论》。参见辞海编辑委员会编：《辞海》，上海辞书出版社 2002 年版，第 1715 页。

　　〔2〕　参见厉以宁：《非均衡的中国经济》，广东经济出版社 1998 年版，第 1 页。

符合实际经济生活的瓦尔拉斯均衡理论，在 20 世纪 30 年代就受到了一些西方经济学家的批评。[1]

在批评瓦尔拉斯均衡的同时，非均衡理论从 20 世纪 60 年代后期便发展起来。非均衡是指在不完善的市场、不灵敏的价格体系的条件下所达到的均衡，非均衡又被称做非瓦尔拉均衡。非均衡理论的核心思想是：在市场不完善和价格不能起到自行调整供求的作用的条件下，各种经济力量将会根据各自的具体情况而被调整到彼此相适应的位置上，并在这个位置上达到均衡。在这里，非均衡所达到的均衡，并非市场完善前提下的均衡，而是市场不完善前提下的均衡，并非与零失业率或零通货膨胀率同时存在的均衡，而是伴随着失业或通货膨胀的均衡。[2]在这种语境下，非均衡实际上也是一种均衡，只不过它不是瓦尔拉斯均衡中的"均衡"，而是存在于、符合于现实经济生活的"均衡"。

（6）市场主体的"有限理性"（Bounded Rationality）。有限理性的概念最初是由美国经济学家肯尼思·约瑟夫·阿罗（Kenneth Joseph Arrow）提出的，他认为有限理性就是人的行为是有意识的、理性的，但这种理性又是有限的。人总是想把事情做得最好，但是人的能力是一种有限的稀缺资源，因此，那些复杂的协议、契约或者合同都不可避免是不完全的。有限理性主要由以下原因造成：一是环境是复杂的，在非个人交换形式中，人们面临的是一个复杂的、不确定的世界，而且交易越多，不确定性就越大，信息也就越不完全；二是人对环境的计算能力和认识能力是有限的，人不可能无所不知；此外，在很多情况下，由于受到情境的影响，人们在情绪和感情的支配下，理性往往难

---

[1] 例如，凯恩斯在其代表作《就业、利息和货币通论》（1936 年出版）一书中就对资本主义社会中经常存在的失业、通货膨胀等问题进行了深刻论述。但直到 20 世纪 60 年代初，经济学界关于非均衡的研究仍是局部性的、非系统的。对凯恩斯经济理论的解释，存在如下两种不同的观点：一是认为，凯恩斯经济学仍然是一种均衡经济学，凯恩斯只是对瓦尔拉斯均衡理论作了一定的修改，基本上没有否定它；二是认为，凯恩斯经济学已经突破了均衡理论的限界，进行了非均衡理论的最初的系统性的阐述，其具体表现是：凯恩斯认为市场机制不一定能充分发挥作用，市场难以把各种交易活动协调起来，无论是产量、就业量还是投资量都是波动的，而在资本主义条件下，经常出现的是生产过剩，失业、投资需求的不足等。参见厉以宁：《非均衡的中国经济》，广东经济出版社 1998 年版，第 2 页。

[2] 参见厉以宁：《非均衡的中国经济》，广东经济出版社 1998 年版，第 2 页。

以发挥作用。所以，市场主体在"利益最大化"（To maximize the benefits）[1]的驱动之下，即使在微观领域也未必能够把事情处理得最好。

通过上述对市场缺陷的分析，使我们看到仅以亚当·斯密的"看不见的手"去配置现实中的资源是不现实的，因为在自由市场经济的条件下，经济个体对自身利益最大化的追求会经常与社会整体利益产生矛盾，在这种情况下就会造成交易成本增加、资源配置无效，使社会经济的正常运行受阻，给社会整体带来危害。"因此，凯恩斯学派认为自由市场经济具有内在的不稳定性。政府必须时时注意祸起萧墙，常常逆市场大流而动，在必要时更要挺身而出，财政政策、货币政策数招齐出，力挽狂澜，救民于经济灾难之边缘。"[2]美国著名学者曼瑟·奥尔森（Mancur Olson）认为在经济领域存在着两个基本规律，一是指在某种情况下，当个人只顾及其自身利益时，社会的理性结果会自动产生；二是指在某种情况下，不论个人如何精于追求自己的利益，社会的理性结果也不可能自发产生，此时只有凭借一只"看得见的手"或是适当的制度安排，才有可能获得社会的理性结果。因此，只有以政府干预这只"看得见的手"才有可能克服市场机制本身所无法克服的种种缺陷。对市场缺陷和市场失灵分析的结果，不仅使我们认识到政府干预的必要性，同时也为我们科学界定政府干预的范围提供了基本思路，即政府干预的范围应当限制在市场失灵领域。

二、上市公司、证券市场的缺陷与法治监管的必要性

（一）国家干预理论对分析上市公司、证券监管的意义

如果说上市公司、证券市场同样存在市场缺陷问题，那么前述关于国家干预的一般理论对我们用来分析证券业存在的问题也具有指导意义。事实上，上市公司、证券市场同样存在着市场的不完全竞争、外在性、公共物品、非公平性、市场的非均衡性和市场主体的"有限理性"等一系列市场缺陷因素。

首先，各国证券市场的实践表明，证券市场的不完全竞争是普遍存在的。

---

[1] "利益最大化"并不是一个十分规范的经济学术语，因为不同的市场主体利益最大化的具体内容不同，例如，针对消费者为"效用最大化"，针对厂商为"利润最大化"。但"利益最大化"这个用语却很好地表述出各个市场主体的共同行为指向。

[2] 陆丁：《看得见的手——市场经济中的政府职能》，上海人民出版社、智慧出版有限公司1993年版，第159~160页。

其主要表现，一是证券经营会形成垄断。在客观方面，证券行业具有一定规模经济的特点决定了在市场自由竞争的机制下证券业会出现垄断；在主观方面，可以人为地采取虚买虚卖、合谋买卖、连续交易等手段来操纵证券市场的价格，这种操纵证券交易价格的行为就是证券市场上一种破坏竞争秩序的垄断行为。二是证券市场信息偏在十分突出。这主要表现为信息具有公共物品的特征和证券市场主体间的信息不对称两种情况。第一种情况使那些研究搜寻信息的人不能排除众多搭便车者去使用自己发掘的信息资源，信息保密十分困难并且成本巨大。结果，那些付出较高成本发掘信息的人，由于回报低甚至没有回报，从而失去开发信息资源的积极性，导致证券市场信息供应不足。在信息供应不足的情况下，证券交易主体就很难作出最佳的投资决策。信息偏在的第二种情况，即证券市场上的信息不对称问题，较之一般的信息不对称有其特殊性，对此将在后面具体论述。

其次，证券业也存在外部效应。证券业作为高风险的行业，具有内在不稳定性。证券交易系统是一个牵一发而动全身的系统，任何一家证券经营机构出现交易结算危机或者因竞争失败而倒闭都可能影响整个交易系统的正常运行，此即所谓证券市场的"多米诺骨牌效应"（Domino Effect）。证券业的外部效应引起的是整个证券市场乃至整个金融业的危机，其所付出的社会代价无疑是沉重的。

再次，证券市场同样会产生严重的非公平性。证券市场的非公平性是由多种因素造成的。归纳起来，大致有以下三方面的原因：其一，由于市场法规、政策本身不公正，执法水平不高而有失偏颇以及对市场发展采取差别限制等而造成的不公。例如，在上市公司"股改"[1]之前，我国股票有公有股和个人股之分，公有股又有国家股和法人股之分，个人股又分为职工股和公众股。同样的股票因购买者的身份不同、购买渠道不同，价格便相差悬殊。一股多价现象的存在，违背了证券市场"同股、同权、同利"的基本原则，既不规范，又造成了占股市总量80%的公有股不能流通，从而形成了国有资产呆滞的局面。再如，对企业和投资者收益影响很大的税赋问题，据有关报

---

[1] 这里是指"上市公司股权分置改革"，2004年1月31日国务院发布《国务院关于推进资本市场改革开放和稳定发展的若干意见》，明确提出"积极稳妥解决股权分置问题"。2005年中国证监会、国务院国有资产监督管理委员会、财政部、中国人民银行和商务部正式发布《关于上市公司股权分置改革的指导意见》，标志着我国股改正式开始。

道，在 1995 年时，在上海证券交易所上市的 176 家公司中"就有从全部免税到征收 33% 的 11 种不同档次所得税率。"[1]有的甚至同一地区（如北京）的同一类型的上市公司，所得税率也不相同。税赋的不平等，使得上市公司不能在同一起跑线上进行公平竞争。同时这也是对公众投资者的非公平待遇，由此优化资源配置的愿望必将无法实现。其二，某些客观原因导致非公平性的存在。例如，市场设施未能保证所有投资者都可以及时了解信息，进行交易；意外事故造成市场一部分运作失常，等等。其三，违规、违法行为造成的不公平。如内幕交易、联手炒作以及其他种种违规、违法行为。上述原因都会不同程度地造成市场竞争不公平、机会不均等，从而导致利益分配的不公平。

最后，关于市场的非均衡性和市场主体的"有限理性"问题。作为整体市场，即国际、国内市场中竞争最激烈的证券市场，由于市场信息灵敏度要求特别高，而在现实的市场运行过程中又很难达到高标准的要求，所以，其"市场非均衡性"的特征更显突出。上市公司虽然是"公众公司"，相对于普通的市场主体，其决策更具有民主性和科学性。但是，上市公司面临更加复杂的国际、国内环境，要解决的难题会更多，同样存在着人对环境的计算和认识能力的有限性，同样存在着"有限理性"的问题。

综上所述，作为市场机制有机组成部分的上市公司和证券市场，同样存在着缺陷。并且，由于上市公司和证券市场面临更大的风险因素和不稳定性，一旦对其缺陷监控不力，由此所造成的社会后果将会极为严重。因此，为维持证券业的正常秩序，为保护广大投资者和其他社会公众的利益，国家对上市公司和证券市场的监管就势在必行了。

（二）上市公司、证券市场监管的特殊根源

用政府干预的一般理论来分析和研究，对解释上市公司、证券市场监管的根源和合理性是必要的，但这还不足以解释对其实施监管的特殊根源。要想说明对其监管的特殊根源，必须以充分揭示上市公司、证券市场独有的制度缺陷及风险特征为基本前提。现就上市公司、证券市场的独有制度缺陷及风险特征作如下探讨：

1. 包括上市公司、证券市场在内的证券业属于高风险领域，具有内在不

---

[1] 阎涛等：《外部环境：也应规范化——由年度报告看中国证券市场的规范化（之三）》，载《中国证券报》1995 年 6 月 8 日。

稳定性。上市公司、证券市场之所以风险高、易于动荡、缺乏内在稳定性主要是以下因素所决定的：

（1）上市公司股票的自由流通，使证券市场易于产生过度投机、易于成为不法者的投机场所。股票市场上的投机是相对于投资而言的。投资者购买股票的目的是取得股息，他们希望从公司的发展中获得长期回报。而投机者购买股票的目的则是为了在短期内获取不同股票之间的差价，从低买高卖中获得较高的利润。对于股票市场来说，投资者与投机者都是不可缺少的，众多的投资者使市场具有稳定性，而投机者的投机活动则使市场充满流动性。不仅如此，适度的、理性的投机还有利于形成市场的均衡价格和社会平均利润。在实际的市场运行过程中，投资与投机并没有实质性的界限，这二者在一定的条件下是经常相互转化的。例如，当股价暴涨时，所有的投资者在高额收益下都难免有投机的冲动，说整个市场都为投机也不为过；反之，当股价暴跌或低迷时，被套牢的投机者也不得不被迫投资。

投机，作为一种状态，很难通过涨跌幅度、股价指数、市盈率等数量指标来界定和量化。但是，如果股票市场价格长期地、普遍地、严重地背离其内在的投资价值，市场上多数投资者的主导性行为倾向于短期操作，就会致使股票市场的固有功能无法正常发挥，这种状态可被认为是过度投机。适度的、理性的投机对股票市场是有益的，而过度的、非理性的投机则是有害无益的。因为股票市场的过度投机必然造成股市价格的暴涨暴跌，从而引起整个股票市场的动荡。上市公司监管法的"另一主要干预就是要减少股票投机"，"证券法歧视那些趁证券市场不景气时进行投机的人。其措施是，禁止以低于交易股票最近期价的价格卖空股票。法律的这一态度就像古代处罚谣言的传播者一样。"[1]当然，对于那些通过操纵市场、内幕交易等非法行为牟取暴利的不法投机者，则应当进行更为严格的法律责任追究。

（2）上市公司股票市场上的同向预期性，容易产生股市的波动，增大市场风险。所谓"预期"即"预先期待"[2]。同向预期则是指众多的投资者共同预先期待股票价格的上涨或下跌。不论是单向预期，还是共同预期，它们

---

〔1〕 ［美］理查德·A·波斯纳：《法律的经济分析》（下），蒋兆康译，中国大百科全书出版社1997年版，第580页。

〔2〕 中国社会科学院语言研究所词典编辑室编：《现代汉语词典》，商务印书馆1979年版，第1403页。

都建立在市场信息的基础之上。在股票市场上，所公开的多种证券的信息对于每一个投资者而言都是相同的，在这些相同的不完全信息（信息偏在性所决定）面前，投资公众依据一般的投资原则，常常得出相同或相近的预测结果。当股市行情看涨时，投资者往往会盲目购进；当股市行情看跌时，他们又往往会盲目抛售。很显然，这种盲目的购进或抛售进一步加剧了行情的波动。因此，股票市场的同向预期性很容易造成过度投机，导致股市的动荡，这是证券市场风险增大的重要原因。

（3）上市公司和证券市场易被少数人操纵。

首先，由于上市公司股份数量巨大，股东人数众多，只要持有一定比例以上的股票份额，就能够掌握上市公司的控制权，一旦拥有这种控制权就会产生民间的私人强制，即上市公司中强势当事人对弱势当事人的强制。这种强制力除了使上市公司做重大决策时易偏向于强势当事人的利益集团，还能够利用股票市场的特点对股市进行操纵，因此这很容易损害多数中小投资者的利益。上市公司监管法的一个主要目的就是要用国家的公权强制力矫正上述私人强制力的弊端。

其次，就证券市场而言，投资者对预期利益的判断是建立在分析现期信息的基础之上的，但是，不论证券市场的发育多么成熟，它所提供的信息总是有限的，而不可能是完全的，并且由于不同投资者自身的证券知识和交易能力的差异，使得各投资者获得证券市场信息的能力也各不相同，而从所获取的诸多信息中，尽快地甄别出有价值的信息的能力更是相差悬殊。由于在证券市场上获取信息的时间价值非常大，预先获知信息，可以预先作出预测，从而先于他人采取相应的行动。这样，在证券市场上，少数人便得以利用预先获知的信息从事非法的投机活动，进行内幕交易或操纵市场，从而给市场制造扭曲的信号。广大投资者被扭曲的市场信息所欺骗，操纵人则从中牟取暴利。普通投资者由于互不相识、人数众多、十分分散而又无组织性，不可能协调一致地对抗这种市场操纵行为。因此，少数人操纵证券市场是完全可能实现的。由于操纵证券市场的行为人为地扭曲了证券市场的正常价格，给证券市场的秩序造成了极大危害。因此，法律必须加以禁止。

（4）上市公司股东流动性很大，缺乏内在稳定性。上市公司人数众多的中小股东，往往用脚投票，对于公司缺乏责任感。上市公司业绩稍有不佳，股东们往往就抛售股票，转移风险，甚至会使可能扭亏为盈的上市公司因股票价格的跌落而从此一蹶不振。

（5）虚拟资本具有相对独立的运动形态，股票价格很容易背离其代表的真实价值而形成股市泡沫。证券是货币资金或真实资本的转化形态，是一种虚拟资本，代表着一定的财产权。上市公司通过发行股票筹集的资金是真实资本，真实资本投入公司的生产经营活动并有可能在运行中增值，而所有者（即购买股票的投资者）在注入资本后，并不直接参与公司的生产经营活动，而仅仅是持有虚拟化资本——股票，或称纸制的资本副本[1]。虚拟资本一方面受制于真实资本，证券与资本的关系是表象与实质、代表物与被代表物的关系；另一方面，虚拟资本又有相对的独立性。这种独立性表现于[2]：①虚拟资本在量上与真实资本有可能相背。股票的数量是不会在流通过程中减少的，而真实资本在经营中却可能出现亏损、渗漏和贬值。②虚拟资本的"价值"是由市场来评价或预期的，它可能与真实资本的实际价值不一致，与公司的经营状况不一致。③虚拟资本有其相对独立的运行轨迹。真实资本的运行轨迹是生产过程和流通过程，而虚拟资本主要在投资者之间不断转手。因此，对股价的确定就带有很大的主观性和随意性。这就使股价并不总等于其所代表的资产价值，在相当程度上受到人们的未来预期以及市场供求关系的影响。股票价格很容易背离其代表的真实价值，形成股市泡沫，导致股票市场震荡，股市风险由此产生。

（6）现代科学技术的发展在促进证券业更加迅速发展的同时，也使证券业本身的弊端暴露得更加充分，并且其弊端带来的危害性可能更大。现代证券市场一般采用先进的科学技术，尤其是计算机技术的运用给证券业的发展带来了革新，这一革新不仅使许多证券交易能在瞬间完成，而且还使得国内甚至国际范围内的证券业联为一体，如此迅速且联系紧密的证券交易市场，一方面能够加快信息的传递速度，使证券交易额、资本流通、社会资源配置和组合的规模越来越大；另一方面，也可能会在错误信息的引导下造成极大的交易风险。由于交易量大、交易迅速，可能在分秒之间出现巨额赔赚。巴

---

〔1〕 关于纸制的资本副本，我国《公司法》第149条第1款规定："股票采用纸面形式或者国务院证券监督管理机构规定的其他形式"；《证券法》第39条规定："证券交易当事人买卖的证券可以采用纸面形式或者国务院证券监督管理机构规定的其他形式。"这些规定说明，证券作为书面凭证既可以采用纸面形式，也可以采用纸面以外的其他形式。现在我国的实际情况是，在场内交易的证券投资者、证券发行人在证券发售的整个过程中再也看不到一张记载证券权益的纸制凭证，均已电子化。纸制资本副本的无纸化，从形式上又进一步增加了证券资本的虚拟性。

〔2〕 金德环主编：《证券市场规范化建设研究》，上海财经大学出版社1998年版，第215页。

林银行新加坡分行的交易员里森利用计算机网络进行金融衍生工具交易，在很短的时间里，就亏损了 10 亿美元，造成了震惊全球的巴林银行倒闭事件。

上述诸多证券业的高风险和内在不稳定因素，客观上需要国家在遵循经济规律的前提下，依法干预，化解市场风险，维护市场稳定，从而保护投资公众的合法利益。

2. 证券业是一种带有浓厚公益性的产业。证券业作为一种带有浓厚公益性的产业，主要表现在：

（1）无论是上市公司的股票还是债券，由于其投资额的起点都很低，投资者只要持有少量货币就可以购买证券从事投资活动，所以证券投资主体遍及社会各行各业，具有显著的社会性和公共性。在发达资本主义国家更是如此，"公司形态之企业于所有企业之中占有极为重要之地位，故证券已成为公民私有财产之重要构成部分，而与大众利益，息息相关"[1]。我国台湾地区学者陈春山也认为证券业"乃一方面培养巨型企业以从事国际竞争，另一方面则以股权分散及股利分享以达到均富之目标"[2]。

（2）随着社会的进步，各国的保险制度及退休年金制度日益发达，而保险基金及退休基金的大部分均投资于证券市场，且投资公司中的共同基金（Mutual funds）亦多投资于证券，其股东为众多小额投资人。因此，如果放任上市公司和证券市场而不加监管，将间接地影响到社会上大多数人的利益。

（3）除与直接或间接对投资者及一般大众的利益有关之外，证券市场的盛衰将直接影响企业资金的筹集，进而也将影响国家的经济增长率。

（4）证券市场的过度投机、操纵以及不合理的价格波动，极可能引起贸易、交通、工业及社会福利的严重问题，造成社会的不安定因素，进而还可能引发国家的政治或经济危机，直接影响百姓的安居乐业。

从以上各点可以看出，上市公司和证券市场绝非纯然自律不受外界干预的私人俱乐部[3]，相反，上市公司和证券市场深具公益性。为能保护一般投

---

[1]　赖源河：《证券管理法规》，成阳印刷股份有限公司 1996 年版，第 2~3 页。

[2]　陈春山：《证券交易法论》，五南图书出版公司 1986 年版，第 4 页。

[3]　在 1930 年美国联邦立法前，美国高等法院根据契约说（Contract theory），承认纽约证券交易所为一自治组织（Voluntary organization），纯然自律不受外界干涉。详见：Richard W. Jennings, "Self-Regulation in the Securities Industry : the Role of the Securities and Exchange Commission", 29 *Law and Contemporary Problems*, 663 (1964).

资人的利益及公共利益，上市公司和证券市场确有监管之必要。

可见，在市场经济条件下，证券业的内在特点，决定了必须有一个规范而又具权威的证券监管机关代表国家来对上市公司实施监督和管理，以协调和解决证券市场的缺陷所产生的各种矛盾。

三、政府监管的缺陷与上市公司监管的适度性分析

尽管前述监管经济学的理论已为社会大多数人所接受并在实践中发挥着极大的作用，但对政府监管的合理性和有效性提出质疑，甚至全盘否定的学者也大有人在。由詹姆士·布坎南等人提出并发展起来的公共选择理论，运用经济学的分析方法和经济人假设论证了监管失灵问题，而以波斯纳、斯蒂格勒为代表的芝加哥学派的教授们所创立的监管经济学，则主要强调了监管的成本及危害性。笔者将在对这些主张评述的基础上，进一步论述上市公司监管的理论基础，同时，还将对上市公司监管法的法律成本进行研讨。

（一）对政府干预理论的再分析

1. 关于"凯恩斯革命的再革命"。20 世纪 30 年代资本主义世界的经济危机破灭了人们对自由市场的信念，树立起人们对政府干预的信心。20 世纪 70 年代资本主义国家的"滞胀"（Stagflation）则相反，它使人们丢掉了对政府干预的幻想，而重新树立起对市场的信心。"现在这一巨变不仅打破了政府控制经济的政治神话，而且动摇了经济学家们对具有决定性力量的财政政策和货币政策的信念。"[1] 与资本主义世界相对应，社会主义阵营的许多国家，在最初运用集权体制实现了初步的工业化之后，普遍面临人民缺乏生产积极性、经济体制僵化、资源配置功能低下等难题。在共同的困境面前，社会主义国家纷纷走向改革之路，尽管各国在改革的时间、深度和广度上有差异，但方向都是基本相同的，即简政放权，逐步扩大并发展私有经济，把原来赋予政府的职能转交给市场、企业和个人，从而走向市场经济的道路。如果说社会主义国家最初工业化的成就向世人展示的是政府计划经济的有效性和市场的局限性，那么 20 世纪 50 年代以来的改革浪潮向人们昭示的则是政府的局限性和市场的有效性。

---

[1] ［澳］迈克尔·卡特、罗德尼·麦道克：《理性预期：八十年代的宏观经济学》，杨鲁军、虞虹译，上海译文出版社 1988 年版，第 10 页。

基于上述两个世界的经济背景，20 世纪五六十年代作为凯恩斯主义政府干预理论的对立物而产生和发展起来的若干西方经济学派，如现代货币学派、理性预期学派、供给学派、公共选择学派、产权经济学派等，都从各自的角度对政府失灵作了系统的论证。由于这些学派都在一定程度上对凯恩斯的国家干预学说提出质疑、批评或挑战，因此，有学者将此挑战称为："凯恩斯革命的再革命。"〔1〕笔者赞成这种提法，并进一步将上述诸学派统称为"凯恩斯革命的再革命"学派，简称"再革命"学派。

2. 政府监管失灵分析。"再革命"学派的学说认为，由市场缺陷和失灵而得出通过政府干预就能够塑造出一个有效率的市场机制的结论未必成立，因为政府监管本身也存在缺陷、存在失灵。这体现在以下几个方面：

（1）代表政府的监管者也是"经济人"。这里所讲的监管者包括个人监管者和作为组织机构的监管者，与之相对应，作为"经济人"的监管者也有两种情形，即个人"经济人"和组织"经济人"。

第一，个人"经济人"。前面已经提到，"经济人"的概念最早是由亚当·斯密提出并加以系统分析的，从亚当·斯密到 20 世纪 50 年代，经济学家们只把"经济人"的假设应用于分析市场交易领域人们的行为特征。也就是说，在 20 世纪 50 年代以前，没有任何相似的假设被延伸至那些以投票人或国家代理人身份参与政治或公共选择的人们的行为上〔2〕。人们一般都假设公共选择主体（主要包括选民或投票人、政治家、官僚等）不仅具有比个人和厂商更为完备的信息，更重要的是他们能够不带私利地代表社会公共利益。这样，同一个人便有了双重行为准则，即作为市场交易主体时，他追求个人利益最大化，而当他作为公共选择主体时，则会按公共利益最大化原则来行事。对此，公共选择学派则认为上述假设是靠不住的，他依然追求个人利益最大化〔3〕，因为在政治领域个人也是严格按"经济人"的方式行动的，当人们从市场交易主体变为公共选择主体时，并没有变为圣人，或者说，至少

---

〔1〕 参见薛进军：《凯恩斯革命的再革命》，湖南教育出版社 1989 年版。

〔2〕 ［美］詹姆斯·M·布坎南：《自由、市场与国家——80 年代的政治经济学》，平新乔、莫扶民译，上海三联书店 1989 年版，第 36 页。

〔3〕 只是此处的"利益最大化"并不仅指经济利益，还包括了诸如社会地位、社会声望、权力、名誉、利他需求等非经济的自身效用最大化。

没有像学者们所渴望的那样变为实际的圣人[1]。在政治领域公共选择主体的直接动机仍然是个人效用最大化，如更少的参与费用、更高的职位、更大的权力以及由此而派生的更多的物质利益等。因此，在政治选举需要很高费用的情况下，公共选择主体很容易偏向拥有经济实力的利益集团，以利于自己能够当选；而当公共选择主体的政治生命取决于其他要素（如军事势力或政治势力）时，他们的决策就很容易偏向具有这些要素的团体。总之，由于代表政府的监管者也是"经济人"，同样具有自利性，它极有可能成为某些特殊利益集团手中的工具，[2]而此时的政府监管就会偏离和牺牲公众利益，从而不能够实现资源配置的帕累托最优状态[3]。因此，政府就未必是公共利益的天然代表者。

按照监管者"经济人"的属性，考察其在上市公司领域的现象，则表现为国家公权力可能被私人绑架，而作为利益集团或者个人谋取私利的工具，这也是一种私人强制，与前述上市公司内部的私人强制具有相同的目的性，但是绑架公权力的私人强制，其作用力的范围更宽，后果更严重。应当说，上市公司内部的私人强制并非都是负面的，很多情况下它是合理的，甚至是更有效率的，所以上市公司监管法对它只需矫正，而对于监管者可能存在的这种"权为己所用"的存在于上市公司外部的私人强制，则需要包括上市公司监管法在内的相关法律对其进行彻底的遏制。

第二，组织"经济人"。组织"经济人"，亦可称之为机构"经济人"。监管机构同样存在追求自身利益最大化的取向，而具有"经济人"的属性。

---

〔1〕 ［美］詹姆斯·M·布坎南：《自由、市场与国家——80年代的政治经济学》，平新乔、莫扶民译，上海三联书店1989年版，第347页。

〔2〕 经济学上的"俘虏论"也认为：基于监管者"经济人"的属性，监管者或监管机构往往被某些行业巨头所俘虏，成为他们的总管家，他们的监管行为将严重地损害正常合理的资源配置，导致行业和部门之间投资以及其他要素的不合理搭配。此时，监管机构已经成为个别利益集团的守护神，而不再是社会福利的保护神。在这种语境下，商人成了真正的猎人。参见李东方主编：《证券法学》（第二版），中国政法大学出版社2012年版，第309~310页。

〔3〕 帕累托最优状态：福利经济学中资源配置的最佳状态或社会最佳状态。这个理论是由意大利经济学家帕累托（Pareto）在20世纪初发展起来，因而与他的名字连在一起，成为社会科学界普遍使用的词。帕累托，经济学家、社会学家，洛桑学派的主要代表人之一，发展了瓦尔拉斯的均衡论（Walrasian Equilibrium）。他认为阶级在任何社会制度中都是永恒存在的，因而反对平等、自由和自治。意大利法西斯主义多来自他的学说。（参见刘树成主编：《现代经济辞典》，凤凰出版社、江苏人民出版社2005年版，第754页；辞海编辑委员会编：《辞海》，上海辞书出版社2002年版，第1257页）。

政府监管机构活动的目标并不一定是或者并不仅仅是社会公共利益的最大化，而往往是各组织机构都有自己的组织目标或者特殊利益取向。在其组织目标或者特殊利益取向发生两难时，往往会不顾及其行为引起的社会成本和效益，而只关心其自身的成本和效益。上市公司监管的特点之一是它不像其他公共支出项目那样占用大规模的预算，因此，对监管者的考评主要是看上市公司监管领域是否出现重大问题或者风险。在此背景下，监管机构如果处处主动监管而一着不慎发生了问题，那么其所要承担的责任或者付出的代价，将远远大于其采取保守或者偏严执法可能给其带来的代价。因此监管机构偏向于保守或偏严执法，以最大限度地降低自身的风险，然而，这却极大限制了上市公司发展的自由空间。

（2）政府监管的结果具有不确定性。虽然市场失灵的存在表明了政府监管的必要性，但是，政府监管能否达到预期的目的，却是非确定性的。这是因为：

第一，监管效应具有滞后性，即一项监管措施从制定到实施，往往需要一个过程。在这段时间里，市场可能发生变化，从而需要实行相反的调节措施。例如，在制定政策时，需要的是扩张性财政政策和膨胀性货币政策，但当政策实施时，经济可能已经走上复苏的轨道了。由于"监管时滞"（Regulatory lag）的存在，相机抉择的财政政策和货币政策不仅不能有助于稳定经济，反而会加剧经济的动荡。不仅如此，有时制定出的公共政策本身可能就是缺乏效率或者是错误的。因为，公共决策同私人决策一样，它们是否有效率，要取决于所获取的信息是否完全和真实。政府作出公共决策必须依靠各级政府机构的官员提供信息，但是后者出于预算最大化的动机，往往提供一些不真实的信息，由此会带来公共决策的失误和缺乏效率。正是由于政府决策可能失误，所以政府监管绝不能过度，而应尽可能缩小政府干预缺陷的负面效应。否则，就可能造成资源配置失效，阻碍经济发展。

其实，股份公司股票发行核准制就存在"监管时滞"的问题，股票发行核准之时，公司是符合发行条件的，但是，市场上运行的上市公司和市场一样也是不断变化的，合格的条件可能会变得不合格。英美国家的股票发行注册制，就不会存在这样的问题，因为他们压根就不干预这一块，而由上市公司在证券市场上自己去接受洗礼和考验。因此，在公司和证券立法上应尽量少给市场主体设置各类标准和门槛，否则，不但容易脱离实际，造成市场本为此，而法律却针对彼的谬误，还会由于审核环节过多，而产生"寻租"空间（关于"寻租"，下文再论）。

第二，在交易市场上，个人不仅是选择的主体，而且也是作出决策的主体，因此选择行为和决策结果之间是一致的。但在投票中，个人虽然是选择主体，但却不能成为决策主体，决策主体是个人所处的集体。因为投票者人数众多，某人的一票通常是无足轻重的，所以在公共选择中，没有确定性，而且为了正确投票，投票者还要挤出时间和费用去收集有关信息，被选择的公共事务越重大，个人搜集信息的成本就越高。因此，作为"经济人"的个人为了"划算"，就可能不去掌握信息而随意投票，甚至不去投票，如果多数选民都对投票持一种漠视的态度，公共选择过程就易于被某些既得利益集团所操纵，从而使其成为谋取局部利益或个人利益的工具。

第三，理性预期学派认为，微观主体的理性行为抵消了政府的监管意图，致使政府监管无效。理性预期假定的基本思想是，经济当事人是有理性的，他们所占有信息的质和量并不亚于政府部门及其工作人员，其预测结果同职业经济学家运用数理经济模型得出的结果不相上下。尽管人们的预期会出现随机误差，但不会出现系统误差，因而是理性的。理性预期假定暗示：经济当事人通过对政府的政策动向进行分析、预测，当某项政策不利于自己的盈利目的时，经济当事人就会从自身的利益出发，采取相应的措施来抵制政府，这就是所谓的"上有政策，下有对策"，其后果必然造成政府的监管效力递减，甚至无效。当然，在微观经济主体对政府的措施进行预测和采取规避行为的同时，政府也可以对微观经济主体的行为进行预测并采取抵消措施。但是由于政府的决策过程不如微观经济主体来得及时、灵活，加之政府面对的是无数个微观经济个体，因而政府的行为易于被公众知晓，而政府却不易全面了解经济个体的行为，不了解它们将可能采取什么样的规避行动，可谓防不胜防。因此，理性预期学派的学者明确提出："在一个理性预期的世界里，政府的需求管理政策是无效的。""政府于事无补而且危害很大，因此政府不过多地卷入经济是最好不过了。"[1]

（3）政府监管同样面临信息不对称的问题。在监管者信息不对称的情况

---

〔1〕〔澳〕迈克尔·卡特、罗德尼·麦道克：《理性预期：八十年代的宏观经济学》，杨鲁军、虞虹译，上海译文出版社1988年版，第2、160页。

下，监管者同时兼具优势和劣势：

第一，监管者信息优势的情形。从社会公共利益的需要出发，现实生活中监管者与被监管者往往会形成一种经济学上的委托—代理关系。谁是委托人，谁是代理人是可以相互转换，并非固定不变的。代理人是受人之托、是行动方，处于主动地位，占信息的优势；而委托人是委托他人办事，不在事发的最前沿，是被动方，处于信息的劣势。当委托人是社会公众，而监管者是代理人时，监管者是信息优势一方。这种情况下就可能发生监管者的道德风险，监管者可能会以一个很大的社会代价去实现一个原本只需要小得多的社会代价就能完成的委托目标。而作为委托人的社会公众由于处于信息的劣势地位不能够知晓整个监管实施过程，因而无从判断代理人的绩效。

第二，监管者信息劣势的情形。当监管者是委托人时，被监管对象则处于信息源的主动地位。此时，尽管监管者的主观愿望很好，也可能力不从心，因为监管者处于信息源的末端而无法及时周全地行使其监管职能。

（4）政府监管一方面并不能解决外在性问题，另一方面还可能产生新的外部性。

第一，政府监管并不能解决外在性问题。如前所述，外在性是政府监管的主要理由之一，但是，现代货币主义者则认为，如果市场不能解决外在性问题，那么政府也不可能解决。现代货币主义者费里德曼（Friedman）指出："外界的或邻居的影响不仅可以使'市场失灵'，而且也可以使'政府失灵'。如果这种影响对市场交易是重要的话，那它对于政府采取的旨在纠正'市场失灵'的措施多半也是重要的……在容易弄清谁受到损失，谁得到好处而且损失、好处各为多大时，人们可以很容易地用自愿交易代替不自愿交易，或者至少是要求得到补偿……如果私人方面要弄清谁给了谁损害或好处，是困难的，那么要政府做到这一点也是困难的。因此，政府试图改变这种状况的努力最后只会把事情搞得更糟——把损失加到无辜的第三者头上或者让侥幸的旁观者得到好处。"[1]以房租控制为例：为了保证穷困居民有房可住，政府会拟订房租控制标准，以杜绝房屋市场上过高的房屋租金，但是房租控制标准往往会破坏房屋市场的供求机制。首先，低房租会刺激有房可住的人租住

---

〔1〕〔美〕米尔顿·弗里德曼、罗斯·弗里德曼：《自由选择》，胡骑、康学媛、安强译，商务印书馆 1982 年版，第 35～36 页。

更多的居住空间；其次，低房租同样会刺激房产商把自己的资源转移到不受政府控制的行业，这样，住房供应量势必减少。其结果是，房租控制标准在供求两方面都会形成不利于贫困居民的影响，贫困居民的住房依然不能解决。因此，费里德曼认为，初衷良好的政府干预往往得到相反的结果。[1]

第二，政府监管可能产生新的外部性。政府监管活动可能产生的新外部性包括可预料的外部性和不可预料的外部性。前者比如，在多数表决制下所通过的公共支出项目，接受资助的多数人受益，而未能够接受资助的少部分人就可能遭受外部不经济，尤其是在这两组人群存在竞争关系的背景下，这种外部不经济更显突出。后者比如，美国经济学家沃尔夫在他的《市场，还是政府：市场、政府失灵真相》一书中，就举了这样一个例子：在美国，当环保机构为弥补市场的缺陷而建立起一套噪音污染标准，用以解决各类噪音外部性的时候，却没有预料到会造成美国与英、法两国在超音速商业飞机上外交政策的紧张。

（5）政府活动同样存在不完全竞争的问题。前文分析市场不完全竞争时，谈到垄断是不完全竞争的典型形式。以此考察政府，我们发现政府部门之间，甚至不同的监管者之间，在很大程度上其职能都是不能相互替代的，也就是说，政府提供的公共服务具有垄断性，甚至是很强的垄断性。由于前面论述过的组织"经济人"属性的存在，监管机构在从事其监管活动时，与一般市场主体一样，也有做一个垄断者的强烈偏好。而与一般市场主体不同的是，监管机构往往有条件成为它想成为的垄断者。一旦如此，就会使得政府活动缺少可供比较的基础，人们无从判断它的运行是否有效，与此同时，政府官员也会因为缺少应有的激励而不能更好地满足社会的需要。[2]

（6）政府监管是导致"寻租"[3]活动加剧的原因之一。"租"这一概念是由地租引申而来的，指某种生产要素的供给由于自然存量、政府管制等种种因素造成在市场上难以满足需求时而产生的差价。寻求这种差价的行为就

---

〔1〕［美］米尔顿·弗里德曼、罗斯·弗里德曼：《自由选择》，胡骑、康学媛、安强译，商务印书馆1982年版，第36页。

〔2〕刘宇飞：《国际金融的新发展》，经济科学出版社1999年版，第103页。

〔3〕寻租是英文"Rent-seeking"的译意，从经济理论发展史的角度看，现代寻租理论可以追溯到古典经济学，特别是萨伊的学说。美国经济学家A.O.克鲁格（Anne O. Krueger）是现代寻租理论的代表人物，她在1974年发表的《寻租社会的政治经济学》被认为是寻租理论的经典之作。

叫寻租行为，寻租行为总是将目光盯在生产过程之外的各种差别优惠上，因而，游说、疏通关系等就成了寻租的主要手段。握有监管权力的某些政府官员除了被动地接受寻租人的回报外，还可能直接利用手中的权力谋取私利。例如"政治创租"和"抽租"[1]的手段就比较典型。

寻租行为的存在会给社会酿成以下不良后果：①寻租活动诱使人们把大量稀缺资源从生产性用途转移到非生产性用途，使本身可以用于生产性活动的资源浪费在对社会无益的活动上，因此，这类活动只能给个人或利益集团带来收益，而不能给社会带来产品和服务，是纯粹的既定利益的再分配，是资源的浪费。②寻租会导致资源配置偏离帕累托最佳状态，而资源配置扭曲及资源浪费必将阻止更有效的生产方式的实施。③权钱交易的存在，可能使政府的某些岗位成为人们心目中的肥缺，正如美国学者 A.O. 克鲁格所言，人们为了获得进入政府工作而互相争斗，因为争夺政府职位在某种程度上就是争夺租金。结果，极为稀缺的人才资源被过多地配置到政府部门。就一般而言，政府干预经济领域的范围越宽，权力越大，寻租活动就越普遍、越盛行。因此，要有效地遏制寻租活动，就必须把政府监管控制在适度的和必需的范围之内。

（7）政府监管失灵的另一个表现就是政府公权力过度介入经济领域而产生的"福利腐败"问题。"福利腐败"是指国有垄断性企业为其管理人员和职工等提供显然超过其合理数额的工资和相关福利。"福利腐败"问题主要发生在国家垄断企业或者国有控股上市公司之中，因为国有控股的垄断性公司的管理人员及其职工，在我国现行的激励制度下，一般难以分享企业的经营剩余，所以，通过向公司管理人员和职工提供显然超过其合理数额的工资或者待遇，就成为国有垄断性公司的一种必然选择。由于国有垄断性公司的全体职工都能分享到或多或少的垄断利润，因而对于"福利腐败"的改革，其阻力之大就可想而知。然而，在私人控股的垄断性公司之中，公司的垄断利润都会转化为公司的经营剩余，然后股东按投资比例大小而分得收益，相对公平合理。

---

〔1〕　在经济学中，"政治创租"是指政府官员利用行政干预的办法来增加私人企业的利润，人为地创造"租"，诱使私人企业向他们"进贡"，以作为得到这种租的条件。"抽租"是指政府官员故意提出某项会使私人企业利益受损的政策作为威胁，迫使私人企业割舍一部分既得利益与政府官员分享。参见曹沛霖：《政府与市场》，浙江人民出版社1998年版，第435页。

由此看来，国有股权应当尽可能少地进入自由竞争的经济领域，公权力监管的触角要尽可能少地触碰通过市场运行而能够自行调节的领域。不然，就会产生种种意想不到的副作用，使政府监管适得其反。

（二）上市公司监管法的法律负成本分析

上市公司监管法的法律成本有两层含义：一是为实施上市公司监管法在任何时候都存在的人、财、物的合理付出，具体包括监管机构履行监管职责所耗费的资源和上市公司因遵守监管法律而耗费的资源。前者可称之为行政成本或者执法成本，后者则称之为守法成本或者奉行成本（Compliance cost）。前者如，执法者调查内幕交易行为就必须付出相应的人力、财力和物力；在制裁证券违法的司法过程中，司法机关也必须付出相应的成本。后者如，上市公司为了公司运行合规需要培训公司高管或聘请律师顾问而产生的费用。这种成本笔者称之为法律付出的正成本，或者称之为法律的有效成本。二是上市公司监管法在实施过程中经常会发生与立法宗旨相背离的负效应，或者产生不合理的执法成本，对此笔者称之为法律的负成本或无效成本。由于下面将研究上市公司监管法的适度性，而通过研究法律的负成本，对把握证券监管法的"度"大有裨益，所以，笔者在此主要讨论上市公司监管法的负成本，该负成本主要反映在以下四个方面：

1. 执法负成本。公共选择学派认为，即使通过公共选择制定的监管法律符合社会利益，也不能保证这样的法律能够得到不折不扣的执行。问题出在执行这些法律的各级监管者身上，他们不能排除自身利益对法律实施的干扰，他们可能对法律作出偏于自身利益的理解，在法律界限比较模糊的情况下更是如此。结果，法律在执行过程中变了样。比如，在上市公司的证券发行审核过程中，由于证券监管机关手中的权力极大，监管者在决定是否通过该核准时，完全可能根据自身的某种利益或偏好而作出取舍。不仅一般的证券监管执法者有可能发生执法的负成本，就是掌握证券纠纷最终司法解决权力的法官也有这种可能，美国监管理论的权威学者波斯纳认为："经济学家们假设，法官像其他人一样，寻求的是包括金钱和非金钱因素（后者包括闲暇、声望和权力）在内的效用函数最大化。但我们已认识到，司法程序规则的目标就在于防止法官在审理一个特定的案件时，以这样或那样的方法取得金钱报酬，并使有政治作用的利益集团对其判决所产生的影响最小化。这些隔离规则（Insulating rules）的有效性有时是值得怀疑的。"〔1〕法官可能经常"设法将其个人的偏好和价值加于社会"〔2〕，而不是纯粹按照法律的公平和正义来审案。执法负成本的后果，即为法律规则的低效率，甚至无效，而"法律的低效率规则将会被当事人之间的明示协议所废除，而如果司法判决不断地无视经济逻辑，那么契约当事人就会用私人手段代替司法方法以解决契约争端"〔3〕，从而造成法律条文形同虚设。

2. 守法负成本。守法负成本即证券市场上被监管的主体为遵守有关监管规定而额外承担的成本〔4〕。例如，当被监管对象遵守那些本身缺乏公平性的证券法律、法规或政策（参见本章本节前述有关证券市场的非公平性）时，所付出的守法成本，就是一种负成本。我国曾经存在过的"同股"而不"同权、同利"的现象，上市公司和投资者的所得税也分三六九等，不同的地区（如内地和沿海）所享有的政策也不同等，但是对于国家的法律、法规和政策，即使是受到非公平待遇的经济主体也必须遵守。换言之，他们的守法成本是负的。守法负成本给我们的启示是：政府干预应尽可能少，必要的干预要力求中性，即不偏向任何部门、地区和人群。

3. 上市公司监管立法宽严失度时所产生的负效应。在证券市场上，如果监管法超过一定的限度，则过度的监管会压制上市公司的成长。因为在过度监管的环境下，一方面无效率的上市公司不仅不会被淘汰，反而会被保护起来；另一方面，颇具竞争实力的上市公司由于缺乏自由竞争的空间，因而无法做出高效的业绩。再者，金融创新、金融改革在理论上被广为提倡，但是，在实践中却由于监管严厉而出现了创新、改革行为和违法行为的模糊边界，导致创新者和改革者创新意愿不足，不利于上市公司跨越式发展。所以，"监管越紧，成本也越高，不仅是监管自身的直接成本，而更重要的是对金融机构提供更低廉、更富创新性和丰富多样的产品与服务的竞争力施加了限制，

---

〔1〕 ［美］理查德·A·波斯纳：《法律的经济分析》（下），蒋兆康译，中国大百科全书出版社1997年版，第694页。

〔2〕 ［美］理查德·A·波斯纳：《法律的经济分析》（下），蒋兆康译，中国大百科全书出版社1997年版，第695页。

〔3〕 ［美］理查德·A·波斯纳：《法律的经济分析》（下），蒋兆康译，中国大百科全书出版社1997年版，第695页。

〔4〕 参见贝多广主编：《证券经济理论》，上海人民出版社1995年版，第148页。

这最终将有损于这些产品和服务的消费者。"[1]

4. 道德风险（Moral hazard）。道德风险是指由于某些制度性的或其他的变化，而引发的私人部门行为的变化并产生有害的（通常是不利于生产的）作用。经典的例子是火灾保险：当某人购买了火灾保险以后，就会变得对火灾隐患不十分注意，这就使火灾风险比未保险时高得多。因此，有学者认为，监管会导致私人部门去冒较大的风险，或者是随意的、或者在更多的情况下是无意的，换句话说，监管会降低正常的谨慎程度[2]。

上市公司监管法所产生的道德风险主要发生在证券发行市场和交易市场。我们首先考察在发行市场上上市公司监管法可能产生的道德风险，根据我国《股票发行与交易管理暂行条例》（以下简称《股票条例》）第 12 条的规定，我国股份有限公司申请公开发行股票，必须经过规定的程序、报经地方政府或中央企业主管部门审批；被批准的发行申请，还要送证监会复审，并将审查意见书抄报证券委；经证监会复审同意的，申请人应当向证券交易所上市委员会提出申请，经上市委员会同意接受上市，方可发行股票。这就容易给公众投资者一个印象："既然经过政府严格程序的审批，那么，上市公司所公布的招股说明书的内容一定会是真实、准确、完整和可靠的"，从而对上市公司充满信任感和安全感，这大大降低了投资者在一般市场上应有的谨慎标准。实际上，按照我国《股票条例》的规定，招股说明书内容真实、准确、完整性的保证人和责任人是申请人或发行人本身以及主承销商；同时，对其资信、资产和财务状况进行审定、评估并出具有关法律意见书的会计师、审计师和律师也负有相应的责任；而对申请文件进行审批的政府主管机关对这些文件内容的真实性、准确性和完整性是不负保证责任的。因此，为了抵消《股票条例》第 12 条可能给公众投资者带来的道德风险负效应，该条例在第 16 条明确规定，招股说明书的封面应当载明："发行人保证招股说明书的内容真实、准确、完整。政府及国家证券管理部门对本次发行所作出的任何决定，均不表明其对发行人所发行的股票的价值或者投资人的收益作出实质性判断或者保证。"

---

[1] 转引自张忠军：《金融监管法论——以银行法为中心的研究》，法律出版社 1998 年版，第 73 页。

[2] 参见贝多广主编：《证券经济理论》，上海人民出版社 1995 年版，第 145~146 页。

在证券交易市场上，上市公司监管法可能产生的道德风险有两种情形。第一种情形是，在一个完全自由的市场中，投资者自己必须尽最大努力去评价或考察委托代理商的安全性；但是在一个受监管的证券市场中，投资者认为证券监督管理机关会确保那些证券机构或证券代理商的安全性，或者至少能够确保在发生违约时会偿还保证金，因而寻找证券代理商时，不多加考虑。这就会使那些不良的证券公司很容易获得客源，而此时这些客户（投资者）则给自己增加了一种投资风险之外的风险。第二种情形是，由于对上市公司监管法和证券机构的充分信赖，投资公众往往容易对证券市场上经常存在的证券欺诈、过度投机、操纵行情和内幕交易等行为掉以轻心或失去应有的谨慎。

（三）上市公司监管的适度性分析

1. 政府监管缺陷理论和法律负成本分析给我们的启示。政府监管缺陷理论和法律负成本分析说明监管并非包医百病的灵丹妙药，它自身也存在失灵的问题。不仅如此，"政治权力"在特定的情形下，还会"给经济发展造成巨大的损害，并能引起大量的人力和物力的浪费。"[1] 当然，政府监管还有极大促进经济发展的一面，因此，探讨监管缺陷问题并不是否定政府监管的必要性，而只是强调监管要适度，要用好政府权力来实现社会的经济目标。那么怎样才能把握监管的适度性呢？笔者认为要把握政府监管的适度性，就应当遵守以下三项原则：

（1）将政府监管严格限制在市场失灵的领域。发达国家和发展中国家的实践都已证明，尽管市场机制存在缺陷，并且其缺陷在很大程度上只有依靠政府的干预才能克服，但是，市场机制却是迄今为止人类所拥有的最有效的资源配置工具，因为市场机制能以最低廉的费用、最快的速度和最简单的形式把资源配置的信息传递给相关的决策者，而且，对于消费品的最佳分配、生产要素的最佳配置以及社会经济的发展，市场机制基本可以圆满解决。在这种情况下，如果政府监管过度，就会破坏上述的"自然生态"，所以，凡是市场能自行调节好的经济活动，政府就没有必要插手，否则，不仅是多余的，而且是有害的。

（2）将政府监管限定在对市场缺陷干预能起积极作用的领域。上面已明确，政府监管应当严格限制在市场失灵的领域。但这还不足以界定政府监管

---

[1] 《马克思恩格斯选集》（第4卷），人民出版社1972年版，第483页。

的适度范围，因为我们还会面临这样一个问题，政府在市场失灵领域的干预，全都有效吗？人们往往有一种错觉，即认为政府对所有市场失灵的现象实施干预都会有效。一旦发现市场失灵，马上就想到颁布一个条例，发布一条行政命令，或者实施一项监管措施，而不去分析一下，这些行政行为到底能不能奏效。结果有些政府干预不仅没有达到预期的效果，反而使问题更糟。比如市场是通过周期性经济波动来调整产品结构和产业结构的，这种周期性波动会造成一定量的资源损失，此可谓市场缺陷。过去在我国，人们认为，通过计划经济的干预措施就能够解决市场经济所固有的周期性的波动问题，可是，政府一旦干预却又使国民经济发生因政府政策而引起的周期性波动，而政策性的周期波动同样会造成资源损失，甚至损失更惨重。实践证明，对于某些市场失灵，政府干预能够起到积极作用，而对另一些市场失灵，政府干预却是不能奏效的。如果硬性干预，就会造成"政府失灵"或"政策失效"，而"政府失灵"所造成的后果比"市场失灵"的后果更为严重。所以，政府监管只能限于那些监管有效的市场缺陷范围。

（3）政府监管应当限定在监管能产生效益的范围内。也就是说，政府监管要遵循成本—效益的法则。这里所指的效益主要是指社会的宏观经济效益或公共效益，从本质上讲，在经济领域的政府监管也是一种经济活动，既然是经济活动，就要计较成本。只有当监管后的效益超过其成本时，才符合经济理性，如果某项政府干预增进的资源配置效益为100，而为此却要付出110的资源成本，一个理性的政府是不会实施这项政府干预的。[1]因此，在考虑是否实施某项政府干预时，必须要作成本与效益权衡。

2. 上市公司监管适度性的把握。根据上述政府监管失灵一般理论给我们的启示，上市公司监管的立法和上市公司监管法的实施同样也存在一个适度的问题。笔者认为，要把握上市公司监管的适度性，实际上就是要正确界定上市公司监管法的任务和上市公司监管法干预的范围，即证券市场机制能够自行完成的任务，上市公司监管法就不去涉足；上市公司监管法干预无效，甚至干预会产生负成本的范围，上市公司监管法就不必去干预。根据上述指导思想，我认为上市公司监管法的基本任务及其干预上市公司的适度范围，包括以下四个方面的内容：

---

〔1〕 参见胡家勇：《政府干预理论研究》，东北财经大学出版社1996年版，第129~130页。

（1）制裁证券市场的违规违法行为，以规范上市公司证券发行和交易行为。前面已经分析，由于自身的缺陷，在证券市场容易发生过度投机、操纵行情、内幕交易、官商勾结以及欺诈舞弊等扰乱证券业的行为，对此，证券监管机关应当以裁决者的身份代表国家实施严厉监管。然而，在我国要真正做到这一点尚有一定难度，因为在证券市场上，我国政府仍然尚未完全摆脱其证券市场参与者的身份，这样，政府就容易直接面对投资者、面对企业、面对市场。而作为经济活动的直接参加者，一旦证券市场出现利益冲突或纠纷，政府必然成为被责难的对象。因此，政府应离市场更远一点，尽量居于超脱的地位，不直接参与证券活动，一旦证券市场发生重大纠纷或违法违规行为，政府当以裁决者的身份着手化解矛盾、处理纠纷、追究违规违法行为人的法律责任，从而使上市公司的证券发行和证券交易按照上市公司监管法的指引实现规范化。

（2）增强投资公众的投资信心，保护投资者的合法权益。上市公司证券的发行和证券市场的正常运营是公司和政府筹集资金的重要途径，也是促进一国经济繁荣和稳定的主要金融手段。政府和上市公司发行证券的目的是把社会公众手中的闲散货币资金集中起来，充分发挥其增值效用，这一目的的实现必须依赖社会公众对所发行的证券的购买；而公众购买证券与否，又有赖于其对投资是否有信心，是否具有安全感。在此，上市公司监管法便担负着树立投资公众的投资信心和增强其安全感的使命。正如某些台湾学者所指出："证券管理之主要任务，即在于使证券市场之效能圆满发挥，消除人为操纵等缺点，从而培养投资大众之信心，使国民储蓄能流向工业以促进经济发展。"[1]"故建立完善之证券管理制度，使投资人获得充分保障而乐于投资，实乃发展经济之要务。"[2]可见投资者的投资信心和安全感有赖于国家为证券的发行和交易提供良好的法律环境，保障投资者作为分散的、无组织的个人不致受到有着严密组织性的发行者的欺骗和非法诱惑，同时，一旦投资者受到欺骗，法律将给予被欺骗的投资者适当的救济途径，以切实保护投资者的合法权益。当然，保护投资者的合法权益并不是说保证投资者都能从证券投资中获利，上市公司监管法的任务在于确保投资者有一个公开、公平、公正

---

〔1〕 余雪明：《证券管理》，台湾编译馆1971年版，第16页。
〔2〕 赖源河：《证券管理法规》，成阳印刷股份有限公司1996年版，第4页。

的证券交易环境，并严厉打击各种违法投资的行为。有一点需要说明的是，上市公司监管法保护投资者的合法权益，并不是说不保护证券市场上其他主体的利益，而是考虑到投资公众在证券市场上处于相对弱势的地位，他们的合法权益容易受到侵害。即法律应当正视个人与社会的差异，应当支援社会弱者，而牵制社会的强者，使之达到真正的平等[1]。因此根据保护弱者的经济立法原则，上市公司监管法应当将保护投资者合法权益作为自己的立法宗旨。

（3）宏观引导社会资金和资本合理分流，以实现资本金的优化配置。证券业的主要职能是筹集、融通和配置资金，国家的产业结构和经济结构制约着社会资金和资本的分配，但是证券业为作为资金配置的行业，反过来又可影响国家的产业结构和经济结构。可是，仅靠证券市场的自发调节，往往不能实现社会资金的最优配置和产业结构的合理布局，投资者更多的是考虑自己眼前的利益，因而易被证券市场的虚假繁荣所迷惑，他们很难透过证券市场的表面现象将自己的利益与上市公司经营、生产的优劣联系起来，这就有可能造成社会资金通过证券市场而盲目流动，这种盲目性只有依靠国家的合理干预才能够克服。这种合理干预的方式，便是国家通过制定上市公司监管法来设立专门的证券管理机构，使其依法对公司证券的发行与上市进行管理，对发行人资格和证券发行条件进行审查或审核，以及国家通过其他机构对利率、税收政策进行调整，从而引导社会资金和资本合理分流，支持重点产业和基础产业，使管理完善、经济效益好的上市公司能够尽快获得投资。国家的这种宏观管理，与上市公司及其投资者的自由决策和自由选择结合起来，是能够较好地克服证券市场自身缺陷的。因为，上市公司和投资者的自由意志都不得不受整个经济形势的制约，而只有国家才可能从全局上掌握一国的经济状况，能够从客观上为上市公司证券的发行行为与投资行为提供引导和协调等服务。国家通过实施上市公司监管法，实现对证券市场稳定、均衡的监管，这样就能使国家的宏观经济政策最终得以实现。

（4）维护公共利益。上市公司监管法的这一任务是由其属于社会本位法的法律本质[2]所决定的。"国家作为凌驾于社会的力量，并不意味着它的权

---

〔1〕 郑玉波：《民法总则》，三民书局1995年版，第5页。

〔2〕 笔者曾对证券监管法进行过经济法学的分析，认为"证券监管法是以社会公共利益为本位的法"（详见拙作《证券监管法律制度研究》第三章的相关内容）。而作为证券监管法有机组成部分的上市公司监管法，自然也应当以社会公共利益为其本位。

力必须伸向经济生活的每一个方面和每一角落。它表明国家对经济生活进行干预的时候，它总是要出于种种考虑，自己设定它对社会经济生活进行干预的方面和程度。这种设定主要是通过制定体现它的意志的法律来完成的，这决定了国家在制定法律的时候，首先就要确立通过什么法律形式来规范自己对经济生活干预的范围和程度。这就是立法的本位思想。"〔1〕上市公司监管法乃是以社会的公共利益为其立法之本位，这就决定了它要求上市公司，在进行证券市场行为时，不得一味追求自身利益最大化，而忽视或危害社会公共利益。证券市场作为现代社会高级的市场形式和生产要素市场的重要组成部分，因而对整个社会经济秩序有重大的影响。也就是说，证券市场秩序的好坏直接影响到整个社会经济秩序的好坏，进而影响到整个社会公共利益的实现。因此，以社会为本位的上市公司监管法，就是要从社会公共利益出发，加强对上市公司证券发行和交易行为的监管，使上市公司个体的发行和交易行为符合社会整体利益，从而形成良好的证券市场秩序，以实现维护社会公共利益的目的。

从上述上市公司监管法的基本任务及其干预的范围可以看出，这些基本任务之间存在一定的逻辑层次，前者是后者的基础和前提条件，后者则是前者的实质性理由，即只有规范了上市公司证券的发行和交易行为，才可能有效地保护投资者的合法权益，才可能实现社会资本金的优化配置，最终才可能维护社会公共利益，从而促进整个市场经济的发展。这些也正是上市公司监管立法的宗旨所在。

---

〔1〕　李昌麒：《经济法——国家干预经济的基本法律形式》，四川人民出版社1995年版，第210页。

上市公司监管体制是指一国为使其上市公司规范运行而采取的监管体系、监管结构和监管模式的总称。上市公司监管体制与证券监管体制具有一致性。从被监管主体来看，在证券监管体制内，除了对上市公司的监管之外，还包括对证券业的其他全部主体的监管，因而其范围更宽。从监管主体来看，包括政府监管机构和自律监管机构，政府证券监管机构（如中国证监会）实施对全国证券业的监管，这与上市公司的监管主体完全一致。但是，自律监管组织侧重点不同，比如上市公司协会实施对全国上市公司的自律监管，而证券交易所、证券业协会等则只是实施对上市公司部分行为的自律监管。可见，上市公司监管体制与证券监管体制具有一致性、重叠性，因此，在以下的论述中笔者未将二者进行明确区分，只是在涉及被监管主体时，将论述的重点放在了上市公司上面。

第一节　上市公司与证券市场监管体制典型模式比较

一个国家上市公司与证券市场监管模式的形成是由该国政治、经济、文化传统及证券市场的发育程度等多种因素决定的，尽管每一个国家或地区的具体情况各不相同，但从总体上仍可将世界各国的上市公司监管模式归为三种类型，即政府主导型、自律主导型和中间型。

政府主导型以美国为代表，其特点是政府通过制定专门的上市公司与证券业管理法规，并设立联邦证券监管机构来对全国的上市公司和证券市场进行集中统一管理；在此之外，各类自律监管组织，如证券交易所、全国证券交易商协会等在政府的监督与指导下，享有自律监管权，从而形成了一个由联邦、州及证券自律组织所构成的既统一又相对独立的上市公司与证券监管体系。此外，还有加拿大、日本、菲律宾、韩国、我国台湾地区、巴基斯坦、印度尼西亚、墨西哥、以色列、尼日利亚、埃及、土耳其等国家和地区实行这一体制。

英国是自律主导型模式的代表。政府除了进行某些必要的国家立法外，其对上市公司和证券业的监管主要由证券交易所、证券商协会等组织进行自律监管。政府对上市公司监管的基本态度是自由放任。除英国外，还有荷兰、津巴布韦、肯尼亚、我国香港地区（香港于1989年进行改革，现归为政府主导型）、新加坡、马来西亚等国家和地区也属于这类监管模式。

中间型介于前二者之间，既强调立法监管、政府实质性监管，又注重自律监管，这种模式以法国和德国为代表，故又可称之为欧陆模式，其余还包括意大利、泰国、约旦等国家。

为方便起见，本书只讨论以上三种类型中的典型国家，即美、英、法、德等国的上市公司监管模式，并以此阐明三种类型各自的特点与优劣。

一、政府主导型的美国监管模式

（一）美国上市公司和证券市场监管模式的形成与发展

美国的证券业监管制度经历了较长时期的演变。早在1852年马萨诸塞州就对公用事业发行证券加以限制，在美国经济发展后期，若干州就陆续对证券业的行为加以规范。如1879年《加利福尼亚州宪法》就明文禁止以信用购买证券；而乔治亚州1904年规定以分期付款出售证券，而有购回之规定者，必须在一信托公司存入至少25 000元，并建立一项至少相当于这种分期付款75%的基金，并公布年度财务报告；密苏里州在其1907年制定的相关法规中亦规定期货交易必须作成记录及以贴印花之文书用以证明每次交易。多数州在20世纪初就对公用事业的证券发行及其他业务，设立委员会加以监管[1]。到1913年前后，美国已有23个州制定了证券监管法，其中有17个州的证券法是以堪萨斯州的法律为蓝本制定的。尽管各州证券立法的内容不尽相同，但是，它们主要都是以防范和制裁证券欺诈行为为目的的。由于在当时的证券业中存在着严重的欺诈行为，人们普遍认为如果不对证券业加以监管，蓝天也会被出售。因而各州证券业中制定的防止和惩罚欺诈行为的法规，被通

---

[1] Louis Loss, *Securities Regulation*, Boston: Little, Brown and Company, 1961, pp. 23~27.

称为"蓝天法（Blue-sky law）"。

由于各州的"蓝天法"只在本州范围内有效，对州际的证券交易行为难以监管，也难以对投资者提供积极的保护，所以具有一定的局限性。但是由于各州的经济发展、证券发行和交易的情况不一样，这些州的法规至今仍对本州证券市场的监管起着重要作用。第一次世界大战以后，美国对证券业监管的法规从州分别立法发展到联邦政府的立法。1929 年美国证券市场上发生的大恐慌是导致现行证券监管立法最直接的原因。由于第一次大战后美国经济的繁荣，股价自 1924 年以后就逐步上涨，至 1927 年涨势加剧，证券信用放款超过 35 亿美元，由于少数投机者的操纵，汽车及收音机股价上升，广大股民也就盲目跟进，到 1929 年夏天股价与现实完全脱节，当时以信用方式购买证券的人就有百万以上，信用放款的利息高达 12%～15%，总额达 70 亿以上，因此，银行、公司及外国资金纷纷涌向华尔街，到 9 月股价达最高峰，但到 10 月股价开始下挫，终至一发不可收拾[1]。从 1920 年到 1933 年期间，美国发行的证券总计有 500 亿元，到 1933 年，其中一半都变得一文不值[2]。

事后经国会调查，查出许多操纵市场和欺诈投资人的内幕，操纵市场和欺诈客户的主要手法有：洗售（Wash sale），指由特定人同时对某一股票进行买进与卖出的委托，从而造成交易量甚多的假象；配合下单（Matched orders），其手法同上，但由两人实施；居奇（Cornering），这种手法是指限制某种特定股票的供给量使卖空者不得不接受多头对股票的要价；此外，还利用大众传媒散布虚假信息，等等[3]。

在这种情形下，罗斯福总统于 1933 年 3 月 29 日向国会提出咨文，主张联邦立法强制要求上市公司在发行股票时充分公开一切有关的信息，以使投资公众作出自己的判断，不致盲目投机。在罗斯福总统的推动下，国会通过了《1933 年证券法》，该法第 2 节 b 规定："无论何时当联邦证券委员会进行立法或判断一个行为是否必需或者符合公共利益时，它除了考虑保护投资者以外，还要考虑该行为是否有利于促进效率、竞争和资本的形成。"同年又通过

---

〔1〕 See John K. Galbraith, *The Great Crash 1929*, Mariner Books, 2009；Frederick Lewis Allen, *Only Yesterday*, Babtam ed., 1959, pp. 205～241；Frederick Lewis Allen, *The Lords of Creation*, New York, 1935, esp. Chapters 10～13.

〔2〕 Louis Loss, *Securities Regulation*, Boston：Little, Brown and Company, 1961, p. 120.

〔3〕 See George L. Lettler and Loring C. Farwen, *The Stock Market*（3rd ed.）, 1963, Chapter 27.

《银行法》，即《格拉斯-斯蒂格尔法》（Glass-Steagall Act），该法对金融业实行严格的分业监管和分业经营，商业银行不得经营证券业务，不得为自身投资而购买股票，即使购买公司债券也有严格限制，为商业银行和证券业之间筑起一道严实的"防火墙"，其目的在于控制银行资金违规流入资本市场进行投机活动，以保持金融秩序稳定，增强储户对银行的信心。从此，美国的金融监管体制实行分业经营，直到1999年该法案才被废止。《1934年证券交易法》第2节则进一步指出美国证券监管的目标在于"清除障碍，完善国家证券市场制度和证券交易的交割清算制度"，以及"保护州际商业、国家信用、联邦征税权以及国家银行系统和联邦储备系统的有效"和"维护市场的公平和诚实"。依据该法，成立证券监管委员会，以保护投资人的利益，以此重建大众对证券市场的信心。

随后，美国又颁布了如下一系列证券法律或法案：

（1）《1935年公共事业控股公司法》。适用于公共事业控股公司，主要内容是对公用事业持股公司的证券发行进行监管，并采用竞价方式承销证券。

（2）《1939年信托契约法》。适用于发行债券时的信托契约，是对公司债券发行与交易的监管。

（3）1968年《威廉姆斯法案》。此法案是对公司兼并进行规范。

（4）《1970年证券投资者保护公司法》。根据此法案，美国建立了证券投资者保护公司（SIPC）。该公司的目的主要是为投资银行的顾客提供保险，当公司破产时对投资者进行有限赔偿，以增强投资者对资本市场的信心。

（5）1982年《美国证券交易委员会415条款》。主要内容是允许公司对2年内发行的一定数量的某种证券进行一次注册，减少了等待时间。415条款的实施降低了证券的发行成本。

（6）《1984年内幕交易制裁法》。此法详细规定了内幕交易者及帮助、教唆者的法律责任。

（7）《1988年内幕交易和证券欺诈执行法》。此法进一步明确内幕交易有关人员的责任，尤其是民事责任的承担。

进入20世纪90年代后美国国会又制定了《证券法实施补充与股票改革法》《1995年内幕交易私人诉讼改革法》《1996年全国证券市场改进法案》和《1999年金融服务现代化法》等一系列法案，一方面扩大了证券交易委员会的权力，另一方面则针对证券交易日益技术化的特点，对证券市场创新和新形式的证券违法违规行为作出了规范。2002 年 7 月，主要针对安然等上市公司会计丑闻，美国国会又通过了《公众公司会计改革和投资者保护法》，即 2002 年《萨班斯－奥克斯利法案》，强化了信息公开制度、公司治理机构的完善、公司管理层的责任和会计师事务所等中介机构的责任等方面的内容。

从上面的概述可以看出，自 1933 年以来，美国的证券法经过不断完善，已经形成了一个对美国上市公司和证券市场严密监管的法律体系。美国的证券法律体系对当代各国证券监管的立法，均有很大的影响。

在金融和证券监管变革的当今，美国《1999 年金融服务现代化法》需要我们特别关注。二战以后，特别是 20 世纪 70 年代"布雷顿森林体系"崩溃以后，美国乃至国际经济金融环境都发生了很大的变化。美国政府采取了美元与黄金脱钩的政策，虽然缓解了美国国内的通货膨胀，但是使欧洲和日本等国的外汇储备贬值了许多。国际竞争迫使美国立法与司法部门进一步考虑对以效率为基础的监管再做调整。资本市场迅速发展，资本商品和衍生商品日新月异，银行业也不得不进入这个多姿多彩的新市场。加上保险业和名目繁多的投资基金兴起，资本市场在美国金融中的地位明显上升，而且为投资者和经营者提供了巨额回报。限制自由竞争与发展的《格拉斯－斯蒂格尔法》已成桎梏。究竟是坚持该法案确定的分业体制，还是实行混业体制，法学界和经济学界开始了激烈的争论。1999 年 11 月 4 日，美国参众两院分别以压倒性多数票通过了《1999 年金融服务现代化法》。当月 12 日，克林顿总统签署该法案，并称"它将带来金融机构业务的历史性变革"。

美国《1999 年金融服务现代化法》核心内容主要有以下几点：①允许美国银行、证券、保险业之间混业经营，实行全能银行模式；②保留其双线多头的金融监管体制并扩展监管机构，实行功能监管和控制金融风险；③强调银行业与工商业的分离，实现金融体制的现代化；④突出对享受金融服务的消费者的保护；⑤要求加强对小企业和农业企业提供金融服务；⑥明确以法律形式做出对有关课题进行研究的要求。美国的这部金融法律将金融经营确立为混业经营的模式，并构建与此相适应的金融监管体制，把规范的重点从金融活动转变到管理和防范金融风险，促进了金融市场主体的联合和竞争。

美国《1999 年金融服务现代化法》对有关金融监管、金融业务的法律规范进行了突破性的修改，在放弃分业走向混业的道路上整合了美国的金融法律。同时，对美国金融法作了权威性的重述，特别提出了一些重要的研究方向，可以认为是迄今为止美国金融法律领域包容金融服务业规范最为宽泛的一部法律。不仅如此，该法还提出了"效率与竞争"这种金融法律发展的新观念，并以此作为美国《1999 年金融服务现代化法》立法的理念。它的颁布标志着现代金融法律理念已经由最早的规范金融交易行为到强调对风险的管理和防范，再到放松金融管制以法律制度促进金融业的跨业经营和竞争。美国《1999 年金融服务现代化法》的出台标志着 20 世纪作为全球金融业主流的分业经营模式，已被 21 世纪发达的混业经营模式所取代。该法不仅对美国金融业发展起到了积极的作用，而且对世界各国的金融立法也产生了巨大的影响，当然，对我国的金融监管立法也同样有重要的借鉴意义。

（二）美国证券监管的组织机构及其职能

美国证券监管机构主要由两个层次组成，第一个层次是由政府介入并经法律确认的证券业专管机构，包括证券交易委员会和各州政府证券监管机构；第二个层次是各种自律性监管机构包括证券交易所、全国证券交易商协会等组织。

1. 美国证券交易委员会。"美国证券交易委员会"（The Securities and Exchange Commission of America，SEC）依《1934 年证券交易法》第 4 条第 1 项而成立。该条规定委员会由 5 人组成，全部委员均由总统提名，经参议院表决同意之后而任命。委员一般分属两党，他们不得兼职或执行业务，也不得直接或间接从事证券交易活动。委员任期为 5 年，并每年有一人任满。该条未规定产生委员会主席的程序，在实际运行过程中每年由委员互选，事实上还是由总统最终指定。1950 年以后则直接由总统任命，任命对象通常为执政党员，其他四人则平均分属于两党。不过在处理事务上，委员们一般都能超出党派门户之见。委员会独立行使职权，不受总统干涉，除重大失职外，总统不得随意免除委员职务。20 世纪 40 年代以来，美国联邦制定和颁布了一系列法律和法规，不断赋予 SEC 以更大的权限，包括调查权和处罚权。《1990 年市场改革法》更增加了 SEC 在紧急情况下的处事权力、对大额交易的监管权力和监督自律机构执法等一系列权力，使 SEC 成为美国证券市场监管的核心与最高权威者。

SEC 按照监管对象和监管职能设立了六个主要业务部门：①公司财务部（Corporation Finance），主要职责是审核上市公司的登记文件，并制定披露政策；②市场监管部（Market Regulation），主要监管二级市场，负责对证券商、自律性机构和交易活动的监管，制定对证券商财务监管的政策；③投资基金监管部（Investment Management），负责对投资基金的管理；④法规执行与调查部（Enforcement），负责对一切违反联邦证券法律、法规的行为进行调查；⑤首席法律顾问办公室（General Counsel），负责各种法律问题的咨询；⑥首席会计师办公室（Chief Accountant office），负责各种财会政策与事务。此外，SEC还设有经济分析办公室，国际事务办公室等其他专业及监管行政部门。各监管部门独立行使监管职权，委员会则进行宏观决策和总体协调。SEC是美国联邦政府中监管证券投资和交易活动的一个准司法性质的最高监管机构，上市公司、证券商、投资人和自律性监管机构均为其监管的对象。SEC具有极高的权威性，它集准立法权、执法权、准司法权于一身。美国法律赋予SEC的执法手段也相当充分，包括市场监视权、检查权、控诉权。在美国法院的许可下，SEC可以进行传唤、搜查、扣押以保全证据；也可授权自律组织，如纽约证券交易所（New York Stock Exchange，NYSE）、全国证券交易商协会（Notional Assotiation of Security，NASD）等，进行查核及处罚。美国《证券交易法》第21条赋予SEC准司法权实施的手段是，证交会可进行必要之调查，而SEC的任何委员或其指派的任何官员，有权传唤证人、强制拘留、搜查证据等，当事人如拒绝传唤，SEC得经法院之命令令其到场或提出证据，否则以藐视法庭罪论处。

作为美国证券业的最高监管机构，SEC的宗旨是：保护证券发行者、投资者、交易者的正当权益，防止证券活动中的过度投机行为；维持证券市场相对稳定的价格水平；配合联邦储备委员会以及其他金融监管机构，形成一个分工明确、灵活有效的金融监管体系。

SEC主要负责监管的范围是：①规定注册程序和注册标准，对公开发行的证券进行注册登记，并负责公布有关发行者和发行证券的信息；②制定证券交易的监管原则和监管方法，并具体监管有价证券的场内、场外交易；③负责监管投资银行、投资公司、证券交易商、证券经纪人等专门从事证券经营活动的金融机构和个人；④监督指导各证券交易所和全国证券交易商协会的管理活动。

SEC执法机制的形式经历了一个长期的过程，其中显著的特征是SEC的执法手段不断增强，最值得注意的是《1984年内幕交易制裁法》《1990年证券执法和垃圾股票改革法案件》和 2002 年《萨班斯-奥克斯利法案》分别赋予了 SEC 对内幕交易者处以非法所得或者所避免损失的 3 倍罚款、对违规者直接要求责令改正、申请临时冻结公司已支付给其董事或高管人员的不合理报酬等权力。

2. 美国主要自律性监管机构。美国自律性监管机构主要包括证券交易所、全国证券交易商协会等，这些机构虽然是民间的，但却起着十分重要的作用。政府监管机构的监管意图大多要通过这些机构来实施，它们均制定有较严格的章程和规定，以约束和规范其成员的行为。

（1）联邦证券交易所。SEC 下属的联邦证券交易所是一个半监管半经营性的机构。一方面，它要执行 SEC 的部分监管职能，它监管的主要对象是全国各证券交易所，因此，它是一个具有管理性质的机构。另一方面，它作为有形证券市场，实行独立核算，自主经营，所以它又是一个以股份企业形式存在的具有经营性质的机构。美国共有 18 个全国性的联邦证券交易所，其中 14 个在 SEC 注册，其余 4 个享有注册豁免权，在这些联邦证券交易所中，纽约证券交易所是规模最大的一个。

联邦证券交易所的主要职能有：①建立会员制度，负责会员的注册登记和对会员资格的审批；②在 SEC 的监督指导下，制定本交易所的规章制度，并监督所有会员遵守执行；③实施证券注册制度，除享有注册豁免的证券外，所有在证券交易所上市发行和交易的证券，都须取得该交易所的注册许可，才可进入证券市场；④提供通讯、清算和交易场所等一切必备设施，以维持证券市场活动的正常进行；⑤在 SEC 规定的最高业务收费标准限额以下，制定本交易所各种业务收费标准；⑥负责公布在本交易所上市的各类证券以及这些证券的市场价格和交易数量等信息；⑦负责征集、统计本交易所会员的资产、负债、盈利、资信、销售等经营活动情况和财务情况，并按期将这些信息进行披露。

（2）全国证券交易商协会。全国证券交易商协会是美国监管场外交易活动的非盈利性组织。全国证券交易商协会的成员为证券交易商，其最高权力机构是理事会，由 27 名理事组成，其成员由民主选举产生，均衡地代表各地区的利益。为了便于监管，全国证券交易商协会把全国分为 13 个监管区，每个区设有地区委员会作为理事会的主要决策执行机构进行监管。

全国证券商协会的主要职能有：①负责所有参加全国证券交易商协会的

会员注册，主持注册考试和注册调查；②贯彻执行 SEC 的监管政策和规定；③监督、检查会员的日常经营活动；④提供电子化的统计系统、报价系统和转账清算系统，并利用该系统指导证券投资方向和资金流向，监视场外交易中各种证券交易量和证券价格的变化，防止违规违法交易的发生。

通过以上对美国证券监管具体制度的阐述，我们可以总结出美国证券监管模式有以下优点和不足。

这种模式的优点主要有：①政府对证券市场实行统一集中的监管，证券交易监管委员会兼有立法、执法和准司法权，这样就能保证对证券市场监管的权威性和有效性。②证券监管机构的职能在于制定和执行法律、法规、制度或规则，为证券市场的正常运行创造良好的外部环境。因此，监管机构超脱于市场，不介入具体的证券业务。③证管会的日常职责以采取预防性措施为核心，防止证券市场不法行为发生。其主要业务活动是保证及时披露证券市场的相关信息，从而实现保护投资人合法利益的目的。因此，证管会全部活动的宗旨均在于确保证券市场各行为主体按照法定的规则从事各类证券活动。

这种模式的缺点主要是：①政府机关脱离证券市场的具体运作，不能及时跟上市场的快速发展和变化，往往使监管滞后并流于僵化；②各种自律性组织在政府的监督、指导下活动，只拥有较少的自治权，这在一定程度上限制了其自身作用的充分发挥；③政府在监管中起主导作用导致监管成本过高。

二、自律主导型的英国模式

(一) 英国证券监管法概述[1]

英国不像美国那样具有严密完整的证券监管法律体系，很少有独立的专门立法对投资银行进行监管，规范英国证券市场的法律制度也比较分散。英国自律监管模式的特征主要是：不设立全国性的统一证券业监管机构，证券市场的运行主要是靠证券业的自律组织及证券市场的参与者自我约束、自我管理；不制定直接的统一证券市场监管的法规，有关证券业监管的法规主要

---

[1] See Clive M. Schmitthoff, "The Issues of Securities in Great Britain", (1989) *Journal of Business Law*; *Palmer's Company Law*, 21st ed., edited by Clive M Schmitthoff and James H. Thompson, London: Stevens & Sone limited, 1968; Krefetz, *The Basics of Stocks*, Dearborn Financial Publishing Inc., 1992.

是间接的法律规定（如《公司法》等）以及自律组织的规章制度。当然，英国自律监管体制同样处于是不断变化和创新之中的，下面就其变化过程作一个简要梳理。

英国的证券业产生较早，其首次证券交易是在 1689 年，由英国的商人在伦敦城内一家名叫新乔纳森的咖啡馆内进行的。当时交易的证券品种主要是政府发行的债券，也有少量的股票。1773 年，证券交易场所迁入斯威丁街的一幢楼内，1802 年定名为"伦敦证券交易所"。此后，英国的证券业迅速发展，为加强对证券市场的监管，1818 年，英国政府颁布了第一部证券交易条例。

从证券市场监管的类型上看，英国是"自律监管"的典型代表，强调"自我监管""自我约束"，但在初级市场和内幕交易等方面，政府仍加以必要的立法管制，特别是 1929 年大危机之后，制定了一系列涉及证券市场的法律、法规，它们主要有，1948 年《公司法》、1958 年《反欺诈（投资）条例》、1973 年《公平交易法》、1976 年《限制性交易实践法》、1984 年《证券交易所上市管理法》、1985 年《公司法》、1986 年《金融服务法》、1988 年《财务服务法案》和 2000 年《金融服务和市场法》。另外还有自律监管机构制定的《证券交易所监管条例和规则》《伦敦城收购与合并准则》（又译为《伦敦城关于股权转移和合并行为准则》），等等。而 1986 年制定的《金融服务法》则被称为是监管证券业务的新法案，它带来了伦敦证券市场的大变革，降低了交易成本，增加了金融市场的流动性，并加强了对投资者利益的保护，增强了伦敦金融市场的竞争力。在上述一系列法规中，英国《公司法》、1986年《金融服务法》和 2000 年《金融服务和市场法》在英国证券业发展史上具有重要地位，因此有必要就这 3 个法规中有关证券监管方面的立法进行论述。

英国《公司法》对证券交易活动制定了详细规则，其主要内容有：①发行人在申请证券上市时，必须取得各交易所"挂牌上市部"的批准，必须符合交易所的"批准要求"和遵守"上市协议"规定。其中，"批准要求"规定，发行者按市价计算的资本，不得少于 20 万英镑，申请上市者必须提交"上市说明书"，对自身资信和经营历史、现状等情况进行充分披露，同时，必须有特定的经纪商的推荐，并有两家自营商的支持。而"上市协议"则要求由证券交易所和发行人共同签署。"上市协议"包括两部分规则，即行为规则和连续披露规则。行为规则要求董事会在未得到股东大会批准的情况下，不得擅自发行股票；连续披露规则主要是明确规定发行人应当持续披露年度报告、本年度数据、召开董事会的计划、关于红利和债息分配的决定、公司盈亏情况以及资本结构的变化等资料。②该法对内幕人士交易作了规制，所谓"内幕人士"，是指由于同某公司有联系，或由于从事该公司证券交易而掌握内幕信息的人；所谓"内幕信息"，是指来自公司内部的、未公开的"敏感的价格信息"。该法禁止内幕人士参与交易，同时还禁止英国人把内幕信息通过电讯等手段传递出去，并利用它在其他国家的证券交易所内进行交易。③该法禁止证券交易商直接同一般投资者进行交易。证券经纪商是证券业代理机构，他们从发行证券商或通过银行接下证券交易的委托书，再同自营商在交易厅进行交易。

　　1986年，英国金融体制发生了全面的、根本性的改革，英国议会通过了影响深远的《金融服务法》，开始了建立集中统一的证券监管体制的进程。英国政府根据该法成立了证券与投资委员会（Securities and Investment Board，SIB），由国务大臣授权对各证券管理自律组织和证券市场的金融服务企业进行统一管理。此后，经证券与投资委员会批准，成立了几个自律性组织，承担直接的、日常的授权和监察工作，每一个自律组织负责管理金融服务业中的一个特别领域。1991年，证券与投资委员会决定合并证券协会和期货经纪商与交易商协会，创建了证券期货局。其监管内容主要有：对公司从事投资业务的资格进行审核；通过调查访问、分析财务报告和日常交易状况、听取投资者申诉等方式对公司业务进行监督；调查可疑的失当行为，并对公司或通过公司对个人进行处罚。其监管范围涉及在证券或衍生品市场上从事交易和咨询业务的金融服务公司，包括从事股票、债券、可交易期权、公司金融票据、金融期货和金属、油、谷物、咖啡及其他商品期货等业务的公司。1997年10月，证券和投资委员会更名为金融服务监管局（Financial Services Authorities，FSA），继续执行这一法律所赋予的权力。[1]金融服务监管局的职责包括制定市场行为法规，防范违规炒作、内幕交易、信息滥用等不法行为，但其仅具有民事处理权利，未被赋予类似美国SEC的命令强制执行的权限，但金融服务监管局仍可协调配合重大案件的调查，并将涉嫌犯罪之行为，交由检察官或贸易投资部提起诉讼。

---

〔1〕　韩汉君、王振富、丁忠明编著：《金融监管》，上海财经大学出版社2003年版，第138页。

总之，1986 年《金融服务法》颁布后，取代了英国政府以前制定的一些单行法规，建立了证券业新的监管体制，使英国的证券监管制度更趋合理化和现代化，该法是一部全面、综合的立法，其主要特点是：①增加了在英国从事投资业务新的审批规定。申请投资业务的公司必须满足该法案规定的各项条件，否则证券与投资委员会有权吊销这些公司的执照，以保护投资者的利益。该法还规定了保险公司受托监管人的自动批准条款以及豁免批准的条件。未经批准或豁免批准擅自从事投资业务的公司（或个人）就是违法，证券与投资委员会有权责令其赔偿，以便使受违法行为侵害而遭受损失的投资者获得补救。②通过建立一种新的结构来保护投资者的利益。其具体内容包括：通过强制注册登记使所有的从事投资业的公司、团体和个人都要成为证券投资委员会、自律性组织或认可的专门行业机构的成员；对从事投资业务的机构的资金来源制定严格的限制；对投资业务规定详细的守则；制定集中的补偿计划。③通过财务报告和业务活动的分析调查，来加强对投资行业的监管。④该法还扩大了禁止内幕交易的范围，规定国务大臣有权任命监察员对内幕交易情况进行调查。英国在加强"自律"监管的同时，不断加强证券监管立法，使英国证券业得到了较好发展。"自律监管"和证券立法监管相结合，已成为西方金融制度改革的一种趋势。

2000 年，英国议会通过了《金融服务和市场法》，正式确立上述金融服务监管局的法律地位，金融服务监管局不是政府机构，而是一个独立的非政府的监管组织，拥有监管金融业的全部法律权限，从而使金融服务监管局成为世界上监管范围最广的金融管理者：它不仅监管包括银行、证券和保险在内的各种金融业务，而且负责各类审慎监管和业务行为监管，并从 2001 年 12 月 1 日起开始行使其全部监管职能。金融服务监管局根据英国 2000 年《金融服务和市场法》制定并公布了一整套宏观的、适用于整个金融市场所有被监管机构的"监管 11 条"。由此，英国的自律式证券监管体系实现了向集中监管和自律约束相结合的证券监管体系的转化。

（二）英国上市公司与证券市场监管体制

1986 年以前，英国政府并没有设置专门的证券监督管理机构，主要是依靠自律组织对上市公司和证券市场实施监管。英国的证券业自我监管系统分为两个层次：第一层次是证券交易所的监管；第二层次由"证券交易所协会"

"收购与合并问题专门小组"和"证券业理事会"三个机构组成。证券监督管理的政府职能主要由英格兰银行和英国贸易部、公司注册署等负责，但它们的权限有限，不直接参与监管。

英国的证券交易所实际上行使着英国证券市场日常监管的职能，其中以伦敦证券交易所积累的证券监管经验最为丰富，该所有较为详尽的规则，在证券监管方面取得了一定的成效。伦敦证券交易所曾经是世界上最大的证券交易所，它于第一、二次世界大战之后，分别被纽约证券交易所和东京证券交易所超过。这一方面与英国整体经济实力下降有关，另一方面伦敦证券交易所的监管缺乏制度创新也是一个重要原因。鉴于这种情形，伦敦证券交易所于 1986 年 10 月 27 日宣布实行重大改革：①允许商业银行直接进入交易所从事证券交易；②取消经纪商和营业商的界限，允许两者业务的交叉和统一；③准许非交易所成员收购交易所成员公司的股票；④取消交易最低佣金的规定，公司与客户可直接谈判决定佣金的多寡；⑤实行证券交易手段电子化和交易方式国际化。这一系列改革的措施正在实际运行过程中逐渐显现出其成效。

英国第二层次的证券自律监管体系由 3 个非政府机构组成，它们的主要特点分别如下：

1. 英国证券交易所协会。它由伦敦证券交易所和英国其他 6 个地方性证券交易所的经纪商和营业商组成。因此，它能对全国范围内的证券市场活动起到监督和管理的作用，从而在事实上成为英国重要的证券自律监管机构。它对其成员制定的各项交易规则，主要集中在《证券交易所监管条例和规则》中，它制定了关于批准证券上市及发行公司经营活动的规则以及某些特殊情况下的行为规则。

2. 英国企业收购和合并问题专门小组。它是一个由英格兰银行总裁提议设立的研究机构，其职责是起草管制企业收购的规则。该小组制定的《伦敦城关于股权转移和合并行为准则》，对于英国的股权收购行为以及在收购文件中应包括哪些规定有着十分重要的指导意义和参考价值。该小组负责解释和具体执行这一准则，同时还开展有关咨询和发布信息等活动。

3. 英国证券业理事会。它是 1978 年由英格兰银行提议而成立的，一个由10 个以上专业协会代表组成的民间证券监管组织。其主要任务是制定、执行有关交易的各项规章制度，如《证券交易所行动规则》《大规模收购股权的规则》以及《基金经理人个人交易准则》等。该理事会下设一个常务委员会，负责调查证券业内人士根据有关规章制度进行的投诉。目前这一机构在英国的自我监管体制中占有重要地位。

英国的三个自我监管机构与政府机构是相对独立的，但它们在一定程度上要进行相互配合。三个非政府机构自我监管的结果表明，它们可以通过有组织的形式进行成功的监管，从而代替政府机构执行严厉的市场政策，如果发现了不法行为，"专门小组"等会将提案提交有关政府部门，并由后者进行调查和提起诉讼。政府机构对证券市场的参与一般是采用立法手段，而自我监管机构是以非立法方式实施其行为准则。

自律监管模式的构建起源于亚当·斯密的市场经济理论。按照这一理论，一个国家最好的经济政策是经济自由主义，由于人们从事经济活动都具有谋求利益最大化的本能，因此，每一个交易主体都比政治家或立法者更能准确地判断资本用在何处更为有利，他们在实现个人利益的同时也会自动促进社会福利的增加，国家只需担任裁判员的角色而不必干预经济。这一理论运用在证券市场上得出的结论便是国家不必对证券市场实施强行干预，对证券业的监管应当以自律为主。这种以自律为主的证券监管模式，其优点是：政府无需直接介入证券监管的日常事务，从而使政府的地位较为超脱，便于行使其最终的裁判职能；自律组织在证券市场的第一线，更了解证券市场的最新变化，监管的范围更为宽泛，在执法、监控等方面更有效率，也更具灵活性和预防性，同时监管成本亦相对较低。这种监管模式的不足之处是，由于自律组织兼经营者与监管者于一身，因此，基于自身利益的考虑，容易形成利益集团和行业垄断，从而引起公众投资者的不满；另外，自律组织的监管容易偏重于证券市场的效率和自律组织会员利益的保护，缺乏对投资者利益的有效保障。

需要注意的是，虽然直到英国金融服务局成立之前，英国一直被视为是证券监管自律模式的典型代表，但是，20世纪90年代后，证券自律监管体制已经不能适应瞬息万变的证券市场要求，以英国为代表的证券自律监管体制的各国纷纷开始制定一些成文法，逐步开始建立集中统一的监管体制。

三、中间型的法国模式[1]和德国模式

法、德是欧洲大陆证券监管模式的代表，欧陆各国的证券监管模式是介于政府主导型和自律主导型之间的一种监管模式，它既实行集中统一的政府监管，又注重自律机构的自律监管。它是立法监管和自律监管的双重体制。

法国第一个股份公司是建立于 1250 年的巴萨格勒磨坊和图芬兹城堡公司。至 1350 年，里昂出现法国第一家证券交易所。目前，法国全国共有 7 个证券交易所，它们分布在巴黎、里昂、马赛、里尔、波尔多等城市，其中于 1724 年成立的巴黎证券交易所是法国最大的证券交易所，其规模仅次于纽约、东京、伦敦证券交易所，居世界第四位。

法国对证券业的监管既强调政府的直接干预，又注重自律机构的自律监管。法国对证券业监管的主要机构有证券交易所管理委员会、证券经纪人协会和证券交易所协会三家。其中，证券交易所管理委员会是法国政府监管证券的职能机构，受财政部监督，该委员会的成员亦由财政部任命。委员会的主要职责是：负责对证券市场的交易情况进行监督管理；对各种有关证券规章制度提出制定和修改建议；有权对参与证券交易的公司和证券交易所的营业行为进行检查审核；决定对证券报价的承认或撤销，在一定范围内确定佣金标准；可对证券交易所的交易程序作出决定；另外，还可对证券交易所或证券经纪事务所的设立和关闭等提出意见；最后一项主要职责是确保证券上市公司及时披露相关的信息资料，并审核其准确性等。证券交易所委员会是法国对证券业实施监管的最重要的机构。

证券经纪人协会和证券交易所协会均为行业自律机构。其中，证券经纪人协会，是由全国证券交易所的经纪人组成。它的主要职责是：负责组织、实施证券市场交易的监督和管理；负责监管协会成员和证券经纪人的日常经营活动；负责审查申请证券上市公司的资料，并将审查意见提交证券交易所委员会通过；稽核检查和惩处证券经纪人的违法乱纪行为。而证券交易所协会的职责，仅限于向证券交易所监管委员会提供咨询，并监督证券经纪人的

---

[1] See *Martindale-Hubbell Law Directors* (1967 *ed. Supplement*) *France Law Digest*, Corporations, pp. 17~19; Paul Didier, "The New French Legislation on Commercial Companies", *Journal of Business Law*, 1967, pp. 78~84.

活动。可见，法国一方面设置专门的政府监管机构，另一方面又充分发挥行业的自律作用，兼采政府监管和自律监管各自的长处，而弥补各自的不足，由此大大地促进了本国证券市场的规范与发展。

德国证券监管的形成和发展分为三个阶段，第一阶段是 1995 年以前；第二阶段是 1995 年至 2002 年；第三阶段是 2002 年至今。

第一阶段。德国早期对证券市场监管不严，投机性非常强，德国没有设立全国性的统一证券监管机构。从 1896 年开始，德国政府着手运用立法手段对证券市场干预，政府制定了《证券交易法》。在这一阶段有权干预证券市场的政府机构有联邦储备银行和中央资本市场委员会。但是德国实际负责对证券市场进行监管的组织机构还有证券交易所理事会、证券上市批准事务所、交易所委员会和官方经纪人会社。证券交易所理事会主要负责监管证券交易的日常运行；证券上市批准事务所负责证券上市的核准工作，并监督相关的信息披露行为。

第二阶段。1995 年之后，德国进行证券监管体制改革，设立隶属于财政部的联邦证券交易监管局作为中央集中监管机构，并形成了联邦证券交易监管局、证券交易所等自律组织以及各州交易所监管署三级监管体制。[1]

第三阶段。2002 年 4 月德国通过一项金融机构合并法，将原本分别负责监督银行、保险业务以及证券期货业务的三个主管机关合并在一个新的金融监管机构——联邦金融监管局之下。联邦金融监管局成立后，整个金融体系包括银行、保险、证券都在其监督之下，除了保护消费者权益及监督企业偿债能力的功能外，也维持了德国经济稳定，并提升了竞争力。联邦金融监管局直接隶属总统，由副总统指挥，新的监理架构保留三个前监管机构的专业领域部分，这三个监管机构各自的行政部门，由中央单位统筹预算、组织、人力资源、控制及信息技术等方面的工作。

联邦金融监管局的主要功能之一就是使证券及期货市场适当运作，以达成保护投资人、促进市场透明及公平之目标。该机关的主要职权规范于《证券交易法》第 4 条，主要权责为确保交易市场运作能确实遵行各项法令规章、订立证券交易所的收费结构及费率、监督经理部门业务运作及对总经理的聘任与监督等。依据证券交易法及证券买卖公开说明书的相关规定，其一般权

---

〔1〕 孙国华、冯玉军主编：《证券法律基础知识》，中国金融出版社 2004 年版，第 236 页。

责主要包括下列各项：①打击及防范内幕交易行为；②监督所有证券及衍生性产品交易是否遵循《证券交易法》第9条相关报告的要求；③监督上市公司的公开揭露信息是否符合要求；④监督上市公司的持股异动是否符合揭露的要求；⑤监督行为准则及投资服务公司的组成；⑥招股说明书保管；⑦与国内其他机关合作；⑧与国外机关合作所有有关证券交易的监督事宜。

德国证券法律体系比较分散，调整证券市场的法律主要是《证券交易法》，此外，还有《股份公司法》《证券发行说明书法》《财务报表公布法》《银行法》《投资公司法》等。

综上，以法、德为代表的欧洲大陆证券监管模式，是以监管为主、自律为辅，在各个层次的法律、法规中贯彻统一协调的监管原则，这也正是世界各国证券市场监管的发展趋势。要想发挥政府集中统一监管模式和自律监管模式各自的优势，同时克服各自的缺点，就需要将这两种模式相结合，形成欧洲大陆式的监管模式。不少原来实行自律监管的国家，现在已经开始逐渐向政府管制与市场自律相结合的方向发展；而实行集中统一监管模式的国家也越来越注重自我约束、自我监管。

政府监管与行业自律一直是证券管理体制中彼此独立又相互依存的两个方面。较为发达的证券市场不少都经历了从以行业自律为主向加强政府监管过渡的历程，向行业自律与政府监管相融合的监管模式发展。

第二节　证监会国际组织与各国证券业监管体制发展的新趋势

一、证监会国际组织

（一）证监会国际组织的性质、宗旨

证监会国际组织（International Organization of Securities Commissions，IOSCO）是国际各证券及期货管理机构所组成的国际合作组织，是国际证券市场监管机构最重要的组织。该组织总部设在加拿大蒙特利尔市，正式成立于1983年，其前身是成立于1974年的证监会美洲协会。该组织由世界银行和美洲国家发起，开始的宗旨是帮助发展拉美市场，最初的10年该组织的活动仅限于年度会议。1983年，该组织正式成为全球性组织，目前共有84个正式会员、

10 个联系会员和 45 个附属会员。证监会国际组织作为专业性国际组织，强调非政治原则，所有会议不悬挂国旗、不奏国歌。证监会国际组织共有 3 个委员会，即执行委员会、技术委员会和新兴市场委员会。在证监会国际组织的委员会中，对证券跨国发行与交易行为的法律监管起主导作用的则是技术委员会。[1]我国于 1995 年的巴黎年会上加入了该组织，成为其正式会员。2012 年 5 月中国证监会成功承办了证监会国际组织第 37 届年会，至此，中国证监会已与 49 个国家和地区签署了 53 个监管合作备忘录。[2]

证监会国际组织的宗旨是：通过交流信息，促进全球证券市场的健康发展；各成员组织协同制定共同的准则，建立国际证券业的有效监管机制，以保证证券市场的公正有效；并共同遏止跨国不法交易，促进交易安全。其章程的序言规定：证券监管机构决议共同合作，确保从国内市场和国际层次更好地监管市场，以保持公正和有效的市场；根据各自的经验交换信息，以促进国内市场的发展；共同努力设立标准和建立对国际证券交易的有效监督；相互间提供协助，通过有力地执行各项标准和对违规行为的有效监管来确保市场的完善。

证监会国际组织已经通过的正式协议主要有《国际商业行为准则》《反洗钱》《国际审计标准》《金融合并监管》《清算和结算》《国际会计标准》《现金和衍生产品市场间的协调》和《反跨国证券与期货欺诈》等。

此外，国际证券市场监管方面的国际性组织还有国际证券交易所联合会、国际律师协会和国际会计师联合会。国际证券交易所联合会与国际律师协会和国际会计师联合会于 1990 年 11 月宣布在有关世界资本市场的研究方面达成合作协定。[3]

（二）证监会国际组织的基本功能

证监会国际组织的基本功能主要是：①制定并颁布有关建立信息交流机制、制约跨国的证券欺诈、市场操纵和内幕交易行为的文件和协议。②签署谅解备忘录。签署谅解备忘录是证券监管者之间进行国际合作的一个重要途

---

〔1〕　邱永红：《证券跨国发行与交易中的若干法律问题》，载《中国法学》1999 年第 6 期。

〔2〕　中国证监会：《中国证监会成功承办国际证监会组织第 37 届年会》，载人民网，http://finance.people.com.cn/stock/GB/17928005.html，最后访问时间：2012 年 10 月 14 日。

〔3〕　白钦先主编：《金融监管的国际协调与合作》，中国金融出版社 2003 年版，第 162~167 页。

径。备忘录本身是各国证券业监管者之间的一种合作意向，这种备忘录的内容通常是要求一方传递有关另一方怀疑某市场主体违法、违规或预计其将违法、违规的信息。③进行信息共享网络的建设。④协调资本充足率要求。⑤协调并建立证券多国发行和上市的统一的财务信息披露及会计标准，降低发行与上市的运行成本和管制成本，促进资本在全球范围内的有效配置。

（三）证监会国际组织的监管目标和原则

作为最重要的国际证券监管机构组织，证监会国际组织承担了帮助建立较高监管标准的责任，并出台了一系列的决议、咨询文件、报告等，成为国际证券业准则的渊源。1998年9月证监会国际组织内罗毕年会正式通过的《证券监管的目标和原则》是该组织近年来最具实质内容的文件。它总结了世界各国和地区证券监管机构的监管经验和教训，反映了世界范围内证券市场发展与监管的一般趋势。该文件提出的证券监管的目标和原则若得以落实和实施，不但可以加强国际、国内投资者对证券市场的信心，还将大力推进该证券市场融入全球金融市场的进程。因此，尽管它是非约束性的，但是被成熟市场奉为圭臬，集中体现了证券业的一般国际准则。该文件进一步表明了证监会国际组织对于建立和维护证券业一贯的高监管标准的共识。该文件在2003年进行了全新的修订。

1. 证券监管目标。《证券监管的目标和原则》认为证券市场监管的主要目标有三项：保护投资者；确保市场公平、有效和透明；减少系统风险。这三项目标是紧密相连的，而且在某些方面还是相互重叠的。许多确保公平、有效和透明的市场的要求也会促进对投资者的保护并有助于减少系统性风险。同样，许多减少系统性风险的方法也会为投资者提供保护。

（1）保护投资者。投资者应受到保护，免受因信息误导、操纵市场或欺诈造成的损失。要保护投资者，最重要的是上市公司完全披露影响投资者投资抉择的重要信息。同时，作为披露要求的重要组成部分，应具备会计和审计的标准，且应是高水平、得到国际认可的标准。只有正式获得执照或得到授权的人员才准许公开地提供投资服务。要通过为市场参与者设立最低标准来监督市场中介机构，以保护投资人。中介机构应根据商业准则规定的标准以公正和平等的方式对待投资者。这就需要一套全面的关于检查、监督及相关项目的制度。证券投资者尤其容易受到中介机构及其他机构行为不当的影响，而个人投资者所能采取行动的能力有限。此外，由于证券交易和欺诈行为的复杂特性，需要坚决地执行上市公司监管法。当出现违反法律的行为时，要通过严格执法来保护投资者。投资者应有权与中立机构（如法院或其他解决争议机构）取得联系或对其遭受不当行为的损害要求补救和赔偿。有效的监督和执法有赖于国内和国际层次的监管机构之间的密切合作。

（2）确保公正、有效和透明的市场。有关证券交易所、交易系统运营者和交易规则的建立应征得监管机构的同意，这有助于确保市场的公正。市场的公平与对投资者的保护，特别是与防止不正当交易紧紧联系在一起。市场的机制不应过分地向一些市场使用者倾斜。监管应包括对市场操纵及其他不公平交易的发觉、阻止和惩罚，应确保投资者拥有平等的机会使用市场设施和了解市场及价格信息，还应促进市场运作以确保对客户定单公平处理和可靠的定价程序。在一个有效的市场内，相关信息的传播应当及时、广泛，并可以反映在定价程序中。最终，监管应提高市场的效率。

透明度可以被定义为有关交易的信息（包括交易前和交易后的信息）在实时的基础上公之于众的程度。交易前的信息包括确定的买价和卖价，以便于投资者较为确定地了解他们是否能按此价格以及在什么价格下可以交易；交易后的信息应是关于所有实际完成的交易额和交易量。监管应确保最高的透明度。

（3）减少系统性风险。所谓系统风险，是指从国际金融市场整体来看，如果各国之间在金融监管方面无法进行有效的合作，那么，一国的金融机构或者金融市场所出现的危机，就可能引发别国甚至世界范围的金融危机。尽管我们不能期待监管机构防止市场中介机构出现倒闭，但监管应旨在减少倒闭的风险（包括通过资金和内部控制要求）。尽管财务倒闭会出现，但监管应减少该倒闭所造成的影响。因此，市场中介机构应有充足和持续的资金并满足其他审慎性的要求。必要的话，市场中介机构应做到逐渐停止业务，不让客户或交易对方有丝毫损失，或造成任何系统性破坏。对一个积极的市场来说，存在投机套利是必要的。所以，监管应不必抑制合法投机套利的存在。反之，监管机构应促进和允许对风险的有效管理，确保有足够的资金和其他审慎要求以允许适度的投机套利，这可以消化一些损失和阻止过度投机。因此，有必要建立一套有效和精确的清算、结算程序，这套程序应得到正确的监督，并运用有效的风险管理工具。对拖欠的处理必须具有效力和有法律上安全的安排。这超出了证券法的范围而涉及到一个国家（地区）内无偿债能力处理的规定。在另一国家（地区）或跨几国（地区）区域内，可能会出现由于一些问题引起的不稳定性，所以监管机构对市场混乱的反应应当通过相互间的合作与信息分享寻求促进国内和国际市场的稳定。

除了上述三项监管目标以外，各国根据其不同情况还会制定自己特殊的监管目标。除了在法律文本中明文表述的监管目标以外，尚有若干目标可能并未形成文本但却实际地发生作用。因此，对于一国具体的监管目标应当具体分析。

2. 证券监管原则。证券监管的原则是指贯穿证券监管始终，渗透在证券监管的各个方面，并为证券监管过程所时刻遵循的最一般行为准则。

证券监管的原则服务于证券监管的目标，欲实现保护证券投资者利益的目标，关键是要建立起公平合理的市场环境，为投资者提供平等的交易机会和获取信息的机会，使投资者能够在理性的基础上，自主地决定交易行为。因此，建立和维护证券市场的公开、公平、公正的"三公"原则，是保护投资者利益的基础，这也是世界范围内基本得到一致认同的证券监管原则。由于"三公"原则在证券市场监管方面具有共通性，因此，我们也可以称之为抽象的基本原则。

除在抽象层面提出证券监管基本原则之外，各国立法例也提出为实现基本原则的一些具体原则。证监会国际组织修订后的《证券监管的目标和原则》就从具体的层面上，分别针对证券市场运行中的监管机构、自律、证券监管的执法、监管合作、发行人、集合投资计划、市场中介机构和二级市场共 8 个重要方面，提出了共 30 项监管原则。[1] 这 30 项证券监管原则作为实现上述证券监管三项基本目标的保障，对证券监管基本方面提出了基础性要求，为各个国家和地区完善证券监管法律制度提供了指南。

二、各国上市公司与证券市场监管体制发展的新趋势

各国上市公司与证券市场的监管体制不是固定不变的，而是随着社会经济的发展而不断改变和完善的。近年来，在科技进步（尤其是电子计算机的广泛应用）和经济全球化、贸易自由化、金融市场一体化潮流的推动下，世

---

[1] 参见证监会国际组织修订后《证券监管的目标和原则》的原文，这里不一一列举。

界各国证券市场获得了迅猛的发展，但也出现了许多新情况、新问题，给上市公司和证券市场的监管提出了越来越高的要求，这主要表现在以下几个方面。

（一）金融创新带来上市公司与证券监管体制的变革

金融创新是金融市场主体为逐利和维持竞争力而进行的创新性变革及其过程，主要包括金融工具和业务创新、金融组织创新、金融制度创新等内容。金融创新作为金融深化、金融发展的根本动力，在金融风险的防范、金融资产结构的更新优化以及金融机构盈利性、流动性的提高等方面都具有积极作用。

1. 金融工具与业务的不断创新和金融资产证券化的日益增长，将引起法律上和监管上的变革。证券公司为谋求生存和发展，纷纷推出了适应不同企业融资需求和投资者管理风险及投资需要的金融产品。与此相随，期权期货市场、资产证券化市场以及其他金融衍生品市场等迅速兴起并发展壮大。新的金融产品市场的形成又对现有的金融机构组织形式提出了新的挑战，出于加强风险管理和增强竞争力的需要，逐步形成金融控股集团，从而在不少发达国家形成了金融产品多样化和金融业务交叉的集团化经营模式。经营模式的变革和金融体系的变迁，促使人们对传统金融制度进行反思，由此带来了金融市场的改革和持续发展。根据国外权威报告预测，"衍生"证券，包括期货、期权、不动产抵押保证债券以及各种以国际股价指数为基础的金融工具将大受欢迎，这些金融证券的发行量和交易量在全球可能呈爆炸性增长。由于期货交易监管和证券交易监管所适用的法律不同，这在整个证券业的监管中必然会发生法律冲突。预计随着金融工具的不断创新，将会促进现行证券法的变革。

2. 金融创新促使证券市场管制趋于放松。从国际经验看，金融创新是金融企业提升并保持自身竞争力的关键。金融属公共产品，监管当局为了维护金融稳定，防范金融风险，往往采取种种措施和手段进行管制。若采取强化管制的做法，通过限制金融企业的业务范围、控制金融服务和金融产品价格、限制金融创新等方式，来保证金融市场稳定，事实上却极有可能遏制金融市场的纵深发展，造成金融业竞争力低下，使整个金融体系变得脆弱，其结果是：为了表面上的金融安全，却付出了实质上遏制金融市场发展的代价。若放松金融管制，鼓励市场竞争，引导金融机构创新，不断提高监管当局防范金融风险的能力和监管水平，则可以有力地促进金融市场的发育和金融业的发展，更为有效地防范金融风险。因此，从 20 世纪 70 年代开始，发达市场经济国家相继放松金融管制。

金融创新具有规避局部金融风险的功能，但同时也在总体上增大了金融体系的风险，改变了以往金融监管运作的基础，甚至可能造成监管的重叠或缺位，从而对金融监管的能力和技巧提出了更高的要求。金融史的演进，特别是 2008 年以来的国际金融危机告诉我们，有效的监管既要为金融创新创造良好的外部环境，又要最大限度地防范和消除创新可能给市场带来的各种风险。也就是说，监管者要在促进市场的效率与维护市场的公平之间巧妙地寻求平衡点。金融创新是提升金融业服务水平和竞争力的关键，应当鼓励金融创新，为金融创新营造有利的制度环境和监管保障；要适应经济社会发展需要，充分运用现代科技成果，促进科技与金融结合，支持金融组织创新、产品和服务模式创新，提高金融市场发展的深度和广度。与此同时，金融创新必须以市场为导向，以提高金融服务能力和效率为根本目的，防止以规避监管为目的和脱离经济发展需要的"创新"；要动态把握金融创新的界限，把防范风险始终贯穿金融创新全过程，使监管能力建设与金融创新相适应。

为此，许多国家对金融监管制度进行重大改革和创新，主要是在监管方式上由主体监管转向功能监管，在监管标准上由资本充足率为主转向综合风险监管指标，在监管重点上由外部控制制度为主转向兼顾内部控制制度。一些新兴的市场经济国家则结合自身实际，在控制市场风险的前提下，放松金融管制，赋予金融市场主体更大的行动自由和创新空间。

3. 中国证券业及其监管体制的创新与变革。我国资本市场经过 30 多年的规范发展，证券业不断创新，通过提供证券交易、证券承销、财务顾问等金融服务，在满足企业和投资者的投融资需求、优化资源配置、推动金融创新等方面发挥了重要作用。与此同时，证券业在资产规模、治理结构、业务拓展和区域布局等方面也已经基本具备了相对完整的行业形态。当前，我国证券业面临许多困难，其成因是多方面的，但创新不足是重要原因。事实上，证券业的许多问题和困难也只有通过推进创新发展才能解决。监管者要为市场创新积极营造宽松良好的制度环境，在风险可测、可控、可承受的前提下，尽可能地消除和防范金融创新给证券市场带来的风险，鼓励创新、支持创新、引导创新。目标模式是逐步建立和完善以市场为导向的创新机制，充分发挥广大市场参与者，尤其是上市公司的主动性和创造性，积极进行金融创新，进而推动证券业的健康发展。

我国现行《证券法》较好地体现出鼓励创新、放松管制的立法意图，从以下六个方面为证券市场的创新发展打开法律空间（参见《证券法》第2、6、9、37、38、60、120 条）：①为金融业的综合经营扫除法律障碍；②将金融衍生品纳入调整范围，允许融资融券交易；③对公开发行予以界定，将公开发行股票但不上市的公众公司纳入调整范围，为场外交易市场提供后备资源；④放松了对证券交易方式的管制；⑤增加了对证券交易场所的规定，为多层次资本市场发展提供了法律依据；⑥解除了相关资金向证券市场投资的限制，拓宽了资金融入渠道。

我国目前在分业监管的模式下，上市公司准入成本和运营成本高昂，统筹各金融监管部门和财政、税务等部门，增强监管部门之间的协调性，减少行政审批项目，可以减轻上市公司的运营负担。在金融创新推动下的分业监管模式向混业监管模式的转化过程中，监管方式由主体监管向功能监管的转换，监管重心由外部监管为主转变为内部约束和外部监管相结合，建立有效的以行政监管为主导、上市公司内控机制为基础、行业自律管理和社会监督为补充的复合型监管体系成为必然。最终，证券监管法是放松金融管制的重要依据，是防范和控制金融风险的最后屏障，也是确认和肯定金融创新成果的主要体现。因此，要适时完善包括上市公司法在内的证券监管法律体系，以开拓金融创新空间、巩固金融创新成果、实现金融稳定和金融发展。

（二）证券市场面临信息技术发展对监管手段提出的挑战

由于科学技术的发展，证券业自动化程度大大提高，计算机网络系统将使证券市场进入无场地和无纸时代，这就对市场安全防护及监管提出了更高的要求，如果不能有效地防止违法和犯罪案件的发生，必将对市场造成很大的破坏性后果。计算机网络化时代的到来，将使现行的证券业监管体制面临全面的挑战。

1. 信息技术发展给证券业带来的便利。

（1）互联网技术的变革成为金融创新的重要推动力，重构了证券行业的商业运营模式，全球证券市场呈现 24 小时连续自动交易的趋势，打破了证券交易的国界，给世界各地的投资者带来了投资便利。

（2）互联网技术的进步丰富了证券监管的手段，提高了证券监管的效率：证券监管者可以利用互联网进行投资者教育和提高市场的信息透明度。投资者教育和投资者保护可以帮助监管者进行反欺诈的监管，虽然监管者还需不断地识别欺诈及其他非法行为并与之进行斗争，但有效的投资者教育是反证券欺诈的重要武器。证券监管机构可以在互联网上建立互动系统以方便投资者对市场参与者的合法性进行咨询。监管者、自律机构等可以通过互联网的方式向现在和未来的投资者，提供有关这些组织的信息、现行的法律法规条例，以及对相关机构的处罚情况等。互联网也成为证券监管机构进行快速有效监管的重要手段和工具，通过互联网也可以加强在执法上的合作。非法证券活动可能在不同国家或不同的目标群之间进行转移，监管者可以利用互联网收集在互联网上的证券违法和欺诈活动。通过互联网进行信息的共享，可以降低互联网上非法活动的机会，可以对其他监管者对类似的非法活动的监管起到提醒作用。而且通过互联网各国监管机构可以相互交流监管经验。

2. 信息技术发展给证券监管带来的问题和挑战。在互联网给证券市场的发展带来积极影响的同时，也带来了许多证券监管机构必须面临的新问题和新挑战。证券监管规则以证券行业的运营环境为基础制定，大多数证券监管规则的制定所依赖的环境都发生在互联网和全球化的运营环境发生之前。而信息技术的进步正在对证券行业的运营环境和运营模式进行快速地创新和变革，使得证券监管者至少要面临如下五个方面的复杂问题：①互联网技术的发展使证券欺诈和市场操纵更为便利，对投资者保护提出了新的挑战；②交易所与证券公司之间的功能融合，证券监管方式面临新的课题；③互联网使投资者的投资行为和证券经营者的经营行为可以轻易地超越国界，这给以国界为基础的现有的证券监管体制带来问题；④技术推动所导致的金融混业经营的趋势不断加强，同时会对过去以分业经营为基础的监管体制形成极大的挑战；⑤互联网所导致的证券交易所的全球竞争的加剧及公司化改造，给证券交易所的自律监管带来较大影响。

3. 应对措施。一些国家的证券监管机构对互联网在证券市场的运用，采取了相对灵活的监管方式。例如美国对证券经营机构利用互联网行为的监管的基本原则是：其一，证券监管不应该阻止市场参与者合法地利用互联网，应该积极鼓励证券经营机构的创新。其二，证券监管的基本原则和目标不变，如保护投资者利益，维护市场的公平、透明、有效，降低市场系统风险等在互联网环境下仍然不会改变。其三，证券监管机构在制定相应的监管政策时应当充分地预见到互联网技术可能存在的演化趋势。

证监会国际组织同样提出，面临信息技术发展的新情况，保护投资者的利益，确保证券市场的公平、高效及透明以及降低系统性风险的监管目标不会改变。与此同时，证监会国际组织1998年对互联网上的相关活动还提出了下列监管原则：传统的证券监管原则仍应不变；监管机构不应阻止网络电子化在证券市场上的应用；监管机构应努力强化监管，提升电子化交易的透明度及一致性；各国监管机构应加强合作及信息交流；监管机构应深入了解电子媒体及其未来发展趋势。

相对于我国而言，在互联网技术发展日新月异的时代，对上市公司和证券市场进行适度、及时的监管是必须的，但同时要保持相当的灵活性。从监管机构的角度来看，制定法规是用来约束市场不当行为的，但是监管原则不应该抑制市场创新活动的空间，而应通过监管来为新技术在证券市场的运用创造合适的环境，鼓励有利于增进投资者利益的正当金融创新活动，从而推动我国证券市场的健康规范发展。

（三）外部监管与企业内部约束和行业自律间的互动成为世界各国证券监管的发展趋势

1. 外部监管与企业内部约束机制相结合。从哲学的角度来看，事物的变化发展，内因是变化的基础，外因是变化的条件，外因通过内因而起作用。在证券市场的监管中，市场主体的内部自我约束是证券市场规范健康发展的基础或者说是内因；作为外因的行政监管力量，无论如何强大，监管的程度无论如何细致而周密，如果没有市场机构的内部约束机制相配合往往事倍而功半，其监管效果必然大打折扣。

在成熟的证券市场上，企业经营管理层的内控意识和合规意识很强，视此为非常重要的管理理念，贯穿于整个经营管理过程中，并专门成立独立的、对公司最高权力机构负责的内部审计机构和合规检查部门，建立了健全的合规和内控制度。证券市场相关机构的内部控制功能与外部行政监管的呼应，确保了证券监管法律法规的有效执行。近年来，由于巴林银行、大和银行以及住友商社等一系列严重事件的发生都与内控机制存在的缺陷或执行不力有直接关系，所以许多国际金融集团和金融机构在震惊之余，纷纷开始重新检讨和审视自己的内控状况，以免重蹈他人覆辙，各国监管当局和一些重要的国际性监管组织也开始给予市场机构内部约束机制前所未有的关注。我国证券经营机构大都建立起包括法人治理、风险管理、内部控制、合规检查等在内的内部约束制度体系，呼应证券监管机构的监管行为，确保其在有效防范经营风险和合法合规的前提下运营。

2. 政府监管与行业自律监管相结合。从证券市场自律管理的实践看，行业协会是适应金融业行业保护、行业协调与行业监管的需要自发地形成和发展起来的。健全有效的自律监管体系是一个成熟证券市场监管体制中不可替代的组成部分。从本章第一节的论述中，我们可以看出，无论是以政府主导型的美国监管模式，还是以自律主导型的英国监管模式，都在进一步探索政府监管与行业自律监管有机结合的最佳点。而且，这也成为各国探索上市公司与证券市场监管体制改革的共同发展方向。关于政府监管与行业自律监管相结合的问题，本章后面还要结合中国的实际情况专门讨论，故在此不加赘述。

（四）各类金融业务间的相互渗透使全球金融向混业经营、混业监管的方向发展，国际合作与跨境监管进一步加强

1. 国内金融走向混业经营、混业监管。随着金融市场的创新发展和不断深化，金融各行业间业务的不断渗透，银行、保险、证券三者的界线逐渐模糊，金融创新日益多元化、综合化，全能金融机构开展全方位、一揽子业务服务，混业经营已成为全球金融发展的主流。在各类市场主体的各类业务日益出现相互交叉和渗透的新趋势下，如果继续实行传统的、通过划分市场主体进行分业监管的体制势必导致一部分证券市场活动游离于证券监管之外，从而出现证券监管真空，产生较大的风险隐患。作为金融混业经营的应对，应该对监管格局进行重构和优化，推出更明确的符合市场发展方向的监管格局和监管规则，更进一步加强各有关部门的沟通与协作。一些国家金融监管体制的组织结构体系向部分混业监管或完全混业监管的模式过渡。

2. 金融监管法制国际化。金融全球化的发展趋势，使金融机构及其业务活动跨越了国界的局限，在这种背景下，客观上需要将各国独特的监管法规和惯例纳入到一个统一的国际框架之中，金融监管法制逐渐走向国际化。双边协定、区域范围内监管法制一体化，尤其是巴塞尔委员会通过的一系列协议、原则、标准等在世界各国的推广和运用，都将给世界各国金融监管法制的变革带来冲击。金融监管规则日益趋同，国际监管合作日趋重要。金融国际化客观上要求实现金融监管本身的国际化，如果各国在监管措施上松紧不

一，不仅会削弱各国监管措施的效应，而且还会导致国际资金大规模的投机性转移，影响国际金融的稳定。因此，西方各国致力于国际银行联合监管，如巴塞尔银行监管委员会通过的《巴塞尔协议》统一了国际银行的资本定义与资本率标准。国际证监会组织等各种国际性监管组织也纷纷成立，并保持着合作与交流。

3. 国际合作与跨境监管进一步加强。在经济全球化、金融全球化的背景下，各国资本市场的国际化趋势日益增强，尤其在合格境外机构投资者制度即 QFII 制度实施后，跨国证券违法、违规活动日益猖獗，因此跨境的监管合作已成为必然，各国间的国际合作与跨境监管进一步加强。下面以我国为例对此问题加以说明。

我国证券市场的国际化是在世界证券市场国际化潮流的大背景下起步的。1982 年，中国国际信托投资公司首次对外发行国际债券，揭开了我国证券市场国际化的序幕。随着中国于 2002 年 12 月 11 日加入世界贸易组织（WTO），我国进一步对外开放证券市场。世界贸易组织推动着我国证券业在以下五个方面迈向国际化：国际债券市场上发行债券、向境外投资者发行 B 股、在海外直接上市、中资企业海外间接上市筹资、投资基金筹资。到 2008 年所有中国入世承诺均已落实，这意味着我国的金融业全面开放。如外国证券机构可以（不通过中方中介）直接从事 B 股交易；外国证券机构驻华代表处可以成为所有中国证券交易所的特别会员；允许外国服务提供者设立合营公司，从事国内证券投资基金管理业务，外资比例不超过 33%，加入后 3 年内，外资比例不超过 49%，加入后 3 年内，允许外国证券公司设立合营公司，外资比例不超过 1/3；合营公司可以（不通过中方中介）从事 A 股的承销、B 股和 H 股、政府和公司债券的承销和交易、基金的发起；外国证券类经营机构可以从事财务顾问、投资咨询等金融咨询类业务。

在这样的国际化背景下，我国的证券业面临着新的风险，同时也出现了监管的盲点和误区。这些问题的解决需要证券监管的国际合作与协调。我国《证券法》第 177 条第 1 款规定："国务院证券监督管理机构可以和其他国家或者地区的证券监督管理机构建立监督管理合作机制，实施跨境监督管理。"各国资本市场的国际化趋势日益增强，为有效打击跨境违法违规行为，国际监管的合作与协调极为重要。尤其在 QFII 制度施行以后，跨国的证券监管合作就显得更为迫切。我国已经引入了 QFII 制度，因此如果境外投资者有违法、违规行为，中国证监会在查处的过程中就要面临证券监管法的地域性和投资行为的跨国性这一矛盾，因此，在很大程度上要依靠国外相关证券市场监管机构的国际合作，而与其他国家或地区签署合作备忘录是我国目前实现对外合作和跨境监管的主要方式。

第三节　我国上市公司与证券市场监管体制

一、我国上市公司与证券市场监管体制的发展演变

我国上市公司与证券市场监管体制的发展演变依时间顺序大致可分为五个阶段：

（一）第一阶段：证券监管的萌发阶段（20世纪80年代初至80年代中期）

20世纪80年代初，我国的证券业开始发育，当时以国债的发行为先导，继而内部集资并逐渐促成股票市场的发育。这一时期我国证券的发行主要为国库券发行，而国库券的发行工作主要由财政部组织和管理，当时发行方式以行政摊派为主，并没有建立起国债的流通市场。当时发行国库券的主要依据是国务院于1981年1月28日颁布的《国库券条例》。

自1986年1月7日国务院发布《银行管理暂行条例》开始，中国人民银行作为证券主管机关的地位开始确立。该条例第5条规定："中国人民银行是国务院领导和管理全国金融事业的国家机关，是国家的中央银行"，并在该条第11项中规定中国人民银行"管理企业股票、债券等有价证券，管理金融市场"。这样，就确立了中国人民银行作为证券市场主管机关的地位。此后，中国人民银行先后颁布了一系列监管办法以适应证券市场发展的需要，这些办法主要包括：《证券公司管理办法》《跨地区证券交易管理暂行办法》《中国人民银行关于设立证券交易代理点有关问题的通知》及《中国人民银行关于严格控制股票发行和转让的通知》等。这期间主要在上海、深圳等地陆续出现了股票、债券形式的有价证券交易活动，上海、深圳等地方政府出台了一些地方性法规，对当地的证券市场进行监管。同时，上海、深圳两地的人民银行分支机构为两地证券市场初期的发育起到了积极的作用。

（二）第二阶段：进一步发育与成长阶段（1986年—1992年）

这一时期初步形成了以中国人民银行为证券主管部门，按券种进行部门

分工的管理格局，如财政部负责国债发行并参与国债交易市场管理。

由中国人民银行作为证券主管机关所带来的矛盾随着各地证券市场的成长而日渐突出，这主要表现在：中央银行在监管目标上侧重从总体上控制货币的发行与流通，以维护金融制度的稳定，而在维护公平交易、保护投资者的利益上监管乏力；在监管手段上中央银行传统调整宏观金融的手段如利率、存款准备金率、再贴现率等均属间接手段，而证券市场的监管须直接规范上市公司、证券商、证券交易所以及其他市场主体的行为才能得以实现，加之银行业与证券业具有利益上的冲突，因此，中央银行监管的手段无法适应证券市场的需要；此外，中央银行充当证券主管机关也无法顺应证券市场国际化的需要。在这种情况下，出现了由多个政府机关共同监管证券市场的局面。1988 年后，国家计划委员会逐步参与对企业债券发行的额度审批管理。1990年后，国家经济体制改革委员会介入股份制试点企业的报批管理。1991 年由中国人民银行牵头设立了由国家计划委员会、国家经济体制改革委员会、财政部、国家国有资产管理局、国家税务总局、对外经济贸易部、国家工商行政管理局、国家外汇管理局 8 个部门参加的股票市场办公会议制度。1992 年该制度演变为国务院证券管理办公会议制度。形成包括国家计划委员会、国务院体制改革办公室、中央财经领导小组办公室、中国人民银行及其分支机构共同办公，审批股份制企业改制和股票的发行，并由国务院牵头，发布了《股份有限公司规范意见》等 14 个具体办法。但是，多个机构的审批制度造成了监管中的混乱。

在实际运作的过程中，地方政府，尤其是上海、深圳两地政府也扮演着重要的监管角色。1991 年成立了中国证券业协会和中国国债协会，但都尚未担负实质性自律职能。从总体上看，监管框架中政府部门和自律组织的若干要素均已出现，但监管体制仍处于发育阶段。

（三）第三阶段：证券监管机构的建立和完善阶段（1992 年—1997 年）

正是在上述背景下，国务院于 1992 年 10 月 26 日成立了国务院证券委员会和中国证监会，撤销国务院证券管理办公会议。这标志着我国证券市场统一监督管理的专门机构的产生，我国证券市场逐步向集中型监管阶段过渡。《股票条例》第一次以法规的形式确立，国务院证券委员会是全国证券市场的主管机构，依照法律、法规的规定对全国证券市场进行统一监管。它由中国人民银行、国家计划委员会、国家经济体制改革委员会、财政部、国家经济贸易委员会、对外经济贸易部、国家税务总局、最高人民法院、最高人民检察院、国家工商行政管理局，国家外汇管理局、国务院法制局、国家开发银行、国内贸易部等 14 个单位组成，采取例会形式办公，类似于一个处理证券市场大政方针的部长办公会议，是一个比较松散的机构。中国证监会是国务院证券委员会的执行机构，1993 年 8 月国务院证券委员会授权中国证监会，其有权依照《股票条例》查处股份有限公司、证券经营机构、内幕人员和其他单位、个人的证券违法违章行为，但对需要撤销当事单位的证券经营业务许可的处罚应当商中国人民银行办理。

这一阶段，证券业监管体制的进步主要体现在首次确立了独立的专门证券业监管部门，摆脱了依附财政部或中国人民银行的监管模式。但由于 10 多个政府部门均介入证券市场的管理与决策，形成监管权力分散的多头管理格局，国务院证券委员会名义上为主管机关，实则为协调机构。中国证监会没有地方分支机构，当时的地方监管机构代表地方政府管理本地证券市场，这削弱了中国证监会行使监管执行权的独立性和权威性。

1996 年，集中统一的监管组织体系的建设步伐明显加快。1996 年 3 月，中国证监会决定分批授予地方监管部门部分监管职权，建立了初步的证券市场协作监管体制。

（四）第四阶段：集中统一监管体系的形成时期（大致为 1997 年 8 月至《证券法》颁布）

随着我国证券业的不断发展，多头分散的监督管理体制的弊端日益显现。证券业的高风险的投机行为的活跃以及违规违法行为的增多，客观上要求进一步加强对证券业的监管。为此，国务院证券委员会于 1996 年 8 月发布《证券交易所管理办法》，明确由中国证监会统一监管证券交易所的活动；1997 年 8 月国务院又决定由中国证监会直接监管上海证券交易所和深圳证券交易所，从而结束了由上海、深圳两市政府监管证券交易所的历史，这就突出了中国证监会在证券交易所监管中的主导作用，同时也理顺了中国证监会与证券交易所的关系。1997 年 11 月召开的全国金融工作会议决定进一步对证券市场监管体制进行改革，完善监管体系，对全国证券市场实行集中统一监管和垂直领导，并确定了银行业与证券业实行分业经营、分业管理的基本原则。

1998 年国务院决定对证券监督管理体制进行进一步改革，是年 8 月，国务院批准了《证监会证券监管机构体制改革方案》，确立中国证监会作为全国证券期货市场的主管部门，可根据各地区证券业、期货业发展的实际情况，在部分中心城市设立证监会派出机构，从而建立了由中国证监会及其派出机构集中统一监管的全国集中统一监管体系。当年 9 月 28 日，国务院办公厅印发了《中国证券监督管理委员会职能配置、内设机构和人员编制规定》，国务院正式批准中国证监会"三定"方案，明确中国证监会对全国证券期货市场实行集中统一监管，明确中国证监会为国务院直属事业单位，是全国证券期货市场的主管部门。原国务院证券委员会的职能以及中国人民银行履行的证券业监管职能均划归中国证监会。根据国务院批准的"三定"方案之规定，中国证监会的主要职责是：研究和拟定证券期货市场的方针政策、发展规划；起草证券期货市场的有关法律、法规；制定证券期货市场的有关规章；统一监管证券期货市场，按规定对证券期货监管机构实行垂直领导；监管股票、可转换债券、证券投资基金的发行、交易、托管和清算以及批准企业债券的上市，等等[1]。

经过这些改革，中国证监会的职能明显加强，集中统一的全国证券监管体制基本形成。而 1998 年 12 月底通过的《证券法》则标志着国家以基本法的形式确认了集中统一的证券监督管理体制，这不仅消除了以前对证券市场多头监管的弊端，从而有利于强化监管职能，提高监管的效率，更有效地保护投资者的利益；同时也表明我国证券监督管理体制已进入到一个新的历史时期。《证券法》1999 年 7 月 1 日开始正式实施，与此同时，中国证监会派出机构正式挂牌。证券交易所也由地方政府管理正式转为由中国证监会管理。

这一阶段的监管体制表现出集权性和独立性的显著特征，《证券法》进一步明确了中国实行集中统一的监管模式，中国证监会成为唯一独立的最高证券监管机构。

（五）第五阶段：集中统一监管与自律监管体系形成时期（2005 年—2013 年）

这一时期以 2005 年《证券法》的修改为标志，开始以市场导向作为上市公司与证券市场监管体制改革的风向标。

自 1999 年《证券法》施行以来，国内外经济、金融环境与当初该法制定

---

〔1〕　详见《中国证券报》1998 年 10 月 19 日，第 1 版。

时相比发生了很大的变化，2004 年国务院适时发布《国务院关于推进资本市场改革开放和稳定发展的若干意见》，对我国资本市场的发展作出了全面规划，进一步明确了资本市场改革发展的指导思想和任务，提出了推进资本市场改革发展的政策措施和具体要求。要实现大力发展资本市场的目标和任务，首先，必须有更加完善的法律提供保证；其次，随着我国加入世界贸易组织和进一步对外开放，外资越来越多地进入我国证券市场，出现了合资的证券公司、基金管理公司等证券机构，外商通过受让境内上市公司的国有股、法人股取得对一些公司的控制权，合格境外机构投资者已被允许投资 A 股市场，境外证券交易所纷纷来我国进行推介，想方设法争取国内企业到海外上市，证券市场面临着如何应对对外开放所带来的新的监管问题和挑战。

根据我国资本证券市场发展的客观需要，以推进我国资本市场改革开放和稳定发展、保护广大投资者的合法权益为目的，2005 年 10 月 27 日，第十届全国人民代表大会常务委员会（以下简称"全国人大常委会"）第十八次会议高票通过了修订后的《证券法》。修订后的《证券法》对证券监管制度的完善体现在以下几个方面：

1. 完善上市公司的监管制度，提高上市公司质量。为完善上市公司的监管制度、提高上市公司质量，2005 年《证券法》确立了证券发行、上市保荐制度，规定发行证券应当聘请具有保荐资格的机构担任保荐人；同时，为了加强社会公众监督，防范发行人采取虚假手段骗取发行上市资格，2005 年《证券法》建立了发行申请文件的预披露制度，规定首次公开发行股票（Initial Public Offerings，IPO）的申请人应当预先披露申请发行上市的有关信息，这样可以拓宽社会监督渠道，有利于提高上市公司的质量。

2. 加强对证券公司的监管，防范和化解证券市场风险。防范和化解证券市场风险，是证券监管的重要使命。2005 年《证券法》参照银行业监督管理法的规定，补充和完善了对证券公司的监管措施，要求证券公司及其控股股东向国务院证券监督管理机构报送和提供有关信息、资料；对严重违法、违规的证券公司责令停业整顿，指定其他机构托管、接管或者撤销等。

3. 完善证券监督管理制度，增强对证券市场的监管力度。2005 年《证券法》完善了国务院证券监督管理机构的执法手段和权限，规定监管部门有权查询有关单位和个人的"问题账户"；查阅、复制与被调查事件有关的财产权登记、通信记录等资料；对有转移或者隐匿涉案财产或者隐匿、伪造、毁损重要证据的，经国务院证券监管部门主要负责人批准，可以冻结或者查封；限制被调查事件当事人的证券买卖等。这些执法手段对于监管部门及时查明案情、打击违法犯罪至关重要。

4. 赋予证券交易所核准证券上市、暂停或终止上市交易的权力以及一线监管者的法律地位，有对出现重大异常交易情况等特别事项进行处理的权力，有利于充分发挥证券交易所的监管作用。

5. 对监管部门的权力制约，有利于市场监管行为的法治化。2005 年《证券法》明确了证券监管机构对证券市场实施监督管理应该履行的职责，调整了被监管的对象并增加了监管手段，特别是赋予了监管部门在必要时候可以采取的准司法权，以及使用这些权力的约束条件和守则。这些规定一方面有利于监管部门加强监管力度，提升监管水平，另一方面又能够防止监管部门滥用权力，能够切实起到保护投资者利益、维护证券市场稳定和发展的作用。

6. 进一步完善法律责任体系。2005 年《证券法》加强了法律责任体系的系统性，更加注重对违法行为处罚的可操作性，这些修订既有利于规范各市场主体的权责关系，又有利于监管部门以及相关司法部门在执法过程中准确执法。

总之，2005 年《证券法》进一步完善了我国证券市场监管体制，注重充分发挥市场机制的作用，强调"让市场自己监督和约束市场"。但"徒法不足以自行"，法律修订后关键在落实。近年来，中国证监会以 2005 年《证券法》为依据，坚持监管职能转变，加强行政审批制度改革，取消了 2/3 以上的审批项目。

在证券发行和并购重组等市场最为关注、涉及市场主体重大利益的行政许可审核中，中国证监会建立由市场和学界专家人士组成"发行审核委员会""并购重组委员会"等制度，[1]并让会计师、律师、财务顾问和评估师等中介组织承担起"经济警察"的角色，予以监督把关。通过立规强化交易所一线监管和协会自律管理的功能，将上市核准、暂停上市、退市决定权下放给证券交易所，将证券、期货从业人员资格管理下放给证券业、期货业协会。中国证监会还在公开发行股票预先披露制度的基础上，进一步完善行政许可

---

〔1〕　2005~2010 年的 5 年间，中国证监会坚持依据上述"委员会"的审核意见作出是否许可的决定，共正式审核证券发行、并购重组许可申请 1346 件，审核通过 1173 件，否决 173 件，否决率达 12.8%。资料来源：中国经济网，http：//www.ce.cn，最后访问时间：2010 年 5 月 6 日。

审核公开程序，探索把部分行政许可事项从受理到作出决定的全过程在网上公开公示，加强市场全程参与。

（六）第六阶段：证券发行注册制改革，证券监管进一步法治化时期（2013年至今）

2013年11月12日中共十八届三中全会通过《中共中央关于全面深化改革若干重大问题的决定》，该决定第12条提出"完善金融市场体系"，并提出健全多层次资本市场体系，推进股票发行注册制改革，多渠道推动股权融资，发展并规范债券市场，提高直接融资比重。2015年12月9日，国务院常务会议审议通过了拟提请全国人大常委会审议的《关于授权国务院在实施股票发行注册制改革中调整适用〈中华人民共和国证券法〉有关规定的决定（草案）》。2015年12月27日，中国国务院实施股票发行注册制改革的举措获得中国最高立法机关的修法授权，于2016年3月起施行股票发行注册制。2019年新修订的《证券法》出台，在证券法的基本法律上将证券发行核准制正式修改为注册制。2023年2月1日，全面实行股票发行注册制改革正式启动。2023年2月17日，中国证监会发布全面实行股票发行注册制相关制度规则，自公布之日起施行。证券交易所、全国中小企业股份转让系统有限责任公司、中国证券登记结算有限责任公司、中国证券金融股份有限公司、中国证券业协会配套制度规则同步发布实施。结合上述注册制的改革，2019年《证券法》的修订还进一步深化了证券信息披露制度、投资者保护制度以及其他与注册制相关的配套制度，使我国证券监管制度进一步法治化。

二、我国上市公司与证券市场监管的组织体系

我国上市公司与证券市场监管的组织体系包括政府监管组织体系和自律监管组织体系。其中，政府监管组织体系里面的监管还包括国际监管或称跨境监管，为了突出跨境监管，笔者下面将其单独作为一个子目，与政府监管和自律监管的目录平行。

（一）政府监管组织体系

我国《证券法》规定：国务院证券监督管理机构依法对全国证券市场实行集中统一监督管理。国务院证券监督管理机构根据需要可以设立派出机构，按照授权履行监督管理职责。

在我国进行全面注册制改革之前，在中国证监会的监管机构中与上市公司监管最密切的是三个专门委员会，即股票发行审核委员会、上市公司并购重组审核委员会和行政处罚委员会。在我国全面注册制改革之后，上述三个委员会的情况如下：

（1）《首次公开发行股票注册管理办法》自2023年2月17日生效，同时废止了《首次公开发行股票并上市管理办法》（2022修正）、《科创板首次公开发行股票注册管理办法（试行）》（2020修正）、《创业板首次公开发行股票注册管理办法（试行）》，这标志着股票发行审核委员会彻底被取消。

（2）新修订的《上市公司重大资产重组管理办法》自2023年2月17日生效，删除了《上市公司重大资产重组管理办法》（2020修正）第10条，这意味着上市公司并购重组审核委员会的结束。

（3）行政处罚委员会始终有存在的必要，其的主要职责是：制定证券期货违法违规认定规则，审理稽查部门移交的案件，依照法定程序主持听证，拟订行政处罚意见。行政处罚委员会下设的办公室，是行政处罚委员会的日常办事机构，主要职责有：负责行政处罚委员会日常事务，办理案件交接和移送事项，组织安排听证、审理会议，协助行政处罚委员会委员开展相关工作。

此外，中国证监会下设有内部职能部门、直属行政机构及事业单位、派出机构，直接管理证券期货交易所、证券期货业协会、中国证券登记结算公司和中国证券投资者保护基金公司等机构。

（二）自律监管组织体系

旧《证券法》第8条规定，在国家对证券发行、交易活动实行集中统一监督管理的前提下，依法设立证券业协会，实行自律性管理。就上市公司监管而言，除了证券业协会之外，还有两个重要的自律监管机构共同构成我国的上市公司与证券市场自律监管组织体系：①证券交易所；②上市公司协会。

由于本章第四节专门论述"我国上市公司与证券市场自律监管"，故有关这三个机构的具体内容留待下节一并解读。

（三）国际监管协助与域外管辖

1. 国际监管协助的时代背景。国际监管协助的时代背景主要有以下两个方面：

（1）资本流动的国际化需要国际监管协助。如前所述，随着电子信息技术的广泛应用，交易技术不断更新、跨境资本流动加快、金融管制放松，使得金融机构之间的业务可以互相交叉、混业经营。因此，随着国际资本的流动，证券风险在世界各国传播的速度日益加快，影响程度也进一步加深，需要各国联合行动以消除证券风险的消极影响。

（2）证券投资的国际化需要国际监管协助。金融市场的开放为外国金融机构进入本国金融市场进行投资活动提供了便利。融资方式证券化的发展趋势，使世界各地的金融市场紧密地联系在一起，资本在各国间流动的速度和规模逐步扩大。同时，由于金融创新的发展，金融市场的复杂性进一步加剧。因此，证券投资的国际化也需要运用统一的标准来衡量风险程度，并用统一的标准进行监管。

2. 我国的法律依据。2019 年《证券法》第 177 条规定："国务院证券监督管理机构可以和其他国家或者地区的证券监督管理机构建立监督管理合作机制，实施跨境监督管理。境外证券监督管理机构不得在中华人民共和国境内直接进行调查取证等活动。未经国务院证券监督管理机构和国务院有关主管部门同意，任何单位和个人不得擅自向境外提供与证券业务活动有关的文件和资料。"这是 2019 年在对旧《证券法》第 179 条修改后新增加的内容，成为我国国际监管协助的国内法依据。

3. 国际监管协助的基本要求和主要方式。

（1）证券监管合作基本要求。进行国际监管合作的各国必须满足一定的要求，这些基本要求的主要内容如下：①为维护投资者的利益，必须坚持证券市场的公开、公平、公正原则，从而建立一个健康有序、高效运行的证券市场；②证券发行者、上市公司、证券公司以及证券服务机构和有关的当事人都应准确、完整、真实地披露信息，使投资者充分及时得到信息，并据以进行合理的投资选择；③依法制止证券市场上的违规行为，避免违规行为对本国或外国投资者的损害；④上市公司董事的行为应符合全体股东的整体利益，其股权如有改变，通常应以同等条件向所有股东发出全面收购、兼并要约；⑤证券机构应具有充足的资金来源和合格的财务状况，应具备从事证券业务的相关经验、资格，并具有良好的信誉和职业道德品质；⑥应当具备稳健且可持续的宏观经济政策，以及健全的金融法律，以促进和有效约束证券市场的健康发展。

（2）国际监管协助的主要方式及其现状。

第一，协助方式。国际监管协助的主要方式是各证券监管当局通过加入证监会国际组织和签署监管合作备忘录等方式加强监管合作。全球范围内的国际监管协作，有利于监管机构监督上市公司和中介机构的合规经营情况，确保其有符合规定的业务能力和良好的记录，有利于采取跨境监管行动，查处证券违法犯罪行为，更好地维护公开、公平、公正的原则，保护投资者的合法权益。

第二，协助现状。自 1992 年 10 月以来，中国证券监督管理机构积极与境外证券期货监管机构在监管信息和跨境协查等方面开展交流与合作。截至 2011 年 12 月 31 日，已相继与 47 个国家和地区的证券期货监管机构签署了 51 个监管合作谅解备忘录。[1]

4. 域外管辖。

域外管辖，又称长臂管辖，是指将一国证券法的适用范围扩展到该国属地管辖的领域之外。这种管辖主要指具有公法属性[2]的司法管辖（包括受理民事诉讼案件）和行政管辖。我国 2019 年《证券法》新增的第 2 条第 4 款规定，在中华人民共和国境外的证券发行和交易活动，扰乱中华人民共和国境内市场秩序，损害境内投资者合法权益的，依照本法有关规定处理并追究法律责任。这一新增规定，标志着我国证券法的域外管辖效力在立法中首次得以确立，使我国证券法获得必要的域外适用效力。从字面上看，第 4 款所称的对于境外证券违法行为将"按照本法规定处理"以及"追究法律责任"，应该解读为在国家行使立法管辖权的基础上，确认了超出国境适用范围的执法管辖权和司法管辖权。因此，我国证券法的域外管辖，应当包括但不限于我国法院的长臂管辖。具体而言，上述条文中"处理"的内涵包括证券法各章所规定的各类证券监管和执法主体根据违法主体和违法事实的不同类别而分别采取的处理措施，例如，中国证监会这样的政府机构采取的行政监管和处罚措施以及国际合作措施、刑事司法机关对于证券犯罪行为的追诉措施、

---

[1]　参见中国证监会：《中国证券监督管理委员会与卡塔尔金融市场管理局签署〈证券期货监管合作谅解备忘录〉》，载中国证监会官网，www.csrc.gov.cn/pub/newsite/bgt/xwdd/201104/t20110411_194217.htm，最后访问时间：2011 年 4 月 11 日。

[2]　本书所称"公法"既包括国家公法，也包括社会公法。国家公法赋予政府监管机构执法的强制力，社会公法赋予自律监管机构执法的强制力。

证券交易所这样的自律监管机构的处分措施、人民法院作为司法机关所采取的受理和审理证券纠纷案件的措施，等等。对于就境外证券违法行为所欲追究的"法律责任"，则可以在《证券法》第13章"法律责任"专章中根据违法主体和违法行为的类别进行对接，包括民事责任、行政责任和刑事责任。[1]

三、我国上市公司与证券市场监管机构的职责与权限

我国《证券法》第12章"证券监督管理机构"对国务院证券监督管理机构（即中国证监会）的监管职责、监管权限及其制约与保障均进行了明确的规定，充分体现权在法下的法治理念。

（一）职责

《证券法》第169条规定了中国证监会对我国上市公司与证券市场实施监督管理的具体职责，共有如下十个方面：

1. 依法制定有关证券市场监督管理的规章、规则，并依法进行审批、核准、注册，办理备案。证券市场是一个高风险的市场，而且风险具有突发性强、影响面广、传导速度快的特点，这就要求有关规范能够对市场作出快速反应，以便证券监督管理机构能够依法对证券市场的各种行为进行监督管理，因此授予证券监督管理机构有权制定有关上市公司与证券市场监督管理的规章、规则，并依法进行审批、核准、注册，办理备案。

2. 依法对证券的发行、上市、交易、登记、存管、结算，进行监督管理。这是指证券监管机构在证券发行、上市后对证券的交易、登记、存管、结算等一系列环节予以持续监管。如证券交易所采取技术性停牌或者决定临时停市，必须及时报告国务院证券监督管理机构；证券交易所应当按照国务院证券监督管理机构的要求，对异常的交易情况提出报告；对于证券交易过程中的内幕交易行为、操纵市场行为、虚假陈述行为、证券公司的欺诈行为等，证券监管机构要对其进行查处；证券公司注册资本低于法定要求的，由国务院证券监督管理机构撤销对其有关业务范围的核定；证券登记结算机构涉及证券市场的重大行为应当及时向中国证监会报告，中国证监会则应当及时处理。

---

[1] 郭峰等：《中华人民共和国证券法制度精义与条文评注》，中国法制出版社2020年版，第85页。

3. 依法对证券发行人、上市公司、证券交易场所、证券公司、证券登记结算机构、证券投资基金管理公司、证券服务机构的证券业务活动，进行监督管理。这是指证券监管机构在依法对证券的发行、交易、登记、存管、结算等一系列环节予以监管的过程中，同时对相应主体的证券业务活动进行监督管理。

4. 依法制定从事证券业务人员的行为准则，并监督实施。证券业从业人员的行为直接涉及证券市场服务质量的高低，因而不仅要求证券业从业人员有相应的业务素质，而且还要求其有较高的道德情操。所以，为了加强证券业从业人员资格管理，促进证券市场规范发展，保护投资者合法权益，中国证监会于 2022 年 2 月 10 日通过《证券基金经营机构董事、监事、高级管理人员及从业人员监督管理办法》，用以落实此项职责。

5. 依法监督检查证券发行、上市和交易的信息披露。这一项是对上市公司信息披露的监督管理，证券监督管理机构的信息披露监管权是中国证监会及其派出机构依法监督检查证券发行和交易的信息公开情况，对未真实、充分、及时披露信息的行为进行查处。公开原则是《证券法》"三公"原则的基石，也是保护投资者合法权益的基础。公开原则的核心要求是实现市场信息的公开化，即要求市场具有充分的透明度。公开原则既要求在证券发行时依法公开有关的信息，又要求在证券发行后依法披露有关的信息。为保证证券发行、上市和交易的信息公开做到及时、真实、准确，国务院证券监督管理机构负有依法监督检查证券发行、上市和交易信息公开情况的职责。

6. 依法对证券业协会的活动进行指导和监督。证券市场的健康发展，不仅离不开国务院证券监督管理机构的监督管理，同时也离不开证券业自律性组织发挥的作用。因此，历经多次修订后的我国《证券法》充分重视建立和完善我国证券业的自律组织和自律监管。为了更好地发挥证券业协会的自律作用，国务院证券监督管理机构依法对证券业协会的活动进行指导和监督。

7. 依法监测并防范、处置证券市场风险。防范、化解金融风险是资本市场治理的重要任务，金融市场牵一发而动全身，金融风险具有传导性，尤其应该防止系统性金融风险的发生。这项职责是 2019 年《证券法》新增加的内容，原则性地规定证券监督管理机构具有监测、防范证券市场的职责，相应地具有处置证券市场风险的权力。作此原则性的规定，目的在于使实践中已经存在的国家证券监管机构的监测、防范、处置证券市场风险的职责明文体现在法律中，做到有法可依。根据上述原则，我国证券监管机构制定了一系列监测并防范、处置证券市场风险的法规和规范性文件，例如，2023 年修订的《证券公司风险处置条例》以及 2020 年修正的《证券公司风险控制指标管理办法》。这些文件中均已实质性地规定了证券监督管理机构防范、处置证券市场风险的细则，如证券监督管理机构发现证券公司存在重大风险隐患，可以进行专项检查，对证券公司经营、管理活动进行监控，责令证券公司停止部分或者全部业务，进行整顿、托管或接管、行政重组等多种防范、处置措施。

8. 依法开展投资者教育。此项职责是 2019 年《证券法》新增加的内容，体现了证券法保护投者利益的立法宗旨。根据中国证券登记结算公司发布的 2019 年 12 月统计月报的数据，[1]截至 12 月底，期末投资者[2]数量为 15975.24 万人，其中自然人投资者为 15937.22 万人，约占总投资者的 99.76%，可以说，我国的投资者大部分都是自然人，特别是中小投资者。中小投资者相对于其他参与证券市场活动的主体而言，参与度高，交易活跃，但对新技术、新产业、新业态、新模式的认知能力比较弱，处于信息劣势，应对风险能力差，投资决策不理性。另外，受到经济结构改革和资本市场全球化背景下国外经济形势影响，证券市场风险凸显，各种违规、违法操作频发。在上述背景之下，将"依法开展投资者教育"作为证券监管机构的一项法定职责，实属必要。

9. 依法对证券违法行为进行查处。证券监管机构对证券违法、违规行为进行查处，是维护证券市场秩序、保护投资者利益的重要手段。任何市场主体违反证券市场监督管理的法律、行政法规，都应当承担相应的法律责任，包括民事责任、行政责任和刑事责任。

10. 法律、行政法规规定的其他职责。证券市场是一个瞬息万变的市场，为了证券监管机构能够相机而动，故《证券法》作此兜底条款以灵活应对不断变化的证券市场。

（二）权限

权限即权力范围。我国《证券法》赋予国务院证券监管机构的权力范围，

---

〔1〕《投资者统计》，载中国证券登记结算有限责任公司官网，http：//www.chinaclear.cn/zdjs/tjyb2/center_ tjbgshtml，最后访问时间：2020 年 2 月 12 日。

〔2〕 期末投资者数量指持有未注销、未休眠的 A 股、B 股、信用账户、衍生品合约账户的一码通账户数量。

主要包括以下几个方面：

1. 规章、规则的制定权。规章、规则的制定权是指《证券法》授权国务院证券监督管理机构依照宪法、法律及行政法规的规定，制定有关证券市场监督管理的规章、规则。对证券市场进行监督管理必须按照一定的规则和程序进行。制定有关证券市场监督管理的规章、规则是中国证监会的重要权限之一。由于法律的规定极为抽象和原则，而证券市场监管过程中的具体情况又很复杂，中国证监会制定的规章便成为监管过程中的主要依据。为了规范规章规则的制定工作，中国证监会于 2020 年 4 月 13 日施行的《证券期货规章制定程序规定》，对于制定规章的原则，立项、起草与审查，决定、公布和备案，解释、修改和废止，编纂和翻译等作了具体规定。

2. 审批权与注册权。审批权即行使行政许可权，是中国证监会行使监管职责的重要方式之一。为落实《行政许可法》，建立统一、快捷和规范的行政许可制度，中国证监会于 2023 年修订并发布了《中国证券监督管理委员会行政许可实施程序规定》（以下简称《程序规定》）。《程序规定》分为总则、一般程序、简易程序、特殊程序、证券发行注册程序、期限与送达、公示、附则等 8 章，分别就行政许可申请受理、审查、决定等各个环节对受理部门和审查部门应承担的工作等方面做了规定。《程序规定》以《行政许可法》为依据，紧密结合证券期货行政许可工作实际，对中国证监会的行政许可工作程序予以具体化、流程化。

《证券法》授予国务院证券监督管理机构一系列的审批或者注册权。国务院证券监督管理机构行使审批或者注册权的具体方面包括：[1]

（1）证券发行：①发行证券，必须依法报国务院证券监督管理机构或者国务院授权的部门注册；②上市公司非公开发行新股，应当符合经国务院批准的国务院证券监督管理机构规定的条件，并报国务院证券监督管理机构注册；③上市公司发行可转换为股票的公司债券，除应当符合法律规定的条件外，还应当报国务院证券监督管理机构注册。

（2）证券上市：申请证券上市交易，应当向证券交易所提出申请，由证券交易所依法审核同意，并由双方签订上市协议。证券交易所可以规定高于

---

［1］　参见《证券法》第 9、12、15、46、47、68、96、99、115、118、119、122、124、145、156 和 160 条。

《证券法》规定的上市条件，但是必须报国务院证券监督管理机构批准。

（3）上市公司收购：在收购要约确定的承诺期限内，收购人不得撤销其收购要约。收购人需要变更收购要约的，必须事先向国务院证券监督管理机构及证券交易所提出报告，经批准后，予以公告。

（4）证券交易所：①证券交易所的设立和解散，由国务院决定。②证券交易所章程的制定和修改，必须经国务院证券监督管理机构批准。③证券交易所依照证券法律、行政法规制定上市规则、交易规则、会员管理规则和其他有关规则，并报国务院证券监督管理机构批准。

（5）证券公司：①设立证券公司，必须经国务院证券监督管理机构审查批准。未经国务院证券监督管理机构批准，任何单位和个人不得经营证券业务。②证券公司应当自领取营业执照之日起15日内，向国务院证券监督管理机构申请经营证券业务许可证，未取得经营证券业务许可证，证券公司不得经营证券业务。③证券公司设立、收购或者撤销分支机构，变更业务范围或者注册资本，变更持有5%以上股权的股东、实际控制人，变更公司章程中的重要条款，合并、分立、变更公司形式、停业、解散、破产，必须经国务院证券监督管理机构批准。④证券公司在境外设立、收购或者参股证券经营机构，必须经国务院证券监督管理机构批准。⑤证券公司的董事、监事、高级管理人员，在任职前须取得国务院证券监督管理机构核准的任职资格。⑥证券公司为客户买卖证券提供融资融券服务，应当按照国务院的规定并经国务院证券监督管理机构批准。

（6）证券登记结算机构：①设立证券登记结算机构必须经国务院证券监督管理机构批准。②证券登记结算机构申请解散，应当经国务院证券监督管理机构批准。

（7）证券服务机构：投资咨询机构、财务顾问机构、资信评级机构、资产评估机构、会计师事务所从事证券服务业务，必须经国务院证券监督管理机构和有关主管部门批准或者备案。

近年来，中国证监会转变监管理念和监管方式，积极推进行政审批制度改革。以市场化为导向，坚持市场优先和社会自治原则，凡是市场机制能够有效调节、市场主体能够自主决策、自律组织能够自律管理的事项，都取消行政审批。在大幅减少事前准入管理的同时，加强日常监管和事后问责，确保市场的有序和稳定运行。

3. 现场检查权。[1]证券监督管理机构的检查人员有权亲临证券发行人、上市公司、证券公司、证券投资基金管理公司、证券服务机构、证券交易所、证券登记结算机构的业务现场，查验核对业务财务资料，检查风险管理和合规经营情况。这有利于及时发现问题，督促改进，促使有关市场参与者规范经营。

4. 调查取证权。证据是证券监管机构查明事实真相，是判定某一行为是否构成违法以及如何处罚的基础。所以，法律赋予证券监督管理机构进入涉嫌违法行为发生场所调查取证的权力。

5. 询问权。证券监管机构为弄清事实真相，需要从多方面进行调查，包括询问当事人和与被调查事件有关的单位和个人，要求其对与被调查事件有关的事项做出说明，在此基础上去伪存真，真正做到以事实为依据。

6. 查阅、复制、封存权。证券市场违法行为具有资金转移快、调查取证难的特点，如果证券监督管理机构没有必要的强制查处手段，就会失去及时有效打击证券违法犯罪行为的良机。为此，法律准许证券监管机构有权查阅、复制与被调查事件有关的财产权登记、通讯记录等资料；还可以查阅、复制与被调查事件有关的单位和个人的证券交易记录、登记过户记录、财务会计资料及其他相关文件和资料；对可能被转移、隐匿或者毁损的文件和资料，可以予以封存。

7. 账户的查询、冻结、查封权。账户是证券交易的出发点和落脚点，通过查询相关的账户，可以比较清楚地理解交易情况，发现违法行为，及时控制违法行为，防止违法者转移资金。因此，法律赋予证券监督管理机构有权查询当事人和与被调查事件有关的单位和个人的资金账户、证券账户和银行账户；对有证据证明已经或者可能转移或者隐匿违法资金、证券等涉案财产或者隐匿、伪造、毁损重要证据的，经国务院证券监督管理机构主要负责人批准，可以冻结或者查封。

8. 限制交易权。从我国证券市场的实际来看，赋予中国证监会一定的即时强制权是必要的。以操纵市场案的查处为例，在证监会稽查中，有的违法者采取迅速出货的方式，把风险全部转移给散户。在集中竞价的交易方式下，无法查明买家所对应的卖家和卖家所对应的买家，即便是查实了操纵市场的

---

[1] "权限"中的"现场检查权"至"限制交易权"均参见《证券法》第170条的规定。

行为，受害人也难以得到相应的赔偿。在涉嫌发布虚假消息、内幕交易的案件中，如果等到中国证监会查明相关的违法行为，并根据行政处罚法的规定履行告知、听证程序，则很可能给调查取证带来较大的困难，并且在此期间，这些案件可能已经造成了社会不利影响和难以挽回的损失，因此赋予中国证监会即时的行政强制权，即限制交易权是有必要的。当然，此项权力必须慎用，所以，法律规定限制交易权的行使仅限在调查操纵证券市场、内幕交易等重大证券违法行为时，经国务院证券监督管理机构主要负责人批准，可以限制被调查事件当事人的证券买卖，但限制的期限不得超过15个交易日；案情复杂的，可以延长15个交易日。

9. 查处权。证券监管机构对违法、违规行为行使调查和处罚的权力。《证券法》规定了若干种应予调查和处罚的违法行为，包括：擅自公开或者变相公开发行证券的行为；以欺骗手段骗取发行核准的行为；承销或者代理买卖未经核准擅自公开发行的证券行为；内幕交易、操纵股市、欺诈客户的行为；骗取证券业务许可、非法开设证券交易场所、擅自设立证券公司或者非法经营证券业务的行为；证券公司、证券登记结算机构挪用客户的资金或者证券，或者未经客户的委托，擅自为客户买卖证券的行为；编造、传播虚假信息，扰乱证券市场的行为；提交虚假证明文件或者采取其他欺诈手段隐瞒重要事实骗取证券业务许可的行为；证券监督管理机构的工作人员和发行审核委员会的组成人员滥用职权、玩忽职守，利用职务便利牟取不正当利益，或者泄露所知悉的有关单位和个人的商业秘密的行为等。对于这些违法行为进行行政处罚的职责由中国证监会承担。

中国证监会对违法行为进行查处时，实行案件调查与处罚决定分开进行的模式，建立调查权与处罚权相互配合、相互制约的机制，贯彻分工明确、职责清楚、程序规范、精简高效的原则，并对重大案件实行集体讨论制度。根据《行政处罚法》和有关法律、法规及部门规章的规定，行政处罚分为五个阶段：案件的调查；案件的审理；告知、听证程序；《行政处罚决定书》的签发和送达；执行。

四、上市公司与证券市场监管权力实现的保障

上市公司与证券市场监管权力实现的保障主要包括法律规定的被监管对象的配合义务，各金融监管机构之间建立监管信息共享机制以及政府其他部

门对证券监管机构的配合。[1]

（一）法律规定的被监管对象的配合义务

配合义务是指证券法律规定被检查、调查的单位和个人负有配合义务，即被检查和被调查的单位和个人，对于有关的文件和资料，如证券交易记录、登记结算记录、财务会计报告等，应当如实提供，主动配合，不得拒绝、阻碍和隐瞒。[2]被检查、被调查的单位和个人不配合国务院证券监督管理机构履行职责的，应当依法承担相应的法律责任。如《证券法》第218条就规定："拒绝、阻碍证券监督管理机构及其工作人员依法行使监督检查、调查职权，由证券监督管理机构责令改正，处以10万元以上100万元以下的罚款，并由公安机关依法给予治安管理处罚。"第219条则规定："违反本法规定，构成犯罪的，依法追究刑事责任。"这些规定确保了证券监管机构的执法效率，同时为证券监管机构行使监管权力提供了保障。

（二）各金融监管机构之间建立监管信息共享机制

《证券法》第175条第1款规定，国务院证券监督管理机构应当与国务院其他金融监督管理机构建立监督管理信息共享机制。这一规定的主要是为了适应当前金融监管体制改革的需要，进一步加强金融监管机构之间的相互协调和配合，增强金融监管的效率。

由于我国的金融体制是分业经营、分业管理，2018年之前，国务院金融监督管理机构除中国证监会外，还包括中国银行业监督管理委员会（以下简称"银监会"）、中国保险监督管理委员会（以下简称"保监会"），以上三个机构合称"三监会"。随着金融市场的整体发展，一个金融市场所发生的风险不可避免地会影响另一个金融市场。同时，金融创新使不同金融机构之间的业务不断交叉，我国的金融业在实践中已出现了混业经营，这就使得一些金融业务需要多个金融监管机构联合监管。为适应我国金融业改革发展的需要，在保证我国金融市场持续、稳健发展的同时促进金融创新，需要建立有效的金融监管部门合作机制。因此，"三监会"于2004年6月成立了专门工作小组，起草了《中国银行业监督管理委员会、中国证券监督管理委员会、中国保险监督管理委员会在金融监管方面分工合作的备忘录》（以下简称《金

---

[1]　参见《证券法》第173、175条的规定。
[2]　参见《证券法》第173条。

融监管分工合作备忘录》），该备忘录主要包括："三监会"各自监管对象信息的共享；"三监会"各自监管对象的高级管理人员和金融机构的处罚信息的共享；"三监会"之间此类信息应当互相通报；"三监会"应建立对外开放政策的交流、协调机制，并互相通报；对于重大监管事项和跨行业、跨境监管中的复杂问题，三家监管机构要进行磋商，建立定期信息交流制度，并对交流的信息严格遵循客户保密原则的义务；财政部、中国人民银行也同样与"三监会"之间相互合作、信息共享，共同维护金融体系的稳定和金融市场的信心。"三监会"之间还建立了定期的信息交流合作机制，如"监管联席会议机制"以及"经常联系机制"。通过"监管联席会议机制"和"经常联系机制"，切实加强了"三监会"之间的政策沟通与协调，对于金融发展和创新中出现的问题，三方可以通过上述机制互通信息、充分讨论、协商解决、鼓励金融创新、控制相关风险。

2018年3月，第十三届全国人大第一次会议表决通过了关于国务院机构改革方案的决定，设立了中国银行保险监督管理委员会。2018年4月8日，中国银行保险监督管理委员会正式挂牌，银监会和保监会成为历史。

2023年3月，中共中央、国务院印发了《党和国家机构改革方案》。在中国银行保险监督管理委员会基础上组建国家金融监督管理总局，不再保留中国银行保险监督管理委员会。5月18日，国家金融监督管理总局正式揭牌。这意味着，中国银行保险监督管理委员会正式退出历史舞台。国家金融监督管理总局负责贯彻落实党中央关于金融工作的方针政策和决策部署，把坚持和加强党中央对金融工作的集中统一领导落实到履行职责过程中。关于国家金融监督管理总局的职责，见本章第五节中"一、证券分合业经营与监管"的相关部分。

（三）政府其他部门对证券监管机构的配合

中国证监会的监管工作除与上述其他金融监管部门联系密切外，还牵涉到众多的政府部门，这些部门主要包括：财政部门、司法部门、人事部门等。我国法律规定，国务院证券监督管理机构依法履行职责，进行监督检查或者调查时，有关部门应当予以配合。这是因为，中国证监会在行使监管职能时，仅仅依靠自身的力量往往会使监管成本过高，并且难以实现目标。所以，中国证监会在履行职责过程中如遇到各种阻力与困难，向相关政府部门提出需要协助与配合的要求时，相关政府部门应当积极配合与协助；与此同时，各级政府部门不得干涉中国证监会的监管工作，更不能取而代之接手其监管工作；各级政府部门不得进行证券违法活动，也不得出于地方和部门保护主义，对证券违法活动进行变相的鼓励、纵容、包庇；各级部门应该在中国证监会要求的范围之内履行协助与配合义务，不能超越这个范围。

（四）证券监管中司法权与证券监管权的互动〔1〕

1. 司法权与证券监管权在立法上的互动。为了完善对行政权行使的制约，促进行政权的规范、有效行使，我国颁布了《行政诉讼法》《国家赔偿法》《行政处罚法》《行政复议法》等，不断加强对行政机关依法行使职权的监督。在证券业上，为了促进中国证监会正确行使职权，我国《证券法》明确规定了当事人对证券监督管理机构或者国务院授权部门的处罚决定不服的，可以依法申请行政复议，或者依法直接向人民法院提起诉讼。为了加强中国证监会对证券市场的监管，提高监管效率，《证券法》授予中国证监会准立法权和准司法权，中国证监会可以在职权范围内制定有关证券业的规章、规则，并依法进行审批、核准、注册，办理备案；同时在符合规定的情况下，可以查询当事人和与被调查事件有关的单位和个人的资金账户、证券账户和银行账户以及其他具有支付、托管、结算等功能的账户信息，可以对有关文件和资料进行复制；对有证据证明已经或者可能转移或者隐匿违法资金、证券等涉案财产或者隐匿、伪造、毁损重要证据的，经国务院证券监督管理机构主要负责人或者其授权的其他负责人批准，可以冻结或者查封，期限为 6 个月；因特殊原因需要延长的，每次延长期限不得超过 3 个月，冻结、查封期限最长不得超过 2 年。〔2〕

另外，我国《证券法》规定了内幕交易、操纵市场、欺诈客户、违法承销、违法收购等行为给投资人等造成损失的，要承担相应的民事赔偿责任；构成犯罪的，依法追究刑事责任。可见，我国证券立法从多方面规范了司法权对证券业的介入。

2. 司法权与证券监管权的互动。在证券监管中，主要有以下几种途径形

---

〔1〕　李东方、王爱宾：《证券业监管中司法权的介入及其与行政权的互动》，载《西南政法大学学报》2009 年第 2 期。

〔2〕　参见《证券法》第 169 条第 1 款、第 170 条第 1 款第 6 项。

成司法权与证券监管权互动：一是基于当事人的申请，由司法机构审查中国证监会制定的法规是否与宪法和其他基本法律相冲突；二是司法机关通过行政诉讼程序，审查中国证监会的具体行政行为；三是司法机关通过判例或司法解释创设新的规则，为证券监管权的行使提供指引。当然，司法权对证券行政监管的干预应是有限度的，不能干预行政机关的自由裁量权，尤其是在涉及专业领域的问题上应充分尊重证券监管机关的判断。

在二者互动的过程中，司法权对证券监管权的实施产生以下影响：一是促进证券监管权行使的效果。司法监督是证券监管权规范行使的外在制约力量。"司法权的存在，使得权利人在通过其他监督途径达不到目的时，可以最后通过寻求司法监督得以实现。也即因司法权的介入，现实地提高了行政权适用的效率。没有司法权的存在，其他手段也将会是苍白乏力的。"〔1〕司法权的介入还会极大提高投资人的法律意识，增加其监督发行人及其他相关主体的积极性，有效弥补证券监管权监管力量的不足。二是促进证券监管行为的运作程序化。近20年的行政法治实践表明，行政行为运作明显趋向程序化，因为程序的优点在于最大限度排除不正常因素干扰，保证行政行为健康、规范、有序、公正地运行。行政行为这一特点的形成，不无司法权行使程序化的影响。我国《行政复议法》《国家赔偿法》《行政许可法》《行政处罚法》等都对行政权权力的行使程序做了规定。作为证券业的行政监管主体，中国证监会也制定了一些内部规范，促进自身权力运作的程序化。2002年11月25日，中国证监会公布了《行政复议办法》，规定了行政复议的范围、申请、受理、决定做出等。三是促进证券监管权运行法治化。《行政诉讼法》和《证券法》赋予司法对证券监管的合法性审查，这极大地推动了依法行政，加快了行政法治建设步伐。四是不服证券监管行为的救济司法化。在过去相当长的时间内，证券监管行政相对人对行政行为不服的救济沿用传统的"告状"的形式。《证券法》规定，当事人对证券监督管理机构或者国务院授权的部门的处罚决定不服的，可以依法申请行政复议，或者依法直接向人民法院提起诉讼。行政复议是行政机关内部对当事人权利救济的司法化。这一程序是对随意无序的"告状"式权利救济模式的扬弃。五是司法创设的规则，丰富了行政权运作规范。司法机关在处理相关证券案件的过程中，创立相关规则，

---

〔1〕 柴发邦主编：《体制改革与完善诉讼制度》，中国人民公安大学出版社1991年版，第27页。

规范证券监管权的运作。

五、对上市公司与证券监管机构权力的监督制约

上市公司与证券监督管理机构作为我国对证券业实行统一监管的最高政府机构，它的监管活动通过何种具体的途径得以实现，它的监管活动是否公正，直接影响到我国的证券业是否能够健康有序地发展。而我国现行的上市公司与证券监督管理体制从其运行机制上看，无疑是一种高度集中的监管体制，这种体制不仅将监督管理证券市场的权力集中于证券监督管理机构，而且还集中于国务院证券监督管理机构。这种集中统一的监管体制其长处在于，它有利于强化对上市公司和证券市场的监管，提高监管效率；但其不足之处也是显而易见的，即权力高度集中就意味着可能滋生腐败，一个被赋予了权力的人，总是面临着滥用权力的诱惑，面临着逾越正义与道德界限的诱惑。为了保证监管主体公正地行使法律赋予的权力，一方面需要执行具体公务的监管人员具有较高的思想品德修养；另一方面则需要从制度上对权力进行合理的监督与制约。基于此种考虑，《证券法》在赋予我国证券监管机构职权的同时，也对其规定了相应的法律义务和责任，这便体现了权利义务对等和权力必须受到制约的现代法治精神。有关对我国上市公司与证券监管机构的监督与制约，笔者想从内部制约与外部监督两个方面来说明。

（一）内部制约

对于我国上市公司与证券市场的监管，从监管机关规章、规则的制定，到具体权力部门的设置，再到权力的行使，都需要进行内部制约。

1. 权力行使制约。

（1）对审批权、注册权行使的制约。审批权、注册权是上市公司与证券市场监管权的核心权力之一，对其行使必须进行有效制约，比如《证券法》确立的股票发行注册制，由证券交易所进行具体审查，实行审监分离，就是对股票发行注册权进行制约的具体体现。

（2）对证券违法行为查处权的制约。在履行对证券违法行为的查处职责方面，制约机制的重点在于调查权与处罚决定权的分离，确立调查权与处罚权相互配合、相互制约的机制。

（3）对监管机构和监管人员行使执法权的程序制约。上市公司与证券监

管机构依法履行职责，进行监督检查或者调查，其监督检查、调查的人员不得少于 2 人，并应当出示合法证件和监督检查、调查通知书。监督检查、调查的人员少于 2 人或者未出示合法证件和监督检查、调查通知书或者其他执法文书的，被检查、调查的单位和个人有权拒绝。[1]这是我国《证券法》对证券监管机构和监管人员执法作出的程序性规定。

2. 利益冲突规避。证券监管权由监管者行使，如果出现利益冲突，将出现减弱甚至丧失其作为法定监管者执法的公正性，很可能滋生以权谋私等不正之风。《证券法》第 40、179 条等条款，[2]规定的可能存在利益冲突的场合，证券监管者要予以避免。这是为了保证证券监管者在监管活动中能够独立于被监管的机构之外。如果不具备这种独立性，那么监管原则与目标就有可能无法实现。如果国务院证券监督管理机构的人员违反上述规定而在被监管机构中任职，就应当承担相应的法律责任。

3. 规章制度与行政处罚公开。证券监管机构及其工作人员履行职务的行为是一种行政执法行为，始终应当高度透明，以便接受社会公众的监督，从而防止职权被滥用。根据《证券法》第 174 条的规定，保持透明度的要求包括以下两个方面：

（1）证券监管机构依法制定的规章、规则、监督管理工作制度应当公开。上市公司监管法的公开原则不仅要求证券发行、上市、交易等有关信息公开，也要求证券监管机构依法制定的规章、规则和监督管理工作制度公开，这样才能使证券监管机构的执法具有透明度，避免暗箱操作。

（2）证券监管机构依据调查结果，对证券违法行为作出的处罚决定，应当公开。证券监管机构对证券违法行为依法作出的处罚决定的公开，有利于

---

〔1〕 参见《证券法》第 172 条。

〔2〕《证券法》第 40 条规定，证券交易所、证券公司和证券登记结算机构的从业人员、证券监督管理机构的工作人员以及法律、行政法规禁止参与股票交易的其他人员，在任期或者法定限期内，不得直接或者以化名、借他人名义持有、买卖股票或者其他具有股权性质的证券，也不得收受他人赠送的股票或者其他具有股权性质的证券。任何人在成为前款所列人员时，其原已持有的股票或者其他具有股权性质的证券，必须依法转让。《证券法》第 179 条规定，国务院证券监督管理机构工作人员必须忠于职守、依法办事、公正廉洁，不得利用职务便利牟取不正当利益，不得泄露所知悉的有关单位和个人的商业秘密。国务院证券监督管理机构工作人员在任职期间，或者离职后在《公务员法》规定的期限内，不得到与原工作业务直接相关的企业或者其他营利性组织任职，不得从事与原工作业务直接相关的营利性活动。

对当事人权利的保护，也便于当事人行使其权利。对处罚决定不服的，可依法申请复议，或者依法直接向人民法院提起诉讼。同时，这种公开还可以对社会公众起到教育的作用，对预备违法行为人起到威慑作用。

4. 保密义务[1]。保密义务是指证券监督管理机构的工作人员在依法履行职责，进行监督检查和调查的过程中，很可能触及被检查、调查单位和个人的商业秘密[2]，这些秘密一旦泄漏，往往会给相关的企业和个人带来经济损失，对此，证券监督管理机构的工作人员负有保密的义务，不得泄露。

5. 尽职守操。尽职守操是指证券监管机构的工作人员在监管活动中要恪尽职守，要讲职业操守。

（1）恪尽职守。证券监管权力是通过证券监管机构工作人员的行为来实现的，为了确保对证券市场有效、公正的管理，法律规定了证券监管机构工作人员的尽职责任。《证券法》第179条规定，国务院证券监督管理机构工作人员必须忠于职守、依法办事、公正廉洁，不得利用职务便利牟取不正当利益，不得泄露所知悉的有关单位和个人的商业秘密。

（2）讲职业操守。职业操守是指证券监管机构的工作人员在监管活动中，要保持良好的职业道德，具有正直诚实的品质。操守约束包括监管机构的道德规范、职员行为操守的考评、违法违纪的查处等内容，是监管机构及其工作人员自我约束的重要依据。中国证监会通过颁布、执行《中国证券监督管理委员会工作人员守则》，来约束相关监管人员的行为。

（二）外部监督

1. 立法监督。自从我国确立走市场经济的道路之后，我国的证券市场一直处于迅速发展和不断变化的过程之中，因此对于我国上市公司与证券市场的监管，应当给予中国证监会相应的规章制定权，以适应市场的不断变化。这些规章的内容往往涉及我国上市公司与证券市场上大量无先例、无参照物、无明确界定的新问题。对这些新问题的界定、规范，往往会牵涉到多方面的利益。为了对规章制定权进行制约，不仅需要建立有效的规章制定程序机制，同时，中国证监会制定的规章还应当接受全国人大常委会的审查，通过人大

---

[1]　参见《证券法》第179条。
[2]　商业秘密，是指不为公众所知悉、能为权利人带来经济利益、具有实用性并经权利人采取保密措施的技术信息和经营信息。

监督使政府的立法能够更加公正，符合市场的要求。根据宪法的规定，全国人大常委会有权监督国务院及其各部委的工作，包括对中国证监会执法工作的监督，从而可以在外部防止中国证监会在规章制定上的权力滥用或者误用。

2. 审计监督。我国《证券法》第 8 条规定，国家审计机关依法对证券监督管理机构进行审计监督。国家审计机关是依宪法设立的国务院职能部门，在国务院总理的领导下依法对包括证券监管机构在内的国务院各部门和地方各级政府的财政收支进行独立审计监督，从而达到监督证券监管机构财政的目的，以维护国家财政秩序。

3. 司法监督。在我国司法对行政权实行的监督是一种事后监督。司法机关的独立性是形成对政府权力制约的重要前提，是作为制约主体的首要本质特征。法院在宪法和法律的保障下，独立行使审判权，监督行政权力的运作，形成对政府的权力制约，这是依法治国的重要内容。就广义上而言，法院对上市公司和证券市场行为的执法也是证券监管的组成部分，并且审查行政监管者的监管行为是否在法律尺度之内也是法院的权力，对监管者的监管是对行政监管合法性的保障。当然，与证券监管者主动介入证券市场的监管执法不同，法院的执法是被动式执法，并且法院在市场各主体之间保持中立，甚至更侧重于对监管者的行为进行法律监督。我国的证券监管基本上采取"行政主导"的模式，中国证监会及其他政府部门在市场监管方面的作用十分突出。相对而言，司法机关较少介入证券事务。但是，随着证券法律的逐步完善，证券纠纷的增多以及维权意识的提高，法院将面临越来越多的证券纠纷诉讼。

4. 舆论监督。舆论监督虽然不像上述三项公权力监督那样具有强制力，但是其影响力和监督作用在现实生活中却不容忽视。在证券市场上，各类媒体对公共权力机构和上市公司的监督，可以改善政府和投资者之间、投资者和上市公司之间的信息不对称状态，从而保护中小投资者的利益。作为与政府机构、机构投资者和上市公司中的既得利益者相抗衡的民间力量，媒体在促进证券市场公开透明以及证券监管的民主化、公司决策的民主化进程方面已经并且正在发挥着不可替代的作用。新闻机构本身并非权力机构，监督行政权力使之承受巨大的压力和挑战。为此，既要进一步提高我国证券监管机构的透明度，又要实现舆论监督的法治化，加快新闻法的立法工作，以保障舆论监督作用的充分发挥。

第四节　我国上市公司与证券市场自律监管

一、自律监管的基础理论

在具体论述我国上市公司与证券市场自律监管之前，有必要厘清市场经济中自律监管的基础理论，从而能够更加深刻地认识上市公司与证券市场自律监管的巨大价值。

（一）自律监管主体的含义和特性

1. 基本含义。自律监管主体也就是社会协调主体，也可称其为社会中间性主体或社会中介组织，是指代表和维护特定的社会经济利益、对社会经济活动进行协调的组织或者机构的统称。自律监管主体的基本含义如下：

（1）自律监管主体，是指承担一定的社会经济协调职能的组织或机构的统称，它并非指某一个独立的主体，而是与国家干预主体、市场主体等相对应的一类经济法主体，包括各种行业协会（如上市公司协会、证券业协会）、消费者保护组织、其他社会团体等。

（2）自律监管主体，是代表和维护一定范围的社会利益的主体，其存在的目的主要是代表和维护某些特定的社会利益，而非国家利益或其本身利益。这里的特定的社会利益，可能表现为社会中某一群体或阶层的利益，例如，消费者保护组织，代表和维护的是消费者利益；上市公司协会，代表和维护的主要是上市公司组织整体的利益；证券业协会，代表和维护的主要是证券行业经营组织的利益等。

（3）自律监管主体，在这里主要是指参与经济协调活动，履行经济协调职能的组织。全社会自律监管主体类型很多，基本职能也各不相同，作为市场经济中的自律监管主体，主要是指具有经济协调职能的社会组织，例如各种行业协会、消费者保护组织等。其他一些社会团体，例如各种学会、民间文艺团体等，也属于自律监管组织，但不属于市场经济中的自律监管主体。

（4）自律监管主体，属于社会团体。根据《社会团体登记管理条例》第2条的规定，社会团体是指中国公民自愿组成，为实现会员共同意愿，按照其章程开展活动的非营利性社会组织。国家机关之外的组织可以作为单位会员加入社会团体。社会团体，根据其开办的具体目的和从事社会活动的范围不同，又可以分为政治类、宗教类、经济类、科技类、文化艺术类等社会团体类型。作为市场自律监管主体的社会团体，主要是指经济类的社会团体，例如工商业者团体（包括商会、企业家协会、同业公会、外商投资企业协会、乡镇企业协会、个体工商户协会、上市公司协会和证券业协会等）、消费者团体、劳动者团体、雇主团体、农民团体、科技工作者团体等。

2. 自律监管主体的基本特性。自律监管主体与国家干预主体、市场主体相比，其主要特性如下：

（1）自律监管主体主要代表和维护社会利益。与国家干预主体主要代表和维护国家利益、市场主体主要代表和维护自身利益不同，自律监管主体主要代表和维护的是社会利益。代表和维护社会利益，是自律监管主体存在的目的和理由。因为在市场中，消费者作为一个群体，它们有共同的利益所在，而每一个单独的消费者个体，往往只是考虑作为个体的消费者自身的利益，无法考虑和维护作为整体的消费者利益，因此，才有消费者协会这种组织存在的理由和基础。消费者协会作为社会协调主体，它只有代表和维护消费者的共同利益，它才有存在的价值和基础。其他的自律监管主体，例如行业协会、雇主协会、工会等都是社会某些特定社会群体或阶层利益的代言人，它们的存在就是代表和维护特定社会群体或阶层的利益，如果不存在这种特定社会群众的共同利益，也就不存在这种自律监管主体存在的基础。

（2）自律监管主体具有非营利性与互益性。

第一，非营利性。自律监管主体为非营利性组织，不得以营利为目的从事相应的经营活动，这是自律监管主体区别于作为市场主体的企业的主要特征之一。自律监管主体作为社会协调主体可以有利润，但利润不是用于组织内部的分配而是用于扩大服务的规模、降低服务成本或价格，或者是用于弥补亏损项目的成本。自律监管主体作为一种非营利性组织，是就自律监管主体的宗旨及存在的目标角度而言的。自律监管主体在其存在过程中，必然会同外界发生一定的经济联系，进行一些必要的经济活动，比如为维系存续而收取会费或者为弥补活动成本而收取费用，甚至以法律允许的方式从事某些投资活动，但这些经济联系和经济活动，应当围绕自律监管主体的宗旨而开展，不应当以营利为目的从事经营性活动。

第二，互益性。主要表现在以下几个方面：①成员间互益，即自律监管主体的宗旨及实现宗旨的活动，必须是为了增进其全体成员的利益，使其成员在社团的活动中得以相互促进各自的合理利益。②团体性互益，即社团在追求本团体利益的过程中，必须协调与相关社会团体之间的利益关系，使本团体的利益能在不同社会团体利益均衡发展的前提下得以实现。③与消费者互益，即社团必须注重维护其所在行业或经济领域的消费者的利益，社团的宗旨及实现其宗旨的活动，必须既有利于本团体及其成员，也有利于消费者。

（3）自律监管主体具有公约性与民主性。

第一，公约性。自律监管主体在一定意义上是一种公众性契约组织，是以会员共同制定或认可的社团章程作为其设立和活动的法律基础。各市场主体加入社团，都必须以承诺接受章程约束为前提。自律监管主体的组织机构和基本制度都由章程设定。自律监管主体制定的规章制度都必须以章程为依据，不得与其抵触。自律监管主体的一切活动必须以章程为准则，必须在章程规定的范围内活动。总之，章程的重要性之于自律监管主体，类似于宪法之于国家。"社团之章程为社团之宪章，系社团组织与实现其目的之准则。"章程虽然具有契约性，但它不同于一般的契约，它是自律监管主体成员大会通过的、对全体社团成员都有约束力的规范性文件，是全体社团成员共同合意的产物和形式，具有公约性。

第二，民主性。自律监管主体作为会员自愿建立的，为会员服务的非营利组织，其设立和管理都以民主为基础。自律监管主体的民主性主要表现在以下三个方面：①社团成员的平等性，即自律监管主体的成员不论其是单位会员还是个人会员，也不论其作为单位会员本身组织规模、资本数额、经营能力差异如何巨大，对社会团体承担的义务如何不同（如缴纳会费多少），在社团内部都是权利平等的成员。②成员加入或退出的自由性。自律监管主体以其成员加入或退出的自由为原则，但是，为了实现对某类特殊行业或市场领域的有效管理，法律或法规也可以对这些特定行业或市场领域的自律监管主体规定强制入会制度。比如，中国上市公司协会就强制要求全国的上市公司都必须加入该协会，成为其会员。③内部管理的民主性，即自律监管主体的内部管理以其会员的民主管理为其基本特征。自律监管主体通常以会员大会为最高权力机构，在制定社团章程、规约、作出重大决定时，由其成员通过会员大会等形式，在民主协商的前提下，根据少数服从多数的原则决定。

（4）自律监管主体具有社会自治权性与自律性。

第一，社会自治权性。自律监管主体所行使的主要是社会自治权。国家干预主体，在对经济活动的干预中，因其代表和维护的是国家的经济利益，因此主要行使国家公权力。自律监管主体，是代表特定社会利益的组织或机构，其权力的本质是一种社会自治权。社会自治权，是源于特定社会成员自愿让渡而形成的权力，它既有公权力的特征，又不同于国家的公权力。如果说国家的公权力，从权力本源上是全体公民让渡给国家的权力，社会自治权力则是特定社会成员让渡给特定社会组织的权力，二者都是服务于一定公共利益的权力，其区别在于服务的公共利益范围不同。

第二，自律性。自律最一般性的含义是，由同一行业的从业组织或人员组织起来，共同制定规则，以此约束自己的行为，实现行业内部的自我监管，保护自己的利益。其基本要素有二：①自律规则须由同一行业的从业组织或人员共同制定，即规则的制定者也是实践者；②自律源于同一行业各组织的共同利益。

自律监管主体的自律性主要表现在：自我约束、自我规范、自我管理、自我控制。①自我约束，是指自律监管主体通过其组织机制，约束其成员的行为，使之符合法律规定和社会其他方面的合理要求。②自我规范，是指自律监管主体通过制定和实施其自律规则，规范其成员的业务活动，提高交易效率，规范交易秩序。③自我管理，是指自律监管主体对其团体事务和成员间的公共事务，进行自我管理，提高管理效果，促进自律监管主体及其成员的发展。④自我控制，是指自律监管主体通过制定和实施团体内公共政策，规定团体及其成员的业务发展方向和发展步骤，并将自律监管主体及其成员利益与社会整体利益以及相关团体利益合理地协调起来，自觉将自律监管主体及其成员利益的自我追求限制在社会许可的合理限度内。

实践证明，与政府干预的他律相比，自律监管主体的自律更为有效。它一方面加强了自律监管主体的权威，避免了政府的过分进入；另一方面使得自律机制能与他律机制（政府干预）相协调，将自律监管主体所实现的自律秩序纳入既定的法律秩序中去。

（二）自律监管主体的地位

自律监管主体，作为上市公司监管法主体的一种类型，其地位取决于其在经济活动中扮演的角色，即所承担的基本经济职能。虽然各种具体的自律监管主体都有其不同的具体经济职能，例如，上市公司协会与证券交易所的经济职能就有较大差别，但是，作为自律监管主体也有其共同职能，其共同职能即是协调国家干预与市场机制之间的矛盾，即一方面协助国家克服市场机制的缺陷，另一方面协助市场主体克服国家干预的缺陷，使经济得以健康、和谐发展。自律监管主体的这种基本职能，决定了其在国家干预主体与市场主体之间基本定位是协调人角色，是国家干预主体与市场主体之间的一种媒介或中介。也就是说，自律监管主体的地位取决于其与国家干预主体和市场主体之间的关系。

1. 自律监管主体与国家干预主体的关系。自律监管主体与国家干预主体之间，总体上讲属于各自独立、分工配合、相互制约的关系。

（1）自律监管主体与国家干预主体属于各自独立，互不隶属的两类法律主体。作为自律监管主体的社会团体或其他组织，其代表的主要是特定的社会利益，组织设立上主要取决于其代表的社会成员的共同意志，经费来源主要取决于会员会费或社会捐助，其行为主要是为特定的社会群体或成员提供服务或进行约束等。而作为国家干预主体的国家机关等，其代表的是国家利益，其设立取决于国家的意志，其经费来源主要是由国家财政提供，其行为是代表国家对经济活动进行干预等。因此，两类主体属于法律上各自独立的主体，自律监管主体不应该是国家干预主体的附属物。明确自律监管主体的独立地位，在我国现实的社会生活中具有特别重要的意义。在现实社会生活中，由于某些自律监管主体是从政府部门转制而来或主要由国家出资设立，这些主体往往无法准确为自己定位，仍然视自己为国家机关，习惯于按政府部门的思路开展工作。与此同时，政府和政府的一些部门也习惯于将其作为政府的附属机构，这势必会影响这些自律监管主体的健康发育和本身职能的发挥。因此，在现实经济立法中，应当特别重视自律监管主体的独立主体地位的确立。

（2）自律监管主体与国家干预主体分工配合。自律监管主体与国家干预主体相对于市场主体，都具有对市场主体行为进行监管的职能，其目的都在于克服市场机制本身的缺陷，但是，这两者之间对市场主体的干预是一种分工配合关系。总体而言，在未来社会趋向于"小政府，大社会"这一治理模式中，能够由自律监管主体承担的职能，应当首先让自律监管主体承担，只有自律监管主体难以承担或不适宜承担的市场干预职能，才由国家干预主体承担。但是，考虑到我国自律监管主体发育的现状，理论上应当由自律监管主体承担的一些职能，在现实的状况中还难以实现，因此，国家干预主体在很多情况下仍然要承担应当由自律监管主体承担的职能。在现实的经济立法中，一些学者的如下观点值得肯定，即法律在界定二者之间的分工配合关系时，应当遵循的原则是：①优势互补原则。国家干预主体和自律监管主体各有优势和劣势，分工应当有助于充分发挥各自的优势，避免各自的劣势，以提高效率。②承受力原则。政府职能转化是与社会自治化（个人或组织的自主）相辅相成的，哪些政府职能可向自律监管主体让渡，是部分让渡还是完全让渡，均取决于自律监管主体在既定的社会经济结构中所具有的承受能力。我国应当在深化改革过程中，加强培育自律监管，为其介入公共管理创造条件，这样才能加快政府职能转化的进程。③非均衡原则，又称差别原则或多样性原则。在不同领域，政府职能转化的需求和自律监管主体的发育程度都不尽相同，国家干预主体与自律监管主体之间的分工内容和分权程度，应当有所差别。

（3）自律监管主体与国家干预主体互相制约。自律监管主体与国家干预主体虽然同具有对市场的干预职能，但是由于两者的干预都有可能对市场形成损害，因此，需要二者之间相互制约。这种制约一方面表现为自律监管主体要受国家干预主体的监管。自律监管主体虽然在一定程度上能弥补政府和市场的缺陷，但自身也有缺陷。它所代表和维护的主要是一定群体或集团的利益，其行为中蕴含有不正当竞争、垄断的因素，这就需要政府把握全局，对自律监管主体进行监管。另一方面表现为自律监管主体制约国家干预主体对市场的干预。在社会公共干预系统中，自律监管主体干预与国家干预之间存在着互动关系，构成国家干预的一种重要的制约力量。这种制约有助于防止国家干预主体对市场主体的单向控制。这种制约的主要方式有：对国家的立法和公共政策提出异议；参加政府决策过程中的听证；对政府行为提起行政复议或行政诉讼；支持市场主体提起行政诉讼等。

2. 自律监管主体与市场主体之间的关系。自律监管主体与市场主体的关系，区分为两种类型：成员关系和非成员关系。

（1）成员关系，是指市场主体作为自律监管主体的成员，与自律监管主体之间本身具有一定的密切联系。会员作为市场主体开展活动时，要受到所在社会团体的约束。各种社会团体与其会员之间即属于这一类。

自律监管主体与作为其成员的市场主体之间的关系，主要是服务与约束关系：①服务关系。市场主体自愿加入作为自律监管主体的某一社会团体，成为其会员，其目的在于获得仅凭个体无法达到的权益，作为自律监管主体的社会团体，其存在的首要目的和价值也是代表和维护其成员合法权益。因此，自律监管主体与其成员之间首先是一种服务和接受服务的关系。作为自律监管主体的社会团体，通过其对会员提供的服务，使其成员在市场竞争中获得更有利的地位和更多的利益。②约束关系。作为会员的市场主体，一方面接受来自其团体提供的利益和服务，另一方面也必须接受来自其所在社会团体的约束。社会团体在章程（业务规则、专业标准等）规定的范围内，按照章程规定的情形与方式，约束其成员的行为，如对违反自律规则或不执行团体决议的成员，实行市场禁入、撤回团体授予的专业资格或取消成员资格等。

（2）非成员关系，是指市场主体不属于自律监管主体的成员，与自律监管主体之间无直接联系，其作为市场主体开展活动时，不受自律监管主体[1]的直接约束。各种非社会团体类的社会协调主体，例如，国有商业银行、律师事务所、会计师事务所等与其他市场主体的关系属于这一类。社会团体与非其成员的市场主体的关系，例如未加入工会组织的工人与工会的关系，也属于这一类。

非成员关系的自律监管主体与市场主体，是两个完全独立的民事主体之间的关系，它们之间是一种平等关系，例如，律师事务所、证券公司与其所服务的上市公司之间，只能是在双方平等自愿的情况下建立法律、证券服务关系。上市公司完全可以根据自己企业的需要聘请或不聘请律师、券商为其服务。非成员关系的自律监管主体与市场主体之间本质上是一种民事服务关系。当然，这类自律监管主体与市场主体之间也可能发生监督和制约关系。例如，审计事务所接受政府委托，对某些企业的财务会计情况进行审计监督，

---

[1]　需要解释的是，此时的自律监管主体主要是指单个的社会协调主体或中介机构，如律师事务所、审计师事务所、证券公司等，它们的中介性，决定了它在一定情形之下（如上市公司发行证券，律师事务所出具法律意见书，会计师事务所出具审计报告等）对其他市场主体具有一定的自律性监管（相对于政府公权力性监管）作用，只是它不形成团体性的自律监管，而是单独实施带有自律性的监管。

在此情况下，审计事务所实际上是为政府服务，代表政府对企业的活动进行监督。这种关系属于这类社会协调主体与市场主体非常态的关系，其常态的关系仍然是与市场主体的平等自愿的民事服务关系。

（三）自律监管体系是成熟上市公司与证券市场监管体制中不可替代的组成部分

从发达市场经济国家证券市场自律监管的实践来看，自律监管主体是适应金融业行业保护、行业协调与行业监管的需要自发地形成和发展起来的。健全有效的自律监管体系是一个成熟证券市场监管体制中不可替代的组成部分。

我国自证券市场建立以来，就注意到自律组织的作用，在证券市场处于起步阶段时，就成立了证券交易所和证券业协会，2012年2月15日中国上市公司协会又在北京正式成立。上市公司与证券市场"法制、监管、自律、规范"的"八字方针"，表达了我国对行业自律的重视态度。目前我国的证券市场尚处于初级发展阶段，属于经济体制转轨时期的新兴市场，与成熟市场的监管机构相比，中国证监会在推动市场改革、开放和发展方面承担的职责要重得多，各类审批和监管权限主要集中在中国证监会，交易所等自律组织的作用有待进一步发挥。加入世界贸易组织之后，我国经济逐渐融入世界经济体系，证券市场的全球化和国际化步伐不断加快，证券市场的竞争日趋激烈，为适应经济、金融全球化的发展趋势，完善证券交易所和证券、期货业协会及上市公司协会等自律组织的功能，发挥其在行业自律、诚信建设和业务创新等方面的职能已经成为市场发展的客观需求。随着我国证券市场规模的不断扩大，证券交易所和证券、期货业协会及上市公司协会将借鉴西方发达国家的自律监管经验，结合中国转轨经济的现实国情，实现行业自律监管与政府行政监管的有机融合，并最终在市场监管体系中发挥更重要的作用，成为政府行政监管的重要补充。

如本章第三节所述，我国上市公司与证券市场自律监管组织体系由中国证券业协会、证券交易所和上市公司协会共同组成。下面就这三个组织体对上市公司与证券市场的自律监管进行具体论述。

二、证券业协会的自律监管

按照《证券法》的规定，在国家对证券发行、交易活动实行集中统一管理的前提下，依法设立中国证券业协会，实行自律性管理。中国证券业协会依法接受中国证监会的指导和监督。

（一）中国证券业协会的性质与组织机构

中国证券业协会是依据《证券法》和《社会团体登记管理条例》的有关规定设立的证券业自律性组织，是非营利性社会团体法人，接受中国证监会、民政部的业务指导、监督、管理。中国证券业协会成立于1991年8月28日，在中国证券市场的起步阶段，其在普及证券知识、开展国际交流以及提供行业发展信息等方面做了大量服务工作。1999年，按照《证券法》的要求，协会进行了改组，在行业自律方面开始了有益的探索。中国证券业协会的最高权力机构是由全体会员组成的会员大会，理事会为其执行机构。协会实行会长负责制，设专职会长1名，会长由中国证监会提名并由协会理事会选举产生。协会对会员进行分类管理，会员分为证券公司类、证券投资基金管理公司类、证券投资咨询机构类和特别会员类四类。

（二）中国证券业协会的宗旨

根据《中国证券业协会章程》规定，中国证券业协会的宗旨是：在国家对证券业实行集中统一监督管理的前提下，进行证券业自律管理；发挥政府与证券行业间的桥梁和纽带作用；为会员服务，维护会员的合法权益；维持证券业的正当竞争秩序，促进证券市场的公开、公平、公正，推动证券市场的健康稳定发展。下面对这四项宗旨进行讨论。

1. 在国家对证券业实行集中统一监督管理的前提下，进行证券业自律管理。就我国而言，国家集中统一监管是实现对上市公司和证券市场监管最基本的手段。国家的强制力和权威性决定了这种监管相对公平、公正、高效和严格，它可以协调全国市场，以快捷方式制止过度投机和秩序混乱局面，适合我国证券市场目前发展的实际情况。但国家监管的弊端也是显而易见的，它往往反应迟缓、脱离实际、缺乏效率甚至造成政府寻租等后果，从而导致政府失灵。为此，在国家集中监管的前提下，需要中国证券业协会、证券交易所和上市公司协会等民间社会协调组织发挥自律管理作用，弥补政府监管的缺陷和不足。因而，中国证券业协会的首要宗旨就是协助国家进行监管。例如，中国证券业协会可以通过教育和组织会员执行证券法律、法规，向中国证监会反映会员在经营活动中的问题、建议和要求，制定证券业自律规则、行业标准和业务规范并监督实施，监督、检查会员的执业行为，对违反其章程及自律规则的会员给予纪律处分等方式配合政府监管机构。中国证券业协会作为证券市场自律监管者，其职责和作用在各国证券法中均有体现。在英国和美国等国家中，证券业协会发挥着相当巨大的作用；在其他一些国家如德国和法国，虽然也设有证券业自律组织，但其职能发挥与英美等国有一定的差距。

2. 发挥政府与证券行业间的桥梁和纽带作用。中国证券业协会和政府是证券市场中两个非常重要的主体，它们共同作用于证券市场，但不是各自为政、孤军作战，而是需要经常沟通、交流和合作。中国证券业协会是证券公司组成的自治性组织，具有行业性、地域性和民间性等特点，它既能反映每个会员（证券公司等）的个体利益，又能反映和代表全体会员（证券公司等）的集体利益，亦即它既联结微观市场，也联结着宏观层面，介于企业和政府之间。一方面，它是政府联系证券公司的渠道，政府可以通过协会贯彻法律和政策；另一方面，证券公司等会员可以通过协会表达自己的意愿，反映自己的心声，为政府立法和制定政策提供一线信息，从而起到桥梁作用。

3. 为会员服务，维护会员的合法权益。证券公司等会员作为单个市场主体在证券市场需要多方面的服务，诸如经验交流、信息获取等，而中国证券业协会设立的目的之一就是为本会会员提供服务。同时，中国证券业协会也是一个维权组织，当会员的人身权、财产权、经营权和公平竞争权等受到侵犯或遇到障碍时，中国证券业协会应当利用各种渠道为会员的权益进行呼吁，为会员维权活动提供帮助。

4. 维持证券业的正当竞争秩序，促进证券市场的公开、公平、公正，推动证券市场的健康稳定发展。良好的竞争秩序是证券监管的重要目的之一。与其他市场一样，正当的自由竞争也是证券市场运行的核心机制，但是，在证券市场上各上市公司、证券公司等为了追求自身利益，有可能采取一些不正当竞争手段使自己处于优势地位或获得垄断利益，也就是说，在其他领域出现的限制竞争和不正当竞争现象在证券市场也同样会发生。维持竞争秩序固然是政府的职责，但中国证券业协会由于都是由同行组成，它们既是合作关系，又是竞争关系，因此，中国证券业协会在协调会员们之间的竞争关系方面有着得天独厚的优势。

（三）中国证券业协会的职责

中国证券业协会的职责是由其行业自治组织的性质，特别是其设立的宗旨所决定的。为了实现上述四项宗旨，《证券法》规定了中国证券业协会的下列职责：

1. 教育和组织会员自觉守法。各主要证券市场的自律组织均无一例外地把教育和组织会员守法与合规经营作为其职责，这一职责要求中国证券业协会协助证券监督管理机构教育和组织会员认真学习并自觉遵守法律、行政法规、监管机构制定的规章和相关政策。证券法律法规以保护投资者为立法宗旨，证券公司等自律组织的会员依法规范经营，有利于对投资者的保护。

2. 维护协会会员权益。这是指当会员的合法权益受到侵害时，协会应当根据法律、行政法规的规定来维护其会员的合法权益，也可以向证券监督管理机构反映，或将会员提出的合法合理的有关证券业发展的建议和要求向证券监督管理机构反映。

3. 收集整理证券信息，为会员提供服务。作为连接政府和会员之间的桥梁，中国证券业协会作为专业性的社会协调组织，应当收集整理有关证券信息，为会员提供信息服务。这些信息包括国家的法律法规和经济政策、国内外市场变化情况和其他对证券市场有影响的信息。协会在取得相关信息后，可以通过报刊、网站和通讯等方式，及时地传达给会员。

4. 培训、交流职责。证券市场的复杂性和高度的技术性，对从业者的要求很高，各国自律组织对证券从业人员进行管理，进行从业资格考试、组织业务和法律法规、职业道德等方面的持续教育；还通过法律法规、自律规则的实施，规范从业人员的行为，建立从业档案，进行跟踪管理。高素质的从业者才能为投资者提供高质量的专业服务。

5. 调解职责。证券市场参与者众多，发生争议和纠纷的概率较高。中国证券业协会会员之间、会员与客户之间发生纠纷后，协会可以根据法律、行政法规的规定对纠纷各方进行调解，对争议和纠纷如果都通过诉讼或者仲裁解决，耗时长、成本高。协会调解虽然是民间性的，当事人对于调解结果不满意，或不愿意接受调解，还可以依法提起诉讼或者仲裁，但由于协会在证券领域方面的知识更专业和更受到双方的信任，因此它与法院或仲裁机构相比具有一定的优势。自律组织管理行业内部事务，提供一定的证券纠纷解决渠道，是自律监管的应有之义。

6. 组织研究职责。中国证券业协会应当组织会员或其他力量就证券业的发展、运作及有关内容进行讨论研究，以便推动证券业务创新，为会员创造更大的市场空间和新的商业机会。

7. 监督、检查职责。监督、检查职责应当包括以下两个方面的内容：一是指中国证券业协会有权监督、检查会员从事证券业务的行为，发现或者得知会员有违反法律、行政法规或者协会章程的行为后，按规定给予纪律处分。二是指中国证券业协会有权监督、检查会员业务活动并评估、揭示风险，确保市场交易顺畅和会员的合规经营。后者更为常规：自律组织按照有关规定对证券上市、暂停上市、恢复上市、终止上市等方式监督上市者的行为；通过建立市场交易电子监控系统，及时发现证券价格的异常波动，并据此调查处理可能出现的不适法行为。还可以采取技术性停牌和临时停市的措施应对突发事件和不可抗力等因素，以维护证券交易秩序；同时，自律组织定期和不定期地对会员的财务状况、业务状况，内部风险控制机制的完善情况和有效性进行检查和评估。对发现的异常风险要求会员采取改善措施，对发现的违规行为进行制裁，以此督促会员有效控制风险，合规经营。

8. 其他职责。除上述职责外，中国证券业协会还可能承担其他一些与自己宗旨相符的职责，或者承担国务院证券监督管理机构授权的职责。如制定证券业自律规则、行业标准和业务规范，并监督实施；组织证券从业人员资格考试，负责证券从业人员资格注册及管理；开展证券业的国际交流和合作等。

三、证券交易所的自律监管

(一) 证券交易所的概念和特征

1. 证券交易所的概念。证券交易所是为证券集中交易提供场所和设施，组织和监督证券交易，实行自律管理的法人。[1]此界定与我国台湾地区"证券交易法"的界定相似，只是我国法律更明确地指出证券交易所为"自律管理的法人"，突出其自律性。我国证券法律明确规定和强调交易所为自律管理的法人，既是对国外证券市场监管基本经验的总结和借鉴，也是完善我国证券市场监管体制，完善监管手段、提高监管能力以满足实践需要的法律回应。过去我国1998年《证券法》只规定了证券业协会为自律性组织，并未规定证

---

[1] 参见我国《证券法》第96条；我国台湾地区"证券交易法"第11条规定，证券交易所是按照证券法律、法规之规定，设置场所及设备，以供给有价证券集中交易市场为目的之法人。转引自吴光明：《证券交易法论》，三民书局1996年版，第147页。

券交易所为自律性组织。2005 年《证券法》考虑到证券交易所走向国际化和市场化的趋势和需求，明确规定证券交易所为实行自律管理的法人，同时去掉"不以营利为目的"的要求，为将来我国产生公司制证券交易所预留了法律空间。[1]我国目前有上海、深圳、北京三家证券交易所，由国务院证券监督管理机构统一监督管理。

2. 证券交易所的特征。证券交易所具有以下几个特征：

（1）证券交易所是依照法律要求的形式而设立的场所。证券交易所的设立属要式法律行为，即民事法律行为的当事人必须按照法律要求的形式，其民事法律行为方为有效，凡其不具备法律规定的形式的行为则不能成立。证券交易所的设立必须符合法律规定并按法定程序办理，否则其设立无效。各国法律之所以这样规定，其目的在于实现政府对证券交易市场的干预，加强政府对证券交易市场的调控和监管。我国《证券法》规定，证券交易所的设立、变更和解散，由国务院决定。[2]任何个人或组织均不得采用类似证券交易所的集中竞价交易方式进行证券交易。

（2）证券交易所作为证券交易市场的重要组成部分，不仅具有经济学意义上"市场"的一般属性，而且还享有法律上的主体资格，享有自律监管的权能。证券交易所的设立，一般采用公司制和会员制两种组织形式。无论采取哪一种具体的组织形式，证券交易所都将在法律上享有权利和承担义务，具备作为法律主体的主要特征并以法律主体的身份介入证券交易活动。正是由于证券交易所是法律主体，它才可能成为在一定程度上监督和管理证券市场的有效机构。

（3）证券交易所仅以证券作为交易对象。在市场经济高度发达的现代社会，大规模交易活动除证券交易外，某些商品交易也需要借助类似于证券交易所的交易市场。一般来说，交易所分为证券交易所和商品交易所两种。其中，证券交易所是进行有价证券买卖的市场，商品交易所则是进行某些商品大宗交易的场所。由于有价证券是一种资本证券，与普通商品在表现形式和所反映的权利属性等方面均存在差别，这在客观上导致了有价证券和普通商品在交易环节上的区别。因此，证券交易所不能进行商品交易，商品交易所

---

〔1〕　公司制证券交易所是以营利为目的法人团体，后面将专门讨论公司制的证券交易所。

〔2〕　参见《证券法》第 96 条第 2 款。

同样也不能进行证券交易。

（4）证券交易所是组织化的证券交易市场。证券交易所不仅有严密的组织形式和组织机构，而且有严格的交易规则和交易制度。一方面，证券交易所的活动必须遵守国家法律统一制定的交易规则，证券交易所无权修改或拒不执行法定规则；另一方面，证券交易所的活动必须遵守有关行业协会或证券交易所自行制定的自律规范，不得违反自律规范而参与证券交易活动，否则行为人将受到相应的制裁。

（5）证券交易所是为证券的集中交易提供服务的有形场所。证券交易所是证券交易市场的重要组成部分，但与同属证券交易市场的场外交易市场相比较，却有明显的不同。场外交易市场可以没有交易大厅，没有交易柜台，也可以没有现代证券交易所惯常采用的电子通讯等设备。证券交易所有固定的场所和完备的设施，这是相关法律的强制性要求，而强制性要求的目的是保证证券交易活动安全、合理和迅速地完成。因此，拥有固定的有形场所是证券交易所的基本特征之一。

（二）证券交易所的基本功能

1. 创造证券市场运行的连续性，实现社会资金的有效配置。连续交易性市场具有四种特性：①买卖频繁；②进出报价差距甚小；③买卖极易完成；④出售时价格波动甚为微小。[1]在证券交易所里，既有大宗的卖出，也有大宗的买进。由于供求高度集中且又直接见面，在交易所开市期间，大宗交易可迅速成交，每日的成交价格也不会涨落过大，这便是所谓证券市场的连续性。

由于证券交易所是进行各种证券买卖的集中场所，上市公司可通过它发行和出售股票以筹集生产资金，社会投资公众可通过买卖证券获得收益，这就能够把社会各方面的闲散资金广泛动员起来用于长期投资。另外，在交易所内，公众投资者对价格极为敏感，当某些上市公司盈利增长时，会导致资金大量流入，从而促进该上市公司高速成长；而经营不善、利润下降的上市公司，股价则出现下跌情况。此外，由于公众投资者必然会关注上市公司的发展潜力及其创业前景，因此当某些新兴产业公司上市后，其良好的发展前景和盈利预期会吸引大量资金，从而加速这些新兴产业的发展。可见通过证

---

[1] 陈春山：《证券交易法论》，五南图书出版公司1986年版，第204页。

券交易所的运行，能够引导资金流向经营好、效益高的公司，从而起到优化资源配置的功能。

2. 形成公平的合理价格。交易所内的证券交易价格是在充分竞争的前提下，由买卖双方公开形成的，它不仅是交易所内双方公开竞价的结果，同时也是计算机联结各交易厅、综合报道市场相关信息的结果。证券交易所和交易所的会员都无权决定任何一种证券的价格。证券竞价交易采用集合竞价和连续竞价两种方式。集合竞价是指对一段时间内接受的买卖申报一次性集中撮合的竞价方式。连续竞价是指对买卖申报逐笔连续撮合的竞价方式。通过集中、公开竞价的方式形成的价格，最具有合理性和权威性，最能反映市场供求关系的变化。集中竞价交易因能有效地维护市场的公正性，发挥价格发现功能，因而成为证券交易的主流方式。[1]

3. 景气预测之功能。当大众投资者预测经济景气时，则股价上涨，或预期某上市公司会有盈利，必先购进股票；反之，必卖出股票。故经由股价之变动，可预测整个经济发展的情况，[2]为国家的经济决策提供参考，有助于发挥证券市场作为经济"晴雨表"的功能。

4. 控制证券市场风险。证券交易所身处证券交易市场的最前沿，最能及时察觉到风险的存在。以证券交易所的身份和便利条件，其便于控制风险。为此，证券交易所可以采取一系列措施控制风险。例如，因突发性事件而影响证券交易的正常进行时，证券交易所可以采取技术性停牌的措施；因不可抗力的突发性事件或者为维护证券交易的正常秩序，证券交易所可以决定临时停市。证券交易所根据需要，可以对出现重大异常交易情况的证券账户限制交易，并报国务院证券监督管理机构备案。这些措施的采用，起到了控制证券市场风险的功能。

为保障上述措施的正确采用，证券交易所还必须设立风险基金，由其收取的交易费用和会员费、席位费中提取一定比例的金额构成。风险基金应当

---

[1] 我国1998年《证券法》第95条只规定了证券交易采用集中竞价的方式。2005年《证券法》为遵循市场化趋向，降低大宗交易的交易成本，防止价格产生剧烈振荡，拓宽交易方式，删除了"竞价"二字，从而为大宗交易、协议转让等其他非集中竞价交易方式扫除了法律障碍。2005年《证券法》第40条规定，证券在证券交易所上市交易，应当采用公开的集中交易方式或者国务院证券监督管理机构批准的其他方式。其实早在2002年深圳、上海两家证券交易所就已通过单独的非集中竞价交易系统开展了大宗交易。只是在2005年《证券法》修订之前，其合法性未予确认。

[2] 陈春山：《证券交易法论》，五南图书出版公司1986年版，第205页。

由证券交易所理事会统一管理，并存入银行的专门账户，不得擅自使用。

5. 证券交易所是以自律形式监督和管理整个证券交易市场的有效机构。证券交易所作为一个法人机构，它可以根据法律、法规以及自律规范赋予自己的各项职权，来监管证券市场上的各种不良行为，维护证券交易秩序，为证券交易公开、公正、公平创造条件，促进证券市场的健康发展。有关证券交易所的自律监管功能下面将专门论述。

（三）证券交易所的组织形式

证券交易所以何种形式设立，对于发挥其功能是至关重要的。从西方各国证券交易所创立以来的历史和演进过程考察，证券交易所有两种基本组织形式：一是公司制证券交易所，二是会员制证券交易所。

1. 公司制证券交易所。公司制证券交易所是指依照公司法和证券交易所法等特别法规，由股东共同出资设立的，采取有限责任公司或股份有限公司形式的营利性的证券交易所。它通常是由金融机构、证券公司等投资者共同出资组建而成的，在公司章程中对股东的名额、资格和公司存续期限均作出明确规定，并通过股东大会选举管理机构；同时强调必须遵守本国公司法的规定，在政府监管机关的监督和管理下，吸收各类证券在交易市场内自由地买卖并集中交割。其性质有官商合办和民营两种。

公司制证券交易所主要具有如下特点：①采取股份有限公司的组织形式，其内部设置股东大会、董事会、监事会和总经理等公司领导机构。②证券发行公司和证券公司有义务向证券交易所分别缴纳证券上市费和证券成交的其他费用，具体收费比例按照证券交易所的规定执行，亦可以采取合同方式约定。③证券交易所为证券商从事证券交易活动提供所需的物质条件和相关服务，但交易所的职员不参与具体的证券交易活动。④公司制证券交易所对入场参加交易的证券公司有管理权，其权力来源于证券交易所与证券公司达成的入市交易契约，在该契约中证券公司对自己的权利进行了一定程度的让渡，即表示自愿接受证券交易所的必要监管。

对公司制证券交易所的评价：由于公司制证券交易所的主要职责是提供证券交易所需的各种物质条件和服务，而其本身并不直接参与证券买卖，因此，在证券交易过程中其一般处于中立地位，这有助于保证交易的公平性；同时，由于它的业务活动比较单纯，故有利于向证券商提供尽可能完备的交易设施和服务。但是公司制证券交易所也存在某些缺点：首先，从交易的风险看，公司制交易所对客户因违约所造成的损失要负赔偿责任，因此，对交易主体而言，承担的风险较小，而对交易所来说则承担的风险较大。其次，由于公司制证券交易所昂贵的上市费用和佣金，这就可能导致有的证券交易参加者将上市证券转入场外交易市场去交易。最后，由于公司制证券交易所的收入主要来源于交易双方的证券交易成交量，即成交量的多寡直接影响到交易所收益的多寡，因此，证券交易所为了增加收入，可能人为地促使某些证券交易活动的发生，并由此造成在证券交易所操纵下的证券投机，进而危害证券交易市场的正常秩序。

2. 会员制证券交易所。会员制证券交易所就是由证券公司、投资公司等证券商以会员身份组成，不以营利为目的，具有社团组织性质的证券交易所。会员大会和理事会是会员制证券交易所的权力机构。

会员制证券交易所不同于公司制证券交易所，它具有如下特点：①会员制证券交易所是社团法人。社团法人和财团法人是大陆法系关于法人的划分方法。我国只是规定了证券交易所是实行自律管理的法人，而未指明属何种法人，即会员制证券交易所在我国社会协调主体的分类中，是事业法人，还是社会团体法人，有待于进一步明确。②会员制证券交易所的组织形式不同于公司制证券交易所，其成员并非投资者或者股东，因此其最高权力机关通常被称为会员大会而非股东大会，其执行机构则被称为理事会而非董事会。③会员制证券交易所公益性较强，不以营利为目的。如我国台湾地区"证券交易法"第113条规定，会员制证券交易所至少应置董事3人、监事1人，依章程之规定，由会员选任之，但董事中至少有1/3就非会员之专家选任之。可见，会员制具有较强的公益性色彩，我国台湾地区"证券交易法"第103条亦规定其为非营利性之目的之社团法人，其较重公众之利益，不以营利为重[1]。会员制证券交易所不向入场交易的人员收取佣金，其运营费用来源于会员缴纳的会费。我国《证券法》第105条的规定，证券交易所可以自行支配的各项费用收入，应当首先用于保证其证券交易场所和设施的正常运行并逐步改善。实行会员制的证券交易所的财产积累归会员所有，其权益由会员共同享有，在其存续期间，不得将其财产积累分配给会员。值得注意的是，我国并未限

---

〔1〕　陈春山：《证券交易法论》，五南图书出版公司1986年版，第217页。

制会员制证券交易所进行营利，只是要求财产积累归全体会员共同所有和享有，在交易所存续期间，不得分配给会员而已。可以说，这是我国为应对交易所日益激烈的国际竞争，提升本国交易所竞争力的创新性规定。它不拘泥于会员制证券交易所不得营利的传统，顺应国际发展趋势，赋予证券交易所更多的发展空间。④会员制证券交易所强调以自律方式进行管理。所谓自律方式是指证券交易所通过自行确定规则的方式来达到对证券交易所的管理，立法机关和政府大多不直接进行干预。会员制证券交易所对会员证券公司有管理权，其权力来源于会员共同达成的设立契约或入会契约。由于会员共同参与证券交易所章程、组织和业务规则的制定，所以这些规则便于得到遵守和执行。因此，会员制证券交易所这种组织形式，奠定了自律管理的组织基础，与公司制相比更有利于实现和贯彻自律管理。

会员制证券交易所的优越性在于：①由于会员制证券交易所是不以营利为目的的社团法人，不向入场交易的证券公司收取佣金，有利于降低交易成本，减轻证券公司的负担，同时，有利于扩大证券交易所交易的规模和数量，防止上市证券流入场外市场进行交易。②会员制证券交易所运营费用来自于会员缴纳的会费，没有向会员回报出资的压力，有利于防止交易所怂恿不当交易或过度投机交易；③与公司制证券交易所相比，会员制证券交易所更有利于实行自律管理。因为在会员制证券交易所里，会员是交易所的组成成员。他们有权参与证券交易所章程、组织和业务规则的制定，所以这些规则更容易成为会员自觉遵守的共同行为准则，便于得到遵守和执行。同时，由于入场交易的证券公司必须取得会员资格，所以会员一旦违反规则，会员大会有权取消其资格。这种特殊组织形式奠定了自律管理的基础，更有利于交易所实现和贯彻自律管理；而在公司制证券交易所中，成员资格取决于其是否投资，只要设立时出资的股东便是交易所成员，即使其违章或违法，也不能取消其资格。

但会员制证券交易所的不足之处也是显而易见的：①由于参与证券交易活动的双方都只限于取得证券交易所会员资格的证券商，非会员证券商若要进入某证券交易所进行交易，须事先征得原有会员的同意，其结果无疑会形成一种市场垄断，从而不利于形成公平竞争的环境，也有碍于证券交易服务质量的提高。②与公司制证券交易所相比，会员制证券交易所由于受会员席位的限制，制约了其发展规模，不利于交易所参与国际竞争。③会员制证券交易所的会员一方面是证券商，另一方面又是证券交易活动的直接参加者，因此，证券商受营利性的驱动就有可能导致其在证券交易过程中不尽忠实义务。

3. 证券交易所组织形式在国际上的发展趋势和我国的立法态度。信息技术的迅猛发展和资本市场全球化的到来，加剧了证券交易所之间的国际竞争。随着证券交易行业竞争的日益激烈，传统的会员制证券交易所在产权关系、筹集资本、经营决策等方面面临困境，难以适应竞争需要，一批交易所纷纷实行"非互助化运动"，将交易所的产权关系和治理结构由会员制改为公司制。香港交易及结算所有限公司、新加坡证券交易所本身已成为上市公司，其股份在自己的证券市场上市交易。[1]美国纽约证券交易所也已上市。根据世界交易所联合会（WFE）2003 年的年度报告，截至 2002 年 12 月，WFE 统计的 50 名会员中，15 家证券交易所已经完成公司制改制但股票还没有公开上市，10 家证券交易所已经变成了公开上市的交易所，公司制交易所占统计的全部成员交易所的 50%。[2]

我国《证券法》已为实行公司制、营利性交易所的到来做好了法律上的准备。该法明确规定证券交易所为实行自律管理的法人，同时去掉"不以营利为目的"的字样，为将来证券交易所采取公司形式，进行营利预留了法律空间。这也表明我国的证券交易所向国际化迈进了一步。随着证券交易和证券市场的电子化、全球化、网络化的发展，过去在法律、政策的庇护下，加之地域和技术的限制，一直享受自然垄断地位的证券交易所已面临着竞争的压力。

（四）我国证券交易所的法律地位

证券交易所一方面作为证券市场的组织者、管理者，实行自律管理；另一方面作为独立的市场主体，要接受政府的监管。其身份具有双重属性，既是管理者，又是被管理者。作为连接市场与政府的纽带，证券交易所的地位重要而特殊。因而在此讨论我国证券交易所的法律地位，主要是说明其与政府监管机构，即中国证监会之间的关系。

我国证券交易所设立的时间较短，在长期存在的政府监管体制的作用下，

---

〔1〕　罗培新等：《最新证券法解读》，北京大学出版社 2006 年版，第 174~175 页。

〔2〕　转引自谢增毅：《政府对证券交易所的监管论》，载《法学杂志》2006 年第 3 期。

证券交易所自律监管的空间有限。虽然新《证券法》将原属于中国证监会的一系列权力下放给了证券交易所，增强了其履行自律监督职能时的独立性和自主性。但是总体来看，我国证券交易所目前的法律地位，独立性还显不够，仍处于中国证监会附属地位的状态。具体表现如下：

1. 中国证监会拥有对证券交易所重要人事的任免权。根据《证券交易所管理办法》第 22、23 条的规定，证券交易所理事会由 7 至 13 人组成，其中非会员理事不少于 1/3，不超过理事会成员总数的 1/2。理事长、副理事长由中国证监会提名。根据《证券法》第 102 条及《证券交易所管理办法》第 25 条的规定，理事会设理事长 1 人，可以设副理事长 1 至 2 人。总经理应当是理事会成员。董事会设董事长 1 人，可以设副董事长 1 至 2 人。总经理应当是董事会成员。董事长、副董事长的任免，由中国证监会提名，董事会通过。理事长、董事长是证券交易所的法定代表人。证券交易所设总经理 1 人，由国务院证券监督管理机构任免。

2. 中国证监会拥有对证券交易所章程和规则制定和修改的批准权。根据《证券法》第 99、115 条的规定，交易所章程的制定和修改必须经中国证监会的批准。证券交易所制定和修改业务规则，由证券交易所理事会通过，报中国证监会批准。中国证监会有权要求证券交易所对其章程和业务规则进行修改。

3. 中国证监会拥有对证券交易所业务的批准权。根据《证券交易所管理办法》的相关规定，证券交易所上市新的证券交易品种，应当报中国证监会批准。证券交易所以联网等方式为非本所上市的证券交易品种提供证券交易服务，应当报中国证监会批准。

4. 中国证监会拥有对证券交易所日常业务的监督权。根据《证券交易所管理办法》的相关规定，证券交易所应当根据中国证监会的要求，向中国证监会提供证券市场信息、业务文件和其他有关的数据、资料。中国证监会有权派员监督检查证券交易所的业务、财务状况，或者调查其他有关事项。

5. 中国对于重大事项证券交易所有向中国证监会报告的义务。根据《证券法》第 111、112 条和《证券交易所管理办法》的相关规定，证券交易遇有突发事件、重大事件、异常情况时，证券交易所采取技术性停牌、临时停市、限制异常交易等措施，必须及时向中国证监会报告或备案，并公告。

客观地讲，我国现行法律、法规有关由中国证监会委派理事会的部分成员、批准交易所的章程和业务规则、对交易所进行日常监督等，这些制度安排是合理的，也是符合国际惯例的。这些规定对确保交易所作为自律组织，履行自律监管职责，维护公共利益是必需的，但是有些规定则不尽合理，过分强调了中国证监会作为政府监管机构的角色和地位，妨碍了交易所独立监管职能的发挥，不利于我国证券交易所的市场化和国际竞争力的提升。

（五）证券交易所的自律监管职能

关于证券交易所的自律监管职能，主要是指其对交易所会员和从业人员、上市公司和交易活动行使自律监管职能的具体内容。

1. 证券交易所对会员和从业人员的监管。

（1）对会员的监管。

第一，制定具体的会员管理规则。为加强对会员的管理，证券交易所应当制定具体的会员管理规则，其内容包括：①取得会员资格的条件和程序；②席位管理办法；③与证券交易和清算业务有关的会员内部监督、风险控制、电脑系统的标准及维护等方面的要求；④会员的业务报告制度；⑤会员所派出市代表在交易场所内的行为规范；⑥会员及其出市代表违法、违规行为的处罚；⑦其他需要在会员管理规则中规定的事项。

第二，资格和席位监管。①对于会员资格，根据《证券法》第105条的规定："进入实行会员制的证券交易所参与集中交易的，必须是证券交易所的会员。证券交易所不得允许非会员直接参与股票的集中交易。"又据《证券交易所管理办法》的相关规定，证券交易所接纳的会员应当是有权部门批准设立并具有法人地位的境内证券经营机构。境外证券经营机构设立的驻华代表处，经申请可以成为证券交易所的特别会员。特别会员的资格及权利、义务由证券交易所章程规定。②证券交易所必须限定交易席位的数量。证券交易所设立普通席位以外的席位应当报中国证监会批准。证券交易所调整普通席位和普通席位以外的其他席位的数量，应当事先报中国证监会批准。证券交易所应当对会员取得的交易席位实施严格管理。会员转让席位必须按照证券交易所的有关管理规定由交易所审批。严禁会员将席位全部或者部分以出租或者承包等形式交由其他机构和个人使用。

第三，业务、财务和内控制度监管。

首先，业务监管。证券交易所应当在业务规则中对会员代理客户买卖证券业务做出详细规定，并实施下列监督：①制定会员与客户所应签订的代理协议的格式并检查其内容的合法性；②规定接受客户委托的程序和责任，并定期抽查执行客户委托的情况；③要求会员每月过后 5 日内就其交易业务和客户投诉等情况提交报告，报告格式和内容由证券交易所报中国证监会批准后颁布。

其次，财务和内控制度监管。证券交易所每年应当对会员的财务状况、内部风险控制制度以及遵守国家有关法规和证券交易所业务规则等情况进行抽样或者全面检查，并将检查结果上报中国证监会。证券交易所有权要求会员提供有关业务的报表、账册、交易记录及其他文件、资料。证券交易所会员应当接受证券交易所的监督管理，并主动报告有关问题。证券交易所可以根据证券交易所章程和业务规则对会员的违规行为进行制裁。

（2）对从业人员的监管。根据《证券法》第 40 条的规定，证券交易所的从业人员以及法律、行政法规禁止参与股票交易的其他人员，在任期或者法定限期内，不得直接或者以化名、借他人名义持有、买卖股票或者其他具有股权性质的证券，也不得收受他人赠送的股票或者其他具有股权性质的证券。任何人在成为前款所列人员时，其原已持有的股票或者其他具有股权性质的证券，必须依法转让。

根据《证券交易所管理办法》的相关规定，证券交易所的高级管理人员及其他工作人员不得以任何方式泄露或者利用内幕信息，不得以任何方式从证券交易所的会员、上市公司获取利益；证券交易所的高级管理人员、负责人和其他从业人员在执行与证券交易有关的职务时，遇到与本人或者其亲属等有利害关系情形的，应当回避。具体回避事项由其章程、业务规则规定；交易所高级管理人员对其任职机构负有诚实信用的义务。

2. 证券交易所对上市公司的监督。

（1）制定上市规则。证券交易所应当根据有关法律、行政法规的规定制定上市规则。其内容包括：①证券上市的条件、申请和批准程序以及上市协议的内容及格式；②上市公告书的内容及格式；③上市保荐人的资格、责任、义务；④上市费用及其他有关费用的收取方式和标准；⑤对违反上市规则行为的处理规定；⑥其他需要在上市规则中规定的事项。

（2）订立上市协议。证券交易所应当与上市公司订立上市协议，确定相互间的权利义务关系。上市协议应当包括下列内容：上市费用的项目和数额；

证券交易所为公司证券发行、上市所提供的技术服务；要求公司指定专人负责证券事务；上市公司定期报告、临时报告的报告程序及回复交易所质询的具体规定；股票停牌事宜；协议双方违反上市协议的处理；仲裁条款；证券交易所认为需要在上市协议中明确的其他内容。交易所与任何上市公司所签上市协议的内容与格式均应一致；确需与某些上市公司签署特殊条款时，报中国证监会批准。上市协议的内容与格式应当符合国家有关法律、法规、规章、政策的规定，并报中国证监会备案。

（3）建立上市保荐人制度。为了提高上市公司质量，保荐制度不仅在发行阶段需要，上市阶段和之后的一段时间也需要。股份公司上市后，负有持续信息披露的义务。保荐人在推荐、辅导股份公司发行、上市后，还要在以后的时间里，担负保荐责任，继续督导发行人、上市公司规范运作，履行持续信息公开的义务。证券交易所应当建立上市保荐人制度，保证上市公司符合上市要求，并在上市后由上市保荐人指导上市公司履行相关义务。

（4）终止上市交易。终止上市是指已上市公司出现法定情形时，依法彻底取消其上市公司资格或者其证券上市交易资格的情况。根据《证券法》第48条的规定，上市交易的证券，有证券交易所规定的终止上市情形的，由证券交易所按照业务规则终止其上市交易。证券交易所决定终止证券上市交易的，应当及时公告，并报国务院证券监督管理机构备案。

（5）信息公开监管。《证券法》赋予交易所限制证券交易权力，强化交易所信息公开一线监管职能。交易所实时监控系统可以捕捉到部分违反公开规则的异常交易行为，但1998年《证券法》只是规定，证券交易所按照要求对异常交易情况提出报告。为避免监管和惩戒的滞后而耗散补偿资源，2005年《证券法》规定，证券交易所根据需要，可以对出现重大异常交易情况的证券账户限制交易，而只须报中国证监会备案即可。

3. 证券交易所对证券交易活动的监管。证券交易所对证券交易活动的监管，是通过制定交易规则、公布交易信息、进行实时监控、采取技术性停牌或者临时停市措施来实现的。

（1）制定具体交易规则。证券交易所是集中交易的场所，完善的交易规则有利于交易的达成，提高交易效率，降低交易成本。交易规则不仅为交易所必需，而且是交易正常化、秩序化的保障。证券交易所制定的具体交易规则的内容包括：交易证券的种类和期限；证券交易方式和操作程序；证券交易中的禁止行为；清算交割事项；交易纠纷的解决；核准证券上市、决定证券暂停上市或终止上市；证券交易所的开市、收市、休市及异常情况的处理；交易手续费及其他有关费用的收取方式和标准；对违反交易规则行为的处理规定；证券交易所证券交易信息的提供和管理；股价指数的编制方法和公布方式；其他需要在交易规则中规定的事项。

（2）公布交易信息。根据《证券法》的规定，除发行人、上市公司、证券承销机构负有信息公开的义务外，证券交易所和相关机构及人员也负有信息公开义务。证券交易所应当为组织公平的集中交易提供保障，即时公布证券交易行情，并按交易日制作证券市场行情表，予以公布。作为信息公开制度的组成部分，证券交易所的公开制度，可以提高证券交易市场的透明度，有效防止不正当的交易。

证券交易所需要公布的交易信息包括证券交易即时行情、证券指数、证券交易公开信息等。按照《证券法》第109条的规定，证券交易所应当为组织公平的集中交易提供保障，公布证券交易即时行情，并按交易日制作证券市场行情表，予以公布。证券交易即时行情的权益由证券交易所依法享有。未经证券交易所许可，任何单位和个人不得发布证券交易即时行情。该规定确定了证券交易所对即时行情交易信息的专有权。这不仅可以有效地维护交易秩序，也有利于交易所拓展信息服务产品。同时，这也是交易所未来的发展方向。随着交易所市场化的发展趋势和国际竞争的加强，未来交易所的竞争主要围绕信息服务产品而展开。这是一国交易所得天独厚的优势，谁拥有了交易信息的专有权，谁就占尽了信息服务的先机。

（3）采取技术性停牌或者临时停市措施。按照《证券法》第111条的规定，因不可抗力、意外事件、重大技术故障、重大人为差错等突发性事件而影响证券交易正常进行时，为维护证券交易正常秩序和市场公平，证券交易所可以按照业务规则采取技术性停牌、临时停市等处置措施，并应当及时向国务院证券监督管理机构报告。因前款规定的突发性事件导致证券交易结果出现重大异常，按交易结果进行交收将对证券交易正常秩序和市场公平造成重大影响的，证券交易所按照业务规则可以采取取消交易、通知证券登记结算机构暂缓交收等措施，并应当及时向国务院证券监督管理机构报告并公告。证券交易所对其依照本条规定采取措施造成的损失，不承担民事赔偿责任，但存在重大过错的除外。

（4）实时监控。实时监控，是证券交易所对证券交易所内的交易情况及交易秩序，进行的即时和全面监控。按照《证券法》第112条的规定，证券交易所对证券交易实行实时监控，并按照国务院证券监督管理机构的要求，对异常的交易情况提出报告。证券交易所根据需要，可以按照业务规则对出现重大异常交易情况的证券账户的投资者限制交易，并及时报告国务院证券监督管理机构。

四、上市公司协会的自律监管

中国上市公司协会于2012年2月15日在北京正式成立，相对于证券业协会和证券交易所而言，我国全国性的上市公司协会的历史可谓太短，实践的检验还很不够，理论上也有一些基本问题需要进一步探究。下面笔者将从经济法的视角对这一制度的特征、功能、监管及其与外国上市公司协会制度的比较等方面进行研讨。

（一）上市公司协会的基本特征

上市公司协会是依据《证券法》和《社会团体登记管理条例》等法律中的相关规定成立的，由上市公司和其他相关机构，以资本市场统一规范为纽带，维护会员合法权益而结成的全国性自律组织，是非营利性的社会团体法人。[1]上市公司协会这一社会团体的自律监管主体地位主要是通过对其团体成员的自律、利益维护以及便利与政府及相关利益团体的沟通协调等职能来体现的。

上市公司协会具有以下主要特征[2]：

1. 非营利性。上市公司协会为非营利性组织，不得以营利为目的从事相应的经营活动，这是社会团体区别于作为市场主体的企业的主要特征之一。根据《中国上市公司协会章程》第53条的规定，上市公司协会的经费来源是：①会费[3]；②捐赠；③政府资助；④在核准的业务范围内开展活动或服

---

〔1〕　参见《中国上市公司协会章程》第2条。

〔2〕　对于我国上市公司协会的特征，笔者在这里进行的主要是其应然性分析，实然情形在后面另有涉及。

〔3〕《中国上市公司协会会费标准及管理办法》第2条规定，会员按以下规定每年缴纳年会费：会员年会费标准为1万元/年；会员理事、会员监事为5万元/年，会员常务理事为10万元/年，会员副会长、会员副监事长为20万元/年。

务的收入；⑤利息；⑥其他合法收入。上市公司协会作为自律监管主体可以有利润，但利润不是用于组织内部的分配而是用于扩大服务的规模、降低服务成本或价格。协会为维系存续而收取费用，为弥补活动成本而收取费用，及以法律允许的方式从事某些投资活动，只要其收益不是为了向其成员分配，而是为了维系团体存续，不应认定为营利性行为。即使协会在活动中有较大的资金剩余，也不能同公司企业一样将其分配，协会终止后的剩余财产，在中国证监会和民政部的监督下，按照国家有关规定，用于发展与本协会宗旨相关的事业[1]。

2. 自律性与自治性。无论是地方级的还是国家级的上市公司协会，在其章程中关于"本会宗旨"的部分均有自律监管的表述。实践证明，与政府干预的他律相比较，协会自律监管在许多方面更为有效。自律性与自治性密不可分，二者互为目的和手段。自治性是指协会的成员通过章程等社会契约赋予行业协会治理协会成员的权力[2]。只有这种自治权力的存在，协会才能够真正实现自我约束、自我规范、自我控制、自我管理。

3. 共益性与民主性。协会是会员上市公司发起设立的，主要任务是表达会员上市公司的共同诉求，维护会员上市公司的群体利益，协调上市公司涉及的公共事务和进行自律。概括地讲，就是为会员上市公司的共同利益服务。协会作为会员服务的非营利组织，其设立和管理都以民主为基础。民主性主要表现在：①社团成员的平等性，即协会中的各上市公司成员不论其组织规模、资本数额、经营能力差异如何巨大，对协会承担的义务如何不同（如缴纳会费的多少），在协会内部都是权利平等的成员。②成员加入或退出的自由性。不过，为了实现对上市公司领域的有效管理，上市公司协会章程对中国的上市公司均强制要求入会，只有依法在境内公开发行股票的非上市公众公司以及经中国证监会批准的境外上市公司才可以自由加入或退出[3]。

（二）上市公司协会的功能

上市公司协会作为市场经济中的社会协调主体，其功能分为基础功能和

---

〔1〕 参见《中国上市公司协会章程》第68条。
〔2〕 中国上市公司协会对其会员的管理规范除章程之外，还专门制定有《中国上市公司协会会员管理办法》。
〔3〕 参见《中国上市公司协会章程》第8条。

具体功能。前者是后者的目标或者目的，后者则是实现前者的具体途径或者手段。

1. 基础功能。主要包括两点：①协助国家纠正市场失灵的功能。其主要内容为：矫正不完全竞争市场，排除市场障碍；加强信息的交流和服务，克服市场调节的被动性和滞后性；提供公共产品，满足协会成员特殊的公共需求。②协助上市公司克服国家干预缺陷的功能。其主要内容为：防止政府监管机构权力的异化，维护协会成员的共同利益；矫正政府监管机构信息偏差，协助政府监管机构正确决策；提高公共产品供给效率；提高政府监管机构的政策效应。

2. 具体功能。具体功能主要体现在协会的业务范围[1]中，主要内容如下：①组织制定上市公司自律准则；②倡导积极健康的股权文化和诚信文化；③参与有关上市公司规范发展以及与信息披露相关的政策论证，提出上市公司有关政策、立法等方面的建议；④推动上市公司履行信息披露义务；⑤建立完善沟通机制，协调会员与相关部门之间的关系，协助国家有关政策、措施的落实，营造有利于上市公司规范发展的环境；⑥为上市公司创造良好的舆论环境；⑦组织会员开展维权调查，维护会员的合法权益；⑧组织对上市公司的董事、监事和高级管理人员及其他从业人员的培训，提高其业务水平；⑨为上市公司与投资者提供交流平台；⑩受政府委托承办或根据市场和行业发展需要举办交易会、展览会等，为企业开拓市场创造条件；⑪组织开展国际交流与合作；⑫建立专家库，为会员持续健康发展提供智力支持，为监管部门决策提供参考；⑬协调好上市公司与市场的和谐发展，鼓励上市公司承担相应的社会责任。

（三）对上市公司协会的监管

1. 政府对协会监管应当审慎适度。

（1）政府监管的必要性。上市公司协会享有对行业公共事务进行管理的社会公权，这种社会公权的行使也同样存在权力滥用的可能性。这是因为：

第一，协会的活动可能会造成垄断。上市公司协会本身是非营利性的，但是其会员却是追逐利益最大化的上市公司。行业性的垄断可以使协会里的每一个成员都有可能获取超额利润，在利益的推动下，协会可能会联合全体

---

〔1〕　参见《中国上市公司协会章程》第7条。

会员来控制或操纵整个资本市场，从而损害投资公众和社会的利益。

第二，协会内部也可能存在损害其会员利益的可能性。如协会在行使其自律监管权时，可能会对其内部会员错误地进行惩处；协会开展营利性活动，与会员争利等，这些都可能会有意无意地滥用权力，损害成员的利益。

第三，我国目前正处于转型时期，政府还未能从全能政府转变成有限政府，行业协会也没有完全转变成自主性的非营利组织，要取得行业协会的健康、稳定发展，仍需政府对其进行监管。

（2）政府监管切忌抑制和干扰协会的自律监管权。我国资本市场的建立，与欧美等西方国家资本市场的建立，走的是两条不同的道路。欧美等西方国家的资本市场是在市场自然发展的过程中，渗入国家干预因素，因而政府的干预是在资本市场充分发育的条件下产生的。而我国资本市场的发展始终是由政府来推进的，政府在资本市场的演进中一直起着不可或缺的主导作用，从开初的组织试点到市场规则的设计以及整个资本市场运行的监管，都未离开过政府的直接干预，并且我国证券监管模式的建立又主要着眼于集中统一的模式。因此，在实践中采用的是刚性很强的政府监管方式，这就难免易于忽视自律监管的作用，未给资本市场主体进行自律留出必要的发展空间，具体表现为资本市场自律监管模式还不成熟，自律组织的功能也未真正发挥出来。总之，我国资本市场自律功能的发育稍显滞后。因此，政府监管切忌抑制和干扰协会的自律监管权，我们在论证政府监管必要性的时候，更应当注重政府对协会监管的审慎性和适度性。

2. 我国行业协会的监管制度存在的问题。从现有的法律、法规、政策的规定，结合我国目前行业协会管理的实际情况看，我国对行业协会的监督管理制度主要存在以下问题：

（1）监管体制不尽合理。现行的对行业协会的监督管理体制，实行的是业务主管部门和登记管理部门的双重管理体制，即由业务主管部门和登记管理部门共同进行管理。例如，《中国上市公司协会章程》第5、65条就分别规定，协会的业务主管单位是中国证监会，登记管理机关是民政部。协会接受中国证监会、民政部和政府有关部门的业务指导与监督管理。协会终止动议须经会员代表大会表决通过，并报中国证监会审查同意。可见，在协会的设立、变更、终止等问题上，首先需要经过业务主管部门审批同意，然后由登记管理机关进行登记审核，行业协会才能设立、变更、解散。对于行业协会的日常管理,《社会团体登记管理条例》规定业务主管部门负责协会的筹备申请、成立登记、变更登记、注销登记前的审查;监督、指导行业协会遵守宪法、法律、法规和国家政策,依据其章程开展活动;负责行业协会年度检查的初审;协助登记管理机关和其他有关部门查处行业协会的违法行为;会同有关机关指导行业协会的清算事宜等。登记管理机关履行下列监督管理职责:负责行业协会的成立、变更、注销的登记;对行业协会实施年度检查;对行业协会违反《社会团体登记管理条例》的问题进行监督检查、给予行政处罚等。这种双重管理体制有不合理的地方。首先,它与上市公司协会自治性团体的基本性质是相违背的。上市公司协会的本质,是一种建立在会员自愿基础上成立的、为会员服务的自治性组织。这种双重管理体制,实际上是把上市公司协会作为政府部门的附属机构,将其纳入政府部门的控制和管理之下,使协会失去了应有的自治组织的基本性质和地位。其次,很难使上市公司协会保持独立于政府的品质。上市公司协会,作为代表和维护上市公司集体利益的组织,在这种双重管理体制之下,很难发挥其行业协会应有的职能。最后,增加了上市公司协会运作的成本。上市公司协会的成立和运作在双重体制之下必然会增加成本,使上市公司协会的成立和退出都变得非常困难。

（2）协会地位不独立。我国两级上市公司协会基本上都是由中国证监会和各地方证监局主导产生的,这造成我国目前两级上市公司协会"半官、半民"的性质。中国证券业协会、中国期货业协会、中国上市公司协会和中国证券投资基金业协会等四大协会,共同构成中国资本市场的自律监管体系。其实,四大协会大部均分属于中国证监会的政府管理体系,它们并不是真正意义上的自律协会。

（3）社会监督制度尚未建立。目前我国对行业协会的监督,主要还是依靠政府部门的行政监督,而应有的社会监督机制未有效建立。事实上,在坚持行业协会自治制度的前提下,对行业协会的监督既要重视政府的监督,更要重视社会监督。社会监督包括必要信息公示制度,让会员和社会公众对行业协会的运作和有关信息得以了解,从而监督行业协会的有效运作;也包括建立独立的第三方评估制度,让中立的第三方根据一定的评估标准,对行业协会的信誉、运作情况等进行独立的评估,借以促进行业协会更好的发展等。

（4）司法监督重视不够。对于行业协会的监管制度,我国传统上更注重行政机关对行业协会事前和事中的监管,对于行业协会设立采取严格行政审批制度，对于行业协会的日常事务采取行政管理制度等；而对于通过司法机构的司法活动，克服行业协会可能会出现的自治缺陷，可能更符合行业协会的自治品格。例如，对于行业协会自治过程中可能会出现的自治权的滥用，损害会员、非会员和社会公共利益的行为，司法监督可能会是一种更有效的手段。

（四）中外上市公司协会制度的比较

1. 协会设立的宗旨和目的比较。

中国香港地区的香港上市公司商会（CHKLC）设立的目的主要在于加强香港上市公司之间的商业联系，促进中国香港地区、内地及其他国家地区上市公司之间的交流合作，推进企业管治，加强中国上市公司与有关监管机构的沟通，保障投资者利益，从而维护中国香港地区证券市场的有效运作，促进中国香港地区作为国际商业、贸易及金融中心的发展。

加拿大上市公司协会（CLCA）的设立目的在于通过与上市公司的首席执行官（CEO）、董事、高管、顾问的联系与交流为上市公司提供充足的市场信息和工具以应对市场可能的变化和挑战，从而维护上市公司的利益。

新西兰上市公司协会（LCA）旨在通过营造一个公平、充分、有效的管理体制维护股东利益，也促进上市公司利益的最大化，增进资本市场的发展并强化投资者信心。

2. 协会的法律性质比较。

中国上市公司协会在法律上被定性为社会团体法人，属于自律性的社团组织。就经济法层面而言，其主体性属于政府主体和市场主体之外的社会协调主体。

其他国家和地区的上市公司行业协会，在法律定性上通常也是归属于自律性的社团组织。例如，中国香港地区的香港上市公司商会就是上市公司自发成立的自律性管理组织；加拿大上市公司协会在其官网上明确声明它是一个旨在增进加拿大上市公司利益的独立和自愿性质的非营利组织；新西兰上市公司协会同样在章程中指出其属于上市公司的自律性规范组织。

3. 协会内部治理结构比较。

（1）协会的组织体系。在协会的组织体系上，中国与世界其他国家和地区存在较大的差异。中国的全国性上市公司协会以及地方性上市公司协会，通常在其内部形成了一个多层级的组织体系：会员大会是协会内的最高权力和决策机构，会员大会下设理事会或常务理事会作为主要执行机构，理事会下又设立秘书长办公室等形式的日常执行机构，在日常执行机构下又设立各类管理委员会或专门委员会，分管财务、信息、咨询、教育、行政、文娱等各类事务，遵循"会员大会-理事会与监事会-常务理事会-会长办公会/秘书长办公会-专门委员会与管理委员会"的多层级体制。而世界上其他国家和地区的上市公司协会，在组织结构上更多的为单一层级的组织体系，即：以会员大会为统一的最高权力或决策机构，在会员大会之下，直接设立各类专业委员会，履行上市公司协会的各项具体职责，不另外设立其他常设机构和执行机构，遵循机构的精简化与效率化原则。

相对而言，中国上市公司协会的组织体系较为庞杂，一些专门委员会的职责模糊而笼统，与上市公司协会的主要职责相比，有偏离正题之嫌；同时在秘书处等一些机构的设置上，其中往往穿插着有行政或党委的介入，使中国的上市公司协会带有一些行政化倾向。

（2）协会的会员体制。作为全国性的上市公司协会，中国上市公司协会会员由单位会员和个人会员组成，单位会员包括普通会员、特别会员、团体会员和联系会员等。经中国证监会批准公开发行股票并在证券交易所上市的公司为协会普通会员；依法在境内公开发行股票的非上市公众公司，以及经中国证监会批准的境外上市公司可以申请为协会普通会员；证券期货交易所、证券登记结算公司、证券投资者保护基金公司等证券系统机构为协会特别会员；地方性上市公司协会，中资控股的境外上市企业，以及其他与上市公司相关的机构和个人，经过申请可以成为协会的其他会员。

在会员的类型设置上，中外上市公司协会并无实质差异，基本都设有单位会员、个人会员、普通会员和特别会员等。值得注意的是，中国上市公司协会的会员制具有一定的强制色彩，所有境内的上市公司都应当加入该协会，这与其他国家和地区有着显著的不同。我国香港地区、加拿大、新西兰、韩国、日本等国家和地区的上市公司协会都遵循着自愿加入原则，例如新西兰的上市公司协会的会员总市值占新西兰上市公司全部总市值的70%，约有30%市值的上市公司未加入协会，可见上市公司对是否加入协会有完全的自主选择权。

4. 协会的主要职责和日常活动比较。中国上市公司协会的基本职责被定位为"服务、自律、规范、提高"。服务是第一位的，自律、规范是协会经常性的工作内容，提高即提高上市公司质量，进而促进整个资本市场体系的完善和成熟。在四大职责中，服务是上市公司协会的安身立命之本，中国的上市公司协会作为自律性的社会团体组织，核心职能在于为上市公司提供专业服务、传导服务和维权服务，为上市公司的持续、健康成长营造良好环境。

对比其他国家和地区的上市公司协会来看，中国上市公司协会对"服务"职责的强调，并没什么与众不同，反而是借鉴了其他国家和地区的上市公司协会的做法后，试图将这一服务理念与模式贯彻到本土的协会中，一方面进一步凸显了协会对于上市公司的规范和引导作用，另一方面也反映出中国上市公司协会的去行政化的需要。

由于全国性的上市公司协会设立时间过短，其服务职能还未能有充分显现，而纵观地方上市公司协会，其服务职能还发挥得远远不够，地方上市公司协会的日常事项更多停留在泛泛的考察、交流、会议、论坛等层面，真正立足于上市公司利益的专业服务和维权服务并不充分，也不够细致。而中国香港地区的香港上市公司商会在专业服务上做得更为高效、细致和到位。中国香港地区的香港上市公司商会经常会定期举办专业性极强的小型午餐讲座，面向全体会员开放，讲座的主题涉及上市公司治理和上市行为规范等方方面面的内容，如股东身份的识别和代理表决权的征集，如何利用台湾存托凭证在台湾股市筹资，公司收购的财务和税务尽职调查等，目的是促进上市公司利益的最大化；商会还设有一系列董事培训课程，教授公司的内部监控与风险管理、资本管理、股价敏感资料以及如何做到交易公正等内容；此外，商会还举办有半天研讨会、全天研讨会、年度简报会、企业治理论坛等多种形式的活动。更为关键的是，当与上市公司相关的法规草案公布后、正式听证前，中国香港地区的香港上市公司商会通常会请律师等专业人士向上市公司深入讲解，倾听上市公司的意见及顾虑，以便及时反映给有关部门；在对上市公司不利的法规可能出台时，商会也会挺身而出，主动向监管机构请求一些法规来保护上市公司利益。

5. 协会与政府监管部门的关系对比。上市公司协会作为企业协会的一种，其与政府监管机构的关系从世界范围来看可分为以下三类：

（1）以美国为代表的英美法系国家采取的自由模式。自由模式指行业协会处于独立于国家或政府之外的自治领域，实行"入会自由"原则，通过一定的行动或其存在本身对政府的公共政策产生影响或施加压力，维护行业的整体利益，国家或政府对行业协会的发展无需直接或专门的法律监管。

（2）以法国、德国为代表的大陆法系国家采取的合作监管模式。合作监管模式指行业协会依法由政府授权或委托，从事部分公共事业的管理，政府有专门的法律对行业协会的发展和运作进行监管。行业协会在维护本行业整体利益的同时，需确保其与政府的目标相协调，即行业协会和政府以合作的态度对行业及其成员共同进行管理。

（3）日本的中间模式。日本采取的中间型模式是在借鉴和吸收了英美、大陆两种模式后形成的一种独特模式。在这种模式之下，协会具有一定的自治性，会员实行自由入会原则，政府不直接进行企业或行业的管理，而是通过协会加强与企业的沟通联系。但是与此同时，政府对协会仍然进行一定的监管，典型的就是登记或年检制度。

五、我国上市公司与证券市场各自律监管机构共同面临的两个问题

通过以上对证券业协会、证券交易所和上市公司协会的分析，我们发现它们还共同面临至少以下两个方面的问题。至于这些问题如何解决，笔者没有给出太多的答案，这需要业内人士在实践中不断探索，同时还需要相关政治、经济制度的同步变革才能够解决这些难题。

（一）关于自律监管机构法律地位的独立性问题

目前我国证券业协会、证券交易所和上市公司协会在与中国证监会的关系中都存在法律地位不够独立的问题。而自律监管机构独立于行政机关，在法律地位、法定权利、经费、人员上保持独立性，对于确保证券市场监管的层次化具有十分重要的意义。自律监管机构的自治应当被限定在法律的框架内，即法治引导下自治；同时对自律监管机构的管理方式是依法管理，而非行政管理，也只有自律监管机构实现了独立，才能发挥其在证券市场上的应有作用。证券业协会、证券交易所和上市公司协会等机构既是自律监管机构，更是私法主体。尊重自律监管机构的独立法律人格，还原其作为自律性组织的固有权利和活动空间，并构建有利于其进行自律监管的基础制度，是发挥证券业协会和上市公司协会的自律功能、提升证券交易所竞争力的必由之路。

（二）关于政府对证券自律监管机构干预的适度性问题

相对于政府监管来说，灵活性是自律监管的主要优点之一。为此，自律

监管机构以创新、及时和敏锐的方式对市场发生的各种变化作出快速反应，并以其弹性，对市场主体的自由和政府强制进行平衡。要实现上述要求，就需要政府对待证券自律监管机构的干预要适度。这种适度性包括"积极适度"和"消极适度"。

1. "积极适度"。这是指政府应当积极为证券业自律监管的健康发展创造良好的外部环境。对此政府应当采取的适度措施主要是：①适度培育支持，实践中的证券业自律监管机构的自治权不充分，也还很不成熟，需要政府的支持与鼓励；②适度服务，培育证券行业自律监管机构成员的归属性和认同感，这就需要强化政府的服务功能，通过自律监管机构的自治及时了解其成员的需求并提供有效服务；③适度引导，证券市场的迅速发展，必然对现有的体制提出各种各样的挑战。对此，政府应当加以正确的引导，使其发展步入正轨。当然，上述这些"积极适度"措施有一定的过渡性，随着我国市场经济体制的完善，政府积极干预的态度将更为淡化。

2. "消极适度"。我国证券市场的过度管制框滞着自律监管的生存空间，致使自律监管机构的自治权始终无法生成。随着证券化实践的发展，特别是权力多元化成为社会良性发展的基本保障，在证券市场上，政府权力不能再占据社会的所有领域，需要适时退出。此时，政府应当改直接管理方式为间接管理方式，通过立法一方面鼓励上市公司与证券市场的自律监管机构建立健全内部章程和自律公约等行规，实现自治；另一方面从宪法的高度保障自律组织成员的协作自由权，通过立法鼓励社会自治权的发展，从而激发社会机体的活力。

第五节　证券分合业经营与监管及政府"人造"证券市场的利弊分析

本章最后要讨论的是证券监管中两个较为宏观的问题，即证券分合业监管及在证券业发展中的政府角色。这两个问题对上市公司监管法的立法和实施均有着十分重要的意义。

一、证券分合业经营与监管

就金融各业，即证券业、银行业、信托业和保险业是一体经营监管，还是分业经营监管，国际上现行的方式主要有四类：美国及中国香港地区采取混业经营、分业监管模式；英国、德国和日本采取混业经营、混业监管模式；韩国采取分业经营、混业监管模式；我国采取的是分业经营、分业监管模式。下面就我国的金融监管模式进行分析。

其实，在改革开放之初，我国的证券业、银行业、信托业和保险业实行的是混业经营、混业管理，证券业、银行业、信托业、保险业均由中国人民银行管理。根据1986年1月7日国务院发布的《中华人民共和国银行管理暂行条例》（现已失效）的规定，中国人民银行是国务院管理全国金融业的国家机关。继后，上海、深圳分别颁布了两地的证券交易管理办法，明确规定两地证券市场的主管机关是中国人民银行在两地的分行。当时由于没有经验，银行资金违反国家有关金融管理的规定，通过各种方式流入股市：①商业银行及其分支机构从事股票买卖，②证券公司和其他企业利用银行信贷资金进行股票买卖，导致股市大起大落，投资者损失惨重。鉴于银行资金主要来自居民储蓄，如果违规流入股市，后果十分严重：①造成股市虚假繁荣，误导投资者盲目入市；②股市一有风吹草动，银行抽回资金，将使更多的投资者遭受损失；③股市是一个高风险的市场，银行资金违规流入股市，将使银行承担更大的风险，不利于银行稳健运行和国家金融安全。因此，为了稳定金融秩序，避免不同金融机构间传递风险，《证券法》《商业银行法》《保险法》和《信托法》都采取了分别设立、分业经营、分业管理的体制；并分别设立了中国证监会、银监会和保监会，依法加强对证券业、银行业、信托业和保险业的监督管理。

然而，随着我国金融结构的逐步调整和资本市场的不断深化以及金融市场对外开放步伐的加快，继续对证券业、银行业、信托业、保险业实行严格的分业经营、分业管理所导致的市场管理高成本、低效率的状况十分明显。根据十六届三中全会通过的《中共中央关于完善社会主义市场经济体制若干问题的决定》[1]，国务院颁布了"国九条"。随后，国务院有关部门又陆续出台了一系列促进我国资本市场发展的措施和办法，我国分业经营体制已在

---

〔1〕 此决定对资本市场发展作出了部署，为我国资本市场改革开放和稳定发展指明了方向。中国每一次重大的经济体制改革都离不开中共中央作出的各类"决定"或"决议"，所以，在中国不了解中国共产党对中国经济的顶层干预就无法了解中国的经济体制改革。这也提醒我们，应当从经济法的视角对中国共产党作为经济干预主体进行深入的研究。

事实上发生了很大的变动。比如，随着 1999 年 10 月《保险公司投资证券投资基金管理暂行办法》的出台，保险资金通过购买证券投资基金实现了间接入市。2002 年修订后的《保险法》第 105 条将修订前的第 104 条中"保险公司的资金不得用于设立证券经营机构和向企业投资"进行了修改，这为保险公司设立保险资产管理公司提供了法律依据。2006 年 10 月 24 日，保监会和中国证监会共同制定了《保险机构投资者股票投资管理暂行办法》，允许保险资金直接进入股票市场。一批跨行业的金融控股集团如中信集团、光大集团以及平安保险集团也纷纷出现，并不断发展壮大。各金融企业的跨行业产品创新不断涌现，也使得金融分业的界限日渐模糊。

与此同时，按照我国加入世界贸易组织各项开放承诺的逐步履行，在国际金融集团混业经营的竞争下，中国国内金融企业普遍面临较大的经济压力，"宏观分业、微观混业"可能成为一种趋势。在分业经营和分业管理的法律和政策框架下，如果证券、银行、保险监管之间缺乏协调配合，将造成一定的监管真空地带，从而难以有效防范和控制金融运行中出现的各种风险。作为加强金融业协同监管的重要步骤，2004 年 6 月 28 日，银监会、保监会和中国证监会公布了《金融监管分工合作备忘录》。三方就监管分工合作方面的事宜达成备忘录，目的在于明确各自在金融监管方面的职责，促进三方协调配合，避免监管真空和重复监管，提高监管效率，鼓励金融创新。该备忘录主要涉及三个方面的重要内容：监管联席会议机制、监管信息收集与交流程序以及对金融控股公司的监管思路。在没有实行混业监管的情况下，通过备忘录就三方合作的内容和程序等进行规范，这在当时是现实可行的做法。

为了进一步加强金融业协同监管，2023 年 5 月，国家金融监督管理总局正式揭牌。其主要职责是：[1]①依法对除证券业之外的金融业实行统一监督管理，强化机构监管、行为监管、功能监管、穿透式监管、持续监管，维护金融业合法、稳健运行。②对金融业改革开放和监管有效性相关问题开展系统性研究，参与拟订金融业改革发展战略规划；拟订银行业、保险业、金融控股公司等有关法律法规草案，提出制定和修改建议；制定银行业机构、保险业机构、金融控股公司等有关监管制度。③统筹金融消费者权益保护工作，

---

〔1〕"国家金融监管总局职能配置、内设机构和人员编制规定"引自"中国机构编制网"，引用日期：2023 年 11 月 10 日。

制定金融消费者权益保护发展规划，建立健全金融消费者权益保护制度，研究金融消费者权益保护重大问题，开展金融消费者教育工作，构建金融消费者投诉处理机制和金融消费纠纷多元化解机制。④依法对银行业机构、保险业机构、金融控股公司等实行准入管理，对其公司治理、风险管理、内部控制、资本充足状况、偿付能力、经营行为、信息披露等实施监管。⑤依法对银行业机构、保险业机构、金融控股公司等实行现场检查与非现场监管，开展风险与合规评估，查处违法违规行为。⑥统一编制银行业机构、保险业机构、金融控股公司等的监管数据报表，按照国家有关规定予以发布，履行金融业综合统计相关工作职责。⑦负责银行业机构、保险业机构、金融控股公司等的科技监管，建立科技监管体系，制定科技监管政策，构建监管大数据平台，开展风险监测、分析、评价、预警，充分利用科技手段加强监管、防范风险。⑧对银行业机构、保险业机构、金融控股公司等实行穿透式监管，制定股权监管制度，依法审查批准股东、实际控制人及股权变更，依法对股东、实际控制人以及一致行动人、最终受益人等开展调查，对违法违规行为采取相关措施或进行处罚。⑨建立除货币、支付、征信、反洗钱、外汇和证券期货等领域之外的金融稽查体系，建立行政执法与刑事司法衔接机制，依法对违法违规金融活动相关主体进行调查、取证、处理，涉嫌犯罪的，移送司法机关。⑩建立银行业机构、保险业机构、金融控股公司等的恢复和处置制度，会同相关部门研究提出有关金融机构恢复和处置意见建议并组织实施。⑪牵头打击非法金融活动，组织建立非法金融活动监测预警体系，组织协调、指导督促有关部门和地方政府依法开展非法金融活动防范和处置工作；对涉及跨部门跨地区和新业态新产品等非法金融活动，研究提出相关工作建议，按要求组织实施。⑫按照建立以中央金融管理部门地方派出机构为主的地方金融监管体制要求，指导和监督地方金融监管相关业务工作，指导协调地方政府履行相关金融风险处置属地责任。⑬负责对银行业机构、保险业机构、金融控股公司等与信息技术服务机构等中介机构的信息科技外包等合作行为进行监管，依法对违法违规行为开展调查，并对金融机构采取相关措施。⑭参加金融业相关国际组织与国际监管规则制定，开展对外交流与国际合作。⑮完成党中央、国务院交办的其他任务。

我们应当清醒地看到，我国资本市场的建立起步晚，与发达国家相比还不够成熟，虽然发展很快，但是中小投资者多，市场投机性强。为了有利于金融创新，同时有效防范金融风险，在 2005 年和 2019 年对《证券法》的两次重大修订中，均贯彻了在对证券业与其他金融业继续实行分业经营、分业管理的同时，增加规定"国家另有规定的除外"，以法律的形式为我国金融体制的进一步改革和证券市场的健康发展预留了空间。

上述我国证券分合业经营与监管的重大变化，对上市公司监管法的影响是深远的，比如保险资金或者其他形式的货币资金进入证券市场，意味着这些资金的持有人将成为众多上市公司的持股人（即股东），上市公司监管法中的被监管主体发生了重大变化。所以，研究上市公司监管法，必须考虑金融监管这一宏观格局的变化。

二、政府"人造"证券市场[1]的利弊分析与除弊

上市公司监管法的运行，离不开整个证券市场的宏观机制，笔者认为，我国现有的证券市场为政府"人造"或"人工"市场，至今一些原本属于市场的权利依然未得到落实，仍然保留在政府监管机构的监管权限范围之内。因此，必须对政府"人造"证券市场的利弊有一个清醒的认识，才能拿出兴利除弊的有效方案。

（一）政府"人造"证券市场的利弊分析

我国证券市场与西方国家证券市场的产生和发展迥异，后者是自然发育而形成的，而前者则是由政府"人造"而成的，即在政府的主导作用下，由政府提供制度安排的方案，并具体实施和推进，由此体现着明显的外生性或"人造"性特征。我国证券市场政府"人造"性是由中国特定的历史条件所决定的，从筹备设立沪深两地的证券交易所开始，政府有关部门就介入到了中国证券市场的设立与发展之中，进行了相关具体制度的设计，制度供给方式呈现行政化、权力化，致使我国证券市场具有鲜明的"政策市"特征。可以说，中国证券市场制度安排的第一推动力始终来自对于市场经济自身尚在"摸着石头过河"的政府，而且政府"人造"证券市场的初衷是为了使国有企业脱困而募集资金，因此，政府为实现自身利益最大化，至今依然将支持

---

〔1〕 西方国家证券市场是"自然"发育而形成的，而我国的证券市场是在政府的一手培育下而建立的，有明显的外生性或人为性，具有"人造"特征。所以，"政府'人造'或'人工'证券市场"是笔者在这种特定的语境下使用的。

国有经济作为制度安排最重要的因素加以考虑。

客观地讲，政府"人造"证券市场应当一分为二地看待，下面就其利弊作一个简要分析。

1. 有利方面。

（1）西方成熟证券市场的知识存量和经验累积，为我国证券市场的制度建设提供了样板，我们可以通过参考国外制度的优点，减少制度变迁的时间和探索的不确定性，充分发挥新兴市场的"后发优势"，从而使我国证券市场得以实现跨越式发展。

（2）作为权力的垄断者，国家在使用强制力时具有很大的规模效益，可以用比竞争性组织以低得多的费用提供制度性服务，降低制度变迁中的组织成本和实施成本。

（3）我国公有制的经济基础，使得政府作为国有资产的实际管理人，控制、支配着巨大社会财富，因此，能够在证券市场制度安排和变迁过程中始终居于经济上的主导地位。

2. 不利方面。

（1）由于是政府"人造"证券市场，致使我国证券市场发展的许多阶段被不适当地跨越或省略了，短时期内建立起来的证券市场不可能像发达国家那样，通过证券市场的漫长发展过程让各类市场形式、机制、制度依序出台。我们的各项制度是在短短二十几年内高度集中出台的。

（2）我国证券市场成立于改革不配套、认识有局限的大背景中，设立之初就存在一些制度性缺陷，如类别股份、增量上市等，在相关基础性制度没有建立健全之前，完全市场化取向的制度变迁会给国民经济带来极大风险。

（3）由于是政府"人造"证券市场，政府监管机构的权力在不少方面已涉入了市场权利的领域。那些原本属于市场的权利在性质上是私权，不论行使主体还是行使方式以及行使的法律后果，都应当遵循私权的规律。政府监管机构所行使的权力属于公权的范畴，应当遵循公权的运行规律。如果打破这种运行规律，由政府监管机构以公权来行使原本属于市场的私权，将会破坏私权运行的机理，不能充分发挥市场自我发育、自我调控的机制，从而制约市场主体的行为自由，挤压市场的发育空间。

（4）政府"人造"证券市场，给市场预留下很大的"寻租"空间。这种"寻租"一方面造成经济资源的非生产性损耗，另一方面扭曲了证券市场的资源配置机制，影响了效率的提升和公平的体现。各个利益主体的"寻租"活动，是中国证券市场一个很关键的制度风险源头。

（5）由于证券市场是政府"人造"，相应地政府就得对证券市场的制度风险承担无限责任，并为整个证券市场提供最终信用担保，突出表现为国家信用在证券市场上的过度倾斜，为新兴证券市场的发展提供了一种"隐性担保"。广大投资者在政府规定的制度下参与市场运作，在承受一定的市场风险的同时，也有权利得到合理的回报，导致中国证券投资者一旦遇到市场严重下挫，尤其是因政策原因致使市场大幅波动或下跌时，就强烈要求政府及相关部门出面拯救市场。

（6）在政府"人造"的证券市场上，受政府的偏好、意识形态、集团利益冲突等因素的影响，政府管理市场的经验和手段，已跟不上证券市场本身的发展速度，政府的意志与证券市场的内在发展规律在时间和空间上都不能进行有效衔接。

（二）政府"人造"证券市场弊端的克服

当证券市场发展到一定程度的时候，制度安排和变革就应主要由市场来决定，赋予私法主体应有的权利，尊重其一定范围的意思自治，政府只在市场失灵的范围，并且是在其干预有效的范围内进行适度介入。基于这一指导思想我们应当从以下几个方面探索我国证券市场兴利除弊之路。

1. 培育证券市场的私法文化。在社会制度的变革中，制度的外在形式相对而言容易设计和更改，政府"人造"制度，就属于这种外在形式上的变革；而对于这些制度起基础作用、落实作用的，如社会文化习俗、市场习惯和私法文化等的改变和积淀就很困难。如今我国参考、引入西方民商法制度，私法制度可谓取得了相当大的进步，但私法文化却处于起步阶段。证券市场中的诚信缺失、对政府的依赖、风险意识的淡漠等现实，均表明我国在相当长的时期内，要进行私法文化的培育，最终使诚实信用成为每个市场主体的行为习惯还任重而道远。

2. 证券市场主体本位理念的转变。证券市场主体本位理念的转变就是实现证券市场筹资者本位向投资者本位的理念转变。证券市场不仅是国有企业和其他企业募集资金的场所，也是投资者进行投资并获取回报的场所，投资者的利益更应得到尊重。只有投资者和筹资者的利益都得到保护，市场的吸引力增大，市场运行才会更有效率，其资源配置的作用才能真正发挥，市场的竞争力才会增强。

3. 证券市场功能定位理念的转变。证券市场功能定位理念的转变包括以下四点：①由原来的为国有企业脱困服务转变为培育优良竞争力的上市公司；②由原来单一的筹资功能向风险定价、优化资源配置复合功能转变；③对市场运行由防范风险向揭示风险转变；④市场供求机制由行政主导型向市场推动型转变。

4. 市场主体私法属性的复归。证券市场中的上市公司、证券公司、证券投资基金管理公司等市场主体，应尽快从政府的扶持中走出来，使其应有的私法属性得以复归，尽快成长为独立竞争的市场主体，在享有更多权利的同时，承担更多的义务，并有能力独立承担相应的民事责任和社会责任。

5. 完善证券市场的私法制度体系。公法思维和管制偏好主导下的证券立法，不可避免地呈现出强公法的特征。我国证券基本法虽然名为《证券法》，但实为证券监管法，其中强制性规范和任意性规范失衡，缺乏平等主体之间的意思自治规范。就现状而言，中国缺少一部证券交易法[1]。因此，为克服现有《证券法》等立法的不足，有必要另行制定证券交易法，同时加快证券投资者保护法的立法步伐，完善我国证券市场的私法制度体系。

总之，解决我国证券市场问题的关键是淡化政府的"人造"性，尊重市场的"自然"性。因为，由政府"人工"拼装出来的制度框架，不仅稳定性不易保证，而且维护成本高。所以，在许多情况下，不如顺其"自然"！这里的"自然"性，指的是"市场"性，是中共十八届三中全会提出的市场配置资源起决定性作用的一种市场景象。

---

〔1〕　参见李东方：《证券监管法律制度研究》，北京大学出版社 2002 年版，第 225 页。

上市公司监管法治化的一个重要目的就是促使上市公司真实、准确、完整、及时地向投资者披露信息，给投资者一个透明而真实的上市公司。在上市公司法治化的制度体系中肩负这一使命的就是上市公司信息公开制度。上市公司证券信息公开制度，是指证券法强制性要求上市公司在证券发行和上市交易的全过程中，依法以一定的方式向社会公众公开与该上市公司证券有关的一切真实信息，以便投资者能够获取该真实信息而作出证券投资判断的证券法律制度。证券信息在证券市场运行过程中起着核心作用，信息失灵往往会直接导致证券市场的失灵，因此，信息公开制度在上市公司法治化的制度框架中居于基础性地位。

由于本章重在研究上市公司信息公开制度，它属于证券信息公开制度的一个部分（最核心的部分），所以，对于证券法所规定的其他主体（如：证券公司、证券服务机构）的信息公开，只在第一节"证券信息公开制度的一般理论"中作些论述，其余节目则主要论述上市公司的信息披露。

第一节　证券信息公开制度的一般理论

一、证券信息的公共产品性质

在某种意义上讲，证券市场就是一个信息市场，证券市场的运转过程就是一个证券信息处理的过程，证券市场效率的关键问题是如何提高证券信息的充分性、准确性和对称性。比如，在我国上市公司信息公开的主动性、充分性不足的现象较为普遍，上市公司往往以达到最低公开要求为准，致使上市公司缺少应有的透明度。

证券信息包括可能影响证券价格和市场参与者行为的所有信息，在证券市场中，证券信息是稀缺的，这种稀缺性决定了证券信息成本（Security information cost）的存在。管制经济学（芝加哥学派）的主要代表人物之一，乔治·施蒂格勒首先冲破了传统经济理论的完全信息假设，指出信息搜寻（Search）是必然存在成本的，因此买方和卖方对有利价格的搜寻都是有限的。当信息成本高于股市投资预期收益时，投资者将不再搜寻和发掘对自己有用的相关信息，信息成本的存在决定了市场上完全信息的不可能性和市场信息供给量的边际。[1]

就本质而言，信息属于一种公共产品，因而它与一般公共产品一样具有非排他性和非竞争性。而且，信息费用可以被视为一种固定成本。由于信息的这种固定成本性质，信息密集型的市场，如证券市场，就会存在不完全竞争状态。

信息的公共产品性质和可能带给上市公司的负外部性会增加信息的搜寻成本；同时，信息作为一种特殊商品，其质量难以辨别的特点又加重了信息的消费成本，这不仅有损于投资者的信心和市场公平，而且有损于资本资产的价格发现和配置效率。可见，资本市场交易中的信息成本对资本资产价格的形成具有不可低估的作用，搜寻信息所产生的成本也是导致证券市场信息失灵的重要原因。

证券市场上的违法行为通常与证券信息公开的不充分性和不及时性有直接的关系。因此，维护证券信息的公开性、公平性以及提高证券信息的效率，是保证投资公众的信心与利益，实现资本优化配置的关键所在。只有依靠政府的监管力量来促进信息的完全性和对称性，才能减少信息失灵和信息成本。高质量的信息监管是抑制投机泛滥，防止证券欺诈和操纵证券市场的重要手段。

二、证券信息公开制度的含义和历史考察

证券信息公开制度，是上市公司及其他证券法所规定的主体，依照法定的方式，将与证券发行和交易有关的重大信息予以公开的一种证券法律制度。这里的公开一词译自英文 disclose，disclose 的英文含义有"uncover, allow to

---

　　〔1〕　最优寻求规则（Optimal-search rule）显示，寻求最低价格一直要到寻求的预期边际收益等于寻求的边际成本为止。

be seen；make known"，意即"披露；使显露；透露"。[1]因此，信息公开制度亦称为信息披露制度，这两种称谓在本质上并无区别，只是在体现政府对证券市场的干预方面，"公开"一词更为贴切。

证券信息公开制度是证券信息监管的基本形式。证券信息公开制度源于英国，而在美国证券市场得以发展和完善，并成为美国证券法的核心与基石。

(一) 对美国信息公开制度的考察

美国在其证券立法中首创"公开、公平、公正"的"三公"原则，其核心就在于证券信息的公开。正如路易斯·罗思（Louis Loss）教授所说："在联邦法律中有一种不断出现的概念，开始是信息披露，接着还是信息披露，后来是越来越多的信息披露。"[2]其证券立法对上市公司的信息公开作了较详细的规定，主要涉及初次公开、持续公开和内幕人员交易公开等方面的内容。20世纪90年代以来，针对证券市场发生的新变化，SEC又积极地修改有关的规章制度，使信息公开进一步规范化，以提高信息公开制度的效率和效用。

1. 美国信息公开制度的基本内容。美国信息公开制度的基本内容主要包括：证券法规定必须公开的文件；股票信息公开的内容与格式；初次公开；持续性公开；"内部人员"交易的公开。

(1) 几个主要必须公开的文件。

第一，招股说明书。招股说明书（Prospectus）又称"公开说明书"。美国《1933年证券法》第2条第10款规定："招股说明书"是指通过书面形式、无线电或电视等方式提供的、用于出售任何待出售证券或确认任何证券之出售的招股书、通知、广告、信函或通信，[3]并且生效的公开说明书必须符合《1933年证券法》第10条规定的内容和格式。可见，美国证券法中的公开说明书形式多样，如此安排，有利于提高发行效率。招股说明书制度是上市公司信息披露制度的重要组成部分，其宗旨是让投资者了解情况，使投资者及时对投资价值作出估价，其意义和功能表现为：①为投资者提供理性

---

[1] *Oxford Advanced Learner's Dictionary of Current English with Chinese Translation*，Oxford University Press，1984，p. 336.

[2] L. Loss，*Fundamentals of Securities Regulation*，Boston：Little Brown & Co. 1983，p. 7.

[3] 该法条原文：The term "prospectus" means any prospectus, notice, circular, advertisement, letter, or communication, written or by radio or television, which offers any security for sale or confirms the sale of any security.

判断正确决策依据；②招股说明书披露的信息最为全面，涉及发行人财务、管理、营运等多个方面，构成了整个信息披露制度的基础，是其他公开文件如上市报告书、年度报告、中期报告、临时报告、财务报告等前提和基准。这些法律文件只需补充有关材料即可符合相关要求。

第二，上市公告书。上市公告书是证券交易所规定的申请上市的发行公司必须提交并公布的报告。上市公告书除招股说明书的主要内容外，还包括上市情况、证券交易所要求的事项。

第三，用于公司债券发行的募集文件称为募集说明书，其内容与招股说明书相似，但相对简化。

（2）股票信息公开的内容与格式。SEC 为了简化和明晰对信息公开的管理，在 1982 年制定了信息综合公开的制度。其主要体现为 S 系列和 F 系列表格及规则 S-K、S-X。表格 S-1、S-2、S-3 为公开发行人向证监会注册登记的信息公开内容，其中 S-1 表格为初次发行人申报所用，内容十分详尽；表 S-2 和 S-3 为 S-1 表格的简化。F-1、F-2、F-3 则为外国发行人所适用的，内容与 S 系列表格相仿。因此，S-1 表格具有典型意义，介绍如下：

S-1 表格包括 17 项内容，其中前 12 项内容招股说明书必填。这 17 项内容包括：①申报表前言与招股说明书封面外页；②招股说明书封面内页与封底外页；③信息摘要、风险因素及盈余对固定支出比率（Ratio of earnings to fixed charges）；④募集资金的运用；⑤发行价格或决定发行价格的方法；⑥股份稀释（指由于内部人与公众购股价格的差异和期权方案造成的每股净值减少）；⑦出卖证券之证券持有人的基本情况（如果登记证券由证券持有人提供）；⑧发行计划（包销的有关情况，主要是承销协议的内容，包括稳定市场价格的方案）；⑨应注册证券之叙述（主要是其基本情况，以发行证券的种类不同而有不同规定）；⑩在登记表上署名的会计师、律师、承销商方面的专家与该证券的利益关系；有关发行人的信息；证监会对证券法责任补偿（Indemnification）的立场揭示（有固定的内容，表明证监会认为对登记人的董事、经理人和其他主要工作人员由于违反证券法而应承担责任的补偿是不具有执行力的）；其他发行费用；董事、经理人和其他主要工作人员的保险和责任补偿（限于其职权范围，出于善意或为维护公司最大利益，包括诉讼费、律师费、判决协调费等支出）；过去 3 年内未按《1933 年证券法》注册证券之出售（包括销售概况、主要购买者和资金运用情况等）；附件及财务报表；

对相关事项的保证。

（3）初次公开。初次公开要求发行公司在发行注册书、招股说明书、上市公告书中和其他的有关材料里，详细地披露公司经营的起始日和过去 5 年来的经营状况、市场及行业的竞争状况、过去 5 年的财务资料和审计报告、公司董事及主管人员的名单及报酬等情况、公司有无法律诉讼情况、普通股的股价及股利等。

根据美国《1934 年证券交易法》关于注册的规定，所有在证券交易所上市的公司都应依法登记注册，除了享受注册豁免的证券发行以外，没有取得注册批准的证券发行均属违法。

发行注册书主要有以下内容：①公司营业的开始日期和过去 5 年的进展情况、主要产品市场及行业的竞争情况等；②发行公司过去 5 年的财务资料与逐年的审计分析报告；③公司财产情况；④公司董事及主要职员的资历、报酬情况；⑤公司过去的法律诉讼情况；⑥公司普通股的股价、股利等情况。

（4）持续性公开。注册公司在证券发行后，每年仍需定期向证监会或其他的主管机关提供有关本公司营业及财务状况的报告和报表资料，公司若有重大情况变化也必须及时上报有关部门。这些报告应分送证券交易所或证券商公会等处，供投资大众阅览以便投资者了解上市公司每年的经营状况，做投资的参考。视实际情况不同，证券主管当局还可命令发行公司随时提交财务或营业报告以备审查。

另外，《1934 年证券交易法》还规定了财务报告和其他报告报送的次数和格式。第一，《1934 年证券交易法》制定的 10-Q 格式，这是为季度报告规定的格式，这种季度报告由该法规定需要报送报表的公司填表，10-Q 格式的第一步要求公司提供：①最近会计季度的收入表，最近会计季度结束时的年度收入表，上一会计季度同期的收入表；②最近会计季度末的资产负债表和上一会计年度同期末的资产负债表；③到最近会计季度结束时本年度的资金来源和使用说明书，上一会计年度同期的资金来源和使用说明书。第二，《1934 年证券交易法》制定的 10-K 格式是为年度报告规定的格式，这种年度报告由该法规定需要报送报表的公司填表。它是应向 SEC 按期报送的主要公开文件，需要对公司的业务和管理情况作广泛的披露，还要报送上两个会计季度的经过审核的资产负债表、收入表、资金来源使用说明书，还应附有广泛的作为补充的注释的表格。

（5）"内部人员"交易的公开。根据《1934年证券交易法》第16条规定，公开发行公司的每一位高级职员、董事和直接或间接拥有公司任何一种股票的数量达到10%以上的股东，都具有内部人的身份。内部人员违反职守向他人提供情报，接受该情报的人被认为是"能获得内部情报者"。为此必须：①限制内部人员和接受情报的人根据未公开的信息进行交易。根据《1934年证券交易法》规定，公司内部工作人员在6个月内，通过先买进后卖出或先卖出后买进公司证券的方式所获的利润，都可由发行人收回，用于弥补公司所蒙受的影子损失。②禁止滥用内部情报。③公开内部人员的交易。董事、高级职员和拥有公司各种股份证券10%的所有人应向SEC提交他们股份持有情况的报告。这种内部人员，在具有内部人员身份的10天内，或在公司的一种证券成为《1934年证券交易法》的监管对象时，必须提出他在公司中占有股份的情况报告，在所有权发生变化时，应在发生变化的当月结束后的10天内另行提出附加报告。

2. 美国证券信息公开制度的与时俱进和因应。美国证券市场始终处于发展和变化之中，其证券信息公开制度亦因时而动，因应时事。SEC积极修改了有关的规章制度，使信息公开行为更加规范，证券信息公开制度的效率进一步提高。

（1）进一步加强证券信息公开制度的及时性和高效性。具体表现：①SEC根据法律制定了8-K报告书要求证券发行人及时报告发行的重大事项。②SEC通过审批交易所规则的权力来促使交易所对上市公司提出更高的信息技术要求。③1982年SEC采纳了所谓"一体化信息公开系统"，要求上市公司在年报中必须编制符合标准格式的数据材料，以便于投资者使用。④20世纪80年代末SEC建立EDGAR系统（Electronic Data Gathering Analysis and Retrieval），为促进信息公开提供服务。目前，在纽约证券交易所和纳斯达克（NASDAQ）的上市公司，其年报和中报信息统一通过SEC的EDGAR系统披露。当需要上市公司作出澄清报告时，上市公司通过电子通道在30分钟内迅速报告，交易场所通过信息传输系统迅速进行信息披露。⑤1998年1月，SEC批准了所谓的"简明英文规则"，要求上市公司使用明白易懂的英文公开有关信息。

（2）证券登记与信息公开豁免。①证券登记豁免。《1933年证券法》第3节豁免了多种证券的登记义务，其中大部分是那些依赖于发行人的性质和证券特点的条款，所以这类证券称为"豁免证券"。《1933 年证券法》第 4 节规定了许多特定交易的豁免，这种登记豁免主要根据证券交易本身的特点来界定。一旦符合法定条件的交易结束，交易豁免便终止；与此不同，只要发行人及其证券保持法律规定的属性，证券豁免仍然可以持续。登记豁免并不排除发行人因违反《1933 年证券法》和《1934 年证券交易法》的反欺诈规定而可能承担的责任，[1]而且该豁免也不影响州法律的登记要求。此外，一旦有人对豁免证券或交易的性质提出质疑，主张豁免的人须对符合豁免条件承担举证责任。②证券信息公开义务的豁免。美国《1996 年全国证券市场改进法案》对联邦证券法律进行了全面改革，在《1933 年证券法》中新增第 28 节，授予 SEC 广泛的权力，可以豁免任何人、任何证券机构执行证券法及有关规则的规定，只要 SEC 认为这种豁免对保护公共利益和投资者是必要和适当的。类似的条款也作为第 36 节补充到《1934 年证券交易法》中。在 SEC 能够确认安全的前提下，对相关主体的证券信息公开义务进行豁免，反映了美国证券法律兼顾安全与效率的价值取向，即在能够保证安全的情况下，尽可能提高效率。

（3）对信息公开的简化处理。20 世纪 90 年代以来，SEC 为使信息公开进一步规范化，专门成立了一个简化披露的特别小组，对有关负有公开义务的证券发行和公众持股公司的组织结构和公开制度进行了彻底的审核和考察。结果是删除了一些已没有实际意义的规定，精简了公开的规则：①SEC 通过对实例的调查，了解到简要的财务报告更能提高股东利用财务报告的效率，从而对原来的信息公开制度作出修改，允许上市公司在提交给股东和其他投资者的年度财务报告中，使用简要的财务报表。②SEC 提议修改有关重大收购活动的财务报表，不再要求发行公司在注册申请书中提供近期将要或已经完成的收购活动的审计财务报表，而只提供重大收购活动的信息，以提高重大收购活动的披露效率。

（4）对证券信息公开规则精细化。SEC 在对部分证券信息公开规则作出简化处理的同时，在另一些方面，对证券信息公开规则又进行精细化：①SEC 对证券交易法中的 S-K 条例 402 款和 S-B 条例进行修订，要求上市公司在规定的年度委托书或形势报告以及 10-K 式年度报告中，列出详细的有关公司董

---

〔1〕 高如星、王敏祥：《美国证券法》，法律出版社 2000 年版，第 78 页。

事和高级管理人员的薪金、津贴等内容，并用列表介绍式的方法替代原先的只对经理人员津贴几个基本要素进行叙述说明的信息公开方式。②SEC 对证券投资公司提供给股东的报告也作了更多的有关信息公开方面的要求。SEC 发布了一系列新规定，要求投资公司改进它们向股东所作的风险揭示，减少专业术语和法律术语，而用一种让投资公众更易理解的表达方式，并同时向股东提供简化的公告书。当然这份简化的公告书必须包含一些特定的内容，如基金的投资方针、投资策略、风险和损失、收益状况、分红情况等。SEC 还要求投资公司披露费用开支情况，如聘用自营经纪人而支付的经纪人佣金、为自营经纪人提供服务而收取的佣金、支付经纪人佣金的平均比率。这样就能为投资者提供更多的信息，让投资者对投资公司的费用开支和利润水平作比较后作出明智的选择。③SEC 对证券交易法作修正后还规定了证券经纪人和自营商需要披露的信息，如它们是否是证券投资者保护公司的成员、接受全国知名评级机构评级的债券评级情况、在某些场外证券交易所上市的证券的交易情况等。[1]

（5）强化信息公开制度。2001 年下半年被揭露的安然公司破产案以及随后发生的世通公司、施乐公司等财务会计丑闻，使美国证券市场的"监管神话"在人们心里产生了严重动摇。为了应对严峻的信任危机，2002 年 7 月 30 日，国会通过了《公众公司会计改革和投资者保护法》，即《萨班斯-奥克斯利法案》，强化了信息公开制度、公司治理机构的完善、公司管理层的责任和会计师事务所等中介机构的责任等方面的内容。其中最为引人注目的莫过于规定，上市公司的首席执行官（CEO）和首席财务官（CFO）在向 SEC 提交定期报告的同时，必须提交其向公司作出的个人书面保证，担保定期报告中财务报表的真实性和准确性。也就是说，CEO 和 CFO 要为其所提交的定期报告的任何失实之处承担潜在的个人责任，包括民事责任和刑事责任。同时，法案还加强了刑事惩罚力度，规定 CEO 和 CFO 如果故意违反法案规定而提供不当书面保证，可被处以高达 500 万美元的罚款和上至 20 年的监禁（此前公司高级管理人员财务欺诈犯罪的最高刑期为 5 年）。《萨班斯-奥克斯利法案》因其近乎苛刻的强制信息公开措施，成为当今世界许多国家证券信息公开制

---

[1] Merritt B Fox, "The Securities Globalization Disclosure Debate", *Washington University Law Quarterly*, vol. 78 No. 2, 2000, pp. 567~596.

度改革的示范。当然，这些措施能否有效防范虚假陈述、证券欺诈以及切实保护投资者利益，并在市场安全与效率之间协调兼顾，尚有待于实践的检验。

3. 美国证券信息公开制度的国际影响。受美国的影响，现今世界各国和地区证券法均确立了证券信息公开制度。例如日本在 1948 年制定证券交易法时，即参照了美国的《1933 年证券法》和《1934 年证券交易法》，吸收了信息公开制度，后经几度修正，至 1988 年臻于完善。我国台湾地区于 1968 年 4 月颁布"证券交易法"，其后 3 次修订该法。该法亦规定了甚为严明的信息公开制度。同样，我国在证券立法上，也确立了信息公开制度。

纵观各国的证券立法，信息公开制度一般由证券发行时的信息公开和证券上市后的信息公开两部分组成。证券发行时的信息公开称为发行公开或初次公开，它是指证券发行人在首次发行证券时完全公开公司以及与其发行证券有关的所有信息，这是证券发行人应当承担的强制性义务。证券上市后的信息公开称为持续公开或继续公开，它是指证券发行后，在上市交易的整个过程中，上市公司应定期或不定期依法公开与其发行证券相关的影响证券交易价格的重大信息。上述信息的公开均须以法定的方式进行，一般而言，要求在指定媒介上公布并在指定的地方置备，以供查阅。此外，还可由公司召开股东会以及通过召开记者会或新闻发布会等形式予以公开，有些信息资料还要求上市公司向投资者、证券商寄送等。具体形式，各国规定有所不同。

最后，有关对美国证券信息公开制度的考察，笔者还想提及的是其信息公开豁免制度的借鉴意义。如前所述美国信息公开豁免制度，反映了美国证券法律兼顾安全与效率的价值取向。可以说，美国证券市场的高效与繁荣是与其豁免制度的推动是分不开的，对此，许多国家和地区也纷纷效仿和借鉴。比如，英国于 1986 年在《金融服务法》中明确规定，对特定对象发行的股票可以豁免注册。日本于平成四年（1992 年）修订《证券交易法》，规定对不特定多数投资者实施的不超过 5 亿日元的有价证券申购的劝诱活动，可以免于公开披露义务，同时还确认了私募发行审核豁免制度。我国台湾地区"证券法"也规定了只需登记即可发行的核准豁免制度，并在 1995 年的《发行人筹集与发行有价证券处理标准》中予以进一步明确。

目前我国《证券法》中尚无明确的信息公开豁免制度，仅在其第 46 条第 2 款对政府债券的上市审查豁免作出了规定，即"证券交易所根据国务院授权的部门的决定安排政府债券上市交易"。应当说，从提高证券市场效率的角度考虑，我国同样有必要建立相关证券豁免制度。

（二）我国证券信息公开制度的历史沿革

我国信息公开法律制度形成了以《证券法》为主体，行政法规、部门规章等规范性文件为补充的全方位、多层次的立法框架。《证券法》在《股票条例》《公开发行股票公司信息披露实施细则（试行）》（失效）的基础上进一步完善了该制度。下面是我国证券市场信息公开制度的建立和发展的基本脉络：

20世纪80年代初，我国部分地区开始进行股份制试点，股份制企业开始零星出现并小规模发行股票，有关信息公开的规定也开始在一些地方性法规中出现。其中，上海市人民政府批准、实施的《关于发行股票的暂行管理办法》中就有这一方面的规定。20世纪90年代，随着股份制改革的深入，股份公司大量出现。沪、深两地证券交易所相继设立，中国的股票市场获得巨大发展，有关股份公司的法规、规章先后出台，如《上海市证券交易管理办法》《深圳市股票发行与交易管理暂行办法》《股份有限公司规范意见》等，在这些法规规章中一般都含有信息公开的内容。1993年国务院颁布的《股票条例》以专章11个条文的篇幅对上市公司的信息公开事项作出规定，其与同年颁布的《公司法》共同奠定了我国证券信息公开制度的基础。

1998年我国通过了《证券法》，该法作为我国证券市场的基本法，较为详细地规定了上市公司及有关机构和人员的信息公开义务和责任，我国证券市场信息公开制度至此得以真正确立。在此前后，中国证监会还陆续发布了《公开发行股票公司信息披露实施细则（试行）》（以下简称《信息披露细则》）、《公开发行证券的公司信息披露内容与格式准则》（以下简称《内容与格式准则》）、《公开发行证券的公司信息披露编报规则》（以下简称《编报规则》）、《公开发行证券的公司信息披露规范问答》（以下简称《规范问答》）等一系列规章。其中，《内容与格式准则》主要是根据上市公司应披露的文件类型而设计的，内容涉及招股说明书、上市公告书、年报、中报、股份变动报告等；《编报规则》规定的主要是《内容与格式准则》在特殊行业（如金融、能源、房地产等）、特定环节（如改制上市、收购、兼并等）如何运用的问题，是对《内容与格式准则》的具体化；《规范解答》则是将中国证监会就普遍存在的具体信息披露问题所形成的结论性意见形成文件，用以消解监管者与被监管者对文件理解上的差异。2019年修订的《证券法》将证券法中原有的信息公开制度进行梳理，并对原有制度进一步完善和深化，形成了现在的"信息披露"专章。

上述一系列法律、法规和规章的颁布实施，共同构成了我国上市公司信息公开制度的现有法治规范体系。

三、证券信息公开制度的意义

信息公开制度的意义是指信息公开所能达到的目的，它是上市公司监管法治重要的着眼点，更是建立和完善信息公开制度的落脚点。信息公开制度的意义主要体现在以下几个方面：

（一）信息公开制度最根本、最直接的意义在于保护公众投资者的投资权益

在证券市场上，大多数投资者与上市公司只具有一种松散和暂时的关系，他们并不希望、也没有积极性去参与上市公司的管理，其利益和债权人的利益相似，是一种金融利益，或者说是一种投资收益利益，而不是管理利益。所以，投资公众可能要随时进行投资选择。实践表明，在投资领域，并非投资任何上市公司的证券都能为投资者带来收益。只有那些财务状况良好，有发展潜力的上市公司才能给投资者带来近期或远期的收益，而投资者只有凭据上市公司公开的各种信息才能作出投资于何种证券的抉择。并且，这些信息对上市公司反映的透明度越高，投资者作出准确判断的可能性就越大。

上市公司的经营状况是证券价格形成的决定因素之一，是投资者进行投资判断的重要依据。信息公开制度使上市公司以规范的方式，正确、及时地公开其经营状况，从而保证广大投资者在作投资判断时均能有适当充分的信息依据，所以，公开性的证券市场是形成证券公平价格的基础。然而，在证券市场上，上市公司与证券商始终居于主动的强者地位，易于对证券交易信息进行垄断或操纵；而投资者则始终处于被动的弱者地位，欲获得其正常投资所需的充分信息较为困难。这种信息获取的不对称状况很容易造成证券市场的非公平性。上市公司的财务现状、发展潜力和商业风险等状况，总是处于不断变化之中的，如果只有少部分人知晓上市公司的上述变化，这少部分人即可利用预先知悉的信息从事证券交易，扭曲市场价格信号，进而操纵市场，致使一般投资者无法作出理性的价格判断和投资行为而使自己的利益受

到损害。相反，操纵者转手之间却可获得巨额利润。因此，应当杜绝一切旨在引起股市剧烈波动的人为操纵因素，为实现这一目标，就得通过信息公开制度去消除证券市场上的信息偏在和信息垄断及信息封锁，使投资者能公平地获得有关证券的信息。信息公开制度要求发行公司及时、充分、真实地公开有关信息，使投资者在平等的条件下获取信息，这是防止证券欺诈和内幕交易行为，保护投资者投资权益的关键。如果没有信息公开制度，对于证券市场中的上市公司、证券商及其他极易利用内幕信息的人，则无法律上的约束，这将威胁到投资公众对证券市场的信心，乃至造成人们纷纷退出证券市场的结果。一旦人气殆尽，则证券市场将无以存在和发展。投资者对证券市场的信心，是证券市场得以健康发展的社会心理基础。因此，可以认为，证券立法基本框架的核心机制，就是上市公司信息的公开机制。

（二）信息公开制度有利于优化公司内部管理

信息公开监管制度要求上市公司必须定期和不定期地公开其经营状况和财务状况，以及内部人员交易、股权结构变化等情况，使其经营状况始终处于社会公众的了解与监督之下。这种压力必然会促使公司大力加强内部管理，提高经济效益，以维护上市公司在证券市场上的良好信誉。

公开内部人员交易情况还能有效地遏制上市公司内部人员的不当竞业。所谓不当竞业是指公司董事等高级管理人员为自己或第三人从事属于公司经营范围的交易时，利用职务之便来夺取公司交易机会，牺牲公司利益，或利用职务上知道公司机密的便利，而对公司造成损害。因此，一些国家的公司法规定董事等高级管理人员承担竞业禁止义务，以此来维护公司和股东的权益。董事等高级管理人员未尽竞业禁止义务，为自己或他人从事营业行为时，该行为虽然有效，但是必须通过股东会来表决，将该行为所得视为公司行为所得，即此时公司有权行使归入权。然而，公司法所要求的竞业禁止义务的公开，远不及证券法所要求的信息公开，后者将公司董事等高级管理人员与公司有利益冲突的行为更加暴露无遗，从而使公司内部监督转为社会监督。这样，一方面更能维护公司、股东的合法权益；另一方面也能使内部管理得到不断优化，使舞弊行为难以生根。

（三）信息公开制度有助于维护证券市场秩序

信息公开制度的有效实现，可以减少内幕信息的数量和隐蔽的时间，有助于抑制内幕交易等行为，从而减少投资者受内幕交易等不正当交易行为危害的可能性，提高证券投资的安全性。信息公开制度的运行可以在相当程度上缩小虚假信息在证券市场上存在的时间与空间，有助于及早发现和禁止散布谣言等操纵市场行情的行为，从而有效地维护证券市场秩序。

（四）信息公开制度有利于发挥证券市场资源配置的功能

证券的发行与投资是实现社会资源配置的过程，这一过程主要是通过市场机制来进行调节的。除去监管机构的监管因素，公司证券发行的数量、种类及时间均取决于证券市场的供求关系。证券投资是一个选择性的过程，而信息公开制度，将发行公司的全部真实情况如实地展示在投资者面前，投资者可依据这些信息作出较为合理的投资取向。如果某一发行公司管理先进、实力雄厚，并且连年盈利，其发行的证券必然走俏，这样就使得资源流向高回报、高效益的公司，从而实现社会资源的优化配置。

四、证券信息公开义务的性质与责任主体

信息公开是证券信息监管的基本形式，因而出于监管目的的需要，证券信息公开是以强制性公开为其特征的。所以，对于证券发行人或者其他特定主体来说，信息公开是一种必须依法履行的义务；证券发行人或者其他特定主体，要依照证券法的规定进行信息公开活动，否则要承担相应的法律责任。故而有必要研究证券信息公开义务的性质与信息公开的责任主体及其归责原则。

（一）信息公开义务的性质

1. 信息公开是特定主体的义务。信息公开义务人，是指根据证券法的规定，有义务以自己的名义公开有关证券发行和交易的信息，并对此承担法律责任的法人或自然人。《证券法》使用了信息披露义务人的概念[1]，根据《证券法》的相关规定，信息公开义务人包括：①证券发行人。发行人在发行证券时，要以自己的名义公开与发行有关的信息。除了政府债券的发行人不需负信息公开义务以外，其他证券发行人都是信息公开义务人。②上市公司。上市公司是持续信息公开的义务主体，在其股票的整个上市期间，都应当按照证券法的规定持续公开信息。③上市公司控股股东、实际控制人。控股股

---

[1] 参见《证券法》第78、87、197条中的相关规定。

东和实际控制人由于可以控制上市公司的经营活动包括信息公开活动，因此在特定情况下要履行直接的信息公开义务。④特定投资者。由于某些交易行为会对证券市场行情有较大的影响，法律规定某些投资者在特定情况下，也要公开其持有的特定股票或交易活动的信息，如在上市公司收购时就存在这一问题。

法律对信息公开义务人的总体要求是：信息公开义务人有权也有义务以自己名义发布应公开信息；信息公开义务人是应公开信息的最初拥有者，除了信息公开义务人之外，其他任何人无权公开应公开信息；信息公开义务人必须按法定方式发布应公开信息，并且对已发布信息的真实性、准确性、充分性和及时性，负有直接责任。

2. 信息公开法定。信息公开法定包括实体法定义务和程序法定义务。

（1）实体法定义务。信息公开义务既不是具体当事人之间的合同义务，也不是特定信息公开义务人与全体投资者之间的约定义务，而是信息公开义务人面向整个证券市场的法定公开义务。理由有三：①在证券发行中，虽然发行人与认购人是特定的双方当事人，但发行人的信息公开义务并非仅向认购人履行，而是向包括认购人在内的所有投资公众履行，因为有关证券发行的信息是对整个证券市场有影响的信息。②在证券交易市场上，特定证券的交易双方是该证券发行人的股东或者债权人，发行人并不参与该交易，所以，发行人在信息持续公开中，并不是基于证券交易关系而公开有关信息。③特定投资者的信息公开义务，也不是合同义务。如股份大量持有的信息公开，是向所有的投资者进行的；上市公司收购人的有关信息，不仅要向被收购公司的全体股东公开，也要向整个证券市场公开。

所以，信息公开义务是法定义务，是基于证券监管法的直接规定而形成的特定义务。信息公开义务人之所以应承担法定信息公开义务，是由于其发行和交易的股票或债券是投资者的投资对象，其所应公开的信息影响投资者的投资判断与决定，与投资者权益有重大联系。同时，其发行和交易行为对证券市场的整体会产生直接影响。

（2）程序法定义务。程序法定义务是指信息公开义务人不仅要公开法定的事项，而且还要按照法定的程序公开有关信息。这是因为，按法定程序履行信息公开义务，一方面便于投资者对所公开信息进行识别；另一方面也便于证券监管机构及投资者对信息公开活动进行监督，有助于确保信息公开活动的合法性与适当性。信息公开义务履行程序法定性的主要内容如下：①必须采取书面形式公开有关信息；②公开文件应记载的事项与格式，必须按照证券监管法或者证券监管机构的规定制作，另外，一些信息公开文件必须由有证券从业资格的专业机构及其专业人员制作，应当符合法律要求，例如财务报告必须由会计师事务所及其注册会计师制作，法律意见书必须由律师事务所及其律师制作等；③信息公开义务必须严格按照法定的时间履行，如中期报告和年度报告应当在法定期间内提交并公告，重大事件报告应当立即报告和公告等；④公开信息必须通过法定的媒介或在法定的场所履行，按照法律、行政法规规定必须作出的公告，应当在国家有关部门规定的报刊上或者在专项出版的公告上刊登，同时将其置备于公司住所、证券交易所，供社会公众查阅。

3. 信息公开是向不特定的投资者履行的义务。信息公开义务人的信息公开义务，一方面与合同义务中义务的相对性不同，它不是向特定的投资者公开其信息；另一方面与合同当事人的说明义务也有所不同。合同当事人的说明义务，是基于合同关系，一方当事人向对方当事人如实说明自己一方有关事项的义务，但信息公开义务是基于法律的直接规定而产生的。在信息公开活动所形成的法律关系中，按照法律规定向投资者公开信息的义务人是特定的，而享有证券信息权利的主体则是不特定的，信息公开义务要向整个证券市场的所有投资者履行，而无需考虑权利主体与信息公开义务人之间是否既已存在某种法律关系。

（二）信息公开的责任主体及其归责原则

由上述可知，信息公开义务人包括证券发行人、上市公司和上市公司控股股东、实际控制人。但这与信息公开的责任主体不能等同，信息公开的责任主体范围要大于义务主体的范围。因为，根据《证券法》的规定，除了信息公开义务人在违反信息公开法律制度时要承担相应的法律责任之外，发行人、上市公司的董事、监事、高级管理人员和其他直接责任人员，保荐人、承销的证券公司，发行人、上市公司的控股股东、实际控制人，出具信息公开文件的专业机构及其专业人员，视其具体情况，也要承担相应的法律责任。而且根据各个责任主体在信息公开活动中的地位和作用，其归责原则也不相同，归责原则包括无过错责任、过错推定责任和过错责任[1]。下面具体论述。

---

[1] 信息公开法律责任包括民事责任、行政责任和刑事责任，这里只讨论民事责任。

1. 发行人与上市公司。证券发行人与上市公司是主要的信息公开义务人，如果其信息公开活动违反证券法律的规定，应当依法承担无过错责任。发行人、上市公司应当对已公开信息的真实性、充分性和准确性负法律责任，而且是一种严格责任（Strict Liability）。即使其主观上无任何过错，当其信息的真实性、充分性和准确性出现了错漏或不实，亦应当承担责任，即其责任的承担不以过错为要件，也正是从这个角度而言，其承担的是一种无过错责任。

2. 发行人、上市公司的董事、监事、高级管理人员和其他直接责任人员。发行人、上市公司的董事、监事、高级管理人员等不是信息公开义务人，他们可以预先掌握应公开信息的内容，但无权自行公开有关信息；他们在信息公开活动中，与投资者之间并无直接的联系，只是因其职务上的关系，因发行人的信息公开活动而与投资者发生间接的联系。即他们在公司信息公开活动中的行为只是执行职务，按通常法理，在发行人、上市公司违反信息公开制度时，只可直接追究其董事、监事、高级管理人员的行政责任和刑事责任，而一般难以直接追究其民事责任。将发行人、上市公司的董事、监事、高级管理人员违反信息公开制度的民事责任，由间接责任改为直接责任，是证券法对民商法一般规则的重要修正。[1]

证券法作此修正的理由，一是董事、监事、高级管理人员在公司中具有支配或决定地位，对公司信息公开文件的制作、公开或使用活动均具有决定性的作用；二是证券法规定这类人员直接承担信息公开责任，包括承担直接的民事责任，有助于约束其在信息公开活动中的行为，促进其依法履行职务，以此提高信息公开的质量和信息公开制度的实效。

当然，此类人员毕竟不是信息公开义务人本身，因此，不适用严格责任原则，而是适用过错推定原则，即当发行人、上市公司的虚假公开等行为给投资者造成损害时，发行人、上市公司的董事、监事、高级管理人员如果能够证明自己没有过错的，可以免责。

---

[1] 以日本和我国台湾地区为例，日本公司法规定董事对第三人的责任的具体内容之一，就是董事对信息公开文件有虚假记载等内容时，对第三人承担连带赔偿责任。其证券交易法甚至将信息公开文件中有虚假记载等内容时的赔偿责任主体扩大到公司高级职员（分别见《日本商法》第266条之三第2款和《日本证券交易法》第21条）。我国台湾地区"证券交易法"规定，曾在公开说明书上签章以证实其所载内容全部或一部的发行人之职员，应就其所应负责部分与公司负连带赔偿责任（见我国台湾地区"证券交易法"第32条）。

3. 保荐人、承销的证券公司。由于保荐人要承担保荐责任，证券承销商是发行人与投资者之间联系的中介，因此保荐人、证券承销商在证券发行中起着重要作用。在信息公开方面的作用表现为：一是保荐人应当对发行人的申请文件和信息披露资料进行审慎核查，督导发行人规范运作；二是证券公司承销证券，应当对公开发行募集文件的真实性、准确性、完整性进行核查。在证券发行过程中，证券发行情况与投资者对保荐人、承销商的信赖程度有一定联系，这种投资者对保荐人、证券承销商的信赖关系，便成为要求保荐人、承销商对发行人的信息公开活动负直接法律责任的立法根据。但是由于保荐人、承销的证券公司自身并不是信息公开义务人，因此证券法对其信息公开责任的承担采取的也是过错推定原则。

4. 发行人、上市公司的控股股东、实际控制人。发行人、上市公司的控股股东、实际控制人，由于能够实际支配发行人、上市公司的行为。因此，这类主体如果实际操纵了发行人、上市公司的信息公开活动，并产生违法后果的，也要追究其相应的过错责任。即追究发行人、上市公司的控股股东、实际控制人的信息公开责任时，应当采取过错责任原则。

5. 证券服务机构。证券服务机构与发行人或者上市公司之间的关系，是民法上的服务合同关系，证券服务机构因此种关系而与投资者产生的联系是间接性的。证券服务机构对出具文件的内容没有公开义务，相反，他们对出具文件的内容以及在制作文件过程中知晓的有关信息，负有为委托人（即发行人或者上市公司）保密的义务。但是，为了强化证券服务机构的勤勉注意义务，并且防止证券服务机构与发行人或者上市公司串通起来欺诈投资者，《证券法》第163条规定，证券服务机构为证券的发行、上市、交易等证券业务活动制作、出具审计报告及其他鉴证报告、资产评估报告、财务顾问报告、资信评级报告或者法律意见书等文件，应当勤勉尽责，对所制作、出具的文件内容的真实性、准确性、完整性进行核查和验证。其制作、出具的文件有虚假记载、误导性陈述或者重大遗漏，给他人造成损失的，应当与委托人承担连带赔偿责任，但是能够证明自己没有过错的除外。由于证券服务机构不是信息公开义务人，证券法为其规定了免责事由，即"能够证明自己没有过错的除外"。

总之，信息公开法律责任是责任人对其信息公开行为及其后果所承担的法律责任，这种责任的性质是法定责任。信息公开责任的主体不限于信息公开义务人，除了信息公开义务人之外，其他由证券法明确规定的主体，也要承担信息公开法律责任。在有多个责任主体的情形下，除了信息公开义务人要承担全部责任外，其他责任主体要承担连带责任。

五、证券信息公开的有效标准

证券监管机构为了能够有效地对证券信息实施监管，必须制定一定的标准来衡量和约束信息公开义务人的公开行为。换言之，信息公开应当由法律来规定一个基本尺度，依照这一尺度进行公开，公开者的行为有效；"离开这一尺度，人们（公开义务人）就要对所构成的损害承担责任，或者使其（公开义务人）行为在法律上无效"。[1]这一尺度就是信息披露制度的有效标准。信息公开的有效标准主要包括：真实性（含准确性），充分性（含全面性），及时性（含时效性）。

（一）真实性

1. 真实性的内涵。真实性是指信息公开义务人公开的信息资料应当准确、真实，不得作虚假记载、误导或欺诈。真实主要包括两项内容：①公开的信息必须准确反映客观事实；②当以前的信息变得不准确时，发行人必须适时予以更正，使它能准确反映当前的事实。

2. 上市公司公开信息的类别。上市公司需要依法公开的信息可分为：描述性信息、评价性信息和预测性信息。[2]①描述性信息，是指公司在经营活动中的已经形成的事实，对描述性信息的公开就是对已经发生的或正在发生的客观事实的陈述。描述性信息公开的真实是一种客观事实的真实，在公开的文件中不得对事实进行捏造和推断、无中生有或有中化无。②评价性信息，是指对公司的既成事实，就其性质、结果或影响进行分析和价值判断所形成的信息。评价性信息反映的是信息内容与公司既成事实的联系，该类信息的形成自然会渗透信息发布者的主观判断，因此当其作为信息公开时，对其真实性的判断，应当主要考虑以下两点：一是该评价信息所依据的既成事实是否真实；二是其评价的方法是否合理。③预测性信息，是指对公司未来经营状况的预测，特别是盈利预测而形成的信息。它反映的是公司的既成事实与

---

[1]　张文显：《当代西方法学思潮》，辽宁人民出版社 1988 年版，第 217 页。

[2]　参见陈甦、吕明瑜：《论上市公司信息公开的基本原则》，载《中国法学》1998 年第 1 期。

未来情况的联系。预测性信息涉及诸多变数，其是否准确可靠，在当时往往难以判断，判断的基本依据主要是前面的描述性信息和评价性信息。预测性信息又称为"软信息"，相关内容将在本节第七个问题再论。

3. 真实性以信息表达的准确性为前提。

（1）准确性的含义。信息的真实性以其表达的准确性为前提，所谓准确性，是指信息公开义务人在公开信息时必须准确表明其含义，其内容与表达方式不得使人误解。信息公开是通过语言文字的表达来实现的，语言文字的多义性与语言表达方式的多样性，容易造成投资者"误解"，而且违法者通常会故意利用语言的多义性而把"误解"的责任推给投资者自身，使其有苦说不出。在实践中，由于虚假陈述与重大遗漏具有显现性，而一词多义造成的"误解"则呈隐性状，一般不易被发现。因此，违法者故意"使人误解"便成为信息公开活动中较为常见的违法行为。

（2）非准确信息的特征。非准确的信息具有以下两个特征：[1]①多解性，即信息的内容，可以有多种解释或理解，而且各种解释或理解似乎都有道理。只要有一种解释或理解不准确的信息，在证券法上应归于违反真实原则。②非显现性，即信息公开义务人所公开信息在内容上的不准确，并不是显而易见的。显而易见的不准确，当然属于违反真实原则。

（3）实现准确性的基本方法。上市公司监管中实现信息公开准确性的基本方法：①要求上市公司按照法定的标准进行信息公开，如依照会计准则制定出的财务报表，只有统一在法定的标准上才能谈得上准确性。②上市公司在信息公开的语言文字表达上，必须按照语言文字的通常意义进行，不得使用易引起歧义的词句。③在对公开信息内容的解释与理解上，应以一般投资者的判断为标准。这是因为，上市公司与投资者的组成成分十分复杂，行业归属、知识水平、语言习惯、经验能力等各有不同，相应地，对于公开信息内容准确的判断也会有所不同。由于信息公开是为了方便投资者进行投资判断，因此除部分专业信息外，不要采用"专家标准"而应以一般投资者的知识为标准，公开的资料容易为一般投资者所认同、理解、掌握和运用。法定公开信息应以鲜明的形式，简练的评议，向投资者公开。

4. 对信息公开真实性的监管手段。为了保证信息公开的真实性，上市公

---

〔1〕 陈甦主编：《证券法专题研究》，高等教育出版社 2006 年版，第 124 页。

司监管法应从以下几个方面予以规范：

（1）保证制度。信息公开义务人承担保证信息公开真实的义务。[1]

（2）公开资料签证制度。公开信息资料，主要包括如资产负债表、损益表等财务文件以及法律意见书、资产评估报告等，应由具有从事证券业务资格的会计师事务所、律师事务所和资产评估机构等专业性机构独立进行签证。为证券发行人出具文件的会计师及其所在事务所、专业评估人员及其所在机构、律师及其所在事务所，在履行各自的职责时，应当按照本行业公认的业务标准、道德规范和勤勉尽责精神，对其出具文件内容的真实性、准确性和完整性进行核查和验证并承担相应的法律责任。

（3）信息审核监管制度。监管机构对证券发行公开信息的真实性进行实质审查，证券发行无论是采用注册审核制，还是采用核准或审批审核制，均须对信息资料的公开进行必要的审核监管，只是不同类型的审核制度对信息资料公开监管的方式和侧重点不同而已。采用证券发行注册审核制度的国家，证券监管机构主要对信息公开的充分性进行审核，而采用证券发行核准制度的国家，证券监管机构主要对信息公开的真实性或准确性进行审核。

（4）证券交易所的自律监管。证券交易所可以通过制定上市规则的方式，对上市公司所公开的信息是否真实作出自律监管。证券交易所是信息公开的一线监管机构，其对定期报告实行"先公告，后审查"，而对临时报告则实行"先审查，后公告"的制度。

（5）法律责任保障制度。上市公司以及证券商、会计师事务所、律师事

---

[1]　如我国《证券法》第19条规定，发行人报送的证券发行申请文件，应当充分披露投资者作出价值判断和投资决策所必需的信息，内容应当真实、准确、完整；第24条规定，发现证券发行不符合法定条件或者法定程序，已经发行尚未上市的，撤销发行注册决定，发行人应当按照发行价并加算银行同期存款利息返还证券持有人；发行人的控股股东、实际控制人以及保荐人应当与发行人承担连带责任，但是能够证明自己没有过错的除外；第29条规定，证券公司承销证券，应当对公开发行募集文件的真实性、准确性、完整性进行核查；发现有虚假记载、误导性陈述或者重大遗漏的，不得进行销售活动；已经销售的，必须立即停止销售活动，并采取纠正措施；第82条规定，发行人的董事、高级管理人员应当对证券发行文件和定期报告签署书面确认意见。发行人的监事会应当对董事会编制的证券发行文件和定期报告进行审核并提出书面审核意见。监事应当签署书面确认意见。发行人的董事、监事、高级管理人员应当保证发行人及时、公平地披露信息，所披露的信息真实、准确、完整。又如《上市公司信息披露管理办法》（2021修订）第36条规定，监事应当对公司董事、高级管理人员履行信息披露职责的行为进行监督；关注公司信息披露情况，发现信息披露存在违法违规问题的，应当进行调查并提出处理建议。

务所等中介机构如果违反信息公开制度的基本要求，对应公开的信息未予公开，或虽然公开，但公开不充分，以及有意误导，甚至作虚假陈述，则责任人应对其行为承担相应的法律责任。

（二）充分性

1. 含义。在证券市场上，投资者是对上市公司所公开的全部信息进行综合分析后，才作出投资决策的。虽然不同的投资者在作投资决定时，对各种公开信息重要性的认识与有用性的选择是各不相同的，但是，对于投资者整体来说，上市公司公开各种可能对股票市场价格造成影响的重大信息，是投资公众进行投资判断和抉择公平性与正确性的前提条件。如果上市公司在公开信息时有重大遗漏或缺失，即使已公开的单个信息具有单个的真实性，也会在已公开信息总体上造成整体的非真实性。因此，信息公开的充分性是指上市公司提供给投资人判断证券投资价值的相关资料必须全面，不得故意隐瞒或有重大遗漏。所以，信息公开的充分性又称信息公开的完整性或全面性。

2. 内容。上市公司信息公开的充分性，至少应包含以下两方面的内容：①证券法上要求应当充分公开的信息，在性质上必须是那些能够影响股票市场价格的重大信息。换言之，信息公开的充分性，并非要求上市公司巨细不分地将所有经营状况和财务信息一概公开。将那些对股票的市场价格毫无影响的信息一并公开，不仅增加了上市公司信息公开的成本，而且亦无助于投资者作投资判断，反而增加了投资者信息选择的难度。因此，我们一方面应坚持信息公开的充分性；另一方面，还必须坚持信息公开的甄别性。②充分公开的信息，在数量上应当能够使投资者有足够的投资判断依据。虽然，信息公开的充分性，并不要求公开所有的信息，即便是重大信息，法律也允许在一定条件下不予公布；但是，已公开的重大信息，在数量上必须达到一定的标准，从而使投资者能够在通常市场情况下足以据此作出投资取向的判断。

可见，在衡量信息公开的充分性时，对于应公开信息的重大性和充分性的选择和认定，具有较强的主观性。由于在认识上和利益上的差异，作为发布信息的上市公司和作为接受信息的证券投资者，对应公开信息的重大性和充分性的认定自然会有所不同。因此，有必要通过上市公司监管法的规范，来实现对充分性认定标准的统一。

3. 保障。信息公开的充分性，须通过法律规范来保障制度规定上的充分与公开，使内容上的充分能最大限度地得以实现。

（1）制度规定上的充分。所谓制度规定上的充分是指以法定的形式来界定上市公司应充分公开信息的范围。现行证券法通过授权中国证监会制定各种信息披露的内容与格式准则，并通过规定上市公司应定期公开的财务报告等文件的应记载事项，来实现制度规定上的充分；同时还采取列举的方式，规定上市公司应随时公开的重大事件的范围。"重大事件"是可能对上市公司股票市场价格产生较大影响而投资人尚未得知的事件。[1] 各国证券法对重大事件的界定不尽相同，但是，总的发展方向是法定重大事件的范围在不断扩大。关于重大事件的"重大性"标准，将在本节第六个问题再论。

（2）公开内容上的充分。这是指上市公司依法充分公开内容完整的财务报告和实际发生的法定重大事件范围内的事项。公开内容上的充分不同于制度规定上的充分，除了两者之间具体与抽象的区别之外，后者是格式化的，受监管对象只能服从，别无选择；而对于前者，上市公司却有依一定理由决定是否公布重大事件的选择权。比如在有些情况下，公开某些重大事件，可能不利于上市公司，最终将不利于持有上市公司股票的投资者，因此《股票条例》第60条第1款规定："……上市公司有充分理由认为向社会公布该重大事件会损害上市公司的利益，且不公布也不会导致股票市场价格重大变动的，经证券交易场所同意，可以不予公布。"然而，该条款给予上市公司的选择权过大，易使信息公开的充分性落空。因为，如果法律对上市公司可以不予公布的重大事件的范围不进行限制，那么上市公司基于自身利益的考虑，就会任意扩大该范围，信息公开的充分性因此将不能实现。证券法允许上市公司自行决定是否公布的重大事件，只能是那些与商业秘密有关的重大事件。因此，我国《股票条例》第64条第2款规定："证监会要求披露的全部信息均为公开信息，但是下列信息除外：①法律、法规予以保护并允许不予披露的商业秘密；②证监会在调查违法行为过程中获得的非公开信息和文件；③根据有关法律、法规规定可以不予披露的其他信息和文件。"这样《股票条例》通过除外条款，实际上限制了上市公司可以不予公布的重大事件的范围，使法律允许不予公开的信息范围不得被任意扩大。

---

[1]　参见《股票条例》第60条第1款。

（三）及时性

1. 含义。信息公开的及时性是指上市公司向投资公众公开的信息应当具备最新性，所公开的信息必须是上市公司的现实状况并且交付公开信息资料的时间不得超过法定期限。所以，信息公开的及时性又称为信息公开的最新性或者时效性。由于上市公司的经营活动是处于持续和不断变化状态之中的，因而其股票市场价格的决定因素也就必然处于不断变动的状态。如果上市公司在公开对股票市场价格起决定作用的信息时，该信息所反映的经营状况已被新的内容所替代，或者早已被变动的证券市场所吸收，则该信息就再也不能起到价格信号的作用。因此，上市公司信息公开的内容应具有两个时效性要件：①公司经营状况和财务状况一经发生变化，公司就应以最快的速度向投资公众公开其变化了的信息；②公司所公开的公司信息应一直保持最新的状态，不能给投资公众陈旧的或过时的信息。公司信息公开内容不具备上述要件者，应视为信息公开瑕疵，从而不生法律效力。[1]

2. "法定期限"与"及时"的具体要求。及时性要求信息公开义务人公告信息的时间不超过"法定期限"和符合中国证监会关于"及时"的规定。依《上市公司信息披露管理办法》（2021修订）的规定，及时是指自起算日起或者触及披露时点的两个交易日内。在理论上，投资者是根据信息公开义务人公开的信息作出投资价值判断。如果是影响证券及其衍生品种市场价格的重要信息，在其发生相当长时间后才得以公开，公开的信息作为判断依据的价值将不复存在。为保证公开信息的及时，《证券法》等相关立法的主要要求有：公开信息的时间应符合法定期限的要求，不能超过有关的有效期限。如《证券法》第79、80条关于中期报告、年度报告和临时报告都有不同的公告时限要求，即：上市公司和公司债券上市交易的公司，应当在每一会计年度的上半年结束之日起2个月内，向国务院证券监督管理机构和证券交易所报送中期报告，并予以公告；发生可能对上市公司股票交易价格产生较大影响、而投资者尚未得知的重大事件时，上市公司应当立即将有关该重大事件的情况向国务院证券监督管理机构和证券交易所报送临时报告，并予公告，说明事件的起因、目前的状态和可能产生的法律后果。

---

〔1〕 王保树：《发行公司信息公开与投资者的保护》，载王保树主编：《商事法论集》（第1卷），法律出版社1997年版，第284页。

3. 正确处理及时性与真实性和充分性之间的关系。恰当处理信息公开及时和信息公开之间的关系，公开信息及时是信息公开真实、充分的进一步要求。要保证所公开信息的真实和充分，须有适当时间进行信息处理，如调查核实有关信息及制作信息公开文件所需的时间。如果片面要求信息公开的及时性，可能导致不真实信息的公开，这违背信息公开制度设立的宗旨。

最后，关于及时性还要求，当任何公共传播媒介中出现的消息可能对上市公司的股票价格产生影响时，该公司信息公开义务人知悉后应当立即对该消息做出澄清公告，并公开公司的真实情况。

六、证券信息的"重大性"标准

（一）"重大性"与"重大性"标准辨析

"重大性"概念属于上述证券信息公开的有效标准中"充分性"标准的范畴。"重大性"一方面是信息公开有效性标准的重要组成部分；另一方面，由于其涉及信息公开的范围、内容和方式的确定以及虚假陈述民事责任的构成，因此它在信息公开制度中又具有基础性的地位。那么，如何确立一个统一而又便于操作的"重大性"标准？"重大性"标准的高低牵涉面甚宽，正如有学者们指出：如果重大性标准越低，那么便会有越多的信息必须披露，构成侵权的门槛就越低；重大性标准越高，就表明应当披露的信息相对较少，构成侵权的门槛也相对较高。[1]

在研究"重大性"标准之前，有必要对"重大性"概念本身进行一番深入辨析。从各国证券立法来看，"重大性"概念可在以下三个不同语境层次下使用，它们分别针对不同的公开制度，甚至在一定程度上影响着披露标准的选择。[2]

第一，"重大事实"（Material Facts）。所谓的"重大事实"，是指既存的一个或一系列与发行人或其证券有关的客观事实。重大事实所侧重表达的是某些静态事实对投资决策的影响，依据该概念的信息公开要求多体现在证券

---

〔1〕 分别参见齐斌：《证券市场信息披露法律监管》，法律出版社 2000 年版，第 157 页；郭锋：《虚假陈述侵权的认定及赔偿》，载《中国法学》2003 年第 2 期。

〔2〕 "重大性"三个不同语境层次的使用分别参考齐斌：《证券市场信息披露法律监管》，法律出版社 2000 年版，第 165~170 页；李君临：《证券市场信息披露重大性标准探析》，载《特区经济》2007 年第 11 期。

发行阶段，通常是招股说明书、募集说明书等证券发行法定公开文件所表达的信息内容。

第二，"重大变化"或"重大变动"（Material Changes）。"重大变化"，是指一种既存的事实或状况所发生的重要改变。它侧重于公开事实的动态表述，重大变化涉及发行人相关事项的变化，所关注的问题是保证有关发行人最新状况的公开，不断地排除和修正过时信息，所以该概念为持续性公开制度所经常使用。正因存在这个差异，一些国家在发行市场和交易市场的不同信息公开制度中，对"重大性"采用了不同的认定标准。其实，仅从字面上理解，"重大事实"与"重大变化"的含义是相差不大的，之所以有这样的区别，主要是基于证券发行市场与交易市场有不同的规制要求。

第三，"重大信息"（Material Information）。由于在实践中要对上述"重大事实"与"重大变化"进行明确的区分有相当难度，"事实"与"变化"在外延上有时可以相互涵盖，这就需要寻找一个综合性的概念来进行补充规范，于是便有了"重大信息"的概念。"重大信息"包括了"重大事实""重大变化"在内的所有重要情况，其"重大性"标准可以沿用"重大事实"和"重大变化"的有关原则。

以美国和加拿大为代表的学界建议对"重大信息"概念的"重大性"标准采用比较宽泛的双重标准制，即同时将"影响投资者决策标准"和"影响发行人证券市场价格标准"并列为判定重大性的标准，两者之间是"二者选其一"的关系，只要符合其中标准之一者，信息公开的义务便产生，相应的法律责任制度亦可适用。在立法中，可将"重大信息"定义为："任何与发行人商业或事务有关的，足以导致或可能导致发行人证券价值或市场价格重大变化的，或者可以合理地预期将会对理性投资者的投资决策产生重大影响的信息。"[1]

（二）美国三个司法判例对"重大性"标准确立的影响[2]

在美国，证券信息中的"重大性"标准是从以下三个典型案例中抽象发展起来的：

1. SEC. v. Texas Gulf Sulphur（1968）。在 Texas Gulf Sulphur（1968 "TGS"）案中，由于涉及"重大性"标准、发行人公开义务和确保公开信息

---

〔1〕 齐斌：《证券市场信息披露法律监管》，法律出版社 2000 年版，第 170 页。

〔2〕 该部分主要参考齐斌：《证券市场信息披露法律监管》，法律出版社 2000 年版，第 158~164 页。

准确性等问题而具有学术价值。法院判例中的分析暗含了三种确定"重大性"的不同标准：①事件具有非同寻常的性质（Extraordinary in nature），对该事件的披露肯定会导致市场价格的升降；②如果合理而且客观地考虑该事件，可能会影响公司股票和证券的价格；③事件可能会影响公司的未来并且可能影响投资者买入、卖出或持有公司证券的愿望。

把上述②和③合并起来，法院认为，在某一特定情况下，"重大性"标准取决于以下两个因素的平衡：事件发生的可能性和该事件对公司行为整体影响的程度。[1]"TGS"案同时还确立了如果对某一事实的陈述可能导致合理投资者的信赖，并且出于这种信赖而买卖证券，这种事实便具有"重大性"。

2. Industries v. Northway（1976"TSC"）。美国最高法院在"TSC"案中修正了关于重大性标准的书面表述，认为：如果一个理性投资者很可能在决定如何投票的时候认为该事实是重要的，那么该遗漏的事实便是重大的。如果该事实在投资者的深思熟虑中确有重要意义，该事实就是重要的，遗漏的事实从一个理性投资者看来很可能显著地改变了可以获得全部信息的含义。[2]法院重点强调的是"将会"（Would have），以至于与"可能会"（May or might have）区别开来，其目的在于通过司法判例提高必须公开信息的标准。"TSC"案所确定的定义经常为司法判决引用成为确定误导陈述和遗漏信息是否构成"重大性"的标准。

3. Basic Inc. v. Levinson（1998）。在该案的审理过程中，Basic 公司主张，有关其与 Combustion Engineering 公司就合并问题进行谈判的任何信息，只要未"基本达成协议"（Agreememt-in-Principle），即尚未达到主要条款的阶段，都不具有重大性，可以不披露或者即使披露也不构成虚假陈述。对此，美国最高法院采用了"TGS"案中的一个标准，即重大性取决于事件发生的可能性与该事件的发生对公司整体活动预测影响程度之间的平衡（Probability-Magnitude Test）。一方面，为了评价事件发生的可能性，必须考虑公司最高层对该交易的兴趣，而合并可能是大多数公司存续期间当中可能发生的最重大事件之一，关系公司的生死存亡，因此有关谈判的信息可以在早期就构成重大性；另一方面，不能简单凭借事件自身的存在可能性来决定相关信息的重大

---

[1]　SEC. v. Texas Gulf Sulphur. 401. F. 2d. 849. （2d. Cir1968）.

[2]　TSC. Industries v. Northway，426. U. S. 438，96. S. Ct. 2126（1976）.

性，为了评价事件对发行人的影响，必须考虑两家公司的规模以及两家公司股票的溢价。最后，美国最高法院重申，事件的重大性完全取决于理性投资者会如何看待未公开或者不实公开的信息。Basic 案的意义在于，美国最高法院再次明确了它对寻求"重大性"标准的看法，深化了在"TGS"案中所确立的"Probability-Magnitude Test"方法，即其对"重大性"标准所总结的方法。

SEC 在有关交易法第 12 节登记的规则中对"重大性"下了个定义，该定义附和了美国最高法院在"TGS"案中的结论，根据 SEC 规则 12b-2："重大性"一词在被用来界定对任何主体提供信息所应满足的条件时，它将此类所需的信息限定为极有可能被一个理性的投资者在决定是否购买或出售登记的证券时认为是重要的那些信息。[1]

（三）我国证券信息的"重大性"标准

1. 与"重大性"相关的概念没有统一。我国目前所使用的"重大性"概念虽然与上述学理上的"重大事实""重大变化"和"重大信息"不完全对应，但却使用了三个不十分清晰的概念：一是"重大事件"，即对上市公司股票价格产生较大影响的事件。如《证券法》第 80 条中："发生可能对上市公司、股票在国务院批准的其他全国性证券交易场所交易的公司的股票交易价格产生较大影响的重大事件"。二是"重大影响的信息"，如《公开发行证券的公司信息披露内容与格式准则第 57 号——招股说明书》（以下简称《内容与格式准则第 57 号——招股说明书》）第 3 条规定，招股说明书的披露要求是"凡对投资者作出价值判断和投资决策所必需的信息，均应披露"。三是"重要事项"，其基础依然是"对投资者判断有重大影响的事项"。如年度报告和中期报告中必须按要求公开有关重要事项，另外，按招股说明书和募集说明书要求作出提示的风险因素也属于重要事项。

2. "重大性"标准的多元性特征。通过以上分析可以看出，我国证券信息的"重大性"标准具有多元性的特点。具体表现为：

（1）"投资者决策"标准。这是以招股说明书为代表的"投资者决策"标准。《内容与格式准则第 57 号——招股说明书》明确指出，本准则的规定是对招股说明书信息披露的最低要求。不论本准则是否有明确规定，凡对投

---

〔1〕 参见［美］托马斯·李·哈森：《证券法》，张学安等译，中国政法大学出版社 2003 年版，第 486 页。

资者作出价值判断和投资决策所必需的信息，均应披露。此外，《内容与格式准则第 2 号—年度报告的内容与格式（2021 年修订）》《内容与格式准则第 3 号—半年度报告的内容与格式（2021 年修订）》等也作出了类似规定。可见，"投资者决策"标准不仅适用于证券发行公开阶段，也适用于信息持续公开阶段。按照这个标准，法律要求判断者一律从理性投资者的角度出发来考虑重大性，其与前述美国、加拿大采用的"影响投资者决策标准"大体一致，都以是否影响投资者的决策作为判断信息是否具有"重大性"的标准。

（2）"股价重大影响"标准。"股价重大影响"标准是指以该事实对于股票价格是否会产生重大影响作为判定其是否具有重大性的标准。《证券法》第 80 条、《股票条例》第 60 条、《信息披露细则》第 17 条和《上海证券交易所股票上市规则》第 4.1 条均采用了"股价重大影响"标准。年度报告与中期报告中对重大事项的披露准则也是遵循这一标准。《股票条例》第 60 条规定："发生可能对上市公司股票的市场价格产生较大影响，而投资人尚未得知的重大事件时。上市公司应当立即将有关该重大事件的报告提交证券交易场所和证监会，并向社会公布，说明事件的实质。……"《证券法》第 80 条作了与《股票条例》第 60 条基本一致的规定。[1]上海证券交易所上市规则规定了上市公司应及时披露所有对上市公司股票价格可能产生重大影响信息的基本义务。《信息披露细则》则更为直接地将"重大事件"定义为"可能对公司的股票价格产生重大影响的事件"。从以上规定可以看出，该标准主要适用于上市公司持续性信息公开阶段。

（3）"发行人状况严重不利影响"标准。"发行人状况严重不利影响"标准，是指以有关事实是否能够对发行人的经营状况、财务状况、持续盈利能力状况等产生严重不利影响，来判断其是否具有"重大性"。该标准主要用于证券发行信息公开阶段，主要是针对发行人的风险揭示要求，其典型代表是招股说明书和募集说明书的有关风险提示规则。《内容与格式准则》关于招股说明书和募集说明书的文件均规定，有关风险因素可能对发行人生产经营状况、财务状况和持续盈利能力有严重不利影响的，应作"重大事项提示"。这

---

〔1〕《证券法》第 80 条第 1 款的规定，发生可能对上市公司股票交易价格产生较大影响的重大事件，投资者尚未得知时，上市公司应当立即将有关该重大事件的情况向国务院证券监督管理机构和证券交易所报送临时报告，并予公告，说明事件的起因、目前的状态和可能产生的法律后果。

些风险属于预测性信息，一旦其可能对发行人的经营品质产生严重不利影响，就符合"重大性"的要求，必须予以披露。

上述可知，我国"重大性"标准主要因公开文件的不同而不同。客观上讲，不同的信息披露文件在一定程度上影响着不同类型投资者的利益。我国证券市场发展的初期阶段，在信息公开制度上主要是借鉴了美国对发行市场和交易市场分别监管的二元体制。一、二级市场的信息公开制度相对独立，这在一定程度上形成了二元化公开标准，即发行市场与投资者的投资决策有关，交易市场与股票价格的波动有关。我国证券市场对"重大性"标准基本上也是采取二元化规则，即对发行市场适用以招股说明书为代表的"投资者决策"标准，对交易市场则采用以《证券法》第80条为代表的"股票价格影响"标准。实际上，在一个有效市场里，信息的传递必然是灵敏的、连续的，对投资者决策有重大影响的信息一般也会影响股票价格；同样的，对股票价格有重大影响的信息，投资者也不会无动于衷。所以，发行市场和交易市场应当是一个衔接紧密而又相互反馈的有机系统。也就是说，如果市场是有效的，"投资者决策""股价重大影响"和"发行人状况严重不利影响"之间应存在正向传导的信息关联，因此在这个理想前提下，无论采取哪一种标准其实都并无本质的冲突，只是角度或侧重点不同而已。

3. "重大性"标准的功用。确定"重大性"的各种标准各有功用，无法用其中的某一个标准替代其他标准：

（1）"投资者决策"标准是以投资者的判断为中心，其优点是：[1]①"投资者决策"标准涉及的因素与考虑的范围远比"股价重大影响"标准深刻与广泛，"股价重大影响"只是投资者作出理性投资决策所必须考虑的重要因素之一，其他如发行人未来前景、投资的市场状态等都是必须予以考虑但又无法为证券价格标准所包容的因素。因此"股价重大影响"标准相对而言显得较为狭窄，是一个相对较低的标准，这会导致太多繁琐细小的信息进入市场，一方面导致上市公司过于沉重的公开负担，另一方面也会加重投资者甄别、寻找真正有用且重大信息的负担。②"投资者决策"标准要求比"股价重大影响"标准严格。因为投资者决策标准要求发行人站在投资者的角度评价事件的重大性从而决定是否公开，因此行为人必须考虑的不完全是该信息公开

---

〔1〕 齐斌：《证券市场信息披露法律监管》，法律出版社2000年版，第174~175页。

对自己的影响，更多的是对投资者利益的影响，体现了现代证券法卖者自慎和保障投资者的精髓。③"投资者决策"标准更具有实用性。从市场有效性角度分析，我国证券市场正处于从无效状态进入弱式有效的状态，尚未达到半强式有效状态。在这种市场环境中，股票价格只能反映历史性信息，其对当前信息的反映具有滞后性，即股票价格对信息反映是迟钝的。那么用价格标准来衡量信息重要性的做法是不现实的，因为价格也许根本还没有对信息作出应有的敏感反映。也就是说价格里根本还没有包含公开的信息。况且我国现阶段股市发展仍有不规范之处，可预测的因素少，投机性较强，价格的波动有时受与发行人状况无关的人为操纵影响较大，却对诸如利率变化这种信息反应迟缓。因此很难断定股票价格与事件之间的必然联系。"股价重大影响"标准最大的缺陷便在于它忽视了对信息接受者，即对投资者的直接关注。

"投资者决策"标准的不足是，由于它是无形的、主观的和飘忽不定的，因此往往使人难以把握。即使是在推崇投资者决策标准的美国，仍有不少学者指出：抽象地表述"重大性"标准非常容易，但要在具体个案中加以运用却极为困难。究其原因就在于该标准的主观性过强。[1]

（2）"股价重大影响"标准的优点是其具有很强的操作性。因为价格变动是有形的、客观的，因此可以作为衡量信息是否重大的一个重要参照物。但其缺陷也是明显的，具体分析见上述（1）中的相关内容。

（3）"发行人状况严重不利影响"标准，由于有关"事实"是否能够对发行人的经营状况、财务状况、持续盈利能力状况等产生严重不利影响，带有较强的主观性，发行人必然从自身的利益出发去判断各类"事实"对公司影响的结果，因而这一标准更有利于发行人而不是投资者的利益。但是这一标准有利于鼓励证券市场上需要的预测信息的披露。

通过上述分析可以看出，不同的"重大性"标准虽然不能等量齐观，但是也不宜由某一标准去替代其他标准。笔者的观点是，对于证券信息的"重大性"，应当从证券市场的实际需要出发而确定其"标准"，这才是一个合适的选择。[2]

---

〔1〕 周友苏主编：《新证券法论》，法律出版社 2007 年版，第 408 页。

〔2〕 有学者曾经主张统一采用"投资者决策"作为"重大性"的标准。参见齐斌：《证券市场信息披露法律监管》，法律出版社 2000 年版，第 174 页。

七、预测性信息公开制度

（一）预测性信息（Forward Looking Information）公开制度概述

1. 预测性信息的内容及其特点。如前文所述，上市公司依法需要公开的信息可分为：描述性信息、评价性信息和预测性信息。描述性信息，是上市公司在经营活动中已经形成的事实，这样的信息习惯上被称为"硬信息"（Hard Information）。而预测性信息，则是指对公司未来经营状况的预测，特别是对盈利预测而形成的信息，这样的信息通常被称为"软信息"（Soft Information）。预测性信息在一般意义上包括以下五个方面的内容：[1]①对利润、收入（或亏损）、每股盈利（或亏损）、资本成本、股红、资金结构或其他财务事项预测的陈述；②公司管理者对未来运营的计划与目标的陈述，包括有关发行人产品或服务的计划与目标；③对未来经济表现的陈述，包括管理者在对财务状态分析与讨论中的任何陈述；④任何对上述事项所依据的假设前提及其相关事项的陈述；⑤任何证券管理机构可能要求对上述事项预测与估计的陈述。

预测性信息的特点主要在于，它是信息公开义务人的一种主观估计和评价，即它是一种预测性的陈述，如预测、预计以及对未来期望的陈述，甚至存在一定形容性的陈述，如"优异的""极佳的"，等等。信息公开义务人往往缺乏现有数据能证实其陈述的准确性。

2. 对预测性信息实施监管的意义。在传统证券法上，证券信息公开主要限于"硬信息"，因为预测性信息具有明显的不确定性，在"本质上是不可信赖的"[2]，而且促使"无经验的投资者在做出投资决策时不正当地依赖这种信息"[3]。但是，后来人们逐渐认识到，投资者进行投资的一个重要原因，就是看中了公司的未来盈利能力与发展前景，而公司对自身经营状况的预测往往是投资者投资决策的一个重要依据，由此，预测性信息才被纳入到信息公开监管的范围。具体而言，对预测性信息实施监管的意义主要体现在以下两个方面：

---

〔1〕 齐斌：《证券市场信息披露法律监管》，法律出版社 2000 年版，第 176 页。
〔2〕 转引自齐斌：《证券市场信息披露法律监管》，法律出版社 2000 年版，第 178 页。
〔3〕 转引自齐斌：《证券市场信息披露法律监管》，法律出版社 2000 年版，第 178 页。

（1）预测性信息即使不将其纳入到信息公开制度中来，它实际上也始终会在证券市场上客观存在着，只是此时它主要是通过口头的方式表达并传播，且不易被管理。如果将其纳入到信息公开制度的监管范围，就能够使发行人对业已广泛传播的预测性信息变得更加负责，可以使其变得更加谨慎，长远来看会使得该证券的信息和价格更为可靠。

（2）如果预测性信息不表现在招股说明书等文件中，大投资者与机构投资者仍然可以通过日常交往方式获得这些信息并从中实现自己的经济利益，但是，对于小投资者而言，却没有这种能力。如果能够使这些预测性信息被合理公平地利用，那么这些预测性信息就应当依法纳入到在招股说明书等文件中去并依法定程序予以公开，从而使所有投资者能公平地获取。

（二）美国预测性信息公开与安全港制度和预先警示规则[1]

1. 制度演变。在早期，SEC 对预测性信息的态度是否定的，认为这种信息不值得信赖，因为其预测具有很大的不确定性，而且还可能给那些缺乏经验的投资者造成误导。在历经数年的调查和论证后，SEC 终于在 1978 年转变了态度，承认公司预测性信息的披露对投资者正确评估公司潜在盈利能力的重要作用。为了鼓励预测性信息的披露，SEC 当年专门制定颁布了《揭示预测经营业绩的指南》和《保护预测安全港规则》等有关规定，为发行人进行的预测性信息公开提供安全港保护。目前，预测性信息披露不但受到鼓励，而且还被认为有助于保障投资者并且符合公众利益。然而，上述努力并未能完全有效地防止投资人滥用诉权，披露者的潜在诉讼风险仍然巨大。有鉴于此，美国国会于 1995 年通过了《私人证券诉讼改革法》（以下简称 PSLRA），规定了预测性信息披露的免责制度，并采用了修订过的安全港制度（Safe Harbor），确立了"预先警示规则"或"言者当心主义"（Bespeaks Caution Doctrine）以减轻预测性信息披露者的潜在诉讼风险，减少了无理由的诉讼。

2. 安全港的制度框架。

（1）美国将预测性信息分为两类，即要求强制性披露的前景性信息（Prospective information）和自愿性披露的预测性信息。所谓前景性信息，是指公司必须披露的目前已经知晓的发展趋势、事件和可以预见将对公司未来产生重大影响的不确定因素。由于这种预测是建立在目前已知的各种判定因

---

[1] 参见齐斌：《证券市场信息披露法律监管》，法律出版社 2000 年版，第 176~196 页。

素基础上的，因而具有高度的或然性，其性质和特征与"硬信息"较为接近，所以前景性信息一般是必须披露的事项。与此不同，自愿性披露涉及的是对未来趋势、事件或不确定因素的猜测，完全是建立在对现实假定基础上的，因此更具有不确定性。

（2）1979年的安全港规则。1979年SEC采用了证券法 Rule 175 和相应的证券交易法 Rule 3b-6，从而为强制性前景信息披露和自愿性预测信息披露提供了免责制度。安全港规则为以下陈述提供了法律保障：①对某些财务事项的预测，如利润、每股收益、股红或资本结构等；②公司管理者的规划和目标；③在管理层讨论与分析中披露的未来经济运行状况；④与上述陈述相关的前提假设。只要这些陈述是建立在合理的基础之上并且以诚实信用的方式披露或确认的，便不被视为虚假或误导，即使现实与上述陈述并不符合。1995年 PSLRA 法案正式确立了安全港制度。

3. 预先警示规则（Bespeaks Caution Doctrine）。该规则认为，如果预测性陈述，如预测、意见、估算或预计等，同时又伴有相应的警示性语言[1]，如果这些陈述不影响其公开信息的总体结构，那么在证券欺诈的民事诉讼中，这些陈述就不能成为证券欺诈诉讼的基础，即信息公开义务人可以免责。换言之，如果有充分的警示性语言，那么从法律的角度来看，原告所诉称的遗漏或误述乃是无关紧要的。当然，预先警示规则是有范围的：①该规则仅能适用于预测性陈述而不能适用于对目前或历史性事实的陈述；②该规则不适用于在做出当时便是虚假的重大不实陈述和遗漏。

可见，预先警示规则的意义主要在于：只要伴以准确的警示性语言直接说明预测信息的不确定性，通过预先警示规则发行人就可以在其发行文件或报告中披露预测性信息而无后顾之忧。就其本质而言，预先警示规则与安全港制度均是健全的预测性信息公开制度所不可缺少的积极的制度设计，它们所带来的是良性的、股票价格更准确地反映公司真实价值的、更加有效的资本市场。这体现了现行的美国证券法鼓励预测性信息公开的意图。

（三）我国预测性信息公开制度

1. 我国预测性信息公开制度现状。

（1）我国预测性信息的类别。我国现行证券法规将预测性信息划分为盈

---

[1] 比如：投资有风险，入市需谨慎之类的警示性语言。

利预测、业务发展目标和风险因素预测三类：①盈利预测是指在对一般经济条件、营业环境、市场情况、发行公司或上市公司生产经营条件和财务状况等进行合理假设的基础上，按照发行公司或上市公司正常的发展速度，本着审慎的原则对会计年度净利润总额、每股盈利、市盈率等财务事项做出预计。②业务发展目标是指发行公司或上市公司已经制定的、有一定依据的、比较切实可行的发展计划与安排，主要包括发行公司或上市公司的生产经营发展战略、提高竞争能力、市场和业务开拓筹资等方面的规划。③风险因素预测则是指可能对发行人生产经营状况、财务状况和持续盈利能力有重大不利影响因素的预测。

（2）对预测性信息公开制度的规制。

第一，盈利预测信息规制。我国在 20 世纪 90 年代初证券市场刚开始发展时期及其后的一段时间内，证券监管部门要求初次发行股票上市公司必须披露公司的盈利预测，并将此作为审核上市的指标之一。其原因在于 1993 年《公司法》第 137 条规定，公司发行新股必具备的条件之一是：公司预期利润率可以达到同期银行存款利率。正是这一规定使盈利预测成为必不可少的公开事项。这可以说是当时股票发行行政审批制的产物，而与信息公开制度的初衷并无内在联系。随着我国证券发行逐渐从额度审批向核准制过渡，监管部门的监管思路出现了由风险控制转向风险揭示的重大调整，盈利预测也由强制性公开改为发行公司或上市公司的自愿公开。《内容与格式准则第 2 号—年度报告的内容与格式（2021 年修订）》《内容与格式准则第 58 号——首次公开发行股票并上市申请文件》等规章中，均未对盈利预测作出强制性公开的要求。根据相关准则的规定，发行公司或上市公司公开盈利预测报告的，应声明："本公司盈利预测报告是管理层在最佳估计假设的基础上编制的，但所依据的各种假设具有不确定性，投资者进行投资决策时应谨慎使用。"这已经有点类似于美国"预先警示规则"对预测性信息公开的要求。

第二，业务发展目标或发展规划信息规制。这一类信息虽然也涉及未来的措施，但由于具有较强的确知性和计划性，因此相对来讲公开难度也不大，而且由于是有一定依据并且比较切实可行，因此实现的可能性也较大。这一类预测性信息目前是作为必须予以公开的事项规定在招股说明书和中期报告的披露准则之中的。如《内容与格式准则第 1 号——招股说明书（2015 年修订）》相关条款就规定，发行人可对其产品、服务或者业务的发展趋势进行预测，但应采取审慎态度，并披露有关的假设基准等。涉及盈利预测的，应遵循盈利预测的相关规定。

第三，风险因素预测信息规制。这里所谓的"风险"，在学理上可视为前景性信息，为必须公开的事项。对于风险因素预测信息的规制，信息披露准则第11号《上市公司公开发行证券募集说明书》（失效）第14条规定，发行人应当遵循重要性原则，按顺序披露可能直接或间接对发行人生产经营状况和持续盈利能力产生重大不利影响的所有因素。发行人应针对自身的实际情况，充分、准确、具体地描述相关风险因素。发行人应对所披露的风险因素做定量分析，无法进行定量分析的，应有针对性地作出定性描述。

通过上面的分析可以看出，对于预测性信息的规制，我国采取了强制公开与自愿公开相结合的方式。

2. 我国预测性信息公开制度的完善。对于我国预测性信息公开制度的完善，可以从两个方面予以考虑：

（1）应当鼓励自愿性预测性信息披露，只要这些信息建立在诚实信用和合理的事实基础之上，都可以在任何公开披露文件中使用，而不再局限于招股说明书。

（2）建立"安全港"制度，并运用预先警示规则。为了能够使投资者更好地决定投资方向，也为发行公司或上市公司提供一个更为便捷的筹资方式，应当鼓励其向投资者充分公开那些具有内在不确定性和风险的预测性信息。这就要求建立我国自己的"安全港"制度，并运用预先警示规则，对那些善意的预测性信息公开提供适度的免责保护，使信息公开人免受投资者随意提起的诉讼或来自监管机构不当处罚的威胁。

八、完善虚假陈述责任追究制度

证券与其他商品的区别在于，证券本身没有使用价值，它只有交换价值，即投资价值，由于证券的投资价值不等同于证券的面额，证券的面额不决定证券的投资价值，因此，投资者在进行证券交易时无法直接看到证券的投资价值。证券的投资价值取决于上市公司的财务状况、经营前景、盈利多寡等因素的影响，而对这些因素的判断有赖于上市公司相关信息的全部公开。只有投资者全面、准确、及时地了解到有关信息，才有可能根据该信息，对相关证券的投资价值作出正确判断，并作出相应的投资决定，可见在投资者的判断过程中，信息的真实性与完整性至关重要。因此，法律严禁虚假陈述。

所谓虚假陈述是指，证券信息公开义务人违反信息公开义务，在提交或公布的信息公开文件中作出违背事实真相的陈述或记载。

虚假陈述是对信息公开真实性与完整性的违反，上市公司公开的信息资料如有虚假、严重误导性记载或重大遗漏，就会干扰投资者的投资判断，纵容不正当竞争，引发过度投机，其结果是投资者丧失对证券市场的信心。投资者对证券市场的信心是证券市场赖以生存、发展的基础，证券信息公开制度的最终目的就是维系投资者对证券市场的信心，使得证券市场健全发展。因此，证券发行人、上市公司与信息公开文件制作、签证者等，应当对信息公开文件的真实性、准确性、完整性承担相应的法律责任。可见，证券信息公开法律责任的核心内容在于对虚假陈述行为的法律追究。而目前我国虚假陈述的民事、刑事责任制度不论是在立法上，还是在实施过程中都存在不足，这制约了证券信息监管效率的提高。我们应当在对《公司法》《证券法》进一步完善的过程中，逐步建立一整套包括民事、刑事和行政责任在内的多层次的信息公开监管体制，逐步改变目前过多依赖行政监管来规范证券市场信息公开行为的做法。同时，完善证券诉讼的配套制度，建立和完善证券纠纷调解和仲裁制度；另外，还要进一步完善股东代表诉讼制度，建立符合中国国情的集团诉讼制度。

为正确审理证券市场虚假陈述侵权民事赔偿案件，规范证券发行和交易行为，保护投资者合法权益，维护公开、公平、公正的证券市场秩序，根据《民法典》《证券法》《公司法》《民事诉讼法》等法律规定，结合审判实践，2021 年 12 月 30 日最高人民法院通过《最高人民法院关于审理证券市场虚假陈述侵权民事赔偿案件的若干规定》（以下简称《审理虚假陈述案司法解释》）。可以预期《审理虚假陈述案司法解释》的出台对完善我国虚假陈述责任追究制度将发挥积极作用。

第二节　证券发行的信息公开制度

证券发行是发行人与证券认购者之间的一种交易关系，由此形成了证券市场中的一级市场，它是形成证券二级市场的前提和基础。证券发行中的信息公开制度是保障证券市场有序发展的基础，证券发行中的信息公开是通过强制证券发行人及其承销机构在证券发行前必须依法进行申请文件的预先披露和制作股票的招股说明书或债券的募资说明书来实现的。强制进行申请文件的预先披露和公开招股说明书或募资说明书，是为了向投资者公开发行人的有关信息，使投资者在购买证券时有较为充分的判断依据，同时这也是为了防止证券欺诈而实施的有效手段。

一、申请文件的预先披露制度

（一）申请文件的预先披露制度的概念和意义

申请文件的预先披露制度，又称证券发行预披露制度，是指发行人申请IPO的，在依法向国务院证券监督管理机构提交申请文件并在其受理后，预先向社会公众披露有关申请文件，而不是等到国务院证券监督管理机构对发行文件审核完毕，作出核准发行的决定之后再进行披露的制度。这是 2005 年《证券法》新引入的制度，意在拓宽社会监督渠道，提高上市公司的质量。

美国、欧盟、日本的相关法律及我国台湾地区的"证券法"都没有规定证券发行预披露制度，我国是将美国行之有效的对发行上市中虚假陈述的举报制度上升到法律层次[1]，这是我国在证券立法技术上的一种创新。证券发行预披露可以说是信息公开制度的内在要求，其意义如下：

1. 提前披露发行文件，可以使社会公众提前了解发行文件的内容，有助于其进行投资决策。

2. 将申请材料提前披露，社会公众可以对发行人文件中的问题进行举报，使核准机构能够提前了解、调查有关情况，有利于缩短审核时间，提高发行审核的效率。

3. 在发行文件审核完毕和作出核准发行的决定之前，就将有关的发行申

---

[1] 在美国，SEC 设立了"举报和执法揭秘中心"（Center for Complaints and Enforcement Tips），受理社会各界对证券违法行为的举报或告发，以使 SEC 及时获悉最近发生的欺诈、需要纠正的证券业不公平行为等方面的信息。举报人或揭秘者可以通过向该中心发送电子邮件或下载有关投诉表格并进行填写后邮寄给该中心。该中心的联系地址、邮编、传真在网站上进行公布。尽管不要求举报人或揭秘者提供其不愿意告知的信息，但是下列重要信息对于 SEC 完整评估举报和揭秘是必不可少的：①举报人或揭秘者的姓名、邮寄或电子邮件地址、电话号码；②举报所涉及的任何个人或公司的名称、邮寄或电子邮箱地址、电话号码、网址；③若对某一证券或证券销售人进行举报，应提供如何、为什么和何时被欺诈或所遇到的投资、券商、投资顾问违法违规问题的详细信息。如果 SEC 收到准确、完整的信息，则会尽快做出反应，彻底检查和评估举报人或揭秘者提供的这些信息，并将其提交给 SEC 适当的部门处理。参见王银凤：《论证券发行预披露制度》，载《证券市场导报》2006 年第 3 期。

请文件公之于众，可以对发行审核工作形成有效的社会监督，避免发行审核过程中可能出现的暗箱操作。

当然，预披露制度要求在向国务院证券监督管理机构申报募股材料后、获得核准发行之前向社会公开有关申请文件，已超出一般意义上证券信息公开的范围，属于事先性强制信息公开制度，是信息公开制度适用范围的向前延伸。同时，我们还应当看到这项制度在一定程度上增加了发行人的披露负担，在其实际运行中应当考虑制度运行成本与效益之间的比值。

但无论如何，作为强制信息公开的第一道关，预披露制度大大丰富了证券信息公开制度的内涵，有利于确保信息公开制度价值得到充分实现，从而有利于保护投资者权益，提高公众投资者的投资信心。

（二）证券发行预披露制度的进一步细化和完善

《证券法》确立的预披露制度，目前仅适用于 IPO，而且只是一个原则性的规定，如何落实尚待国务院证券监督管理机构依照法定的职权，制定出预披露方面的实施细则。本书认为，我国预披露制度应当在以下三个方面进一步细化和完善：

1. 明确预披露所要求公开申请文件的具体范围及披露的具体要求。由于证券预披露制度是通过向社会公开有关募股申请文件，以发挥社会监督的作用，从而克服发行人及其有关证券服务机构单方提供信息所带来的信息不对称，提高国务院证券监督管理机构证券发行的核准质量。因此，预披露主要是宣示性的，即向社会公告发行申请人将公开发行股票，从而引起社会各界的关注和监督，所以没有必要披露所有的 IPO 申请文件，这也是从减轻发行人的披露负担和制度运行成本与效益之间比值的角度考虑的。但是，为让社会各界有一个明确、具体的是非判断标准，以检验是否存在虚假陈述，所披露的申请文件有必要包括一些有关公司财务和经营方面的基本信息，因此，除披露募股申请文件之外，还应当披露的信息包括：①发行人及发行的基本信息，以及有关发行人发展前景、利润预测等方面的综合信息。②发行人是否具有公开发行股票的资格以及发行人历史沿革、改制重组等重大历史信息。③对投资者投资决策产生重大影响并直接决定是否能够获准公开发行的信息，这主要是指财务和经营状况信息，如审计报告和财务报表、资产评估报告等。

为发挥预披露社会监督作用，让社会各界对预披露文件所陈述的事实进行监督、检举和揭发，预披露的申请文件应在指定报刊及网站披露，以便于社会公众获取，同时要尽量少用投资者不熟悉的专业和技术词汇，尽量采用图表或其他较为直观的方式准确披露发行人及其产品、财务等情况，做到简明扼要、通俗易懂。

2. 可以考虑将预披露制度的范围扩展到新股的发行。《证券法》仅在 IPO 中规定了预披露制度，该项制度并不要求对新股发行进行预披露。新股发行是已成立公司再次募集股本的行为，对于上市公司而言，由于其必须履行持续信息公开义务，其所有的对投资者投资决策产生重大影响的信息都应及时、准确、真实地披露，似乎不必要在新股核准时再进行预披露。其实不然，根据《证券法》第 12 条的规定，新股发行必须是最近 3 年财务会计文件无虚假记载，无其他重大违法行为，而上市公司为获得再融资资格，在持续信息披露阶段也可能存在虚假陈述；持续信息披露义务主要在于保障投资者的知情权，使其在完全知情的基础上作出投资决策，而预披露制度所要求的信息公开，其主要目的是通过向社会披露募股文件，发挥社会监督作用，克服国务院证券监督管理机构在发行核准时存在的信息不对称，将那些欺诈发行者揭露出来并绳之以法，从而提高发行核准的透明度和质量。将信息预披露制度运用于新股发行中，毫无疑问有利于提高上市公司新股发行的质量。因此，在权衡发行人的披露负担以及制度运行成本与效益之间比值的前提下，可以考虑在上市公司发行新股时创设预披露制度。

3. 建立健全举报制度。预披露制度发挥社会监督功能的前提条件是知情人士对证券发行中的欺诈行为进行举报，因此，如何建立有效的举报制度，以激励知情人士进行积极举报，是预披露制度能否达到预期目的的关键。

为此，笔者认为，首先，应当建立举报者保护制度，以解除举报者的后顾之忧。此项制度可主要考虑从以下三个方面着手：①监管机构及其工作人员应对举报者保密，建立健全保密制度；②对举报信息的合理使用；③严厉追究打击报复者相应的法律责任。其次，通过建立悬赏举报制度，以激励举报者。

二、招股说明书制度

（一）招股说明书的性质和特点

招股说明书是股票发行人向社会公众公开发行股票时，依照法律规定的格式、内容和程序向社会公众公开相关信息，并邀请该公众认购公司股票的规范性文件。在招股说明书中发出的邀请，在合同法上属于要约邀请。然而，以往学术界却认为，招股说明书是以股票发行人为一方向以投资者为另一方发出的募集资金的意思表示，符合《股票条例》关于要约的规定，即是"向特定人或者不特定人发出购买或者销售某种股票的书面的意思表示"，属于要约并应遵守合同法关于要约的规范。的确，要约和要约邀请均为意思表示的行为，但这两种行为的性质不同。要约是以缔结合同为目的，希望相对人承诺的一种意思表示；而要约邀请则是希望对方向自己提出要约，即要约邀请人并不希望受到由自己发出的要约的约束力。《民法典》接受了这种观点，并特别规定招股说明书是要约邀请。[1]为了规范公开发行股票的信息公开行为，中国证监会于2023年2月17日重新发布了《内容与格式准则第57号——招股说明书》。[2]

招股说明书具有如下特点：①招股说明书记载的事项具有法定性。招股说明书记载的事项、方式和格式等均为法定，发行人不得就该法定内容作出删减，记载格式及形式也不得违背证券法律法规的规定，除非法定事项要求的内容确实与特定证券发行人的实际情况不相符合。②招股说明书是向不特定之社会公众投资者发出的、旨在募集股份的规范性文件。③招股说明书的签署人，即发行人、发行公司董事或发起人等，不得对所公开的事实作出假定前提的陈述，也不得声明免除其法定责任；各发行中介机构，即会计师事务所、律师事务所等，在各自的专业范围内，须对相关文件及表述的真实性、准确性和完整性承担相应责任。④招股说明书应当全面公开与股票发行有关的各种信息，且所公开的信息应当准确和真实，不得存在虚假、严重误导性

---

〔1〕参见《民法典》第473条。

〔2〕《内容与格式准则第57号——招股说明书》第102条规定，本准则自公布之日起施行。《内容与格式准则第1号——招股说明书（2015年修订）》《内容与格式准则第41号——科创板公司招股说明书》《内容与格式准则第28号——创业板公司招股说明书（2020年修订）》同时废止。

陈述或重大遗漏。⑤招股说明书只是公开股票发行人向投资公众出售股份总额的意图，而非向特定投资者发出的、出售确定股份数量的意思表示。

（二）招股说明书的公开规则

1. 招股说明书在公开之前须经证券监管机关审核。在国际上，对招股说明书的审核通常有两种模式：一种是英美法系国家采取的注重公开原则的注册制或申报制，另一类则是大陆法系国家采取的核准制。我国对招股说明书的审核采取的是核准制，即证券监管机构在收到发行人的送审文件和招股说明书后，应在法定期限内对发行人的股票是否公开发行作出审核决定，而招股说明书作为向中国证监会申请 IPO 的必备法律文件，理应在其核准之中。

2. 招股说明书的有效期间。在我国，招股说明书的有效期为 6 个月，自中国证监会下发核准通知前招股说明书最后一次签署之日起计算。发行人在招股说明书有效期内未能发行股票的，应重新修订招股说明书。在符合规范的前提下，发行人可在特别情况下申请适当延长招股说明书的有效期限，但至多不超过 1 个月。发行人应在发行前 2~5 个工作日内将招股说明书摘要刊登于至少一种中国证监会指定的报刊，同时将招股说明书全文刊登于中国证监会指定的网站，并将招股说明书全文文本及备查文件置备于发行人住所、拟上市证券交易所、主承销商和其他承销机构的住所，以备查阅。

3. 招股说明书的预先披露。申请文件受理后、发行审核委员会审核前，发行人应当将招股说明书（申报稿）在中国证监会网站（www.csrc.gov.cn）预先披露。预先披露的招股说明书（申报稿）不是发行人发行股票的正式文件，不能含有价格信息，发行人不得据此发行股票。发行人应当在预先披露的招股说明书（申报稿）的显要位置声明："本公司的发行申请尚未得到中国证监会核准。本招股说明书（申报稿）不具有据以发行股票的法律效力，仅供预先披露之用。投资者应当以正式公告的招股说明书全文作为作出投资决定的依据。"

4. 招股说明书必须披露的主要内容。根据《招股说明书的内容与格式》，招股说明书必须披露的主要内容包括：释义；本次发行概况；风险因素；发行人基本情况；业务和技术；同业竞争和关联交易；董事、监事、高级管理人员与核心技术人员概况；公司治理结构；财务会计信息；管理层讨论与分析；业务发展目标；募股资金运用；发行定价及股利分配政策；董事及有关中介机构声明；附录和备查文件等。这里所谓的备查文件，主要包括：①发行保荐书；②财务报表及审计报告；③盈利预测报告及审核报告（如有）；④内部控制鉴证报告；⑤经注册会计师核验的非经常性损益明细表；⑥法律意见书及律师工作报告；⑦公司章程（草案）；⑧中国证监会核准本次发行的文件；⑨其他与本次发行有关的重要文件。

三、上市公告书的编制和公开

发行人向证券交易所申请其 IPO 上市时，应当按照中国证监会有关规定编制上市公告书。发行人在提出上市申请期间，未经证券交易所同意，不得擅自公开与上市有关的信息。

（一）上市公告书的编制

上市公告书是发行人在股票上市前向公众公告发行与上市有关事项的信息公开文件。在我国境内 IPO，并申请在经国务院批准设立的证券交易所上市的公司，在股票上市前，应按《公司法》《证券法》《首次公开发行股票并上市管理办法》以及核准其挂牌交易的证券交易场所上市规则和股票上市公告书内容与格式指引中的有关要求编制上市公告书。

（二）股票上市公告书的公开

发行人应当于其股票上市前 5 个交易日内，将上市公告书全文刊登在至少一种由中国证监会指定的报刊及中国证监会指定的网站上，并将上市公告书文本置备于发行人住所、拟上市的证券交易所住所、有关证券经营机构住所及其营业网点，以供公众查阅。发行人可将上市公告书刊载于其他报刊和网站，但其披露时间不得早于在中国证监会指定报刊和网站的披露时间。上市公告书在披露前，任何当事人不得泄露有关的信息，或利用这些信息谋取利益。

四、募资说明书制度

募资说明书亦称为债券公开说明书，我国《公司法》和《证券法》称之为债券募集办法。债券募集办法是发行公司在发行公司债券时，根据法律规定的要求制作的记载与公司债券发行相关的实质性重大信息的一种规范性文件。发行公司债券的申请经国务院授权的部门核准后，应当公告公司债券募集办法。公司债券募集办法中应当载明下列主要事项：公司名称；债券募集资金的用途；债券总额和债券的票面金额；债券利率的确定方式；还本付息的期限和方式；债券担保情况；债券的发行价格、发行的起止日期；公司净资产额；已发行的尚未到期的公司债券总额；公司债券的承销机构。鉴于公司债券均属公开发行，因此，在公告公司债券募集办法的同时，发行公司还应公告公司财务会计报告，以供投资者合理判断公司债券的投资价值。

在我国，债券募集办法公开的方式一般为公告和置备。公告是指公司债券发行人应当将公司债券募集办法刊登在证券监管机构指定的媒介上的行为。置备是指将公司债券募集办法存放于指定场所供公众查阅。所谓指定场所，主要包括公司债券发行人主要办公场所或营业场所、承销发行的证券公司的营业场所。在有些国家，公司债券发行信息的公开方式还包括邮寄方式，如将募资说明书邮寄送至投资者。

在我国，依法公开公司债券发行信息，除应符合上述公开方式外，还应当遵循以下规则和要求：①公司债券募集办法于国务院授权部门核准后始得披露，发行人及中介机构于公司债券发行申请获得核准前，不得以任何方式披露相关信息。②公司债券募集办法必须真实、准确、完整，为证券发行出具有关文件的专业机构和人员，必须严格履行法定职责，保证其所出具文件的真实性、准确性和完整性。

第三节　上市公司持续信息公开制度

持续信息公开是指监管部门对证券交易中的信息公开实施监管。为便于投资者及时、准确地掌握市场信息，同时防止证券交易中的欺诈和操纵行为，证券法规定上市公司必须定期向社会公众公开其经营和财务状况，及时、不定期地提供可能影响上市公司证券的买卖活动及对价格有重大影响的任何信息，为投资者进行投资判断提供依据，以保护投资者的交易安全。各国证券法对上市公司在证券交易市场上的信息持续公开都有相应的制度规定。信息在交易市场上持续公开的主要制度有两部分：一是上市公司定期报告书制度和临时报告书制度；二是上市公司再融资的持续信息公开制度。另外，上市公司收购公告制度也属于上市公司持续信息公开制度的有机组成部分。

一、定期报告书制度

所谓定期报告是指上市公司定期公布其财务和经营状况的文件，主要包括年度报告和中期报告。但有些国家和地区对此有不同的规定，比如在我国台湾地区，定期报告包括年度、半年度财务报告以及季度报告和月报告；而在美国，定期报告则仅指年度报告和季度报告。

（一）年度报告

年度报告（Annual report）是上市公司在每个会计年度结束后一定时期内，向证券监管部门呈报并向社会公众公告的，反映该公司在该会计年度中的经营状况和财务状况的书面报告。

依照各国证券监管法律制度，上市公司负有向证券监管机构提交年度报告的义务。由于上市公司的情况复杂，规模大小、股东人数多寡不一，因此，各国证券监管法规定的提交报告义务不尽相同。概括各国法例，主要有两种规定方式：①美国方式，即美国《1964 年证券交易法》修正案第 12 条（b）项规定，在证券交易所上市的证券发行公司及在事业年度终了时其资产总额在 100 万元以上、股东人数为 500 人以上的公司，应在事业年度终了 90 日内，将年度报告书提交 SEC；②日本方式，即日本 1971 年《证券交易法》修正案第 4 条第 1 项规定，只要是申报募集或出售有价证券的发行公司，每个事业年度均有向大藏大臣提交报告的义务。比较而言，美国模式有较明显的缺陷：当资产总额少于 100 万元，股东人数少于 500 人时，投资者也有依公开制度获取信息和受到法律保护的权利，而其相应规定显然对这部分投资者保护不力。另外，这一模式亦不利于对发行公司进行持续监管，因为提交报告义务随公司资产、股东人数的变化而变化，容易造成监管困难。相对而言，日本模式较为有利于保护所有投资者，有利于对发行公司进行持续监管，我国现行证券法律法规亦采取此类模式。

关于年度报告书的内容，各国和各地区规定不一。按照美国 SEC 规则第 14 条 a-31b 的规定，年度报告书的内容主要包括：最近 2 个营业年度的资产负债表和最近 3 个营业年度的损益表、过去 5 年内的纯销售额与营业收入额，每股收益及其总收益等财务数据等。对于年度报告书的内容，我国《股票条例》作了较为具体的规定，该条例要求年度报告应当载明的内容包括：[1]①公司简况；②公司的主要产品或者主要服务项目简况；③公司发行在外的股票情况，包括持有公司5%以上发行在外普通股的股东的名单及前10名最大股东的名单；④公司股东数量，公司董事、监事和高级管理人员简况，持股情况和报酬；⑤公司及其关联人一览表和简况；⑥公司近3年或者成立以来的财务信息摘要；⑦公司管理部门对公司财务状况和经营成果的分析；⑧公司发行在外债券的变动情况；⑨涉及公司的重大诉讼事项；⑩经注册会计师审计的公司最近2个年度的比较财务报告及其附表、注释，该上市公司为控股公司的，还应当包括最近2个年度的比较合并财务报告等。由中国证监会发布的《内容与格式准则第2号—年度报告的内容与格式（2021年修订）》对上述年度报告的内容作了进一步细化的规定，并制定了统一的格式。总之，我国年度报告书制度内容较为详细，编制体例及结构安排均较为完整。

（二）中期报告和季度报告

中期报告（Semi-annual report）是上市公司在每一会计年度的前6个月结束后向证券监管部门提交的，并向社会公众公告的书面报告。中期报告是信息公开的又一种表现形式，其目的在于弥补年度报告披露信息在时效性方面的局限，确保证券发行公司信息公开的最新性。

中期报告书的内容主要包括：大股东情况、资本变动、股价及其交易量状况、涉及公司重大诉讼事项、经营成果分析等。在具体规定方面，各国立法不尽相同，如日本立法要求记载资本额变动，大股东状况、股价及股票交易量的走势变化，董事和监事人员变动，员工情况，与前半期及前年同期生产经营业绩的比较，设备变动，设备添置计划的执行及其财务状况等；美国则要求记载公司总销售量，营业收益，租税扣除前后的纯利益以及特殊事项等。

我国《证券法》和《股票条例》均对中期报告作了相应规定，2019年《证券法》所规定的内容主要包括：[2]上市公司、公司债券上市交易的公司、股票在国务院批准的其他全国性证券交易场所交易的公司，应当按照国务院证券监督管理机构和证券交易场所规定的内容和格式编制定期报告，并按照

---

[1] 参见《股票发行与交易管理暂行条例》第59条。
[2] 参见《证券法》第79条。

以下规定报送和公告：①在每一会计年度结束之日起 4 个月内，报送并公告年度报告，其中的年度财务会计报告应当经符合本法规定的会计师事务所审计；②在每一会计年度的上半年结束之日起 2 个月内，报送并公告中期报告。中国证监会发布的《内容与格式准则第 3 号—半年度报告的内容与格式（2021 年修订）》对中期报告的内容与编制作了具体的规定，该准则与年度报告准则相比，在内容上与年度报告的编制基本相同，只是正文内容要简略些。

为保证公司信息公开的及时性，自 20 世纪 70 年代以来，一些国家或地区的证券监管法要求发行公司每个季度都公开一次本公司的营业情况，此为季度报告书制度（Quarterly reports）。例如，我国台湾地区的"证券交易法"就规定，发行公司应于每营业年度第 1 季度及第 3 季度终了后 1 个月，公告并申报经会计师核阅之财务报告。中期报告书与季度报告书结合，使投资者在每个季度都能够获得上市公司的相关信息。从季度报告书制度产生的宗旨来看，它主要是为了保证信息公开的及时性，这对于保护投资者的利益是完全必要的。我国证监会发布的《编报规则第 13 号——季度报告内容与格式特别规定》（2007 年修订）对季度报告的内容与编制作了具体的规定。

二、临时报告书制度

定期报告书制度的缺陷是信息公开滞后，难以满足公司信息公开的最新性与及时性的需要，不利于投资者的投资判断。为此，许多国家都实行了临时报告书制度（Current report）。例如，日本法律规定，发生下列情形时，发行公司应立即向大藏大臣提交临时报告：①发行价额在 1 亿日元以上的有价证券，不依募集发行，而是有董事会、股东会的决议时；②该公司发行的有价证券，其募集或出卖是在本国以外的地域开始时；③主要股东有异常变动时；④母公司或特定子公司有异常变动时；⑤重大灾害发生之场合，而在该灾害停止时。[1]美国法律规定，在发生对证券投资判断有特殊影响的事项时，应将临时报告书提交 SEC。上述事项包括：①发行公司的支配权发生变动；②在正常营业外的发行公司或控股公司重要资产的得与失；③重大诉讼的开始与终结；④以注册证券作为担保的资产的重要撤销或变更行为；⑤有关发行公司或重要从属公司以前发行证券的重要不履行行为；⑥发行公司已发行

---

[1]　赖源河：《公司法问题研究（一）》，三民书局 1982 年版，第 213 页。

的证券有 5% 以上的增加或减少；⑦发行公司或从属公司的证券有 5% 以上的股票买卖选择权的授予或延长；⑧发行公司或其重要从属公司资产的重新评估或注册的资本证券的重要评估变更；⑨应由证券持有人投票的事项。

我国也规定了临时报告书制度，根据《证券法》的规定，发生可能对上市公司股票交易价格产生较大影响的重大事件，投资者尚未得知时，上市公司应当立即将有关该重大事件的情况向国务院证券监督管理机构和证券交易所报送临时报告，并予公告，说明事件的起因、目前的状态和可能产生的法律后果。下列情况为上述所称重大事件：①公司的经营方针和经营范围的重大变化；②公司的重大投资行为，公司在 1 年内购买、出售重大资产超过公司资产总额 30%，或者公司营业用主要资产的抵押、质押、出售或者报废一次超过该资产的 30%；③公司订立重要合同、提供重大担保或者从事关联交易，可能对公司的资产、负债、权益和经营成果产生重要影响；④公司发生重大债务和未能清偿到期重大债务的违约情况；⑤公司发生重大亏损或者重大损失；⑥公司生产经营的外部条件发生的重大变化；⑦公司的董事、1/3 以上监事或者经理发生变动，董事长或者经理无法履行职责；⑧持有公司 5% 以上股份的股东或者实际控制人，其持有股份或者控制公司的情况发生较大变化，公司的实际控制人及其控制的其他企业从事与公司相同或者相似业务的情况发生较大变化；⑨公司分配股利、增资的计划，公司股权结构的重要变化，公司减资、合并、分立、解散及申请破产的决定，或者依法进入破产程序、被责令关闭；⑩涉及公司的重大诉讼，股东会、董事会决议被依法撤销或者宣告无效；⑪公司涉嫌犯罪被司法机关立案调查，公司的控股股东、实际控制人、董事、监事、高级管理人员涉嫌犯罪被司法机关采取强制措施；⑫国务院证券监督管理机构规定的其他事项。公司的控股股东或者实际控制人对重大事件的发生、进展产生较大影响的，应当及时将其知悉的有关情况书面告知公司，并配合公司履行信息披露义务。[1]

三、上市公司再融资的持续信息公开

（一）增发申请过程中的信息公开

增发申请过程中的信息公开是指从发行人董事会作出发行新股预案、股

---

[1] 参见《证券法》第 80 条。

东大会批准，直到获得中国证监会核准文件为止的有关信息披露。

1. 公告董事会决议。董事会决议公告须公开董事会就《关于公司符合增发 A 股条件的议案》《关于申请增发不超过 XXX 万股 A 股的议案》以及《关于提请本公司 XXX 年第 XXX 次股东大会审议并授权董事会办理本公司增发 A 股相关事宜的议案》的审议和通过情况。同时，应当将发行议案在董事会表决通过后 2 个工作日内报告证券交易所。

2. 公告召开股东大会的通知。召开股东大会的通知应当于股东大会开会 20 日前公告。使用募集资金收购资产或者股权的，应当在公告召开股东大会通知的同时，公开该资产或者股权的基本情况、交易价格、定价依据以及是否与公司股东或其他关联人存在利害关系。

3. 公告股东大会决议。股东大会通过本次发行议案后，公司应当在 2 个工作日内公布股东大会决议，公告中应当载明"该方案尚须报中国证券监督管理委员会核准"的字样。

4. 与发行申请有关的其他公告。上市公司收到中国证监会关于本次发行申请的下列决定后，应当在下一个工作日予以公告：①不予受理或者终止审查；②不予核准或者予以核准。

上市公司决定撤回证券发行申请的，应当在撤回申请文件的下一个工作日予以公告。

（二）增发新股过程中的信息公开

增发新股过程中的信息公开，是指发行人、上市公司从刊登招股意向书开始直到股票上市为止，通过中国证监会指定报刊向社会公众发布的有关发行、定价及上市情况的各项公告。一般包括招股意向书、发行新股募集说明书、网上网下发行公告、网上或网下路演公告、发行提示性公告、网上网下询价公告、发行结果公告以及上市公告等。下面仅解读其中最重要的发行新股募集说明书制度。

（三）发行新股募集说明书制度

1. 发行新股募集说明书制度概述。上市公司基于增资目的而再次申请公开发行股票，称为发行新股。发行新股必须依照相关的法律法规进行信息公开，根据中国证监会 2023 年颁布的《内容与格式准则第 60 号——上市公司向不特定对象发行证券募集说明书》的规定，所要公开的发行新股募集说明书（通常又称为"新股招股说明书"），主要包括：本次发行概况、风险因素、发行人基本情况、同业竞争与关联交易、财务会计信息、管理层讨论与分析、本次募集资金运用、历次募集资金运用、董事及有关中介机构声明、募集说明书摘要等。募集说明书及其摘要是发行人向中国证监会申请发行新股的必备法律文件。

凡对投资者投资决策有重大影响的信息，不论《内容与格式准则第60号——上市公司向不特定对象发行证券募集说明书》有无规定，均应披露。发行人因商业秘密或其他原因致使某些信息确实无法披露，可向中国证监会申请豁免。发行人配股，应在承销开始前5个工作日内将配股说明书摘要刊登在至少一种中国证监会指定的报刊上，同时将配股说明书全文刊登在中国证监会指定的互联网网站，并将正式印制的配股说明书文本置备于发行人住所、证券交易所、承销团成员住所，以备公众查阅。

增发招股意向书除发行数量、发行价格及筹资金额等内容可以不确定外，其内容和格式应与增发招股说明书一致。发行人应将增发招股意向书刊登在中国证监会指定的互联网网站，并应载明："本招股意向书的所有内容均构成招股说明书不可撤销的组成部分，与招股说明书具有同等法律效力。"发行人应将增发招股意向书摘要刊登在至少一种中国证监会指定的报刊上。已编制和在指定报刊刊登增发招股意向书摘要的，不必再制作增发招股说明书摘要。

发行价格确定后，发行人应编制增发招股说明书，报中国证监会备案。招股说明书应刊登于中国证监会指定的互联网网站上，并置备于发行人住所、拟上市证券交易所及承销团成员住所，以备公众查阅。特殊行业的发行人编制招股说明书，还应遵循该行业信息披露的特别规定。

2. 新股招股说明书及其摘要的规范。关于招股说明书的编制，根据《内容与格式准则第60号——上市公司向不特定对象发行证券募集说明书》的规定，应具体遵循以下要求：①使用通俗易懂的事实描述性语言，并采用表格或其他较为直观的方式披露公司及其产品、财务等情况；②引用的资料应注明来源，事实依据应充分、客观；③引用的数字应采用阿拉伯数字，有关金额的资料除特别说明之外，应指人民币金额，并以元、千元或万元为单位；④发行人可编制募集说明书外文译本，但应保证中外文文本的一致性，在对中外文本的理解上发生歧义时，以中文文本为准；⑤募集说明书摘要的编制必须忠实于募集说明书全文的内容，不得出现与全文相矛盾之处。

此外，在不影响信息披露的完整并保证阅读方便的前提下，发行人可采用相互引证的方法，对各相关部分的内容进行适当的技术处理；对于曾在募集说明书、上市公告书和定期报告、临时报告中披露过的信息，如事实未发生变化，发行人可采用索引的方法进行披露，以免重复。

最后，发行人将募集说明书及其摘要全文刊登并保留在公司网站的，其内容应当与在报刊上刊登的一致。

（四）上市公司发行与上市可转换公司债券的信息公开

1. 可转换公司债券发行的信息公开。上市公司发行可转换公司债券信息公开的有关要求，与上市公司发行新股的要求基本一致。可转换债券的信息公开文件包括发行前的董事会和股东大会公告、募集说明书、上市公告书以及持续的信息公开文件（包括定期报告、临时报告等）。发行人、上市公司应及时公开任何对投资可转换债券有重大影响的任何信息。可转换债券募集说明书、上市公告书应按中国证监会的有关规定编制和公开。

2. 可转换公司债券上市的信息公开。

（1）上市公告。可转换公司债券上市申请获准后，上市公司应当在可转换公司债券上市前5个交易日内，在指定媒体上公开上市公告书。

（2）特别事项。发行可转换公司债券的上市公司出现以下情况之一的，应当及时向证券交易所报告并向社会公开：①因发行新股、送股、分立及其他原因引起股份变动，需要调整转股价格，或者依据募集说明书约定的转股价格向下修正条款修正转股价格的；②可转换公司债券转换为股票的数额累计达到可转换公司债券开始转股前公司已发行股份总额10%的；③公司信用状况发生重大变化，可能影响如期偿还债券本息的；④可转换公司债券担保人发生重大资产变动、重大诉讼，或者涉及合并、分立等情况的；⑤未转换的可转换公司债券数量少于3000万元的；⑥有资格的信用评级机构对可转换公司债券的信用或公司的信用进行评级，并已出具信用评级结果的；⑦可能对可转换公司债券交易价格产生较大影响的其他重大事件；⑧中国证监会和证券交易所规定的其他情形。

（3）付息与兑付。上市公司应当在可转换公司债券约定的付息日前3~5个交易日内公开付息公告；在可转换公司债券期满前3~5个交易日内公开本息兑付公告。

（4）转股与股份变动。上市公司应当在可转换公司债券开始转股前3个交易日内公开实施转股的公告。上市公司应当在每一季度结束后及时公开因可转换公司债券转换为股份所引起的股份变动情况。

（5）赎回与回售。上市公司行使赎回权时，应当在每年首次满足赎回条件后的5个交易日内至少发布3次赎回公告。赎回公告应当载明赎回的程序、价格、付款方法、时间等内容。赎回期结束后，公司应当公告赎回结果及其影响。在可以行使回售权的年份内，上市公司应当在每年首次满足回售条件后的5个交易日内至少发布3次回售公告。回售公告应当载明回售的程序、价格、付款方法、时间等内容。回售期结束后，公司应当公告回售结果及其影响。

变更募集资金投资项目的，上市公司应当在股东大会通过决议后20个交易日内赋予可转换公司债券持有人1次回售的权利，有关回售公告至少发布3次。其中，在回售实施前、股东大会决议公告后5个交易日内至少发布1次，在回售实施期间至少发布1次，余下1次回售公告的发布时间视需要而定。

（6）停止交易的情形。上市公司在可转换公司债券转换期结束的20个交易日前，应当至少发布3次提示公告，提醒投资者有关在可转换公司债券转换期结束前的10个交易日停止交易的事项。

公司出现可转换公司债券按规定须停止交易的其他情形时，应当在获悉有关情形后及时公开其可转换公司债券将停止交易的公告。与可转换公司债券上市有关的其他方面的信息公开，与股票上市基本相同。具体可参见证券交易所股票上市规则。

四、上市公司收购公告制度

上市公司收购公告制度，是指当一家上市公司通过公开要约收购另一家上市公司的股份而获得该公司控制权时，应按照法律的规定向证券监管机关、证券交易所及社会公众公开。世界各国均注重对上市公司收购的信息公开进行监管，因为，目标公司被收购后，其经营权可能丧失，而目标公司的股东在收购要约发出时，必须决定是否出售持有的证券，如果没有售出，并且收购成功后，则股东成为另一合并公司的股东，对其权益将产生重大影响。美国《1934年证券交易法》第13条（d）（1）规定，凡取得公司5%以上股权时，收购人须向证券管理委员会提交13D计划表，并将有关文件资料传递给发行公司和证券上市的每个证券交易所；日本《证券交易法》第 27 条规定，收购人必须向大藏大臣提出公开购买申报书，记载该公开购买的期限、购买价格及其他规定的事项。在该申报未发生效力前，不得进行收购，同时还必须将公开购买申报书副本递交目标公司。一旦生效，必须依法将申报书中保护公益及投资者利益所必要且适当的内容，登载于指定的日刊报纸上加以公告。

归纳我国证券法律、法规的有关条款，我国上市公司收购公告制度的内容，主要有以下四项：

1. 通过证券交易所的证券交易，投资者持有或者通过协议、其他安排与他人共同持有一个上市公司已发行的有表决权股份达到 5% 时，应当在该事实发生之日起 3 日内，向国务院证券监督管理机构、证券交易所作出书面报告，通知该上市公司，并予公告；在上述期限内，不得再行买卖该上市公司的股票。投资者持有或者通过协议、其他安排与他人共同持有一个上市公司已发行的股份达到 5% 后，其所持该上市公司已发行的股份比例每增加或者减少 5%，应当依照前款规定进行报告和公告。在报告期限内和作出报告、公告后 3 日内，不得再行买卖该上市公司的股票，但国务院证券监督管理机构规定的情形除外。[1]

2. 关于要约收购和协议收购的信息公开。①要约收购信息公开。收购人在依照相关规定报送上市公司收购报告书之日起 15 日后，公告其收购要约。在上述期限内，国务院证券监督管理机构发现上市公司收购报告书不符合法律、行政法规规定的，应当及时告知收购人，收购人不得公告其收购要约。[2]②协议收购信息公开。以协议方式收购上市公司时，达成协议后，收购人必须在 3 日内将该收购协议向国务院证券监督管理机构及证券交易所作出书面报告，并予公告。在公告前不得履行收购协议。[3]

3. 《股票条例》规定，法人直接或间接持有一个上市公司发行在外的普通股达到 5% 时，应自事实发生之日起 3 个工作日内，向该公司、证券交易所和证监会作出书面报告并在至少一种证监会指定的全国性报刊上公告。如果

---

〔1〕　参见《证券法》第 63 条。
〔2〕　参见《证券法》（2005 修订）第 67 条。
〔3〕　参见《证券法》第 71 条。

发起人以外的法人持有上市公司的普通股达 30% 时，应自事实发生之日起 45
个工作日内，向该公司所有股东发出收购公告书，并刊登于至少一种证监会
指定的全国性报刊上。

4. 上市公司收购公告书应当包括的内容有：①持股人的名称、住所；
②所持有股票的名称、数量；③持股达到法定比例或者持股增减变化达到法
定比例的日期、增持股份的资金来源；④在上市公司中拥有有表决权的股份
变动的时间及方式。[1]

根据上述我国法律对上市公司收购公告制度内容的规定，笔者认为，相
对于西方发达国家的上市公司收购公告制度，我国该项制度主要存在以下两
个方面的不足：一是欠缺防止欺诈性收购的法律规定。英国 1958 年《防止欺
诈（投资）法》规定，凡用明知是错误的、虚伪的、欺诈的、或是粗心大意
制作，或不诚实地隐瞒了重大事实的各种陈述、许诺或预测、引诱他人同意
收购或处置其证券的，都是一种犯罪行为，该法还禁止未经许可的任何机构
或个人散发邀请他人收购导致这种股票交易的信息。二是欠缺限制垄断性收
购的法律规定。[2]在英国，政府的公平交易局如掌握了一些拟进行的收购将
导致 25% 以上的市场股票集中于同一人手中，收购（合并）的财产总值超过
500 万英镑的信息，就要报告国务大臣，国务大臣有权将此项收购（合并）
提交给垄断与合并委员会（The Monopolies and Mergers Commission，MMC），
并可以建议国务大臣行使其权力禁止或限制此项证券的收购。根据欧共体法
条，如一个"占统治地位的公司"强制收购合并一个较小的竞争者，或收购
（合并）的结果将排斥相关市场上的有效竞争，就违反了《罗马条约》的规
定，因而被禁止。笔者认为，对于上述两方面的不足，一是可以通过在以后
《证券法》的修订中，给予相应的弥补；二是可以在证券法规或证券法实施细
则中进行补漏，尽管《反垄断法》在"经营者集中"一章对此有一定规范，
但结合证券市场的操作性还不够，尚需通过证券立法进一步细化。

---

〔1〕 参见《证券法》第 64 条。
〔2〕 我国 2007 年 8 月颁布的《反垄断法》（2022 年修正）弥补了这一缺陷，在"经营者集中"
一章中将以股权方式取得对其他公司的控制权作为经营者集中的一种情形，并规定达到国家规定的申
报标准的在事前向国务院反垄断执法机构进行申报，国务院反垄断执法机构通过反垄断审查作出是
否允许经营者集中的决定。这保证了上市公司的收购活动不至于对市场竞争环境造成不利影响。参见
李东方主编：《证券法学》，中国政法大学出版社 2012 年版，第 161 页。

按照市场配置资源的经济规律，上市公司通常汇集了全社会最优质的经济资源。上市公司不仅承担着为股东们追求利润最大化的任务和对利益相关人的社会责任，同时还凝聚了投资公众对未来美好生活的期盼。正因如此，它肩负着比普通公司更重要的使命。一旦它因某种危机而轰然倒下，无疑将给众多与之休戚相关的主体乃至整个社会带来巨大的冲击。因此，政府从危机预防和有效应急处置的角度对上市公司的行为予以一定程度的干预完全有必要。但是，上市公司作为追求经济效益最大化的市场经济主体，具有选择高风险以获取高利润的自主经营权，政府对危机的预防和应急处置显然不能以牺牲其对利润的合理追求为代价。因此，政府以危机预防和应急处置为目的而对上市公司进行的监管，在何种意义上是合理的？在何种程度上是必要的？又有哪些措施是可行的？这些都是值得我们研究的问题。就此而言，对上市公司实施的危机监管应当始终贯穿着政府适度干预这一指导思想。[1]除政府及其委托机构介入上市公司危机监管之外，各类自律监管机构和上市公司自身也是监管主体。由此多类主体对上市公司所进行的危机预防和应急处置而形成的上市公司危机监管法律制度，构成上市公司监管法的有机组成部分。

第一节　上市公司危机监管的基本理论

一、危机监管的一般理论

（一）危机监管的界定

危机在某种意义上讲，是表明危险和机遇同时存在，二者在特定的条件

---

〔1〕　有关政府干预适度性指导思想的具体内容见本书第一章第三节的论述。

下可以相互转化，正如哲人老子所谓："祸兮福之所倚，福兮祸之所伏"。有许多危机表面上看类似于突发事件，实则有一个渐变的过程，即突发事件是经过一个量变的积累，尔后才达到质变的动态过程。因此，人类对于危机可以在以下三个阶段发挥主观能动性：

第一，在危机苗头初现时，可以通过采取适当的监管措施防患于未然。

第二，虽然没有危机苗头出现，但是监管者可以通过研究先前已经发生过的危机，以它作为前车之鉴，正确地识别、预测可能发生的危机，并为解决危机积累宝贵的经验。

第三，当危机真正来临时，可以根据已有的经验，结合实际情况，采取适当的应急处置措施化解危机，转危为安。

上述三个阶段的行为均可以纳入危机监管的范围之内。美国学者芬克（Fink）在《危机管理》一书中指出："危机管理是组织对所有危机发生因素的预测、分析、化解、防范等而采取的行动。它包括组织面临的政治、经济、法律、技术、自然、人为、管理、文化、环境和其他不可确定的相关因素的管理。"芬克的危机监管观点表明，危机监管是一项全方位的、复杂的系统工程，是需要多方面的知识和技能的知识工程。[1]日本学者龙泽正雄则认为，危机管理就是发现、确认、分析、评估、处理危机，同时在这一过程中必须始终保持"如何以最少费用取得最大效果"的目标。

我国对于危机与危机监管的系统理论研究起步较晚，并且只注重研究企业受到打击后的应对策略，而忽视危机监管的双向性、两重性的特点。有一些学者将危机监管直接等同于零缺点监管、末日监管、风险监管、问题监管。他们认为，"危机监管"是通过监管措施，以达到防止和回避危机，使组织或个人在危机中得以生存，并将危机所造成的损害限制在最低程度的目的。这种危机监管是指在企业中树立危机意识，时时注意与各方面进行有效的沟通交流，努力消除自身缺点和对企业不利的各种影响，以防患于未然。有些小事件、小缺点、小灾害有时足以毁掉一个组织，所以危机监管又叫零缺点监管，有的甚至称之为末日监管。[2]这些定义都从不同方面表达了对危机监管

---

〔1〕 刘李胜主编：《上市公司危机管理——求解迫在眉睫的公司管理难题》，中国时代经济出版社2009年版，第2页。

〔2〕 刘李胜主编：《上市公司危机管理——求解迫在眉睫的公司管理难题》，中国时代经济出版社2009年版，第3页。

的认识。应当说，危机监管包含对危机事前、事中、事后所有方面的监管。监管主体包括政府及其委托机构监管、自律组织监管和企业自身的监管。

（二）危机、风险与灾难三者的关系

1. 对危机概念的进一步辨析。危机这一表述并非一个严格意义上的法学概念。在我国的所有现行法律层级中，只有《银行业监督管理法》《商业银行法》中使用了"信用危机"这一术语。[1]在行政法规层面亦较少出现"危机"这一表述。学术界对于危机含义的研究主要见于管理学尤其是公共管理学领域。

在英文中，与危机相对应的词是"crisis"，其源于古希腊语的"Krisis"，该词在15世纪初借道拉丁语进入英语词汇，其最初的含义是指"疾病中的转折点"（Turning point in a disease）。直到17世纪20年代，该词汇的含义才脱离了医学的语境，一般被用来表示事件发展过程中的关键时点，特别是有产生极其不利后果的高度可能性时。[2]将危机视为转折点而不只是一种不利因素的这种观点，得到了许多危机管理方面学者的认可。例如，我国台湾地区学者詹中原就认为"危机不必然是负面，只是前途未卜与相当程度的风险。能够避免潜在危机的人，就是赢家"。[3]诺曼·R·奥古斯丁（Norman R. Augustine）则用诗意的语言说道："每一次危机既包含导致失败的根源，也孕育着成功的种子。发现、培育，以便收获这个潜在的成功机会，就是危机管理的精髓。"[4]芬克在《危机管理》中说："在汉语中，组成危机的两个字分别表示危险和机会。"[5]

---

〔1〕　通过北大法宝数据库查询，"全文"中含有"危机"两字的法律级别的文件有41件，行政法规级别的文件有129件，但是主要以决议、报告、意见等文件为主。使用"信用危机"术语的基本法，则仅有《银行业监督管理法》《商业银行法》。具体规定如下：《银行业监督管理法》第38条规定，银行业金融机构已经或者可能发生信用危机，严重影响存款人和其他客户合法权益的，国务院银行业监督管理机构可以依法对该银行业金融机构实行接管或者促成机构重组，接管和机构重组依照有关法律和国务院的规定执行。《商业银行法》第64条规定，商业银行已经或者可能发生信用危机，严重影响存款人的利益时，国务院银行业监督管理机构可以对该银行实行接管。接管的目的是对被接管的商业银行采取必要措施，以保护存款人的利益，恢复商业银行的正常经营能力。被接管的商业银行的债权债务关系不因接管而变化。

〔2〕　参见《韦氏大辞典》关于"crisis"的词条："an unstable or crucial time or state of affairs in which a decisive change is impending; especially: one with the distinct possibility of a highly undesirable outcome."

〔3〕　詹中原：《危机管理——理论架构》，联经出版事业股份有限公司2006年版，第3页。

〔4〕　[美]诺曼·R·奥古斯丁：《对力求规避的危机的管理》，载诺曼·R·奥古斯丁：《〈哈佛商业评论〉精粹译丛——危机管理》，中国人民大学出版社2001年版，第5页。

〔5〕　周永生编著：《现代企业危机管理》，复旦大学出版社2007年版，第5页。

当然，管理学界对危机这一概念所表达的确切含义并没有达成共识。在此选取部分有代表性的观点，以使我们从不同的视角对危机的本质有更深入的认识。贝尔（Bell）认为："危机是一段时间。在这段时间内，某种关系中的冲突会升高到足以威胁改变那种关系的程度。"凯瑟琳·费恩–班克斯（Kathleen Fearn-Banks）认为，危机是"一个主要事件可能带来阻碍企业正常交易及潜在威胁企业生存的负面结果"。日本学者龙泽正雄认为危机有五种内涵：①危机即事故；②危机即事故发生的不确定性；③事故发生的可能性；④危机即各种危险性的结合；⑤危机即预料和结果的变动。罗伯特·希斯（Robert Health）认为危机涵盖了三种情景："①对人员和资源的维系；②失控；③对人员、组织和资源造成可见和不可见的影响"。罗宾革（Lerbinger）则将危机界定为"对于公司未来的获利率、成长甚至生存发生潜在威胁的事件"[1]。

2. 危机不同于风险。风险对应的英文"risk"，来源于法语"risque"，意为"航行于危崖间"。[2]我国国家标准《风险管理 术语》（GB/T 23694-2009）中将风险定义为"为某一事件发生的概率和其后果的组合"。风险强调的是发生不利后果的可能性，只有风险防范失败，造成严重危害结果时，危机才会发生。风险是危机的诱因，而妥善的风险防范可以在一定程度上有效防止危机的发生。由此可见，危机预防的核心就在于风险的监测和控制。

3. 危机也不同于灾难。灾难指的是一种具有毁灭性的后果。"灾难意味突然而至的大灾祸，是问题的潜伏、舒缓、准备期，问题未妥善处理或纾解所造成的结果。"[3]可见，灾难是危机应急处置失败的后果。

4. 三者的关系。风险、危机和灾难三者的关系可以总结为：风险可能带来危机，而危机处理失败则会带来灾难。因此，面对危机需要考虑的有两件事：一是如何控制风险以预防危机；二是在危机爆发后如何妥善应对以防止其成为灾难。前者为危机预防，主要是以内部监管（即企业自身的监管）为主，政府干预为辅；后者则为危机应急处置，主要是靠外部监管，即政府及

---

〔1〕 对于管理学中"危机"概念的更多总结，详见詹中原：《危机管理——理论架构》，联经出版事业股份有限公司2006年版，第6~10页；周永生编著：《现代企业危机管理》，复旦大学出版社2007年版，第4页；魏立尧、陈凯：《企业危机管理理论评述与扩展》，载《华东经济管理》2005年第6期。

〔2〕 宋明哲：《现代风险管理》，五南图书出版股份有限公司2006年版，第5页。

〔3〕 詹中原：《危机管理——理论架构》，联经出版事业股份有限公司2006年版，第12页。

其委托机构监管以及自律组织的监管。二者均有政府干预的因素，故该二者都被纳入上市公司监管法的范围，自然也就成为本书的研究对象。

二、上市公司危机与上市公司危机监管

(一) 上市公司危机的特征

无论是上市公司，还是非上市公司，遭遇危机都是一项生攸关的考验。但是，上市公司的资本结构和其与社会公众利益联系的紧密程度，使上市公司危机有别于一般企业。与普通公司相比较，上市公司危机的主要特征如下：

1. 上市公司危机传导性更强。这一特征源自于上市公司与资本市场之间的紧密联系。如果将资本市场比作一副巨大的多米诺骨牌阵，那么，一个个上市公司就如组成这牌阵的一张张多米诺骨牌。我们担心的不是某一张牌因为不稳而倒下，而是害怕因为某一张牌的倒下而全盘皆输。日益加剧的金融脱媒使得危机的传导性有增无减。所谓金融脱媒（Disintermediation），又称"金融非中介化"，是指资金的供需双方脱离金融中介机构，如商业银行、证券公司等，直接进行融通。其主要表现为社会融资比例中直接融资比例逐渐上升。根据中国银行间市场交易商协会的统计数据，我国间接融资占比已经由 2006 年的 91% 下降至 2012 年 1~10 月份的 84%。[1]中国人民银行发布的社会融资规模（即一定时期内实体经济从金融体系获得的资金总额）统计报告显示，2012 年全年人民币贷款占同期社会融资规模的 52.1%，同比降低 6.1%；而信托贷款占比和企业债券占比，同比分别增高 6.6% 和 3.7%。[2]而在资本市场最为发达的美国，直接融资比例甚至长期高达 80% 以上。[3]金融脱媒化的结果是将整个社会经济越来越紧密地联系在一张庞大的资本之网下，没有任何一家上市公司在资本意义上是一座孤岛。

关于资本市场的传导效应，从下面所举的发生于美国的实例可见一斑：成立于 1971 年的美国市政债券保险集团（AMBAC Financial Group Inc，以下

---

〔1〕 安国俊：《提高直接融资比例，债市大有可为》，载《证券日报》2012 年 12 月 10 日，第 A3 版。

〔2〕 见中国人民银行：《2012 年社会融资规模统计数据报告》，载中国人民银行官网，http://www.pbc.gov.cn/publish/diaochatongjisi/3172/2013/20130109165102866350983/20130109165102866635098 3_html，最后访问时间：2023 年 2 月 22 日。

〔3〕 李迅雷：《直接融资比重提升为何如此缓慢》，载全景网，http://www.p5w.net/newfortune/zhuanlan/201103/t3484344.htm，最后访问时间：2023 年 2 月 22 日。

简称 AMBAC）是美国最早也是最大的市政债券保险商之一，它的业务是为市政债券提供信用保险。与所有保险公司一样，在留足法定备付准备金后它将闲置资金投资于资本市场以寻求投资回报，其中就有一部分购买了次级住房抵押债券。在次贷危机爆发后，这些债券价值骤降。随后，惠誉[1]将AMBAC 的信用评级从 AAA 降低到 AA，这无疑给它当头一棒，使之难以筹集资金以应对危机中高额的流动性需求。2010 年 11 月，AMBAC 申请破产保护。而由于多家市政债券保险公司的相同遭遇，市政债券没有足够机构提供信用担保而难以继续发行，政府难以筹集到足够资金用以市政建设和提供公共服务，导致公共支出的缩减。危机从住房抵押贷款市场传导到保险机构，再传导到公共财政，进而引发实体经济的进一步震荡，然后又反过来影响资本市场。

金融脱媒会对上市公司危机产生以下两方面的重要影响：一方面，它使得单个上市公司的危机更容易通过资本市场传导至整个社会；另一方面，它使得上市公司必须承受更多来自资本市场的系统性风险。当然，这一影响不仅仅局限于上市公司，非上市公司通过发行债券和购买金融资产亦与资本之网发生各种联系。但是毫无疑问，作为资本市场的主要参与者，它对上市公司的影响远远超出非上市公司。正因为单个上市公司的危机更容易通过资本市场传导给整个社会，才需要考虑如何从制度设计上督促上市公司作出更负责任的经营决策，正视决策中的风险因素；正因为上市公司必须承受更多系统性风险的影响，而系统性风险的特性决定了它的"公地危机"[2]特征，监管者才需要承担起对这一风险的监测和预警的责任。对此，进一步的讨论详见本章第二节的相关内容。

2. 上市公司危机的风险后果社会承担性更强。这个特征来自于股份公司

---

[1] 惠誉评级是与标普、穆迪齐名的全球三大评级公司之一。在三大评级公司里，惠誉最早进入中国。

[2] "公地危机"从"公地悲剧"引申而来。"公地悲剧"出现于共同拥有的资源由众多人使用的情形之中。其中，每一个人在为自己的利益而最大限度地利用该公共资源时都能获益，但如果所有的人都如此行事，就会出现资源遭破坏的灾难性局面。参见［德］柯武刚、史漫飞：《制度经济学：社会秩序与公共政策》，韩朝华译，商务印书馆 2000 年版，第 139 页。该词汇首先由美国学者哈定在《公地的悲剧》一文中提出。"公地危机"是想表明：系统性风险预防中存在类似的问题，即每个上市公司从自身利益出发，往往选择回避监测、预警的责任，从而使得整个社会暴露在这种风险之中，进而可能导致社会公众遭受灾难性的后果。

这一制度本身。理由如下：其一，股份公司自其诞生之日起就是作为一种分散投资风险的机制而成为一种在世界范围内广泛使用的制度，当其成为上市公司以后，更可以将其风险广泛分散转嫁于整个社会。其二，这种机制天然地会使上市公司尤其是其管理层更有可能采取以社会利益为代价的冒险行动：如果冒险成功获利了，利润是上市公司的，管理层也可以因此获取丰厚薪酬；如果冒险失败了，风险将会由以公众投资者为主的整个社会去承担，上市公司可能会破产，但是管理层不会。这种风险和利益的不对称分布使得上市公司的管理层极易忽视风险，因此大大增加危机爆发的可能性。

3. 上市公司危机受社会心理因素的影响更强。社会心理因素不仅可能导致危机的发生，还会导致危机发生后的迅速加剧以及随后一系列的连锁反应，使得危机的消解变得更为困难。心理学的研究表明，人们具有损失规避的倾向，[1]即便采取某种行动使得情况恶化的可能性比回避这种损失的可能性更高，他们也愿意赌一把。因此，当面临即将到来的重大风险时，尽管理性的选择是采取一切可能的办法去回避损失，但是事实却相反，面对可能的损失预期人们往往选择"赌最后一把"或者"孤注一掷"，并且损失预期越强烈，导致这种逆向行为的可能性就越高。[2]因此，如果不能在危机初期就尽快介入以防止这种预期，原本可控的危机会因为这种面对损失的非理性的决策行为而造成更大的灾难。同时，因这种预期在公众中的蔓延而带来的恐慌情绪本身亦足以使得原本并不严重的问题衍化为一场重大危机。研究还表明，在危机发生后，受社会心理因素的影响，人们的风险恐慌程度会显著上升，这种风险恐慌情绪会进一步加剧市场下跌，延缓市场的恢复进程。[3]所以，市场的恐慌情绪或者说社会的心理因素应当作为监管者采取危机救助措施时的

---

[1] 关于损失规避的相关理论，参见［美］斯科特·普劳斯：《决策与判断》，施俊琦、王星译，人民邮电出版社2004年版，第84~90页；［美］丹尼尔·卡尼曼：《思考，快与慢》，胡晓姣、李爱民、何梦莹译，中信出版社2012年版，第四部分"选择与风险"。

[2] 中海油在新加坡的巨亏案就是这一现象的最佳脚注。该公司总裁陈久霖在原油期货中发生亏损时，他并没有选择及时将损失控制在初期可控的范围内，而是毫不顾及整个经济环境的孤注一掷继续加大仓位赌原油价格下跌，最终导致难以弥补的巨亏。资料来源：《悲情陈久霖：弃卒的启示》，载网易财经，http://money.163.com/09/0604/09/5AV2L6R2002524TH.html，最后访问时间：2023年2月22日。

[3] 参见［美］露西 F. 阿科特、［加］理查德·迪弗斯：《行为金融：心理、决策和市场》，戴国强等译，机械工业出版社2012年版，第14章。

重要考量因素。

（二）上市公司危机监管

1. 上市公司危机监管的产生与界定。市场经济国家（地区）的许多组织和监管机构都要求上市公司加强危机监管，例如伦敦证券交易所就规定，上市公司必须建立危机监管体制，并定期提交有关报告。企业危机管理在 20 世纪 90 年代初期才传入我国境内，我国对于危机与危机管理的系统性理论研究起步较晚，特别是对其作为决策科学的一个重要分支科学进行实证性研究尚属空白。[1]然而，在实践中，一些有识之士却早已带头在企业实行"危机管理"，并取得了一些成效。例如，海尔集团的生存理论是"永远战战兢兢，永远如履薄冰"。小天鹅集团在增强危机意识方面也做得比较成功，他们将自己的管理方式定义为"末日管理"，即企业经营者和所有员工都要正确认识市场和竞争，要充分意识到企业有末日、产品有末日；昨天的成功不能成为今天的骄傲，企业最好的时候往往是最不好的开始。他们用这种忧患意识激励全体员工始终进行深层次的质量攻关和产品开发，不断在用户服务方面下工夫，使产品在激烈的市场竞争中立于不败之地。华为公司原总裁任正非写的《华为的冬天》和《北国之春》，也是强调危机意识、居安思危的生动例子。任正非在文中提到："华为的危机以及萎缩、破产是一定会到来的"，"危机并不遥远，死亡却是永恒的，这一天一定会到来，你一定要相信。从哲学上、从任何自然规律上来说，我们都不能抗拒，只是如果我们能够清醒认识到我们存在的问题，我们就能延缓这个时候的到来"。[2]

可见，在我国建立和完善上市公司危机监管法律制度已经十分必要和紧迫，这也是完善我国上市公司监管法的一个重要方面。所谓上市公司危机监管，是指通过对上市公司进行危机监测、危机预控、危机决策和危机应急处置，从而达到避免危机、减少危机产生的危害，甚至将危机转化为发展机遇的一系列监管活动的总和。规制这一系列监管活动的法律规范的总和则构成上市公司危机监管法律制度。

---

[1] 刘李胜主编：《上市公司危机管理——求解迫在眉睫的公司管理难题》，中国时代经济出版社 2009 年版，第 4 页。

[2] 以上海尔集团、小天鹅集团和华为公司的例子，均转引自刘李胜主编：《上市公司危机管理——求解迫在眉睫的公司管理难题》，中国时代经济出版社 2009 年版，第 4 页。

上市公司的危机监管既与一般企业的危机监管有共同之处，又由于其具有更强的社会公共利益性而使其监管具有特殊性。监管的特殊性取决于上述上市公司危机的基本特征。

2. 上市公司危机的种类及其监管。

（1）单个上市公司危机和系统性上市公司危机。根据危机涉及的范围，可以将上市公司危机划分为单个上市公司危机和系统性上市公司危机。单个上市公司危机所产生的后果仅限于一家上市公司，例如单个上市公司因严重违反法律而造成的危机事件。系统性上市公司危机所产生的后果具有辐射性，往往波及在业务或者股权结构上相关联的其他上市公司，乃至整个宏观经济。[1] 其核心特点在于波及面广，受影响者多。

区分单个上市公司危机和系统性上市公司危机的意义在于它们有着不同的监管要求。由于系统性上市公司危机的可预见性弱，对监管能力提出了更大的挑战。正因为两者在表现形式、后果严重程度上存在显著差异，从监管的角度而言，需要采用不同的监管方式和理念。尤其需要重视系统性上市公司危机的监管，以避免宏观经济波动。

（2）上市公司内部危机和上市公司外部危机。以企业主体为边界，可以将上市公司危机根据具体来源的不同，划分为内部危机和外部危机。企业生存的环境是内部环境和外部环境的综合，相应的企业在经营中可能面对这两方面环境因素带来的危机。

内部危机的来源可以具体细分为人力资源危机、产品质量危机、战略危机、财务危机、组织结构危机、企业文化危机等种类。其中最为常见的是产品质量危机和财务危机，但是从更深层次角度分析，这两类危机往往是人力资源危机、战略危机和组织结构危机甚至是企业文化危机的表现或者结果。由于这几种危机往往并不明显，所以产品质量危机和财务危机就成为最易观察到的内部危机形式，也是日常媒体和监管关注的焦点。

外部危机的来源可以具体细分为自然灾害、政治法律环境变化、经济环

---

[1] 这里需要说明的是，"系统性危机"这一概念有两种不同角度的解释。第一种解释是基于危机来源的角度使用这一概念，它是指来源于市场、环境、制度、法律等企业整体外部经营环境发生变化所带来的企业危机，以区别于来源于企业自身的危机。这个意义上的"系统性危机"实际上来源于风险管理理论中的"系统性风险"这一概念。第二种解释则是从危机后果的波及面角度来使用"系统性危机"这一概念，亦即此处采用的概念。

境变化及技术进步、媒体误导性宣传及其他突发性事件。上市公司所特有的外部危机来源还包括股票市场的系统性危机和金融环境带来的危机。

以企业危机来源为划分标准的另一种观点，是将企业危机划分为突发性危机、组织危机、职能危机和战略危机。所谓突发性危机，是指外部宏观环境、行业状况或企业内部突然发生的一些事件给企业带来的危机。所谓组织危机，是指组织规模过大、效率低下，组织机构与企业成长阶段、企业战略不相适应以及管理体制不完善、组织文化落后等导致的危机。所谓职能危机，是指企业各职能管理与企业的业务、变化了的环境不相适应而产生的企业危机。主要包括财务危机、营销危机、技术及产品创新危机、生产危机、人才危机等。所谓战略危机，则是指由于企业选择了不合适的战略，或虽然战略选择合适，但实施不当而给企业造成的危机。[1]这种基于实证研究提出的分类方法可以进一步加深我们对危机来源的认识，有助于上市公司危机监管的理论和实践。

从风险来源的角度对上市公司的危机进行分类有助于我们认清危机的来源，从而有针对性地进行监管，更重要的是有助于我们认清上市公司内部和外部监管的界限。上市公司危机所具有的天然的巨大负外部性要求在一定程度上对危机进行外部监管，即政府和行业自律组织的监管；而对于诸如企业内部战略错误、企业文化、人力资源等问题属于企业自主决策的范畴，其可能产生的危机主要靠企业自身内部监管。

本书对上市公司危机监管的研究，注重上市公司危机的全过程监管，即事前、事中和事后监管，故下面将从危机预防和危机应急处置两个方面来论述。

第二节　上市公司危机预防监管

一、上市公司危机预防监管的理论基础

对于上市公司日常监管的讨论一般均着眼于广义上的合规性监管。广义的合规性监管一般由三个部分组成：①工商行政部门对企业经营行为的一般

---

〔1〕　这些分类是学者基于对 28 家中外企业陷入危机的实证研究上提出的。参见沈灼林、何俊德：《企业危机的类型及其对策》，载《华中科技大学学报（人文社会科学版）》2002 年第 3 期。

性监管；②各行业的行政监管部门，如金融、食品、药品行业等，对企业在特殊行业中的经营行为的合规性监管；③证券监管部门对于上市公司在资本市场的证券发行和交易等行为的监管，这一部分属于上市公司监管法的调整范围。合规性监管是现代政府干预经济的主要手段，是一种最基本的监管形式，当然，这并不意味着它是对上市公司唯一的监管形式。近代以来，上市公司重大危机给我们的经济带来严重冲击的历史反复提醒我们应当注重危机预防的监管。

诚如英国著名危机管理专家迈克尔·里杰斯特（Michael Regester）所说："预防是解决危机的最好方法。"[1]危机预防在各种危机管理理论中的核心地位毋庸置疑。然而，传统理论研究普遍预设了危机预防的任务应当由企业自身承担这一前提，这也解释了为什么一直以来危机管理都深受管理学界的青睐而鲜受法学界关注的原因。正因如此，在法学领域主张一种以危机预防为着眼点的监管路径，必定会受到诸多质疑，因为这种带有侵入性的监管无疑已经在政府干预经济的边界上徘徊，稍有不慎便会产生政府过度干预经济的后果。

质疑者用以支持其观点的一个重要逻辑是：在合规经营的前提下，承担风险对任何寻求利润的行为都是必不可缺的。承担的风险越大，取得利润才有可能越高。对于这一点，早期古典经济学家，如萨伊（Say），在对"利润"这一概念进行研究时就已经有所提及，并提出了利润是对企业家承担风险的奖励的观点。而在制度经济学者奈特（Knight）看来，风险（不确定性）就是利润的来源："如果变化的规律是众所周知的，就像在多数情况下那样，利润就不可能产生。……正是基于这一事实，我们才说对未来的一无所知是变化的必要条件，由这种变化产生的误差，才是利润的来源。……要对利润有一个满意的解释，我们似乎要……转向未来的不确定性，即一种可以大致用日常语言和商业用语中的'风险'一词来称谓的情况。"[2]而危机预防监管背后的理念却与这一逻辑之间存在着某种冲突。如本章第一节中所述，由于风险是危机的诱因，危机预防监管必定会涉及政府对于上市公司承担风险大

---

〔1〕　周永生编著：《现代企业危机管理》，复旦大学出版社 2007 年版，第 61 页。

〔2〕　参见［美］弗兰克·H. 奈特：《风险、不确定性与利润》，安佳译，商务印书馆 2011 年版，第 2 章。

小的限制。换句话说，政府介入上市公司的危机预防在某种程度上也就意味着政府对上市公司盈利潜力的一种限制。正是基于这一点使得危机预防的监管思路与倾向于经济自由化的思潮格格不入。

然而，现实状况是，这种以牺牲企业一定程度的盈利能力为代价而限制企业承担风险的预防危机的监管措施在金融领域中早已是常态。巴塞尔协议对于银行各种比率的限制在本质上即属于此。同样，我国证券监管中建立在《证券公司风险控制指标管理办法》基础上的以净资本为核心的风险监控与预警制度亦属此类。这些都是典型的以危机预防为目标的监管，与一般的合规性监管的理念并不完全相同。

除上述金融行业外，危机预防仍然被一些人认为是公司的内部事务，政府不应当予以过多干预。人们一般认为，金融行业因为其高度的系统性而天然地被认为政府没有必要介入其风险控制。其实，在现代社会，金融业以外的其他上市公司承担的风险亦并非仅仅涉及其自身。20世纪90年代至今，风险的社会化、国际化与证券化已成为现代社会风险的三项显著特征。[1]上市公司正是产生风险社会化和证券化的主要源头。在前文论述上市公司危机的特点时已经提到，上市公司分散风险这一功能使之更有可能采取以社会利益为代价的冒险行动，而只有适度干预增加冒险的成本才能够降低上市公司冒险的内驱力。这便是政府干预上市公司危机预防的第一个理由。

对于成本和收益的考量是促使政府对上市公司危机预防进行监管的第二个原因。大型上市公司如果在遭遇危机时需要政府大量资金的救助，那么只要政府能够通过事前危机预防监管降低危机发生的可能性，从而有效降低未来救助的成本，从纳税人角度来看，这种预防措施在经济上就是合理的。从另一个角度来说，上市公司获得危机救助的前提必然是接受危机预防监管。上市公司不可能一方面期望在遭遇危机时寻求政府的救助，另一方面又强烈抵触在平时出于对于危机预防目的而进行的严苛监管，否则上市公司将存在明显的道德风险。破解政府危机救助带来的上市公司道德风险的必要手段之一，就是通过危机预防监管，在危机发生之前赋予上市公司（及其经营管理层）谨慎经营、控制风险的责任。

对于上市公司危机预防的政府介入还有第三个更重要的理由，即对抗系

---

[1] 宋明哲：《现代风险管理》，五南图书出版公司2006年版，第11页。

统性风险。在上市公司面临的诸多风险中，例如日常经营风险、市场风险、汇率风险、流动性风险等，有许多可以通过多样化经营、商业保险或利用期货市场进行套期保值等一种或多种风险控制措施，或多或少地予以分散。可以说，反对政府危机预防监管者所设想的风险就是属于这种类型的风险。但是，除上述风险之外，还有一类风险，它是仅凭单个上市公司自身没有办法应对的，那就是系统性风险。本来系统性风险被认为主要是金融领域特有的问题。然而，伴随着自 20 世纪 70 年代以来高速发展的金融创新，金融工程带来的衍生金融产品深刻地改变了整个市场结构，它们打破了金融市场和商品市场的藩篱，并使得金融行业和非金融行业所面对的风险之间的差别也不再那么泾渭分明。所有企业都在一个系统中运转，因此都需要面对系统性风险。系统性风险的最大特征在于其不可分散性。这一特征强烈地预示着需要有那些具有协调整个市场的能力的主体介入，具备这种能力的主体，显然只能是政府及其授权机构。

对此，进一步的理由有以下两个方面：一方面，对系统性风险的监测和预防具有显著的"搭便车"和"外部不经济"特征。如果某家上市公司设立部门专门监测系统性风险，那么这种对于系统性危机的监测不但会使得其他上市公司从中受益，而同时这家公司又无法通过自身努力分散这种风险，这种行为显然是不经济的。因此，任何一家单独上市公司都没有足够的动力去试图消弭系统性风险。这就造成了在单个上市公司的风险控制体系中，对于系统性风险的监测和预防处于真空地带的现象。另一方面，系统性风险的监测、预警需要的信息、技术、资源和能力都远远超出任何单一上市公司的能力。这种监测需要建立在信息协调和共享的基础之上，而对于系统性风险的预防有时需要借助强有力的行政措施，因此需要政府的主动介入。

上述讨论表明政府介入上市公司危机预防无疑是必要的。但是，这种介入必须谨慎地在社会经济安全与企业的经济自由之间寻求平衡，而不能成为政府肆意僭越企业自主经营行为的理由。正因如此，政府的危机预防监管应当仅限于上市公司自身无法解决的范围。比如，在非系统性风险上，危机预防的责任主要在于上市公司本身。当然，对于危机所带来的负外部性特别高的企业，基于上市公司的冒险动力以及成本-收益这两方面因素的综合考量，政府应当参与监督其完善自身风险控制措施，以减小政府和整个社会为其因风险控制失败而造成的危机所带来的包括救助成本在内的各种损失。

在系统性风险上，政府应当承担起最主要的风险监测、预警责任，因为这已经超出了单个上市公司的能力，且这种风险造成的危机后果极其严重。这种风险控制的真空将会给整体经济带来灾难性的后果，所以有审慎预防的必要。

对于上述上市公司内、外部风险的监管，前者称之为内部（风险）控制监管，后者则称之为系统性风险监管。这两者共同构成了上市公司危机预防监管制度的内容。这个结论既是政府介入危机预防的合理性基础，又是避免政府介入上市公司经营活动的界限，是在危机预防和企业追求利润最大化之间寻求平衡的结果。

二、上市公司危机预防监管的主要措施

（一）上市公司内部（风险）控制监管

上市公司内部控制监管，首先是指监管者以信息公开为基础而采取的对上市公司内部风险控制的一系列监管措施。它主要适用于非系统性风险，背后的监管理念是在以上市公司为风险控制责任主体的基础上，加强对上市公司内部控制有效性的外部监督，主要手段则是强制信息公开；其次，限制高管薪酬以抑制企业过度追求高风险业务是一项最新的监管趋势，这种监管趋势标志着监管者对于企业追求风险背后的激励机制的最新关注；再次，通过上市公司投资者关系管理实施危机公关，也是实现上市公司内部风险控制的有效手段；最后，也可以通过制定指引性标准的方式引导上市公司完善风险控制措施。以法律风险为例，我国于2011年出台了针对企业法律工作领域发布的第一个国家标准《企业法律风险管理指南》（GB/T27914-2011），供企业在防范法律风险时作为参考。下面主要从信息公开和限制高管薪酬以及上市公司投资者关系管理等方面来讨论上市公司内部控制监管。

1. 内部（风险）控制情况信息公开。上市公司内部控制信息公开，是指监管者对上市公司的内部控制作出强行性或者指引性标准，由会计师事务所等机构根据该标准进行外部监督，并且对监督结果进行强制性信息公开的制度。对于内部控制的关注直接源于世界能源巨头安然公司和通信巨头世通公司的破产案例。作为这一事件的反思和应对，2002年通过的萨班斯法案第404节对内部控制审计作出了强制性规定。该规定具体内容如下：

第 404 节　管理层对内部控制的评价

（a）内部控制方面的要求——SEC 应当作相应的规定，要求按《1934 年证券交易法》第 13 节（a）或第 15 节（d）编制的年度报告中包括内部控制报告，包括：①强调公司管理层建立和维护内部控制系统及相应控制程序充分有效的责任；②发行人管理层最近财政年度末对内部控制体系及控制程序有效性的评价；

（b）内部控制评价报告——对于本节（a）中要求的管理层对内部控制的评价，担任公司年报审计的会计公司应当对其进行测试和评价，并出具评价报告。上述评价和报告应当遵循委员会发布或认可的准则。上述评价过程不应当作为一项单独的业务。[1]

该条是整部法案中最具争议性的条款，争议焦点主要集中在它所导致的上市公司信息公开成本的飙升上。根据该法案，SEC 在 2004 年批准了由该法案新设的公众公司会计检查委员会（PCAOB）提出的审计准则第 2 号。根据估算，该要求可能使上市公司的年度审计费用增加 30%~100%。一些估算认为，大公司遵守该法案的年成本高达 3500 万美元。许多普通公司表示，实施该法案的成本为 510 万美元，此后每年遵守这一法案的平均年成本为 370 万美元。[2]甚至美国前财政部部长约翰·保尔森（John Paulson）都在公开场合多次表示该审计准则将严重损害美国资本市场的国际竞争力。2007 年，SEC 终于撤销该准则，并通过审计准则第 5 号作为替代，大大降低了信息公开的成本。其中最主要的措施之一在于区别对待不同的公司，使得内部控制审计得以适应不同规模和复杂性的公司。[3]

在我国，最早提及内部控制审计的规范是 1996 年的《电力企业内部控制制度审计试行办法》，随后 1997 年及 1998 年又分别出台了《教育系统企业内部控制制度评审实施办法（试行）》及《煤炭企业内部控制审计实施办法》。但是在那个阶段，所谓的内部审计的含义与我们现在所指的大有不同。在这些文件中，内部控制仅仅指合法合规经营、财务管理健全、职责明晰等属于

---

〔1〕 采用中国注册会计师协会组织翻译的中文版。

〔2〕 ［美］肯尼斯·A·金、约翰·R·诺夫辛格：《金＆诺夫辛格公司治理：中国视角》，严若森译，中国人民大学出版社 2008 年版，第 146 页。

〔3〕 参见 Louis Loss, Joel Seligman, Troy Paredes, *Fundamentals of Securities Regulation*, 6th edition, Wolters Kluwer Law&Business, 2011, pp. 684~688.

一般合规性监管范畴的事项，还没有包含风险管理的概念。因此，虽然它们名为内部控制审计，但不能算作我国以内部（风险）控制情况信息公开作为危机预防监管措施的开端。

2006年，财政部一则《财政部办公厅关于公开选聘企业内部控制标准委员会咨询专家的通知》拉开了我国建立包含风险控制在内的真正意义上的内部（风险）控制情况信息披露制度的帷幕。2008年，财政部会同中国证监会、审计署、银监会、保监会共同制定了《企业内部控制基本规范》（财会〔2008〕7号）。根据该规范第2条的规定，其适用范围是：中华人民共和国境内设立的大中型企业、小企业和其他单位可以参照本规范建立与实施内部控制。该规范原本计划于2009年7月1日开始在上市公司中实施，但由于准备尚不充分，财政部决定推迟实施时间。2010年，上述五部委又联合印发了企业内部控制配套指引，其中包括18个应用指引、1个评价指引和1个审计指引。该18个应用指引涵盖了内部环境、风险评估、信息与沟通、内部监督、资金活动、销售与收款、采购与付款、存货管理与成本核算、固定资产管理、无形资产管理、工程项目、人力资源、税务管理、关联交易、财务报告、全面预算、合同管理、信息系统、研发管理、剩余物资管理、担保管理，最终形成了一套完整的内部控制体系。根据财政部的解释，该套规定中《企业内部控制基本规范》是强制性规范，而企业内部控制配套指引只具有指导性和示范性。[1]该套体系首先于2011年1月1日在境内外同时上市的69家公司实施。同时，财政部、中国证监会又选择了200多家在境内主板上市的公司进行试点。[2]自2012年1月1日起，该体系在上海证券交易所、深圳证券交易所主板上市公司开始全面分类分批实施。[3]

财政部在其解释公告中明确表示，该套内部控制体系和风险控制是统一的，并且建议原本将二者职能分离的公司，"将内部控制建设和风险管理工作有机结合起来，避免职能交叉、资源浪费、重复劳动，降低企业管理成本，提高工作效率和效果"[4]。因此，该套体系完全属于以内部风险控制披露为

---

〔1〕 财政部：《企业内部控制规范体系实施中相关问题解释第1号》，2012年2月23日。

〔2〕 财政部：《企业内部控制规范体系实施中相关问题解释第1号》，2012年2月23日。

〔3〕 《财政部办公厅、证监会办公厅关于2012年主板上市公司分类分批实施企业内部控制规范体系的通知》。

〔4〕 财政部：《企业内部控制规范体系实施中相关问题解释第1号》，第4条，2012年2月23日。

手段的危机预防监管的范畴。目前，该套体系刚开始全面实施，其对我国上市公司带来的成本和可能的效益尚有待观察。在今后的实施过程中，考虑分类披露、分类监管的实施方式有可能成为新的趋势。众多上市公司之间规模大小和复杂程度差异很大。对于规模较小的公司，过于严苛的内部控制要求可能并不经济。

引入内部控制审计这一监管措施还会引发另一个新的法律问题，即公司管理层的法律责任。在美国，萨班斯法案通过之前，大多数州的公司法都允许公司管理层信赖由会计师出具的外部风险评估和内部控制等专业性的意见，意即公司管理层可以对外部专业意见主张合理信赖，并无须承担因此意见中的错误而给公司或者股东带来损失的责任。但是，萨班斯法案明确规定要"强调公司管理层建立和维护内部控制系统及相应控制程序充分有效的责任"，这似乎表明对于内部控制系统有效性的责任已经转移到了管理层身上，对于外部专业意见的信赖已不能成为免除责任的理由。[1] 在我国开始实施《企业内部控制基本规范》及相应配套指引之后，亦存在着类似的法律问题。《企业内部控制基本规范》第 12 条规定："董事会负责内部控制的建立健全和有效实施……"这实际上将包括风险控制在内的内部控制责任赋予了董事会。尽管该规范亦提及了可以由会计师事务所提供内部控制咨询意见，但是若出现了内部控制体系不健全而导致的损失，董事会能否主张合理信赖咨询意见而免责尚存疑问。单从理论上看，董事会作为内部控制的责任主体应当不能因此主张免责。这种理解也有利于危机预防的私力实施，即引入民事责任作为强化内部控制，预防危机的机制。有效的民事责任惩罚机制可以加强董事会完善内部控制的动力，从而提高上市公司预防危机的能力。

2. 限制高管薪酬。讨论危机预防不能忽视的另一个问题是产生危机背后的激励机制。内部控制最终需要通过高管的决策行为才能得以实现，如果高管有足够的动力去忽视这些风险而采取更冒险的经营策略，那么，任何内部控制都不能达到预期效果。从这个意义上讲，高管的决策激励机制是上市公司承担过大风险的根源之一。行为金融学的研究已经证实，经理层有时候会表现出异乎寻常的过度自信。有研究表明经理人倾向于高估自己的运营能力，

---

〔1〕　参见［美］露西 F. 阿科特、［加］理查德·迪弗斯：《行为金融：心理、决策和市场》，戴国强等译，机械工业出版社 2012 年版，第 14 章。

这种过度自信促使经理层采取更为冒险的经营策略；而公司的治理机制和对经理层的选拔和监管都倾向于鼓励和奖赏这种过度自信的行为，其中最重要的激励因素就是慷慨的报酬。[1]这种激励是如此之强烈，甚至可以说，如果不能有效抑制对经理层冒险的激励，其他风险控制措施都不能发挥有效的危机预防作用。

需要明确的是，所谓限制高管薪酬并不是指政府应当为薪酬设置一个上限，而是泛指政府应当通过立法的方式介入高管薪酬的形成过程，其目的在于优化薪酬的组成结构，从而正确激励高管谨慎决策，而非对薪酬数额进行强制干预。这里关注的是如何从改善激励机制的角度防范上市公司危机，与收入分配是否公平的问题并无太大关联。

在美国，高管薪酬的急剧抬升的现象始于 20 世纪 70 年代。起初，高管薪酬相当于普通工人的 40 倍，与 20 世纪 30 年代的情况相比并没有巨大差别。然而从那时起到 21 世纪初，CEO 的平均薪酬已经达到了普通工人的 367 倍。[2]假设在理想化状态下，每家公司的盈利状况取决于高管的素质，同时每个 CEO 的能力水平是可以衡量的，这就形成了一个"高管市场"。这样，公司为了获取最好的高管，在高管市场上相互竞价。由于高素质高管的严重稀缺性，因此他们就会获得非常高的薪酬。然而，这个理想状态的假设在现实中并不成立。这种高涨的薪金及其组成在客观上给公司治理带来的最大危害在于，它促使高管们的过度自信，使他们采取激进而冒险的经营策略，从而大大增加了上市公司因为承担过度的风险而陷入危机的可能性。

耶鲁大学金融学教授罗伯特·希勒（Rebert Shiller）对政府介入大型公司管理层薪酬的决策以预防危机发生的合理性作出了令人信服的解释。他认为政府介入的作用在于分散一种特定的道德风险。高管们相信自己的公司规模足够大，一旦自己的公司破产会给整个社会经济造成直接冲击，政府绝不会允许这种情况的发生，即政府一定会出面兜底。因此，他们不但不会顾及决策的风险究竟有多大，相反还会对赌博性的交易产生巨大兴趣，因为这样可以使公司股价暴涨而使自己获益。即便赌博失败了，政府也会出面收拾残局，

---

〔1〕 参见［美］露西 F. 阿科特、［加］理查德·迪弗斯：《行为金融：心理、决策和市场》，戴国强等译，机械工业出版社 2012 年版，第 263~273 页。

〔2〕 参见［美］保罗·克鲁格曼：《一个自由主义者的良知》，刘波译，中信出版社 2012 年版，第 154~161 页。

自己不会有巨大损失；而一旦成功，则可一夜暴富。这是任何理性人都会选择的做法。[1]除此之外，基于股权的薪酬激励还会诱导作为内幕知情人的高管延迟发布对于公司的利空消息，他们有足够的动力将负面消息延迟至他们行使期权之后再公布，这就会使得当投资公众意识到公司出现危机时往往已为时过晚，危机已经从星星之火演变成燎原之势，此时投资公众的损失已无可挽回。

金融危机后，西方国家开始意识到高管薪酬在金融危机中扮演的重要助推作用，并开始采取一系列的措施。2009 年，美国将对那些接受政府援助的美国金融公司高管年薪设定 50 万美元的最高限额。美国联邦储备委员会的"金融机构薪酬政策监管方案"计划通过评估、审查全美数千家银行或金融企业的薪酬安排，遏制金融业冒险行为，避免金融危机悲剧重演。欧盟委员会鼓励各成员国效仿"奥巴马式限薪令"，限制接受政府救助金融机构高管的薪酬。法国设置了金融业薪酬监察员，其主要职责是监察金融从业人员的薪酬情况。英国政府也宣布将审查银行薪酬机制。[2]

2010 年通过的多德弗兰克法案不仅仅针对金融行业，而是针对所有上市公司的高管薪酬机制作出了全新的规范，试图通过约束高管薪酬决定机制而削弱其采取冒险经营的动力，从而预防危机的再次发生。法案中设置了第951~956 条共 6 个条文以应对这一问题。这些条文都是对《1934 年证券交易法》的补充。其中最重要的规定为第 954 条，该条在《1934 年证券交易法》中增添了 10（D）条款。其具体内容如下：[3]

---

〔1〕　参见［美］罗伯特·希勒：《金融与好的社会》，束宇译，中信出版社 2013 年版，第 30~32 页。

〔2〕　参见张宏、周仁俊：《金融企业高管薪酬监管的最新进展及其思考》，载《金融理论与实践》2010 年第 1 期。

〔3〕　此为笔者自行翻译文本。原文为：SEC. 954. RECOVERY OF ERRONEOUSLY AWARDED COMPENSATION. The Securities Exchange Act of 1934 is amended by inserting after section 10C, as added by section 952, the following：SEC. 10D. RECOVERY OF ERRONEOUSLY AWARDED COMPENSATION POLICY. （a）LISTING STANDARDS. —The Commission shall, by rule, direct the national securities exchanges and national securities associations to prohibit the listing of any security of an issuer that does not comply with the requirements of this section. （b）RECOVERY OF FUNDS. —The rules of the Commission under subsection （a） shall require each issuer to develop and implement a policy providing— （1）for disclosure of the policy of the issuer on incentive based compensation that is based on financial information required to be reported under the securities laws；and （2）that, in the event that the issuer is required to prepare an accounting restatement due to the material noncompliance of the issuer with any financial reporting requirement under the securities laws, the issuer will recover from any current or former executive officer of the issuer who received incentive based compensation

10（D）不当授予薪酬的索回政策

（a）上市标准——对于任何不符合本条规定的发行人，SEC 可以通过颁布规则，指令全国性证券交易所和全国性证券协会禁止其上市。

（b）资金的收回——SEC 根据前述（a）款颁布的规则应当要求所有发行人建立并实施如下规定的政策：①披露发行人的激励性薪酬政策，该薪酬需以证券法应当披露的财务信息而确定；以及②如果发行人因为其根据证券法要求作出的任何财务报告由于严重不合规而被要求重新提交会计报告，则发行人应当向在被要求重新提交会计报告之日前 3 年内领取激励性薪酬（包括作为薪酬授予的股票期权）的所有现任或者前任执行官索回，索回的金额应为根据错误的数据取得的薪酬超过根据重新提交的会计报告应得的薪酬。

该条款的作用在于使得经理层不能因为其掩盖财务信息的行为（无论是有意还是疏忽）而获得经济上的奖励，这意味着如果高管获得高额的激励性薪酬，那么这些薪酬必须基于真实准确的财务表现。这项措施可以在一定程度上削减经理层通过不负责的手段美化经营成果的行为。该条款中的索回制度可以被视为延迟支付制度的另一种形式。所谓延迟支付是指将高管薪酬的很大一部分延迟至离职若干年后支付。[1] 该项措施的核心在于引导高管从公司长远利益出发谨慎决策，因为若高管离职后几年内公司因为其在任期间的冒险行为而陷入破产境地，则其将拿不到这部分薪酬。在这种激励下，高管更有可能对公司面对的潜在风险作出正确评估，避免公司因为其过于激进的经营策略而陷入危机。

引人注目的是，薪酬延迟支付制度已被纳入我国最新的薪酬规范中。2012 年 7 月保监会制定的《保险公司薪酬管理规范指引（试行）》第 12 条规定："保险公司应当在薪酬管理制度中规定绩效薪酬延期支付制度……"第 13 条规定："保险公司董事、监事、高管人员和关键岗位人员绩效薪酬应当实行延期支付，延期支付比例不低于 40%。其中，董事长和总经理不低于 50%。保险公司应当根据风险的持续时间确定绩效薪酬支付期限，原则上不

（接上页）（including stock options awarded as compensation）during the 3-year period preceding the date on which the issuer is required to prepare an accounting restatement, based on the erroneous data, in excess of what would have been paid to the executive officer under the accounting restatement.

　　〔1〕 参见〔美〕罗伯特·希勒：《金融与好的社会》，束宇译，中信出版社 2013 年版，第 30~32 页。

少于 3 年。支付期限为 3 年的，不延期部分在绩效考核结果确定当年支付，延期部分于考核结果确定的下两个年度同期平均支付。支付期限超过 3 年的，延期支付部分遵循等分原则。"第 14 条更是规定："发生绩效薪酬延期支付制度规定情形的风险及损失的，保险公司应当停发相关责任人员未支付的绩效薪酬。"

可见，保监会的该项指引完全借鉴了严格意义上的延迟支付制度。这可以被看作我国政府介入高管薪酬决策过程的一个重要举措。仍需要进一步考虑的问题是，是否应当将这项措施推广至所有上市公司，或是只需选取其中具有系统重要性的大型公司实施？如何保障它的有效实施？无论如何，根据前述分析，我们应当认识到高管薪酬决策的国家介入是完全必要的。作为上市公司危机背后的主要根源之一，它不但是危机预防的必要措施，更重要的是它不能完全通过市场自身调节解决——恰恰相反，正如历史告诉我们的，市场机制只会将其变得更糟。

3. 上市公司投资者关系管理。通过上市公司投资者关系管理，实施上市公司危机公关，使上市公司与投资者在信息畅通的情况下能够融洽情感，遇到危机情况更容易沟通并取得机构投资者和广大公众投资者的谅解与支持。

在上市公司危机监管中，公司与投资者良好的关系往往发挥着意想不到的作用。比如，当一家上市公司面临危机，此时通过与一些重要机构投资者进行沟通，取得其理解和支持，通常这些机构投资者的表态或者行动就会支撑起上市公司股价，而股价的稳定本身就向市场传递了信任和支持的信息，这对于上市公司顺利度过危机无疑会起到良好的作用。

由于上市公司投资者关系管理涉及的问题较多，故本书下一章专门讨论，在此不多加赘述。

（二）上市公司系统性风险监管

危机预防监管的第二个维度是对系统性风险的监管。系统性风险与非系统性风险相对应，又称为不可分散风险。对系统性风险更深入的研究多见于金融法领域，其中一种较为全面的定义认为，系统性风险是指①由类似于市场或者机构危机导致的经济冲击引发的一连串的市场或者机构危机，或者给金融机构造成一系列的重大损失；②导致资本价格的上涨或者资本可得性的下降，通常以金融市场价格的剧烈波动为标志。[1]

上市公司之间错综复杂的股权结构、交易关系、关联关系、经济行为的同质性使得上市公司之间、上市公司与整个国民经济之间的关系比以往任何时候都更为紧密，牵一发而动全身。这种经济现实强烈要求我们在对单个上市公司危机进行监管的基础上，必须对于由上市公司之间的高度关联性所产生的潜在的系统性危机有着清晰的认识。传统的监管理念假设只要单个主体不存在危机隐患，整个系统就是安全的。但是越来越多的研究表明，整个系统很可能在单个主体都显示正常的时候就已经出现危机征兆。在金融法上，这种关注系统性危机的监管理念被称为宏观监管。事实上，宏观审慎的监管思路不应仅仅局限于金融行业，对上市公司系统性危机的宏观监管亦应当纳入监管者的视野。

宏观审慎监管是相对于微观审慎监管的一种监管理念，其对应的英文表述为 macroprudential，这是一个新近创造的单词。[2]它最早于 1979 年出现在巴塞尔委员会的前身库克委员会（Cooke Committee）的一次国际会议上。该委员会认为："当微观经济问题开始形成宏观经济问题时，微观审慎性问题变成了所谓的宏观审慎性问题。"[3]然而，基于 80 年代全球性的去监管化浪潮，该理念在当时并没有引起足够关注。该理念真正得到全球金融监管层的认可源于本轮金融危机爆发后人们对过去监管理念的反思。宏观审慎监管与微观审慎监管之间的主要区别在于它们的目标。将它们从金融领域引申到由所有上市公司构成的系统，可以认为宏观审慎监管关注防范上市公司的整体失败，避免或降低因资本市场不稳定而引致的宏观经济成本；而微观审慎监管则重在防止单个上市公司的危机，保护投资者的利益。

宏观审慎监管关注的是两个维度的问题。第一个维度是特定时间内风险如何在整个市场内传播；第二个维度是风险如何随时间推移变化。第一个维

---

[1] 参见 Steven L. Schwarcz, "Systemic Risk", 97 Geo. L. J. 193. 原文如下："Definition of systemic risk: the risk that (i) an economic shock such as market or institutional failure triggers (through a panic or otherwise) either (X) the failure of a chain of markets or institutions or (Y) a chain of significant losses to financial institutions, (ii) resulting in increases in the cost of capital or decreases in its availability, often evidenced by substantial financial-market price volatility."

[2] Piet Clement, "The Term 'Macroprudential': Origins and Evolution", *BIS Quarterly Review*, 2010.

[3] 史建平、高宇：《宏观审慎监管理论研究综述》，载《国际金融研究》2011 年第 8 期。

度又称为"跨行业维度"，第二个维度又称为"时间维度"。尤其值得关注的是第二个维度，它主要表现为宏观经济的顺周期性。在经济繁荣时，整个市场充满乐观情绪，经济繁荣直接表现在以公允价值计量的资产价格的急剧上升上，这会促使上市公司为提高利润率而追逐高风险的资产，也会促使金融机构提供过多的"流动性"（Liquidity），整个市场因此在繁荣中逐渐走向过度扩张，为系统性危机埋下伏笔。这种现象与制度设计具有密切联系：信用评级、公允价值会计准则、逐日盯市制度和巴塞尔新资本协议内部评级法等，这些顺周期行为和制度会与实体经济相互作用，放大经济波动，产生加速效应，在危机时会加剧经济和金融市场的下挫幅度[1]。

对我们来说或许这一监管理念最重要的价值在于提醒监管者，不要让政府的规则和政策成为危机的源头。在制定规则和政策时，必须充分考虑到它们对经济的影响。

第三节　上市公司危机应急处置监管

一、上市公司危机应急处置政府介入的合理性

危机预防的目的在于使上市公司避免可能发生的危机，但是一些突发情况可能会在谁都没有意料到的情况下使上市公司陷入危机。例如整个行业被别国认定存在倾销行为而被征收惩罚性关税，或者新的技术出现使得原有产业变得不再有经济价值等。企业因种种原因陷入危机之后如何处理能够使之在给社会造成的冲击最小的同时，又符合经济效益便是首当其冲的问题。其中，政府应当扮演何种角色，便是本节讨论的主题。

作为以营利为目的的企业，上市公司所遭遇的危机中最常见的还是因经营失败而带来的危机。这种经营危机的背后所体现的往往是一种失败的商业模式或者被超越的科技水平，而政府动用大量宝贵的公共资源去救助一种失败的商业模式或者落后的科技显然是不符合市场经济规律的。在这种情况下，企业根据破产法的程序退出是正常的选择。正因如此，政府不应当去救助所

---

〔1〕　薛建波等：《宏观审慎监管：有效防范系统性风险的必由之路》，载《金融发展研究》2010年第6期。

有陷于危机的上市公司已是一项共识。

然而，并不是所有危机都源自于经营失败或者落后的科技。即便是由于错误的经营策略，也并不意味着应当完全排除政府介入。有人理想地认为，在这种情况下让企业破产是一种正常的优胜劣汰现象，因此这种危机带来的社会动荡即便严重，也是市场经济必要的阵痛，从长期来看有利于经济的发展，这种观点是值得商榷的。凯恩斯（Keynes）在其《货币改革论》中，一针见血地道出了这种以长期角度看待经济危机处理的问题所在："……讲长期是对处理当前事务的误导。在长期，我们都死了。如果在暴风雨的季节，经济学家们告诉人们，暴风雨在长期中会过去，海洋将恢复平静，这未免把他们自己的任务定得太过于容易和无用了。"当大型上市公司由于错误的经营策略（例如过度扩张）而陷入危机，而危机的后果可能像多米诺骨牌一样扩散开来，使数以万计的劳动者失去岗位，家庭失去经济来源，成千上万的上游供应商和下游销售商因牵连而陷入危机，甚至使整个行业毁于一旦。当资本市场受到冲击，乃至总体国民经济受到影响时，相信很少有人会站在一片废墟上依然坚定地认为当初不制止第一块骨牌倒下的决策是明智的。在这种危机的关头，问题已经不是该不该介入，而是怎样的介入方式最有效，同时尽可能地兼顾分配公平。政府的救助不是在奖赏造成危机的企业，而是要最大限度地减少危害。要达到这一目标，就必须有一系列制度设计的配合。在危机过后，我们需要深刻反思是如何走到这一步的，但是无论如何，造成危机的那些错误不应当成为不予救助的理由。

当然，这并不意味着救助者只能是政府。根据政府介入程度的不同，可以将危机应急处置机制划分为三类。政府直接介入和完全市场化的应急处置机制是其中两个极端，而第三种是介于两者之间的方式，可称之为准市场化的危机应急处置机制。这三种方式中最理想的当属完全市场化的危机应急处置机制。例如，近年来在我国市场上兴起的另类资产投资就以收购陷入危机的企业或者金融资产，为其提供流动性并帮助其改善盈利能力，等待恢复盈利水平后再将其出售获利作为主要投资手段。这种投资思路可以追溯到 JP 摩根和他的父亲，摩根帝国正是用这种投资方式建成的。但是此类方式并不足以应对现代经济带来的严重危机。通用汽车公司和克莱斯勒汽车公司的遭遇就是最典型的例证，在次贷危机最猛烈的时刻，市场上根本找不到有实力有意愿的买家，然而让其破产会导致美国整个汽车业的崩溃。在这种规模的危机面前，政府的直接介入就成为必需。准市场化的危机应急处置机制介于两者之间，是一种兼具行政和市场因素的危机处理机制。市场化的应急处置机制不属于本书讨论的范围，以下仅就政府直接介入和准市场化应急处置这两种机制做进一步研究。

二、上市公司危机处理制度的主要措施

（一）政府直接介入的危机处理机制

1. 上市公司接管制度。接管制度是指行政机关根据法律、法规的授权，在符合特定情形时接收特定对象并予以管理的行为。接管的结果是行政机关取得接管对象的管理控制权。管理控制权的程度根据具体情况有所不同，可以仅仅是经营管理权，也可能包括股东会的职权在内一并接管。[1]

对于接管的法律性质，曾经有过三种不同的观点，分别认为其属于行政处罚、行政事实行为以及行政强制措施。[2]在 2011 年《行政强制法》出台后，接管应当属于行政法上的强制措施已不存在疑问。《行政强制法》第 2 条第 2 款规定："行政强制措施，是指行政机关在行政管理过程中，为制止违法行为、防止证据损毁、避免危害发生、控制危险扩大等情形，依法对公民的人身自由实施暂时性限制，或者对公民、法人或者其他组织的财物实施暂时性控制的行为。"接管的目的主要在于避免危机的扩散，保护社会公众利益。不过在证券法上，接管也被用于制止证券公司的违法经营行为。

由于接管制度的行政干预性较强，一般只在危机具有高度传染性的金融行业使用。我国现行金融立法中已经有许多法律法规涉及了接管制度，主要包括：

（1）银行、信托业。我国 1995 年的《商业银行法》就对银行的接管作出了规定，这也是我国对接管的最早规定。2003 年修订时主要是将接管主体由原来的人民银行变为了银监会，其他规定没有发生变化。其规定适用接管的条件为"已经或者可能发生信用危机，严重影响存款人的利益时"。这一表述

---

〔1〕 这里需要注意的是，接管制度与托管制度的区别，托管制度是作为准市场化危机应急处置机制的措施之一，具体内容将在下文讨论。

〔2〕 吴卫军、石俊峰：《论行政接管的法律规制》，载《行政法学研究》2006 年第 1 期。

也成为整个银行、信托业接管条件的经典表述。《银行业监督管理法》（2006修正）第 38 条同样规定了接管制度，但是除接管外还增添了"促成机构重组"这一措施。并且由于《银行业监督管理法》适用于"对在中华人民共和国境内设立的金融资产管理公司、信托投资公司、财务公司、金融租赁公司以及经国务院银行业监督管理机构批准设立的其他金融机构"，接管制度也适用于这些机构。相应地，银监会在其部门规章《信托公司管理办法》第 55条、《金融租赁公司管理办法》第 43 条和《企业集团财务公司管理办法》第55 条都作出了类似规定。

尚在制定过程中的银行业金融机构破产条例中最核心的内容即为银行业金融机构的破产接管制度，该条例接近一半的篇幅都是在对接管问题作规定。这主要是基于以下两方面的原因：一方面，该草案制定时的原则是，在不能保证商业银行不破产的前提下，尽力避免破产。所以，预期的程序是以行政接管为主，尽量避免真正进入破产程序。[1]另一方面，新《企业破产法》中关于破产程序的规定已经较为详尽，但对于接管问题，现有法律的规定非常缺乏，因此需要在相关法律中进行制度安排，具体加以规定。

（2）保险业。保险法上的接管制度着眼点在于保险公司的偿付能力。我国《保险法》（2015 修正）第 144 条规定："保险公司有下列情形之一的，国务院保险监督管理机构可以对其实行接管：①公司的偿付能力严重不足的；②违反本法规定，损害社会公共利益，可能严重危及或者已经严重危及公司的偿付能力的。被接管的保险公司的债权债务关系不因接管而变化。"

（3）证券期货业。与前述两个行业相比，证券期货行业的接管制度相对复杂。我国《证券法》第 143 条规定："证券公司违法经营或者出现重大风险，严重危害证券市场秩序、损害投资者利益的，国务院证券监督管理机构可以对该证券公司采取责令停业整顿、指定其他机构托管、接管或者撤销等监管措施。"国务院颁布的《证券公司监督管理条例》（2014 修订）第 70 条[2]和

---

［1］ 参见唐玮：《〈破产条例〉力避金融机构破产》，载华夏时报网，http：//www. chinatimes. net. cn/article/5938. html，最后访问时间：2009 年 6 月 26 日。

［2］《证券公司监督管理条例》第 70 条规定："国务院证券监督管理机构对治理结构不健全、内部控制不完善、经营管理混乱、设立账外账或者进行账外经营、拒不执行监督管理决定、违法违规的证券公司，应当责令其限期改正，并可以采取下列措施：……对证券公司进行临时接管……"

《证券公司风险处置条例》（2023 修订）第 8 条[1]对哪些行为构成可以被接管的违法行为作出了规定。

2012 年修订的《证券投资基金法》（2015 年修正时，此条无变化）新增了第 27 条，从而将接管和托管制度引入了基金行业。该条规定："公开募集基金的基金管理人违法经营或者出现重大风险，严重危害证券市场秩序、损害基金份额持有人利益的，国务院证券监督管理机构可以对该基金管理人采取责令停业整顿、指定其他机构托管、接管、取消基金管理资格或者撤销等监管措施。"

同样，在期货领域，《期货交易管理条例》（2017 修订）第 56 条规定："期货公司违法经营或者出现重大风险，严重危害期货市场秩序、损害客户利益的，国务院期货监督管理机构可以对该期货公司采取责令停业整顿、指定其他机构托管或者接管等监管措施。"

根据比较可以发现，证券期货行业的制度与银行、保险行业的制度有三个明显的区别：首先，它不仅仅采取接管制度，还采取更具市场化的托管制度，并且将两种制度并列作为可选的方案；其次，接管或托管的目的不仅限于危机处理，还包括制止违法经营行为；最后，中国证监会可以指定机构作为接管和托管主体，而对于银行、保险业，法律均只规定由监管机构进行接管。这些区别与 2002 年我国证券行业风险的集中暴发及随后的监管反思有着密不可分的关系。同时也与传统上认为证券公司危机比银行、保险机构危机相对而言对市场的冲击要小有关，因此可以采取更为市场化的托管措施。不过将来存款保险制度建立后这一差别可能就会有所改变。

需要指出的是，现行证券期货行业对于接管的立法与《行政强制法》第 17 条的规定之间存在冲突。该条规定："行政强制措施由法律、法规规定的行政机关在法定职权范围内实施。行政强制措施权不得委托。"而前述法律中多次提及证券监管机构可以"指定其他机构接管"。这个问题值得关注。

2. 注资或国有化。注资或国有化是最极端的危机救助措施。往往只有在

---

[1]　《证券公司风险处置条例》（2023 修订）第 8 条规定，证券公司有下列情形之一的，国务院证券监督管理机构可以对其证券经纪等涉及客户的业务进行托管；情节严重的，可以对该证券公司进行接管：①治理混乱，管理失控；②挪用客户资产并且不能自行弥补；③在证券交易结算中多次发生交收违约或者交收违约数额较大；④风险控制指标不符合规定，发生重大财务危机；⑤其他可能影响证券公司持续经营的情形。

情况极其恶劣和紧迫，不采取此种措施就有可能导致大范围的经济或金融危机或者已经暴发这种危机的情况下才能考虑。由于需要巨额的资金，往往需要通过掌握财政权的政府机关并经立法机关的批准方可启动。

次贷危机引发了西方国家对企业的注资和国有化的浪潮。英国政府购买了阿比国民银行、巴克莱银行、汇丰银行、苏格兰皇家银行、渣打银行等大型金融机构的优先股并成为这些金融机构的最大股东，相当于将金融机构半国有化。即便是由于历史原因而对国有化具有极度敏感的德国也于 2009 通过了《救援兼并法》，允许政府对陷入困境的银行实行国有化。[1]

其中，美国政府对通用汽车的救助案例最具样本价值。[2]这家全球汽车行业巨头在 2009 年 3 月 31 日发布的全球合并报表中，显示的资产有 823 亿美元，而负债则超过了资产的两倍，达到了 1728 亿美元之巨。它在全球范围内约有 23.5 万名雇员，其中大约 9.1 万为美国居民。除此之外，还有与之唇齿相依的超过 1 万家供应商。此时的通用汽车若倒下将使整个美国汽车行业遭遇灭顶之灾。

第一个救助方案是向国会申请政府贷款。通用公司提出的资金要求总计为 180 亿美元的政府贷款。但是国会并没有采取行动，因此通用汽车不得不向美国财政部寻求紧急资金支持。2008 年 12 月 19 日，布什政府宣布实施 TARP（Troubled Asset Relief Program）方案。通用公司在该方案及其他一些救助资金的帮助下避免了立即破产。但是这些救助资金对于通用公司来说只是杯水车薪。自 2008 年 12 月接受紧急救助后，全球经济环境进一步恶化，再加上公众对通用汽车未来的悲观预期，通用汽车的销量继续下降，现金流进一步告急。2009 年 2 月，奥巴马总统成立了包含内阁级官员的汽车行业总统特别工作小组。通用汽车向该小组提供了一份对未来进行改革的方案，以期再次取得政府救助，但是该方案的可行性被否决了。通用汽车这时意识到政府只有在其显著减少负债的前提下才会给予救助。这时候的通用汽车已经没有选择了，开始进入破产程序。

---

〔1〕 金碚、刘戒骄：《西方国家应对金融危机的国有化措施分析》，载《经济研究》2009 年第 11 期。

〔2〕 下文对于通用汽车的救助细节依据：Joseph H. Smolinsky, "Retooling General Motors: Defending an Innovative Use of The Bankruptcy Code to Save America's Auto Industry," 6 Brook. J. Corp. Fin & Com. L 103.

申请破产保护后，美国政府和通用汽车开始设计一项史无前例的救助方案。美国破产法典第363条允许债务人在一定条件下，在正常营业之外出售债务人的财产。该程序提供了正式破产程序所不具有的及时性。整个最终破产救助方案因此在第363条下展开。具体的方案如下：

美国和加拿大政府用担保债权及财政资金出资设立新通用公司，新通用公司向原通用公司以价值900亿美元的现金及其他资产竞价购买所有运营资产及部分与经营有关的负债。其余主要负债和非运营资产被留在原通用公司中，通过破产有序清算债务。方案完成后，美国政府在新通用公司中持有60.8%的普通股和210亿美元的序列A优先股；加拿大政府和安大略省政府通过加拿大出口发展公司持有11.7%的普通股和4亿美元的序列A优先股；其余股份由相关工会和原通用公司持有。

随后，原通用汽车公司更名为汽车清算公司（Motor Liquidation Company）。新通用公司在2010年11月重新IPO登录纽约证券交易所主板市场。2012年，美国政府宣布将在2013年逐步通过资本市场退出通用公司，救助顺利结束。

纵观整个过程我们可以发现，美国政府最初用于救助通用汽车的资金本质上是替后来投资者"垫付"的。在危机发生的时候，公众对公司丧失了信心，不愿意向其提供救助资金，因此只能由政府承担救助者的角色。在公司重新步入良性经营轨道之后，政府再通过资本市场收回资金。政府在整个过程中实际上扮演了投资银行的角色，起到了危机缓冲垫的作用。

在理解通用汽车这一案例的时候需要特别注意，不能过分解读为当规模庞大的企业陷入危机时政府必须予以救助。世通公司2002年因会计造假事件而陷入危机时，总资产达到了1070亿美元，甚至超过了通用汽车。但是这并没有导致其受到政府的救助。安然公司也是如此。这背后的理由也是显然的，安然公司和世通公司的危机是由于自身的财务造假违法行为导致的，政府若对其进行救助无疑等于对这种财务舞弊行为的纵容。而且，当时整体经济并没有受到危及的迹象，市场也清晰地认识到这两家公司的危机是因为它们自身的违规行为所导致，因此也不存在蔓延的恐慌情绪。通用汽车得到救助的主要原因并不是因为它的规模太大，而是因为次贷危机下整体经济的脆弱性，也因为美国政府不愿意汽车行业就此崩溃。

对于各种国有化措施的批评主要集中在以下三个方面：①质疑政府进行国有化后企业的能力；②认为救助措施向部分利益团体倾斜；③在西方国家，

还有对于国有化措施违宪的担忧。毫无疑问，国有化措施不意味着政府必须参与企业经营，因此更重要的考量是上述第二项批评。实际上，这也是无法回避的问题，救助行为必然使得受到救助的那部分群体获得利益。理论上可以说，如果不予以救助给社会带来的损失会大于这部分利益，但是这种衡量在客观上似乎难以进行，其中一个重要原因是无法评估不予救助的后果。这种救助或多或少涉及政治上的考虑，因此不能完全通过经济上的衡量予以解释。从上市公司监管法的角度来看，应当关注的是如何尽量平衡各方利益，力求实质公平，并以实现社会公共利益的最大化为己任。

（二）准市场化的危机处置机制

所谓准市场化的危机应急处置机制，是指由国家出资设立专门的机构以承担危机应急处置职能，或者由行政机关负责组织其他市场主体参与危机应急处置的机制。这种机制同时兼具行政和市场的因素。一方面，它的设立、运行、资金、组织、协调等工作或多或少需要政府的参与；另一方面，这些机构和主体具有一定的独立性，其资金来源不完全依赖于财政。可见，它既不同于政府直接参与的危机处理，也不同于彻底的市场化危机处理，故称之为准市场化的危机处置机制。

准市场化的危机应急处置机制与市场化的危机应急处置机制的主要不同之处在于其参与危机处理的出发点不同。无论是投资银行等金融机构还是会计师、律师事务所等证券服务机构，这些市场主体之所以参与危机处理，要么是基于未来收益的考虑，要么是出于参与处置而获取工作报酬的目的；而准市场化机构参与危机处置则是基于法定义务，即使参与应急处置意味着损失也不能逃避，因为其介入的目的在于保护社会公众利益，维护市场稳定。

准市场化的危机应急处置机制与政府直接介入的危机应急处置机制的主要区别在于前者是一项常设的制度，而后者是一种临时性的措施。事实上，政府救助本就不应该制度化，因为政府不能给市场参与者传递其一定会施予援手的承诺，否则一切风险控制措施都将成为空谈。与之相反，市场参与者对于准市场化机构有着明确的预期。另外，就专门机构而言，救助资金主要来源于相关市场参与者平时缴纳的资金，在此限度内的救助行动无须动用财政资金。

下面讨论准市场化危机应急处置机制的两项基本制度，即应急处置专门机构和上市公司托管制度。

1. 应急处置专门机构。国家可以通过出资设立专门的机构承担某一行业危机处理的责任。这种机构的典型代表即为基于银行业的存款保险制度和证券业的证券投资保护基金制度而设立的专门机构。我国的存款保险制度目前尚在建立过程中，而证券投资保护基金制度在 2005 年以后即已施行。

世界上最早的证券投资者保护基金诞生于美国。1970 年，美国爆发了证券公司的倒闭风潮，国会随之建立了证券投资者保护公司（Securities Investor Protection Corporation，SIPC）。其目的主要在于对在破产的证券公司中有资金或者证券的客户进行补偿。随后，世界各国纷纷效仿这一制度，目前已有加拿大、英国、德国、澳大利亚、日本、新加坡等国家。我国香港和台湾地区也建立了类似的制度。[1]我国《证券法》第 126 条规定："国家设立证券投资者保护基金。证券投资者保护基金由证券公司缴纳的资金及其他依法筹集的资金组成，其规模以及筹集、管理和使用的具体办法由国务院规定。"根据此条规定，中国证监会、财政部、中国人民银行于 2005 年 7 月共同制定了《证券投资者保护基金管理办法》（2016 年修订时，第 7 条无变化）。其中第 7 条规定基金公司的职责为：①筹集、管理和运作基金。②监测证券公司风险，参与证券公司风险处置工作。③证券公司被撤销、关闭和破产或被证监会采取行政接管、托管经营等强制性监管措施时，按照国家有关政策规定对债权人予以偿付。④组织、参与被撤销、关闭或破产证券公司的清算工作。⑤管理和处分受偿资产，维护基金权益。⑥发现证券公司经营管理中出现可能危及投资者利益和证券市场安全的重大风险时，向证监会提出监管、处置建议；对证券公司运营中存在的风险隐患会同有关部门建立纠正机制。⑦国务院批准的其他职责。上述职责可以概括为四大类：基金管理、风险预防、危机处理、损失偿付。当然，在发生危机后证券投资者保护基金公司究竟应当发挥何种作用在现行的立法中尚不明确，它究竟是以何种身份介入风险处置工作，是一个需要通过实践来探索的问题。

在我国，曾经还专门由财政部出资设立了四大国有资产管理有限公司来处置四大国有商业银行的不良资产。在实践中它们也扮演了危机应急处置机

---

[1]　洪艳蓉：《证券投资者保护基金的功能与运作机制——基于比较法的制度完善》，载《河北法学》2007 年第 3 期。

构的角色。例如，2004 年华融资产管理公司托管了崩盘后的德隆系下的德恒证券、恒信证券和中富证券；同年，信达资产管理公司托管了汉唐证券和辽宁证券，而东方资产管理公司托管了闽发证券。现在，四大资产管理公司已经完成市场化转型而转变为金融控股公司。由于历史经验优势，它们仍将在一定程度上继续参与不良资产处理的工作。我国的资产管理公司在一定程度上类似于美国所谓的"政府支持实体"（Government-sponsored entities，GSEs），典型的例子就是美国的房地美和房利美。它们虽然进行着市场化的商业运作，但是它们的设立、运营甚至一些经营政策的决定都受到政府的干预。这种类GSEs 机构的参与可能是将来应对上市公司危机处理比较理想的一种模式。

2. 上市公司托管制度。法律上的托管制度起源于国际法。《联合国宪章》第 12 章名为"国际托管制度"（International Trusteeship System）。在企业领域，托管制度有几种不同的用法，包括对于企业股权的托管，对于企业经营权的托管，等等。最早大规模的企业托管源于德国。在东德和西德融合后，为解决东德原有的大量国有企业问题，德国设立了"托管局"，颁布了《托管法》，从而将所有国有企业的所有权均划入托管局名下，它的最终目的是以此种方式实现这些企业的私有化。[1]

在我国，最早提出将托管制度引入一般上市公司危机处理的文件是《国务院批转证监会关于提高上市公司质量意见的通知》。其中第 25 条规定："……地方各级人民政府要切实承担起处置本地区上市公司风险的责任，建立健全上市公司风险处置应急机制，及时采取有效措施，维护上市公司的经营秩序、财产安全和社会稳定，必要时可对陷入危机、可能对社会稳定造成重大影响的上市公司组织实施托管。……"秉承上述文件精神，2007 年制定的《征求意见稿》第 7 条第 2 款规定："地方各级人民政府承担处置本地区上市公司风险的责任，建立和健全上市公司风险处置应急机制。"第 92 条规定："上市公司陷入重大危机、股东大会和董事会不能正常履行职责、可能对社会稳定造成重大影响时，其注册地省级人民政府可以在一定期限内对其组织实施托管。根据前款规定对上市公司组织实施托管的，应当成立专门的托管组织，负责保障公司财产安全，维护公司日常经营管理正常进行，组织召开股东大会，改选公司董事会，依法进行信息披露。"

---

〔1〕 乔文豹、唐建辉：《德国企业托管制度及其借鉴》，载《外国经济与管理》1997 年第 9 期。

对于政府介入上市公司危机处置这一行为，有学者提出了以下五个方面的质疑：①政府兜底会造成上市公司道德风险，政府的兜底保障会使得经营者在经营过程中更为不负责任，因此更有可能导致危机的产生；②政府救助违反优胜劣汰的市场经济法则，企业经营失败、破产是市场经济的必然现象，政府的接管有违市场经济规律，不利于市场经济的自动更新功能的发挥和实现；③政府救助事实上构成对上市公司的一种补贴，既是对公共资源的一种错误配置，也是对其他市场参与者的不公，从终极意义上讲，将会使得市场竞争变得毫无意义，因为竞争的失败者反而会得到政府的救助从而受益；④政府救助会阻碍风险处置的市场化转变进程；⑤政府救助过程缺乏透明性，同时也难以进行司法监督，若救助措施不当而导致利益相关者权益受损通常难以获得司法救济。[1]

实际上，上述质疑并没有建立在对托管制度含义的准确理解之上。它将托管制度和前述政府直接介入的接管制度甚至是注资和国有化手段混为一谈。其实，在托管制度下，政府并不是危机处理的积极参与者，而仅仅是以一个组织者的身份介入危机处理的过程中。直接参与危机处理的是行政引导下的托管组织。因此，它丝毫不意味着政府必须向陷入危机的上市公司注入财政资金。恰恰相反，如果经过评估该上市公司的危机是由于技术落后或者重大财务造假等违法行为所致，那么政府根本不会、也没义务去浪费财政资金救助它。托管组织最重要的作用在于稳定危机，防止危机给社会造成过分冲击。所以，托管制度并不等于政府兜底，它是一项较为有效的准市场化的危机处置制度。

当然，不可否认的是托管制度仍存在许多法律上的问题。其中最核心的当属托管制度与《企业破产法》之间的协调问题。从表面上看，在《企业破产法》中，在法院监督下的破产管理人与托管组织之间的职能存在着冲突，但实际上两者的功能和角色相去甚远，不存在矛盾关系。《企业破产法》中的管理人是法院在裁定受理破产申请的同时指定的，在破产程序进行的过程中承担财产的管理、处分等职责的机构或者个人。管理人介入破产程序的前提是已经向法院提出了破产申请，但是托管组织是为了应对上市公司当下面临

---

[1]　时建中：《上市公司风险处置中行政干预的界限——评〈上市公司监督管理条例（征求意见稿）〉第七条第二款和第九十二条》，载《中国发展观察》2008年第1期。

的危机，此时的上市公司不一定已经陷入资不抵债境地，只是由于某种突发情形而遭遇暂时的危机，如果妥善处理，则可能根本不会走上破产之路。

最后，我们必须对于托管制度的适用作出严格的限制，以防止以此作为不当干预上市公司的工具。《征求意见稿》对于托管制度的适用规定了三个前提：①上市公司陷入重大危机；②股东大会和董事会不能正常履行职责；③可能对社会稳定造成重大影响。在这三个条件中，尤其应当强调的是第二个条件，即托管制度只能在上市公司陷入重大危机并且其内部机制失灵的情况下，作为必要的补充手段介入。当然，我们无论如何都不可能对何为"重大危机"作出严格的法律规定，因此，防止政府以此为借口不当干预上市公司正常经营的主要手段还在于司法救济。政府对于上市公司的托管行为属于具体行政行为而非行政事实行为。所谓事实行政行为，是指由行政主体实施的不产生法律效果的行为。在托管过程中，尽管政府是以组织者而非直接参与者的形式参与危机处理的，但是首先需要政府的托管决定，而这个决定是针对特定企业做出的具有处分性的具体行政行为。因此，如果利益相关者认为政府对该上市公司的托管决定不符合规定，则可以通过行政复议和行政诉讼的方式予以阻止。若政府的托管决定造成损失，则根据《国家赔偿法》的规定，利益相关者对于不当托管决定而造成的损失可以获得赔偿。

在上市公司投资者关系管理的社会关系中，虽然上市公司居于主动"管理"[1]双方关系的一方，但是从本质上讲，是上市公司与投资者之间在市场交易契约关系的基础之上所建立的平等主体之间的意思自治关系。对此，政府或者自律监管机构的态度应该是中立的，任由二者在合法的范围内自主行为。

但是，在下列情形之下，政府监管机构或者自律监管机构就需要介入上市公司投资者关系管理之中了：其一，上市公司投资者关系管理失败。在信息不对称的情况下证券市场上经常会发生投资者对上市公司的不信任，这时投资公众容易采取较为偏激的行为，从而破坏市场交易的连续性和安全性。特别是当多数投资者离场时，会导致市场投资者基础收窄，影响市场交易的安全，同时放大系统风险。投资者的非理性行为引致的风险积累到一定程度，必然会引发证券市场的动荡，甚至危机。[2]此时监管机构的介入就显得十分必要。其二，除上述极端情形外，在上市公司与投资者关系正常时，也存在政府干预的问题，只是此时的政府干预仅限于防止交易信息不对称和证券欺诈的范围内。其三，尽管本质上上市公司投资者关系管理属于平等主体之间的内部关系，但是作为提供公共产品的政府依然有必要为其提供政策指引和法律规范。

正是基于上述种种理由，因此有必要将上市公司投资者关系管理纳入上市公司法治的视野进行研究。

需要注意的是，投资者既是公司股东又是一般社会公众。在证券市场上

---

〔1〕 笔者认为，用"维护"来替代"管理"，表达更为确切，但是由于"上市公司投资者关系管理"的表述已经约定俗成，所以本书尊重这一习惯。

〔2〕 杨华：《公司再造：中国上市公司治理的新路径》，中信出版社2011年版，第361页。

投资公众作为金融消费者，他们的利益最容易受到侵害，他们是上市公司投资者关系管理中重点维系和接受帮助的主体之一。在某种意义上也可以说，上市公司如何处理其与投资公众的关系，就是如何处理其与社会公共利益的关系。处理好这一关系，既是实现上市公司自身利益最大化的需要，同时也是上市公司的一种社会责任。当然，上市公司社会责任的利益相关主体远不只是投资公众，[1]还有其他诸多利益相关者。但是，从社会公共利益的角度考虑，上市公司投资者关系管理和社会责任具有一致性，二者都涉及公司与利益相关者的关系，都具有社会公共利益的属性，故本书将二者放在同一章里进行讨论。

另外，许多证券服务机构，尤其是证券公司，其本身也是上市公司，其在对投资者服务的过程中涉及到投资者适当性管理的问题。故在本章第二节专门就投资者适当性管理的法治问题进行讨论。

第一节 上市公司投资者关系管理

一、上市公司投资者关系管理的基本理论

（一）上市公司投资者关系管理的起源与研究现状

在资本主义早期，特别是在家族式、封闭式的经营理念下，所有权和经营权往往集中于企业所有者手中。企业所有者一般即为管理人，所有权人与管理人利益基本一致，少有冲突。此时投资者关系管理的内容也比较简单，主要是处理企业与债权人之间的关系。后来随着生产规模的日益扩大和融资需求的提高，越来越多的企业采取股份有限公司的组织形式。拥有公司股份的组织或个人即成为股东，企业所有权与管理权日益分离。除公司法规定的特殊情形[2]外，公司股东一般不会干涉企业的日常经营管理活动。由于现代

---

〔1〕 本来公司社会责任的对象是股东之外的其他利益相关者，但是那些投资上市公司的个人投资者关心的只是其金融利益，而非对上市公司的监督管理权，因而他们属于金融消费者，所以他们和其他利益相关者的地位几乎一样，也成为公司社会责任的对象。

〔2〕 在我国《公司法》中，此类情形主要包括：①对公司重大事项的决策权，如《公司法》第59条规定的股东会权力；②股东在权益受到侵害时寻求救济的权利，如《公司法》162条规定的异议股东回购请求权和第190条规定的股东代表诉讼权等。

公司资本份额巨大，股份持有者众多，从而不可避免地产生企业所有者与管理者之间的矛盾冲突问题。特别是对于上市公司而言，由于信息不对称情况的存在，这种矛盾和冲突就会更加明显。因此，越来越多的上市公司开始重视投资者关系管理工作，制定投资者关系管理工作规范，设置专门的投资者关系管理部门，加强与投资者之间的沟通和交流，以尽量减少投资者与上市公司信息不对称现象的存在，提升上市公司业绩和价值。

在现代投资者关系管理的发展过程中，通用电气公司的案例具有里程碑式的意义。1953 年，美国通用电器公司为了规范公司与投资者的关系，在公司成立了正式的投资者关系管理部门。以此为起点，投资者关系管理受到越来越多的上市公司，特别是大型上市公司的重视。1969 年 7 月 10 日，美国投资者关系协会（National Investor Relations Institute，NIRI）成立。此后，投资者关系管理从无到有，逐渐成熟。英国、加拿大、德国、法国、日本等国纷纷效仿，相继成立了各自的投资者关系协会。1990 年，国际投资者关系联合会（International Investor Relations Federation，IIRF）应运而生。[1]各国投资者关系协会通过制定投资者关系管理从业人员操作规则及其他行业规范，对各国投资者关系管理工作起到了积极的推动作用。

关于上市公司投资者关系（Investor Relationship，IR）和上市公司投资者关系管理（Investor Relationship Management，IRM），目前学界多从管理学、金融学、经济学等学科角度出发对上市公司投资者关系管理的管理模式、评价体系、影响因素等内容进行研究，特别是通过对投资者关系管理与上市公司价值变动、公司治理的关系进行实证性的分析验证，进而得出上市公司投资者关系管理在提升上市公司价值、完善公司治理、增加股东权益等方面的正向作用；而对于投资者关系管理对投资者利益的影响及监管部门的角色定位等诸多问题，缺乏深入的研究。

实际上，从我国资本市场发展的整体角度出发，上市公司投资者关系管理不仅同公司自身价值、公司治理等因素密切相关，而且还涉及投资者利益保护、监管部门监管、中介机构作用等诸多方面。投资者关系管理已经成为上市公司日常经营管理中不可忽视的重要内容。本节将从上市公司监管法的

---

〔1〕 肖斌卿、李心丹：《国际投资者关系管理（IRM）的比较与演进》，载《求索》2007 年第 1 期。

视角出发，围绕上市公司、投资者、中介机构及监管部门等主体，重点阐述上市公司投资者关系管理对公司治理、投资者利益保护的作用及影响，并就监管部门在上市公司投资者关系管理中的角色定位问题进行探讨。

（二）投资者、投资者关系与投资者关系管理内涵辨析

1. 投资者。从广义上理解，在证券市场上，投资者一般是指从事股票、债券等投资活动，并希望从中获取经济利益的组织或个人。对于上市公司而言，投资者依分类标准的不同而不同。按照投资财产性质划分，投资者不仅包括上市公司股票的持有者即股东，也应包括上市公司债权人，甚至包括潜在的股东或债权人。而按照投资主体性质划分，投资者可以分为机构投资者和个人投资者。个人投资者是证券市场上最广泛的投资主体，也是投资者利益保护中需要重点关注的群体。

2. 投资者关系。依照上述投资者的内涵，上市公司投资者关系是指上市公司与股东、债权人以及上市公司与潜在的投资者之间的关系。然而，上市公司与中介机构的关系也不可忽视。证券市场上投资者众多，上市公司需要借助媒体、咨询公司、证券公司等中介机构向投资者传递上市公司股权变动、重大经营决策、财务状况等信息。而投资者也需要中介机构对上市公司的信息进行筛选、分类、分析和传达，以快速准确对上市公司的基本情况做出分析判断。中介机构在上市公司与投资者之间起着桥梁和纽带的作用。在某种程度上可以说，上市公司投资者关系实际上是上市公司与中介机构的关系。中介机构信息传导作用的效果直接影响着投资者对上市公司的分析和判断。因此，上市公司投资者关系不仅包含上市公司与投资者之间的关系，而且还应当包括上述二者与中介机构之间的关系。

3. 投资者关系管理。依据美国投资者关系管理协会关于投资者关系管理的定义，投资者关系管理是指公司的战略管理职责，它运用金融、市场营销学和沟通方法来管理公司与金融机构以及其他投资者之间的信息交流，以实现企业的价值最大化。加拿大投资者关系协会（Canadian Investor Relations Institute，CIRI）成立于 1990 年，该组织对投资者关系管理的定义是，公司综合运用金融，市场营销和沟通方法，向已有的投资者和潜在的投资者介绍公司的经营和发展前景，以便其在获得充分信息的前提下做出投资决策。[1]中

---

[1] 杨华：《投资者关系管理与公司价值创造》，中国财政经济出版社 2005 年版，第 3 页。

国香港地区的香港投资者关系管理协会（Hong Kong Investor Relations Association, HKIRA）对投资者关系管理的定义是，通过相关和必要信息的交流沟通，使得投资群体能够对公司股票和证券的公允价值做出可靠的判断。[1]而我国证监会于2022年4月公布的《上市公司投资者关系管理工作指引》（以下简称《工作指引》）第3条，则认为"投资者关系管理是指上市公司通过便利股东权利行使、信息披露、互动交流和诉求处理等工作，加强与投资者及潜在投资者之间的沟通，增进投资者对上市公司的了解和认同，以提升上市公司治理水平和企业整体价值，实现尊重投资者、回报投资者、保护投资者目的的相关活动。"

虽然各国关于投资者关系管理的定义存在差别，但是从总体上讲，投资者关系管理具有以下特征：①投资者关系管理的主体主要包括公司和投资者及潜在投资者；②投资者关系管理的内容是加强公司与投资者之间的信息沟通和交流；③投资者关系管理的主观目标在于增进投资者对公司的了解，以实现公司利益最大化。

综上所述，可以对上市公司投资者关系管理的内涵作如下界定，即上市公司投资者关系管理是指上市公司综合运用金融、市场营销、网络等手段，或者借助中介机构的媒介作用，实现上市公司与投资者之间的沟通与交流，以实现公司利益的最大化。

（三）上市公司投资者关系管理的分类

根据上市公司投资者关系管理行为的不同，可以区分为被动型投资者关系管理和主动型投资者关系管理。前者一般是指依据法律强制性规定或公司章程明确约定所进行的投资者关系管理工作。例如，在我国《证券法》中，第79、80条分别对上市公司中期报告、年度报告、临时报告的内容和程序作了明确的规定。因此，上市公司对上述中期报告、年度报告和临时报告的发布和披露具有强制性的义务。而主动型投资者关系管理一般是上市公司为了公司经营和战略需要，通过召开说明会、参加投资者见面会、走访投资者等行为，主动向投资者提供公司经营管理和战略方面的信息，增进公司管理层

---

〔1〕 "Investor relations is the communication of the relevant and necessary information by which the investment community can consistently make an informed judgment about the fair value of a company's shares and securities." see http：//www.hkira.com/eng/about/vision.php.

与投资者之间的了解和信任。对于主动型的投资者关系管理，在法律上并无强制性规定，它的形成和发展更多的是受到了企业经营理念和公司文化的影响。

在现代上市公司，特别是大型跨国企业，主动型投资者关系管理已经成为投资者关系管理的主流，投资者关系管理中的强制性色彩已经逐步淡化。从本质上讲，投资者关系管理对上市公司应当是自愿性而非强制性的选择。

（四）上市公司投资者关系管理的目的、意义及其原则

1. 上市公司投资者关系管理的目的。投资者关系工作的目的是：①促进公司与投资者之间的良性关系，增进投资者对公司的进一步了解和熟悉；②建立稳定和优质的投资者基础，获得长期的市场支持；③形成服务投资者、尊重投资者的企业文化；④促进公司整体利益最大化和股东财富增长并举的投资理念；⑤增加公司信息披露透明度，改善公司治理。

2. 上市公司投资者关系管理的意义。从宏观角度来说，上市公司投资者关系管理的意义在于为上市公司和投资者架设沟通和交流的桥梁，通过两者之间良性的信息互动与交流，达到上市公司利益与投资者利益的动态平衡，实现双方利益的最大化。具体来说，主要包括以下四个方面：

（1）从上市公司角度出发，投资者关系管理有助于改善公司治理结构，提升公司价值。良好的公司治理结构是公司得以健康持续经营的基础。从广义的公司治理概念来看，公司治理包括内部治理和外部治理。内部治理主要是关于公司内部组织机构的制度安排，在我国由股东会、董事会、监事会构成。外部治理是指公司投资者（股东、债权人等）通过外部市场对管理层进行控制，以确保投资者收益的非正式制度安排。[1]由于上市公司的公众性特点，不同的投资者成分构成对上市公司治理机制产生作用的路径和效果便不相同。

首先，从上市公司内部治理的角度来看，上市公司投资者关系主要为上市公司管理层与股东之间的关系。在传统公司法理论中，股份公司治理结构以股东会、董事会、监事会为中心，其主要目的在于实现以上三者权力的分工与制衡，在股东所有权与管理层管理权之间寻求利益平衡的临界点。在现代上市公司董事会中心主义盛行的背景下，以公司董事会为代表的公司管理

---

〔1〕 李建伟：《公司法学》，中国人民大学出版社 2008 年版，第 338 页。

层权力不断扩大；而股东由于其固有的信息滞后和不对称等劣势，即使定期举行股东会，也不能对公司管理层的权力形成有效约束。由于缺少必要的沟通和交流，如果公司股东和管理层就公司战略方向、经营策略等问题产生分歧，容易导致大股东与大股东之间、大股东与小股东之间、大股东与公司管理层之间的矛盾和冲突，严重情况下可能会引起公司僵局的出现，不利于公司的持续经营。

因此，在公司内部治理层面，上市公司投资者关系管理的意义在于加强公司信息披露的及时性、准确性和有效性，减少股东与公司管理层之间信息不对称问题的存在，特别是就公司战略方向、重大经营决策等问题能够在公司股东和管理层之间及时沟通并达成谅解。这样，对于管理层来说，在作出决策前会慎重考虑各方面因素，防止公司管理层决策冒进或自我寻租行为；对于股东来说，也会减少因为对公司管理层不信任而产生的"用脚投票"现象。同时，上市公司完善的信息披露制度也会为公司树立起良好的声誉，吸引更多的投资者购买上市公司股票，从而推高公司股价，提升上市公司价值。[1]

其次，从上市公司外部治理的角度来看，上市公司投资者关系还包括上市公司与债权人的关系。由于现代企业融资方式日益多样化，除了股权融资和向商业银行借贷之外，在公开市场发行债券已经成为许多上市公司重要的融资方式。[2]由于债券发行程序简单，发行周期短，对公司股权结构影响小，因此颇受上市公司青睐。在现代上市公司，债权人作为利益相关方已经成为影响公司经营及治理状况的重要因素，因此有必要将债权人纳入到现代公司治理和投资者关系管理的研究视域之内。

然而，同股票公开发行上市相比，上市公司的公司债券发行强制信息披露约束较少，债权人对公司日常经营行为缺乏有效的监督。上市公司投资者关系管理的重要意义在于通过积极的信息披露，加强债权人对债券融资范围

---

〔1〕　对于上市公司投资者关系管理水平与公司价值之间关系，已经有学者做了相应的实证研究。研究结果表明，"具有良好的投资者关系管理的上市公司通常具有较强的盈利能力和股本扩张能力，投资者也愿意为投资者关系管理水平高的公司支付溢价，投资者关系管理能提升上市公司价值。"参见李心丹等：《投资者关系管理能提升上市公司价值吗？——基于中国 A 股上市公司投资者关系管理调查的实证研究》，载《管理世界》2007 年第 9 期。

〔2〕　在我国，上市公司可以在银行间债券市场或证券市场发行企业（公司）债券。

和用途的监督，从而对上市公司关联交易和管理层自我寻租等行为形成制约。同时，信息披露制度的存在也增加了上市公司的透明度，使债权人对公司财务状况和发展前景可以有更清晰的了解和判断，从而减少上市公司债券融资难度，降低公司的融资成本。

（2）从投资者角度来说，公司投资者关系管理在主观上实现公司利益最大化的同时，在客观上也对投资者特别是中小投资者的利益保护起到促进作用。在证券市场，依据投资者主体不同，可以划分为个人投资者和机构投资者。个人投资者一般是指在资本市场上购买股票、债券等有价证券的自然人，而机构投资者与其相对，包括证券中介机构、证券投资基金、养老基金、社会保险基金及保险公司等。机构投资者由于资金规模较大，信息获取渠道广泛，专业化水平较高，能够对公司管理层施加较大的影响力。在英美等发达国家，随着机构投资者规模的扩大和对董事会影响力的增强，有人认为："美国的公司治理制度正在从由经理人事实上执掌全权、不受监督制约的'管理人资本主义'向由投资者控制、监督经理层的'投资人资本主义'转化，机构投资者已经一改历史上对企业管理的被动、旁观的态度，开始向积极参与企业战略管理的方向演变。"[1]在此背景下，投资者关系管理制度的建立实际上是向机构投资者提供了更多的信息供给渠道，方便机构投资者对公司作全面深入的了解。机构投资者通过对这些信息的搜集和分析，作出专业的投资判断和决策，并通过其他正式或非正式的渠道向公司管理层施压，从而影响公司治理结构，改变公司决策进程，确保自身利益的实现。

在资本市场中，除了机构投资者外，包括个人投资者在内的中小投资者也是资本市场的积极参与者。同前者相比，后者的利益需要得到更多地关注和保护。相较于机构投资者而言，单个的个人投资者资金规模相对较小，获取信息渠道匮乏，专业化水平较低，在同上市公司及机构投资者的利益博弈中易处于劣势地位。投资者关系管理制度的建立，能够使个人投资者获得更多的上市公司信息，在进行投资决策时更加理性，避免因为不可知因素而遭受损失。

总之，上市公司主动进行投资者关系管理工作，其目的并非仅仅是处理

---

〔1〕 李维安、李滨：《机构投资者介入公司治理效果的实证研究——基于 CCGI[NK] 的经验研究》，载《南开管理评论》2008 年第 1 期。

公司与股东、公司与债权人之间的关系，而是通过积极主动的信息披露和沟通交流，在主观价值目标上实现公司利益的最大化。另外，通过上市公司与投资者进行的沟通交流，可以帮助投资者对上市公司的基本情况作出更加合理的判断，在客观上对投资者利益保护也起到了促进作用。[1]

（3）从证券市场发展的角度来看，投资者关系管理的意义在于提高上市公司整体质量、减少投机现象、促进资本市场良性发展。在证券市场，上市公司管理层和投资者实际上处于利益博弈的动态平衡中。上市公司管理层滥用管理权的行为及控股股东滥用控制权的行为，往往会导致投资者利益受到损害。投资者关系管理在上市公司和投资者之间架设了沟通的桥梁，使得投资者能够根据上市公司提供的信息作出更加理性的分析和判断。上市公司为了实现自身利益最大化，通过加强信息披露的方式增加了公司透明度。优质的上市公司因其完善的公司治理结构、良好的财务状况、高效的管理团队而受到投资者的关注和青睐。在优胜劣汰的竞争机制下，建立投资者关系管理制度将有利于上市公司质量的普遍提升。

投资者关系管理对资本市场的投机现象也会起到一定的抑制作用。首先应当认识到，投机现象对资本市场的发展有其积极的一面。"这是因为，如果金融市场上只有长线投资者，市场就没有流动性，价格也不能被发现。投机者寻求风险收益使交易得以连续进行。"[2]但是过度投机的不良后果也是显而易见的。在弥漫着投机氛围的资本市场中，具有长期发展价值的优质上市公司资源不被人所重视，反而是那些业绩差强人意的上市公司的股票被投资者盲目追捧。在庄家引导下，大量中小投资者蜂拥而入购买这些上市公司股票，使得股价虚高。随后庄家又在高位大量抛售公司股票，导致股价大幅下跌，股市泡沫破灭。不少中小投资者血本无归，而那些大的投机家们则赚得盆满

---

[1]　有学者认为，投资者关系管理在投资者利益保护方面的作用主要体现在以下几个方面：①弱化代理问题，有效地制约大股东的掏空行为和内部人控制行为；②降低信息不对称风险，提升上市公司的透明度，提高投资者决策的准确性，有效防止内部人的机会主义行为；③降低投资者获取公司信息的成本，通过加深对公司的了解来降低投资者的非理性行为。另外，在实证方面，"基于A股399家上市公司样本研究发现，上市公司的投资者利益保护水平与投资者关系管理具有显著的正相关性，即上市公司IRM水平越好，其对投资者利益的保护越好。"参见南京大学工程管理学院、南京大学金融工程研究中心、中国上市公司投资者关系管理研究中心：《中国上市公司投资者关系管理2009年度报告》，第156~167页。

[2]　吴敬琏：《当代中国经济改革教程》，上海远东出版社2010年版，第207页。

钵满。长此以往，这种不健康的炒作投机行为必将会给证券市场的发展造成严重损害。

当然，过度投机现象出现的原因复杂。除了我国证券市场上固有的制度缺陷外，过度投机现象还与上市公司的透明度相关。在上市公司透明度不高的情况下，投资者无法对上市公司的价值做出合理准确的判断。因此，在避险心理的驱动下，投资者会选择短期而非长期持有上市公司股票，使得股票换手率偏高，导致证券市场投机风气盛行。投资者关系管理的意义在于提高了上市公司的信息透明度，使得投资者能够更好地了解公司的基本情况，参与公司治理，从而对公司的价值做出更加客观准确的判断。在追求长期稳定利益的目标下，长期持有这些信息透明度高的上市公司股票会成为越来越多投资者的选择，从而有效抑制股票过度投机现象。[1]

（4）上市公司投资者关系管理是上市公司危机预防的一个重要方面。危机公关本身就是投资者关系管理的一个分支。所谓危机公关是指上市公司遇到危机时，通过一系列的活动来获得投资公众的谅解，进而挽回不良影响和避免危机发生的一项工作。危机公关的基本原则实际上是上市公司投资者关系管理面临危机特殊情况下的基本原则，这些原则包括：[2]①预防第一原则。危机预防从事前做起，建立危机应急预案，在危机的诱因还没有演变成危机之前就将其平息。②主动面对原则。当危机发生时，公司应立即承担第一消息来源的职责，主动配合媒体的采访和公众的提问，掌握对外发布信息的主动权。③快速反应原则。危机一旦发生，会马上引起公众的注意，公司必须以最快的速度调集人员、设备、资金，以便迅速查明情况进行处理，实施危机监管计划。④单一口径原则。在危机处置过程中，公司应指定专人，即新闻发言人，与外界沟通。对于同一危机事件，公司内部传出不同的声音，这是危机监管的大忌，它暴露出公司内部的矛盾，可能由此引发新的危机。⑤绝对领导原则。没有权威必然引发混乱，危机刚一出现时便赋予危机事件处理者充分的权力，对危机实行集权管理。⑥媒体友好原则。媒体是危机信

---

〔1〕 有学者以 2004—2006 年的深市 A 股为样本，研究上市公司信息透明度对公司股票流动性的影响及与投机行为关系。实证研究结果表明："提高上市公司透明度对减少投资者投机行为、持续稳定发展资本市场具有积极作用。"参见蔡传里、许家林：《上市公司信息透明度对股票流动性的影响——来自深市上市公司 2004~2006 年的经验证据》，载《经济与管理研究》2010 年第 8 期。

〔2〕 参见邢会强、詹昊：《上市公司投资者关系》，法律出版社 2007 年版，第 102~104 页。

息传播的主要渠道，向公众传播危机信息也是传媒的责任和义务。公司应当在平时就与媒体，尤其是与主流媒体建立战略性的合作关系，监控好舆论导向，及时公布信息，有效引导舆论方向。

3. 上市公司投资者关系管理的基本原则。按照《工作指引》第 4 条的规定，投资者关系工作的基本原则是：①合规性原则。上市公司投资者关系管理应当在依法履行信息披露义务的基础上开展，符合法律、法规、规章及规范性文件、行业规范和自律规则、公司内部规章制度，以及行业普遍遵守的道德规范和行为准则。②平等性原则。上市公司开展投资者关系管理活动，应当平等对待所有投资者，尤其为中小投资者参与活动创造机会、提供便利。③主动性原则。上市公司应当主动开展投资者关系管理活动，听取投资者意见建议，及时回应投资者诉求。④诚实守信原则。上市公司在投资者关系管理活动中应当注重诚信、坚守底线、规范运作、担当责任，营造健康良好的市场生态。

二、投资者关系管理的内容、沟通渠道、运作模式以及信息披露

（一）上市公司投资者关系管理的主要内容

上市公司投资者关系管理的内容是指上市公司在投资者关系管理方面的职责及所应从事的主要工作。依照《工作指引》第 21 条的规定，上市公司投资者关系工作包括的主要职责是：①拟定投资者关系管理制度，建立工作机制；②组织与投资者沟通联络的投资者关系管理活动；③组织及时妥善处理投资者咨询、投诉和建议等诉求，定期反馈给公司董事会以及管理层；④管理、运行和维护投资者关系管理的相关渠道和平台；⑤保障投资者依法行使股东权利；⑥配合支持投资者保护机构开展维护投资者合法权益的相关工作；⑦统计分析公司投资者的数量、构成以及变动等情况；⑧开展有利于改善投资者关系的其他活动。该《工作指引》第 7 条规定，投资者关系工作中上市公司与投资者沟通的内容主要包括：①公司的发展战略，包括公司的发展方向、发展规划、竞争战略和经营方针等；②法定信息披露及其说明，包括定期报告和临时公告等；③公司依法可以披露的经营管理信息，包括生产经营状况、财务状况、新产品或新技术的研究开发、经营业绩、股利分配等；④公司的环境、社会和治理信息⑤企业文化建设；⑥股东权利行使的方式、途径和程序等；⑦投资者诉求处理信息；⑧公司正在或者可能面临的风险和挑战；⑨公

司的其他相关信息。

另外，上市公司在特殊阶段还会有特殊的投资者关系管理内容，主要包括：①IPO中的投资者关系管理；②增发或配股再次融资中的投资者关系管理；③重组和收购中的投资者关系管理；④重大危机事故处理中的投资者关系管理等。[1]

（二）上市公司投资者关系管理的沟通渠道及内容

投资者关系管理中常用的沟通渠道包括正式沟通渠道和非正式沟通渠道两种。正式的沟通渠道包括年报、中期报告、季报、股东会议（年度会议和临时会议）等。非正式的沟通渠道被分为私人沟通和公开沟通两类。私人沟通包括给分析师和基金经理邮寄信息、回答投资者询问、对分析师的报告提供反馈、与特定投资者的见面等。公开的沟通包括通过新闻媒介发布的新闻稿件以及公开的新闻发布会等。[2]

在上述投资者关系管理沟通渠道中，需要注意投资者关系网站在上市公司投资者关系管理中的重要作用。投资者关系网站集中了上市公司治理结构、公司经营状况、年报、季报等信息，包括中小投资者在内的投资者可以更加方便快捷地从中获取上市公司信息，节约了大量信息获取成本。因此，在大型上市公司投资者关系管理中，投资者关系网站建设已经成为上市公司投资者关系管理中不可或缺的组成部分。

关于上市公司投资者关系管理的沟通内容，一般认为，除了个人隐私、商业秘密等法律规定不得披露的信息外，都可以作为上市公司与投资者沟通的信息内容。具体来说，包括以下内容：[3]

（1）上市公司发展战略。包括上市公司未来的战略定位、规划、产业发展方向等方面的内容。

（2）上市公司日常经营信息。包括上市公司主要股东、董事、监事人员变更、公司资产负债情况、担保状况、主营业务盈利状况等。此类信息一般通过年报、季报等定期报告的形式发布。

（3）上市公司突发事件。如因战争地震、洪灾等不可抗力因素造成公司

---

[1] 唐国琼、朱伟：《论上市公司投资者关系管理》，载《中央财经大学学报》2003年第11期。

[2] 刘华：《上市公司投资者关系沟通渠道调查与分析》，载《商业时代》2012年第11期。

[3] 参见前述《工作指引》第7条的规定。

盈利状况的大幅度下降。此类信息一般通过临时报告的形式发布。

（4）其他上市公司相关信息。如上市公司社会责任信息报告及公司文化建设信息等。

（三）上市公司投资者关系管理的运作模式

一般来说，上市公司投资者关系管理的主体包括上市公司、投资者（潜在投资者）、监管部门及中介机构。

其中，上市公司与投资者之间的关系是上市公司投资者关系管理中最基本的关系，决定着投资者关系管理运作的目的和模式。在上市公司中，一般有专门的投资者关系管理部门处理与投资者之间的沟通事宜。我国上市公司投资者关系管理工作主要由董事会秘书负责。[1]

以证监会、证券交易所[2]为代表的监管部门在上市公司投资者关系管理中的作用主要在三方面：①对于上市公司强制性的信息披露，直接进行约束和监管；②对于上市公司非强制性的信息披露，通过发布通知、指引的方式进行引导；③通过发布预警、公告等引导投资者理性投资。

中介机构的范围较为广泛，除了在证券市场中较为常见的会计师事务所、律师事务所、资产评估机构及证券公司外，还应当包括新闻媒体、公关咨询公司等。其共同特点是在上市公司和投资者之间起到信息处理、分析和传导的作用，一方面可以帮助投资者更加方便准确地获取上市公司信息，另一方面也可以使上市公司能够更加系统科学地了解投资者需求。

投资者关系管理的主要运作模式如下图所示：

---

〔1〕《工作指引》第23条规定，董事会秘书负责组织和协调投资者关系管理工作。上市公司控股股东、实际控制人以及董事、监事和高级管理人员应当为董事会秘书履行投资者关系管理工作职责提供便利条件。

〔2〕有学者认为，在我国，证券交易所在"监管功能上逐步异化为中国证监会行政监管权的延伸"，具有较强的行政性色彩。（参见彭冰、曹里加：《证券交易所监管功能研究——从企业组织的视角》，载《中国法学》2005年第1期）。笔者认为，即使证券交易所没有上述证监会行政权的延伸，其作为自律监管机构行使自律监管权也是正当的。因此，证券交易所在我国投资者关系管理运作模式中也应当视为监管部门的重要组成部分。

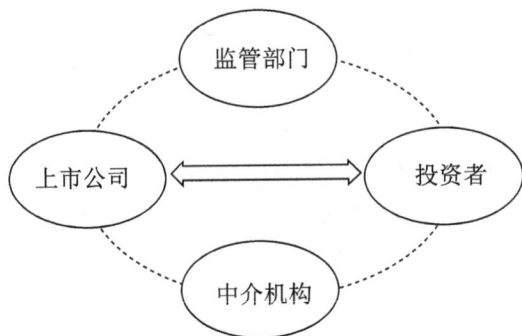

（四）上市公司投资者关系管理与信息公开制度

上市公司信息公开可以分为强制性信息公开和自愿性信息公开。强制性信息公开一般涉及上市公司治理结构、重大经营决策信息及公司财务报表等，其信息公开的内容及形式均有相关法律文件明确规定。如果上市公司不能满足强制信息公开要求，即上市公司未履行信息公开义务或者履行信息公开义务有重大瑕疵的，依照我国《证券法》第197条的规定，证券监督管理部门可以对上市公司采取责令改正、警告、罚款等行政处罚措施。强制性信息公开作为最低信息公开标准，其意义在于满足上市公司最低限度的公开要求，保护投资者及其他利益相关方利益。

自愿性信息公开的范围较为广泛。除了强制性信息公开的事项以及涉及个人隐私、商业秘密等法律规定不得对外公开的事项外，都可以作为公司自愿信息公开的内容。如上市公司战略规划、员工平均薪酬、公司盈利预测等。在现代上市公司，信息公开特别是自愿性信息公开是投资者关系管理的核心。自愿性信息公开可以帮助投资者更为全面、深入地了解上市公司，从而对投资决策作出更加合理准确的判断，降低上市公司与投资者信息不对称程度，有利于公司市场价值的提升。

需要注意的是，虽然上市公司投资者关系管理涵盖了上市公司信息公开的主要内容，但是两者并不完全等同。首先，从信息发布主体方面来说，上市公司投资者关系管理中的信息发布主体是上市公司，而信息公开的信息发布主体除了上市公司外，还包括上市公司收购方、实际控制人、控股股东、一致行动人等。[1]其次，从对象方面来说，上市公司投资者关系管理的对象主要是投资者，而信息公开的对象则比较广泛，所有资本市场的参与者都可以视为信息公开的对象。再次，从内容方面来说，投资者关系管理的内容除了以信息公开为主的沟通与联络外，还包括投资者分析、媒体关系处理及突发事件应对等内容。最后，从形式方面来说，投资者关系管理可以通过召开股东会等公开形式进行，也可以通过一对一的私人沟通方式进行；而信息公开一般通过公开方式进行。另外，投资者关系管理是上市公司和投资者之间的双向互动，而信息公开一般是上市公司向投资者单向的披露工作。

三、我国上市公司投资者关系管理的现状及其存在的问题

在我国，1999 年开始就有一些公司在首次公开发行和增发时开展了路演等投资者关系管理工作，主动将公司的发展战略、发展前景、经营状况等信息与投资者进行沟通和交流，这是我国上市公司开始重视投资者关系管理的开端。[2]经过十余年的发展，多数上市公司已经建立了相应的投资者关系管理体系。但是从投资者关系管理的理念、沟通的内容和质量等方面看，我国投资者关系管理的发展水平同成熟的资本市场相比仍有差距。[3]具体来说，包括以下几点：

1. 上市公司对投资者关系管理认识和定位不明确。长期以来，我国证券市场具有较强的"政策市"特征，上市公司一般为国企或者具有地方政府支持背景的企业，上市仅仅被这些公司作为融资的手段和工具，缺少对投资者

---

〔1〕　如我国《上市公司收购管理办法》（2020 修正）第 13 条规定，通过证券交易所的证券交易，投资者及其一致行动人拥有权益的股份达到一个上市公司已发行股份的 5% 时，应当在该事实发生之日起 3 日内编制权益变动报告书，向中国证监会、证券交易所提交书面报告，抄报该上市公司所在地的中国证监会派出机构（以下简称派出机构），通知该上市公司，并予公告；在上述期限内，不得再行买卖该上市公司的股票。前述投资者及其一致行动人拥有权益的股份达到一个上市公司已发行股份的 5% 后，通过证券交易所的证券交易，其拥有权益的股份占该上市公司已发行股份的比例每增加或者减少 5%，应当依照前款规定进行报告和公告。在报告期限内和作出报告、公告后 3 日内，不得再行买卖该上市公司的股票。

〔2〕　杨华：《投资者关系管理与公司价值创造》，中国财政经济出版社 2005 年版，第 186 页。

〔3〕　根据中国上市公司南京大学投资者关系管理指数（CIRINJU）显示，2004—2009 年中国上市公司投资者关系管理水平并未见实质性提升，甚至出现了少许下滑的趋势，上市公司在投资者关系管理水平上也出现两极分化的现象。参见南京大学工程管理学院、南京大学金融工程研究中心、中国上市公司投资者关系管理研究中心：《中国上市公司投资者关系管理 2009 年度报告》，第 7~9 页。

负责的理念。近几年虽然大量的民营资本开始进入资本市场，但是这些民营资本由于其自身的家族企业色彩浓厚，大股东对上市公司拥有较强的控制权，缺少进行投资者关系管理的动力。在此背景下，投资者关系管理并未被上市公司所重视，上市公司在投资者关系管理中常常处于被动地位，高层参与投资者关系管理的积极性较低。据统计除了公布半年报、年报，召开股东会等常规信息披露方式外，有一半以上的上市公司并不会主动与基金经理和分析师联系。[1]在上市公司遇到突发事件时，往往由于公司高层重视程度不够、与投资者沟通渠道不顺畅而丧失处理危机的最佳时机。投资者关系管理更多地成为这些上市公司的"形象工程"，难以发挥其在改善公司治理、投资者利益保护等方面的积极作用。

2. 多数上市公司未设立投资者关系管理部门，投资者关系管理人才缺乏。根据中国证监会相关规定，现阶段我国上市公司投资者关系管理工作主要由董事会秘书负责。而在我国上市公司治理结构中，董事会秘书还承担着资料管理、会议筹备、对外沟通协调等多项职能。投资者关系管理事务繁多，需要主管人员具有较强的沟通能力，对财务、会计、法律知识也要有较多的了解，仅仅依靠董事会秘书难以满足投资者关系管理的日常需要。因此对于一些大型上市公司，有必要设立投资者关系管理部门，培养专业投资者关系管理人才。但是在我国，目前只有少数公司建立了投资者关系管理部门，专业性的投资者关系管理人才更是凤毛麟角。[2]

3. 上市公司信息公开内容的数量和质量有待提高。信息公开特别是自愿性信息公开是上市公司投资者关系管理的核心。但是很多上市公司除了法律规定的强制性信息公开外，很少自愿公开其他相关信息。2009 年调查显示，11.68%的上市公司表示其信息公开内容重点在于强制性信息，仅有 3.41%的上市公司表示其信息披露的内容重点在于自愿性信息。[3]实质上，法定信息公开是上市公司最低程度的信息公开，仅凭公司季报、年报等法定信息公开

---

〔1〕 南京大学工程管理学院、南京大学金融工程研究中心、中国上市公司投资者关系管理研究中心：《中国上市公司投资者关系管理 2009 年度报告》，第 25 页。

〔2〕 2009 年数据显示，只有 19.56%的公司设立了投资者关系管理部门，60% 的上市公司没有进行过任何投资者关系管理培训工作。参见南京大学工程管理学院、南京大学金融工程研究中心、中国上市公司投资者关系管理研究中心：《中国上市公司投资者关系管理 2009 年度报告》，第 27~28 页。

〔3〕 南京大学工程管理学院、南京大学金融工程研究中心、中国上市公司投资者关系管理研究中心：《中国上市公司投资者关系管理 2009 年度报告》，第 16 页。

的内容难以对公司情况作全面深入了解。自愿信息公开的缺乏导致我国上市公司信息公开的整体质量不高，难以满足投资者的信息需求。

4. 上市公司与投资者沟通渠道日益多样化，但存在对中小投资者关注程度不高的问题。有学者在对上市公司进行关于沟通方式的调查时发现，企业官方网站和分析师电话会议的沟通方式受到最多上市公司的青睐，分别有61%和45%的上市公司采用这两种方式，可以看到沟通方式的多样化已经成为一种趋势，选择路演、网上路演的上市公司也占了相当的比重。同时，有接近16%的受访者选择了反向路演的沟通方式。一对一和一对多的沟通也逐渐普及。[1]但是问题仍然存在，机构投资者和分析师成为上市公司沟通的重点，对广大中小投资者关注程度不够。例如，上市公司网站和电子邮箱是中小投资者获取信息的重要渠道，上市公司电子邮箱反馈情况可以客观地反映上市公司如何与投资者尤其是中小投资者互动的情况。但是响应性测试表明，我国上市公司与中小投资者之间通过电子邮箱沟通的渠道并不顺畅。[2]

四、我国上市公司投资者关系管理的制度完善

目前我国整体资本市场发展还不成熟，上市公司投资者关系的理念和制度建设较为薄弱。上市公司投资者关系管理中的问题主要集中于定位不明确、信息披露质量不高、沟通渠道不顺畅等方面。这些问题仅仅依靠上市公司自身很难得到解决，需要监管部门进行必要的引导和约束。因此，从监管层面出发，我国上市公司投资者关系管理的制度完善主要从以下几个方面入手：

1. 明确监管部门定位，完善投资者关系管理规范。就我国上市公司投资者关系管理的相关问题，2003 年深圳证券交易所发布《深圳证券交易所上市公司投资者关系管理指引》（现已失效），这是我国第一个系统规范上市公司投资者关系管理工作的文件。随后，2005 年中国证监会发布了《上市公司与投资者关系工作指引》，2010 年深圳证券交易所发布了《深圳证券交易所主板上市公司规范运作指引》及《深圳证券交易所中小企业板上市公司规范运作指引》，2012 年上海证券交易所发布了《上海证券交易所关于进一步加强

---

〔1〕　南京大学工程管理学院、南京大学金融工程研究中心、中国上市公司投资者关系管理研究中心：《中国上市公司投资者关系管理 2009 年度报告》，第 19 页。

〔2〕　南京大学工程管理学院、南京大学金融工程研究中心、中国上市公司投资者关系管理研究中心：《中国上市公司投资者关系管理 2009 年度报告》，第 20~22 页。

上市公司投资者关系管理工作的通知》，另外还有一些规定散见于其他行政法规、部门规章及行业规范中。总体而言，我国关于投资者关系管理的规范呈现以下特点：①高位阶的规范较少，低位阶的规范较多；②指引性规范较多，强制性规范较少；③对除信息公开以外的其他投资者关系管理工作重视程度不够。

如前所述，上市公司投资者关系管理中的信息公开主要包括强制性信息公开和自愿性信息公开，其中自愿性信息公开是上市公司投资者关系管理的核心。对于自愿性信息公开，从公司意思自治的角度来看，监管部门对其内容不应作过多规制，而应以引导性规范为主。但是对于自愿性信息公开的形式，可以作一些强制性规定。例如，规定设立专门的投资者关系管理部门，明确规定将上市公司投资者关系管理工作纳入上市公司日常考核工作中，强制要求设立投资者关系管理工作网站，强制要求在年报中披露投资者关系管理情况等。

对于上市公司在投资者关系管理中违反强制性信息披露规范的行为，则应当依照法律规定对上市公司及其负责人采取警告、罚款等行政处罚措施，必要时可以追究其刑事责任。

2. 建立投资者关系协会等行业自律组织，发挥自律监管的作用。在国外成熟资本市场中，投资者关系协会在上市公司投资者关系管理中发挥了重要作用。以美国投资者关系协会为例，其主要成员由企业管理者和投资者关系顾问组成，是负责企业管理层、投资公司和金融界之间交流和沟通的专业协会。职责主要包括：①帮助市场了解监管意图，并对具体工作方法进行指导；②对会员进行理论和实务方面的教育和培训；③建立以投资者关系管理为核心的网络，为从业人员提供交流的平台等。[1]

投资者关系协会的重要作用在于可以为上市公司投资者关系管理工作提供经验和指导，帮助上市公司建立完善的投资者关系管理体系。在我国，虽然目前上市公司协会负责部分类似投资者关系管理的事务，但是从专业性和效果角度来说，投资者关系协会的建立仍有必要，这有利于我国投资者关系管理工作的开展。作为自律性组织，投资者关系协会也可以被赋予认定投资者关系管理资质的权力，如规定董事会秘书等投资者关系管理工作人员需经过投资者关系管理培训，使得投资者关系管理从业人员的素质得到不断提高。

---

[1] 杨华：《投资者关系管理与公司价值创造》，中国财政经济出版社2005年版，第137页。

3. 建立并完善上市公司信用、声誉评价制度，促使上市公司自我完善。在资本市场中，信用和声誉对上市公司具有重要意义。信用程度低、声誉评价不良的上市公司在资本市场中往往难以得到投资者认可，导致上市公司管理和筹资的难度增加；而信用程度较高、声誉评价良好的上市公司往往会成为投资者竞相投资的对象。在我国，目前上市公司信用体系建设还不完善，上市公司财务欺诈、内幕交易等案例层出不穷。因此，有必要在我国建立并完善上市公司信用和声誉评价制度，发挥信用评级公司和证券交易所在信用和声誉评价方面的作用，及时发布相关信息作为投资者进行投资活动的参考，促使上市公司自我完善。

4. 发挥中介组织作用，特别是媒体的监督作用。中介组织范围很广，除了律师事务所、会计师事务所之外，咨询公司、公关公司、证券公司，甚至媒体都可以作为上市公司投资者关系管理工作的中介机构，因为这些机构在上市公司投资者关系管理工作中都会或多或少地承担对信息传递、分析或处理的功能，共同为上市公司和投资者服务。在现代上市公司中，由于信息量巨大，如果不依赖中介机构，投资者特别是中小投资者显然无法处理来自上市公司的各种信息。因此，鼓励资本市场中介机构的发展，发挥中介机构的作用是上市公司投资者关系管理工作的重要一环。

需要特别强调的是媒体在上市公司投资者关系管理中的重要作用。对于包括个人投资者在内的中小投资者来说，由于缺乏机构投资者专业的信息获取能力和分析能力，仅仅依据上市公司信息披露并不能够有效获取信息，此时，媒体对上市公司的分析和报道往往成为投资者进行投资的依据。特别是在上市公司发生突发事件时，媒体由于其信息优势，可以及时将相关信息传导至投资者。对于这些上市公司来说，媒体报道是头顶上的"达摩克利斯之剑"，往往会对公司的业绩和股价造成重要影响。所以，重视和加强媒体的监督作用对上市公司投资者关系管理具有十分重要的意义。

总之，上市公司投资者关系管理在我国还是新事物，对于投资者关系管理在完善公司治理、提升公司价值等方面的作用，上市公司的认识还不够深刻。这是我国上市公司投资者关系管理制度建设较为落后的重要原因之一。从监管部门的角度来说，作为保护中小投资者利益的重要手段，监管部门应积极发挥其引导监督职能，通过制定投资者关系管理规范，在上市公司利益和投资者利益之间寻求恰当的平衡，促进我国资本市场的良性发展。

第二节　投资者适当性管理[1]

一、投资者适当性管理制度的产生与发展

一般认为，投资者适当性管理制度起源于美国。[2] "适当性" 则来自英文 suitability，《布莱克法律词典》对形容词 suitable 作了定义，即 "fit and appropriate for their intended purpose" （与其预期目标相匹配且契合），suitability "应是指与其预期目标相匹配且契合的状态"。有学者对国际组织和美国学者关于 "投资者适当性" 的概念进行了梳理总结："适当性首先是一种匹配度，一个动态的判断。亦即，证券投资者适当性是指证券金融机构所提供产品和服务与投资者财务状况、投资目标、风险承受能力、投资需求、知识和经营等的匹配度。其次，适当性还是一种监管标准或规定。从法律关系角度来讲，投资者适当性制度调整的是投资者、证券商以及监管者三方的法律关系，而不仅仅是投资者、证券商之间的法律关系。"

自 2007 年以来，中国证监会在创业板、股转系统、金融期货、融资融券、私募基金等市场、业务、产品或服务中逐步建立起了适当性制度。中国证监会 2016 年 5 月 26 日正式发布了《证券期货投资者适当性管理办法》（以下简称《适当性办法》），作为部门规章，适用范围包括整个证券期货市场，已成为当前证券监管制度中投资者适当性制度的基本法。2019 年修订的《证券法》第 88 条规定了这一制度，从而提高了该项制度的法律位阶。

中国投资者适当性制度的核心框架可根据《适当性办法》归纳如下，投资者适当性制度包含三类主体：经营机构、投资者、监管者。经营机构在向投资者销售产品或提供服务时，应当履行了解产品、了解投资者并在投资者分类的基础上履行差别信息告知、风险警示、适当性匹配等适当性义务，将适当的产品或服务销售或提供给适合的投资者，并承担违反义务

---

[1]　参见李东方、冯睿：《投资者适当性管理制度的经济和法律分析》，载《财经法学》2018 年第 4 期。

[2]　在美国最初只是证券经纪商行业的一种商业道德，后来全国证券交易商协会和纽约证券交易所等纷纷在其自律性规范中做出规定，投资者适当性制度现已经为美国证券法律和相关的证券诉讼判决确认。参见武俊桥：《证券市场投资者适当性原则初探》，载《证券法苑》2010 年第 2 期。

的法律责任。经营机构和投资者发生纠纷时，经营机构应协商解决、支持投资者提出的调解，并由经营机构为自己履行了适当性义务承担举证责任。投资者应依规定提供信息给经营机构，在经营机构履行适当性义务的基础上审慎决策，独立承担投资风险。监管者，作为一个干预主体，既有权力影响适当性规则的内容，也有权力对经营机构履行适当性义务进行监管。从一项法律制度通常具有的"主体——行为——责任"范式来看，《适当性办法》针对经营机构规定了完整的主体、行为、责任规范，甚至还包括纠纷解决机制。

二、合格投资者制度与投资者适当性制度的关系

在《适当性办法》中，经营机构应当将投资者分为专业投资者或普通投资者。普通投资者在信息告知、风险警示、适当性匹配等方面享有特别保护。[1]《适当性办法》第 14 条又规定中国证监会、自律组织可以针对特定市场、产品或者服务规定投资准入要求[2]，例如：在金融期货市场，期货公司只能为符合一定标准的自然人投资者、一般单位客户，以及特殊单位客户开立交易编码[3]；在私募基金市场，基金只能向合格投资者[4]募集，私募基金管理人自行销售私募基金或者委托销售机构销售私募基金的，应当评估、确认投资者符合合格投资者条件[5]；上海证券交易所和深圳证券交易所债券市场的投资者被分为合格投资者和公众投资者[6]。

---

〔1〕　参见《适当性办法》第 7 条。

〔2〕　《适当性办法》第 14 条规定："中国证监会、自律组织在针对特定市场、产品或者服务制定规则时，可以考虑风险性、复杂性以及投资者的认知难度等因素，从资产规模、收入水平、风险识别能力和风险承担能力、投资认购最低金额等方面，规定投资者准入要求。投资者准入要求包含资产指标的，应当规定投资者在购买产品或者接受服务前一定时期内符合该指标。现有市场、产品或者服务规定投资者准入要求的，应当符合前款规定。"

〔3〕　参见中国金融期货交易所 2017 年发布的《金融期货投资者适当性制度实施办法》第 4、5、6 条。

〔4〕　参见《证券投资基金法》（2015 修正）第 87 条。《私募投资基金监督管理暂行办法》第 12 条则规定了合格投资者的具体标准；第 13 条则规定了被视为合格投资者的投资者，如社会保障基金、企业年金等养老基金，慈善基金等社会公益基金，依法设立并在基金业协会备案的投资计划，投资于所管理私募基金的私募基金管理人及其从业人员等。

〔5〕　参见《私募投资基金监督管理暂行办法》第 16 条。

〔6〕　在 2017 年 6 月 28 日发布的《上海证券交易所债券市场投资者适当性管理办法》和《深圳证券交易所债券市场投资者适当性管理办法》各自第 5 条均规定："债券市场投资者按照产品风险识别能力和风险承受能力，分为合格投资者和公众投资者。"

合格投资者制度与投资者适当性制度究竟是什么关系？这个问题一直存在争议。实践中，"我国现行投资者适当性制度的诸多规则确实以合格投资者制度为主，或者围绕合格投资者制度展开"，合格投资者往往规定在投资者适当性制度的法律文件中，表面上属于投资者适当性制度的一种。《适当性办法》出台前，有人把这一问题的出现归因于未建立起科学的投资者分类制度，导致分类标准不统一，或者同样的分类在不同市场、业务、产品规则中的意义不同，实践中容易引发适用的困惑。[1]《适当性办法》似乎解决了这一问题，中国证监会的立法说明中指出，《适当性办法》"形成了依据多维度指标对投资者进行分类的体系，统一投资者分类标准和管理要求"，"将投资者分为普通和专业投资者两类"，"进一步规范了特定市场、产品、服务的投资者准入要求"，"由此，解决了投资分类无统一标准、无底线要求和分类职责不明确等问题"。[2]

三、投资者适当性管理制度的法治分析

投资者适当性管理作为一种法律制度，涉及投资者、经营机构、监管者三类主体之间的关系，是一个复杂的法律现象，需要对其进行深入的法治分析。中国的投资者适当性管理制度的法律规范主要以金融监管规则的形式存在，如《适当性办法》就以对经营机构履行适当性义务的监管规范为主，实质上是证券监管法，属于经济法的范畴[3]。学界虽然认识到该制度是一项证券监管制度，却并未将投资者适当性制度的规范属性视为经济法。经济法视角的缺失使得学界对投资者适当性管理制度的理解呈现碎片化的状态：既是

---

〔1〕 以债券市场的合格投资者制度为例，有人认为"我国证券市场上的规范性文件中对于'合格投资者'含义的理解和使用还存在不一致，而这种不一致又引发了诸如债券市场投资者分类、适当性义务适用对象等规定上的分歧，对此有必要在进一步区分'适当性'与'合格投资者'两项制度间差异的基础上，合理、适当地进行规范，消除规则体系上的不一致，降低投资者与经营机构在实践中具体适用相关规定时的困惑。"赵晓钧：《创新与融合：债券市场投资者适当性制度的完善》，载《证券法苑》2016 年第 1 期。

〔2〕 中国证监会：《〈证券期货投资者适当性管理办法〉起草说明》，载中国证监会官网，http：//www.csrc.gov.cn/pub/zjhpublic/G00306201/201612/P020161216636645223359.pdf，最后访问时间：2017 年 8 月 17 日。

〔3〕 证券监管法主要是以公法的方法调整原本由私法调整的领域，并由此渗透于公法和私法两个领域。学界较早对证券法的经济法属性的探讨，见李东方：《证券监管法律制度研究》，北京大学出版社 2002 年版，第 3 章的相关内容。

民商法视野下经营机构与投资者之间的私法关系，又是行政法视野下行政管理者与经营机构中的公法关系，而未能从更高的逻辑层次将投资者、经营机构、监管者三者之间的有机联系进行整全理解。[1]

　　投资者适当性管理制度之生成是出于对社会公共利益的保护，目前从学界对私法和公法理论对投资者适当性管理制度的解析中，都不难发现社会公共利益的痕迹，即出现了私法社会化和私法公法化（或者"公法私法化"）的法律现象，呈现了投资者适当性管理制度的社会公共利益本位性和经济法属性。

　　（一）投资者适当性制度的私法社会化解析

　　在私法中，私人能够通过以意思表示为核心的法律行为制度设定民事法律关系。[2]法律行为之要旨，正在于根据行为人意志发生相应法律效果，故为实现私法自治的工具。[3]投资者与经营机构之金融交易关系在私法上被视为使双方订立了契约关系，契约属双方法律行为，是双方当事人意思表示一致的结果，契约订立则是谋求当事人合意的过程。[4]经营机构与投资者通过合意为彼此设定了具体的权利义务关系，合意之达成表示双方对权利义务配置格局以及具体的利益分配格局做出了权衡并自愿接受。"法律行为制度所秉持的正义观是一种交换正义观和程序正义观。法律行为在伦理上的正义性原则表现为交易主体在实施法律行为时自主与自愿"，因为"只有一个人自己才是其自身利益的最佳判断者，正义的交换就是当事人双方都自愿的交换"，"从原则上说，一项基于双方当事人的自愿而达成的交易就是公正的交易，国家不应对之再作出干预"。[5]因此，在金融产品销售纠纷的判决中，不少法院"以形式上的合意为标准，认可了金融机构和投资者之间法律行为的内容"[6]，

──────────

　　〔1〕　例如，有人认为适当性义务"兼具公法和私法义务的特殊属性"，参见瞿艳：《我国投资者适当性义务法制化研究》，载《政治与法律》2015年第9期；还有学者意识到"投资者适当性是一个复杂的法律现象"：既是"证券公司的一项合同义务"，又是一项"投资者利益保护制度"，还是一项"证券监督管理制度"，参见张付标、李玫：《论证券投资者适当性的法律性质》，载《法学》2013年第10期。

　　〔2〕　《民法典》第133条规定："民事法律行为是民事主体通过意思表示设立、变更、终止民事法律关系的行为。"

　　〔3〕　朱庆育：《民法总论》，北京大学出版社2016年版，第75页。

　　〔4〕　朱庆育：《民法总论》，北京大学出版社2016年版，第152页。

　　〔5〕　参见易军：《法律行为制度的伦理基础》，载《中国社会科学》2004年第6期。

　　〔6〕　参见韩祥波：《金融产品销售的适当性法律问题研究——以金融产品的纠纷解决为中心》，法律出版社2013年版，第19~22页。

要求投资者"买者自负"。

1. 投资者适当性制度对"买者自负"的突破

私法假设之平等是抽象平等，若把主体还原为现实生活中具体的人，主体之间的不平等是常态，在不受第三方约束和干预的权利义务分配格局的设定过程中，这种利益分配的格局会有利于具有优势地位的一方。面对这种现实，当事人之间的利益要均衡，一种可能的情况是当事人之间的优势地位具有互换性，但如果这种事实上的不平等状态是结构性的，双方不具有互换的可能，若不加干预，双方利益平衡的状态永远不会出现。[1]另一方面，在现实中即便双方达成了合意，甚至也有书面材料证明合意的存在，但是当事人可能对合意达成的内容根本没有明确的认识。主体之间不可逆转的不平等和合意的虚化在因经营机构向投资者提供产品或服务而建立的法律关系中有着非常明确的体现，投资者对自己表示的同意处于懵懂状态是非常普遍的，仅仅依据形式上合意的存在来判断金融产品销售之法律行为的正当性，在很多情况下是对投资者的剥夺。[2]

投资者适当性管理制度打破了民事主体平等的假设，由于经营机构和投资者对交易对象和交易过程中信息获取、理解及运用能力的差异，向明显具有优势的经营机构施加判断所提供的产品或服务对于特定的投资者是否适当的义务，为投资者在提起自己权利救济时增加一个砝码，只有"卖者尽责"，才"买者自负"。[3]

"依实证法解决法律问题的一个基本特征是，欲使请求权得到实现，需有相应的规范支持。该规范被称为请求权基础（Anspruchsgrundlage）。"[4]在确定具体案例中的民事责任时，以请求权为思考导向的案例分析方法，主要工

---

〔1〕 参见梁慧星：《从近代民法到现代民法——二十世纪民法回顾》，载《中外法学》1997 年第 2 期。

〔2〕 参见韩祥波：《金融产品销售的适当性法律问题研究——以金融产品的纠纷解决为中心》，法律出版社 2013 年版，第 42~53 页。

〔3〕 如果经营机构的行为符合适当性义务的要求，那投资者应对自己的投资决策负责；如果经营机构违反了适当性义务的要求，那投资者的损失就要根据经营机构对适当性义务的违反程度来确定应当承担责任的大小。参见韩祥波：《金融产品销售的适当性法律问题研究——以金融产品的纠纷解决为中心》，法律出版社 2013 年版，第 79 页。

〔4〕 "法律源于人类共同生活，个人权利必有其界限，超过该界限即非属正当。不过，多数情况下，权利的具体界限并不明确，需要一般性的法律原则对权利行使行为进行抽象限制，对于权利行使的限制必以消极规则的面目出现，诚实信用原则与禁止权利滥用原则即其著例。"朱庆育：《民法总论》，北京大学出版社 2016 年版，第 563 页。

作即在于"探寻得支持一方当事人向他方当事人有所主张的法律规范"。[1]
虽然我国的金融监管制度中存在大量适当性规则，但从民法的规范法源上看，
投资者直接依据经营机构违反适当性义务而要求经营机构承担民事责任，总
体上缺乏直接的请求权基础。[2] 由于可援引的私法规则缺乏，我国学界从私
法角度对经营机构适当性义务之民法解释分为两类：一是诚实信用原则；二
是信赖保护理论。

2. 适当性义务是诚实信用原则的具体化

诚实信用原则简称诚信原则，是蕴涵价值判断的法律概念，在私法中作
为一般性的法律原则对权利行使行为进行抽象限制，[3] 在私法既有制度中被
称为"帝王条款"，有学者将其大致归纳（而不是定义）为四个方面的要求：
①要求当事人言而有信，遵守已经达成的协议，保护对方的合理期待；②善
意并尽合理的告知义务与披露义务；③任何一方不得以不合理的方式致使另
一方的不利益；④诚信原则可以以公平合理的方式调整当事人之间的不合理
与不公平的义务。[4] 据此，又有人将诚信原则粗分为两个层次：第一层要求
当事人诚实、不欺诈并不得以损害他人的方式谋求自身的利益；第二层是较
高的要求，即要求当事人守信用并力求实现实质的公平。这两个层次的内容
通过两种不同的关系具体展现：一种是当事人之间的利益关系，双方因发生
特殊情况而利益失衡时，应通过衡平来恢复，以实现社会秩序；另一种是发
生在当事人和第三人之间，诚信原则要求当事人不得损害社会利益。[5] 投资

---

〔1〕　王泽鉴：《民法思维：请求权基础理论体系》，北京大学出版社2009年版，第41页。

〔2〕　需要说明的是，根据最高人民法院2009年发布的《最高人民法院关于裁判文书引用法律、
法规等规范性法律文件的规定》第4条规定，行政法规属于作为裁判依据的法源。《证券公司监督管
理条例》第29条规定"证券公司从事证券资产管理业务、融资融券业务，销售证券类金融产品，应
当按照规定程序，了解客户的身份、财产与收入状况、证券投资经验和风险偏好，并以书面和电子方
式予以记载、保存。证券公司应当根据所了解的客户情况推荐适当的产品或者服务。具体规则由中国
证券业协会制定。"但这一行政法规仅规范证券公司，所调整的主体范围还不如《适当性办法》规制
的证券期货经营机构广泛，而至今还没有要求整个资本市场乃至金融市场的金融机构履行适当性义务
的行政法规，本书是从这一整体意义上认为适当性义务缺乏直接的请求权基础。

〔3〕　参见朱庆育：《民法总论》，北京大学出版社2016年版，第521页。

〔4〕　参见李永军：《民法总论》，法律出版社2009年版，第81页。

〔5〕　参见韩祥波：《金融产品销售的适当性法律问题研究——以金融产品的纠纷解决为中心》，
法律出版社2013年版，第139页。

者适当性制度要求经营机构不但不能欺诈，而且要进行关于产品或服务的信息披露，这与诚实信用原则的第一层次要求相一致；还要求在充分了解投资者的基础上履行差别的信息告知、风险警示、适当性匹配等义务，为投资者所购买的金融产品服务是否适合投资者作出判断，以求实质公平，这与诚实信用原则的第二层次要求相一致。因此，投资者适当性制度的要求不可能超过诚信原则所涵盖的范围，投资者适当性制度存在的必要性在于诚信原则作为抽象的法律原则，在具体化之前不具有适用性，而投资者适当性制度所具有的独特价值正在于将诚信原则的要求实现了具体化。[1]作为诚信原则具体化的投资者适当性制度追求的是社会秩序和社会利益，本质上都是以"社会"的名义来表达个人利益，即以"社会"的名义限制经营机构的自由，最终落实到对每个具体的投资者利益之保护，追求实质公平和正义。[2]

3. 适当性义务是保护社会整体信赖利益的法律规则

当今社会专业化分工日益深入，民商事关系普遍建立在对专业机构和专业人员的信赖基础之上，经营机构与投资者之间除了合同关系，还存在信赖关系。正是因为信赖经营机构才发生了交易，若因经营机构不当推荐或销售行为产生了损失，如何保护投资者的信赖利益？学界基于这条思路提出了信赖利益保护理论。

基于信赖关系，有人认为中国应当在金融法领域借鉴、引入英美法中的信赖关系和信义义务，经营机构应当对投资者承担忠实与勤勉之责。[3]投资者适当性制度明确要求经营机构履行适当性义务，那信义义务与适当性义务又

---

〔1〕 参见韩祥波：《金融产品销售的适当性法律问题研究——以金融产品的纠纷解决为中心》，法律出版社 2013 年版，第 142~145 页。

〔2〕 参见韩祥波：《金融产品销售的适当性法律问题研究——以金融产品的纠纷解决为中心》，法律出版社 2013 年版，第 140 页。

〔3〕 "凡是那些存在于双方当事之间，一方将照顾其个人福祉的权利托付给了另一方的，并对另一方的专业能力或品格有所依赖，均成立信赖关系。受信赖之另一方对托付财产或事务之一方有忠实与勤勉之义务，应当为其利益而谨慎行事。对于这种信任或信赖，受托人不得滥用。在信赖关系中，获得授权为一方利益取得财产之另一方，在接受财产之后将为交付财产一方之利益管理和运用该财产。受托人为他人利益办事时，采取利他主义之立场。不得在未经委托人书面允许的情况下，进行涉及利益冲突的交易。"颜延：《金融衍生产品交易中的卖方受信义务》，载《法律科学（西北政法大学学报）》2014 年第 2 期。

是什么关系？学界大都认为经营机构的信义义务是比适当义务更高的义务。[1]在立法上，还有学者主张中国金融法引入信义义务并以此作为适当性义务的依据，明确经营机构违反信义义务和适当性义务的民事责任。[2]

立法空白时，有学者主张以诚信原则作为理论基础，在个案中根据诚信原则引入信赖关系和信义义务。[3]但在学界，信赖原则与诚信原则的关系是存在争议的：如有学者提出信赖原则在私法体系中独立于诚信原则，信赖原则是指私法体系中对当事人的合理信赖予以正当保护的原则，当事人信赖是否合理是授予一方权利或强加另一方义务的原则性根据，属于立法准则性法律原则，意义主要在于指导立法者和执法者如何保护信赖；而诚信原则是一种义务性道德准则，以道德伦理为理论基础将参与市场经济活动的人均纳入义务人的范畴，意义在于指导人们基于道德观念尽各种应尽之义务，如保密义务、通知义务、协助义务、告知义务、诚实不欺义务等。[4]据此观点，有学者提出信赖利益保护理论才是投资者适当性制度的理论基础，信赖利益保护理论之核心为信赖原则，信赖保护原则源于诚实信用原则，但严于诚实信用原则。[5]证券市场出现后，个体之间以道德为基础的诚信原则逐渐发展为更广泛的社会诚信或整体诚信，一个重要方式就是外化为保护社会整体信赖

---

[1]　最早探讨这一关系的学者以金融衍生品交易为例，"将受信关系的理念引入银行和客户关系，它意味着银行对客户负有信义义务，必须将客户利益置于自己利益之前，不得与客户利益发生冲突。严格来说，这是比'适当性原则'更高的义务，后者仅仅要求金融机构推荐的交易符合客户的目的和需求即可，并不排斥金融机构为自己的利益而推荐相关交易。"参见刘燕、楼建波：《金融衍生交易法律问题的分析框架：跨越金融部门法的界限》，载《金融服务法律评论》2012年第1期。还有学者将经营机构信义义务归纳为四项内容：忠实义务、勤勉义务、适当性义务、说明义务，具体内容为：第一，忠实义务，即经营机构应当忠实于投资者的利益，尽量避免利益冲突，不得通过滥用职权的手段谋取不当利益；第二，勤勉义务，即经营机构在为投资者处理事务时应当谨慎勤勉，充分运用其专业能力，不得在履职过程中疏忽懈怠；第三，适当性义务，即经营机构应当进行合理调查，在充分了解金融商品特性以及投资者属性的基础上，向投资者提供适合其目的的商品及服务；第四，说明义务，即经营机构应当以投资者能够充分理解的方式，就金融商品及服务的重要事项进行完整、准确的说明，尤其在高风险金融商品交易中，经营机构负有进一步告知、提醒、警示和建议的义务。参见贾同乐：《金融机构信义义务研究》，吉林大学2016年博士学位论文。

[2]　参见邢会强：《金融机构的信义义务与适合性原则》，载《人大法律评论》2016年第3期。

[3]　参见颜延：《金融衍生产品交易中的卖方受信义务》，载《法律科学（西北政法大学学报）》2014年第2期。

[4]　参见马新彦：《信赖原则指导下的规则体系在民法中的定位》，载《中国法学》2011年第6期。

[5]　张付标：《证券投资者适当性制度研究》，上海三联书店2015年版，第116～124页。

利益的法律规则。

4. 对私法社会化理论的评析

从私法角度对经营机构承担适当性义务进行解析，无论适当性义务是作为诚实信用原则的具体化，还是以信赖原则为准则形成的规则，都体现了一种对社会整体利益的追求，都是一种私法社会化的现代民法理路：以契约正义的名义对契约自由进行限制，为经营机构违反适当性义务承担民事责任提供论证，经营机构违反适当性义务的责任追究在私法中只能通过对投资者个人承担责任的形式实现。

私法理论对适当性义务的解析从规范逻辑上十分通畅，但不符合历史真实。因为，中国的司法实践中没有一起案例是在没有其他参照规则的情况下仅仅依据上述私法的原则对经营机构承担适当性义务进行确认的，真实情况是将大量先建立起来的金融监管制度和上述私法理论结合起来，确定经营机构应在具体法律关系中对投资者承担的适当性义务。[1] 将适当性义务解释为诚信原则的具体化或者信赖原则指导下的规则体系，其实是把金融监管法律中确立的强制秩序套上私法中"诚信原则"或"信赖原则"的帽子，以变成私法的裁判规则，在法律形式上维持私法自治的逻辑体系。但这一角度亦与法律秩序的真实生成历史进行了切割，私法理论并没有从这些强制秩序形成的历史角度来探讨投资者适当性管理制度的规范属性。如前述，学界不少人又把投资者适当性管理制度视作一项"证券监督管理制度"，并未将其视为经济法，这一角度同样是残缺的，并未能揭示投资者适当性管理制度真实的规范属性，接下来将对"公法私法化"这一现代经济法理论进行评析。

---

〔1〕 以诚实信用原则的具体化为例，在"上诉人林娟与上诉人中国工商银行股份有限公司南京下关支行财产损害赔偿纠纷"案中，一审法院认为中国证监会和银监会相关部门规章的规定"亦系民法及合同法中诚实信用原则的具体体现，应据此认定工行下关支行的权利义务范围，故其在金融服务法律关系中负有依照对客户的风险评估等级及财务状况等推介合适产品的义务"，二审法院亦认为"鉴于工行下关支行与林娟之间未订立书面合同，金融监管部门的规范性文件中有关限制金融机构权利或增加其义务的规定，与法律、行政法规不相抵触的，可以据此作为确定工行下关支行在本案个人理财服务中权利义务的依据"，在责任比例承担上，二审法院"为强化专业金融机构履行保护金融消费者权益的责任，提升金融消费者信心，维护国家的金融安全和稳定，本院对林娟关于本案不适用过失相抵的上诉请求予以支持，对一审判决认定的责任比例予以纠正，依法认定由工行下关支行对林娟的实际损失承担全部赔偿责任"，体现了一种对整体社会利益的追求。参见"上诉人林娟与上诉人中国工商银行股份有限公司南京下关支行财产损害赔偿纠纷"一案，案号（2016）苏 01 民终 1563 号。

（二）投资者适当性制度的公法私法化解析

从公法私法化的视角，通常只看到经营机构与金融监管机关两者之间的关系，并未将投资者、经营机构、监管者三者的关系进行整体思考。这里，需要从"法域"视角展开解析，"法律所调整的社会关系的单一性，是我们正确认识不同法律部门的标准。认识'法域'的法则应采用另外的标准，即以一定的'事项'划分法律规范的范围，而不强调法律所调整的社会关系的单一性质，凡是依某个特定'事项'划定的范围的法律规范都可归于一个'法域'。所以，'法域'是可以并且基本上调整两种以上的社会关系的法。而金融法恰恰就是这样的'法域'。它不仅调整金融交易关系、金融组织关系，还调整金融监管关系。"〔1〕

当前中国投资者适当性制度大部分体现在金融监管机关制定的行政规章和规范性文件以及自律管理组织制定的业务规则当中，并且该制度之内容就围绕规制"经营机构与投资者之金融交易"这一特定事项展开，从"法域"的角度，可以发现投资者适当性管理制度也呈现二元结构：（1）调整监管者与经营机构之监管关系；（2）调整经营机构与投资者之金融交易关系。

1. 监管者与经营机构的公法关系

监管者无论是政府监管机关还是自律监管组织，与经营机构的监管关系都属于非平等主体之间的社会关系，调整该社会关系的只能是公法规范。经营机构若违反适当性义务，法律后果便是来自金融监管者的否定评价，如承受监管措施、行政处罚、自律惩戒。具言之：首先，经营机构之适当性义务是对代表公共利益的政府监管机关负担的义务，对应着政府监管机关的公权力，来自国家公法，这是一种公法私法化的现代经济法理路。其次，经营机构之适当性义务还是对自律监管机构负担的义务，对应着自律监管机构的公权力，来自社会公法〔2〕。不过并非自律监管机构制定的所有规则都是社会公法，社会公法本质上是为了维护社会公共利益，并在法律效力上得到了国家

---

〔1〕　王保树：《金融法二元规范结构的协调与发展趋势——完善金融法体系的一个视点》，载《广东社会科学》2009年第1期。

〔2〕　"社会公法"是笔者提出的概念，笔者认为"社会公法既不同于体现国家意志的国家公法，也不同于体现私人意思自治的私法，它是介于国家公法和私法之间的这种中间性质的、中介社会协调组织的、具有相当强制力的社会自律监管权，为现实社会所必须并且现实存在着，因而，社会公法来表明其性质更为准确。"见李东方：《上市公司监管法论》，中国政法大学出版社2013年版，前言第3页。

法的认可。[1]

2. 规制金融交易关系的强制性规范属于经济法规范

在投资者适当性管理制度中，主要规则其实调整的是经营机构与投资者之间的金融交易关系，经营机构对投资者履行适当性义务，往往被误认为是证券监管制度中的公法规则，但上文亦已澄清，公法实际上调整的是监管者与经营机构之间的监管关系。而经营机构对投资者履行适当性义务这样具有强制性的规则不能简单地作为公法对待，"公法规范均具有强制性，但它的根本特征在于该规范调整的社会关系至少有一方参加者是公权力者或被授予公权力者参加。"[2]在私法理论中，任意规范与强制规范之别，乃是私法规范最基本的分类，区分标准是"行为人能否以其意志排除适用"。[3]依王保树教授的见解，金融法中规制金融交易的强制性规范"既非任意性规范，也非上述的监管性公法规范"[4]，而是私法中的强制性规范。但本文认为，这本质上不应定性为私法中的强制性规范。

首先，在民法理论中，强制规范若以当事人行为为规制对象，可再分为强行规范与禁止规范。前者指令当事人为积极行为，后者则禁止当事人为某种行为。民法强制规范中，强行规范较为罕见，多属禁止规范。[5]原因在于，基于自治理念，民法强制规范主要充当划定私人行为边界的角色，界限内如何具体行为，则取决于行为人自由意志。[6]适当性义务本质上是指令经营机构积极行为，若按民法理论的分类，当属强行规范，这在民法理论中，适当

---

〔1〕"国家公法"和"社会公法"中的"国家"和"社会"是从法之主体角度进行界定的，无论是国家公法还是社会公法，均属于国家法的范畴。国家法是由国家制定或加以承认、适用的，当必要时以强制遵守的手段去确保其执行效力的规范。例如，证券交易所属于自律组织，而非行政机关，但《证券法》明确授予证券交易所制定上市、交易、会员管理等业务规则制定权，从而使交易所的自律管理成为法定框架下的公共职能，其业务规则是证券法律制度的重要组成部分。具体讨论参见徐明、卢文道：《证券交易所业务规则法律效力与司法审查》，载《证券法苑》2010年第1期。

〔2〕 王保树：《金融法二元规范结构的协调与发展趋势——完善金融法体系的一个视点》，载《广东社会科学》2009年第1期。

〔3〕 参见朱庆育：《民法总论》，北京大学出版社2016年版，第50页。

〔4〕 王保树：《金融法二元规范结构的协调与发展趋势——完善金融法体系的一个视点》，载《广东社会科学》2009年第1期。

〔5〕 朱庆育：《民法总论》，北京大学出版社2016年版，第54~55页。

〔6〕 参见苏永钦：《私法自治中的国家强制——从功能法的角度看民事规范的类型与立法释法方向》，载苏永钦：《走入新世纪的私法自治》，中国政法大学出版社2002年版，第17~18页。

性义务之出现也是罕见的。

其次，《适当性办法》在法律效力层级上属于部门规章，而民法法源中法定义务通常来自法律和行政法规，是否承认经营机构的适当性义务，以民法对公权力的忌惮，理论上民法还得审视一番。而在真实世界中，无论是中国证监会的规章、规范性文件，还是证券交易所等自律组织制定的业务规则，都对不特定对象具有普遍约束力以及持久的适用性，具有和法律相同的行为规范功能，并且随着金融创新而不断产生的新规则都要求经营机构积极落实投资者保护之公共政策，《适当性办法》本身就是中国证监会为落实保护投资者的公共政策而行使证券监管权干预的产物，也即中国证监会通过行使准立法权创设了经营机构对投资者的适当性义务。

所以，虽不能将这种强制性规范等同于公法规范，但也不能将其直接定性为是私法中的强制规范，根据该规范的真实生成逻辑，本质上是代表社会公共利益的公权力介入投资者与经营机构之金融交易这一私法领域而形成的具有普遍约束力的行为规则。从调整对象上看，可以认为经济法是调整在现代国家进行宏观调控和市场规制过程中发生的社会关系的法律规范的总称。[1]投资者适当性制度本质上具备经济法的属性，是属经济法中的市场规制法范畴。作为经济法的强制性规则，不仅具有私法中强制规范的功能——"提供一套自治的游戏规则""从另一角度去支撑私法自治"[2]，更重要的意义在于经济法思维跳出了部门法分割思维，将社会经济实践中真实存在的政府、自律组织、投资者、经营机构等主体以及他们的关系纳入理论框架进行整体解析，这对个体利益和整体经济利益的协调、保护和促进都大有裨益。

（三）投资者适当性管理制度的经济法关系解析

经济法制度的形成过程离不开公权力的作用，而正是公权力的介入改变了私人之间的关系属性，将其从私法关系转变为经济法上的关系。[3]这一公

---

〔1〕　张守文：《经济法原理》，北京大学出版社2013年版，第44页。

〔2〕　参见苏永钦：《私法自治中的国家强制——从功能法的角度看民事规范的类型与立法释法方向》，载苏永钦：《走入新世纪的私法自治》，中国政法大学出版社2002年版，第17页。

〔3〕　这是对经济法关系形成的描述，笔者基本赞同有关学者关于对社会法关系如何形成的解析，即"私法公法化与社会法的关联在于：所谓'私法公法化不仅在于建立了一种直接使该项法律的关系成为个人与国家间的关系'，更主要地，它改变了人民之间关系的属性（从私法关系转变为社会法关系）。也就是说，在这里，公权是作为改变人民关系（社会法的调整对象）的工具而存在的。"见赵红梅：

权力作用过程，在经济法中被视为国家干预的过程，[1]国家公法和社会公法都是以保护社会整体公益和追求实质正义为目的对私法关系进行国家干预而形成的经济法制度。在社会公法中，制定投资者适当性管理制度的自律组织虽然不是具有干预权力的国家机关，但得到了国家机关的立法授权。例如：2008 年国务院制定的《证券公司监督管理条例》确立了证券公司从事证券资产管理业务、融资融券业务，销售证券类金融产品必须履行适当性义务，并授权中国证券业协会制定具体的规则[2]；2009 年中国证监会发布《创业板市场投资者适当性管理暂行规定》，并授权深圳证券交易所制订具体实施办法[3]；在金融期货领域，相应的投资适当性管理制度亦将制度的具体标准和实施指引授权给中国金融期货交易所根据"将适当的产品销售给适当投资者"的核心原则制定并报中国证监会备案。[4]

1. 干预者与被干预者是不平等的权力义务关系

国家机关和自律组织作为经济法的主体，笔者称之为干预者，经营机构和投资者则是被干预者。干预者都是公权力的享有者，在国家公法和社会公法生成前，它们的公权力属于国家干预权的范畴，能够介入经济主体间的经济关系而创设经济法权力义务关系，例如中国证监会通过准立法权制定《适当性办法》，创设了整个资本市场的经营机构对投资者的适当性义务。经营机构和投资者的经济法关系形成后，干预者（监管者）则对这一经济法律关系享有监管的权力，以保障法律实施。总体上，干预者（监管者）对经营机构和投资者的关系是一种不平等主体之间的权力义务关系。

2. 投资者与经营机构作为经济法主体具有整体性

投资者和经营机构作为经济法的主体，则在经济法的拟制下具有整体的属性，经济法秉持社会连带主义之思想基础，将经营机构整体化为一个集体，

（接上页）《私法与社会法：第三法域之社会法基本理论范式》，中国政法大学出版社 2009 年版，第 42 页。该观点认为经济法属于社会法的一部分，"社会法"是"一类具有独立法律思想和法律技术的法律规范群，其性质为独立于公法与私法外的第三法域，而非公法与私法的混合（综合）法领域。"

〔1〕 国家干预也被称为政府干预，"它是为了实现法律上的目标，国家运用法律手段对公民、法人和其他社会组织的行为进行引导、限制或禁止等一系列活动的总称"。薛克鹏：《经济法基本范畴研究》，北京大学出版社 2013 年版，第 116 页。

〔2〕 参见《证券公司监督管理条例》第 29 条的规定。

〔3〕 参见《创业板市场投资者适当性管理暂行规定》第 3 条规定。

〔4〕 参见《中国证券监督管理委员会关于建立金融期货投资者适当性制度的规定》第 2 条。

对同样被整体化的投资者集体承担适当性义务。〔1〕在经济法视野中，投资者适当性制度规制的投资者和经营机构以集体或社群，又称"社会共同体"的形态存在着，各集体内部具有共同归属和利益关联，投资者集体和经营机构集体之间存在整体的社会关系，这与他们的个体意愿无关。〔2〕作为整体金融市场的有机组成部分，投资者、经营机构（金融中介）、融资者的金融行为结合在一起实现了资金融通过程，但单个投资者和经营机构在具体交易过程中一般也不会意识到他们的整体属性。

各种以国家公法或社会公法形式的投资者适当性制度率先对投资者和经营机构的身份，根据其所在的社会经济网络以一定的标准（主要是经济地位），进行了具体的识别，这样投资者和经营机构被作为一个整体的法律概念，在国家公权力或社会公权力的作用下拟制了出来。再具体分析，投资者适当性制度将投资者识别为专业投资者和普通投资者，并制定了具体的标准。专业投资者通常是具有专业知识、技能和投资经验或者拥有高额财富，具备自我保护能力，即便专业投资者与经营机构之间存在信息不对称，其也有能力获得相应的信息而改善或消灭信息不对称的情况，进而在此基础上作出理性决策，而无须法律专门保护。普通投资者则不具有专业投资者的上述特征，由于经济地位等诸多差异，其与经营机构之间在没有外界干预的情况下存在结构性的、不可逆转的信息不对称和实力不对等，并且自身理性能力有限。中国资本市场以中小投资者为主，大都符合普通投资者的条件，普通投资者对证券市场的认可和信心不但支撑了资本市场的正常运行，而且决定了资本市场的成败，对他们的保护涉及整体经济利益的促进和发展，因此普通投资者的身份一旦确立，便是经济法的重点保护对象。

〔1〕 在私法中，投资者和经营机构都是可以被法律识别为"自然人""法人"或"非法人组织"，都是独立且具有权利能力的民事主体。但在私法中的人是个体之人，经济法中的人是集体之人。这里的"个体"和"集体"是从对人的个体性和集体性认知观念的角度使用的，"私法学对人的认知受个体（自由）主义政治哲学的影响，私法社会化的思想基础为对古典自由主义批判基础上发展起来的新个人（自由）主义，其与个人（自由）主义的思想理念尚无根本冲突；社会法学对人的认知受个人（自由）主义的集体（反自由）主义哲学的影响。"赵红梅：《私法与社会法：第三法域之社会法基本理论范式》，中国政法大学出版社2009年版，第76~79页。

〔2〕 这是由"成员之间的社会关系——某种身份决定的，也即是社会安排给他们的，或者是法律对他们的身份加以标识所确定出来的，而不是他们每个人自主选择的结果，一切与他们作为'群'内成员的个体意愿无关。"赵红梅：《私法与社会法：第三法域之社会法基本理论范式》，中国政法大学出版社2009年版，第85页。

3. 投资者与经营机构之经济法权利义务关系具有整体性

经济法关系中，不仅主体具备整体属性，投资者与经营机构之间的权利义务关系也具备整体属性，也对应着社会公共利益这样的共同体利益形态。"所谓公共利益是指当现代社会具有专业化趋向的大型组织已经越来越强烈地控制了社会生活和经济生活时，所有与这些大型组织处于经济、社会网络中的私人，都可以基于'不受大型组织欺诈、压迫的自由'而形成以共识为基础的聚合性权利，与这种聚合性权利相对应的就是公共利益。"[1]社会公共利益高悬于监管者、投资者、经营机构等经济法主体之上。调整监管者与经营机构之监管关系的公法规则，调整投资者与经营机构之金融交易关系的强制性规范，本质上都是基于保护社会公共利益的理念形成的具体法律规则。

总之，投资者适当性管理制度主要是一项经济法制度，通过经济法的整体视角对投资者适当性管理制度的法律基础进行解析，解决了从公法或私法角度对投资者适当性管理制度进行解析所造成的认识碎片化问题。经济法学与传统法学相比较，在法律实施、法律的责任承担等方面有许多创新之处，亦能为该制度的立法、实施等具体问题的解决提供更多理论空间。

第三节　上市公司社会责任

传统公司法理论认为，由于股东对公司享有股权，因此公司只需对股东负责。公司在日常经营活动中应当以公司利益最大化为目标，通过股利分配等形式增加股东的收益和财富。但是随着企业生产规模的不断扩大，企业在生产经营中会涉及更多的利益关联方，如债权人、雇员、消费者等，对这些利益相关方的保护日益受到重视。在此背景下，公司社会责任的理论开始出现，该理论认为企业在保证股东利益最大化的同时，也应当确保非股东利益相关方的利益最大化。公司在经营活动中应当注意维持股东和其他利益相关方利益的平衡。

虽然公司社会责任理论从诞生开始便不断受到质疑，但是随着企业生产规模的日益扩大和经济全球化进程的推进，越来越多的大型公司特别是上市

---

[1] 张春丽：《证券交易中的个人投资者保护——以公共利益理念的回归为核心》，载《法学》2011年第6期。

公司开始重视并积极履行公司社会责任。我国在 2005 年《公司法》的修订中也将公司社会责任正式写入其中。但在实践中，有的公司对公司社会责任制度采取了较为消极的态度，认为该条规定缺乏可诉性；有的公司则采取了实用主义的作秀态度；有的公司认为承担社会责任会造成"劣币驱逐良币"的问题，因而不愿承担社会责任。如何进一步增强公司社会责任制度的可操作性，是我国当前立法者、政府部门和企业界十分关注的问题。[1]

相对于普通公司而言，上市公司的社会公共性更强，因而其承担的社会责任更大，更具有典型性。本节主要以上市公司的社会责任为考察重点，为叙述方便，以下所称公司社会责任一般即指上市公司社会责任。

一、公司社会责任的理论基础

（一）公司社会责任的经济学观点

经济学中关于公司社会责任的讨论，实际上涉及企业性质的探讨。一直以来，从企业性质出发，包括古典经济学理论在内的经济学观点对公司社会责任一直持否定观点。其主要理由如下：

首先，企业追求的目的应当是利润最大化。古典和新古典经济理论用"经济人"这一概念赋予了企业以类人的性质和经济利益目的。假定且要求企业以实现利润最大化为其唯一目标，不考虑企业行为的消极效果，不考虑企业获取经济利益手段的文明性质和伦理价值。当代经济学大师弗里德曼（Friedman）也认为，公司只有一项社会责任，就是最大限度地增加其利润，并认为公司不应有"社会良知"。哈耶克（Hayek）也指出，公司的唯一目标在于按照最能获利的方式使用股东授予经营层的资本，对利润最大化目标的任何偏离都将危及公司的生存，并使董事获得无休止追求社会目标的难以控制的权力；只要公司的资源投向最有效率的领域，公司就承担了社会责任；公司不是慈善家，不能将其资源用于利润以外的其他社会目的。[2]另外，公司承担社会责任必然增加公司的经营成本，为了努力实现较高的资本回报率，公司必须要将这些社会成本转嫁给他人。否则，它就难以实现利润最大化。在一个完全竞争的市场中，投资必然会流向那些成本尽可能低、利润尽可能

---

[1]　参见刘俊海：《中国资本市场法治前沿》，北京大学出版社 2012 年版，第 351 页。

[2]　转引自卢代富：《企业社会责任的经济学与法学分析》，法律出版社 2002 年版，第 7 页。

大的公司，而不是那些承担了社会责任而致使利润下降的公司。这样，承担社会责任的公司由于缺乏竞争力而不得不被市场淘汰。因此，公司为了保持自身较强的竞争力，就不能承担社会责任。[1]

其次，企业的所有权和控制权属于股东，企业经营活动应当以维护和增进股东利益为目标。传统经济学观点认为，企业的资产所有权属于股东，而企业的控制权亦应配置给股东，即股东应当享有控制公司资源的权力，以确保这些资源配置能够用于谋取他们的自身利益。虽然企业的所有权和控制权属于股东的认识后来受到了伯利（Berle）和米恩斯（Means）所提出的企业"所有权和控制权分离"命题的挑战，但是占主导地位的观点认为在坚持股东拥有企业所有权的前提下，不能从根本上否认股东对企业的控制权。基于企业的所有权和控制权属于股东的命题，实际上包含着这样的推论：既然企业的资产是股东的财产，那么运用企业资产的企业经营活动也应以维护和增进股东利益为目标；既然企业的控制权属于股东，那么管理者必须服从股东的监控，以确保企业的资产真正用于股东的福利之上，管理者的权限则应仅限于选择适当的方式利用股东的财产以实现股东的利益，而不得改变为股东谋利这一目标本身。[2]

可见，上述传统经济学观点从企业资产性质和盈利目的出发，否认企业应当承担社会责任。但是，随着现代企业制度的发展和成熟，这些观点受到了包括利益相关者理论在内的诸多现代经济学理论的质疑。

经济学的利益相关者理论（Stakeholder Corporate Governance Theory）是对传统的"股东至上主义"治理模式的有力挑战。[3]1984年弗里曼（Freeman）出版了《战略管理：利益相关者方法》一书，在书中弗里曼运用利益相关者理论回答了企业的经营活动应该对谁承担社会责任的问题。在他看来，"利益相关者就是任何能够影响公司目标实现的集团和个人或公司目标所影响的任何集团或个人。"[4]在弗里曼看来，供应商、客户、雇员、股东、当地社区以

---

〔1〕 张士元、刘丽：《论公司的社会责任》，载《法商研究》2001年第6期。

〔2〕 卢代富：《企业社会责任的经济学与法学分析》，法律出版社2002年版，第12页。

〔3〕 傅穹：《公司社会责任的法律迷思与规制路径》，载《社会科学战线》2010年第1期。

〔4〕 郑若娟：《西方企业社会责任理论研究进展——基于概念演进的视角》，载《国外社会科学》2006年第2期。

及处于代理人角色的管理者都应包括在利益相关者群体中。[1]相关利益者理论对"股东价值最大化"理论的挑战，最关键性的论点在于它对股东在公司中的地位予以"弱化"。所谓"弱化"是指相关利益者理论否定了"公司是由持有该公司普通股的个人和机构'所有'"的传统核心概念，提出："倘若公司作为一个主体真实存在，那么……公司的管理者对公司主体的全部而不是个别的成员附有信托责任。换句话说，管理者是一个组织（具有多重构成成员在内）的受托人，而不只是股东的代言人。"[2]因此，在利益相关者理论的框架下，管理者除了对股东负责外，同样也应对利益相关者负责。利益相关者理论已经成为支持公司社会责任理论的主要依据。[3]

（二）公司社会责任的法学观点

随着资本主义经济的发展，企业规模日益扩大，影响范围也逐渐扩展到其他国家和地区。一些发达资本主义国家，如美国、德国等，形成了托拉斯、卡特尔等大型垄断经济利益集团。这些大型垄断性公司逐渐将自己的触角延伸到了经济社会生活的各个方面，一些公司甚至可以为个人提供从出生到坟墓的一切生活必需的产品和服务。然而，这些大型公司对社会公共生活的介入和干预实际上是蕴含着风险的。一旦这些大型公司在生产经营中出现环境污染、产品质量等问题，将会对社会公众产生广泛的影响。某种程度上来说，正是由于大型公司公众属性的增强，使其逐渐成为社会有机体中不可或缺的一部分，因此公司应依据其社会角色和定位承担其相应的社会责任。从经济法角度来说，大型公司承担社会责任正是维护社会公共利益的体现。企业在追求自身利益最大化的同时，应当注意公平和正义价值的实现，在公平与效率之间寻求恰当的平衡。这是公司社会责任法学理论的起点。

关于公司社会责任的问题，20世纪30年代在美国发生了一场关于公司社会责任的持续争论，代表人物是伯利和多德（Dodd）。在公司的功能、角色以及公司管理人员是谁的受托人等问题上，伯利代表了传统公司法的理念，认

---

〔1〕　沈洪涛、沈艺峰：《公司社会责任思想起源与演变》，世纪出版集团、上海人民出版社2007年版，第150页。

〔2〕　沈洪涛、沈艺峰：《公司社会责任思想起源与演变》，世纪出版集团、上海人民出版社2007年版，第173页。

〔3〕　朱慈蕴：《公司的社会责任：游走于法律责任与道德准则之间》，载《中外法学》2008年第1期。

为公司是营利性经济组织，一切公司权力都是为股东的利益而委托的权力，公司管理人员是受股东委托、为了股东的利益管理和控制公司；法律的功能在于保护股东的利益，防止管理层放弃追求利润动机的可能性。而多德的观点则带有明显的反传统公司法理念的特色。他认为，从现行法律上看，伯利的说法无疑是正确的，但使用私人财产是深受公共利益影响的。公司应是同时具有营利和社会服务两种功能的经济制度，公司权力作为一种受托权力是为了全社会的利益，不仅公司的活动要对社会承担责任，而且控制公司活动的经营者要自觉地履行这种责任。总之，多德认为公司既要为股东谋取利润，也要承担社会责任；公司的管理人员既是股东的受托人，也是社会的受托人。[1]这场论战虽然没有就公司社会责任性质得出明确的结论，但是它对以后社会责任的理论发展和立法模式产生了深远的影响。

（三）公司社会责任的社会学观点

进入 21 世纪后，关于公司社会责任研究的重要进展是公司公民（Corporation citizenship，也可译为"法人公民"）理论的提出。依照马特恩（Mattern）和克兰（Clane）的分析，公司公民是指公司在管理公民权方面所起的社会作用。由于政府无法再担当公民权的唯一担保者，公司在一定程度上取代政府管理公民权。[2]韦多克（Waddok）认为公司公民体现在"公司与相关利益者和自然环境的关系以及公司对待相关利益者和自然环境的做法"之中，公司公民是公司社会责任和相关利益者理论的结合。韦多克指出，公司公民概念第一次将相关利益者理论付诸行动，从而将企业与社会领域中两大主流，即相关利益者理论和公司社会责任思想融合在一起。同时，由于公司公民强调企业行为的社会影响，它又将公司表现与相关利益者和自然环境结合在一起。[3]在经济全球化时代，公司公民理论的提出为大型跨国公司在环境、就业、社区等方面承担社会责任提供了理论基础。

总之，公司社会责任理论引发了学者从政治学、经济学、法学、管理学、

---

〔1〕 陈明添：《公司的社会责任——对传统公司法基本理念的修正》，载《东南学术》2003 年第 6 期。

〔2〕 沈洪涛、沈艺峰：《公司社会责任思想起源与演变》，世纪出版集团、上海人民出版社 2007 年版，第 224 页。

〔3〕 沈洪涛、沈艺峰：《公司社会责任思想起源与演变》，世纪出版集团、上海人民出版社 2007 年版，第 217 页。

社会学、伦理学等多学科角度对公司社会责任的性质和内容进行研究和阐释，至今仍未形成定论。但是需要注意到，在当代公司运行实践中，已经有越来越多的公司特别是上市公司开始主动履行自己的公司社会责任，并收到了良好的经济和社会效果。公司社会责任已经成为当代公司发展的潮流。因此，在理论研究方面，学者应该积极关注当代公司社会责任实践的最新进展，并为其寻求合理的理论支持。

二、公司社会责任的含义、性质及其特点

（一）公司社会责任的含义

关于公司社会责任的含义，以不同的方法论和不同的学科角度，对公司社会责任含义的认识往往也不尽相同。按照目前主流观点和理论，对公司社会责任的定义可以分别从其外延和内涵上进行区分界定。

按照外延式的界定方法，公司社会责任可以被具体化为公司对社会负责的一系列行为或任务。以外延式方法界定企业社会责任的范例较多，如美国经济开发委员会对公司社会责任进行的表达。在 1971 年 6 月发表的一篇题为《商事公司的社会责任》的报告中，美国经济开发委员会列举了为数众多的（达 58 种）旨在促进社会进步的行为，并要求公司付诸实施。这些行为涉及 10 个方面的领域，它们是：①经济增长与效率；②教育；③用工与培训；④公民权与机会均等；⑤城市改建与开发；⑥污染防治；⑦资源保护与再生；⑧文化与艺术；⑨医疗服务；⑩对政府的支持。同时，他们又将上述行为划分为两个种类，一是自愿性的行为，这些行为由企业主动实施并由企业在其实施中发挥主导作用；二是非自愿性的行为，这些行为则由政府借助激励机制的引导，或者通过法律、法规的强行规定而得以落实。[1]

与外延式界定方法相对，内涵式界定方法则试图从公司社会责任的本质属性入手对公司社会责任的含义作出界定。在英美学者中，存在两种观点，一种是在"公司责任"的属性概念下把握"公司社会责任"的含义。例如，按照布鲁梅尔（Brummer）的观点，公司责任可以划分为四种，即公司经济责任（The economic responsibilities of corporations）、公司法律责任（The legal responsibilities of corporations）、公司道德责任（The moral responsibilities of corpo-

---

〔1〕　卢代富：《企业社会责任的经济学与法学分析》，法律出版社 2002 年版，第 70~71 页。

rations）和公司社会责任（The social responsibilities of corporations）。[1]可见，在这里公司社会责任为公司责任的下位概念。另一种观点则将公司社会责任几乎等同于公司责任。如卡罗尔（Carroll）认为，公司社会责任乃社会寄希望于公司履行之义务；社会不仅要求公司实现其经济上的使命，而且期望其能够遵法度、重伦理、行公益。因此，完整的公司社会责任，为公司的经济责任、法律责任、伦理责任和自主决定其履行与否的责任（即慈善责任）之和。[2]

上述外延和内涵式界定方法试图从不同角度出发，对公司社会责任作出明确的定义，但是两种界定方法都存在缺陷。就外延式界定方法来说，试图以种类化的方式明确公司社会责任的适用范围，而不探究社会责任的本质属性，难免给人以只见树叶不见森林之感。另外，随着社会经济的发展，社会责任的内容会发生相应变化，采用单纯的外延式概念界定方法也容易出现灵活性不足的状况。而内涵式界定方法则追求对事物本质属性的认识。关于社会责任，目前存在两种内涵式界定观点。一种观点将公司社会责任视为公司责任的下位概念，与公司经济责任、公司法律责任、公司道德责任并列。实际上，由于社会经济生活的复杂性，上述责任之间的区分并不十分清晰确定。例如，就公司社会责任与公司法律责任的关系，如果公司违反了公司社会责任中的强制性规定，如销售假冒伪劣产品，则应当承担相应的法律责任。在此类情形下，公司社会责任实际上是和公司法律责任相重合的。另一种观点则简单地将公司社会责任等同于公司责任，扩大了社会责任的概念范围。但是，需要注意的是，公司责任最主要的内容即在于对股东的责任，这是公司成立最初也是最重要的目的，公司社会责任应当附属于对公司对股东的责任。因此，公司社会责任和公司责任不能等同。

因此，对公司社会责任的界定应当从内涵和外延两方面结合进行考察。从内涵方面来说，公司社会责任应为公司责任的下位概念，公司社会责任的本质应为公司除了向股东承担的责任之外所应承担的责任。但是鉴于公司对股东责任与公司社会责任之间存在天然的紧张关系，[3]因此，在公司立法中，

---

〔1〕 卢代富：《企业社会责任的经济学与法学分析》，法律出版社2002年版，第71页。

〔2〕 卢代富：《企业社会责任的经济学与法学分析》，法律出版社2002年版，第76页。

〔3〕 本质上即公司利益与社会公共利益的冲突，两者之间有时会是此消彼长的关系。

有必要对前者的范围作出相对明确的界定[1]，从而获得对公司社会责任更为清晰的认识。从外延方面来说，本书赞同美国经济开发委员会的列举式公司社会责任内容，但是有必要对其做一定限制，即任何一项公司社会责任的履行都不应背离公司股东的根本利益。总之，公司社会责任是指公司应向股东以外的相关利益方承担的责任，包括对消费者、雇员、供应商、社区、环境等应承担的责任。[2]

（二）公司社会责任的性质

关于公司社会责任性质的争论，目前主要集中于两个方面，一是公司社会责任与义务的关系；二是公司社会责任是道德责任还是法律责任。以下分别讨论：

关于公司社会责任与义务的关系，从法理的角度，目前主要有两种观点：一种观点认为，公司社会责任内容从内容上分为两个递进的层次：①由法律所规定的公司对社会应做的事，即法律义务，具体而言，是对社会公众负有的不威胁、不侵犯社会利益的义务，简称社会义务，这是一种消极义务；②由于公司威胁、侵犯社会利益而应承担的第二性义务，既可能是补偿性的，也可能是惩罚性的，表现为对责任主体的一种不利后果，[3]即公司社会责任不仅包括公司对社会公众的消极义务，也包括因违反上述义务而导致的不利后果。另一种观点认为，公司社会责任中的"责任"仅指"第一性义务"，即一方基于他方主体的某种关系而负有的责任，不包括"第二性义务"，即负有关系责任（义务）的主体不履行其关系责任所应承担的否定性后果。企业社会责任不仅要求企业负有不威胁、不侵犯社会公共利益的消极不作为义务，更要求企业应为维护和增进社会公共利益的积极作为义务，而后者才是企业社会责任的真谛。[4]因此，公司社会责任主要包括不侵犯社会利益的消极义务和维护社会公共利益的积极义务。

---

〔1〕　这里我们对责任做广义上的理解，公司对股东责任不仅包括公司对股东的义务，也包括公司在损害股东利益的情况下所应向股东承担的责任等。详见下文对责任性质的分析。

〔2〕　由于上市公司的特殊性，公司对个人投资者（散户）的责任也应当纳入公司社会责任的范畴。详见下文公司社会责任特点中关于金融消费者的分析。

〔3〕　李平龙：《超越道德教化：公司社会责任法律内涵解读》，载《社会科学家》2005年第1期。

〔4〕　王玲：《论企业社会责任的涵义、性质、特征和内容》，载《法学家》2006年第1期。

笔者认为，关于对公司社会责任性质的认识，不应当仅仅从法理角度出发。实际上，在人们的日常语境和公司社会责任实践中，关于责任的认定往往较为模糊，公司社会责任和义务之间并没有清晰的界限。因此，从公司社会责任的实际适用语境出发，应对公司社会责任做广义上的理解，即公司社会责任不仅包括了公司对社会公众承担的义务（包括积极义务和消极义务），也包括在违反上述义务情况下所应承担的不利后果。

关于公司社会责任是道德责任还是法律责任的争论，目前学界已经形成初步意见，认为公司社会责任是道德责任和法律责任的统一体。但是在公司社会责任中何者占主导地位，仍有不同观点。有学者认为公司社会责任中法律责任是前提，经济责任[1]是基础，道德责任是补充。法律责任是企业行为的前提，在责任体系中占据最高的位阶，当道德责任超越法律责任或经济责任而跃居为首要位阶时，企业的经营效率必然下降。[2]而另一种观点认为："企业的法律义务也是社会对企业的要求，由于其已由法律保障实施，所以人们今天所理解和期待的公司社会责任，主要是道德责任。"[3]

实际上，从历史发展的角度来看，在公司社会责任中，道德责任与法律责任的地位是处在不断变动中的。在资本主义经济发展的初期，公司以股东和公司利益最大化为经营目标，公司社会责任思想还处在萌芽时期，这时候公司社会责任的内容更多的只是道德责任，没有法律上的明确约束。随后公司规模逐渐膨胀，对经济社会生活的介入也日渐深入。特别是一些诸如环境污染、压榨劳工现象的发生，促使法律对公司的一些行为作出强制性规定，防止公司为其个体利益而损害社会公共利益。但是这依然不是最终阶段，随着公司社会责任理念的普及，越来越多的公司会主动履行自己的社会责任。此时的社会责任又主要是道德责任，而法律责任只是最低限度的补充。

（三）公司社会责任的特点

1. 关于公司社会责任的主体。一般认为，公司社会责任的主体包括公司和经营者。理由是，现代企业一般都是拥有独立财产和具有独立人格的法人，

---

〔1〕 此处经济责任指公司为社会创造财富的责任。参见刘继峰、吕家毅：《企业社会责任内涵的扩展与协调》，载《法学评论》2004年第5期。

〔2〕 刘继峰、吕家毅：《企业社会责任内涵的扩展与协调》，载《法学评论》2004年第5期。

〔3〕 史际春、肖竹、冯辉：《论公司社会责任：法律义务、道德责任及其他》，载《首都师范大学学报（社会科学版）》2008年第2期。

都具有主体资格，企业法人能够而且应该成为责任主体。也就是说，具有独立人格的企业应该是企业社会责任的主体。对于企业经营者而言，企业不履行社会责任从根本上来说是企业经营者未尽其职责所致。既然企业有履行社会责任的义务，那么企业经营者就应该履行该义务。企业对社会的义务转化为企业经营者对社会的义务。[1]

2. 关于公司社会责任的对象。公司社会责任的目的是维护社会公共利益，所以公司社会责任的对象应当是社会公众。但是社会公众是较为抽象的概念，具体来说，公司社会责任的对象应包括除股东之外[2]的其他利益相关方，主要指债权人、雇员、消费者（包括金融消费者，即大量的散户投资者）、供应商等。这里需要注意的是，政府能否成为公司社会责任的相对方。有学者认为，公司对国家或政府的责任与社会利益有着直接的牵连，但它与公司社会责任毕竟是两种不同的公司责任形态。因为，前者以国家或政府本位为出发点，后者则以社会本位为着眼点，旨在维护和提升社会利益。在某些时候，由于国家或政府的偏好或有限理性，国家或政府对自身利益的追求将不可避免地与社会利益发生偏差。[3]

实际上，政府在企业经济活动中主要是以监管者的角色出现，通过微观监管和宏观调控等行为对公司的经济活动，包括公司社会责任的履行状况进行监管和指引。从民事关系的角度来说，公司社会责任针对的主要是平等民事主体，而不应包括以监管者形象出现的政府。如果将政府纳入公司社会责任对象范畴，极容易导致政府在行政执法活动中角色定位的混淆，造成权力滥用的风险。当然，如果政府以民事主体身份从事经济活动，可以依其活动性质判断，如在采购活动中政府可以以消费者身份被纳入到公司社会责任对象范畴中。

3. 上市公司社会责任的特殊性。上市公司由于其在资本市场中的地位，因此具有了一些不同于一般公司的社会责任内容。其社会责任的特殊性由以下两个方面来决定：

第一，社会公众性所决定的特殊性。上市公司由于其股票、债券等可以

---

〔1〕　王玲：《论企业社会责任的涵义、性质、特征和内容》，载《法学家》2006年第1期。

〔2〕　就上市公司而言，大量的散户投资者（即股东），属于金融消费者，他们也应当属于上市公司社会责任的对象。

〔3〕　卢代富：《企业社会责任的经济学与法学分析》，法律出版社2002年版，第98页。

公开上市交易，因此其社会公众属性更强。因此，对于上市公司来说，其公司社会责任还应包括维护资本市场稳定等内容。上市公司不得通过操纵市场、内幕交易、虚假陈述等手段为公司、管理层、股东等特定群体谋求不正当利益，对投资公众（上述金融消费者）、债权人等利益相关方的利益造成损害，进而造成资本市场的波动。另外，上市公司还应注重信息披露，通过发布社会责任报告等形式对其社会责任的履行状况进行及时披露，提升公司的声誉价值。

第二，上市公司股票金融属性所决定的特殊性。普通公司社会责任的对象是股东之外的其他利益相关者，但是，就上市公司而言，其中的大量个人投资者，即散户，他们对上市公司的经营监督管理权漠不关心，他们在意的是其金融利益，即投资回报。虽然名义上公司股票持有人均为公司股东，但是在证券市场中，此类群体由于资本分散、规模较小、信息获取能力较弱、专业知识和技能不足，难以对公司管理层施加有效影响。个人投资者（散户）股东属性中的管理因素大大弱化，并逐渐蜕化成为单纯获取收益的"名义股东"，有股东之名而无股东之实。从这个角度来讲，那些投资于上市公司的散户与上市公司的关系类似于消费者与经营者之间的关系。因此，个人投资者（散户）作为一类特殊的群体，应纳入金融消费者的范畴。他们和债权人、雇员等其他利益相关者的地位没有多少区别，所以也是公司社会责任的对象。

三、上市公司社会责任的实践

（一）国际社会上市公司社会责任的实践

国际社会的公司社会责任实践，最早由非政府组织的社会责任国际组织（Social Accountability International，SAI）发起。该组织于 1997 年 8 月设计了社会责任 8000（SA8000）标准和认证体系，并根据 ISO 指南 62（质量体系评估和认证机构的基本要求）评估认可认证机构。截至 2004 年 12 月 31 日，全世界有 572 家公司获得 SA8000 标准的认证，涉及 45 个国家。其中，意大利公司占 167 家，中国公司占 79 家（其中，港澳台公司 25 家，大陆公司 54 家，多为外商独资企业与中外合资经营企业），印度公司占 66 家，巴西公司 62 家，美国公司仅有 2 家。[1]

---

〔1〕 http://www.socialfunds.com/news/article.cgi/article832.html.

2002 年国际标准化组织（ISO）成立顾问组，从事企业社会责任国际标准的可行性研究。ISO 于 2004 年 4 月提出《社会责任工作报告》，向全世界征求意见。2004 年 6 月，ISO 在瑞典召开社会责任国际研讨会，有 66 个成员国（其中 33 个为发展中国家）的 355 名代表出席会议。会议认为，制定社会责任国际标准的条件尚不具备，但可以制定具有指导性的国际社会责任导则。并且，自 2004 年 6 月开始，ISO 将"公司社会责任"（CSR）的提法更改为外延更广的"社会责任"。2005 年 3 月，ISO 社会责任导则工作组在巴西召开第一次工作会议，中国派 6 名代表出席会议。[1]

另外，值得关注的是，联合国也十分重视强化公司的社会责任。在 1999 年 1 月 31 日举行的世界经济论坛上，时任联合国秘书长安南首次提出了"全球协议"（Global Compact）新构想。2000 年 7 月 26 日，全球协议正式启动。全球协议的宗旨是，促使全球协议及其原则成为企业经营战略和经营策略的一部分，推动主要利害关系人之间的合作，并建立有助于联合国目标实现的伙伴关系。[2]换言之，全球协议力图推动有社会责任感的法人公民（Responsible corporate citizenship）运动，从而使企业成为迎接经济全球化挑战、解决全球化问题的重要力量。安南号召公司领导者加入全球协议，从而与联合国机构、劳动者和民间组织一起支持人权、劳动者保护和环境保护中的 9 项原则。[3]

（二）我国上市公司的社会责任实践

自从 2002 年 1 月 7 日中国证监会与国家经济贸易委员会（以下简称"国家经贸委"）发布《上市公司治理准则》，特别是 2005 年《公司法》规定公司社会责任以来，越来越多的上市公司增强了承担公司社会责任、增进利益相关者利益保护的意识，并付诸实际行动。一些上市公司在其公司章程中增加公司社会责任的条款，一些上市公司在其年度报告中也专门披露其实际履

---

〔1〕　http：//www. socialfunds. com/news/article. cgi/article832. html.

〔2〕　http：//www. unglobalcompact. org/Portal/.

〔3〕　这 9 项原则源于《世界人权宣言》《国际劳工组织关于工作中基本原则和权利宣言》和《里约环境与发展宣言》。在这 9 项原则中，有 2 项与人权相关，有 4 项与劳动标准相关，有 3 项与环境保护相关。其具体内容是：①公司应当在其影响所及的范围内支持与尊重国际人权保护事业；②公司确保其自身不参与践踏人权的行为；③公司尊重工人的结社自由和集体谈判权利；④公司消除各种形式的强迫性劳动；⑤公司有效地废除童工；⑥公司消除招聘和职业上的歧视；⑦公司对环境挑战采取预防性策略；⑧公司积极承担更大的环保责任；⑨鼓励公司开发和推广环保技术。

行公司社会责任的情况。例如，某上市公司在其年度报告中专设"利益相关者"一节，宣称："本公司将尊重银行及其他债权人、职工、消费者、供应商、社区等利益相关者的合法权益，坚持可持续发展战略，关注所在社区的福利、环境保护、公益事业等问题，重视公司的社会责任"。一些上市公司的民间组织也积极推进公司社会责任的实践。例如，山东省董事会秘书协会呼请山东省境内的上市公司树立诚信形象，平等对待非股东利害关系人。2002年，中国企业家协会起草了《诚信经营自律宣言》。《诚信经营自律宣言》第19条指出，公司应当承担社会责任，关心环境保护，促进可持续发展。应当采取措施预防废水、废气、废料、噪音污染土壤、空气和社会环境，以增进社会福利。严禁以直接排放污染或者牺牲社会环境为代价牟取商业利益。全国工商联等非营利组织也积极鼓励非公有制企业投身于光彩事业，积极承担社会责任。[1]

四、我国公司社会责任的立法与公司社会责任的内容及其信息披露制度

（一）我国上市公司社会责任的立法

中国证监会与国家经贸委在2002年1月7日发布的《上市公司治理准则》第6章用6个条款专门规定了"利益相关者"。这是我国最早对上市公司社会责任作出规定的规范性文件。其中，第81条作为一个总括性条款，首次在中国证监会的部门文件中引入了"利益相关者"的概念，该条规定"上市公司应尊重银行及其它债权人、职工、消费者、供应商、社区等利益相关者的合法权利"。第82条从公司可持续健康发展的角度出发，规定"上市公司应与利益相关者积极合作，共同推动公司持续、健康地发展"。第83条则一方面从正面要求上市公司"应为维护利益相关者的权益提供必要的条件"，另一方面又从反面规定，当利益相关者"合法权益受到侵害时，利益相关者应有机会和途径获得赔偿"。第84条规定了上市公司对其债权人的社会责任，即"上市公司应向银行及其它债权人提供必要的信息，以便其对公司的经营状况和财务状况作出判断和进行决策"。第85条是对上市公司职工权益保护

[1] 转引自刘俊海：《中国资本市场法治前沿》，北京大学出版社2012年版，第360~361页。

的规定："上市公司应鼓励职工通过与董事会、监事会和经理人员的直接沟通和交流，反映职工对公司经营、财务状况以及涉及职工利益的重大决策的意见。"第 86 条则明确提出了上市公司对其他利益相关者的社会责任："上市公司在保持公司持续发展、实现股东利益最大化的同时，应关注所在社区的福利、环境保护、公益事业等问题，重视公司的社会责任。"这一规范性文件对我国上市公司社会责任的制度建设具有标志性的意义。

2005 年修订后的《公司法》第 5 条规定："公司从事经营活动，必须遵守法律、行政法规，遵守社会公德、商业道德，诚实守信，接受政府和社会公众的监督，承担社会责任。"这使我国公司社会责任上升到基本法律层面的规制当中。这一规定不仅在中国公司法制史上具有重要的里程碑意义，在世界公司法中也居于领先的地位。2023 年《公司法》对公司社会责任的内容更加具体化，以第 19 条保留原《公司法》第 5 条的内容之外，新增第 20 条进一步丰富了公司社会责任的内容：公司从事经营活动，应当充分考虑公司职工、消费者等利益相关者的利益以及生态环境保护等社会公共利益，承担社会责任。国家鼓励公司参与社会公益活动，公布社会责任报告。

（二）公司社会责任的内容

公司社会责任的内容依照利益相关者的不同，大致包括以下内容：

1. 对雇员的责任。雇员作为公司人力资本的所有者，在现代公司中的地位和作用越来越重要。首先，现代公司的竞争最终都归结为人力资源的竞争，拥有知识和技能的雇员是公司竞争制胜的决定性因素。其次，雇员的知识和技能只是一种潜在的生产力，要将这种潜力发挥出来，必须给予一定的激励，创造适宜的环境和条件。再次，公司雇员作为一种人力资本，具有一定的专用性，这种专用性将雇员与公司紧紧地联结在一起，只有保护好雇员工作的积极性，才能使公司充满活力。最后，随着现代公司治理方式的不断发展，在这些公司中，雇员不仅成为人力资本的所有者，而且成为非人力资本的所有者，从而成为公司的所有者。因此，为了保障公司雇员的利益，而且也为了促进公司的永续发展，各国无一例外地将公司对雇员的责任列为公司社会责任的一项主要内容。[1]

---

[1]　陈明添：《公司的社会责任——对传统公司法基本理念的修正》，载《东南学术》2003 年第 6 期。

企业对雇员的责任体现在诸多方面，既包括在劳动法意义上保证雇员实现其就业和择业权、劳动报酬获取权、休息休假权、劳动安全卫生保障权、职业技能培训享受权、社会保险和社会福利待遇取得权等劳动权利的法律义务，也包括企业按照高于法律规定的标准对雇员负担的道德义务。[1]

2. 对消费者（包括金融消费者）的责任。消费者是公司产品和服务的最终享有者，但是由于消费者地域分散、单个消费者力量薄弱，在与公司的博弈中处于弱势地位。他们在遇到公司产品和服务质量问题时，往往不能得到有效的救济，所以各国法律都对消费者权益作出特别保护。公司在履行社会责任时，应积极注重产品和服务质量，解决消费者的后顾之忧，树立良好的企业形象，否则可能会因违反产品质量法和侵权责任法而受到法律制裁。

公司对消费者的责任主要包括：①保障安全的责任。客户在购买、使用产品和接受服务时享有人身、财产安全不受损害的权利。②使客户知情的责任。客户往往是根据自己的需要、偏好和知识等，作出对自己最有利的选择。客户要作出最有利于自己的选择，必须对有关产品或服务的真实情况有所了解，为此需要享有知情权。③保障客户的自主选择权。也就是说，客户享有自主选择产品或服务的权利。④保障客户求偿的权利。客户因购买、使用产品或接受服务受到人身、财产损害的，享有依法获得赔偿的权利。[2]

对于金融消费者的责任，主要体现在对大量散户的责任上，在证券市场上他们的利益最容易受到侵害，上市公司应主动维护好与这部分投资者的关系，积极向投资者履行信息公开和沟通义务。他们是上市公司投资者关系管理中重点维护和接受帮助的主体之一。

3. 对债权人的责任。企业在生产经营中由于涉及借款、购买、销售等事宜，必然会与其他单位或个人产生债权债务关系。公司经营状况、财务状况的变动都会影响到债权人利益的实现，因此，债权人作为利益相关方也应当纳入到公司社会责任的范畴中。事实上，大型公司往往由于其规模庞大、产业链复杂、财务信息不透明，使广大中小债权人在同大型公司的博弈中往往处于劣势地位，一旦发生诸如供应产品质量不合格、拖欠账款等情况，往往

---

〔1〕 卢代富：《企业社会责任的经济学与法学分析》，法律出版社 2002 年版，第 102 页。

〔2〕 陈明添：《公司的社会责任——对传统公司法基本理念的修正》，载《东南学术》2003 年第 6 期。

会引发这些中小企业的经营和财务危机。因此，对任何债权人都应合法、善意、无过失地进行交易行为。切实履行合同，这应当是公司社会责任的重要内容之一。

对于上市公司而言，由于其发行的债券等有价凭证可以上市交易，上市公司的债权人更具有广泛性。因此上市公司应积极完善信息公开机制，提高信息公开质量，确保债权人在信息透明的情况下作出理性的投资决策。这是上市公司对债权人社会责任的应有之义。

4. 对同业者的责任。同业者是指在一定时间和空间范围内从事相同或近似产品生产或服务提供的经营者。在现代市场经济背景下，同业者之间往往会就市场客户资源展开激烈的竞争，甚至会采取种种不正当竞争手段打击对手，从而对正常的市场秩序造成严重损害。因此，世界各国的监管当局都会通过制定反不正当竞争法、反垄断法及一些竞争政策等规范市场竞争，维护市场正常竞争秩序。对于公司而言，同业者的存在同公司利益存在着密切的相关性，因此，作为利益相关方也应纳入公司社会责任的内容中。公司对同业者的社会责任主要是禁止采用不正当手段损害其他同业者的义务。相关的立法内容已经在反不正当竞争法、反垄断法中有所体现。

5. 对社区的责任。这是公司以其所在社区或者所在社区的居民为相对方的责任。公司的经营活动不仅直接影响到与公司从事交易者的利益，而且对公司所在社区及其居民亦有重大影响：其一，公司为当地居民提供就业机会，增加居民收入。公司经营状况良好，当地就可以有较多的就业岗位，居民收入会增加，福利会提高；公司经营不好，当地居民的生活水平就会下降。其二，公司的生产经营直接影响当地的环境，对居民的健康产生影响。其三，公司的扩张也会对社区居民带来影响。比如公司扩建可能要动迁居民，开发新项目或许会带来污染，大量招募外地员工会加剧当地公共交通、教育、住房、用水、用电、饮食等方面的矛盾，给当地居民生活带来不便，等等。所以，公司应对其所在的社区及其居民承担一定的社会责任。〔1〕

6. 环境责任。对环境和资源的保护与合理利用是企业对环境和资源所有现实和潜在的受益人所承担的一种责任，是一种典型的社会责任。〔2〕过去百

---

〔1〕　卢代富：《企业社会责任的经济学与法学分析》，法律出版社2002年版，第103~104页。

〔2〕　王玲：《论企业社会责任的涵义、性质、特征和内容》，载《法学家》2006年第1期。

年来一些大的环境污染事件已经对人类的活动敲响了警钟，环境问题已经受到了公司和社会公众越来越多的重视。许多公司已经将环境责任视为自身公司战略的一部分。公司的环境责任主要体现在两个方面：一是公司在生产经营中应当严格遵循当地法律的强制性规定，积极主动减少污染物排放，增加环保技术和材料在产品中的应用等；二是倡导公司制定比环境法强制性要求更高的环境保护标准，并且自觉履行。

7. 社会福利及公益责任。公司的这项责任内容最为广泛，包括了向社会公益事业诸如医院、社会福利院、贫困地区等提供捐赠，招聘残疾人、生活困难的人、缺乏就业竞争力的人到公司工作，为教育机构提供鼓励和培养学生的各种奖学金和助学金，举办与公司营业范围有关的各种公益性社会教育宣传活动，等等，均属此列。公司对社会公益活动的责任是一项较为传统的公司社会责任。[1]

(三) 上市公司社会责任信息披露制度

上市公司社会责任报告的发布是衡量上市公司社会责任的一个重要标志，也是社会公众了解上市公司社会责任履行状况的直接来源。完善的社会责任信息披露制度可以帮助利益相关方及时获取上市公司社会责任履行的信息，从而对自身利益的实现和未来企业发展方向作出更加准确的判断，同时也可以促使上市公司在劳工关系、消费者权益保护、环境保护和投资者关系管理等方面进一步自我完善，提升公司的声誉价值。

在我国，上市公司社会责任信息披露制度的建立依托于上述《上市公司治理准则》和《公司法》的相关规定。这一制度具体体现在两个证券交易所制定的自律性规范文件中，即《深圳证券交易所上市公司社会责任指引》和《上海证券交易所上市公司环境信息披露指引》。2008年深圳证券交易所在《深圳证券交易所关于做好上市公司2008年年度报告工作的通知》中明确指出，纳入"深证100指数"的上市公司应当按照本所《上市公司社会责任指引》的规定，披露社会责任报告，同时鼓励其他公司披露社会责任报告。社会责任报告应当经公司董事会审议通过，并以单独报告的形式在披露年报的同时在指定网站对外披露。同年，上海证券交易所发布了《上海证券交易所

---

〔1〕 陈明添:《公司的社会责任——对传统公司法基本理念的修正》，载《东南学术》2003年第6期。

关于加强上市公司社会责任承担工作暨发布〈上海证券交易所上市公司环境信息披露指引〉的通知》和《上海证券交易所关于做好上市公司 2008 年年度报告工作的通知》，后者规定在上海证券交易所上市的"上证公司治理板块"样本公司、发行境外上市资本股的公司及金融类公司，应在 2008 年年报披露的同时披露社会责任报告。上述两个文件在证券交易所层面首次对特定上市公司规定了强制性的社会责任披露要求。

上述法律文件及两个证券交易所自律性规范文件的发布实施对我国上市公司社会责任的披露起到了积极的推动作用。除了需要强制性履行公司社会责任披露义务的上市公司外，越来越多的公司开始参与到自愿性的社会责任信息披露中。据统计，在 2011 年新增的 79 份社会责任报告中，有强制发布要求的公司报告数量为 23 份，另外 56 份是无强制发布要求而自愿发布的。这表明公司自愿发布报告成为社会责任报告发布数量增长很重要的一个方面。[1]

但是，当前我国上市公司社会责任披露仍存在一些问题，突出的表现在以下方面：[2]

第一，上市公司社会责任报告发布总体比例仍然偏低。根据 2011 年数据显示，沪深两市共 2200 家各板块上市公司中，只有 531 家发布了公司社会责任报告，占所有上市公司总数的 24.1%。[3]排除强制性发布公司社会责任报告的上市公司，自愿性发布公司社会责任报告的公司就更少了。

第二，报告信息披露不完整。大多数社会责任报告内容不够丰满，实质性信息量较少，形式大于实质，缺少实际案例支撑。报告同质化严重，甚至很多公司的发展战略和企业愿景如出一辙。

第三，财务信息和非财务信息重叠或混淆。多数社会责任报告中披露内容与公司年度报告的内容有交叉或重叠。这一方面是因为某些公司对社会责任和非财务信息的认识和理解不够，另一方面也与社会责任绩效难以量化有关。

---

〔1〕　陈佳贵等：《中国企业社会责任研究报告（2010）》，社会科学文献出版社 2010 年版，第 281 页。

〔2〕　陈佳贵等：《中国企业社会责任研究报告（2010）》，社会科学文献出版社 2010 年版，第 280~282 页。

〔3〕　陈佳贵等：《中国企业社会责任研究报告（2010）》，社会科学文献出版社 2010 年版，第 261 页。

第四，信息披露实质性较差。报告信息陈旧、关键性不强且无特色、可信度不足等现象依然存在，某些对于公司本身和所处行业来说较为关键的指标在报告中未被提及，目前广受关注的责任议题在报告中较少披露，如公司的碳信息、水信息及绿色办公措施等。

第五，报告报喜不报忧。绝大多数公司报喜不报忧，负面信息披露较少。绝大多数上市公司的社会责任报告中少有提及社会责任履行中存在的差距和不足，鲜见对改进措施或重大负面事件的披露。

五、上市公司社会责任与 ESG

（一）ESG 的基本内涵

2004 年，在联合国全球契约组织（UN Global Compact）发布的《有心者胜——将金融市场与变化的世界连结起来》（Who Cares Wins——Connecting Financial Markets to a Changing World）报告中，"ESG"概念被首次正式提出；2006 年，时任联合国秘书长科菲·安南发起成立责任投资原则组织（The Principles for Responsible Investment, the PRI）正式将 ESG 责任投资领域纳入基本行为准则，鼓励投资机构在决策中纳入 ESG 指标。[1]其中，E 代表环境保护（Environment），S 代表社会责任（Society），G 代表公司治理（Governance）。该报告指出，ESG 要求在资产管理、证券投资等方面综合考虑环境保护、社会责任以及公司治理因素。2006 年，联合国全球契约组织又发布了《负责任投资原则》（Principles for Responsible Investment, PRI），确立了将 ESG 议题纳入投资分析和决策过程、纳入所有权政策和实践以及向投资者适当披露 ESG 议题的基本原则。

ESG 与上市公司社会责任联系十分紧密。中共的十八大以来，中央和地方先后出台了 30 多项政策，从发展绿色金融、加强环境保护、鼓励产业低碳转型、将 ESG 纳入社会责任工作范畴以及上市公司开展 ESG 信息披露等方面鼓励和引导企业开展 ESG 管理。

（二）ESG 与上市公司社会责任的比较

将 ESG 与上市公司社会责任相比较，至少有以下三个方面的区别：

---

〔1〕 石颖：《中国国有企业 ESG 实践探索与发展展望》，载《产权导刊》2023 年第 3 期。

第一，制度的表现形式不同。ESG 目前还主要是以政策和层级较低的规范性文件（如证券交易所规则）为表现形式，这些政策和规范性文件也并非专门的 ESG 规定，其中涉及的相关内容，有的甚至还是学者从不同视角作出的解读，带有明显的理念、原则、价值目标的属性，政策性文件中涉及的 ESG 则多为倡导性、宣示性的内容。[1]而上市公司社会责任制度，则被《公司法》第 20 条所规定，即"公司从事经营活动，应当充分考虑公司职工、消费者等利益相关者的利益以及生态环境保护等社会公共利益，承担社会责任。国家鼓励公司参与社会公益活动，公布社会责任报告。"其直接以法律规范为表现形式，因而对上市公司履行社会责任具有法律约束力。

第二，应用的范围不同。ESG 作为一项原则的倡议、一种投资理念，首先是应用于投资领域。上市公司被纳入 ESG 的应用范围主要是基于其作为投资对象或融资主体的地位，是由投资者对 ESG 的要求而传导至上市公司，使上市公司也成为 ESG 标准或指标的适用对象，通过公司自身的行为来达到或符合投资者对 ESG 的要求。ESG 应用于上市公司与上市公司对融资的需求直接相关，对于大量属于封闭型的中小公司而言，如果其没有市场融资的需求，也就没有必要将其纳入 ESG 的应用范围。所以，针对 ESG 信息披露，其适用范围一般限于上市公司、国有公司、大型非上市公司、环境资源密集型企业与公众福祉敏感型企业。[2]而公司社会责任的应用范围是则确定的，《公司法》第 20 条的规范，公司社会责任具有普适性，即其适用于所有的公司，上市公司只是其中一种。当然，对上市公司的社会责任要求更高，也更具社会影响力。

第三，对上市公司的约束力不同。从公司法的角度来看，ESG 目前还缺乏直接的法律规范，ESG 对上市公司的义务主要是来自投资者传导性的义务，换言之，ESG 对投资者的导向已构成一种对上市公司具有他律性的外部约束。出于政策指引和可持续发展的考虑，上市公司如果不能满足投资者的要求就可能难以融资或丧失发展机会，因此，ESG 内含着上市公司自我利益的驱动力，这种驱动力可谓是一种来自市场的约束力。上市公司在满足投资者对 ESG 要求的同时，本身也会受益于融资成功所带来的利益和声誉提升、环境

---

〔1〕　参见周友苏：《中国公司法论》，法律出版社 2024 年版，第 56~57 页。

〔2〕　参见周友苏：《中国公司法论》，法律出版社 2024 年版，第 56~57 页。

改善产生的良好后果。因此,在 ESG 信息充分透明的情况下,投资者与上市公司也完全可以通过良性互动来实现 ESG 的要求。上市公司基于自身长远利益的考虑完全可能作出自觉履行 ESG 义务的选择。

关于 ESG 的法治化,ESG 的制度供给可以采取与上市公司社会责任有别的方式:一是明确 ESG 的要求。设定若干标准或指标;二是对公司 ESG 信息披露作出要求,这种要求可以是强制性的规范,包括对公司 ESG 信息披露真实准确的要求和中介机构审计认证的程序。通过中介机构提供 ESG 评级指数和认证程序等方式,来提高上市公司 ESG 信息的公信力和可信度,帮助投资者识别具有良好 ESG 表现的公司,从而帮助投资者作出正确的投资决策。在上市公司社会责任的理论和实践的基础上,基于国家政策的导向指引,上市公司出于自身利益的内在需求和市场驱动力,将其理念、原则上升为法律规范的前景可期。[1]

事实上,我国 2018 年修订的《上市公司治理准则》就将 ESG 中的"E"纳入了自己的规范体系,其中第 86 条规定,上市公司应当积极践行绿色发展理念,将生态环保要求融入发展战略和公司治理过程,主动参与生态文明建设,在污染防治、资源节约、生态保护等方面发挥示范引领作用。前述 2023 年《公司法》新增的第 20 条也包含了"E"的理念,即公司从事经营活动,应当充分考虑公司职工、生态环境保护等社会公共利益。而分别代表公司社会责任和公司治理的"S"和"G"则始终体现在该《上市公司治理准则》和《公司法》之中。某种程度上,可以将上市公司社会责任与 ESG 融为一体。

六、我国上市公司社会责任制度的完善

我国目前对上市公司社会责任的法律规制多数是原则性、指引性的规范,缺少操作性、强制性和可诉性的规范,导致在我国公司社会责任的履行更多依赖于公司自身的道德觉悟和社会责任心。这种非制度化的公司社会责任实际上是不可持续的,难以在维护社会公共利益方面发挥重要作用。笔者注意到,即使是作为规范上市公司组织和行为、维护证券市场秩序的《征求意见稿》,不仅没有解决上述问题,甚至并未明确要求上市公司承担社会责任。这或许与起草者对公司社会责任的理念带有疑惑有关,但无论如何是一种遗憾。

---

〔1〕 参见周友苏:《中国公司法论》,法律出版社 2024 年版,第 56～57 页。

　　完善我国上市公司社会责任制度，一是在实体内容上，需要在立法层面对公司社会责任进行框架性的构建和设计，完善公司治理结构；二是在外部形式上，从严格规范上市公司社会责任披露格式出发，确保社会责任信息披露的有效性，同时通过社会责任指数编制的引导性作用，促使更多的上市公司主动履行自身的社会责任。具体讨论如下。

　　（一）进一步完善上市公司治理结构

　　目前在我国上市公司中，已经建立了包括股东会、董事会、监事会在内的较为完善的公司治理结构。但是在公司治理效果上，却不尽如人意。一方面，一些上市公司一股独大，股东控制董事会、监事会的现象屡见不鲜，独立董事成为虚设；另一方面，在一些股权较为分散的公司，以董事会为代表的管理层成为事实上的公司最高决策机关，股东会和监事会不能对董事会的行为形成有效制约。对于公司社会责任履行来说，最重要的是如何通过完善的公司治理，在实现股东利益最大化的同时追求社会公共利益目标的实现。具体来说，包括：

　　首先，改革董事制度，将利益相关方引入董事会。目前我国只有国有独资企业中引入了职工董事制度，未来可以考虑在更多的上市公司特别是在一些大型上市公司中引入职工董事制度，以形成对董事会决策的有效制约。同时，发挥独立董事制度的作用。由于现行独立董事一般由股东提名，因此其利益倾向性明显。未来可以考虑中立性质的机构参与独立董事提名。

　　其次，发挥监事制度的监督作用。在我国，监事虽然是名义上的公司监督机关，但是实际上，监事会很多情况下都成为"橡皮工具"，在公司治理中并没有发挥其应有的作用。因此，有必要明确监事权限，增加职工监事及其他利益相关者监事数量，强化监事的监督作用。

　　最后，关于建立专门的公司社会责任委员会的设想。有学者认为："在董事会中设立社会责任委员会，相较于让利益相关者直接进入董事会的方式，是对公司治理基本结构触动更少、但对落实公司社会责任却可能更为有效的方式。"其理由在于：①董事会社会责任委员会的设立，可以使公司商业决策的社会影响评估日常化；②董事会社会责任委员会的设立，可以使公司商业决策的社会影响评估专业化；③董事会社会责任委员会的设立及其评估，可以成为董事主张就社会责任影响注意义务免责的重要依据；④董事会社会责任委员会的设立，是大型公司董事会内部机构发展、职能分化的趋势使然。[1]

（二）在公司社会责任方面增加董事义务

关于在公司社会责任方面增加董事义务，最值得关注的是 2006 年英国公司法的修正案，该修正案已将公司社会责任的内容纳入到董事义务之中。主要变动体现在：

1. 将董事的一般义务从"为了公司的最大利益行事"改为"为了公司成员的整体权益而将最大可能地促进公司成功的方式行事"。这既表达了董事善意行事的动机，又表达了董事善意行事的目的，使"公司成员的整体权益"和"促进公司成功"统一于董事注意义务（即我国公司法上的勤勉义务）之中。

2. 在董事一般义务的效力问题上，英国公司法扩大了目的范围的解释，将"公司目的是或包括公司成员权益以外的目的"视同为了其成员的权益而促进公司成功所要达到的那些目的。因此，董事在为了公司的成功而努力时，不仅要考虑股东整体利益，而且要考虑其他利益相关者的利益，包括股东（成员）之外的雇员、消费者、客户、供应商等。

3. 在某些情形下，将董事上述义务的效力及于董事对待债权人利益上。[2]

因此，在我国未来公司法立法中，可以考虑将董事义务的对象由股东扩展至利益相关者，从而有利于公司社会责任的履行。

（三）完善上市公司社会责任和 ESG 信息披露制度

当前我国上市公司社会责任信息披露制度尚不完善，自愿主动性披露较少，而且多数形式大于内容，言之无物。造成此类现象的原因除了股东利益与其他利益相关者利益存在矛盾和冲突外，缺乏强制性的规范约束也是上市公司社会责任披露不积极的重要原因之一。虽然从本质上来说，公司社会责任主要属于自愿性的内容，对信息披露的具体内容不宜过多规制。但是由于上市公司的公众属性，因此可以在披露形式上做一些强制性要求。目前在披露形式上对上市公司社会责任披露作出要求的文件主要包括《深圳证券交易所上市公司社会责任指引》《上海证券交易所上市公司环境信息披露指引》及《上海证券交易所〈公司履行社会责任的报告〉编制指引》等，但这些文件

---

〔1〕 蒋大兴：《公司社会责任如何成为"有牙的老虎"——董事会社会责任委员会之设计》，载《清华法学》2009 年第 4 期。

〔2〕 王保树：《公司社会责任对公司法理论的影响》，载《法学研究》2010 年 3 期。

仅仅对社会责任报告的形式做了简单的规定。许多上市公司只是根据上述指引编制社会责任报告，并未对公司社会责任报告做进一步的细化补充，导致这些上市公司社会责任报告流于形式，披露效果大打折扣。

因此，在披露范围上，未来可以考虑将更多的上市公司纳入到强制性公司社会责任披露范围中，促使更多的上市公司履行自己的社会责任。另外，在披露形式上，证券交易所可以参考全球报告倡议组织（GRI）《可持续发展报告指南》《金融服务业补充指南》及《中国企业社会责任报告编写指南》等文件，出台更为细致的关于社会责任报告内容及格式的规定，从而增加上市公司有效信息披露内容。

（四）上市公司社会责任和 ESG 指数编制

2007 年 12 月 12 日，深圳证券信息有限公司宣布与天津泰达股份有限公司联合推出国内资本市场第一只社会责任型指数——泰达环保指数，该指数已于 2008 年起正式发布。该指数从 A 股市场与环保相关的 10 个行业中，采用 40 家为环保做出较大贡献的相关上市公司编制成泰达环保指数。上海证券交易所与中证指数有限公司也于 2009 年 8 月 5 日正式发布上证社会责任指数，该指数从已披露社会责任报告的上证公司治理板块样本股中挑选 100 只每股社会贡献值最高的公司股票组成样本股进行编制。

推出社会责任和 ESG 指数可以提升那些积极履行社会责任上市公司的形象和声誉，从而鼓励和促进更多上市公司积极履行社会责任，同时为投资者提供新的投资标的指数，促进社会责任投资的发展。但是截至 2010 年底，我国只有 3 只社会责任证券投资基金，建立了社会责任投资指数的基金公司在整个基金业所占比例还非常低。[1]这表明社会责任和 ESG 指数在上市公司和投资者中的影响力还十分有限。因此，相关部门应当出台政策，加大对社会责任和 ESG 指数的宣传力度，鼓励更多的基金公司开发基于社会责任和 ESG 指数的投资产品。

---

[1] 数据来源：《中国证券投资基金业企业社会责任调查报告（2010 年度）》，载凤凰网，http://finance.ifeng.com/fund/jjyj/20111111/5044537.shtml，最后访问时间：2011 年 11 月 16 日。

第二篇

上市公司法人治理法治化

第六章
上市公司法人治理法治化总论

可以认为公司法最核心的制度有两项，一项是资本制度，而另一项就是公司法人治理制度。作为与公共利益联系更为紧密的上市公司，其法人治理的地位更为突出。上市公司治理结构的法治化，直接关乎上市公司的质量，而上市公司的质量乃是证券市场的基石，更是对上市公司进行法律监管的基本前提和目的。从某种意义上讲，上市公司治理本身就是一种监管，或者说，它是上市公司内部的一种微观监管和制度安排。本书所论述的上市公司监管法虽然主要是指国家和行业自律组织对上市公司所实施的一种外在监管，但是，这种外在监管与公司治理之间的关系，在很大程度上有如哲学意义上的外因与内因的关系，即内因是变化的根据，外因是变化的条件，外因通过内因而起作用。何况，在上市公司治理的内因之中依然存在一定程度的国家和自律组织的介入，比如其中有一些强制性规范。因而上市公司法人治理监管的法治化自然成为本书论述的一个重点，本章仅为上市公司法人治理法治总论，对于上市公司的股东权与股东大会、董事与董事会、监事与监事会等制度则另外各设一章分别进行讨论。

在国有控股的上市公司中，事实上还有一个重要的公司治理机构，那就是上市公司的党委会，这也是很有中国特色的一种公司治理，2003 年《中共中央关于完善社会主义市场经济体制若干问题的决定》就明确提出："企业党组织要发挥政治核心作用，并适应公司法人治理结构的要求，改进发挥作用的方式，支持股东会、董事会、监事会和经营管理者依法行使职权，参与企业重大问题的决策。要坚持党管干部原则，并同市场化选聘企业经营管理者的机制相结合。中央和地方党委要加强和改进对国有重要骨干企业领导班子的管理。"对此，原本想单设一章进行论述，但是该问题笔者于两年前与自己指导的研究生李崇军先生共同撰写了一篇论文《党委会参与公司治理的法律分析——以国有控股上市公司为研究对象》[1]，由于至今对此同一问题没有新的观点，在本书中就不重复赘述了，读者可根据注释提供的线索查阅该文并请批评指正。需要强调的是，2023 年《公司法》第 170 条规定，国家出资公司中中国共产党的组织，按照中国共产党章程的规定发挥领导作用，研究讨论公司重大经营管理事项，支持公司的组织机构依法行使职权。这一新规，是我国在公司基本法的层面首次明确了中国共产党在国家出资公司中发挥领导作用的规定。

第一节　公司法人治理的一般理论[2]

上市公司法人治理与普通公司的法人治理既有密切的联系，又有重大的区别。重大区别是指普通公司的法人治理重在公司内部当事人利用公司章程充分实现意思自治，公司法给予其更多的任意性规范；而对于上市公司法人治理，上市公司监管法则赋予证券监管机构通过制定"上市公司治理准则""上市公司股东大会规则""上市公司章程指引"等一系列规范性文件，赋予上市公司更多的强制性规范。密切联系是指它们有着共同的公司治理的内在机理，一般的公司法人治理是上市公司法人治理的基础。所以，研究上市公司法人治理应当首先讨论公司法人治理的一般理论。

一、公司治理的产生

公司治理的英文表述为"Corporation governance"，也译作"公司治理规范""公司治理结构"或"公司法人治理结构"等，其涵义基本相同，可在同一意义上使用。

公司与自然人不同，自然人可以通过自己的生理机能来表达意思和实施行为；而公司则是一种法人组织体，不具有自然人那样的思维和表达能力，因而公司自身无法表达意思和实施行为。公司的意思表示必须依赖于公司的组织机构，而公司机构从公司产生的那一天起就必然存在，只是不同的

---

〔1〕　参见李东方、李崇军：《党委会参与公司治理的法律分析——以国有控股上市公司为研究对象》，载《经济法论坛》2011 年第 0 期。
〔2〕　参见李东方：《公司法学》（第三版），中国政法大学出版社 2024 年版，第 327~336 页。

历史时期有不同的构成和改造而已，所以自公司产生以来就存在着公司治理结构的问题。早在 200 多年前（1776 年）亚当·斯密就指出："在钱财的处理上，股份公司的董事为他人尽力，而私人合伙公司的伙员，则纯粹是为自己打算。所以，要想股份公司的董事监视钱财用途，像私人合伙公司伙员那样用意周到，那是很难做到的……疏忽和浪费，常为股份公司业务经营中多少难免的弊窦。唯其如此，凡属从事国外贸易的股份公司，总是竞争不过私人的冒险者。所以，股份公司没有取得专营的特权，成功的固少，即使取得了专营特权，成功的也不多见"。[1]这段论述实质上是提出了"两权分离"状况所产生的委托-代理问题，而这一问题也正是公司治理最重要的问题之一。

公司治理作为一个明确的概念，是在 20 世纪 30 年代初由美国学者伯利和米恩斯首次提出。他们在 1932 年出版的《现代公司与私有财产》（The Modern Corporation and Private Property）一书中，就公司治理结构的核心问题——"两权分离"所引发的代理等问题作了较为系统的分析。伯利与米恩斯认为，由于公司规模和权力的急剧扩张，公司已经成为美国社会的支配力量，并预测到 20 世纪 50 年代，美国最大的 200 家企业将控制至少一半的国民财富。这 200 家企业正是伯利与米恩斯所谓的现代公司（Modern corporation）。在这 200 家公司中，公司管理者手握巨大的权力并凭借此权力掌控着投资公众的财产。正是由于公司管理者掌握着巨大的权力，因而，现代公司的管理者不仅要对其股东承担责任，而且要对其职工或者雇员、客户、社区居民以及国家承担责任。19 世纪末 20 世纪初，西方资本通过公司形式向全球扩张，现代企业制度不断创新，超大型的股份公司在管理结构上由原来奉行的"股东会中心主义"转向"董事会中心主义"的模式，公司股东与管理者之间、大股东与小股东之间在权力分配和制衡的博弈中冲突不断，纠纷四起。从客观上来讲，进入 20 世纪以后，市场复杂性不断增加，股东进一步走向国际化和分散化，这不仅加剧了职业管理者对公司的控制，也导致公司的股东们对公司经营层监督的"理性冷漠"（Rational apathy），即使是对公司的经营管理不满意，他们也往往选择"用脚投票"，而不是积极参与、过问公司的事情。也就是说，股东们大多数演化为投资者，而大多数投资者在证券

---

〔1〕　〔英〕亚当·斯密：《国富论》（下卷），郭大力、王亚南译，商务印书馆 1974 年版，第 303 页。

市场上追求的只是一种金融利益，或者说只是一种投资收益利益，而不是管理利益或者一定程度的控制权。相应地，股东对公司经营的控制能力也就越来越小。公司在自然演变的进程中所产生的必然结果是董事会逐渐成为公司的权力中心。

然而，公司管理机构的发展到此并未结束，到后来即便是董事会的权力也萎缩了。在大型上市公司中，公司的董事会议至多每月召开一次，这种会议可能仅仅召开几个小时，并且这些董事可能来自地球的任何一个地方，时差（Jet leg）还没倒过来，会议就结束了。在这样短的时间内，不仅能够讨论的问题很少，而且也很难对一些重大问题进行深入的研究。而经理层则是全职专业人员，负责和控制着公司的日常经营和事务。公司实际上被控制在经理层手中，董事会实际上只是一个"橡皮图章"（Rubber-stamp）。董事会实际上并不直接参与公司管理，而只能起到有限的监管作用。因而，董事会实际上很难控制公司。经理层对企业享有完全的控制权，尤其是控制了选择公司董事的权力，其结果与其说是经理为股东利益经营还不如说是经理是为自己利益经营。这就是所谓的"经理革命"（Managerial revolution）。可见，股东离公司权力越来越远，股东事实上不能通过选举董事控制公司。这一现象被称为"伯利-米恩斯命题"（Berle-Means Thesis）。

在这种情况下，如何使具有独立利益的经理层最大限度地维护所有者利益的问题便日益突出，关注这一社会问题的经济学家、法学家开始探讨如何突破旧的制度框架体系去设计一种适当的组织结构和制度安排，以平衡公司各方利益并最终维护股东的根本利益，公司治理的理念和制度创新由此逐渐建立和完善起来。公司治理的根本目的在于通过合理安排公司的权力构架，不断完善公司经营管理与监督控制的权力配置与制衡，促进其内部运转良性化，以实现公司的经营目标并最终实现股东利益的最大化。

二、公司治理的主要模式

由于政治、经济和法律文化传统的差异，各国公司治理结构的具体模式各有特点，其间所有者、经营者及其监督者的角色定位存在一定差异，反映了不同的管理理念。就世界范围而言，形成了英美法系和大陆法系的公司治理模式。

（一）英美法系的公司治理模式

英美国家的公司组织机构由股东会和董事会组成。由于在股东会下只设董事会，不设监事会，这种模式被称为"单一委员会制""单轨制"或"一元制"。除股东会作为公司的权力机关外，公司重大事项的决策权由股东推选的董事会行使，董事会是公司的执行机构，同时又是监督机构。董事会兼具经营与监督的双重职能，该两种职能在行使时不可避免地会产生矛盾与冲突，使得公司法人治理结构中的监督部分很难奏效，其缺陷在 20 世纪六七十年代充分暴露出来。为此，美国在公司立法中创立了独立董事制度，即要求公司董事会的组成人员中必须有一定数额的外部董事（Outside directors），即独立董事。由这些不在公司任职的外部董事对公司经营进行监督，并且特别强调董事的独立性是履行监督职责的保证。独立董事制度的设立是对英美法系"一元制"治理模式的改良与修正，它在董事会内部加强了对公司管理层的监督机制。

董事会聘任经理，由经理负责公司的业务经营，经理对董事会负责，并接受董事会的监督。在这种模式中股东会的权力实际上仅限于公司法与章程明文列举的部分，未予列举的则全部由董事会行使。因此，在公司治理结构中，董事会事实上处于核心地位。董事会是公司的经营决策机关，对公司日常的经营活动作出决策；同时董事会任命公司的高级职员如总裁、副总裁、秘书、司库等执行公司的业务。在董事会中还可以设立各种委员会，其中重要的就是由外部董事组成的审计委员会，代表董事会行使公司业务、财务的监督权。可见，英美模式侧重于"董事会中心主义"。

在英美法系国家的一元制公司治理模式中，虽然公司内部不设专门的监事会或监察人等监督机构，但在这些国家中一般公司股权结构分散，证券市场高度发达，强调在资本的流动中提高效率，股东的"用脚投票"可以对业绩不良的经营者产生持续的替代威胁，从而对公司的经营管理构成了一种有效的监督制约机制。

（二）大陆法系的公司治理模式

大陆法系国家的公司治理模式，仿效国家政治上的分权制衡制度，在公司组织机构的立法上强调决策权、执行权和监督权的分离与制衡，这三项权力分别赋予股东会、董事会和监事会行使。由于在股东会下分设独立的执行机关和监督机关，这种模式被称为"双层委员会制"（The Two-Tier System）或"二元制"。在大陆法系国家中，以德国为代表的欧洲大陆国家和以日本为代表的东亚国家所采用的公司治理模式又有所区别。

在德国，公司制度实行双层委员会制，即公司设立具有上下级关系的股东会、监事会和董事会，其特征在于吸收劳方（职工）参与公司管理，即在监事会中设置一定比例的职工监事，[1] 行使决策权和监督权。具体来讲，股东会是公司的最高权力机构，在监事会与董事会的关系上，董事会是公司的业务执行机构，负责公司的经营管理；监事会是公司的监督机构，对董事会的经营行为进行监督。德国公司法人治理结构的一个最大特点就是监事会的职权很大，被称之为"强大的监事会"。在监事会与董事会构成的双层结构中，体现民主管理的监事会居于负责经营管理的董事会之上。股东会下设监事会，监事会向股东会负责并报告工作；监事会下设董事会，董事会向监事会负责并报告工作。德国《股份法》第 90 条规定，董事会必须定期和及时地向监事会提供全面可信的、有关公司经营及业务状况的报告，而且监事会还可以随时要求董事会报告有关公司的各种业务情况，有关关联企业法律和业务上的关系，以及有可能对公司状况具有重大影响的企业业务进展情况。该法第 111 条第 4 款甚至允许公司章程和监事会作出规定，要求某种业务只能在取得监事会的同意下才可以实施。可见，监事会不仅享有对公司业务广泛的监督权，甚至有权介入公司的经营。于是为了防止监事会的过度干预，德国《股份法》也明确规定监事会不能承担公司的执行业务，对于监事会不同意的业务，董事会可以提请股东大会以特别决议的方式作出决定。

对于德国公司治理结构的双层委员会制度可以从两个角度来认识：一是监督职责与经营职责的分离；二是劳方与资方对公司的共同治理，反映出进入现代社会以后，职工参与公司管理的制度已日益显示出其重要的价值。这种结构实际上也是"董事会中心主义"，股东大会的权力大为削弱。但是，监事会拥有制约董事会的极大权力，其不仅行使监督权，还有任免董事并决定其报酬的决策权，以及重大业务批准权。所以，监事会与董事会之间不是处

---

[1] 依据德国《股份法》第 96 条第 1 项第 5 款之规定，监事会由股东代表及职工代表组成；再依照企业组织法规定，凡股份有限公司与超过 500 名职工的有限责任公司，其监事会应由 1/3 的职工监事（劳方代表）及 2/3 的股东监事（资方代表）组成，亦即监事会成员职工代表占 1/3，由公司职工直接选出，另外 2/3 是股东代表，由股东会选出。

于完全平等的地位，二者之间是监督与被监督，制约与被制约，甚至是领导与被领导的关系。

德国公司法人治理结构还有一个值得关注的特点，那就是银行在公司治理结构中发挥着重要的作用。德国的上市公司虽通过证券市场直接融资，但以向银行贷款等间接融资为主，这样，银行不仅是公司的主要股东，而且还是公司的重要债权人。德国银行被认为是全能银行，其业务非常广泛，银行对公司的渗入很深。银行不仅与公司存在业务贷款关系，其还可以持有公司的股票或受托成为股份表决权行使的代理人。银行对公司的资金流动密切关注，银行以其特殊的地位可以获取公司的各方面信息，能及早发现财务问题并采取行动。由于银行的利益与公司经营好坏息息相关，出于切身利益的考虑，银行有着积极参与公司治理的内在动力。银行在发现问题时，可通知公司采取对策，银行通常以控股股东或者大股东的身份通过股东大会选举自己的代表进入监事会，通过监事会掌控公司的治理主动权。如果公司业绩仍然恶化，银行就可通过股东大会、董事会撤换经营者。

在日本，公司组织机构也是由股东会、董事会和监事会（监察人）组成。监事会与董事会地位平行，并同时隶属于股东会。与德国公司治理模式相比，这种模式下监督机构的地位虽然不低于经营管理机构，但实际上，日本和我国的公司治理结构都属于并列型双层委员会，即董事会和监事会或监察人同由股东会选举产生，在双层结构中处于并列地位。监察人制度是日本公司法人治理结构的一个特色，日本的股份有限公司必须设置监察人。监察人可以是一人或数人，监察人不采取会议制，每位监察人都可独立行使监督权。监察人监察的对象包括董事会及董事，监察人的职权主要是监督公司的会计和业务执行情况，具体职责包括：①随时要求董事会对有关营业情况进行报告或调查公司财务状况；②审查董事会向股东大会提交的报告；③制止董事的违法行为；④代表公司进行诉讼等。监察人只对业务执行的合法性及是否合乎公司章程进行监督。监察人与公司的关系是委托关系，对公司负受托人的善良注意义务。

日本的公司制度结合自身实际，充分借鉴两大法系的公司制度，建立了具有自身特色的公司组织机构。日本最初借鉴的是德国的三项权力分离的模式，设立了股东会、董事会和监事会三个机关。第二次世界大战以后，又借鉴美国的董事会制度，[1]并在董事会内部实行经营决策与业务执行的分离模式；削弱了监事会的职权，使其仅行使财务监督权，因而监事会的地位不高，独立性较差，作用有限。所以，改革监事会制度以完善公司监督机制，是东亚国家和地区多年来公司法修改的重点内容之一。

与德国相似，银行在日本公司法人治理结构中也发挥着重要作用，被称为主银行制度。日本公司法人治理模式下主银行的作用主要体现在以下几个方面：①提供较大份额的贷款；②持有一定数额的股份；③派出职员任客户企业的经理或董事。在公司正常运行时公司经营者是公司治理的控制者，而当公司发生财务状况恶化时，则由以主银行为主体的法人股东在公司治理中行使控制权，以救助陷入财务危机的公司。由于主银行与公司密切的利益关系，加之主银行所具有的信息优势，使主银行在公司面临困境时，能够在公司治理方面发挥重要作用。

尽管英美法系和大陆法系的公司组织机构的设置存在一定的差异，但是随着经济全球化的不断深入以及公司自身的国际化发展，现代公司组织机构的设置越来越呈现趋同化的态势，比如更加注重股东、尤其是中小股东利益的保护，关注利益相关者权益的兼顾，强调董事会和监事会的独立地位，等等。

三、公司治理的基本原则

公司治理的基本原则，是指在公司法和公司章程的框架下构造公司的组织机构，明确其各自的职权范围，协调相互运作关系，以期实现良好的公司治理所应贯彻的基本精神和规则性要求。目前，世界各国公司立法的修改无不以公司治理的基本原则为指导，以建立更有效的公司组织机构。例如1999年5月，由29个国家组成的经济合作与发展组织通过了《OECD公司治理结构原则》，作为各国政府制定有关公司治理结构法律和监管制度框架的参考。虽然不同的国家因为公司发展的历史不同而形成了不尽相同的公司组织机构，

---

[1] 日本公司法经过多次修订之后，对于公司机构的设置，法律规定如下两套方案可由公司自主选择：①沿用监事会制度，仍由3人以上监事组成监事会，任期由3年延长至4年，其中1人为外部独立监事，2005年后独立监事增加到半数以上。②选择美国式，即在董事会下设若干专门委员会：分设由3人以上董事组成的审计委员会、提名委员会及薪酬委员会，其中外部独立董事须占各委员会人数的半数以上，原监事会职能由审计委员会承担。与此同时，允许公司以章程规定不设监事会。

但是由于公司治理问题产生的基础相同，因而公司治理的基本原则具有相通性。

（一）股东权力原则

股东权力原则，是指公司组织机构的设置应当确认股东作为公司出资人或所有者的地位，使之确保股东能够充分行使相应权利。具体包括三个方面的内容：

1. 确立股东会为最高权力机构。各国公司法均规定股东会为公司组织机构中的最高权力机构，公司的一切重大事项如公司章程的变更、董事的任免、公司的合并与解散、公司重大经营方案的批准等，都必须由股东会作出决议。

2. 在全体股东平等对待的前提下，倾斜保护中小股东的权利。公司组织机构的设置应确保所有股东享有平等的权利，并承担相应的义务。与此同时，由于中小股东的弱势地位，因而法律应当倾斜保护中小股东的权利，以求得全体股东的实质平等。公司法中的同股同权原则、保护中小股东的累积投票制、大股东对关联交易的投票回避制等均体现了上述精神。

3. 在股东权利受到侵害时，应当及时得到法律救济。为了切实保护股东的权利，各国公司法均规定股东权利受到侵害时应当及时得到法律救济。虽然股东诉讼的具体制度各不相同，但各国公司法均确认了当股东大会、董事会的决议违反法律规定，或者董事、监事、经理执行职务时违反法律或公司章程，造成股东或公司利益损害的，股东有权提起直接诉讼或者派生诉讼的权利。

（二）权力制衡原则

权力制衡原则，是指不同的公司组织机构行使不同的权力，相互之间既配合又制约，从而提高公司治理效益，实现股东利益最大化。依据分权的要求，公司中的各组织机构只能行使特定的权力，任何一个机构都不能享有全部权力，同时也不能代替其他机构行使权力。就公司组织机构的具体设置而言，现代公司治理的基本构架一般为股东会、董事会和监事会并存，从而实现决策权、执行权和监督权的分立。其中由全体股东组成的股东会是公司的最高权力机构，行使最重要的决策权；董事会则是业务执行机构，负责公司的经营管理；监事会作为监督机构，代表股东对董事及经理进行监督。权力的分立提高了公司的运营效率，同时也形成了权力制衡的基础。在分权的基础上，公司各组织机构的权力配置形成相互制衡的格局；在公司的各组织机构之间形成一个相互依赖、相互作用并相互制衡的组织系统，通过权力之间的相互制衡约束大股东、董事（会）以及经理权力的滥用，平衡公司内部不同利益相关者的利益，实现经济利益的最大化。

（三）信息公开原则

信息不对称是公司治理出现问题的根源之一，公司的股东作为出资人，无法全面掌握董事、监事、经理的履职行为，因而不可能对其进行及时、准确的绩效评价和监督；而董事、监事、经理等则可以利用职权优势为其自身谋利。因此，为了提高公司组织机构运营效率，提高公司信息透明度，更有效地保护股东权益，就必须加强信息公开制度建设，建立完善的信息公开机制，尽可能地确保股东能够以最简便的方式获得真实、充分、及时的公司经营信息，从而形成对董事、监事及经理的有效监督，使其能够勤勉、忠实地为公司的利益服务。

（四）利益相关者参与公司治理原则

根据利益相关者理论，公司的利益相关主体与公司治理密切相关。随着现代公司治理的不断发展，股东以外的利益相关者也逐渐被纳入公司治理主体，即公司组织机构的设置应考虑利益相关者的参与，为其保留相应比例的席位，从而提高其对公司的关注程度和对公司尽力的热情。尽管各国对利益相关者参与公司治理作出了不同的规定，利益相关者参与公司治理仍然日渐成为各国公司治理的发展趋势。例如，德国公司法规定在雇员超过一定人数的企业中，公司监事会成员应有一半的比例为职工或雇员监事。我国《公司法》也规定，公司监事会中应有适当比例的公司职工代表，并将职工代表比例的下限设为1/3。

（五）责权利相统一原则

责权利相统一原则，是指在公司组织机构的设置中，公司各利益相关主体的权利、义务和责任必须相一致，既不应当存在只有权利没有义务和责任的现象，也不应当存在有责无权的现象。

其中，"责"即法律责任，是国家对违反法定义务、超越法定权力或滥用权利（力）的违法行为所作的法律上的否定性评价和谴责，使侵犯主体对受侵害的合法权益承担补救责任；"权"指权利和权力；"利"指利益。将行为人的利益，同其在公司中所扮演的角色及工作成效有机地结合起来，一方面能够起到激励行为人更好地履行职责和义务的作用；另一方面可以为行为人承担责任提供物质基础。公司组织机构中的各方利益主体均为理性的"经济人"，其行为都是利益主体为追求自身利益最大化，在权衡成本与收益之后而作出的决定。如果收益与付出不成正比，即使课以经营者再重的义务和责任，也不能保证经营者忠实地不损害公司和股东的利益，更不能保证其有动力勤勉地追求公司和股东的利益。因此，良好的公司治理还应充分利用激励机制。

一般而言，责权利成同比关系。责权利相统一原则要求权责相当，权利义务相称。责权不统一，就会导致有权无责或有责无权的局面。有权无责，意味着决策者不必对自己的决策失误付出代价，会导致权利（力）的滥用；有责无权或无利，则会使决策者因缺乏动力而怠于履行义务和承担责任，这二者均会直接导致权利行使不畅和权利救济不力。公司组织机构的有效运行应该建立在责权利相统一的基础之上。

四、我国法人治理结构的历史沿革

改革开放以来，我国国有企业法人治理结构的建立和完善，主要集中在如何处理所有者与企业经营者之间的关系以及明确双方的权利义务上。法人治理结构的沿革大体经历了六个阶段：

第一阶段：1978—1984 年。对国有企业实行以放权让利为主要特征的改革，目的是扩大企业的经营自主权。采取的主要措施有企业基金制度、利润留成制度和盈亏包干制度。这些措施有利于将企业从国家和地方财政中分离出来，成为一个以利润为目标的经营实体。但是，由于各个企业的情况千差万别，利润留成基数和利润留成比例很难定得合理，造成企业之间苦乐不均；而且利润留成基数和留成比例确定以后，企业还会要求调整，以致企业年年吵基数、争比例，国家与企业之间的分配关系难以稳定下来。

第二阶段：1984—1987 年。国有企业改革实行了利改税制度。利改税制度把国有企业向国家上缴利润的办法改为按国家规定的税种和税率向国家缴纳税金，纳税后的利润归国有企业自行支配。利改税制度有利于克服利润留成制度所存在的国家和企业分配关系不稳定的特点。利润留成和利改税改革扩大了企业的财权，调动了企业和职工的积极性，增强了企业的决策自主权，但是并没有改变企业的治理结构。政府和企业的职能也没有划分清楚。企业实行厂长负责制，由厂长对外代表企业，对企业的决策负责。但是，厂长负责制对于厂长的报酬并没有明确的规定，造成经营者的责权利不统一，不利于调动经营者的积极性。

第三阶段：1987—1992 年。各地在经济体制改革的过程中，试行了承包制。承包制是按照所有权和经营权相分离的原则，以承包经营合同的形式，确定国家与企业的责权利关系的经营管理制度。承包制的实施，体现了所有权和经营权的分离，这是在建立法人治理结构方面的重大突破。在承包制的实施过程中，企业作为独立经营实体的地位在法律上得到了确认。1988 年 4 月，七届全国人大一次会议通过了《全民所有制工业企业法》。1992 年 7 月，国务院发布《全民所有制工业企业转换经营机制条例》，规定了企业的 14 项经营自主权，强化了企业自负盈亏的责任，规定了企业应当建立分配上的自我约束机制，提出了企业进行产品结构和组织结构调整的具体措施，对安置企业的富余职工、债务处理等问题，规定了相应的政策和解决办法。这些法律法规虽然没有完全得到落实，但大大推进了政企分开的步伐，扩大了企业的经营自主权。然而，由于承包者的短期行为，承包制的实施过程中暴露出损害国家利益和企业长远发展等弊端。而且，承包制也没有对所有权和经营权之间的权利义务关系做出明确的界定，因此不能产生现代企业制度意义上的法人治理结构。

第四阶段：1993—2005 年。全面推进建立现代企业制度。1992 年，国家经济体制改革委员会颁布了《股份有限公司规范意见》和《有限责任公司规范意见》。这两个文件第一次以部门规章的形式，确定了现代企业制度下的公司组织形式，明确了股东大会、董事会、经理、监事会的组成和职责，为公司建立法人治理结构提供了依据。1993 年，党的十四届三中全会通过了《中共中央关于建立社会主义市场经济体制若干问题的决定》，指出"以公有制为主体的现代企业制度是社会主义市场经济体制的基础"，提出"建立现代企业制度，是发展社会化大生产和市场经济的必然要求"，其基本特征之一是"建立科学的企业领导体制和组织管理制度，调节所有者、经营者和职工之间的关系，形成激励和约束相结合的经营机制"，为建立法人治理结构提供了政策依据。1993 年 12 月，第八届全国人大常委会第五次会议通过了《公司法》，它以法律的形式对公司法人治理结构做了规定，确定了股东大会、董事会、经理和监事会的地位和职责，明确了所有者、经营者、监督者的权利和义务，为公司建立和完善法人治理结构提供了法律保障。1997 年，党的十五大在所有制理论上取得了重大突破，指出要发展多种成分的所有制形式。1999 年 9 月，十五届四中全会通过了《中共中央关于国有企业改革和发展若干重大问题的决定》。该决定明确提出："公司制是现代企业制度的一种有效组织形式。公司法人治理结构是公司制的核心。要明确股东会、董事会、监事会和经理层的职责，形成各负其责、协调运转、有效制衡的公司法人治理结构。所有者对企业拥有最终控制权。董事会要维护出资人权益，对股东会负责。董事会对公司的发展目标和重大经营活动作出决策，聘任经营者，并对经营者的业绩进行考核和评价。发挥监事会对企业财务和董事、经营者行为的监督作用。国有独资和国有控股公司的党委负责人可以通过法定程序进入董事会、监事会，董事会和监事会都要有职工代表参加；董事会、监事会、经理层及工会中的党员负责人，可依照党章及有关规定进入党委会；党委书记和董事长可由一人担任，董事长、总经理原则上分设。充分发挥董事会对重大问题统一决策、监事会有效监督的作用。党组织按照党章、工会和职代会按照有关法律法规履行职责。股权多元化有利于形成规范的公司法人治理结构，除极少数必须由国家垄断经营的企业外，要积极发展多元投资主体的公司。"

第五阶段：2005—2023 年。2005 年修订《公司法》，对公司治理结构，特别是上市公司治理制度进行了进一步的制度完善。比如，以基本法的形式确立在上市公司设立独立董事和董事会秘书制度。

第六阶段：2023 年至今。2023 年修订的《公司法》是继 2005 年之后第二次对《公司法》进行系统化的修订，其中对公司治理结构，也进行了进一步的制度完善。比如，允许公司实行单层制，即有限责任公司可以按照公司章程的规定在董事会中设置由董事组成的审计委员会，行使本法规定的监事会的职权，不设监事会或者监事。公司董事会成员中的职工代表可以成为审计委员会成员。[1]规模较小或者股东人数较少的有限责任公司可以只设审计委员会而不设监事会，经全体股东一致同意，也可以既不设监事，也不设审计委员会。[2]另外，国有独资公司的董事会成员中，应当过半数为外部董事，

---

〔1〕　2023 年《公司法》第 69 条。
〔2〕　2023 年《公司法》第 83 条。

并应当有公司职工代表。[1]

第二节　我国上市公司法人治理的特征、问题及其解决

一、我国上市公司法人治理的基本特征

与一般的股份公司不同，上市公司内部存在更为严重的利益冲突现象。首先，股东与公司经营者之间存在利益冲突，即经营者可能为追求自身利益最大化而不惜损害委托人（即股东）的利益；其次，股东之间也存在利益冲突，即公司的大股东（即内部股东）可以利用公司控制权或者利用不公平的关联交易损害中小股东（即外部股东）的利益；最后，当股东是国有股东的时候，由于多层代理造成的信息损耗以及代表人（即经营者）可能存在的道德风险，其代表人的经营行为也就不一定能够真正从委托人（即国有股东）的利益出发，从而产生经营者与国家（或全民利益）利益的冲突。所以，政府证券监管机构和证券交易所等自律监管机构有必要对上市公司的内部治理进行更多的干预，在一定程度上压缩公司内部人员在上市公司的操纵空间。

为了完善上市公司法人治理，近年来，中国证监会在《公司法》《证券法》的框架内颁发了一系列有关公司法人治理结构的重要规章，按时间顺序列举主要篇目如下：《关于在上市公司建立独立董事制度的指导意见》《上市公司治理准则》《关于加强社会公众股股东权益保护的若干规定》《上市公司股权激励管理办法》（试行）、《上市公司股东大会规则》《上市公司章程指引》以及《上市公司董事、监事和高级管理人员所持本公司股份及其变动管理规则》等，这些操作性较强的规章丰富了《公司法》《证券法》关于上市公司法人治理结构的体系。这一结构体系的基本特征就是权力的分立与制衡，即股东大会是公司的最高权力机关，董事会是公司的经营决策机关及业务执行机关，监事会则为公司的监督机关。具体表现如下：

（一）股东会是上市公司的最高权力机关

与美、德、日等国公司法人治理模式中的股东大会相比较，我国的股东

---

〔1〕　2023 年《公司法》第 173 条。

会享有更为广泛的职权，一方面享有选举和更换非由职工代表担任的董事、监事，决定有关董事、监事的报酬事项；审议批准董事会、监事会的报告；对公司合并、分立、解散、清算或者变更公司形式作出决议；修改公司章程等人事、组织机构管理权。另一方面，还享有审议批准公司的利润分配方案和弥补亏损方案；对公司增加或者减少注册资本作出决议；对发行公司债券作出决议等公司经营事务决策权。[1]而前述的美国模式和德、日模式，股东会均不参与公司的经营事务的决策，以保证董事会作为经营决策机关的相对独立性。鉴于我国上市公司普遍存在国有股"一股独大"，这可能会导致对股东会的操控，针对这一情况，《上市公司治理准则》在其"控股股东及其关联方与上市公司"一章中专门对控股股东与股东大会及上市公司的内在关系进行了规范。[2]

（二）董事会是上市公司的经营决策和业务执行机关

上市公司的董事会成员是由股东会选举产生，董事会对股东会负责，执行股东会的决议。股东会作为公司的意思形成机关，其作出的各项决议由董事会负责主持实施和执行。董事会是公司的经营管理和决策机关，董事会虽然为股东会的执行机关，但也有其独立的职权范围，在公司的日常运营中负责具体的经营管理和决策。而且随着股东会职权的不断削弱以及董事会权力的不断扩张，董事会已是事实上的经营决策和领导机关，在法律和公司章程规定的范围内行使决策权力。所以，我国公司法人治理结构从总体看也采取了"董事会中心主义"的做法。但与美、德、日等国公司治理模式下公司董事会的地位相比，我国董事会的权力相对较小。这与我国1993年《公司法》立法之初的历史背景有关：当时除了立法经验及立法技术不成熟的因素外，更主要的还在于公司立法要达到的重要目的就是为国有企业改制服务，由于担心国有企业改制为公司可能导致的国有资产流失，因此立法者设计的公司法人治理结构偏重扩大股东会的权力，以便于有效地保护国家的财产利益。[3]传统上《公司法》将董事会定位为股东会的执行机构，所以，2023年以前的《公司法》都规定了"董事会对股东会负责"的条款。事实上，公司作为独立法

---

〔1〕　详见《公司法》第59、112条的规定。

〔2〕　参见《上市公司治理准则》第63~77条的规定。

〔3〕　周友苏主编：《上市公司法律规制论》，商务印书馆2006年版，第39页。

人，股东会是其意思形成机构，董事会是其对外代表机构，董事会既是股东会的执行机构也是公司法人的执行机构。这也符合《民法典》第81条〔1〕的规定，即"营利法人应当设执行机构。执行机构行使召集权力机构会议"。因为董事会是股东会和公司法人的共同执行机构，故新《公司法》第67条将旧法中"董事会对股东会负责"的条款删除，避免误解董事会只对股东会负责，从而限缩董事会职能的发挥。

为了在上市公司董事会内部形成监督机制，2001年中国证监会发布《关于在上市公司建立独立董事制度的指导意见》，规定我国上市公司应设立独立董事，独立董事与其他董事共同组成上市公司董事会；独立董事除享有董事的一般职权外，还享有一些特别的职权，通过在公司经营事务决策中行使这些特别的职权，期望独立董事以其独立性及客观性不仅有效地监督董事会及其董事的职务行为，而且能够促进公司决策的科学性。

（三）监事会是上市公司的监督机关

监事会是行使上市公司监督职权的法定机构，主要对上市公司董事、高级管理人员的经营管理行为以及上市公司的财务行为进行监督。独立性是监事会行使职权的本质要求，也是监事会对公司经营管理和公司财务有效行使监督职权的重要保证。在我国，监事会与董事会是独立并行的关系，其行使监督职权不受董事会的干涉。监事个人与监事会并行行使监督职权。这有别于董事会行使权力的方式，董事会作为决策机构，需要形成统一的意志，以会议体的形式存在，集体行使权力，采取的是少数服从多数的原则，董事个人无单独的经营决策权。而监事会的职责是尽量发现公司经营违法、违规或者违背股东利益的行为，故监事对公司业务以及财务资料均有个人监督检查权，可以不经集体决议而行使职权。所以，法律一方面允许监事会以决议方式集体行使职权，另一方面也允许监事个人单独行权，形成监事个人监督与监事会集体监督并行的格局。

---

〔1〕《民法典》第81条规定："营利法人应当设执行机构。执行机构行使召集权力机构会议，决定法人的经营计划和投资方案，决定法人内部管理机构的设置，以及法人章程规定的其他职权。执行机构为董事会或者执行董事的，董事长、执行董事或者经理按照法人章程的规定担任法定代表人；未设董事会或者执行董事的，法人章程规定的主要负责人为其执行机构和法定代表人。"

二、我国上市公司法人治理存在的主要问题

从形式上看，我国上市公司建立了上述三权分离、权力制衡的"三会"，即股东会、董事会和监事会，另加上市公司经理层，共由四个组织机构组成公司治理结构。但由于股权结构存在"一股独大"的问题，各组织机构之间从根本上并未形成真正的分权与制衡的关系，可谓"形备而实未至"，上市公司治理效果一直不佳。其存在的主要问题如下：

（一）"一股独大"依然是目前我国上市公司法人治理存在的主要问题[1]

上市公司治理结构"三会"之间的分权与制衡，其实是其背后多元股权相互之间制衡的外在反映。没有内在股权的相互制约，"三会"的相互制约便会徒具形式，公司权力意志就是大股东权力意志的体现，必然是大股东集中制。上市公司普遍存在的"一股独大"现象造成我国证券市场股权结构不合理，没有形成相互制衡的股权多元化局面。

从经济学的角度来看，制度变迁具有"路径依赖"的特征，公司治理结构的发展变化就是一个制度变迁的过程，因此，我们"现在可能的选择"只能建立在"过去已经作出的选择"基础之上，只能循序渐进地进行改革而不是另起炉灶。所以，在此有必要首先考察 2006 年我国股权分置改革之前上市公司的股权结构状况。我国上市公司绝大部分都是由国有企业改制而成，为了搞活国有企业，持国有经济的主体地位，国家政策不仅对国有企业上市大力扶持，而且要在上市公司的股权结构中保持国有经济的控股地位，从而导致我国上市公司的股权结构呈现出国有股"一股独大"、股权结构复杂的特点。具体而言，我国上市公司股票种类繁多，包括国家股、法人股、社会公众股（A 股）、外资股（B 股、H 股、N 股），内部职工股和转配股（转配股已在 2001 年底全部上市完毕）等六种。这期间，国家股和法人股不能上市流通，其协议转让价格一般也明显低于同一公司的 A 股价格。可流通的 A 股、B 股、H 股和 N 股则被分割在不同的市场中，有着不同的价格。其中的法人股，一般又可分为国有法人股、社会法人股和外资法人股。国家股和国有法

---

〔1〕　对"一股独大"本身而言，笔者并不否认其具有积极作用的一面，比如，一定程度的"一股独大"有利于降低上市公司的代理成本，提高公司运行的效率等，但是，由于这里讨论的是我国上市公司法人治理存在的问题，故只谈"一股独大"消极的一面。

人股统称为国家股权或者国有股。[1]

这一阶段，我国上市公司的股权结构是以非流通的国有股为主导的封闭型的股权结构，1992—2000 年我国上市公司的股权结构及其变化见下表：[2]

表1　1992—2000 年我国上市公司的股权结构 （%）

年份	未流通股					可流通股 A 股			合　计
	国家股	法人股	职工股	转配股	合　计	外资股	合　计		
1992	41.38	26.63	1.23	0.00	69.24	15.87	14.89	30.76	100
1993	49.06	20.66	2.40	0.05	72.17	15.82	12.01	27.83	100
1994	43.31	22.53	0.98	0.16	66.98	21.00	12.02	33.02	100
1995	38.74	24.63	0.36	0.74	64.47	21.21	14.32	35.53	100
1996	35.43	27.18	1.20	0.95	64.76	21.92	13.32	35.24	100
1997	31.52	30.70	2.04	1.18	65.44	22.79	11.77	35.56	100
1998	34.25	28.34	2.05	1.25	65.89	24.06	10.05	34.11	100
1999	36.13	26.58	1.19	1.07	64.97	26.33	8.70	35.03	100
2000	38.90	23.81	0.64	0.92	64.27	28.43	7.30	35.73	100
均值	38.75	25.67	1.34	0.70	66.47	21.94	11.60	33.53	100

由该表可以看出，从 1992 年到 2000 年，非流通的比例一直占主导地位，最高达到 72.1%，最低也有 64.27%。在非流通股中，国家股的平均水平高达 38.75%，考虑到法人股中国有法人股的高比例，国有股在上市公司的股权结构中应处于绝对控股的地位。

另据统计，截至 2005 年 6 月，在我国近 1400 家上市公司中，总股本之和

---

　　[1]　详细内容见：国家国有资产管理局、国家经济体制改革委员会 1994 年 11 月 3 日发布的《股份有限公司国有股权管理暂行办法》第 2 条规定，组建股份公司，视投资主体和产权管理主体的不同情况，分别构成"国家股"和"国有法人股"。国家股是指有权代表国家投资的机构或部门向股份公司出资形成或依法定程序取得的股份。在股份公司股权登记上记名为该机构或部门持有的股份。国有法人股是指具有法人资格的国有企业、事业及其他单位以其依法占用的法人资产向独立于自己的股份公司出资形成或依法定程序取得的股份。在股份公司股权登记上记名为该国有企业或事业及其他单位持有的股份。国家股和国有法人股统称为国家股权。

　　[2]　杜莹、刘立国：《股权结构与公司治理效率：中国上市公司的实证分析》，载《管理世界》2002 年第 11 期。施东晖：《中国股市微观行为理论与实证》，上海远东出版社 2001 版，第 19 页。转引自徐晓东：《公司治理与第一大股东的所有权》，东北财经大学出版社 2006 年版，第 17 页。

为 7485.83 亿股。其中国家股 1809.88 亿股，国有法人股 1891.92 亿股，国有股总数 3701.80 亿股，占总股本的 49.45%。依然是国有股处于绝对主导地位。[1]

在市场经济发展成熟国家，其上市公司中控股股东通常只需用 10% 左右的资本调度支配 90% 的社会资本，起到所谓"四两拨千斤"之功效。而我国的上市公司中，则是控股的国有企业用 60%~70% 的资本支配少量的社会资本，不仅造成严重的资源浪费，更带来公司治理方面等一系列的弊端，这种股权过分集中所产生的问题主要表现如下：

（1）容易产生大股东对上市公司和中小股东的侵害。自从 20 世纪 90 年代初我国证券市场建立以来，控股股东掏空上市公司的案例时有发生，这些控股股东要么通过让上市公司为自己提供财产担保的方式使该上市公司处于高度风险之中，要么暗中通过不正当的关联交易来占用上市公司资金，由此严重损害了上市公司及中小股东的利益。

（2）"一股独大"，特别是国家股权的过分集中，导致政府干预与内部人控制并存。国家股权的过分集中，为政府机关在实质上支配公司提供了条件，必然产生以下两种后果：

第一，在国家监督强化的情况下，国家的社会目标凸现，容易发生政企不分。许多上市公司仍然置于由原主管部门演变而来的政府国有资产经营管理部门、国家或地方政府授权经营国有资产的行业性集团公司或总公司的控制之下，缺乏经营自主权。一旦国家股权的监督强化，就又不可避免地产生新的行政干预和政企不分现象，使所有者治理与行政性管理混同，影响上市公司成为真正的市场主体。一些上市公司演变成为政治目标与经济目标的混同体，使其承担过多的政治责任，影响和制约着公司对经营利润目标的追求，最终损害公司和全体股东的利益。

第二，在国家股权监督弱化，国家所有权缺位的情况下，往往形成内部人控制。内部人控制问题并不是转轨经济国家所特有的，在英美等西方发达国家，由于股权分散化和委托—代理关系，也都不同程度地存在内部人控制的现象。只是我国上市公司内部人控制的特征，既不同于发达国家的情况，

---

〔1〕　周友苏主编：《上市公司法律规制论》，商务印书馆 2006 年版，第 42 页。

也不同于其他经济转轨国家的情况，而是有其独特之处：[1]首先，和其他经济转轨国家相同，国有资产的剩余索取权和控制权缺乏人格化的代表，但我国并没有通过迅速地私有化来解决剩余索取权和控制权不统一的问题，没有使事实上的控制权变成合法的控制权，进而使掌握剩余控制权的人同时获取剩余索取权。所以我国的内部人控制为事实上的内部人控制，比合法的内部人控制问题更为严重。其次，相对于公司内部人事实上的剩余控制权，其能得到的剩余索取权却是很有限的。这种剩余索取权和控制权的不对称，极大地增加了所有者的代理成本。因为没有剩余索取权的激励，内部人工作的努力程度就不高，同时，不少上市公司对公司管理者还实行与改制前的国有企业基本相同的激励制度，使管理者承担的责任与应当获得的报酬不相称，具体表现为货币报酬不高、声誉激励不足。而他们事实上的控制权，又促使他们为谋取自身利益而从事短期行为，进行过度投资，在职过度消费，甚至盗窃公司资产，侵占公司资本等。最后，我国上市公司的内部人控制还存在代理人的选择问题。由于缺乏控制权市场和经理人市场，内部人来自控制权市场和经理人才市场的威胁和压力都比较小。在我国股权分置改革之前，股票市场分割、由非流通股的股东掌握公司控制权的情况下，内部人来自控制权市场和经理人才市场的威胁和压力更小，几乎没有任何人才市场的竞争压力，当被党委组织部门或政府机关任命时，管理者的地位基本上很稳定。[2]可见，现行机制不利于调动管理者的积极性，也制约了经理阶层的形成和发展。

此外，如前所述，我国大部分上市公司是由国有企业改制而来，[3]由于长期实行"厂长负责制"这一集权式的企业领导体制，使改制后母公司和子公司在短期内都还很难适应公司分权制衡式的领导体制。往往出现公司权力高度集中于董事会，董事会权力集中于董事长，董事长与总经理两职合一的现象；或是出现较为严重的上市公司与母公司在人员、资产、财务、经营机

---

〔1〕 参见徐晓东：《公司治理与第一大股东的所有权》，东北财经大学出版社 2006 年版，第 18 页。

〔2〕 这种选任方式尽管也具有合理性，并能保证管理者的基本素质，但却不适应公司制度，容易形成公司管理者不对公司和全体股东负责的状况。

〔3〕 改制的做法通常是通过从原企业中剥离一部分优质资产，在此基础上设立新的股份公司，然后包装上市，通过审批而成为上市公司，原企业改建为上市公司的母公司存续，由此形成了母子公司之间控股与被控股的关系。

构上的"混同"现象。"内部人控制"产生的最直接后果就是不断发生上市公司本身和中小股东利益被忽视和受到侵害的现象，导致上市公司法人治理的低效甚至无效。[1]

（二）公司治理结构中权力制衡机制未有实效

1. 很大一部分股东会流于形式。上市公司的股东会作为公司的最高权力机关，应当对公司的重大问题作出决策，并对其他机关形成强有力的权力干预或者制衡，但实践中并非如此。股权结构的不合理使公司的权力结构向大股东一边倒，加上证券信息不对称，而诸如质询权、提案权等一些权利制度又不具有操作性，在这些综合因素的影响下，广大中小股东对参与股东会缺乏积极性，股东会成了大股东的大会，真正意义上的股东会却没能发挥有效作用。

2. 董事会组成在很大程度上为"内部"董事。所谓"内部"董事，是指董事会的成员构成主要是来自大股东代表和公司管理层，造成我国上市公司董事会在很大程度上为"内部"董事组成。这种主要由"内部"董事组成的董事会往往产生以下两种现象：第一种可能的现象是，董事会成为一个法规型的傀儡机构。这是因为"一股独大"降低了公司股份的流动性，不利于公司在更大的范围内接受监督，难以遏制股权垄断，造成大股东操纵董事人选，使董事会成为一个法律上规定的机构，而实际上不发挥或者难以发挥作用。第二种可能的现象是，当国有股东出现事实上的"缺位"时，董事长和总经理的权力过大，同时又缺乏必要的监督和制约。我国上市公司推行的独立董事制度，就是为了解决董事会内部制约机制缺失问题的一项措施。

3. 监事会实为法规型的傀儡机构。监事会作为《公司法》规定的必设且专事监督职能的机构，本来应当对公司经营者构成强有力的监督，但综观所有上市公司已经发生的各类丑闻，监事会在其中未发挥应有的监督作用。究其原因，一是"一股独大"的代理人过于强势；二是法律赋予监事会的权限偏小且操作性不强；三是来自于传统国有企业领导体制的影响，上市公司监事会成员往往由原国有企业纪委书记或原厂长领导下的监察审计负责人组成，而原企业厂长和党委书记在改制后一般都担任公司的董事长或总经理。这就意味着原企业改制为公司后，原来具有领导和被领导性质的上下级关系要转变成监督与被监督的同级关系，这一转变不仅使改制后的公司董事长或总经

---

〔1〕 周友苏主编：《上市公司法律规制论》，商务印书馆2006年版，第46页。

理难以习惯，而且监事会成员也不习惯这种地位上的转变，难以发挥自己的监督职能[1]。监事会中的职工监事尽管由公司职工通过职工代表大会或者其他形式民主选举产生，但由于遵从"长官意志"的传统观念，当选的职工监事也很难发挥对公司经营者的监督作用。[2]因此，我国上市公司的监事会只能说是形式上的监督机构，而没能在公司法人治理结构中发挥出应有的作用。

总之，法律设计股东会、董事会、监事会与经理层的目的本来是希望通过权力制衡来实现上市公司的治理，但转轨国家的经济本身所特有的制度环境和我国多数上市公司由国企改制而来的股权集中结构[3]，却使这一用私有财产所有者的逻辑来设计的公司治理模式缺乏效率，难以有效运转。我国的《公司法》规定，上市公司必须设立董事会和监事会，董事会和监事会都由股东会选举产生，相互之间不具备直接任免、控制的权力。因此，从权力机构的设置上看，我国采用的是与日本类似的董事会、监事会并存的模式。然而，从实际控制权上看，我国上市公司治理结构的权力设置则与英美的单层董事会模式相似，只有董事会可以直接决定公司的重大经营决策，代表股东利益，并向股东会负责。所以，我国《公司法》赋予董事会的权力很大，而监事会在法律上只被赋予了有限的监督权力，缺乏直接调整公司董事和经理人员行为的能力和手段。在掌握公司决策权的大股东单一，并且股东代表、董事会、监事会和核心经理人均由大股东提名或任命的情况下，《公司法》赋予监事会的监督权通常流于形式，"三会"齐全而无实效。可见，我国上市公司法人治理结构带有明显的"法规型模式"，即法律设计的"三会"在形式上具备，而在实际运行中却走了样，这在很大程度上是因为私有产权的逻辑并不能解决公有产权的问题。[4]

所以，本章后面对"三会"及相关公司法人治理制度的讨论，更多的是从这些制度应然的角度而论，其实然的实现要通过多项经济制度，甚至是政

---

[1] 周友苏主编：《上市公司法律规制论》，商务印书馆2006年版，第47页。

[2] 《公司法》第130条第2款规定：监事会应当包括股东代表和适当比例的公司职工代表，其中职工代表的比例不得低于1/3，具体比例由公司章程规定。监事会中的职工代表由公司职工通过职工代表大会、职工大会或者其他形式民主选举产生。

[3] 据笔者观察以民营资本为主体的上市公司，同样存在民营资本"一股独大"的现象，其与国有股"一股独大"有相似的弊端，但是在所有权人和代理人的关系结构上以及由此产生的"道德风险"有重大区别。

[4] 徐晓东：《公司治理与第一大股东的所有权》，东北财经大学出版社2006年版，第23页。

治制度的变革才能达到，当然，应然的制度研究对实践具有很强的引领性，因而十分必要。学术一个很重要的价值就在于通过揭示应然状态，从而缩小实然与应然之间的差距。

（三）国有企业的双重委托代理容易造成国有股东的"缺位"

1. 双重委托代理产生的道德风险。在我国，国家授权投资的机构包括国家投资公司、国家控股公司、国有资产经营公司、企业集团公司、国有独资公司等。由这些机构来代表国家行使在上市公司的股权，客观上存在着双重委托代理关系：一重是作为所有者的国家与国家授权投资机构的委托代理关系；另一重是作为公司股东的国家授权投资机构与作为股东代表的公司管理者的委托代理关系。这种双重委托代理关系决定了在行使国有股股东权时容易出现代理人脱离委托人监督的现象，由此产生代理人道德风险问题。一方面，国家授权投资机构可能脱离国家的监督出现不负责任的任意行为或监督失职行为；另一方面，具有股东代表身份的上市公司管理者则更容易脱离股东的监督而使国有股东出现事实上的"缺位"现象，公司由国有股大股东控制演变成由公司管理者控制。[1]

2. 双重委托代理产生的"超强"与"超弱"控制。由于双重委托代理，投资主体不确定，所有者主权被分散到各个不同的行政机关中，政府对企业的控制一方面表现为行政上的"超强控制"，另一方面又表现为产权上的"超弱控制"，经理人与政府博弈的结果是部分经理人利用政府产权上的"超弱控制"形成事实上的"内部人控制"，同时又利用政府行政上的"超强控制"而推脱责任，转嫁风险。[2]

综合上述两点，可以得出结论：公司管理者在不受约束的情况下来谋求自身利益最大化，就可能形成前述"内部人控制"的局面，不但可能损害公司利益，而且可能直接损害包括国有股股东在内的全体股东的利益，并且利用政府行政上的"超强控制"还可以逃避法律责任，而由政府为其侵权行为买单。

（四）上市公司外部治理机制缺乏

所谓上市公司外部治理机制，是指证券市场上的各种外部因素能够促进上市公司治理结构不断优化的机制。在市场经济发达的国家，证券市场上有

---

〔1〕 周友苏主编：《上市公司法律规制论》，商务印书馆 2006 年版，第 45 页。
〔2〕 徐晓东：《公司治理与第一大股东的所有权》，东北财经大学出版社 2006 年版，第 28 页。

许多促进上市公司法人治理结构不断优化的重要外部因素。比如，在中小股东难以通过参加股东会的方式来监督和制约公司经营者时，可采取"用脚投票"的方式，这不仅可以起到维护自身权益的作用，而且也是对公司经营者强有力的外部约束。在我国证券市场发展尚属初期、尚不规范的情况下，流通股所占的比例及其活跃度均有限，还少有通过发动代理权和敌意收购来争夺公司的控制权，难以形成对管理层的外部压力；再加上没有一个竞争性的经理人才市场，潜在的竞争者难以对现任的经理人构成威胁，同时管理层也很容易对各种可能的威胁提前防范。

三、我国上市公司法人治理问题的解决思路

（一）我国上市公司法人治理结构的价值定位

上市公司法人治理结构的价值定位问题，其实就是在法人治理结构的制度安排中如何处理股东利益和利益相关者利益二者之间的关系问题。

公司是股东投资设立的以营利为目的的社团法人，实现股东利益最大化是股东设立公司的根本目的。由此而产生的传统理念便是"股东利益至上"或"股东利益本位"（Shareholder primacy）。据此，公司法人治理结构的目标就只有一个，即最大限度实现股东的利益，也就是以股东利益为第一位来安排各项制度。

随着社会经济的发展，公司的数量和规模不断扩张，公司已经成为有效配置资源、创造社会财富最重要的市场主体，成为社会经济的支配力量。此时，公司利益已不仅仅是股东利益，而且涉及了供应链企业、消费者、雇员、社区居民等相关者的利益，并相应产生了"利益相关者理论"。据此，公司法人治理结构不应只追求股东利益最大化，而应综合考虑股东、债权人及职工等利害关系人的不同需求，在各相关主体之间达到一种利益的平衡，即公司应当对其利益相关者承担相应的责任，即公司社会责任。

如何处理股东利益和利益相关者利益二者的关系问题，实际上是如何处理上市公司监管法关于效率和公平这一对价值在法人治理结构制度安排中的关系的具体体现。在处理效率与公平价值的关系上，应当采取辩证思维：对效率的过度追求而忽视公平，不仅会损害公平，而且最终还可能损害效率本身。算计得太精、盘剥太重，水至清则无鱼。反之，过度追求公平而忽视效

率，不仅会降低效率，而且会使公平本身也无法实现。这就是效率与公平的辩证法。当然，在市场经济领域里，效率与公平并非不分主次、不分轻重缓急，一般情况下，是效率优先，兼顾公平。

根据上述辩证思维，在公司法人治理结构的制度安排中，一方面，公司必须以追求效率为优先，在实现公司利润最大化的前提下，实现股东利益最大化，效率应当是公司追求的根本目标，效率是公司自身存在和公平得以实现的前提条件。因为，如果公司没有效益或者效益逐年下降，在激烈的市场竞争中公司必然被淘汰，连公司的上市资格甚至法人主体资格都难以维系，何谈公平。另一方面，公司在追求效率的同时，应当兼顾公平。这是因为：其一，公司的效率不只是来自于股东的资本，资本只是公司发展诸多要素中最重要的一个要素，而利益相关者不同程度地参与公司的活动是公司治理有效的必要条件，离开劳动者、债权人及消费者等利益相关者的参与，资本是无法独自创造价值的，因此从追求最优效率的角度应兼顾公平。其二，各利益相关者作为公司要素的投入者，公司的发展既离不开各利益相关者的贡献，同时各利益相关者的利益与公司的发展也休戚相关，根据权利义务对等原则，应由各利益相关者分享公司的利益，这才符合法律的终极价值追求——公平。因此，公司治理在追求效率的同时应兼顾公平，适当考虑各利益相关者的利益。其三，公司一旦成立，则具有独立的法律人格，因而公司利益与股东利益是各自独立的。从形式上看，公司利益由公司法人所享有，在其利益的集合中，不但包含股东，而且包含了职工、债权人、消费者等各种利益相关者的利益。因此，兼顾并协调各利益相关者的利益自然应当成为公司法人治理结构制度安排的价值追求。[1]

综合上述，在我国上市公司法人治理结构制度安排的价值取向是：股东利益至上，兼顾利益相关者的利益，承担相应社会责任。

事实上，从新《公司法》和《上市公司治理准则》所体现的指导思想来看，在上市公司法人治理结构的价值定位上依然是传统的"股东利益至上"。如2002年的《上市公司治理准则》第1条规定："股东作为公司的所有者，享有法律、行政法规和公司章程规定的合法权利。上市公司应建立能够确保股东充分行使权利的公司治理结构"；2018年的《上市公司治理准则》取消

---

[1]　周友苏主编：《上市公司法律规制论》，商务印书馆2006年版，第52页。

了这一条，但其精神实质未发生变化；新《公司法》第 187 条规定："股东会要求董事、监事、高级管理人员列席会议的，董事、监事、高级管理人员应当列席并接受股东的质询"等。

其实，"股东利益至上"从权利和义务对等的角度来看也是合理的，它本身就体现出公平性。因为，在公司运营正常的情况下，职工的工资可以定期得到支付，债权人可以得到确定的本金及利息；当公司破产时，职工的利益和债权人的债权都先于股东的剩余财产索取权。可见，公司经营的风险主要是由股东来承担，职工与债权人的利益相对于股东利益更有保障。而且针对我国现阶段上市公司"内部人控制"现象的突出，股东特别是中小股东的利益容易受到侵害这一实际状况，上市公司治理坚持股东利益至上的价值定位更具有其合理性和现实意义。当然，如果把股东利益的保护推向极致，忽略甚至否定其他利益相关者的利益和公司社会责任，那就是错误的。

公司社会责任的提出，一方面有利于保护公司利益相关者的合法权益，另一方面也有利于预防公司滥用经济支配力量，从而鼓励公益捐赠和环境保护活动等各种形式的社会公益行为。因而为各国公司法立法所重视，并逐渐成为许多国家公司法的一项基本原则〔1〕。

笔者认为，从设立公司或者公司制度的目的来看，公司的社会责任始终应当摆正位置，不宜太过高调，否则会本末倒置，使公司制度失去其本来的意义。鉴于目前我国上市公司面临的困境，更应该把握好公司社会责任的适度性，不宜对其太过强调。其主要理由是：其一，从国企转制而来的上市公司目前还存在着不同程度的政企不分和行政干预等问题，国家运用行政权力干预社会经济生活的表现之一即是国有股东对上市公司的控制，从而使上市公司经营的过程中含有了行政管理的内容，让不少上市公司并未成为真正的市场经济主体。在这种情况下，如果过多强调上市公司的社会责任，则又可能成为政府管理部门转嫁其社会职责的理由，使上市公司离真正的市场经济主体越来越远，从而影响市场经济体制的建立和完善。其二，我国经济体制处于转轨时期，大部分上市公司产权结构不清，"内部人控制"比较严重，大

---

〔1〕 我国《公司法》第 20 条明确规定："公司从事经营活动，应当充分考虑公司职工、消费者等利益相关者的利益以及生态环境保护等社会公共利益，承担社会责任。国家鼓励公司参与社会公益活动，公布社会责任报告。"即为公司社会责任原则的法律表述。

中小股东的利益尚未得到很好的保护，如果此时对上市公司强调过多的社会责任，则可能成为"内部人"或管理层进一步侵害股东利益的借口。其三，当前公司社会负担过重仍然是经济发展中一个突出的问题，一些部门和机关以各种名义向企业摊派费用使企业不堪重负的情况还不同程度地存在，如果过分强调公司社会责任，就可能增加企业负担，让各种乱摊派、乱收费的现象披上合法合理的外衣。[1]

（二）努力实现上市公司国有股东权的主体地位

在股权与公司法人权利相互独立与制衡的基础上建立起来的公司法人治理结构是现代企业制度的核心，而公司与股东之间相互独立与制衡关系的产生及存在的根源在于所有权主体对其投资效益的追求。[2]从我国宪法的角度来看，国有资产实行全民所有制[3]，但全民所有制是一个抽象的概念，不可能由全体人民来具体行使国有资产的所有权，因此必须由国家代表全体人民来享有并行使这一权利，而国家又只能通过国家机构或者其授权的机构来行使国有资产所有权。但是，国家机构兼具行政权力及财产权利享有者的双重身份，这会带来两个方面的问题：一是国家所有权的行使方式极易带有行政性，容易弱化所有权主体对投资经济效益目标的追求；二是容易形成对企业的行政干预和控制，从而使股东与公司之间的相互独立与制衡关系难以建立，这是导致我国上市公司尚未建立起有效治理结构的一项重要原因。尽管通过国有股减持来改变上市公司股权结构是完善我国上市公司法人治理结构的重要措施，但这既不意味着国有股的完全退出，也不意味着国有股的无所作为。相反，国家要采取措施，推动国有资本向关系国民经济命脉和国家安全的重要行业和关键领域集中，优化国有经济布局和结构，推进国有企业的改革和发展，提高国有经济的整体素质，增强国有经济的控制力和影响力。[4]因此，实现上市公司国有股东权真正的主体地位，是完善我国上市公司法人治理结构的一项重要内容。为实现上市公司国有股东权主体的地位，我国《企业国有资产法》确立的基本思路是：国务院和地方人民政府按照政企分开、社会

[1]　周友苏主编：《上市公司法律规制论》，商务印书馆2006年版，第56~57页。

[2]　徐晓松：《公司法与国有企业改革研究》，法律出版社2000年版，第212~213页。

[3]　《宪法》第6条规定，中华人民共和国的社会主义经济制度的基础是生产资料的社会主义公有制，即全民所有制和劳动群众集体所有制。

[4]　参见《企业国有资产法》第7条。

公共管理职能与国有资产出资人职能分开、不干预企业依法自主经营的原则，依法履行出资人职责。[1]对此，将在第七章作专题讨论。

（三）改善股权结构的不合理性，促进多股制衡的形成

股权结构是决定公司治理机制有效性的最重要因素，因为股权结构决定公司控制权的分布，决定所有者与经营者之间的委托代理关系的性质。[2]发达市场经济中上市公司运作的历史表明，股权过度分散或过度集中都不利于建立有效的公司治理结构，这是因为：其一，如果股权过度分散，大部分股东都容易产生"搭便车"的心理，对公司的经营状况漠不关心，一旦发现公司经营情况不妙，立即将股票套现走人，对上市公司经营者的监督会变得十分微弱。其二，如果股权过度集中、一股独大，大股东就会擅权独断，上市公司高管唯大股东之命是从，也不利于有效公司治理机制的建立。如前所述，"一股独大"是我国上市公司法人治理存在的主要问题，要解决这一重大问题，需要从宏观和微观两个层面着手：

首先，在宏观层面，应当根据国家关于国有资本由一般竞争性领域向关系国民经济命脉和国家安全的重要行业和关键领域集中的战略部署，[3]对于那些属于充分竞争性、营利性行业的上市公司，应逐步降低国有股在上市公司中的股权比重，即通过减持国有股来改善上市公司"一股独大"的状况。

其次，在微观层面，通过在上市公司内部培育多元化投资主体来改善我国上市公司股权过度集中的状况，主要从机构投资者和自然人股东两个方面发展多元投资主体，从而形成"多股制衡"的股权结构。

1. 机构投资者方面。

（1）各类基金投资者。机构投资者（Institutional investor），主要是指各类投资基金作为投资者，我国法律中并无机构投资者的明确概念。从有关规范性文件和投资实践来看，我国对于机构投资者的界定有不同的标准。第一种标准是以投资者资金量的大小来界定机构投资者，只要资金量达到能使其交易行为在一段时期足以影响某只股票的交易价格的程度，就可以被认定是机构投资者，其中甚至还包括一些个人大户。第二种标准是从投资者的身

---

[1] 参见《企业国有资产法》第6条。

[2] 吴敬琏：《控股股东行为与公司治理》，载《中国证券报》2001年6月8日。

[3] 参见《企业国有资产法》第7条。

份或组织结构出发，机构投资者被限定为与个人投资者相对应的一类投资者，即各类投资基金，如证券投资基金、证券公司、养老基金、保险公司、商业银行、私募基金等，这是机构投资者最主要的含义。第三种标准是一种官方标准，如2002年11月中国证监会、中国人民银行联合发布的《合格境外机构投资者境内证券投资管理暂行办法》第2条规定，将合格的境外机构投资者定义为符合有关条件，经中国证监会批准投资于中国证券市场，并取得国家外汇管理局额度批准的中国境外基金管理机构、保险公司、证券公司以及其他资产管理机构。后来在实践中统称为合格境外机构投资者。总之，常见的机构投资者有证券投资基金、证券公司、养老基金、保险公司、私募基金、合格境外机构投资者以及其他金融机构和资产管理机构如信托投资公司、财务公司等。商业银行也可以成为机构投资者，但其身份和作用特殊，故在下文单独讨论。

机构投资股东参与公司治理的作用主要表现在以下两个方面：

第一，有利于解决上市公司"所有者缺位"问题。国有企业产权改革实践中所面临的最大难题就在于"所有者缺位"，因此，寻找真正具有"人格化"的所有者就成为问题的关键。一方面如上所述，在竞争领域减持国有股，将"所有者缺位"空间部分地让出来，此为"让位"；另一方面，以机构投资者为代表，增加新的人格化所有者来填补这一"让位"空间，从制度创新上进行"补位"，重构上市公司国有股东主体地位。

第二，有利于股权结构的完善，监督大股东，保护中小股东权益。股权制衡度与公司治理水平存在密切的相关性，股权制衡度较高的公司，由几个大股东分享上市公司控制权，互相牵制，任何单个大股东都无法单独控制上市公司的决策，这种公司出现控股股东侵害少数股东利益现象的比率较低；股权制衡度较低的公司，即指单个大股东能够单独控制公司的决策，这种公司出现控股股东侵害少数股东利益现象的比率较高。只有加强股东之间权力的制衡，才能有效地减少控股股东对少数股东利益的侵害，从而改善我国上市公司的治理水平。因此，通过发展机构投资者、加强机构投资者的监督作用，是达到制衡控股股东的一个途径。机构投资者依照法律法规和公司章程，通过参与重大事项决策，推荐董事、监事人选，监督董事、监事履职情况等途径，在上市公司治理中发挥积极作用。[1]

---

[1] 参见《上市公司治理准则》第79条。

然而，美国的公司法人治理实践又表明，机构投资者作为美国上市公司最重要的股东，并非都如人们所想象的那样积极参与公司治理。尽管机构投资者在公司的股票份额中占有很大比例，但由于机构投资者并不是真正的所有者，只是作为代理人为本基金的所有者和受益者运用资金，所以它们往往是所谓的"被动投资者"，而不同于那些持股比重大的个人大股东。[1]"经济人"的特性都是相通的，想必在任何国家都如此，"经济人"只关心自己的切身利益。只有自然人大股东和公司持股职工与上市公司的利益联系最紧密，这就是下面"2. 自然人投资者方面"要讲的问题。

（2）商业银行投资者。前文公司治理模式中提及银行在德国和日本的公司治理中发挥着重要作用，其实践表明，银行参与公司治理有利于公司治理效率的提高。银行参与公司治理可以有两种身份，一是债权人身份，二是股东身份。

第一，债权人身份参与。商业银行作为公司的主要债权人，应与股东一样有权参与公司治理。美国最著名的企业主体理论的倡导者威廉·A. 佩顿（William A. Paten）认为，无论在什么情况下，企业都是一个独立的实体和法人的概念，并且如果公司在职能上与股东、债权人分离，那么会计关注的中心应是公司而非股东或债权人，"资产和负债是会计主体的资产和负债，企业主体应该向他的业主进行报告，就像受托者报告受托管理资产的责任一样。由于债权人和股东处于与权益所有者相同的地位，所以，企业应一视同仁地向他们提交财务报表"。可见，佩顿教授认为应把债权人和股东视为平等的产权主体。[2]股东出资的资本和债权人的债权共同构成公司资产，即公司资产来自公司股东和债权人，债权人与股东一样要承担公司经营的风险，如果公司的控制权均由股东单一掌握，而公司经营的风险却由债权人与股东分担，这显失公平。故债权人，特别是有如银行这样的上市公司主要债权人理应参与公司治理，并且由于银行具有很强的融资和监控能力，它能在公司治理中发挥特别的积极作用，我们应当予以充分地利用。

第二，股东身份参与。许多国家银行不仅能够作为主要债权人参与公司治理，而且能够持有上市公司的股份，直接以股东身份参与公司治理。目前

---

〔1〕 王刚：《公司治理结构的国际比较》，载《江淮论坛》1995 年第 5 期；转引自周友苏主编：《上市公司法律规制论》，商务印书馆 2006 年版，第 59 页。

〔2〕 梅慎实：《现代公司机关权力构造论》，中国政法大学出版社 2000 年版，第 70 页。

我国金融体制仍以分业经营为主，为了充分提高金融效率，也为了发挥银行对上市公司治理的积极作用，可以考虑适当放宽银行资金入市。当然，为避免银行金融资产承担过大的风险，对银行用以投资公司股权的资产比例可以规定一个限度。还有一种方式是赋予银行一项职能，即有权接受众多中小股东的股权信托而成为股权受托人的职能。这样银行一方面可以直接持股，另一方面又可以接受委托而间接持股，这两种方式都可以使银行直接参与公司的法人治理；此外，还可以借鉴德国和日本治理模式的相机治理机制，即在公司出现财务困境，如资不抵债时，让银行在公司解困中发挥积极主导作用。银行作为股东或者间接持股人，出于自身利益，必然会考虑出手为陷入财务危机的公司提供强大的资金支持。

2. 自然人投资者方面。

（1）自然人大股东。由于自然人股东的利益与公司利益的密切相关程度更高，因此自然人大股东有实力更有动力直接参与公司治理。美国学者哈罗德·德姆塞茨（Harold Demsetz）在分析自然人大股东对公司法人治理作用时认为，共同拥有的财产，不管是社会主义的国有资产，还是众多股东持有的公司资产，都不能实实在在地代替私人的巨额股份资本。因为这种共同所有的特点（本身），就不可能解决"搭便车"的问题。要形成与数额庞大、私人所有的个人股份资本相同性质的有效控制，就既不能期望实行国有化，也不能期望分散的私人持股（制度）。因此，大企业要维持有效经营，重要的在于需要大批拥有足够私人财产的人向这些企业注入大量资金并持有巨额的股份资本。[1] 所以，在我国要形成有效的公司法人治理结构所需要的监督与制衡机制，一方面要注重培育机构投资者，另一方面还要注重对自然人大股东的培育，因为自然人大股东与上市公司的利益更为直接，从而使得其对公司的运营更为关切。

（2）自然人职工持股。自然人职工持股之后，其地位相当于股东、公司利益与其自身利益一体化，因而具有参与公司治理的热情。职工持股不能简单地认为是职工个人购买并持有公司股票，它是指在股份公司内部设立职工持股管理机构，公司以某种形式分配给职工全部或部分资金，帮助职工个人

---

〔1〕［美］哈罗德·德姆塞茨：《所有权、控制与企业》，段毅才等译，经济科学出版社 1999 年版，第 287 页；转引自周友苏主编：《上市公司法律规制论》，商务印书馆 2006 年版，第 59 页。

积累资金购买并持有本公司股票的一种新的股权制度。美国于 20 世纪初期，最早建立职工持股制度。在美国，职工持股被称为职工持股计划（Employee Stock Ownership Plans，ESOP）。这种制度是美国经济学家、律师路易斯·凯尔索（Louis Kelso）最先提出来的，因而他被称为职工持股计划之父。凯尔索及其追随者为了解决由于工业革命和科技发展所造成的社会财富分配不公的问题，提出了"二元经济学"理论。这一理论的基本思想是，在正常的经济运行中，任何人不仅可以通过他们的劳动获得收入，而且还必须通过资本来获得收入，这是人的基本权利。根据这一思想，凯尔索等人提出，人类社会需要一种既能促进经济增长又能鼓励社会公平竞争的制度，这种制度必须具有一种使任何人都能获得两种收入，即劳动收入和资本收入的结构，从而激发职工的创造精神和责任感。于是，他们专门设计了职工持股计划，并将它作为向职工提供资本信贷的手段，即在公司财务上给职工赊账的权利，使其通过借贷而获得资本所有权，然后职工利用这种资本所有权的收益来偿还贷款。从 20 世纪 70 年代中期起，职工持股计划越来越广泛地引起各界关注，美国政府和国会对此给予了大力支持，并为此制定了专门的法律，后来近半数的州都进行了立法。1974 年实行职工持股计划的公司有 300 多个，现在已达 1.2~1.5 万个，参与职工持股计划的职工达 1200 万人，占美国劳工的 10%，职工持股计划拥有的资产约为 1000 亿美元，遍及各行各业。据统计，在美国最成功的 100 家公司中，有 46 家实行了职工持股计划。美国企业推行职工持股制的目的主要有：①增强企业内部职工的凝聚力，提高劳动效率；②稳定股东队伍，防止公司被他人恶意收购；③替代年金制度，避开大股东的高股息要求；④得到税制上减税的好处；⑤获得银行方面的融资支持。[1]当今职工持股制的发展已从美国扩展到西欧、亚洲、拉丁美洲和非洲，无论是美国、日本、英国、法国等工业化发达国家，还是韩国、新加坡等新兴工业化国家，或是菲律宾等准工业化国家，甚至是经济较为落后的非洲国家和中美洲国家都在推行职工持股制，用以促进本国企业经济的发展。如果说过去职工持股制只存在于资本主义国家的话，那么，进入 20 世纪 90 年代后，社会主义的中国也开始试行职工持股制。可见，职工持股制是顺应社会大生产、商品经

---

〔1〕 参见钟坚：《西方国家推行职工持股制的经验与启示》，载《深圳大学学报（人文社会科学版）》1996 年第 4 期。

济以及现代化管理的发展趋势而出现的，它不是资本主义所特有的专利品，而是人类创造的共同财富，我们应该拿来借鉴和利用。[1]

我国作为社会主义国家，更应借鉴其他国家在推行职工持股制度方面的先进经验，用以完善适合我国国情的公司职工持股制度。在完善该制度的过程中应当主要考虑如下几个问题[2]：

第一，职工持股的资金来源。受我国经济发展水平的限制，目前还做不到如英国所采取的"雇主的无偿捐献"的方式，使职工无偿获得职工股份。但是，可以借鉴上述美国的做法，即由公司为职工获得股份而允许职工采取"赊账"的方式或者由公司担保从资本市场上"借入"持股资金，然后公司从每年的利润中划拨一部分归还该贷款，直至还完为止。也可以借鉴日本的做法，由公司以奖金的形式为职工持股提供资金来源。无论采取哪种方式，职工持股的推行都需要国家的税收、信贷支持，以降低职工持股的成本，使职工有能力持有公司股份。

第二，职工股权的行使。从理论上讲，职工股权的行使，既可以由职工直接行使，也可以通过其他主体间接行使。但是，由于职工人数众多，让所有职工都参与公司的经营决策势必降低决策的效率，达不到行使股权的初衷。因此可以将职工的股权信托给公司外部的一个经济组织，如基金管理公司或银行等，由该经济组织作为职工的受托人来行使股权。

第三，职工股的转让限制。设立职工股的目的，一方面是让职工具有参与公司民主管理的所有权基础；另一方面是让职工能与股东共同分享公司的剩余索取权，使职工利益与公司利益紧密联系在一起，从而与公司和其他股东一条心共同谋求公司的发展。如果对职工股的转让不加限制，则职工股仅仅成为一项福利，这会使职工持股制度的意义丧失殆尽，甚至会对公司的发展起到负面作用。因此，对于职工持股，原则上应当禁止其自由转让，只有在职工因退休、死亡、一定工作年限之后调离等情形而离开公司时，才能由公司以公平价格购回职工所持有的股份。通过这种限制，使职工与公司之间形成一个较为紧密的利益共同体。

〔1〕　参见钟坚：《西方国家推行职工持股制的经验与启示》，载《深圳大学学报（人文社会科学版）》1996年第4期。

〔2〕　参见周友苏主编：《上市公司法律规制论》，商务印书馆2006年版，第71页。

第三节　上市公司章程法治化

公司章程是现代公司文件的重要组成部分，在公司治理和运营中具有举足轻重的地位。公司法赋予普通公司章程相当大的自治性，甚至学界还形成了公司章程"自治法说"[1]。然而，相对于上市公司而言，其自治性就受到更多的限制，这是因为上市公司与证券市场紧密联系，其一举一动均关涉社会投资公众的切身利益，有很强的公共利益性。从法治的角度而言，任何一个国家对上市公司的章程都有宽严不一的规制，绝无放任自流，其根本原因在于维护上市公司中小股东的合法权益。通过下面对上市公司章程特点的分析就可以知道法律对上市公司章程自治性的限制。

一、上市公司章程的特点

上市公司章程较普通公司而言，具有更强的要式性、法定性、真实意志性和公开性以及相对较弱的自治性等特征。

（一）要式性更强

公司章程的要式性，是指公司章程必须采取书面形式，并且法律对其必要记载事项有明确规定。公司章程之所以必须采取书面形式，一是因为在设立公司时，公司章程是需要报送登记的必备文件；二是由于公司章程是关于公司组织与行为的基本准则，其内容涉及公司性质、宗旨、经营范围以及股东权利义务和管理人员职责等事项，对公司及其成员具有拘束力、影响甚巨，因而必须采用书面形式予以固定。公司章程的要式性是公司章程的生效要件，制定公司章程若未采用书面形式，或者未能依法记载必要事项，将影响其效力。上市公司章程还是其股票公开发行核准和上市的必备文件，其要式性还要符合《上市公司章程指引》中的各项规定。

（二）法定性更强

公司章程的法定性是指公司章程的制定、修改及其内容和效力范围等均符合法律的规定。具体而言，主要体现在以下几个方面：

---

[1] 有关公司章程"自治法说"的具体内容，详见李东方：《公司法学》（第三版），中国政法大学出版社 2024 年版，第 64~65 页。

1. 公司章程是公司成立的必要条件，即公司必须具备章程，否则公司不能成立。公司章程是公司法强制要求的设立公司不可或缺的法律文件之一。在我国，由于实践中股份有限公司通过募集设立方式发行股票，并且股票上市实行"直通车"制，中国证监会批准公司向社会公开发行股票就意味着同意其股票上市交易，因此《上市公司章程指引》不仅适用于上市公司，也适用于 IPO 的股份有限公司。[1]

2. 公司章程的内容和效力范围具有法定性。各国公司法对公司章程应当记载的事项均有明确规定，尤其是对其中的绝对必要记载事项，更是要求在公司章程中必须记载，否则可能导致章程无效。上市公司根据需要，对《上市公司章程指引》的内容进行删除或者修改的，应当在其向中国证监会申报的股票发行和上市及其他有关报批事项的申请材料中进行说明。无正当理由擅自修改或者删除《上市公司章程指引》所规定的必备内容的，中国证监会将不受理该上市公司有关报批事项的申请。此外，公司章程也不得与国家强行性法规相抵触，我国《公司登记管理条例》（失效）第 23 条规定："公司章程有违反法律、行政法规的内容的，公司登记机关有权要求公司作相应修改。"而公司章程的效力更是由公司法规定的，《公司法》第 5 条明确规定，公司章程对公司、股东、董事、监事和高级管理人员具有拘束力。《上市公司章程指引》第 10 条则对上市公司章程的效力范围作了明确规定，本公司章程自生效之日起，即成为规范公司的组织与行为、公司与股东、股东与股东之间权利义务关系的具有法律约束力的文件，对公司、股东、董事、监事、高级管理人员具有法律约束力的文件。依据本章程，股东可以起诉股东，股东可以起诉公司董事、监事、经理和其他高级管理人员，股东可以起诉公司，公司可以起诉股东、董事、监事、经理和其他高级管理人员。

3. 公司章程制定、修改程序的法定性。公司章程的制定和修改必须按照公司法的规定进行。各国公司法都规定公司内容一经确定，非因法定事由并经法定程序，不得修改。根据我国《公司法》的规定，有限责任公司章程由股东共同制定，股东应当在章程上签名或者盖章。有限责任公司章程的修改，

---

[1]　中国证监会《关于印发〈上市公司章程指引（2006 年修订）〉的通知》就明确指出，IPO 的公司，在其向中国证监会报送申请材料时，其公司章程（或公司章程草案）的内容，应当按照《上市公司章程指引》及本通知的要求起草或修订。之后《上市公司章程指引》多次被修改，2023 年至今为最后一次修改。

须经代表 2/3 以上表决权的股东通过。股份有限公司采用发起方式设立的，由发起人制定公司章程；采用募集方式设立的，由发起人制订公司章程，并经创立大会审议通过。股份有限公司章程的修改，须经出席股东会股东所持表决权的 2/3 以上通过。就上市公司而言，《上市公司章程指引》第 190 条规定，股东大会决议通过的章程修改事项应经主管机关审批的，须报主管机关批准；涉及公司登记事项的，依法办理变更登记。

4. 公司章程须经登记。我国《公司法》规定，对于有限责任公司、发起设立的股份有限公司、募集设立的股份有限公司，其公司章程是申请设立登记必须报送的文件之一。同时，公司章程经修改变更内容后，也必须进行相应的变更登记。公司章程的法定性特征，反映了国家对于公司经营行为的干预，其目的是规范公司的组织和行为，保护公司、股东和债权人的合法权益，强调公司的社会责任，实现公司法的立法目标。

（三）真实意志性更强

真实意志性有两层意思，一是指公司章程的真实性，即公司章程记载的内容必须是客观存在的、与实际相符的事实。这是公司章程具有核心地位与强制效力的法律基础。二是指公司章程的意志性，即公司章程是全体股东或发起人意思表示一致的结果，是全体股东或发起人真实意志的体现。公司章程的真实性实际上也是意思表示真实的体现，而意思表示真实又是法律行为的有效要件之一。

在现代公司所有权与经营权相分离的背景下，公司章程成为了维持股东、公司及管理层利益平衡的基本工具。为了防止某些股东恶意串通，订立虚假条款损害其他股东、公司及第三人的利益，各国公司法都要求公司章程记载的内容须与事实相符、不得有虚假记载，否则将会产生登记机关拒绝登记、对外承担民事责任以及受到行政处罚等法律后果。[1]上市公司章程的真实意

---

〔1〕 对章程进行虚假记载的处理方式有三种：一是拒绝登记，即在公司登记时发现章程记载不实，则登记机关可以拒绝登记。如德国《股份公司法》第 37、38 条的规定。二是承担赔偿责任，指在公司成立后发现章程所记载的事项有虚假时，责任人应承担赔偿责任，这种责任通常是一种连带赔偿责任，如法国《民法典》第 1840 条规定："公司发起人以及经营、领导和管理机构的最初成员，对因为在章程中载明必须载明的事项，或因遗漏或未按规定履行法律规定的成立公司的手续而造成的损失，负连带赔偿责任。"三是对虚假记载责任人进行罚款或刑事制裁。如我国台湾地区"公司法"第 101 条第 2 款规定，公司章程有虚伪记载时，对公司负责人各处以 4000 元以下罚金。参见刘志文：《论公司章程》，载《民商法论丛》1997 年第 6 期。

志性在一定程度上受到证券监管机关和证券交易所的审核和监督。

（四）公开性更强

公司章程的公开性是指公司章程须予以登记并置于规定场所供股东查阅或依法向社会公众披露。在我国〔1〕，公司章程的公开性有以下几个方面的表现：

1. 公司章程须依法登记注册。公司章程是公司申请设立登记的必备法律文件之一，须在法定的机关进行登记注册。同时，公司章程登记注册也是公司信息充分公开的一个重要前提。我国《公司法》第29条规定："设立公司，应当依法向公司登记机关申请设立登记。"

2. 公司章程须置于规定场所供股东查阅。公司在经营过程中，股东有权查阅公司章程，公司应当将公司章程置备于本公司。同时，公司还应当尽量满足交易对方查阅公司章程的要求，因为对公司章程的知悉程度会影响到交易对方的决定。我国《公司法》第109条规定："股份有限公司应当将公司章程、股东名册、股东会会议记录、董事会会议记录、监事会会议记录、财务会计报告、债券持有人名册置备于本公司。"第110条第1款规定："股东有权查阅、复制公司章程、股东名册、股东会会议记录、董事会会议决议、监事会会议决议、财务会计报告，对公司的经营提出建议或者质询。"

3. 上市公司章程是上市公司公开发行股票或公司债券必须披露的文件之一，投资者有权知悉公司章程的内容。投资公众既可以在《公司法》和《证券法》规定的场所查询公司章程的内容，也可以向公司的登记机关查询。我国《公司法》第32条第2款规定，公司登记机关应当将公司登记事项通过国家企业信用信息公示系统向社会公示。另外，根据《上市公司章程指引》第192条的规定，上市公司章程修改事项属于法律、法规要求披露的信息，按规定予以公告。

---

〔1〕　公司章程的公开性在大陆法系国家和地区均予确认。例如，我国台湾地区现行"公司法"第210条规定："除证券主管机关另有规定外，董事会应将章程及历届股东会议事录、财务报表备置于本公司，并将股东名簿及公司债存根簿置备于本公司或股务代理机构。""前项章程及簿册，股东及公司之债权人得检具利害关系证明文件，指定范围，随时请求查阅或抄录。""代表公司之董事，违反第一项规定，不备置章程、簿册，或违反前项规定无正当理由而拒绝查阅或抄录者，处新台币1万元以上5万元以下罚锾。"而在英美法系国家和地区，章程细则因其系内部文件的属性，一般不必提交公司登记机关备案或审批，也不必向社会公众公开，但仍需向公司股东公开。因此，章程细则也具有一定程度的公开性。

上市公司章程的公开性具有重要意义，它有利于股东行使监督权、有利于债权人维护自身利益、有利于社会公众了解上市公司并为公众决定是否进行投资提供可靠信息。

（五）自治性相对较弱

上市公司章程和普通公司章程一样也具有自治性，都可以在公司法允许的范围内，针对本公司的成立目的、所处行业、股东构成、资本规模、股权结构等不同特点，确定本公司组织及活动的具体规则。公司章程的自治性，体现了公司自主经营的自由精神。《上市公司章程指引》规定的是上市公司章程的基本内容，在不违反法律、法规的前提下，上市公司可以根据具体情况，在其章程中增加《上市公司章程指引》包含内容以外的、适合本公司实际需要的其他内容，也可以对《上市公司章程指引》规定的内容做文字和顺序的调整或变动。上市公司根据需要，增加或修改《上市公司章程指引》规定的必备内容的，应当在董事会公告章程修改议案时进行特别提示。[1] 但是，上市公司由于属公众性公司，社会公共利益性强，它的自治性不仅受到一般公司法律法规中强行性规范的制约，而且其还要遵守证券监管机关专门为其量身定制的运行规范，因而其自治性相对较弱。

二、政府干预上市公司章程的特别规范：《上市公司章程指引》

为维护证券市场的健康发展，适应上市公司规范运作的实际需要，中国证监会根据1993年《公司法》及国务院有关文件精神于1997年12月16日发布《上市公司章程指引》，后来又于2006年发布《上市公司章程指引》的修订本，同时1997年《上市公司章程指引》废止。之后《上市公司章程指引》多次被修改，2023年进行了最新的一次修改。《上市公司章程指引》是专门关于上市公司章程的规范性文件，集中体现了政府上市公司章程的干预意志。按照中国证监会的规定，上市公司应当依《上市公司章程指引》注释部分的解释和说明，参考《上市公司章程指引》正文部分的规定和要求，在其公司章程中载明《上市公司章程指引》正文部分所包含的内容。

最新的《上市公司章程指引》共有12章200条，该12章（包括节）的标题分别为：①总则；②经营宗旨和范围；③股份（包括股份发行、股份增

---

[1] 见中国证监会《关于印发〈上市公司章程指引（2006年修订）〉的通知》。

减和回购、股份转让）；④股东和股东会（包括股东、股东会的一般规定、股东会的召集、股东会的提案与通知、股东会的召开、股东会的表决和决议）；⑤董事会（包括董事、董事会）；⑥经理及其他高级管理人员；⑦监事会（监事、监事会）；⑧财务会计制度、利润分配和审计（包括财务会计制度、内部审计、会计师事务所的聘任）；⑨通知和公告；⑩合并、分立、增资、减资、解散和清算；⑪修改章程；⑫附则等。从内容上看，《上市公司章程指引》包括了绝对必要记载条款、相对必要记载条款和任意记载条款。与《公司法》关于公司章程的规定相比较，《上市公司章程指引》规定的内容更加全面详尽，公司各机关的职责、权限及各主体的权利、义务、责任也更加明确，可操作性更强，更能够起到规范上市公司及各主体行为的作用。

三、上市公司章程违法的救济

上市公司章程违法的救济主要是指上市公司章程记载的事项和内容违反了法律法规的强制性规定，已经或者可能对股东或第三人利益造成损害，相关当事人依法对违法上市公司章程条款进行纠正的方式和程序。上市公司章程违法的情形，主要是一些公司大股东利用自身掌握公司控制权的优势，在公司章程中作出有损中小股东利益和社会公众利益的规定，违反了有关法律法规。在这种情况下，当事人可以通过以下方式进行救济，从而维护自身的利益。

（一）提议召开临时股东会并提出修改上市公司章程的议案

《公司法》第 114 条规定，单独或者合计持有公司 10% 以上股份的股东请求召开临时股东会会议的，董事会、监事会应当在收到请求之日起 10 日内作出是否召开临时股东会会议的决定，并书面答复股东。该法第 115 条则规定，单独或者合计持有公司 1% 以上股份的股东，可以在股东会会议召开 10 日前提出临时提案并书面提交董事会。临时提案应当有明确议题和具体决议事项。董事会应当在收到提案后 2 日内通知其他股东，并将该临时提案提交股东会审议；但临时提案违反法律、行政法规或者公司章程的规定，或者不属于股东会职权范围的除外。公司不得提高提出临时提案股东的持股比例。如果该临时提案依法获得股东会的通过，则上市公司章程的违法性便有可能得以纠正。

（二）提请市场监管机关确认上市公司章程违法并责令纠正

国务院和地方政府的各级市场监管机关是公司登记机关。作为公司登记机关，各级市场监管部门具有对公司登记事项进行监管的职责，上市公司章程是否违法理应在其监督审查范围之内。《公司登记管理条例》（失效）第23条就规定："公司章程有违反法律、行政法规的内容的，公司登记机关有权要求公司作相应修改。"根据最新的《市场主体登记管理条例》第19条的规定，登记机关应当对申请材料进行形式审查。对申请材料齐全、符合法定形式的予以确认并当场登记，出具登记通知书，及时制发营业执照。旧法规定中，登记机关需要对章程内容有内容上的实质审查，实际上是限制了章程设计的灵活性。新法中修正了这一条，仅要求形式审查，即符合形式要件，即可登记，由申请人对申请材料的真实性、合法性和有效性负责。当然，在《市场主体登记管理条例》的第20条又规定，市场主体登记申请不符合法律、行政法规或者国务院决定规定，或者可能危害国家安全、社会公共利益的，登记机关不予登记，并说明理由。利害关系人就市场主体申请材料的真实性、合法性、有效性或者其他有关实体权利提起诉讼或者仲裁，对登记机关依法登记造成影响的，申请人应当在诉讼或者仲裁终结后，向登记机关申请办理登记。因此，《市场主体登记管理条例》的第20条依然坚持了如果上市公司章程有违反法律、行政法规情况的，有关当事人可以提请公司登记机关确认其违法，公司登记机关有义务责令该上市公司给予纠正。

（三）提请证券监督管理机关确认公司章程违法并责令纠正

按照中国证监会2010年4月颁发的《上市公司现场检查办法》[1]的规定，中国证监会及其派出机构（以下统称"中国证监会"）有权在上市公司及其所属企业和机构（以下统称检查对象）的生产、经营、管理场所以及其他相关场所，采取查阅、复制文件和资料、查看实物、谈话及询问等方式，对检查对象的信息披露、公司治理等规范运作情况进行监督检查。并且，根据现场检查内容，检查人员可以采取全面检查、专项检查、现场走访、列席会议、回访检查等方式对检查对象实施检查。其中，全面检查是对公司规范

---

〔1〕 2010年4月，中国证监会发布了《上市公司现场检查办法》，该办法是对2001年发布的《上市公司检查办法》进行了全面修订后发布的。2022年中国证监会又公布了《上市公司现场检查规则》，同时废止《上市公司现场检查办法》。

运作情况实行的常规性检查；专项检查是针对公司存在的问题或者易发生风险的重大事项进行的专门检查；回访检查则是检查公司对监管工作中发现问题的整改落实情况。对于检查中发现问题的公司，中国证监会可以依法采取责令改正、监管谈话、出具警示函等监督管理措施，要求其对存在的问题在限定期限内进行整改。因此，如果上市公司章程违法，有关当事人可以向中国证监会提出确认违法并给予纠正的请求。

（四）向人民法院提起诉讼

《公司法》第 25 条规定，公司股东会、董事会的决议内容违反法律、行政法规的无效。由于公司章程必须要以股东会决议的方式通过或修改，如果出现公司章程违法的情况，利害关系人可以根据《公司法》上述规定以股东会通过章程的决议违法为由向人民法院提起诉讼，要求确认违法章程的内容无效。

第四节　上市公司股权激励机制

股票期权作为一种薪酬性激励制度，最早发生在 20 世纪 50 年代的美国硅谷，当时美国一些高新技术型企业正处于创业阶段，资金严重短缺，为了吸引和留住经营型人才（主要是高级管理人员和高级技术人员）而创设了这一形式的薪酬激励制度。股票期权（Stock option）也称为经营者期股（Executive Stock Option，ESO），它是指公司给予本公司高级管理人员的一种购买本公司股票的选择权，享有这种权利的高级管理人员可以在股票期权契约约定的时期内以约定的认股价格购买约定数量的本公司股票，在高级管理人员行权以前，股票期权持有人（以下简称股票期权人）没有任何现金收益，其收益取决于期权行权日[1]公司股票的市价与行权价格[2]的差价。股票期权这

---

[1]　行权日，即股票期权人行使认购股票期权权利的日期。这一日期既可以是确定的一个日期，也可以是根据行权的内容来确定的几个有关的日期，使之每年只能行使部分期权，从而使期权能在较长的时间内保持约束力，避免出现短期行为。

[2]　行权价，即股票期权人购买公司股票的价格，也就是公司股东大会通过的由股票期权人购买的股票的确定价格。因此行权价亦可谓授予价。对于股票期权人而言，其行使股票期权的收益就是来自于行权价与股票出售价的差额。此外《上市公司股权激励管理办法》第 72 条对股权激励制度的若干术语进行了界定，为了方便在此择要列出：①标的股票：指根据股权激励计划，激励对象有权获授或购买的上市公司股票。②权益：指激励对象根据股权激励计划获得的上市公司股票、股票期权。

种制度设计可以使股票期权人从公司业绩的增长中获得相应的利益，从而使股票期权人的利益与公司的利益在很大程度上具有一致性。股票期权人为了谋求自身利益的最大化，则不仅要注重公司的发展现状，更要注重公司的未来发展，这就在很大程度上实现了股票期权人与公司之间的利益捆绑，有利于克服经营者的败德行为和机会主义倾向。

随着我国改革开放的深入和市场经济的进一步发展，股票期权制度也引起了人们越来越多的关注，一些上市公司也陆续进行了这方面的探索，取得了些经验。为进一步促进上市公司建立健全激励与约束机制，中国证监会于2016年7月发布《上市公司股权激励管理办法》，规定已完成股权分置改革的上市公司，可遵照该办法的要求实施股权激励，建立健全激励与约束机制。上述管理办法第2条规定，本办法所称股权激励是指上市公司以本公司股票为标的，对其董事、高级管理人员及其他员工进行的长期性激励。

一、股票期权制度的理论基础及其利弊分析

（一）股票期权制度的理论基础

股票期权制度的理论基础主要来自委托代理理论、人力资本理论和经营风险理论。

委托代理理论认为，在股份有限公司里面股东与经营者之间的关系是一种委托代理关系，即股东将财产委托给经营者去经营。在这里，投资者在独资企业条件下拥有的对财产的控制权与对剩余价值的索取权合二为一的情况发

（接上页）③授出权益（授予权益、授权）：指上市公司根据股权激励计划的安排，授予激励对象限制性股票、股票期权的行为。④行使权益（行权）：指激励对象根据股权激励计划的规定，解除限制性股票的限售、行使股票期权购买上市公司股份的行为。⑤分次授出权益（分次授权）：指上市公司根据股权激励计划的安排，向已确定的激励对象分次授予限制性股票、股票期权的行为。⑥分期行使权益（分期行权）：指根据股权激励计划的安排，激励对象已获授的限制性股票分期解除限售、已获授的股票期权分期行权的行为。⑦预留权益：指股权激励计划推出时未明确激励对象、股权激励计划实施过程中确定激励对象的权益。⑧授予日或者授权日：指上市公司向激励对象授予限制性股票、股票期权的日期。授予日、授权日必须为交易日。⑨限售期：指股权激励计划设定的激励对象行使权益的条件尚未成就，限制性股票不得转让、用于担保或偿还债务的期间，自激励对象获授限制性股票完成登记之日起算。⑩可行权日：指激励对象可以开始行权的日期。可行权日必须为交易日。⑪授予价格：上市公司向激励对象授予限制性股票时所确定的、激励对象获得上市公司股份的价格。⑫行权价格：上市公司向激励对象授予股票期权时所确定的、激励对象购买上市公司股份的价格。⑬标的股票交易均价：标的股票交易总额/标的股票交易总量。

生了变化，也就是说，控制权由经营者掌握，而股东则享有剩余价值的索取权。由于经营者拥有控制权，因而其对公司的发展具有决策权，他们的行为决定着公司的命运。经营者作为有限理性的经济人，其决策行为取决于自身的效用函数，其最终目的是实现个人利益最大化。公司经营成果的分配形式是经营者效用函数中一个极其重要的变量，因此，公司收益分配体制直接影响经营者的决策行为。在公司决策中，有些决策着眼于公司的当前利益，而有些决策则涉及公司战略发展的问题，如公司的体制创新、公司购并、重组以及重大长期投资、技术研究和开发等，这些问题均是着眼于公司的长期发展，经济效益一般要在若干年之后才会显露出来。在经济收益没有体现之前，更多地需要前期投入，这种前期投入和日后收益的时间差往往会造成公司当期利润的下降。如果一家公司的薪酬结构完全由年度奖金及基本工资构成，那么出于对个人私利的考虑，经营者可能会选择放弃那些有利于公司长期发展的项目，而追逐自己在任时期的公司短期利益，这显然有悖于股东的根本利益。因此，为了使经营者所掌握的控制权为股东利益服务，除对经营者实施监督外，最有效的办法就是使经营者也享有一部分剩余价值的索取权，从而使公司的控制权与剩余价值的索取权达到一定程度的统一，以此激励经营者，提高公司业绩。需要说明的是，国内外公司治理的实践都证明，单独的年薪制或单独的股票期权制都不能对经营者产生最佳激励，因为单独的年薪制使经营者利益与公司利益没有联系，而单独的股票期权制使经营者收入的风险性很高，也不能产生理想的激励效果。而相对固定的薪酬（如年薪制）与股票期权制的结合则使经营者的收入既有一定的稳定性，又能从公司利润的增加中获益，从而使其更多地从公司的长远利益考虑问题。

人力资本理论认为，随着社会的发展、知识经济的到来，掌握科技知识和拥有管理才能的人在企业中的作用越来越重要。劳动力作为生产要素中必不可少的重要成分，它和"财产资本"共同创造着企业利润。既然劳动力也可以创造利润，这就与"资本"的内涵相吻合，故谓之"人力资本"。承认人力资本是经营者拥有剩余价值索取权的前提条件。股票期权实质上就是根据人力资本理论，承认经营者对剩余价值享有索取权。股票期权是对劳动力价值的肯定，它使资本雇佣劳动向劳动占有资本演变，在某种程度上，实现了现代意义上的经济民主，有利于公司引进人才并保持人才队伍的稳定。

经营风险理论认为，在所有权与经营权发生分离的上市公司中，经营风险的大小和经营者的预期报酬水平成正比，也就是说，当经营者冒风险经营所产生的公司收益不归属于经营者而全部归属于股东时，经营者会拒绝冒此风险，这将抑制经营者的冒险精神和进取心，使经营者不愿意去关注公司的长远利益。为了克服此等弊端，股票期权制度通过将经营风险水平与经营者所获报酬作正比例关系的制度设计，激励经营者为公司的长远发展而勇于承担风险。

（二）股票期权制度的利弊分析

基于对上述理论基础的分析，可见，股票期权制度的优越性首先在于它在一定程度上解决了股东与经营者之间的利益冲突。传统的薪酬制度不能解决公司的股东与经营者利益分配上的矛盾，经常会发生公司的经营者为私利而损害公司利益的行为。由于股票期权制度具有所有权性质的激励作用，因而能够较为有效地避免经营者败德行为的发生。经营者在行权前存在对所持期股收益最大化的期盼，而行权后则成为公司的股东，这两个方面都会使经营者以利润最大化和资产的保值增值作为公司的经营目标，将公司的股东和经营者的利益结合起来，从而将股东对经营者的外部监管转变为经营者的自律监管，从这一角度而言，它较好地解决了股东对经营者的监督问题。

该项制度的另一个优越性，则在于它是一种低成本的激励方式。这是因为，公司承诺给股票期权人的仅仅是一个期权，是一种不确定的预期收入，这种收入是在市场中实现的，公司始终没有支付现金；如果股票期权人以现金行使期权，将导致公司资本金的增加；如果股票期权人不行使期权，对公司的现有资本金的存量也不会产生任何影响。

然而，股票期权制度的不足或者说弊端，也是显而易见的，这主要表现在以下两个方面：

1. 股票期权制度的一个基本假设是股票价格能够真实地反映公司的业绩，然而这一假设是不符合经济现实的。在市场理性和信息有效的假设前提下，股票价格可以真实地反映公司的经营业绩，但是在现实的证券市场上，由于受非理性市场行为的影响，股票价格背离公司经营业绩的情况时有发生，股票价格常常由人为决定，并不能真实反映上市公司的经营业绩。而且，在证券市场上信息往往是不对称和不完全的，所以现实经济生活中缺乏有效的证券市场，按照美国经济学家法玛（Fama）教授的理论，股票市场有效性依其强弱可分为弱式有效市场（Weak form efficiency）、半强式有效市场（Semi-strong form efficiency）、强式有效市场（Strong form of efficiency market）三种形式[1]。由于种种原因，我国股票市场目前尚属弱有效市场，在弱有效市场上，股价与企业的业绩信息及经营者经营结果的好坏关联性不强。在股票市场上，不被经营者控制的随机事项很多，如国际形势的变化、总体经济形势、政府的行为、竞争对手的行动、意外的原料能源短缺，等等。这些因素都可能影响企业的绩效，而这些绩效与经营者的经营好坏无关，因此股价与企业经营者行为之间缺乏直接的因果关系。由此，我们得出两个结论：一是公司的效益并不完全取决于经营者的经营业绩，经营者的经营业绩也并不必然转化为公司效益；二是公司效益与公司股票价格之间并非必然表现为正比关联性，公司的股票价格还受除公司效益以外多种因素的影响，因而公司效益的增长或降低不一定能在公司的股票价格上表现出来。

然而，股票期权的激励机制却恰恰要求经营者通过努力工作，以提高企业的经营业绩，从而影响其股票价格，使其在证券市场上能够上涨。但是，如果股价是由于经营者不可控制的因素而产生起伏，这样就会导致股票期权的激励约束机制不能有效地发挥作用。最早研究股票期权制度的美国经济学家墨菲（Murphy）的一项研究结果表明，没有直接证据可以证明经营者高薪与上市公司股票的价格之间存在必然联系。可见股票期权制度的基本假设存在错误或不合理因素，因此建立在此基础上的理论也就难以成立。

2. 股票期权制度并不能避免新的道德风险的产生。首先，股票期权是以经营者买卖公司股票赚取差价利益作为收入的，由于股价上涨是经营者获利的一个条件，如果单纯依靠努力扩大销量、降低成本等正常手段增长利润，从而提高本公司的股票价格，一是速度太慢，二是如上所述经营者的努力程度与股价并非成正比关系。因此虚增利润和财务造假成为了许多公司高管人员选择的捷径。为了追逐自身利益最大化，经营者还有可能利用其所处的特殊地位以各种方式人为地抬升股价，使股价脱离股份价值，然后卖掉自己持有的股份，从而牟取高额收益。除此之外，经营者还有可能利用内幕交易、

---

〔1〕 这三种形态共同构成金融学领域著名的"有效市场假说"（Efficient Markets Hypothesis，EMH），有效市场假说是尤金·法玛于1970年提出并逐步深化的。法玛教授1939年2月14日出生于美国马萨诸塞州波士顿，被人们称为金融经济学领域的思想家。

操纵证券交易价格和进行证券欺诈等活动使自己获得利益。[1]其次，对于公司而言，如果投入人力物力去搞新产品、新技术的研究开发，一般都会影响公司当年的利润率，从而影响经营者行权后的收益，因此当经营者即将获得股票期权的收益时，其会怠于从事上述研究开发的行为。最后，经营者为确保自己可能即将到手的股票期权利益，还可能会避免作出积极的经营决策，放弃某些经营上的机会，以致影响或牺牲公司的长远利益。

二、股票期权的法律性质

对股票期权法律性质的认识，涉及确定股票期权在相关法律体系中的地位，具有重要的理论意义和实践意义。笔者认为，其法律性质主要体现在以下两个方面：

第一，股票期权是一种期权，即到期才能行使的权利。股票期权的产生是公司给予权利人的股票期权并被权利人（即经营者）所接受。其所接受的日期为股票期权的成立日；成立日至行权日的这段时间为期权期间。由于经营者的收益是来自于公司给予的确定股价与行权日市场股价的差额，而这一差额又来自于公司业绩带动的股价上涨，因此在一般情形下，在整个期权期间经营者通过努力来提升的公司业绩与自己将要获得的收益呈正比；从理论上看，经营者努力提升的公司业绩越显著，其所推动的股票市价上涨就越高，经营者所获得的收益也就会越多。从上述股票期权发生的过程可见，股票期权是需要经过一定期间以后才能行使的权利，并且这种到期行使的权利并不是到期时才产生和存在，而是作为一种取得特殊权利的权利而存在。有学者认为此种权利类似于德国民法理论上的期待权。按照台湾学者王泽鉴先生对期待权（德文"Anwartschaftsrecht"）的阐释，"所谓期待权者，系指因具备取得权利之部分要件，受法律保护，具有权利性质之法律地位"[2]。换言之，期待权是一种受到法律保护，在一定条件下能够取得某种权利的权利。股票期权人在其所在公司持续受聘至期权期间届满而进行"行权"时，所行使的正是这种具有期待权性质的权利。

---

〔1〕 正因为有这种可能性，中国证监会《上市公司股权激励管理办法》第6条才规定："任何人不得利用股权激励进行内幕交易、操纵证券市场等违法活动。"

〔2〕 王泽鉴：《民法学说与判例研究》（第1册），中国政法大学出版社1998年版，第145页。

第二，股票期权是一种合同权利。所谓合同权利是指双方当事人在意思表示一致的基础上产生的权利。股票期权就其本质而言，正是公司与股票期权人协商一致的结果。其具体程序为：首先经股东会批准，然后由董事会代表公司作出授予股票期权人股票期权的意思表示。从合同法的角度来看，公司作出的这一意思表示是合同中的单方要约行为，其要约的内容一方面包括行权价、行权期间、行权有效期等有关股票期权的基本要素，另一方面还包括股票期权人行权所应当履行的义务，即在期权期间（或经双方约定的期间）持续受聘的义务。股票期权人收到要约后，在法律规定的期间内向公司作出肯定的意思表示即为承诺，此承诺一旦为公司所收悉，合同关系即告成立。

从此类合同的内容来看，其应当是公司与股票期权人之间约定的具有公司股份买卖性质的合同，包括股票期权人向公司购买股份的时间、价款及双方当事人相关权利义务的条款。股票期权合同与一般的股份买卖合同相比，有以下两个显著的特点：

首先，股票期权合同是附期限的股份买卖合同。这里所谓的期限就是指前面所述的期权期间。股票期权合同虽然是在公司收到股票期权人的承诺时成立，股票期权人也因此享有了股票期权，但并不等于股票期权人可以立即行使股票期权，而是要等到行权日来临时方可行使这一权利。

其次，股票期权合同具有一项特别的内容，即行权日是否购买股份的选择权（Option）。一般的股份买卖合同在成立生效后，双方当事人都得受合同的约束，购买人有义务购买出卖的股份，否则即构成违约，应当承担违约责任；而对于股票期权合同，其主要条款能否最终履行取决于股票期权人对于该选择权的行使。这一选择权赋予了股票期权人既可以作出购买股份的意思表示，也可以作出不购买股份的意思表示的权利。无论股票期权人作出何种意思表示都是对自身权利的行使，即使不购买股份也不构成对股份买卖合同的违约，亦即股票期权人不负有必须购买股份的义务。

这种单方面赋予股票期权人的选择权，是否有违合同法的公平原则呢？从表面上看，股票期权人无需交纳期权费，好像是无偿获得股票期权，但实际上是有偿的，股票期权人是以其预期可获得的收入的一部分作为期权费，如果股票期权人没有行权，其获得的收入总和要低于其在经理市场上的价位，也就是说经营者损失的是机会成本，所以从经济学而非会计学的角度上说，股票期权对经营者而言并非只赚不亏，也由此说明了这样的激励制度在一定程度上建立了经营者与公司股东共担风险的机制。

可见，股票期权中的选择权是股票期权合同的核心内容。正是这种选择权的巧妙设计，使股票期权合同不同于一般的股份买卖合同，给予股票期权人选择权能够激励股票期权人更好地为公司工作，提高公司经营的效率，与此同时，又合理地平衡了股票期权人与股东之间的利益关系。

三、股票期权制度在我国的实施

（一）我国实施股票期权制度因素及其进一步完善

《公司法》和《证券法》修改之后，特别是上述《上市公司股权激励管理办法》颁布之后，不但我国股票期权制度得以建立，而且当时存在的诸多制度障碍都得以消除，市场环境大大改善。但不可否认，目前我国股票期权制度在实施过程中依然存在一些不利因素，需进一步完善。下面从法律制度和市场环境两个方面进行讨论。

1. 法律制度方面。股票期权制度需要《公司法》《证券法》《个人所得税法》《会计法》等多部法律共同构建一个股票期权行为规范体系。

（1）《公司法》和《证券法》方面。《公司法》和《证券法》的修订为股票期权制度的实施奠定了基础。主要表现为：

第一，股票来源问题。在国外，经营者行权所需股票的来源主要有三：①公司发行新股票；②大股东转让；③由库存股票账户付出。而库存股票的来源有二：①从发行的股票中预备一部分股票；②由公司回购本公司的股票。在我国，2005 年《证券法》对新股发行的条件不再以"连续 3 年盈利"为依据，而是以"具备健全且运行良好的组织机构；具有持续盈利能力，财务状况良好；最近 3 年财务会计文件无虚假记载，无其他重大违法行为"等作为标准。2019 年《证券法》进一步放宽首次公开发行新股的条件，其第 12 条规定，公司首次公开发行新股，应当符合下列条件：①具备健全且运行良好的组织机构；②具有持续经营能力；③最近 3 年财务会计报告被出具无保留意见审计报告；④发行人及其控股股东、实际控制人最近 3 年不存在贪污、贿赂、侵占财产、挪用财产或者破坏社会主义市场经济秩序的刑事犯罪；⑤经国务院批准的国务院证券监督管理机构规定的其他条件。使公司首次或再次发行股份的时间更加灵活，加之公司能依据法定程序以私募的方式发行股份，因而股票期权的股票来源应该能够得到解决。《上市公司股权激励管理办法》第 12 条第 1 项关于股票来源之一的"向激励对象发行股份"即由此而来。另外，《公司法》第 162 条规定，公司不得收购本公司股份，但将股份用于员工持股计划或者股权激励给本公司职工的除外。这是实行股票激励计划中股票来源的法律规定，《上市公司股权激励管理办法》第 12 条第 2 项关于股票来源之一的"回购本公司股份"即由此而来。

第二，利益兑现机制。《公司法》第 160 条第 2 款规定："公司董事、监事、高级管理人员应当向公司申报所持有的本公司的股份及其变动情况，在就任时确定的任职期间每年转让的股份不得超过其所持有本公司股份总数的 25%；所持本公司股份自公司股票上市交易之日起 1 年内不得转让。上述人员离职后半年内，不得转让其所持有的本公司股份。公司章程可以对公司董事、监事、高级管理人员转让其所持有的本公司股份作出其他限制性规定。"这一规定客观上不利于认股期权激励对象利益实现的及时实现，但是设置适当的限售期又是必要的，《上市公司股权激励管理办法》正是根据此条作了相应的限售规定。

（2）税法方面。在美国，当初创立股票期权制度的一个重要原因就是为经营者规避高额的个人所得税。为了鼓励投资，西方国家的资本利得税一般都比较低，公司通过给予经营者股票期权的报酬方式，就可以避开高额的个人所得税，变为缴纳较低的资本利得税。而我国目前对于股份公司经营者的股票期权收益的课税，按照国家税务总局发布的《国家税务总局关于个人认购股票等有价证券而从雇主取得折扣或补贴收入有关征收个人所得税问题的通知》（失效）的规定，在中国负有纳税义务的个人认购股票等有价证券，因其受雇期间的表现或业绩，从其雇主以不同形式取得的折扣或补贴（指雇员实际支付的股票等有价证券的认购价格低于当期发行价格和市场价格的数额），属于该个人因受雇而取得的工资、薪金所得，应在雇员实际认购股票等有价证券时，按照《个人所得税法》（2018 修正）第 3 条第 3 项的规定，利息、股息、红利所得的税率为 20%，与其他个人所得的税率无太大差别。此外，经营者在行权后转让所得股票时，还应交纳证券交易印花税。以上对经营者股票期权的实际利得或交易流通的征税表明，如果我国上市公司实施股票期权制度，对经营者来说在税收上是没有什么优惠可言的。推行股票期权制度如果没有税收法律和政策的支持，既会加大公司成本，也会使经营者得不到多少实际收益，从而使股票期权制度的激励作用大大降低。我国在修订税法时，首先应考虑运用税收优惠支持股票期权制度的建立，其次才是规范股票期权所得如何纳税，包括纳税时间、减免税、税率等规定。对于股份公司真正意义上的股票期权计划，个人行权时应免交个人所得税，只有等到出售行权所得的股票时，才须按照售价与行权价的差额交纳资本利得税和印花税。通过税收优惠可大大提高股票期权制度对经理人员的激励效果，并降低股票期权的激励成本。

2005年3月28日，财政部和国家税务总局联合发布《财政部、国家税务总局关于个人股票期权所得征收个人所得税问题的通知》（部分失效），依据规定，享受股票期权有三个环节要缴税，除了接受期权时无须纳税外，买进、卖出（境外股票）和享受分红均需纳税，主要涉及个人所得税的"工资、薪金所得""财产转让所得""利息、股息、红利所得"三个应税项目。

（3）会计法方面。股票期权的实施涉及会计法方面的规范，正如有学者所言："从某种角度来看，经理人股票制度否定了以前以会计指标来酬报和奖励经理人的做法，而改为以股价为标准，实际上是对传统会计的否定，但是，由于股权计划的设计仍需要运用大量的会计数据，所以，它仍然没有完全摆脱传统会计。另外，经理人股票期权也需要披露，这必然涉及会计问题。"[1]故在会计法律法规层面，我国主要是建立与股票期权制度相配套的会计处理法则。

2. 市场环境方面。这里所谓"市场"，主要指证券市场和经理人市场。股票期权制度的实施与这两类市场关系密切，而目前我国这两类市场尚不利于股票期权制度的实施，具体表现如下：

（1）证券市场方面。有效的证券市场是股票期权制度实施的基本前提，因为股票期权制度的一个重要逻辑乃是，公司的业绩上升能够推动股价上涨，也就是说证券市场的股票价格能够正确反映上市公司的绩效。我国证券市场起步较晚，近年虽在市场化、规模化等方面有明显进展，但离成熟和充分有效的程度还有距离。由于我国不少上市公司还没有真正成为竞争性的市场主体，对行政权力的依附性仍然较强，公司的效益与经营者的经营业绩相关程度不大；而在二级市场上，机构投资者所占比例偏低，投机气氛明显浓于投资气氛，股价高低与公司业绩相关程度也不大；此外，庄家操纵市场的行为普遍存在，反映企业成长性的种种题材也往往是配合主力机构的炒作应运而

---

[1] 李维友：《实行经理人股票期权的现实环境》，载《中国证券报》2001年7月26日。

生，这些导致质地优良、业绩稳定增长的股票长期处于低位的现象并不少见。这样的市场状况如不改善，施行股票期权制度后，经营者为了获取高额期权收益，可能会制造种种题材，想方设法抬高股票价位，使股票价格与公司业绩的正常相关性发生紊乱，不仅实现不了股票期权制度的激励机制，反而会破坏证券市场秩序。

（2）经理人市场方面。股票期权的激励对象主要是经理人员，要实施股票期权制度首先必须解决经理人员的遴选和聘任问题。这在客观上要求有一个经理人市场与之相匹配。一个完善的经理人市场，是一个充分理性的经营者选聘市场，这个市场中介能够评估经理候选人的能力和人力资本价值、强化就职的竞争压力、促进经理人员的流动及合理配置。而通过市场检验的经理人亦会倍加珍视自我的职业声誉，会自觉地约束自己的行为。这样就可以有效地降低企业的选择风险和道德风险，而经营良好的经理人也可以获得优厚的报酬，公司也因此得到良性发展。然而，我国上市公司的现状是经营者大多不是来自于充分竞争的经理人市场，而是由行政机关任命而来，其素质和能力可能难以适应实行股票期权制度的需要，让其持有股票期权并不一定能够起到提高公司效益的作用。

（3）完善方面。建立有效的证券市场，一是提高上市公司的入市质量，优化上市公司的治理结构，为此，必须对上市公司进行适度监管；二是建立严格的信息披露制度，对于上市公司和中介机构从事内幕交易、操纵市场、提供虚假信息、造市做局等违法行为必须依法追究其相应的民事、行政和刑事责任；三是加强对证券市场的监管，防止过度投机，倡导理性投资观念；四是限制政府的行政干预，使中国证券市场早日走出"政策市"；五是要加快有效的经理人市场的建设。完善经理人市场，首先要从制度上确立经理人的功能和地位，逐步弱化政府对企业行为的行政干预，尽早废除经理人的行政任命制，按照市场经济的要求，改革经理人的选拔、聘用机制；充分发挥市场在配置人力资源和确定人力资本价值上的基础性作用，完善经理人中介市场，建立有效的业绩考核体系，为我国最终施行股票期权制度创造良好的基础条件。

（二）《上市公司股权激励管理办法》确立了我国股权激励制度的框架

为了健全上市公司治理结构，建立对上市公司高级管理人员的激励与约束机制，中国证监会发布了《上市公司股权激励管理办法》（试行），根据该办法规定，已完成股权分置改革的上市公司[1]，可自 2006 年 1 月 1 日办法实施之日起，遵照该办法的要求实施股权激励。此管理办法的出台，实际上确立了我国股权激励制度的基本框架，将对我国上市公司的股权激励规范运作产生深远影响。

第五节　上市公司"董监高"的义务

一、董事、监事、高级管理人员义务的理论基础

要了解董事、监事、高级管理人员[2]的义务，应当从他们与公司之间的关系说起。虽然董事和监事在公司中行使的职权不一样，但理论上认为他们与公司之间关系的性质是一致的。

（一）英美法系关于"董监高"与公司关系的理论基础

英美公司法是一个由制定法、普通法和衡平法相互作用、相互融合并不断发展的复杂体系，因而"董监高"与公司的关系属于何种法律性质一直存在争论，大体经历了由信托关系说、代理关系说到特殊关系说这样一个过程。[3]

1. 信托关系说。信托关系说起源于英国早期的合股公司（Joint stock company）。信托制度是依据衡平法上的信托方式设立并不断发展完善的一种独特的财产法律制度。其基本原理是，委托人将财产权转移给受托人，受托人以

---

[1] 已完成股权分置改革的上市公司业界通常称为"G公司"，其股票成为"G股"，即上市公司凡遇股权分置改革实施后复牌，将对该股的汉字简称冠以G标记。G是"股改"拼音的头一个英文字母，G股就是已经完成股改的公司股票，为了区别未"股改"的公司股票在前面加个"G"字。如G三一，G金牛等。标示"G股"的出发点是区分完成股改和未完成股改的两类公司，便于对完成股改的公司实施再融资、股权激励等方面的优惠政策。对于《上市公司股权激励管理办法》为何选择"G公司"进行试点，有关人士表示，上市公司股权激励对证券市场有效性和公司治理水平的要求较高，境内上市公司开展股权激励是一项制度创新，因此比较适合采取先试行、后逐步推开的方式，试行一段时间后总结经验，对《上市公司股权激励管理办法》加以完善，以便更稳妥地推行该项制度。同时，考虑到在股权分置情形下，上市公司股价往往不能够反映其经营业绩，高管人员的经营成果无法通过股价来体现，股权激励难以达到预期效果，所以，试行阶段只允许已完成股权分置改革的上市公司实施股权激励。

[2] 为方便起见，本书有时将"董事、监事、高级管理人员"简称为"董监高"，公司实践中也经常作此简称。

[3] 参见张开平：《英美公司董事法律制度研究》，法律出版社 1998 年版，第 43 页。

财产所有人的身份以一定的方式为受益人管理利益和处分财产，并将财产收益交给委托人所指定的受益人。依据信托原理，董事是公司的财产受托人（Trustees），公司股东既是公司财产的委托人，又是公司财产的受益人（Beneficiary），而公司本身的独立法律地位并不明确（在早期英国判例法上，法官们提及公司总是使用"they"而不是使用"it"）[1]。此时，董事作为受托人，其对公司财产享有法律上的所有权（Legal ownership），同时担负相应的受托人义务。受托人的这一义务通常称为"受托义务"，译自英文"fiduciary duties"[2]，其下又包括两种具体义务，即注意义务（Duties of care）和忠实义务［Duties of loyalty（勿与 royalty 混同）］。英国法将信托义务分为普通法（Common Law）义务与衡平法（Equitable Rule）义务；普通法主要处理注意义务，衡平法主要处理忠实义务。而美国法则直接分为注意义务与忠实义务，其中特别之处在于美国实务上另以经营判断原则（Business judgment rule）作为判断注意义务的重要标准。

2. 代理关系说。代理关系说是建立在法人拟制说基础之上的。既然公司是一个拟制的主体，它本身也就毫无行为能力可言，公司只有通过董事会的行为才能与第三人建立法律关系，从而取得权利、承担义务。由此董事、董事会也就自然地被视之为公司的代理人。代理关系说在很大程度上克服了信托关系说的缺陷，特别是董事行为的对外效果、董事对公司义务与代理人的行为以及代理人对本人所负担的义务比较接近的缺陷。[3]此说成为英美法系中解释董事与公司关系的又一重要的学说。

3. 特殊关系说。这是当代英美公司法中具有代表性的学说，该说认为董事与公司和股东的关系是信托关系说和代理关系说都不能完美解释的一种特殊关系。董事由股东选任，而董事（会）则被赋予广泛的公司管理权限，这种管理权类似于代理权，但事实上这种权力已经是法定的权力，而且股东会对该权力的控制仅仅只体现在选举或者罢免董事上，而并不是如一般代理关系中本人对其代理人实施持续控制（Continuous control）。董事会的权限可以

---

〔1〕　参见张开平：《英美公司董事法律制度研究》，法律出版社 1998 年版，第 43 页。

〔2〕　对于 fiduciary duties 这一术语的中文翻译主要有"受托义务""诚信义务""信义义务"和"受信义务"等多种意译，本质上是一致的。只是称为"受托义务"更符合中国人的语言习惯，中国自古就有"受人之托，忠人之事"的说法。

〔3〕　参见张开平：《英美公司董事法律制度研究》，法律出版社 1998 年版，第 44 页。

部分地下放给（Delegation）其下属的经理或者各个委员会而无须征得股东会的同意，此亦与代理权的下放规则不同。另外，现代公司董事会的权力还伴随着社会责任（Society responsibility accompanies power），这也是一般代理人的义务所不能够包容的。[1]特殊关系说反映出现代公司中的董事与公司之间的关系已经无法用单一类型的普通法或者衡平法的原则来解释。

（二）大陆法系关于"董监高"与公司关系的理论基础

大陆法系多数国家或地区的公司立法关于"董监高"与公司的关系多以"委托说"[2]为其理论基础，尤以日本及我国台湾地区为典型。此说认为公司与董事之间系委托关系。对于"委托"的解释，《日本民法典》第3编"债权"中第2章"契约"之第10节，即第643~656条作了规定，所谓委任，即当事人约定一方委任他方处理事务，他方承诺处理的契约。委托处理事务的一方称为委任人，而处理事务的一方称为受托人。委托处理的事务称为委任事务，亦称作委任标的。就公司和董事的委托关系而言，委托人是公司，受托人是董事，委托标的是公司财产的管理与经营。这种委托关系与其他委托契约不同，它仅依股东会的选任决议和董事答应任职而成立。根据委托关系的法理，董事可因其受托取得对公司事务的经营决策和业务执行权。同时，根据《日本民法典》第644条的规定，董事作为受托人对于公司负有作为善良管理者的注意义务，即对公司的经营，包括事务的处理，应尽其最大注意义务。另外，《日本商法典》于1950年修改时，借鉴英美法系中董事与公司信义关系（Fiduciary relationship）的法理，于该法第254条之三增加规定，董事应对公司负忠实义务。日本法学界对于忠实义务与善管义务之间的相互关系观点不一。一般认为，忠实义务是对善管义务的具体化。关于公司高级管理人员与公司的关系，《日本公司法》第330条明确规定，"股份公司与高级管理人员及会计监察人员之间的关系，遵从有关委任的规定。"[3]

再考察我国台湾地区，其"公司法"第192条规定："公司与董事间之关

---

[1] 参见张开平：《英美公司董事法律制度研究》，法律出版社1998年版，第46页。

[2] 也可称之为"委任说"，这主要是源自《日本民法典》《日本公司法》"公司法"的称谓。我国文献也有这种称谓，如范健、王建文：《公司法》，法律出版社2006年版，第351页；刘俊海：《股份有限公司股东权的保护》，法律出版社1997年版，第218页。但是，后书2004年修订本再版时，作者将"委任"改称为"委托"，见该书第426页。

[3] 《日本公司法典》，崔延花译，中国政法大学出版社2006年版，第157页。

系，除本法另有规定外，依民法关于委任之规定。"〔1〕我国台湾地区"民法"相关条款规定，委托之定义：称委任者，谓当事人约定，一方委托他方处理事务，他方允为处理之契约。〔2〕至于基于委任关系而产生的"董监高"的义务，我国台湾地区于 2001 年修订"公司法"时于该法第 23 条第 1 款正式引进了忠实义务，使之与原有的善良管理人的注意义务并列，形成公司负责人之受托义务。在大多数大陆法系国家和地区的公司法，注意义务和忠实义务主要源于民事法律，其他法定义务则主要源于公司法和其他有关法律。

另外，大陆法系国家中的德国，其立法则认为董事与公司之间是代理关系。《德国民法典》第 26 条第 2 款规定："董事会在诉讼上和诉讼外代表社团；其具有法定代理人的地位；其代表权的范围可以章程加以限制，此种限制对第三人有效。"董事与公司之间的关系完全适用民法中关于代理关系的规则，但与英美法学者所持代理说不同，在德国法看来，代表法人进行活动的人或机构是法律所指定的法定的代理人，即法定代理人，其代理权产生于法律的规定。〔3〕

我国《公司法》对董事与公司间的关系没有明确定性，学者对此也各有看法。在学理上，由于我国公司法学界受美国、日本学说的影响，往往以英美国家关于董事等的义务与责任规范与理论体系为准，阐述董事、监事和高级管理人员的义务与责任。在英美法系国家和地区，由于没有设立监事制度，其相当于监事的职能由独立董事承担，而经理作为董事会聘任的高级职员，也与董事一样同属公司高级职员的组成部分，当然应承担同样的义务与责任。在大陆法系国家，尽管"董监高"的职权与地位差异较大，但其作为公司的经营管理人员，所应承担的义务与责任也基本相同。我国《公司法》（2005 修订）第 148 条第 1 款就明确规定："董事、监事、高级管理人员应当遵守法律、行政法规和公司章程，对公司负有忠实义务和勤勉义务。"在这些义务中，董事、高级管理人员主要履行经营管理职能，故其义务基本相同；而由于监事主要履行监督职能，因而不存在有些董事、高级管理人员应当承担的

---

〔1〕 见林纪东，郑玉波等编纂：《新编基本六法参照法令判解全书》（修订第 23 版），五南图书出版公司 2005 年版，第叁-30 页。

〔2〕 见林纪东，郑玉波等编纂：《新编基本六法参照法令判解全书》（修订第 23 版），五南图书出版公司 2005 年版，第叁-159 页。

〔3〕 范健、蒋大兴：《公司法论》，南京大学出版社 1997 年版，第 391 页。

义务。其中，忠实义务是在履行公司经营管理职权时才有承担的前提条件，故该义务仅针对董事、高级管理人员而设置，监事则不存在承担该项义务的前提条件。《公司法》（2005 修订）第 149 条即属忠实义务，该条明确规定其仅为董事、高级管理人员应当履行的义务。但是，需要注意的是，我国《公司法》（2005 修订）第 148 条第 2 款规定："董事、监事、高级管理人员不得利用职权收受贿赂或者其他非法收入，不得侵占公司的财产。"《公司法》（2005 修订）特在关于董事、高级管理人员忠实义务的第 149 条之外另设此条规定，乃由于监事在特定情况下也可能利用其职权实施收受贿赂或者其他非法收入及侵占公司财产的行为，故一般意义上的忠实义务乃就董事、高级管理人员而言，但监事也负有不得收受贿赂或者其他非法收入及侵占公司财产的忠实义务。

二、"董监高"的勤勉义务

（一）勤勉义务的内涵

勤勉义务，在大陆法系通常以民法典规定，称之为"善良管理人的注意义务"，简称善管义务；在罗马法中被称为"善良家父"的义务；[1] 而在英美法系则称之为"注意义务"（Duty of care）、"勤勉注意和技能义务"（Duty of diligence care and skill）、"注意和技能义务"（Duty of care and skill）。善管义务要求经营权主体在作出经营决策时，其行为标准必须是以公司的利益为出发点，以适当的方式并尽合理的注意履行职责，即董事须以一个合理的、谨慎的人在相似的情形下所应表现的谨慎、勤勉和技能来履行其职责（The exercise of that degree of diligence, care and skill which ordinarily prudent person would exercise under similar circumstances in their personal business affairs）。如果董事履行其职责时没有尽到合理的谨慎、勤勉义务，因此而给公司造成损失的，他应当对公司承担赔偿责任。

（二）勤勉义务的判断标准

董事的善管义务抽象而原则，因此有必要对其作适度的界定，制定合适的判断标准。该标准如果放得过宽，则会虚化善管义务，反而不利于内心追

---

〔1〕 赵旭东主编：《公司法学》（第二版），高等教育出版社 2006 年版，第 410 页。

求勤勉的董事进一步改善经营并提高经营水平的积极性，从而不利于对公司和股东权益的保护。但是，董事善管义务的衡量标准也不宜定得过于严厉，因为市场风险千变万化，并且时时存在，不可能要求董事在经营过程中万无一失。所以，各国法律都相应规定了一些尽可能宽严适度的具体判断标准。

在英国的衡平法中，所谓"合理的注意"通常采用三类判断标准：①对于不具有某种专业资格和经验的非执行董事，适用主观标准，即只有其尽了自己最大努力时方被视为履行了合理的注意；②对于具有某种专业资格和经验的非执行董事，适用客观标准，即只有其履行了具有同类专业水平或者经验的专业人员应履行的注意程度时，才被视为尽到了合理的注意；③对于执行董事，则适用更严格的推定知悉原则，不论执行董事是否具有所受聘职务所应有的技能和知识，只有其履行了专业人员应履行的技能和注意程度，才被视为合理地履行了技能和注意。而在美国，各州公司法对董事的善管义务采取了较为一致的标准。美国《示范公司法》第8.30条规定，董事在履行其职责时应当：①出于善意（In good faith）；②以一个处于相似情形下普通谨慎之人在类似情况下所应尽到的注意去履行职责（With the care an ordinarily prudent person in a like position would exercise under similar circumstances）；③依照他能合理地认为符合公司最大利益的方式履行其职责（In a manner he reasonably believes to be in the best interest of the corporation）。

大陆法系的国家和地区，亦试图制定有关董事对公司的善管义务的标准。比如在德国，其《股份公司法》第93条规定，董事对其管理的公司事务，应尽"通常正直而又严谨的业务领导者的注意"；在日本，董事不论是否有报酬，均应对公司承担善良管理人的注意义务；在我国台湾地区，有报酬的董事，应对公司尽善良管理人的注意义务，无报酬的董事，则仅与处理自己事务负同一注意即可。

（三）勤勉义务责任的例外

1. 商业判断规则的概念。为了使善管义务不至于束缚住董事的手脚和创造力，各国在强调董事注意义务的同时，也设计出一些董事善管义务的责任例外规则或制度，最具代表性的就是商业判断规则。商业判断规则，又称经营判断规则（Business Judgment Rule，BJR），是指当董事会所作的决策基于合理的信息并具有一定合理性时，即使该决策从公司的角度来看是错误的、有害的，也不能追究董事的责任。这是由美国法院创设而发展出来的、免除董事就合理经营失误承担责任的一项法律制度。

2. 商业判断规则成立的条件。商业判断规则具有较强的主观性和抽象性，在实践中不易把握，ALI 制定的《公司治理原则：分析与建议》第 4.01 条（c）给出了一个标准，该标准对公司实践和法官行使自由裁量权都具有十分重要的参考价值。其主要包括以下三项内容：

（1）董事和高管与所进行的商业决策事项不存在利害关系。商业判断规则要求董事、高级管理人员与所进行的商业决策事项不存在利害关系（Not interested in the subject of his business judgment）。如果董事、高级管理人员在作出一项商业决策时，与该项交易不存在利害关系，将得到商业判断规则的保护，而可能免除责任。因为在非利害关系交易中，董事、高级管理人员与公司利益不发生冲突，不大可能将自己的利益置于公司利益之上，从而侵害公司利益。

（2）董事及高管知晓决策内容，并且决策适当。商业判断规则要求董事对所进行的商业决策充分了解，并合理地相信在该种情况下是适当的（Being informed with respect to the subject of his business judgment to the extent he reasonably believes to be appropriate under the circumstance）。法律允许董事在进行决策时依赖具体负责的公司经理及公司其他职能部门准备或者提供的信息、意见或者财务报告和其他财务数据。但是，这种依赖必须具有合理性。只有董事"合理地相信"提供材料的经理或者其他人员是"可信赖的并且是有能力的"（Reliable and competent），董事的这种信赖才具有合法性。只有董事在作出决策时，其所依赖的信息或意见是可信赖的和靠得住的，并且决策适当，他才可能受到商业判断规则的保护。

（3）董事及高管应当理性地相信其行为符合公司利益最大化。商业判断规则还要求董事理性地相信其商业决策符合公司的最佳利益（Rationally believes that his business judgment is in the best interest of the corporation）。在上述的董事经营的决策中使用的是"合理地相信"（Reasonably believe），而在董事行为是否符合公司利益最大化的问题上，则使用的是"理性地相信"（Rationally believe）。因为，"合理地相信"要求行为人在作出经营决策时必须进行必要的了解和调查，是人力所能为的；而"理性地相信"则只要求行为人在作出经营决策时运用本身所具有的知识、经验和技能进行理性判断即可。因为商场如战场，商情瞬息万变，一项决策的最终效果是否就一定符合公司利益最大化，这是人力所无法判断的。所以，在这里，商业判断规则有必要将"合理地相信"标准降低为"理性地相信"标准。

目前，在美国，商业判断规则不仅在法官判案中得到了广泛的运用，而且在公司运行的实践中，也普遍使用。其运用从公司重组、股利的分配、选任董事等情形，扩展到公司收购、股东代表诉讼等领域。而这一制度所蕴含的促进公司治理结构的完善、保护经营者经营自主权、鼓励企业家的首创精神、保护公司经营效率等积极价值也日益受到应有的重视。因此，借鉴与吸收这一制度，对于完善我国公司立法和指导司法实践，具有十分重要的现实意义。

（四）我国"董监高"勤勉义务的立法

20 世纪 70 年代末，我国开始步入改革开放的年代，随后国有企业开始进行公司制改革，即现代企业制度改革。由于体制不健全和法律不完善，许多公司仅仅只是将原国有企业的名称更改为公司，并未实现根本性的变革。在这些公司中，董事会成员多数为原国有企业的领导干部，不具备应有的业务经营素质，并且主观上也缺少善管义务的意识，公司（企业）管理混乱的局面没有得到根本的改善。1992 年，我国进入社会主义市场经济时期，国家制定了公司基本法律制度，但是，1993 年《公司法》并没有设立"董监高"的勤勉义务，实践中存在的"董监高"违反勤勉义务的行为，依然得不到法律的制约，无法可依。直到 2005 年《公司法》进行修订，才第一次有了"董监高"勤勉义务的规范，即 148 条和 150 条之规定，但十分不具体、过于原则。如第 150 条规定："董事、监事、高级管理人员执行公司职务时违反法律、行政法规或者公司章程的规定，给公司造成损失的，应当承担赔偿责任。"此条原则性地确立了董事、监事、高级管理人员的勤勉义务。此规定与我国台湾地区"公司法"第 23 条第 1 款之规定〔1〕基本相同，均未就判断勤勉义务的标准作相应规定。如果法律对"董监高"勤勉义务的标准不作规定，则必然存在着法官因无法定标准可资参照而滥用自由裁量权的潜在危险。尤其是在我国，法官对公司法案件的审判素养的提高有待，因而，在《公司法》中亟须明确"董监高"勤勉义务的标准。值得注意的是，2006 年修订后的《上市

---

〔1〕　台湾"公司法"第 23 条第 1 款规定："公司负责人应忠实执行业务并尽善良管理人之注意义务，如有违反致公司受有损害者，负担损害赔偿责任。"见林纪东，郑玉波等编纂：《新编基本六法参照法令判解全书》（修订第 23 版），五南图书出版公司 2005 年版，第叁-7 页。

公司章程指引》第 98 条对董事的勤勉义务作了详细而具体的规定[1]，并且该条还通过注释明确："公司可以根据具体情况，在章程中增加对本公司董事勤勉义务的要求。"

此外，我国《证券法》第 142 条对证券公司"董监高"的勤勉义务作了规定，即证券公司的董事、监事、高级管理人员未能勤勉尽责，致使证券公司存在重大违法违规行为或者重大风险的，国务院证券监督管理机构可以责令证券公司予以更换。

2023 年我国《公司法》的修订，对"董监高"的勤勉义务进行了完善和充实。该法第 180 条第 2 款规定，董事、监事、高级管理人员对公司负有勤勉义务，执行职务应当为公司的最大利益尽到管理者通常应有的合理注意。这次修改后，勤勉义务是指在执行职务的过程中为公司的最大利益尽到管理者通常应有的合理注意。从此，"勤勉义务"不再是旧《公司法》中一句空洞的宣示性义务。这里"勤勉义务"条款中的"合理注意"，不仅包含"勤勉"二字的文意外观，即做事积极勤奋，更要求行为人有与其职务相匹配的注意能力或者发现问题的能力，应该发现而未发现是一种失职，由此给公司造成不利后果或造成重大损失的，应当承担相应的法律责任。可见，勤勉不仅是一种外观上的态度积极，更是一种内在的能力，或曰才干。如果上市公司高管才不配位，必然会给上市公司的发展造成消极影响，迟早会给公司的事业带来损害。在某种程度上，"才不配位"比"德不配位"给公司、给社会带来的危害会更快。这里需要特别说明的是，根据《现代汉语词典》对"勤勉"二字的解释，其意思等同于"勤奋"，可见，"勤勉"二字显然没有涵盖上述"才能"或"才干"的含义，如果不进行法律解释，一般人对"勤勉义务"是无法理解到位的。这是"勤勉"二字在法条中使用的缺陷。英美法对勤勉义务的表达值得借鉴，其表达是：Duty of diligence care and skill 或者 Duty of care and skill。显然，其 skill 包含了对才干的要求。因此，今后在修改

---

[1] 《上市公司章程指引》（2023 修正）第 98 条规定，董事应当遵守法律、行政法规和本章程，对公司负有下列勤勉义务：①应谨慎、认真、勤勉地行使公司赋予的权利，以保证公司的商业行为符合国家法律、行政法规以及国家各项经济政策的要求，商业活动不超过营业执照规定的业务范围；②应公平对待所有股东；③及时了解公司业务经营管理状况；④应当对公司定期报告签署书面确认意见。保证公司所披露的信息真实、准确、完整；⑤应当如实向监事会提供有关情况和资料，不得妨碍监事会或者监事行使职权；⑥法律、行政法规、部门规章及本章程规定的其他勤勉义务。

《公司法》时，有必要解决目前"勤勉"二字，词不达意的情形，将"能力"或"才干"的含义汇入其中。

三、董事、高级管理人员的忠实义务

（一）忠实义务的内涵

忠实义务（Duty of loyalty），又称为忠诚义务、信义义务等，关于其含义，立法和学理上多有不同表述。如日本有学者认为，忠实义务，即董事必须遵守法令、章程以及股东大会的规定和决议，忠实地为公司履行职责的义务。[1]《日本公司法典》第 355 条规定："董事，须遵守法令以及公司章程及股东大会决议，并须为股份公司忠诚地履行其职务。"[2]我国《公司法》第 180 条第 1 款规定："董事、监事、高级管理人员对公司负有忠实和勤勉义务，应当采取措施避免自身利益与公司利益冲突，不得利用职权牟取不正当利益。"《上市公司治理准则》第 21 条规定："董事应当遵守法律法规及公司章程有关规定，忠实、勤勉、谨慎履职，并履行其作出的承诺。"《上市公司章程指引》第 97 条则对董事的忠实义务作了更为细致的阐释[3]。另外，中国证监会2004 年发布的《关于加强社会公众股股东权益保护的若干规定》对未能忠实履行职务，违背诚信义务的上市公司高级管理人员，规定将其行为记入诚信档案，并适时向社会公布；违规情节严重的，将实施市场禁入；给上市公司和社会公众股股东的利益造成损害的，应当依法承担赔偿责任。[4]

就本质而言，忠实义务是为董事、高级管理人员设置的一条道德标准。

---

〔1〕 ［日］龙田节编：《商法略说》，谢次昌译，甘肃人民出版社 1985 年版，第 52 页。

〔2〕 《日本公司法典》，崔延花译，中国政法大学出版社 2006 年版，第 168 页。

〔3〕 《上市公司章程指引》第 97 条规定："董事应当遵守法律、行政法规和本章程，对公司负有下列忠实义务：①不得利用职权收受贿赂或者其他非法收入，不得侵占公司的财产；②不得挪用公司资金；③不得将公司资产或者资金以其个人名义或者其他个人名义开立账户存储；④不得违反本章程的规定，未经股东大会或董事会同意，将公司资金借贷给他人或以公司财产为他人提供担保；⑤不得违反本章程的规定或未经股东大会同意，与本公司订立合同或者进行交易；⑥未经股东大会同意，不得利用职务便利，为自己或他人谋取本应属于公司的商业机会，自营或者为他人经营与本公司同类的业务；⑦不得接受与公司交易的佣金归为己有；⑧不得擅自披露公司秘密；⑨不得利用其关联关系损害公司利益；⑩法律、行政法规、部门规章及本章程规定的其他忠实义务。董事违反本条规定所得的收入，应当归公司所有；给公司造成损失的，应当承担赔偿责任。注释：除以上各项义务要求外，公司可以根据具体情况，在章程中增加对本公司董事其他义务的要求。"

〔4〕 参见中国证监会《关于加强社会公众股股东权益保护的若干规定》第 5 条第 3 款。

这一义务的产生是基于董事、高级管理人员与公司之间的委任关系，同时也是民法的诚实信用原则在公司法领域中的具体表现。

一般认为，忠实义务是指董事、高级管理人员经营管理公司业务时，应当竭尽忠诚地为公司工作并诚实地履行职责，毫无保留地为公司利益最大化而努力工作，当自身利益与公司整体利益发生冲突时，应以公司利益为先。忠实义务的本质决定了其必然包括两项不可或缺的内容：在主观方面，董事、高级管理人员应在法律、法规及公司章程允许的范围内忠实于公司利益，始终以实现和维护公司利益为履行职务的出发点；在客观方面，董事、高级管理人员在履行职务时，一旦个人利益与公司利益发生冲突时，必须优先考虑公司利益，不得利用公司的职权、职位为自己或与自己有利害关系的第三人谋取不正当利益。忠实义务的核心是强调董事、高级管理人员等应当对公司满怀忠诚，始终把公司利益放在首位，不得为个人利益而牺牲公司利益或放弃公司的最佳利益而追求私利，可见，忠实义务带有浓厚的道德因素，可以认为，它是道德义务的法律化。

由此，我们也可以看出，勤勉义务与忠实义务的区别在于：勤勉义务主要是为了克服董事的懈怠和责任心不强，忠实义务则主要是为了克服董事、高级管理人员的自私和贪腐行为。董事、高级管理人员违反忠实义务主要表现在两个方面：一是利用优势地位和职权为自己谋利；二是将自身的利益置于公司和股东利益之上，当发生利益冲突时，保全自身利益而牺牲公司和股东的利益。

（二）忠实义务的主要内容

无论各国对董事忠实义务的评判标准如何设定，总体上讲，董事、高级管理人员忠实义务的具体内容可以概括为以下几类：

1. 自我交易方面的义务。所谓自我交易（Self-dealing），是指董事自己或者与其有利害关系者与公司进行的以经济利益为内容的各种交易。董事等对外代表公司，如果董事自己与公司进行交易，就相当于民法中代理人同时代理双方当事人，当事人双方利益存在对立和冲突。这时，公司中存在利益冲突交易（Conflict of interest transactions），董事、高级管理人员很容易将其个人私利凌驾于公司利益之上，若此，将构成违反忠实义务。

一般而言，构成自我交易应满足主客观两个要件：①客观要件，是指在与公司相关的某项交易中，董事对该项交易拥有自身的利益；②主观要件，是指进行交易的董事知晓该交易的真实情况。关于自我交易的适用情形，英美国家的立法较为详尽和完备。美国《示范公司法》第8.60条规定，对于一项和公司相关的交易，存在董事自身利益的情形包括：其一，董事或其关联人（Related person）是这一交易的当事人或者对该交易拥有实质上的财产利益。其中，关联人主要是指董事的配偶、父母、子女、孙子女、同胞兄弟姐妹，以及以上所述及之人作为受益人的信托组织和产业体等。其二，法律规定的其他人是该项交易的当事人或者对该交易有着实质的财产利益的人。这里所谓的"其他人"，是指董事在其中任职的某一实体，或者该董事的合伙人、委托人、雇主等。1985年的英国《公司法》也是将董事的自我交易界定为董事自身及其相关联者与公司之间的交易。根据该法第346条第2款规定，与董事相关联的人包括董事的配偶、子女或继子女、董事参与投资的公司，以及以上述人为受益人的受信托人、董事或者上述人的合伙人。

　　传统公司法一般对董事、经理与公司之间的交易持绝对禁止的态度，但是随着公司的大量发展，涉及董事自我交易的情形和数量也越来越多，人们逐渐意识到，董事自身利益的存在仅仅是一种客观的事实状态，其本身并不必然会损害公司利益，相反，在很多情况下还能够增加公司的交易机会，扩大公司营利渠道。并且，确有一部分交易与公司同其他人的交易相比，对公司更具效率和效益。所以，严格禁止这类交易并不符合公司的最佳利益。于是从19世纪末开始，美国的法院判例逐渐改变传统的僵化立场，一些州的公司立法也相继对原有的规则作出修改，开始有条件地承认董事自我交易的法律效力。美国《示范公司法》对董事自我交易的规制在世界上具有很大影响，在其国内已被多个州采纳。该法第8.61（b）条规定，董事的自我交易只要符合下列条件，即是合法有效的：①该交易取得非利害关系董事（会）的同意或批准（Approval by disinterested directors），即得到董事会有资格董事的多数肯定票或得到董事会的下属委员会中有资格董事的多数肯定票；②该交易获得了股东会的批准（Approval by the shareholders），即获得了有表决权的有资格股份的多数肯定票的支持；③根据交易当时的情形来判断，证明该交易对公司来说是公平的（Proof that the transaction is fair）。此外，英国、日本等许多国家和地区的公司法均作了关于有条件地承认董事自我交易法律效力的规定。

总之，现代各国公司法对董事进行的自我交易普遍持有条件的许可态度，即在通过某种程序批准之后，董事与公司之间的交易方为有效。这种批准程序主要有两方面的内容：一是董事须及时披露其在该交易中的利益性质；二是经过公司有权机关的批准，对于董事与公司的某些重大交易，则须经股东会批准。我国 2018 年《公司法》对董事的自我交易也不是采取绝对禁止的态度，第 148 条第 1 款第 4 项规定，董事、高级管理人员不得"违反公司章程的规定或者未经股东会、股东大会同意，与本公司订立合同或者进行交易"。2023 年《公司法》第 182 条将上述内容修改为"董事、监事、高级管理人员，直接或者间接与本公司订立合同或者进行交易，应当就与订立合同或者进行交易有关的事项向董事会或者股东会报告，并按照公司章程的规定经董事会或者股东会决议通过。董事、监事、高级管理人员的近亲属，董事、监事、高级管理人员或者其近亲属直接或者间接控制的企业，以及与董事、监事、高级管理人员有其他关联关系的关联人，与公司订立合同或者进行交易，适用前款规定。"修改之后，将自我交易的主体不仅扩大到监事，而且还扩大到"董监高"的近亲属，及其近亲属直接或者间接控制的企业，以及与"董监高"有其他关联关系的关联人。这种主体范围的扩大符合我国公司运行的实际情况，即便不是诸如实际履行经营职责的监事，只要是公司高层及其关联人，均具有实际影响力，与其相关的自我交易就需要按照公司章程的规定经董事会或者股东会决议通过。

2. 关联交易方面的义务。

（1）关联交易的概念。公司的关联交易一般是指具有投资关系或合同关系的不同主体之间所进行的交易，又称为关联方交易。我国《公司法》第 265 条第 4 项对关联关系进行了界定，即"关联关系，是指公司控股股东、实际控制人、董事、监事、高级管理人员与其直接或者间接控制的企业之间的关系，以及可能导致公司利益转移的其他关系。但是，国家控股的企业之间不仅因为同受国家控股而具有关联关系。"从本质上看，关联交易也是一种带有利益冲突的自我交易，与自我交易相似，关联交易同样是无法避免的，因此法律不能仅仅简单地加以禁止，而是要采取一定方法加以规范。尽管关联交易与自我交易的表现形式有所不同，但二者在本质上却具有相同的性质。因此，我国法律对于关联交易和自我交易在规范方面具有很大的相似性。

（2）法律对关联交易的调整。正常的关联交易，可以稳定公司业务，分散经营风险，有利于公司的发展。但是，在实践中常有控制公司利用与从属公司的关联关系和对从属公司的控制地位，迫使从属公司与自己或其他关联方从事非公平交易，损害从属公司和少数股东利益的现象。为此，各国公司法都对关联交易进行调整，以保护从属公司及少数股东的利益。我国的公司关联交易现象是随着经济的发展、公司规模逐渐扩大、公司内部结构逐渐复杂而逐步增多的，特别是在较大的公司和上市公司中，这一现象更多。一些公司的大股东、实际控制人和管理层通过与公司的关联交易，随意挪用公司资金，为自己或关联方提供担保，通过操纵交易条件等方式将公司的利润转移至关联方，严重损害了公司、少数股东和债权人的利益。为此，中国证监会、财政部门、税务部门从上市公司监管、财政、税收等方面对公司关联交易控制作了一些规定，但1993年《公司法》中还没有相关内容。在修订《公司法》的过程中，有很多意见要求增加相关规定。考虑到关联交易的情况较为复杂，还需要在实践中进一步总结经验，因此2005年《公司法》只在第21条作了原则性规定。此外，《公司法》还在第139条对上市公司关联交易作了特别规定。[1]《公司法》第22条规定："公司的控股股东、实际控制人、董事、监事、高级管理人员不得利用关联关系损害公司利益。违反前款规定，给公司造成损失的，应当承担赔偿责任。"这是公司法关于关联交易的一般性规定。由此条规定可知，我国法律对关联交易的态度并非是禁止关联交易本身，而是要求有关关联人不得利用关联关系损害公司利益。如果关联人利用关联关系损害了公司利益，则应承担损害赔偿责任。

3. 利用公司机会方面的义务。公司机会（Corporate opportunities）是指董事、高级管理人员在执行公司职务过程中获得的并有义务向公司披露的、与公司经营活动密切相关的各种商业机会。公司机会理论（Corporate opportunity doctrine），是英美法系公司法中的一个重要理论，其基本理念就是禁止公司董事、高级管理人员把本属于公司的商业机会转归自己利用而从中谋取利益。

---

〔1〕《公司法》第139条规定："上市公司董事与董事会会议决议事项所涉及的企业或者个人有关联关系的，该董事应当及时向董事会书面报告。有关联关系的董事不得对该项决议行使表决权，也不得代理其他董事行使表决权。该董事会会议由过半数的无关联关系董事出席即可举行，董事会会议所作决议须经无关联关系董事过半数通过。出席董事会会议的无关联关系董事人数不足3人的，应当将该事项提交上市公司股东会审议。"这是关于上市公司董事对关联交易回避表决的规定。近年来，我国一些上市公司的关联人利用与上市公司的关联交易掏空公司资产情形比较严重，引起了社会的普遍关注和不满。可以说，《公司法》关于上市公司关联交易决议的特别规定正是在这一背景下作出的。

公司机会即公司获得财产的机会，"董监高"基于其在公司中的地位可以第一时间接触到大量的内幕信息，如果他们为了谋取私利而篡夺公司机会，就违反了忠实义务。对于公司机会的认定，美国判例法上有三种界定标准：

第一，公平或者固有公平标准（Fairness or intrinsic fairness test）。固有公平标准指对公司机会的判断可辅以公正、公平等道德尺度予以衡量。根据这一标准，如果公司董事、高级管理人员取得并利用该机会对公司是不公平的，该机会就应属于公司机会。根据公平标准来确定何种机会属于公司机会固然具有实质意义，但在司法实践中却难以把握。因此，在运用该标准时，需要根据具体情况考虑多种因素。

第二，利益或者期待利益标准（Interests and expectancy test）。根据这一标准，如果公司对该机会具有利益或者期待利益，该机会就属于公司机会。由于利益或者期待利益标准的运用必须以现存的法律利益为基础，因此这一标准显得较为狭小。该标准只能给予公司提供有限的保护。

第三，经营范围标准（Line of business test）。按照这一标准，任何机会只要在公司的经营范围内都属于公司机会。这一标准产生于早期，即公司通常只有单一商业目标的年代。今天，公司一般都可以从事任何合法的商业活动，因此这一标准又显得较为宽泛。

早期英美判例法基于"受托人不得利用其地位谋利"的理念，严格禁止董事利用公司的商业机会谋取私利。即使是公司无法利用的机会，对公司以外的人是开放的，唯有对公司董事封锁。事后人们发现，如同自我交易和竞业禁止的法律规制一样，过于严格保护公司机会可能出现的另一后果是造成社会效益和效率的损失，同时也不利于满足董事个人的合理要求，会挫伤其经营积极性。自20世纪70年代开始，加拿大率先就董事利用公司机会的行为采取了宽容的态度。20世纪80年代以来，英国法院在一些判例中也一改以往严厉的态度。在美国，ALI制定的《公司治理原则：分析与建议》对董事利用公司机会的行为也进行了程序上的设计。按照该规定，对公司拒绝利用的商业机会，董事在履行一定程序后即可利用。《公司治理原则：分析与建议》第5.12（a）款规定，在下列情况下，即使属于公司机会，董事或者经理也可以加以利用（Justification for taking a corporate opportunity）：①该公司机会已首先向公司提供，并且就该公司机会和利益冲突的所有重要事实向决策者作了披露；②该商业机会已被公司拒绝（Corporate refusal/Corporate rejection)，其拒绝方式满足下列要求：首先，无利害关系董事批准公司机会之拒绝时，董事们的行为符合商业判断准则；其次，由无利害关系股东批准或承认公司机会之拒绝时，此种拒绝没有构成公司资产浪费；最后，一项公司机会没有经过上述批准被拒绝，但董事有充分理由证明利用该项机会对公司是公正的。此外，按照《公司治理原则：分析与建议》的观点还有以下几种情形董事可以利用公司机会：①公司不能（Corporate inability）。如果公司不能利用该机会，董事、高级管理人员则可以利用该机会。这里的"不能"（Inability）主要是指"财务不能"（Financial incapacity）。②善意且不与公司竞争（In good faith and not compete with corporate）。董事、高级管理人员在善意而且不与公司竞争的情况下可以从事与公司相似的业务。③第三方不愿意与公司做生意（Third party unwillingly to do business with the corporation）。在遇到这种情形时有两种做法：一种做法是，经向公司说明后，获得该机会的董事、高级管理人员可以直接利用该机会；另一种做法是，获得该机会的管理人员应当将该机会向公司予以披露，使公司有机会说服第三方，否则该董事、高级管理人员不得利用该机会。④越权或者其他法律不能（Ultra vires or other legal incapacity）。比如，在法律禁止银行兼营证券等情形下，尽管该机会属于公司，但由于受到法律禁止，所以个人可以利用该机会。

大陆法系传统公司立法及学理均未确立禁止篡夺公司机会的原则，但随着英美法系董事忠实义务被逐渐引入，在日本等国家和地区，也已确立了该原则。我国2005年《公司法》采纳了法学界的主流意见，承认了禁止篡夺公司机会义务的独立形态地位，并将其与竞业禁止义务一同规定于第149条第1款第5项之中，但是没有制定详细的程序性规则，仅规定董事、高级管理人员不得未经股东会或股东大会同意，利用职务便利为自己或者他人谋取属于公司的商业机会。2023年《公司法》第183~185条对上述"第149条第1款第5项"的内容进行了大幅度的扩充，制定了详细的程序性规则。具体内容如下：

（1）董事、监事、高级管理人员，不得利用职务便利为自己或他人谋取属于公司的商业机会。但是，有下列情形之一的除外：①向董事会或者股东会报告，并按照公司章程的规定经董事会或者股东会决议通过；②根据法律、行政法规或者公司章程的规定，公司不能利用该商业机会。

（2）董事、监事、高级管理人员未向董事会或者股东会报告，并按照公司章程的规定经董事会或者股东会决议通过，不得自营或者为他人经营与其任职公司同类的业务。

（3）董事会对涉及公司商业机会的事项决议时，关联董事不得参与表决，其表决权不计入表决权总数。出席董事会会议的无关联关系董事人数不足3人的，应当将该事项提交股东会审议。

4. 同业竞争。同业竞争（Intra-industry competition）问题，是一个关于公司董事及高管是否可以自营或者为他人经营与所任职公司同类业务的问题。关于这一问题，不同的法律有着不同的态度。总体上，有三种做法，即竞业自由、竞业限制和竞业禁止。

（1）竞业自由。这是指法律不禁止公司董事及高管自营或者为他人经营与所任职公司同类的业务。持这种态度的法律认为，自由竞争是市场经济的基本要求，即使公司董事及高管自营或者为他人经营与所任职公司同类的业务也不构成对公司的不正当竞争。但是，允许公司章程设定限制性条件。

（2）竞业限制。这是指法律虽然不禁止公司董事及高管自营或者为他人经营与所任职公司同类的业务，但却设定了一定的限制条件。采取这种做法的法律认为，董事及高管的同业竞争行为是否构成对公司的不正当竞争取决于该行为是否违反了法律预先设定的条件。如果违反了法律预设的条件，就构成不正当竞争，反之，则不构成不正当竞争。构成不正当竞争的，公司可依法行使归入权，即将董事及高管的违法收益收归公司所有。

（3）竞业禁止。这是指法律禁止公司董事及高管自营或者为他人经营与所任职公司同类的业务。竞业禁止是大陆法系国家的传统规则，这一规则主要认为，公司董事及高管自营或者为他人经营与所任职公司同类的业务，会损害公司的利益，从而构成对公司的不正当竞争。但这种禁止规则的合理性，一直受到人们的质疑。学者们认为，禁止竞业固然是对董事及高管所任职公司的一种保护，但是另一方面，它对公司董事及高管是否公平，对社会是否有益，以及与自由竞争政策和公共政策是否发生冲突等，均值得认真地推敲。

从辩证思维的角度来看，对同业竞争采取绝对放任和绝对禁止的态度都是不可取的。事实上许多国家的现代公司法，对同业竞争大都采取了相对禁止的态度。对此，我国也采取了相对禁止的态度，《公司法》第184和185条规定，董事、监事、高级管理人员未向董事会或者股东会报告，并按照公司章程的规定经董事会或者股东会决议通过，不得自营或者为他人经营与其任职公司同类的业务。同时要求，董事会对同类业务的事项决议时，关联董事不得参与表决，其表决权不计入表决权总数。出席董事会会议的无关联关系董事人数不足 3 人的，应当将该事项提交股东会审议。相对禁止的普遍做法是，设置竞业活动的批准程序，经过公司机关批准的竞业活动可以合法进行，而未经批准的竞业活动则不得进行。这种程序制度的具体内容包括：

第一，确定竞业活动的批准机关。《日本公司法典》第 356 条规定："董事，在下列场合，须在股东大会公开有关该交易的重要事实，并得到其承认：①董事要为自己或第三人进行属于股份公司事业同类的交易时；②董事要为自己或第三人与股份公司进行交易时；③股份公司为董事的债务提供担保及其他要与董事之外者进行股份公司和该董事之间利益相反的交易时。"[1]我国台湾地区"公司法"第 209 条第 1 款规定："董事为自己或他人为属于公司营业范围内之行为，应对股东会说明其行为之重要内容，并取得其许可。"[2]德国《股份公司法》第 88 条第 1 款规定，董事得在经监事会同意后可从事与任职公司同类的营业。由此可见，不同地方批准董事从事竞业活动的公司机关是不相同的，有的是股东会，有的是监事会。2018 年我国《公司法》第 148 条第 1 款第 5 项的规定，董事、高级管理人员未经股东会或股东大会的同意，不得自营或者为他人经营与其任职公司同类的业务。可见，之前我国《公司法》规定的批准董事从事竞业活动的机关是股东会。2023 年《公司法》第 184 和 185 条对上述规定进行了修改，即批准董事从事竞业活动的机关不仅可以是股东会，为了提高公司决策效率，还可以是董事会。当然，在"出席董事会会议的无关联关系董事人数不足 3 人的，应当将该事项提交股东会审议。"另外，新《公司法》还要求，"董监高"从事竞业活动应当向董事会或者股东会报告，这是该议案提交董事会或者股东会决议通过的前置程序。

第二，确立公司批准机关对董事、高级管理人员竞业活动的表决规则。股东会对董事从事竞业活动进行批准时，必须排除有利害关系股东的表决权，只能计算"有资格股份"的表决权数。所谓"有资格股份"，指不属于进行竞业活动的董事及与其有家属、金钱利益关系的人所持有或控制的那部分股份。此

〔1〕《日本公司法典》，崔延花译，中国政法大学出版社 2006 年版，第 168 页。
〔2〕 林纪东、郑玉波等编纂：《新编基本六法参照法令判解全书》（修订第 23 版），五南图书出版公司 2005 年版，第叁-34 页。

外，我国台湾地区"公司法"第 209 条规定，股东会对董事竞业活动进行审批的决议，应有代表已发行股份总数 2/3 以上股东的出席，以出席股东表决权过半数之同意行之。[1]我国《公司法》没有对股东会关于此类事项的表决规则作出明确规定，只是在该法第 185 条规定，关于此类事项的表决出席董事会会议的无关联关系董事人数不足 3 人的，应当将该事项提交股东会审议。

第三，公司董事、高级管理人员对竞业活动事项的说明。各国法律规定，董事在申请股东会或监事会批准时，应充分披露关于其竞业活动的重要事实。充分披露的程度应当以股东会或监事会能据此判断其竞业活动是否损害公司的利益为标准，比如，从事竞业活动的方式、交易的标的情况、交易的对方当事人、时间期限、地域范围等。

5. 遵守持有本公司股份及其变动规则的义务。我国《公司法》和《证券法》均规定了对于上市公司"董监高"持有本公司股份及其变动的规则，而中国证监会 2007 年 4 月颁布的《上市公司董事、监事和高级管理人员所持本公司股份及其变动管理规则》（以下简称《管理规则》）则对上述两部基本法的相关规定作了进一步的实施细化。

《公司法》第 160 条第 2 款规定，公司董事、监事、高级管理人员应当向公司申报所持有的本公司的股份及其变动情况，在就任时确定的任职期间每年转让的股份不得超过其所持有本公司股份总数的 25%；所持本公司股份自公司股票上市交易之日起 1 年内不得转让。上述人员离职后半年内，不得转让其所持有的本公司股份。公司章程可以对公司董事、监事、高级管理人员转让其所持有的本公司股份作出其他限制性规定。《管理规则》第 5 条对此作了操作性规定，同时补充规定，因司法强制执行、继承、遗赠、依法分割财产等导致股份变动的不受上述 25% 的限制，并且上市公司董事、监事和高级管理人员所持股份不超过 1000 股的，可一次全部转让，也不受上述转让比例的限制。

《证券法》第 44 条规定，上市公司、股票在国务院批准的其他全国性证券交易场所交易的公司持有上市公司股份 5% 以上的股东、董事、监事、高级管理人员，将其持有的该公司的股票或者其他具有股权性质的证券在买入后 6

---

[1] 林纪东，郑玉波等编纂：《新编基本六法参照法令判解全书》（修订第 23 版），五南图书出版公司 2005 年版，第叁-34 页。

个月内卖出，或者在卖出后 6 个月内又买入，由此所得收益归该公司所有，公司董事会应当收回其所得收益。

6. 忠实义务的其它情形。忠实义务的内容除以上五种典型情形外，还有其他许多非典型情形，对此，我国《公司法》还从其他几个方面规定了董事、高级管理人员对公司的忠实义务：

（1）不得挪用公司资金与不得将公司资金以其个人名义或者以其他个人名义开立账户存储。董事、高级管理人员享有公司事务管理权和公司业务执行权，如果该种权力被滥用就会损害公司利益。对此，我国《公司法》第 181 条第 1、2 项，规定董事、监事、高级管理人员不得侵占公司资产、挪用公司资金，不得将公司资金以其个人名义或者以其他个人名义开立账户存储。首先，侵占公司资产、挪用公司资金，就是"董监高"利用分管、负责或者办理某项业务的权利或职权所形成的便利条件，将本单位财物非法占为己有；或者擅自将公司所有或公司有支配权的资金挪作他用，主要是为其个人使用或者为与其有利害关系的他人使用。这必然会损害公司利益，影响公司资金的正常使用，从而影响公司正常的投资经营活动，同时这种行为也给公司的经营带来了不可预测的风险，会对公司利益造成危害。其次，在公司与个人没有发生正常交易的情况下，将公司资金以个人名义存储，极易造成公司财产的流失。上述两种行为都是违反了董事、高级管理人员对公司的忠实义务，应当禁止。

（2）不得利用职权收受贿赂或者收受其他非法收入。我国《公司法》第 181 条第 3 项规定，董事、监事、高级管理人员不得利用职权收受贿赂或者其他非法收入。该法第 181 条第 4 项还规定，董事、监事、高级管理人员不得接受他人与公司交易的佣金归为己有。"董监高"如果违反此种义务，为自己谋取利益，不管该利益的表现形式如何，不管是手续费、资格股、现金，还是回扣、介绍费或物品，均应将其所得返还给公司。如果这些利益是基于贿赂之目的，在英美法系国家中，董事、高级管理人员仍应将其所得返还给公司，即便其未认识到该行为属于受贿亦然；而在大陆法系国家和我国，董事、监事、高级管理人员收受之贿赂应予以没收，归入国库，但贿赂之外的其他利益则应归公司所有。

（3）不得擅自披露公司秘密。《公司法》第 181 条第 5 项规定，公司董事、高级管理人员不得擅自披露公司秘密。

（4）上市公司总经理及高层管理人员不得在控股股东单位兼职。为保证上市公司与控股股东在人员、资产、财务上严格分开，1999 年 5 月中国证监会发布《关于上市公司总经理及高层管理人员不得在控股股东单位兼职的通知》（现行有效），提出两点要求：①上市公司的总经理必须专职，总经理在集团等控股股东单位不得担任除董事以外的其他职务；②总经理及高层管理人员（副总经理、财务主管和董事会秘书）必须在上市公司领薪，不得由控股股东代发薪水。

由于公司董事、高级管理人员违反忠实义务的行为还可能表现为各种意想不到的情形，仅有《公司法》第 181 条的列举方式难以概括其全部，所以《公司法》第 181 条第 6 项规定，公司董事、高级管理人员不得有违反对公司忠实义务的其他行为。这里的"其他行为"，泛指董事、高级管理人员违反忠实义务的任何行为。作此概括或兜底性规定，用以克服成文法不能穷尽规制公司实践中现实的和未来可能发生的各类非忠实行为。

另外，在上市公司实践中，也可根据具体情况在公司章程中增加对董事、高级管理人员其他忠实义务的要求。

四、对控股股东、实际控制人的行为规范

（一）2023 年《公司法》修订的制度成果

2023 年《公司法》在公司治理制度改革的一项成果就是对控股股东、实际控制人（有时简称"两控人"）进行了一定程度的规范。该法第 180 条规定，公司的控股股东、实际控制人不担任公司董事但实际执行公司事务的，其对公司负有忠实义务，应当采取措施避免自身利益与公司利益冲突，不得利用职权谋取不正当利益。同时，其对公司还负有勤勉义务，执行职务应当为公司的最大利益尽到管理者通常应有的合理注意。而且，公司的控股股东、实际控制人指示董事、高级管理人员从事损害公司或者股东利益的行为的，与该董事、高级管理人员承担连带责任。[1]

《公司法》对控股股东、实际控制人的制度设计，明确了控股股东、实际控制人责任主体范围，对其行为制定了适度监管的规范。这有助于形成高效且透明的公司董事会治理机制，进而有助于解决公司在经营和决策制定过程

---

〔1〕 见《公司法》第 192 条的规定。

中产生的责任主体混乱与缺失问题。

另外，需要说明的是，控股股东、实际控制人在上市公司里一般没有职务，然而其往往起着董事，甚至控制董事的决定性作用。因此，其在英国公司法中称之为 Shadow director，即"影子董事"。在公司实践中，一些不具有董事资格或头衔却操纵着董事会的"两控人"，为避免承担责任而拒绝担任名义上的董事，却在幕后持续地操纵着公司董事们的活动，只要他作出意思表示或发出指示，董事们就会听从并加以执行。然而，他们的幕后操纵行为在我国新《公司法》实施前，却在法律的规范之外，这不仅可能给公司及其利害关系人带来不可预期的风险，而且也可能给社会的公共利益带来消极影响。因此，新《公司法》第 180 条第 3 款和第 192 条对"两控人"的相关行为进行了规制：第一，公司的"两控人"不担任公司董事但实际执行公司事务的，适用董事对公司负有忠实义务和勤勉义务的规定。第二，公司的"两控人"指示董事、高级管理人员从事损害公司或者股东利益的行为的，与该董事、高级管理人员承担连带责任。这是专门针对"两控人"充当"影子董事"的法律规制，有助于规范滥用控制权却逃脱监管的不当行为，从而增强公司治理的透明度。另外，相对于上市公司而言，"两控人"充当"影子董事"的情形更为复杂，《公司法》新增第 140 条，对上市公司的实际控制人和代持上市公司股票的相关问题进行了规制，即"上市公司应当依法披露股东、实际控制人的信息，相关信息应当真实、准确、完整。禁止违反法律、行政法规的规定代持上市公司股票"。

（二）《上市公司治理准则》

在《公司法》对控股股东、实际控制人进行制度安排之前，《上市公司治理准则》就对上市公司的控股股东和实际控制人进行了较为全面的规范。具体内容如下：[1]

①控股股东、实际控制人对上市公司及其他股东负有诚信义务。控股股东对其所控股的上市公司应当依法行使股东权利，履行股东义务。控股股东、实际控制人不得利用其控制权损害上市公司及其他股东的合法权益，不得利用对上市公司的控制地位谋取非法利益。②控股股东提名上市公司董事、监事候选人的，应当遵循法律法规和公司章程规定的条件和程序。控股股东不

---

〔1〕　见《上市公司治理准则》第 63~67 条的规定。

得对股东会人事选举结果和董事会人事聘任决议设置批准程序。③上市公司的重大决策应当由股东会和董事会依法作出。控股股东、实际控制人及其关联方不得违反法律法规和公司章程干预上市公司的正常决策程序，损害上市公司及其他股东的合法权益。④控股股东、实际控制人及上市公司有关各方作出的承诺应当明确、具体、可执行，不得承诺根据当时情况判断明显不可能实现的事项。承诺方应当在承诺中作出履行承诺声明、明确违反承诺的责任，并切实履行承诺。⑤上市公司控制权发生变更的，有关各方应当采取有效措施保持上市公司在过渡期间内稳定经营。出现重大问题的，上市公司应当向中国证监会及其派出机构、证券交易所报告。

第七章
上市公司股东权的行使与保护法治化

本章并非一般性地讨论上市公司股东权的行使与保护，而是有重点地就其中的几个特殊问题进行研究。在上市公司股东权的行使过程中最容易受到侵害的是上市公司中的国有股股东和中小股东的利益，前者由于所有权人虚位而容易使国有资产流失，后者因为无法与大股东相抗衡而处于弱势地位。因此对此二者均需通过上市公司监管法给予特别保护，而上市公司股东会和普通股份公司相比较又有其特别之处。因此，本章将围绕上市公司中的国有股东权和中小股东利益的保护以及上市公司股东会制度三个特别问题展开讨论。

第一节 上市公司国有股东权的行使与保护

一、上市公司国有股东权的主体地位实现

上市公司国有股东权行使与保护的前提是真正实现其在上市公司股东权的主体地位。其主体地位是通过国有股权的股东代表来实现的，因为国有股权的股东代表是作为上市公司的直接股东。我国1993年《公司法》在关于公司国有股权的股东代表的规定中，使用了"国家授权投资的机构或者国家授权的部门"概念。按照1993年《公司法》的设计，国家与公司之间因国有资产形成的产权关系分为两个层次，即国家与其授权的国有资产代表之间和国有资产代表与公司之间的双层法律关系，这其中又涉及三个主体：①国家；②国家授权投资的机构或国家授权的部门；③公司。在两个层次的法律关系中，国家对公司中的国有资产享有所有权；公司享有由股东投资形成的全部法人财产权；国家授权投资的机构或国家授权的部门代表国家行使股东的权利，即作为国有股权的股东代表身份出现。这一逻辑结构看似合理，但是

· 379 ·

1993 年《公司法》中的"国家授权投资的机构或者国家授权的部门"界定并不明确，即国家作为国有资产的出资人的定位不准。上市公司国有股东权的主体地位无法真正落实，致使国有控股上市公司中政企不分、"内部人控制"等现象均时有发生。

随着我国经济体制改革的不断深入，关于国有资产管理变革的思路也日益深化，2003 年中国共产党第十六届三中全会通过的《中共中央关于完善社会主义市场经济体制若干问题的决定》第 7 条提出："坚持政府公共管理职能和国有资产出资人职能分开。国有资产管理机构对授权监管的国有资本依法履行出资人职责，维护所有者权益，维护企业作为市场主体依法享有的各项权利，督促企业实现国有资本保值增值，防止国有资产流失。"这为我国日后建立健全国有资产管理和监督体制指明了方向。2005 年《公司法》将原法中的"国家授权投资的机构或者国家授权的部门"修改为"国有资产监督管理机构"。2023 年《公司法》又修改为"履行出资人职责的机构"，此与《企业国有资产法》的提法相一致。[1] 在 2003 年《企业国有资产监督管理暂行条例》的基础上，第十一届全国人大常委会于 2008 年通过《企业国有资产法》，以基本法的形式明确规定："国务院和地方人民政府应当按照政企分开、社会公共管理职能与国有资产出资人职能分开、不干预企业依法自主经营的原则，依法履行出资人职责"；"国务院国有资产监督管理机构和地方人民政府按照国务院的规定设立的国有资产监督管理机构，根据本级人民政府的授权，代表本级人民政府对国家出资企业履行出资人职责。国务院和地方人民政府根据需要，可以授权其他部门、机构代表本级人民政府对国家出资企业履行出资人职责。代表本级人民政府履行出资人职责的机构、部门，以下统称履行出资人职责的机构"[2]。综合我国有关企业国有资产法律法规的实质规定来看，国家与上市公司因国家出资[3]而形成的产权关系结构是：国家—政府—履行出资人职责的机构—国有独资公司—国有控股或参股的上市公司的授权经营关系，这一法律关系由以下四个层次构成：

---

[1] 2023 年《公司法》第 169 条第 2 款规定，代表本级人民政府履行出资人职责的机构、部门，以下统称为履行出资人职责的机构。

[2] 参见《企业国有资产法》第 6、11 条的规定。

[3] 按照《企业国有资产法》第 5 条的解释，国家出资企业是指国家出资的国有独资企业、国有独资公司，以及国有资本控股公司、国有资本参股公司。

第一个层次，是国家与政府的关系。这层关系是所有权人与所有权代表之间的关系。按照国有资产属于全民所有即国家所有[1]的规定，国家是上市公司中国有资产的所有权人，因而形成由中央政府（即国务院）和地方政府分级管理的国有资产管理体制，即由国务院和地方人民政府分别代表国家履行出资人职责。其内容包括：①国家对上市公司中国有资产的所有权是由政府作为代表来行使的；②国家对公司国有资产的所有权并非只能由中央政府（国务院）来代表，县级以上地方政府也可以代表国家对国有资产行使所有权。[2]法律法规对这一层次法律关系的规范，解决了全民所有权即国家所有权主体不明确的问题。

第二个层次，是政府与履行出资人职责的机构的关系。这层关系的实质是政府授权履行出资人职责的机构对国家出资企业履行出资人职责的授权关系。履行出资人职责的机构由国务院和地方政府分别设立，其具体名称除了中央和地方政府建立的国有资产监督管理委员会（以下简称国资委），还可能出现在其他被授权的履行出资人职责的机构。从现实的角度看履行出资人职责的机构以国资委为主。国资委根据授权，履行出资人职责，依法对公司国有资产进行监督管理。其内容包括：①国资委是本级政府特设的直属机构，是专门履行国有资产出资人职责的机构。[3]②国资委根据授权来履行出资人职责，政府与国资委之间的法律关系属行政上的委托授权关系。法律法规对这一层次法律关系的规范，使国家出资公司的出资人及其职能变得清晰而单一，从而解决了国家所有权"多人代表"，乃至"无人代表"，同时代表机构的职能又多元化的问题。

第三个层次，是国有资产监督管理机构与国家出资公司或国家出资企业

〔1〕《企业国有资产法》第3条规定，国有资产属于国家所有即全民所有。国务院代表国家行使国有资产所有权。

〔2〕 2008年《企业国有资产法》颁布之后，《企业国有资产监督管理暂行条例》继续有效，构成前者法规层面的有益补充。根据《企业国有资产监督管理暂行条例》第5条规定，国务院，省、自治区、直辖市人民政府，设区的市、自治州级人民政府才有资格分别在不同情况代表国家对国有资产行使所有权。由此推断，县、乡两级政府没有资格代表国家对国有资产行使所有权。

〔3〕 根据《企业国有资产监督管理暂行条例》第7条的规定，各级人民政府应当严格执行国有资产管理法律、法规，坚持政府的社会公共管理职能与国有资产出资人职能分开，坚持政企分开，实行所有权与经营权分离。国有资产监督管理机构不行使政府的社会公共管理职能，同时，政府其他机构、部门不履行企业国有资产出资人职责。

的关系。国家出资公司或国家出资企业由国有资产监督管理机构履行出资人职责。[1]这一关系即出资者与被出资者、公司与股东之间的关系。国家出资公司作为公司法人，享有法人财产权，以其全部财产对公司的债务承担责任。国有资产监督管理机构，即国资委作为国家出资公司的出资人，具有公司股东的地位并依法享有资产收益、参与重大决策和选择管理者等权利。

第四个层次，是国有独资公司与国有控股或参股的上市公司的关系。这一关系也即出资者与被出资者、公司与股东之间的关系。与第三层次关系不同的是：上市公司的国有出资者变成了国有独资公司，其作为国有控股或参股的上市公司的出资人，由政府国有资产监督管理机构授权代为行使出资者的权利，具有公司股东的地位并依法享有资产收益、参与重大决策和选择管理者等权利。对此，《企业国有资产监督管理暂行条例》第27条规定："国有资产监督管理机构可以对所出资企业中具备条件的国有独资企业、国有独资公司进行国有资产授权经营。被授权的国有独资企业、国有独资公司对其全资、控股、参股企业中国家投资形成的国有资产依法进行经营、管理和监督。"其中"被授权的国有独资企业、国有独资公司"被称为"国有资产运营机构"。有学者认为，该条确立了"国有资产授权经营"[2]的法律关系。在这一关系中，通过国有资产监管机构的授权，国有资产运营机构成为各类子公司产（股）权所有者，但国有资产运营机构与各类子公司之间是平等的法人关系，而不是旧体制下的那种上下级关系。国有资产运营机构只能按照《公司法》对各类子公司行使出资者权利，各类子公司则依据《公司法》独立经营。同时，只有通过国有资产运营机构这个中介，政府的作用才能到达各类子公司，使各类子公司不再与政府部门直接打交道，从而避免政府部门对企业的直接行政干预，以国有资产运营机构的形式在政府与基层企业之间

---

〔1〕《公司法》第169条第1款规定，国家出资公司，由国务院或者地方人民政府分别代表国家依法履行出资人职责，享有出资人权益。国务院或者地方人民政府可以授权国有资产监督管理机构或者其他部门、机构代表本级人民政府对国家出资公司履行出资人职责。

〔2〕"国有资产授权经营"主要是指国有资产管理部门将一部分国有企业（包括国有全资子公司、国有控股子公司和国有参股子公司）的国有产（股）权统一授权给国有资产授权经营机构（主要是指由政府授权经营的控股公司、投资公司、企业集团公司，其法律表现形式一般为国有独资公司或国有独资企业）经营和管理，建立国有资产经营机构与被授权企业之间的产（股）权纽带关系，授权范围内的企业成为国有资产经营机构的全资子公司、控股子公司或参股子公司。参见赵旭东、王莉萍、艾茜：《国有资产授权经营法律结构分析》，载《中国法学》2005年第4期。

形成一个隔离带，阻隔政府对基层国有参股、控股企业的直接指挥。隔离带有效地起到了缓冲作用，实现了政企分开，有利于调整企业的组织结构，建立完善的现代企业治理结构。在国有资产授权经营中，国有资产运营机构与上市公司构成了信托法律关系。[1]

二、上市公司国有股转让监管

在我国股权分置改革完成之后，绝大多数上市公司原暂不流通股获得了流通权，变为有限售条件的可流通股。该部分股份在其限售条件解除后，可随时上市交易、进行大宗转让或协议转让。也就是说，股权分置改革后，国有单位可以依据相关规则，在证券市场上自由买卖上市公司股份。由于原对上市公司国有股权监管的相关规定都是建立在国有股暂不流通的基础上的，国有股获得流通权后，与股权分置改革前相比，国有单位买卖上市公司股份的方式、定价依据、市场环境等均发生了重大变化，必须及时研究制定新的、符合市场化原则的相关监管制度，以规范国有单位转让或受让上市公司股份行为，保护各类投资者合法权益，维护证券市场的稳定。因此，国资委、中国证监会于 2007 年 6 月 30 日共同发布了《国有股东转让所持上市公司股份管理暂行办法》（失效）和《上市公司国有股东标识管理暂行规定》（失效），同年 6 月 28 日国资委单独发布了《国有单位受让上市公司股份管理暂行规定》（失效），这三个规范性文件在当时对我国国有股东在股权分置改革完成之后转让所持上市公司股份进行了较为全面的规范。换言之，这三个规范性文件是一个有机联系的整体，一并构建起了对国有股东所持上市公司股份进行动态监管的制度体系，就学术研究的角度而言，其依然具有研究价值。此外，2002 年中国证监会、财政部和国家经贸委共同发布的《中国证监会、财政部、国家经济贸易委员会关于向外商转让上市公司国有股和法人股有关问题的通知》（失效）涉及向外商转让上市公司国有股和法人股监管的问题。2018 年，国务院国资委、财政部、中国证监会共同出台《上市公司国有股权监督管理办法》，该办法基本上统合了前述有关国有股权监管的相关内容。其基本内容如下：

---

[1]　参见赵旭东、王莉萍、艾茜：《国有资产授权经营法律结构分析》，载《中国法学》2005 年第 4 期。

第1章"总则"。核心条款,第1、2条。第1条:为规范上市公司国有股权变动行为,推动国有资源优化配置,平等保护各类投资者合法权益,防止国有资产流失,根据《公司法》《证券法》《企业国有资产法》《企业国有资产监督管理暂行条例》等法律法规,制定本办法。第2条:本办法所称上市公司国有股权变动行为,是指上市公司国有股权持股主体、数量或比例等发生变化的行为,具体包括:国有股东所持上市公司股份通过证券交易系统转让、公开征集转让、非公开协议转让、无偿划转、间接转让、国有股东发行可交换公司债券;国有股东通过证券交易系统增持、协议受让、间接受让、要约收购上市公司股份和认购上市公司发行股票;国有股东所控股上市公司吸收合并、发行证券;国有股东与上市公司进行资产重组等行为。

第2章"国有股东所持上市公司股份通过证券交易系统转让"。核心条款,第12条:国有股东通过证券交易系统转让上市公司股份,按照国家出资企业内部决策程序决定,有以下情形之一的,应报国有资产监督管理机构审核批准:①国有控股股东转让上市公司股份可能导致持股比例低于合理持股比例的;②总股本不超过10亿股的上市公司,国有控股股东拟于一个会计年度内累计净转让(累计转让股份扣除累计增持股份后的余额,下同)达到总股本5%及以上的;总股本超过10亿股的上市公司,国有控股股东拟于一个会计年度内累计净转让数量达到5000万股及以上的;③国有参股股东拟于一个会计年度内累计净转让达到上市公司总股本5%及以上的。

第3章"国有股东所持上市公司股份公开征集转让"。核心条款,第14、15条。第14条:公开征集转让是指国有股东依法公开披露信息,征集受让方转让上市公司股份的行为。第15条:国有股东拟公开征集转让上市公司股份的,在履行内部决策程序后,应书面告知上市公司,由上市公司依法披露,进行提示性公告。国有控股股东公开征集转让上市公司股份可能导致上市公司控股权转移的,应当一并通知上市公司申请停牌。

第4章"国有股东所持上市公司股份非公开协议转让"。核心条款,第28、29条。第28条:非公开协议转让是指不公开征集受让方,通过直接签订协议转让上市公司股份的行为。第29条:符合以下情形之一的,国有股东可以非公开协议转让上市公司股份:①上市公司连续2年亏损并存在退市风险或严重财务危机,受让方提出重大资产重组计划及具体时间表的;②企业主业处于关系国家安全、国民经济命脉的重要行业和关键领域,主要承担重大专项任务，对受让方有特殊要求的；③为实施国有资源整合或资产重组，在国有股东、潜在国有股东（经本次国有资源整合或资产重组后成为上市公司国有股东的，以下统称国有股东）之间转让的；④上市公司回购股份涉及国有股东所持股份的；⑤国有股东因接受要约收购方式转让其所持上市公司股份的；⑥国有股东因解散、破产、减资、被依法责令关闭等原因转让其所持上市公司股份的；⑦国有股东以所持上市公司股份出资的。

第5章"国有股东所持上市公司股份无偿划转"。核心条款，第37条：政府部门、机构、事业单位、国有独资或全资企业之间可以依法无偿划转所持上市公司股份。

第6章"国有股东所持上市公司股份间接转让"。核心条款，第41条：国有股东所持上市公司股份间接转让是指因国有产权转让或增资扩股等原因导致国有股东不再符合本办法第3条规定情形的行为。

第7章"国有股东发行可交换公司债券"。核心条款，第48条：国有股东发行可交换公司债券〔1〕，是指上市公司国有股东依法发行、在一定期限内依据约定条件可以交换成该股东所持特定上市公司股份的公司债券的行为。

第8章"国有股东受让上市公司股份"。核心条款，第53条：国有股东受让上市公司股份行为主要包括国有股东通过证券交易系统增持、协议受让、间接受让、要约收购上市公司股份和认购上市公司发行股票等。

第9章"国有股东所控股上市公司吸收合并"。核心条款，第57、59条。第57条：国有股东所控股上市公司吸收合并，是指国有控股上市公司之间或国有控股上市公司与非国有控股上市公司之间的吸收合并。第59条：国有股东应指导上市公司根据股票交易价格，并参考可比交易案例，合理确定上市公司换股价格。

第10章"国有股东所控股上市公司发行证券"。核心条款，第62、63条。第62条：国有股东所控股上市公司发行证券包括上市公司采用公开方式向原股东配售股份、向不特定对象公开募集股份、采用非公开方式向特定对象发行股份以及发行可转换公司债券等行为。第63条：国有股东所控股上市

---

〔1〕　可转债和可交债是两个不同的概念，二者的发行主体不一样。可转债，是指上市公司依法发行、在一定期间内依据约定的条件可以转换成股份的公司债券。见《上市公司证券发行注册管理办法》第2条第2款。

公司发行证券，应当在股东大会召开前取得批准。属于本办法第7条规定情形的，由国家出资企业审核批准，其他情形报国有资产监督管理机构审核批准。

第11章"国有股东与上市公司进行资产重组"。核心条款，第65、66条。第65条：国有股东与上市公司进行资产重组是指国有股东向上市公司注入、购买或置换资产并涉及国有股东所持上市公司股份发生变化的情形。第66条：国有股东就资产重组事项进行内部决策后，应书面通知上市公司，由上市公司依法披露，并申请股票停牌。在上市公司董事会审议资产重组方案前，应当将可行性研究报告报国家出资企业、国有资产监督管理机构预审核，并由国有资产监督管理机构通过管理信息系统出具意见。

第12章"法律责任"。核心条款，第70条：在上市公司国有股权变动中，相关方有下列行为之一的，国有资产监督管理机构或国家出资企业应要求终止上市公司股权变动行为，必要时应向人民法院提起诉讼：①不履行相应的内部决策程序、批准程序或者超越权限，擅自变动上市公司国有股权的；②向中介机构提供虚假资料，导致审计、评估结果失真，造成国有资产损失的；③相关方恶意串通，签订显失公平的协议，造成国有资产损失的；④相关方采取欺诈、隐瞒等手段变动上市公司国有股权，造成国有资产损失的；⑤相关方未在约定期限内履行承诺义务的；⑥违反上市公司信息披露规定，涉嫌内幕交易的。

基于该办法集中了国有股权保护的基本制度，便于查阅和研究。加之本书篇幅所限，更多内容就不展开论述了。

第二节　上市公司中小股东利益的保护

一、上市公司中小股东利益保护的含义与法理基础

（一）上市公司中小股东利益保护的含义

中小股东，是相对于掌握公司控制权的大股东而言的持有公司少数股份的其他股东，亦可称之为"少数股东"，即在持股比例上占少数份额的股东。然而，使用"少数股东"的概念，容易使人从字面上误以为是"少数人"的

股东。由于中小股东更多的是在意其金融利益，即投资回报，而对于公司的管理则无心参与，因而又可称之为"外部股东"，而相对应的大股东或者控股股东则可称之为"内部股东"。由于股权的平等只是资本意义上的平等，它并不能保证全体股东在公司中经济地位的真正平等，因而会存在大股东和中小股东实际地位不平等的问题。大股东与中小股东容易产生利益上的不一致，导致大股东利用其支配地位[1]损害中小股东的利益。所以，仅有股权平等原则还不足以真正实现全体股东地位的平等，还需要树立股东平等原则。[2]中小股东利益保护，就是指实现股东地位实质平等的公司运作机制和法律保障制度。中小股东利益保护问题的产生，基于以下三个外部条件：第一，公司股权结构不对称，即有持股比例处于优势、甚至绝对优势的大股东存在；第二，股东持股较为分散，且持股比例占少数份额的股东人数众多；第三，公司"所有权"和"经营权"两权分离程度较高，通常存在"内部人控制"现象，股东利益特别是中小股东的利益易受侵害。这三个外部条件更多地产生于上市公司，即在上市公司中小股东利益保护的问题更为突出。所以，对中小股东利益的保护必然是上市公司监管法的重要课题。按照经济学中的"木桶短板原理"，木桶储水量的多少，不取决于最长木板的长度，而是取决于最短木板的长度。在上市公司中也是如此，在上市公司的所有股东中，大股东类似于上市公司这个木桶的最长板，而中小股东类似于木桶的最短板，上市公司监管法律制度的优与劣就看它对中小股东实质平等保护的程度如何。

（二）上市公司中小股东利益保护的法理基础

中小股东利益保护问题的产生，源于股权平等原则在运用过程中衍生出来的副作用。所谓股权平等原则，是指股东应按其持有的股份的份额和性质实行平等待遇，同种性质的股份应该享有同样的权利、承担同样的义务，不能有所歧视和实行差别待遇。或者说，股权平等原则是指股东在出资额或股份基础上的平等，而不是所有股东权利的同等。一切股东在资本面前人人平等，股东只能按其缴纳的出资额或所持的股份数享有权利、承担义务，股东

---

[1]　在公司中处于支配地位的或者说掌握公司控制权的人，除大股东外，还包括"控股股东"和"实际控制人"。而大股东与"控股股东"、"实际控制人"是有区别的，《公司法》也对"控股股东"和"实际控制人"的概念进行了区分，为了行文方便，在本节仅以大股东抽象表述实际掌握公司控制权的人，而未具体区分实际包含的"控股股东"和"实际控制人"。

[2]　李东方：《公司法学》（第三版），中国政法大学出版社 2024 年版，第 25~26 页。

享有的权利的大小与其向公司投入的资本额成正比。只要股东投资的性质、数额相同，公司就必须将其平等对待，至于股东的名望、出身、社会地位等与出资无关的各种因素则在所不问。股权平等原则是现代公司立法所奉行的基本原则之一，是公司组建及运作的基础，它是民法平等原则在公司法领域的具体体现，也是平等保护投资者利益，调动投资积极性的客观需要，它渗透于公司法的各个领域，成为各国公司法共同遵循的一项基本原则。我国《公司法》不少条款都体现着股权平等的基本精神，如《公司法》第143条规定，"股份的发行，实行公平、公正的原则，同类别的每一股份应当具有同等权利"。即我们通常所说的"同股同权""同股同利"。该法在第65、116、236条还分别规定了按出资比例行使表决权或一股一表决权制度和按持股比例或出资比例分配剩余财产的制度等。

股权平等原则的具体运用必然是"资本多数决规则"（The capital majority rule）的行使。"资本多数决"是指股东会依持有多数资本的股东的意志作出决议，法律将持有多数资本的股东的意思视为公司的意思，并且持有资本多数的股东的意思对持有资本少数的股东产生拘束力。"资本多数决"存在着固有缺陷，它使股东结构开始分化，即在公司内部形成大股东与中小股东之分；它使大股东完全可能以自己的意志取代公司意志，取代其他股东的意思。此时"股权平等"原则的副作用显露出来，具体表现如下：

1. 大股东有机会扩大对公司控制权的行使。在公司决策和管理事务上大股东可以以较少的资本获得远远超过其资本本应有的发言权，与此同时导致对公司全部财产支配权的扩大化。大股东可能利用自己所处的优势地位把整个公司财产当成自己的财产来支配，其资本此时起到"四两拨千斤"的作用，大占其他股东资本的便宜。大股东对公司财产的支配权超过其自身所有的财产，是对非自己所有之物行使的支配权，这对持有少数资本的股东显失公平。

2. 大股东利用公司控制权侵夺与其所持资本不相称的额外利益。股权平等正常行使的结果应当是如上所述"同股同利"，即有多少股份享有多少权利或收益。但是实践表明，持有较大资本的大股东往往会得到与他所持资本比例不相称的、比一般股东多的额外收益。这部分额外的收益就是大股东利用公司控制权对中小股东进行侵夺而获取的收益。学者们通过经济学的实证考察，发现如果控制权能够通过支配公司从而为自己谋得利益，市场就会对控制权进行定价。这样，当公司的所有权结构发生变化或出现兼并收购等涉及控制权转移事件时，控制权的价值就会反映在公司股票价格中或以某种方式影响股票价格的变动，通过观测这些股份的交易价格变化就可以从中测算控制权的价格，从而间接了解大股东对小股东的侵害度。美国有学者通过考察161项公司间收购的数据结果表明，收购方需要付出高于被收购公司当时在股票市场交易价格约 13% 的价格来购买该公司的股票，其高出的 13% 部分并不是该公司股票本身的价值，而是来自收购方对被收购公司产生的控制权。[1]我国有学者将大股东的侵害度称为"控制权溢价"，进而以 1999 年至 2001 年间，上海证券交易所和深圳证券交易所 88 家上市公司共 90 项大宗国有股和法人股转让事件为样本，对上市公司大股东利用控制权侵害中小股东的行为进行实证分析，发现控制权的价格与大股东可能从控制权中获得的私有收益成正相关关系，控制权平均溢价为 30%，并且公司规模越小，透明度越低，中小股东利益受侵害程度越高。发达国家大宗股权转让溢价水平普遍低于发展中国家，说明这些国家大股东侵害小股东程度较轻，而这一点正好是与投资者权益受到较好保护相联系。比如，在投资者保护比较好和信息公开制度严格的美国、英国等资本市场发达的国家，控制权的溢价水平就远低于其他国家，因为法律限制了大股东获取私利的能力；相反，在资本市场不发达的国家，比如亚洲的一些国家，由于法律缺乏对大股东侵害行为的足够限制，加上企业所有权高度集中，大股东对中小股东利益侵害程度就十分严重。通过国际对比，"30%"作为我国上市公司控制权的平均溢价，虽低于各国平均溢价水平，但高于扣除一些极端数据后的平均值，并且溢价的最大值与一些高侵害国家数值相近，说明虽然我国上市公司大股东平均侵害程度不高，但个别大股东对中小股东的侵害却较为严重。在亚洲国家和地区中，我国上市公司小股东受侵害程度与印尼相近，低于泰国、菲律宾、韩国，但高于日本、新加坡等国家。[2]

3. 股权平等原则的形式平等掩盖了股东地位的实质不平等，使大股东对中小股东的侵夺具有合法性的外衣。股权平等原则下的"资本多数决"是各国公司法的一项基本规则，具有合法性，即大股东利用其在资本持有比例上的优势对中小股东意志的强制和支配具有合法性。正是这一合法性掩盖了大

---

〔1〕 周友苏主编：《上市公司法律规制论》，商务印书馆 2006 年版，第 120 页。

〔2〕 唐宗明、蒋位：《中国上市公司大股东侵害度实证分析》，载《经济研究》2002 年第 4 期。

股东对处于弱势地位的中小股东的利益侵夺。

上市公司监管法的使命就是要克服股权平等原则的局限性，用股东平等原则对其进行矫正。所谓股东平等原则，是指当大股东滥用股权平等原则而侵害中小股东正当利益时，法律将对其滥用行为予以矫正，以实现对中小股东的实质平等。股东平等原则的实质意义在于禁止持有多数资本的大股东的权力滥用，或者说它是一种禁止权利滥用的原则，目的在于保护中小股东的利益，从而实现股东间的实质平等。股权平等原则与股东平等原则之间存在形式平等原则与实质平等原则的区别，后者对前者具有制衡和矫正作用，能够实现实质正义。将这两项原则综合在一起，可以起到兼顾效率和公平的作用。现代公司法所强调的股东平等原则正是体现了法治对于实质正义的追求。[1]

二、上市公司中小股东利益保护的立法与保护措施

对于中小股东利益的保护，在我国1993年《公司法》立法时立法者尚未予以高度关注。那时《公司法》的关注点在于股权平等原则的运用，更多的是对"一股一票表决权"（One share one vote）和"资本多数决"等制度的设计，少有涉及中小股东利益特殊保护的内容，仅有两条关于少数股东对临时股东会的召集请求权（即持有公司10%以上的股东请求时）以及股东查阅、建议和质询权的原则性规定，[2]严格来说这还算不上是对中小股东利益的特别保护措施。之所以如此，是与我国当时的经济发展水平相关。20世纪90年代初中国证券市场刚刚建立，中国老百姓还不够富裕，自然人投资者无论在人数还是在资金数量上都十分有限，因此，在当时的公司实践中，大股东与中小股东的矛盾尚未突显。然而，随着中国人民富裕程度的提高，中共十八大又提出到2020年中国将"全面建成小康社会"[3]，加上投资者权利保护意识的增强，大股东与中小股东的利益冲突将会成为资本市场的主要矛盾，对于中小股东利益保护的法律制度将会更加完备。2011年成立的中国证监会投

---

〔1〕 详见李东方：《公司法学》（第三版），中国政法大学出版社2024年版，第25~26页。

〔2〕 参见1993年《公司法》第104、110条的规定。

〔3〕 胡锦涛：《坚定不移沿着中国特色社会主义道路前进 为全面建成小康社会而奋斗——在中国共产党第十八次全国代表大会上的报告（2012年11月8日）》，载《人民日报》2012年11月8日，第1版。

资者保护局，2012 年 11 月 20 日成立的银监会银行业消费者权益保护局，均为这一制度走向完备的体现。

再回到我国中小股东利益保护现有立法的问题上来。中小股东利益保护始终是 2005 年《公司法》修订的重要内容之一，正是考虑到我国有关中小股东利益保护还缺乏必要的制度保障，与国外的相关制度比较，还存在较大的差距，因此，《公司法》修订中参考了国外一些行之有效的做法，吸收了中国证监会当年在法规性文件中较为成熟的规定，不仅在立法理念上有较大的突破，而且在修订过后的《公司法》中新增加了许多关于保护中小股东利益的实际条款。对此，将在下文中小股东利益保护的措施中进行讨论。

近 20 年来，中国证监会吸收并借鉴国外有关上市公司治理和中小股东利益保护措施的先进经验，先后颁布了一系列的规范性文件，其中许多就涉及上市公司中小股东利益保护的内容。按时间顺序举例如下（其中多数今天已经失效）：

2001 年《关于在上市公司建立独立董事制度的指导意见》规定了独立董事对大股东的监督职责。2005 年《公司法》将独立董事制度上升为上市公司的基本法律制度。

2002 年《上市公司治理准则》要求公司治理结构要特别注重保护中小股东的利益，第 2 条明确规定，上市公司的治理结构应确保所有股东，特别是中小股东享有平等地位；同时强调"上市公司的独立性"，控股股东与上市公司之间应实行人员、资产、财务分开，机构、业务独立，各自独立核算、独立承担责任和风险；要求控股股东对上市公司及其他股东负有诚信义务，对其所控股的上市公司应严格依法行使出资人的权利，不得利用资产重组等方式，损害上市公司和其他股东的合法权益。

2004 年《关于加强社会公众股股东权益保护的若干规定》共提出 5 项对社会公众股股东权益保护的措施，其中第 4 项针对一些上市公司长期不分红，有损社会公众投资者的利益，明确规定，上市公司应实施积极的利润分配办法：①上市公司的利润分配应重视对投资者的合理投资回报。②上市公司应当将其利润分配办法载明于公司章程。③上市公司董事会未做出现金利润分配预案的，应当在定期报告中披露原因，独立董事应当对此发表独立意见；上市公司最近 3 年未进行现金利润分配的，不得向社会公众增发新股、发行可转换公司债券或向原有股东配售股份。④存在股东违规占用上市公司资金情况的，上市公司应当扣减该股东所分配的现金红利，以偿还其占用的资金。

2006 年《上市公司股东大会规则》对少数股东提案权、关联交易的表决权回避制度作出了较为详细的规定。

2006 年修订的《上市公司章程指引》规定了在上市公司章程中诸多对中小股东利益保护的条款。

这些规范性文件的出台与贯彻，对上市公司中小股东利益的保护起到了十分重要的作用。下面综合《公司法》《证券法》以及上述中国证监会规范性文件的内容，具体讨论我国中小股东利益保护的措施。为了更有效地保护中小股东的利益，对其保护的措施可以分为事前防范和事后救济措施。

（一）保护中小股东利益的事前防范措施

1. 知情和查阅权、建议和质询权。

（1）知情和查阅权。知情权（Information rights），是指股东获取公司信息、了解公司情况的权利。中小股东要进行投资决策、维护自身利益，其前提就是要了解公司的经营状况和相关信息。因此，各国公司立法都赋予了股东知情权，以随时全面掌握公司经营管理状况，便于其作出判断。知情权实现的途径包括股东自己对公司有关信息的获取和公司主动向股东提供公司信息两个方面的内容。从股东获取公司信息的途径上看，知情权实现的根本途径就是法律赋予股东对公司经营状况和财务状况的查阅权（Inspection rights），并且此项权利不能以章程加以限制或剥夺。针对股份有限公司的股东，《公司法》第 109 条和 110 条分别规定，股份有限公司应当将公司章程、股东名册、股东会会议记录、董事会会议记录、监事会会议记录、财务会计报告、债券持有人名册置备于本公司；股东有权查阅、复制公司章程、股东名册、股东会会议记录、董事会会议决议、监事会会议决议、财务会计报告，对公司的经营提出建议或者质询。

从公司主动向股东提供公司信息途径上看，《公司法》第 129 条规定："公司应当定期向股东披露董事、监事、高级管理人员从公司获得报酬的情况。"此外，《证券法》、中国证监会以及证券交易所的有关规定也对上市公司的信息公开作出了较为详细的规定，用以满足广大中小投资者的知情权。

当然，为了避免股东滥用查阅权而影响公司的正常经营活动，或者损害公司的利益，有必要对股东的查阅权作出某些限制，例如在查阅的时间、地点和查阅的目的等方面作出规定。对此，有些国家的公司法作了明确规定。但即便不予明确规定，也应将股东查阅权的行使限定于正当目的并不得违背诚实信用原则。

关于股东知情权行使不能时的救济，由于上市公司涉及股东知情权范围的信息主要是通过公告形式来让股东知悉的，因而股东行使知情权遇到障碍的可能性较小。因为证券监管机关和证券交易所在上市公司信息公开这个环节已经进行了严格的制度把关。因此，法律关于股东知情权行使不能的救济措施主要是针对有限责任公司中小股东的情况，对此《公司法》第57条第2、3款规定，股东要求查阅公司会计账簿时，如果公司没有正当理由拒绝提供查阅，股东可以向请求人民法院提起诉讼。股东查阅前款规定的材料，可以委托会计师事务所、律师事务所等中介机构进行。

（2）建议权和质询权。有限责任公司的股东一般都能够比较充分地介入公司经营管理，而上市公司经营权和所有权的分离性较大，其中小股东根本不可能直接介入公司经营。所以，建议权和质询权更多的是针对上市公司或股份有限公司的股东而言的。建议权是指股东有权就其认为有利于公司经营的决策或措施向公司提出意见或建议，建议公司采取某种做法或者放弃原来的做法。质询权是指当股东对公司的某些行为存有疑问，或者认为公司的经营不善时，可以口头或者书面向负有责任的机构，如董事会、监事会、经理等提出自己的疑问，并要求他们予以解答。质询权是股东表达其真实意思的基础，通过质询权的行使能使中小股东与大股东之间的信息不对称状态得到化解，能在一定程度上防止大股东滥用"资本多数决规则"。在任何背景下，质询都是一件很严肃的事情，质询的权利、义务主体以及质询的场所与范围，都应当在相关法规中作出相应规定。对此，我国1993年《公司法》未作规定，而现行《公司法》第110条规定，股份有限公司的股东有权对公司的经营提出建议或者质询。该法第187条又明确规定："股东会要求董事、监事、高级管理人员列席会议的，董事、监事、高级管理人员应当列席并接受股东的质询。"这表明我国《公司法》将质询的权利主体规定为股东、股东会，将义务主体规定为董事、监事、高级管理人员，而质询的场所为股东会会议，具体质询事项未予限定，应理解为董事、监事、高级管理人员职务范围内的一切事项。由于股东会可以通过行使质询权而将其建议融于其中，因而该规定也解决了建议权的行使问题。但是《公司法》未对质询权行使的程序以及质询权相对方的义务作出具体的规定。2022 年修订的《上市公司章程指引》第 71 条也只是原则性规定："董事、监事、高级管理人员在股东大会上就股东的质询和建议作出解释和说明。"为解决这一问题，一是上市公司在制定公司章程时可以作出具体的补充规定；二是国家也可以在将来的法律法规或实施细则中加以完善。无论采取上述哪种形式，其具体内容可以从以下三个方面予以考虑：

第一，规定股东可以提前提出书面质询意见。准备在股东会上行使质询权的股东，可以在会议召开前的一定期间内以书面形式向董事、监事、高级管理人员通知其将要在股东会质询的事项，当该股东就通知事项在股东会上质询时，董事、监事、高级管理人员不得以需要调查为由而拒绝说明。需要说明的是，提前提出书面质询意见，对股东而言是权利而不是义务，即使没有提前提出质询意见，在股东会上仍然可以临时提出。

第二，对董事、监事、高级管理人员有权拒绝说明的情形作出明确限定。比如规定，发生下列情形之一，董事、监事、高级管理人员说明义务可以获得免除：涉及商业秘密的事项；信息提供将会损害公司利益的事项；质询内容与股东会目的无关的事项；董事、监事、高级管理人员为作说明而另需调查的事项等。

第三，如果董事、监事、高级管理人员无正当理由而拒绝就股东的质询作出答复和说明时，根据《公司法》第 190 条规定，就是违反法律、行政法规或者公司章程规定的行为，如果这一行为损害股东利益，股东就可以向人民法院提起诉讼。换言之，对股东会通过股东质询事项有关的决议，任何股东均可以该决议程序违法为由向法院提起决议撤销之诉。而对于上述正当理由存有争议时，股东也可以以诉讼方式提请法院予以确定。

2. 股东对股东会的提议召开权、召集权和主持权以及股东临时提案权。就本质而言，这几项股东的权利都是《公司法》基于对中小股东利益保护的宗旨所作的规定。

（1）提议召开临时股东会的权利。股份有限公司的"股东会应当每年召开 1 次年会"（《公司法》第 113 条）。可见，作为公司权力机关的股东会不是经常性地召开会议决定公司事务，这与其性质是相符合的。但是当公司有重大情况出现时，不能及时召开股东会可能又有不妥时，应当允许召开临时股东会议。股东作为公司重要的利益相关者，应享有提议召开临时股东会会议的权利。对此，各国公司法均规定，达到法定比例人数的有表决权的股东可以提议召开临时股东会。依我国《公司法》第 113 条第 3 项的规定，在股份有限公司中，单独或者合计持有公司股份 10% 以上的股东请求时，应在 2 个月内召开临时股东会会议。

（2）股东会的召集和主持权。通常股东会应由董事会召集，由董事长主持；在董事会未履行规定的召集和主持股东会职责时，监事会也可以及时召集和主持股东会。如果公司董事会或监事会没有及时召集股东会，将会延误公司股东会及时进行相关决议，也会阻碍股东依法行使其权利，股东应享有股东会的召集和主持权，并且召集权和主持权应具有统一性，以及时启动股东会会议。在股东提议召开临时股东会时，更是如此。否则，在董事会不召集、董事长不主持或监事会不召集、不主持时，股东提议召开临时股东会的权利可能会完全落空。因此，《公司法》第 114 条第 2 款规定，董事会不能履行或者不履行召集股东会会议职责的，监事会应当及时召集和主持；监事会不召集和主持的，连续 90 日以上单独或者合计持有公司 10% 以上股份的股东可以自行召集和主持。

（3）临时提案权。股东临时提案权，是指股东向股东会提出临时议题或临时议案的权利。按照股权平等原则，中小股东有权参与股东会，参加股东会的目的是希望就公司的发展和自身的利益问题提出自己的意见或主张。而"资本多数决规则"使中小股东无法决定股东会的议程和议题，相反只有被动选择对议题同意与否的权利，因此，立法赋予中小股东享有临时提案权，以克服股权平等原则的局限性。然而，临时提案权也有被滥用的可能，各国立法也对中小股东行使临时提案权予以了适当的限制。因此，各国立法赋予了股东在一定条件下的提案权。同时，考虑到这种提案权仍有被滥用的可能，各国立法均对股东行使提案权予以了一定的限制，这些限制的主要内容可以概括如下：①临时提案股东的持股数额；②持股期间；③临时提案的内容（比如，内容违反法令、公司章程，提案与公司相关程度较低，提案已经讨论等不得将其纳入股东会）；④临时提案提出的程序（主要规定：提案提出的时间、提案提交的对象和提交的形式等）；⑤董事会对股东提案的处理，即由董事会对股东临时提案进行审核，对符合条件的，提交股东会审议，反之，驳回而不予提交。有的国家同时还规定了股东不服董事会驳回临时提案的救济措施。

借鉴别国立法经验，我国《公司法》第 115 条规定，单独或者合计持有公司 1% 以上股份的股东，可以在股东会会议召开 10 日前提出临时提案并书面提交董事会；董事会应当在收到提案后 2 日内通知其他股东，并将该临时提案提交股东会审议。临时提案的内容应当属于股东会职权范围，并有明确议题和具体决议事项。我国 1993 年《公司法》没有关于股东临时提案权的规定，2005 年《公司法》对符合条件股东的临时提案权予以明确承认，这是对 1993 年《公司法》的一项突破与修改，增加了股东的权利，有利于保护公司中小股东的利益。当然，现行规定依然存在一些不足，比如还缺乏关于临时提案股东持股时间、临时提案的内容、董事会对股东提案的处理，以及股东不服董事会驳回临时提案的救济途径等方面的内容。

3. 累积投票制。累积投票制是有利于中小股东选举董事的做法。所谓累积投票（Cumulating voting），是指将每一股份对多项决议事项享有的多数表决权集中起来，针对决议事项中的一项或几项来行使的投票方式。根据我国《公司法》第 117 条的规定，累积投票制专门适用于我国股份有限公司股东会选举董事、监事，但是并非强制性规定，而是"可以按照公司章程的规定或者股东会的决议，实行累积投票制"。我国《公司法》所规定的累积投票制仅适用于股份有限公司，而不适用于有限责任公司。这表明我国立法者更加重视对股份有限公司，尤其是上市公司中的中小股东利益的保护。累积投票制是指股东会选举董事或者监事时，每一股份拥有与应选董事或者监事人数相同的表决权，股东拥有的表决权可以集中使用。具体而言，就是在选举股份有限公司董事或监事时，每一股份都拥有与所选举的董事或监事人数相等的若干表决权数，股东可以将这些表决权数集中起来投到其希望当选的人名下。[1]

---

[1] 在累积投票选举中，每位股东投票数的总额，等于所需要填补的董事或监事职位空缺数乘以他所持有的股份数。每位股东可以将该总票数投向一名或者数名候选人。例如，股东王某拥有 20 股表决股份，在选举中，需要选出 3 名董事，股东王某可以投出的总票数为：3×20＝60 票。根据累积投票方式，他可以将全部 60 票投给某一位候选人或者分别投给若干候选人，由他自己决定。这使得中小股东能够在特定情况下选出一名或者数名能够代表自己的董事。例如，在上面例子中，如果股东王某将全部 60 票投给他自己，他自己当选为董事的可能性就大增。累积投票制起源于英国，但在美国得到了重大发展。19 世纪 60 年代，美国伊利诺伊州（Illinois）报界披露了该州某些铁路经营者欺诈小股东的行为，该州遂于 1870 年宪法中赋予小股东累积投票权。伊利诺伊州宪法中第 3 章节第 11 条规定，任何股东在法人公司选举董事或经理人的任何场合，均得亲自或通过代理人行使累积投票权，而且此类董事或经理不得以任何其他方式选举。如今，该制度已为发达国家公司法所普遍采用。

我国 1993 年《公司法》未规定累积投票制，但 2002 年中国证监会出台的《上市公司治理准则》第 31 条规定，在董事的选举过程中，应充分反映中小股东的意见。股东会在董事选举中应积极推行累积投票制度。控股股东控股比例在 30% 以上的上市公司，应当采用累积投票制。采用累积投票制度的上市公司应在公司章程里规定该制度的实施细则。这是在我国规范性文件中第一次明确提出了累积投票制的要求。从当时的《上市公司治理准则》的表述来看，其对累积投票制原则上采取的是授权性规范，只是对控股股东控股比例超过 30% 的上市公司采取了强制性的规定，对一般上市公司则实行许可累积投票制。在实践中，我国各上市公司大多在公司章程中明确规定了累积投票制。

累积投票的优点是有利于经济的民主化，有利于中小股东选举出代表其利益的董事（即"代表董事"，Watchdog director）；但是也应该看到，它也增加了董事会的派系和分歧，可能影响公司运营和决策的效率。因此，公司法对累积投票制一般不作强制性规定，而作为选择性条款，多由公司自主决定是否采用。当然，一旦公司采用，则必须在公司章程中作出规定，或者由股东会作出决议。此种决议适用普通决议方式。

4. 关联交易的表决权回避。从有利于保护中小股东利益的角度考虑，中国证监会有关规章规定了关联交易表决权回避。2005 年《公司法》在修订过程中确立了这一原则，2023 年《公司法》第 15 条第 2 款规定，公司为公司股东或者实际控制人提供担保的，应当经股东会决议。该股东或者受该实际控制人支配的股东，不得参加股东会该事项的表决。该项表决由出席会议的其他股东所持表决权的过半数通过。该法第 139 条针对上市公司又具体规定，上市公司董事与董事会会议决议事项所涉及的企业或者个人有关联关系的，该董事应当及时向董事会书面报告。有关联关系的董事不得对该项决议行使表决权，也不得代理其他董事行使表决权。该董事会会议由过半数的无关联关系董事出席即可举行，董事会会议所作决议须经无关联关系董事过半数通过。

（二）保护中小股东利益的事后救济措施

在中小股东的利益已经或者可能受到大股东侵害的情况下，法律应当提供事后救济制度。

1. 异议股东股份回购请求权。异议股东股份回购请求权，又称"反对股东股份回购请求权"（Repurchase rights for dissent shareholders），或者称为"异议股东评估权"（Appraisal rights for dissent shareholders），也可直接简称为"评估权"（Appraisal rights），是指在特定交易中，法律赋予对该交易有异议的股东请求公司以公平价格回购其股份的权利。[1]公司重大事务的决定必须按照"资本多数决规则"来作出，这就往往导致公司的意思表示实为大股东的意志，中小股东的意志容易受到漠视、压制甚至被剥夺的情形。当这一情况发生时，法律通过赋予异议股东行使"评估权"，让其以公正价格出售所持股份而得以退出公司。由此在不动摇"资本多数决规则"的前提下，从其他渠道来伸张了中小股东受到压制的权利，体现了公平正义的精神。

评估权制度源于美国，并为其他一些国家所引进，如德国、日本、韩国等。我国《公司法》在修订之后，对评估权作出了规定。《公司法》第 89 条针对有限责任公司股东行使股份回购请求权作了详细规定。对股份有限公司的股东而言，《公司法》第 162 条第 4 项规定，股东因对股东会作出的公司合并、分立决议持异议，可以要求公司收购其股份。这是中小股东在对可能影响自己切身利益的重大事项决策时，基于公司"资本多数决规则"而无法与大股东抗衡，法律允许其退出公司的一项保护措施，但只限于对股东会作出的公司合并、分立决议持异议的情形。之所以如此，是因为股份有限公司的股份转让要自由一些，尤其是上市公司，其股票可以上市交易，其市场价格即可视为公平价格。加之，评估权的行使程序复杂，往往还须借助于司法救济，无论对异议股东还是对公司，都意味着成本增加。而有限责任公司的股权转让较为困难，转让中也较难就股权价格达成一致协议，经常需要借助司法程序才能获得公平价格。[2]

2. 中小股东权利的司法救济。当中小股东实体法上的权利受到侵害时，如果不能通过合理的司法程序进行救济，实体权利就很容易落空。所以，对中小股东利益的保护不仅要注重对其实体权利的保护措施，而且还要注重其司法救济措施。这里的司法救济主要是主张中小股东诉的讼权，即中小股东对损害公司利益和股东利益的行为向法院提起诉讼的权利，它属于股权的内

---

〔1〕 施天涛：《公司法论》（第二版），法律出版社 2006 年版，第 555 页。
〔2〕 施天涛：《公司法论》（第二版），法律出版社 2006 年版，第 563 页。

容。各国公司立法均有对股权进行司法救济的规定。本来，股权作为法律意义上的权利本身就包含了诉权的内容，即股东权利不能实现或受到侵害时可以通过诉讼来获得救济和保护的权利。但《公司法》根据公司的特殊情况从有利于保护中小股东利益出发又专门规定了股东的诉权，包括股东直接诉讼权和股东代表诉讼权。股东直接诉讼（Shareholder direct litigation）是指股东为维护自身利益而提起的诉讼。代表诉讼，也称为派生诉讼（Shareholder in-direct litigation），是指当公司权利受到侵犯，而由于各种原因公司不能或怠于行使诉权时，股东有权为了公司的利益，代表公司并以股东自己的名义向加害于公司的人提起诉讼。二者的联系在于：二者的原告都是公司股东；发生的实质原因都是股东经济利益受到侵害；都是维护股东利益的重要手段等。二者的区别主要在于：第一，诉因不完全相同。股东代表诉讼的诉因是公司的权益受到侵害，间接侵害了股东的经济利益，但并未直接侵害股东的法定权利，而股东直接诉讼的诉因是股东的个人权利受到侵害。第二，诉讼利益归属不同。股东代表诉讼的胜诉利益归公司，而股东直接诉讼的胜诉利益归原告股东。第三，程序规则不同。股东代表诉讼首先应当按照公司法的特别规则进行，而股东直接诉讼则按照民事诉讼的一般规则即可。我国 1993 年《公司法》只规定了股东直接诉讼，2005 年《公司法》修订后增补规定了股东代表诉讼。

（1）股东直接诉讼。股东直接诉讼是指股东为维护自身的利益而提起的诉讼。《公司法》规定的股东直接诉讼情形包括：

第一，撤销决议之诉。《公司法》第 26 条规定："公司股东会、董事会的会议召集程序、表决方式违反法律、行政法规或者公司章程，或者决议内容违反公司章程的，股东自决议作出之日起 60 日内，可以请求人民法院撤销。但是，股东会、董事会的会议召集程序或者表决方式仅有轻微瑕疵，对决议未产生实质影响的除外。未被通知参加股东会会议的股东自知道或者应当知道股东会决议作出之日起 60 日内，可以请求人民法院撤销；自决议作出之日起 1 年内没有行使撤销权的，撤销权消灭。"根据《公司法》第 26 条的规定，撤销决议之诉有如下几个特征：①股东会、董事会决议存在着违法现象，包括两种情况：一是决议程序违反法律、行政法规和公司章程；二是决议内容违反公司章程。如果是上述第一种情形，即决议内容违反法律和行政法规的，则应当按照决议无效而不是按照决议撤销的情况来处理。②股东须在决议作出之日起 60 日内向人民法院提起撤销之诉，如果超过这一期间，股东便丧失这一诉权。即使提起诉讼，人民法院也会不予受理。③撤销之诉的被告应当为公司，尽管违法决议是由公司股东会或董事会作出的，但股东会或董事会是公司内设机构，因而在此并不具有诉讼主体的资格，能够作为诉讼被告的只能是公司法人。④股东享有的诉权属于撤销请求权，至于对股东会、董事会的决议是否撤销，应当由人民法院依法审理之后作出裁决，即撤销权是人民法院的一项司法权力。⑤股东会、董事会的会议召集程序或者表决方式仅有轻微瑕疵，对决议未产生实质影响的人民法院不予撤销。否则属于司法过度干预公司经营，不利于提高公司的经营效率。⑥自决议作出之日起 1 年内没有行使撤销权的，撤销权消灭。公司法首次规定了撤销权为 1 年的除斥期间。这一方面有利于稳定公司中的社会关系，另一方面有利于促进人们及时主张自己的民事权利。

第二，损害赔偿之诉。中小股东损害赔偿之诉的法律依据是《公司法》第 190 条的规定，即董事、高级管理人员违反法律、行政法规或者公司章程的规定，损害股东利益的，股东可以向人民法院提起诉讼。按照这一规定，损害赔偿之诉主要有如下特征：①该诉讼的被告为公司董事和高级管理人员，公司监事不包括在内；②公司董事和高级管理人员有违反法律、行政法规或公司章程的规定的行为；③公司董事和高级管理人员的违法或者违反公司章程的行为必须对股东利益造成损害。

第三，公司解散之诉。我国《公司法》第 231 条规定："公司经营管理发生严重困难，继续存续会使股东利益受到重大损失，通过其他途径不能解决的，持有公司 10%以上表决权的股东，可以请求人民法院解散公司。"此即公司解散之诉的法律依据。公司解散之诉属于公司的司法解散，[1]所谓司法解散，是指在公司出现僵局或其他严重问题时，经相关当事人申请，由司法机关依据适格主体的请求依法裁决对公司予以解散的一种程序。

司法解散具有以下特征：①司法解散依当事人的请求而发动。司法解散

---

〔1〕 公司解散可被分为自愿解散（Voluntary dissolution）和非自愿解散（In-voluntary dissolution）。非自愿解散又包括行政解散（Administrative dissolution）和司法解散（Judicial dissolution）。司法解散又有广义和狭义之分，广义的司法解散包括命令解散和判决解散，狭义的司法解散特指判决解散。命令解散是法院应公司利害关系人或检察官之请求，或依职权以危害公共利益为由命令解散公司。我国《公司法》第 231 条规定的属于判决解散，也即狭义的司法解散。

依然采取民事诉讼"不告不理"的原则，如果没有当事人的诉请，法院不会主动去裁决某一公司解散。这与其他类型的公司解散，在程序上明显不同。公司自愿解散由公司自己决定，公司自愿解散的原因主要包括：公司存续期限届满；股东会决议解散；公司合并的发生等。行政解散则是由于公司的违法行为达到相当的严重程度，而由行政主管机关主动以行政手段予以解散。在我国的司法解散制度中，只有持有公司全部股东 10% 以上表决权的股东才有权请求人民法院解散公司。②提起司法解散之诉须有法定事由。国家立法必须在个人权利和社会权利之间进行平衡，股东的解散请求权属于个人权利，而公司的存续与否不仅仅是股东之间的利益，它还涉及诸如公司职工、债权人等群体的社会公共利益，上市公司涉及的公共利益更广泛，因此维持公司的存续是社会权利的需要。法律要在这二者之间求得平衡，通常只有在公司的存在或公司的行为危及社会利益或严重影响股东利益且难以调和，出现公司僵局时，立法才会允许公司司法解散。我国《公司法》第 231 条所规定的事由为"公司经营管理发生严重困难，继续存续会使股东利益受到重大损失"。③司法解散是"通过其他途径不能解决的"最终救济措施。基于上述理由，司法解散公司的程序不可轻举妄动。只有在穷尽其他途径不能解决纠纷或无法打破僵局时，才可通过公司司法解散来获得对纠纷的最终解决，故《公司法》第 231 条规定"通过其他途径不能解决的"方可请求人民法院解散公司。④法院判决是实现公司司法解散的手段。由于公司解散，尤其是上市公司解散涉及广泛的社会公共利益，因此，司法解散程序在相关当事人向法院提起诉讼被启动之后，法院对司法解散案件的审理应当慎之又慎，并且最终要作出相应的裁决：对符合解散条件的，依法判决其解散；对不符合解散条件的，则视具体情况驳回原告诉讼请求或者采取其他方式予以解决。

司法解散制度，经历了悠久的历史发展过程，同时也形成了相关的理论体系，下面就公司司法解散的制度沿革和法理基础进行讨论。

首先，公司司法解散制度起源于英国。它的前身是英国的"公正合理清盘令"制度，在 19 世纪中叶，基于 Foss 案确立的规则导致的"不公平妨碍"诉讼制度的缺失，英国衡平法院创设了"公正合理清盘令"制度，即当小股东在不能忍受大股东的各种不公平欺压行为时可以直接向法庭申请颁发"清盘令"解散公司，以终止公司的存续，并按照当初股东的出资比例分配公司的剩余财产。这种通过申请"清盘令"的方式，无论是对小股东还是对大股东，在相互之间已无法继续公平合作的前提下而解散公司，都不失为一种简洁、彻底的解脱方式。英国1948年《公司法》对这一制度予以了确认，其后1986年《破产法》第122条规定，小股东可以请求法院解散公司，如法院认为解散公司是正当与公平的，便可颁发"公正合理清盘令"。实践中，法官颁发"公正合理清盘令"的判断的事实依据有：①公司行为违反小股东的基本权利和合法期望；②公司经营超越章程大纲和章程细则所定之范围或公司设立的目的已无法实现；③公司实际上仅仅是大股东、董事或经理人实现个人利益的"工具"和"外衣"；④公司被人利用进行诈骗或其他非法活动。1933年美国伊利诺伊州和宾夕法尼亚州在其州《公司法》中相继效仿英国强制公司解散的制度，1950年《美国标准商事公司法》也作出了相关规定。此后，日本、德国等国的公司法也作出了类似的规定。从公司司法解散制度历史起源来看，该制度的初衷主要是为了更好地保护小股东的利益，使其免受大股东的欺压和侵害。

其次，公司司法解散的法理基础。从传统理念来看，公司是一个由股东组成并为其营利的私法性自治组织。按照私法自治原则，公司更多体现出私权利的行为和意思，而司法解散制度则体现了国家司法权对公司的干预。对这种司法权介入公司内部行为的合理性的研判，就形成了公司司法解散的法理基础，对此，理论界大体上有以下三种学说：①股东受托义务说。受托义务（Fiduciary duties）又可称为诚信义务、信义义务和受信义务，源于英美信托法中受托人对委托人应当承担的义务，将其运用到公司之中，通常是指公司的"董监高"对公司应当承担的受托义务，[1]但是，随着中小股东的权利被大股东行为侵害的案件不断发生，法律也将受托义务的承担者扩展到大股东或者控制股东，即控制股东在公司内部发挥作用的过程中必须遵循受托义务，在决策时不能滥用"资本多数决规则"对中小股东进行侵害，不能损害公司的利益。当然，中小股东对其他股东同样负有受托义务，决策时中小股东亦不得滥用其否决权，产生所谓中小股东专横行为。在公司之中大股东专权和中小股东专横都可能导致公司僵局。公司僵局一旦产生，对全体股东都将不利，对中小股东尤其不利，为了尽量避免两败俱伤进一步扩大，尤其是

---

[1] 详见本书第六章第五节"上市公司'董监高'的义务"中"英美法系关于'董监高'与公司关系的理论基础"关于"信托关系说"的论述。

为了避免大股东对中小股东权益的进一步侵害，法律赋予大股东和中小股东均享有司法解散权就显得十分必要。②期待利益落空说。此说认为，股东出资入股设立或者加入公司时，乃基于一种期待权，其有权期待公司的人格及特定的经营特征保持一种持续性，如果公司的人格及特定经营特征发生根本变化，而导致公司的投资政策、股东之间的信任关系等发生重大变更，并且使公司事务陷于僵局，最终导致股东的期待利益落空，此时就有必要赋予股东求助于司法而解散公司的权利。③社会责任说。随着社会经济的发展，公司的数量和规模不断扩张，公司已经成为有效配置资源、创造社会财富的最重要的市场主体，成为社会经济的支配力量。此时，正如美国学者约瑟夫·W. 欣格教授所指出，公司应当被看作一个"公共企业"，并且所有的当事人都必须对公共事务拥有发言权，而财产所有人对社会以及那些他们与之建立了持续的相互依赖关系的人们负有社会责任，即公司利益已不仅仅是股东利益，而且涉及了供应链企业、消费者、雇员、社区居民等相关者的利益。公司应当对其利益相关者承担相应的责任，此即公司社会责任。如果人们从这样一个广泛的利益相关者的视角来看待公司僵局，就会发现，公司僵局所造成的损害不仅是公司的大小股东们，而且还包括所有与公司兴衰存亡存在利害关系的各类相关者，基于这一认识，国家司法就具有充分的理由干预公司僵局，使其对社会的不利影响减至最小。

（2）股东代表诉讼。股东代表诉讼是公司法律赋予股东的一项诉讼权利，从公司立法目的上看，其宗旨在于保护中小股东的利益。

股东代表诉讼又称股东派生诉讼，是指当公司的合法权益遭受侵害，而公司怠于诉讼时，符合法定要件的股东为公司的利益以自己的名义对侵害人提起诉讼，追究其法律责任的诉讼制度。股东代表诉讼兼具代表性和派生性。一方面起诉股东是代位公司行使诉权，以避免因公司消极不行使诉权而遭受损失；另一方面起诉股东是代表全体股东行使诉权，以维护全体股东所应享有的间接利益。股东代表诉讼制度的设立旨在为股东特别是中小股东提供维护公司和自身合法权益的手段，以制止董事、监事、高管、大股东、第三人等人员对公司的侵害行为。

股东代表诉讼制度起源于英美法系，大陆法系的许多国家和地区也借鉴了这一制度。目前，它成为现代各国或者地区公司法上的一项重要内容，被认为是弥补公司治理结构缺陷及其他救济方法不足的必要手段，在保护中小股东权益等方面发挥着重要作用。我国 2005 年修订前的《公司法》没有对股东代表诉讼制度作出明确规定，但中国证监会、国家经贸委、最高人民法院等有关部门根据形势的发展和公司治理中存在的突出问题，结合各国或者地区的经验，在这方面作出了有益的探索。我国修订后的 2005 年《公司法》第 152 条第一次以法律的形式正式在我国确立了股东代表诉讼制度。2023 年《公司法》对股东代表诉讼制度又作了进一步的修订。下面将从诉讼当事人、诉讼程序和法律后果等方面来讨论股东代表诉讼制度。

首先，股东代表诉讼当事人。根据我国《公司法》第 189 条的规定，我国股东代表诉讼的提起人可以为"有限责任公司的股东、股份有限公司连续 180 日以上单独或者合计持有公司 1% 以上股份的股东"，被告的范围包括董事、高级管理人员、监事、侵犯公司合法权益的他人。相对于其他国家和地区的立法例，我国《公司法》对于原告、被告的要求是较为宽松的，原告股东不受"连续持股原则"的限制，不受"高额股份比例"的约束，不受"诉讼担保规则"的影响。被告则不限于董事，侵害公司权益的股东、控制人、审计人等第三人均有可能成为股东代表诉讼的被告。

第一，股东代表诉讼中的原告。股东代表诉讼的原告通常是指提起股东代表诉讼的股东。我国《公司法》对于有限责任公司的股东没有设置任何限制性条件，对于股份有限公司的股东则要求其必须连续 180 日单独或合计持有公司 1% 的股份。对于股东代表诉讼，为了在鼓励诉讼和防止滥诉之间取得平衡，各国公司立法通常都设置了一些限制性条件，以使提起诉讼的股东具有代表性和正当性。我国也借鉴其他国家和地区的经验，在持股期限、股份比例等方面要求提起诉讼的股东必须具备特定条件。

就持股期限而言，我国《公司法》仅要求股份有限公司的股东必须连续持有公司股份达 180 日，除此之外未作进一步规范，如：侵害公司利益的行为是否一定要发生在 180 日的持股期间内，原告的股东身份是否一定要保持到诉讼判决阶段等问题均不明确。其原因主要在于考虑到我国股东大多还没有提起股东代表诉讼的法律意识，故意放宽对原告资格的要求。最高人民法院通过的《最高人民法院关于适用〈中华人民共和国公司法〉若干问题的规定（一）》（2014 修正，现行有效，以下简称《公司法解释一》）第 4 条也持这一态度，即公司法第 151 条规定的 180 日以上连续持股期间，应为股东向人民法院提起诉讼时，已期满的持股时间。这意味着法律不要求原告（股东）一定要在侵权行为发生时就持有公司的股份。

英美法上通常要求起诉股东必须满足"同时持股原则"，即从侵权行为发生时起到派生诉讼结束时止股东必须持有公司股份，以防止"购买诉讼"的出现。股东在诉讼过程必须具有股东的身份，股份的转让将导致原告资格的丧失、诉讼程序的终结。这可以看作是"同时持股原则"的继续，以便使得股东代表诉讼的代位性和代表性得到充分实现。但如果股东是因为股份转移或股份交换等非自愿的方式丧失股东资格，通常不认为其已丧失原告资格，其可以继续参与诉讼活动直至诉讼结束。如果股东因为死亡、丧失行为能力等情形而无法继续诉讼，也不会导致原告资格的丧失，此时应按照诉讼终止的相关程序确定诉讼继受人。

就持股比例而言，我国《公司法》对有限责任公司的股东没有作任何规定，但要求股份有限公司的股东必须单独或合计持有1%以上的股份。这一规定在实践应用时有以下三种可能性：①某一股东单独持股的情况。此时要求其必须持有1%以上的股份，且持有时间满180日，这样才符合起诉的法定条件。②2个以上股东合计持股数量超过公司总股份数1%的，并且每位股东的持股时间均满了180日。③2个以上股东的持股数量符合条件要求，但是存在其中部分股东的持股时间还未满180日的情况，而去除持股时间不足的股东，剩余股东的持股数量又达不到公司股份总数的1%以上。对此《公司法解释一》第4条明确解释，公司法第151条规定的合计持有公司1%以上股份，是指2个以上股东持股份额的合计。前列三种可能性中，第一、二种情形符合本条司法解释的规定，而第三种情形则不符合本条规定。此立法目的，在于防止股东恶意提起诉讼，干扰公司正常生产经营。

近年来，日本公司法的现代化改革还明确规定了起诉股东的主观要件，即"如果提起诉讼追究董事责任的目的是追求该股东个人或第三人的不正当利益，或给公司造成损害，则该股东不得提起诉讼。"这种从主观方面加以限定的规定进一步完善了日本的股东代表诉讼制度，有助于防止恶意诉讼的提起，使得股东代表诉讼具有更好的代表性。通常认为股东提起股东代表诉讼时必须是基于善意，必须以维护公司利益为目的，而不能借股东代表诉讼谋求个人私益或实现非法目的。"善意原则"没有具体化的判断标准，但股东若曾参加、批准或默许过所诉侵害行为，或者以干扰公司生产经营、损害公司股东权益为目的，或者为公司竞争对手牟取竞争优势，则其提起的诉讼可以推定为"恶意诉讼"。我国《公司法》没有就主观要件作相应的限制性规定，如果被起诉的董事、第三人等被告有证据证明原告的起诉具有恶意，司法机关也应借鉴日本立法并结合学说理论，认定起诉股东不具备原告资格进而驳回起诉。

第二，股东代表诉讼的被告。由于股东代表诉讼主要是源于董事对公司的侵害行为，故而董事会属于各国股东代表诉讼立法规制的主要对象。比如，日本商法就规定股东代表诉讼的被告仅限于董事，但随着司法经验的累积和学术研究的深入，被告的范围也得到了扩大，监事、股东、发起人等人员也可以作为被诉对象，并且这种做法最终为立法认可。而在英美国家，只要行为人实施了侵害公司权益的行为就有可能成为股东代表诉讼的被告。学者称之为"自由模式"，我国《公司法》规定董事、高级管理人员、监事以及侵犯公司合法权益的"他人"均可以成为股东代表诉讼的被告，也即借鉴了英美的"自由模式"，我国立法虽然没有对"他人"的范围予以明确，但公司的控股股东、其他股东、实际控制人等也应解释为包含在"他人"之中。因此，凡是对公司实施了不正当行为而对公司负有民事责任的人，在公司怠于对其行使诉权的情形下，都可以成为股东代表诉讼的被告。这种较宽范围的解释有利于充分发挥股东代表诉讼制度的作用。

第三，公司的诉讼地位。在股东代表诉讼中，公司是必要的当事人，没有公司的参与，该诉讼将无法进行。公司在代表诉讼中的法律地位如何，各国立法例不尽一致，有的国家将公司规定为原告，有的国家则规定为被告，还有的国家规定为第三人。在英国和美国，公司是以被告的名义参加诉讼的。由于公司拒绝以自己的名义作为原告就其所遭受的损害提起诉讼，它被作为名义上的被告（A nominal defendant）。他们认为，公司之所以不能作原告，是由于董事会或股东会作为公司的机关均未批准由公司提起诉讼，但公司又不得不作为代表诉讼的当事人，这样做的目的是公司可因此受到法院判决的约束，并从中获得利益。在日本，公司可以参加诉讼，也可以不参加诉讼。如果不参加诉讼，根据《日本民事诉讼法》第201条第2款之规定，代表诉讼判决的效力当然及于公司；而公司参加诉讼的，其可以成为共同诉讼人，或为辅助一方当事人。

我国《公司法》对于公司在股东代表诉讼中的地位没有规定，在股东代表诉讼的司法实践中，法院有将公司列为被告，并且是作为名义上的被告以区别于实质上的被告，这和美国的通行做法一致。但从理论上讲，在我国，公司不应被作为名义被告来对待，因为这与我国诉讼法理论和实践不相符合。许多学者认为，可采取日本的做法，尽管判决效力当然及于公司，但不强求公司参加诉讼，当公司愿意参加时，将其列为共同诉讼人，归于原告一方参加诉讼。

其次，股东代表诉讼的程序。股东代表诉讼的程序主要涉及诉讼前置程序和诉讼管辖：

第一，诉讼前置程序。股东代表诉讼是股东代位行使公司的诉权，如果公司自己决定行使诉权或采取相关措施制止侵害行为，则股东应当尊重公司的决定。因此，各个国家和地区的公司立法都要求股东先向公司提起采取特定行动，如果公司采取相关措施保障了公司的合法权益，那么股东就不必、也不得提起诉讼。

根据我国《公司法》第189条的规定，股东必须以书面形式向公司提出请求，并表明请求诉讼的目的、被告的姓名和诉讼的原因等内容，在公司收到请求后拒绝提起诉讼或30日内未提起诉讼，或者情况紧急、不立即提起诉讼会使公司利益受到难以弥补的损害的情况下，股东可以以自己的名义直接向人民法院提起诉讼。这里要强调的是，只要公司在股东请求后拒绝起诉或30日内不予答复，不管其基于什么原因拒绝，股东均可以提起派生诉讼。

我国《公司法》规定，股东对于董事、高级管理人员的不法行为可以请求监事会或者不设监事会的有限责任公司的监事向法院提起诉讼，对于监事的不法行为可以请求董事会或不设董事会的有限责任公司的执行董事向法院提起诉讼。近年来我国上市公司实施了独立董事制度，如果公司设置了由独立董事组成的诉讼委员会，则股东也可以要求诉讼委员会向法院提起诉讼，这可以视为对《公司法》规定中的"董事会"概念进行扩张解释。

《公司法》原则上要求股东必须先请求监事会、董事会等机关采取特定行动，但在"情况紧急、不立即提起诉讼将会使公司利益受到难以弥补的损害的"，股东可以不经过前置程序的要求而直接向人民法院提起诉讼。至于何谓"情况紧急"，有待于积累司法实践经验作出更加细致并且具有可操作性的规定。一般说来，如果董事、监事、高级管理人员等人员多数为加害人，或受侵害人的实际控制，或实际参与侵权行为，或者明示或默示批准过侵权行为，则前置程序可以豁免。

第二，诉讼管辖。在我国当前的法治环境下，管辖法院往往会对判决结果产生较大的影响，因此，诉讼当事人都会发挥最大的能量争取对己方有利的管辖法院。我国《公司法》未对股东代表诉讼的管辖加以特别规定，因而原则上应当根据《民事诉讼法》的规定来处理，即以原告就被告和侵权行为地来确定诉讼管辖地。经上述分析可知，股东代表诉讼涉及原告、被告和公司三方当事人，管辖地的确立不仅要方便当事人参与诉讼，也要方便法院审理案件，特别是股东代表诉讼多数涉及董事、监事、控股股东和实际控制人的侵权行为，这些行为的发生地和结果地往往都在公司所在地。另外，基于公司这一商事主体往往股东人数众多、机关成员可能来自全国各地，如果一律采取原告就被告的诉讼原则恐怕会引起一系列的不便和问题。如果要快捷方便地调取证据、询问证人，应当说，由公司所在地的法院来从事相关行为会使效率更高、成本更低。因此，有学者主张我国也应该明确规定股东代表诉讼专属于公司所在地的法院管辖。

然而，股东代表诉讼不加区分一律适用公司所在地的法院专属管辖，也会存在弊端。股东代表诉讼有两种情况，一种是当内部人员侵犯公司利益时而提起的股东代表诉讼；另一种是当公司外部人员（即"他人"）侵害公司利益时而提起的股东代表诉讼。在"他人"侵害公司利益的情况下，公司如果直接起诉"他人"可能需要到"他人"所在地起诉，但如果公司与股东串通，公司不直接起诉而是由股东提起代表诉讼，此时的管辖法院不再是"他人"所在地法院而是公司所在地法院。显然，规定股东代表诉讼由公司所在地法院管辖很可能会导致股东代表诉讼制度被滥用，从而破坏我国民事诉讼法所确立的管辖制度。从这一角度来看，采取区别对待的方式比较妥当：即当内部人员侵害公司利益时，由公司住所地法院管辖；当"他人"侵害公司利益时，应采用《民事诉讼法》的一般管辖原则。

第三，举证责任。在股东代表诉讼中，提起诉讼的股东与侵害人之间的法律地位是平等的，按照一般民事诉讼程序，股东需就其提起诉讼的侵权事实与后果向法庭负举证责任。但是，在股东代表诉讼中，提起诉讼的股东一般都是利益受损的中小股东，他们在公司中处于相对弱势地位，而且他们的诉讼代表权是由于公司利益受损时那些控股股东或公司高级管理人员不愿提起诉讼而由他们代替公司提起的。所以，在整个诉讼的起因与过程当中他们都处于被动状态，如果规定由提起诉讼的股东负举证责任，对于他们来说显然是不公平的。因为在这种情况下，公司受控于大股东或高管人员，很多证据都掌握在他们手中，小股东不可能自如地取得重要信息，即使可以也可能会被控制者转移、修改甚至销毁。所以，宜适用举证责任倒置，由被告负举证责任证明自己没有实施侵害行为，或侵害结果与自己没有因果关系。

最后，诉讼的法律后果。在股东代表诉讼中，胜诉后的利益原则上归于公司。但是，由于股东代表诉讼具有代位性和代表性的特点，原告、被告和公司之间的法律关系因原告胜诉或败诉而有所不同，股东代表诉讼判决的内容也会有所差异。

第一，在原告胜诉的情况下。如果原告胜诉，在此情况下，就意味着董事、监事、控制股东、实际控制人、高级管理人员等确实实施了侵害公司利益的行为，其必须将所得不当利益返还给公司或对其所造成的损害给予赔偿。由于股东代表诉讼中提起诉讼的原告是股东，获得赔偿的却是公司，因此这种赔偿责任的实现与传统的侵权损害赔偿有所差异，它涉及原告的损失和为诉讼而支出的合理费用如何处理的问题。对此，日本商法规定股东在胜诉时可以请求公司支付其进行诉讼的必要费用和律师报酬。着眼于股东代表诉讼制度的性质和特点，从公平的角度来考虑，在我国的股东代表诉讼司法实践中，提起诉讼的股东在胜诉时应当可以向公司请求支付必要费用和律师报酬。

第二，原告败诉的情况下。股东代表诉讼的立法原则总是试图在保护中小股东利益和防止滥诉二者之间寻找平衡点。原告败诉时法律责任的追究同样应当遵循这一基本原则。在英美法系国家股东提起派生诉讼较为容易，这是因为其公司法对股东代表诉讼的限制性条件相对较少，相应地，原告败诉时法律责任的追究则相对较严。例如在美国，大多数州并不要求提供诉讼担保，但在原告股东败诉时无论其是否恶意提起诉讼，均要求其承担赔偿责任。但是，在日本和我国台湾地区，法院只能判令恶意的原告股东对公司承担损害赔偿责任。我国的股东代表诉讼制度以日本的立法模式为鉴，设置了较为严格的起诉条件，如果再要求股东在败诉时承担严格赔偿责任，必然会影响到股东提起诉讼的积极性，因此当原告败诉时，原则上不应对公司和被告承担赔偿责任。但是，如果有证据证明原告系恶意诉讼，则败诉的原告应当就此对给公司和被告造成的损失承担赔偿责任。

第三节　上市公司股东会制度特别问题研究

由于本书目的在于研究上市公司监管法律制度，故对于股东会以及本书后面第七、八章所要讨论的董事（会）制度和监事（会）制度，均就其特别问题予以探讨，而对于与上市公司监管法律制度关系不密切的，哪怕是从公司法的角度来看属于十分的重要问题，比如那些纯属上市公司内部意思自治的民商事法律关系，本书均不涉及。故本节只讨论股东会制度的几个特别问题。

一、股东表决权行使的程序问题研究

上市公司的意思形成从股东会的层面而言，主要取决于股东表决权的行使，即股东在股东会审议公司有关事项时依法作出的意思表示即为公司意思。而股东行使表决权的表决程序则是股东表决权正当行使的保障，是上市公司监管法关注的重要问题之一。为了使股东会形成公平、有效率的决议，提高中小股东参与公司治理的积极性，同时防止大股东利用控股地位侵害中小股东的权利，各国公司法一般都制定了表决程序的规范。其主要内容如下：

（一）表决权的亲自行使

股东表决权是股东参与公司意思形成的具体方式，是股东对于股东会决议事项表示同意或反对意思的权力。在性质上它属于股权中参与公司管理权的内容，表决权一般由股东亲自出席股东会亲自行使。股东亲自行使表决权是按照"一股一票"的制度[1]来具体行使其权利（亦为权力）。个人股东亲自出席会议的，应出示本人身份证或其他能够表明其身份的有效证件或证明、股票账户卡；法人股东应由法定代表人或者法定代表人委托的代理人出席会议。[2]

（二）表决权的代理行使

下图是笔者于 2012 年 11 月 26 日在中国证券登记结算有限责任公司官方

---

[1]　在我国"一股一票"制度的法律依据，是《公司法》第 116 条中的规定，即"股东出席股东会会议，所持每一股份有一表决权"。

[2]　参见《上市公司章程指引》第 61 条。

网站上下载的关于我国沪深两地一星期（2012.11.12～2012.11.16）A、B 股股票账户开户的详细情况，截至 2012 年 11 月 16 日，沪深两市开户总数统计已达 13，985.77 万户。

表 2　一周股票账户情况统计表（2012.11.12～2012.11.16）[1]

	上海分公司	深圳分公司	合　计
一、期末有效账户数（万户）	6 955.81	7 029.96	13 985.77
二、新增股票账户数（户） 其中：	40 700	36 627	77 327
1. 新增 A 股开户数（户）	40 628	36 567	77 195
2. 新增 B 股开户数（户）	72	60	132
三、期末股票账户数（万户） 其中：	8 559.85	8 447.83	17 007.68
1. 期末 A 股账户数（万户）	8 406.71	8 348.01	16 754.72
（1）期末持仓 A 股账户数（万户）	3 103.11	2 475.33	5 578.44
（2）本周参与交易的 A 股账户数（万户）	320.73	325.95	646.68
2. 期末 B 股账户数（万户）	153.14	99.82	252.96
四、期末休眠账户数（万户）	1 604.04	1 417.87	3 021.91

注：①期末有效账户数＝期末 A 股账户数＋期末 B 股账户数－期末休眠账户数；②新增股票账户数指当周新开出的股票账户数；③期末股票账户数＝期末 A 股账户数＋期末 B 股账户数；④期末持仓 A 股账户指期末持有证券余额不为零的 A 股账户；⑤本周参与交易 A 股账户指本周参与证券市场二级市场集中交易的 A 股账户；⑥休眠账户指根据中国证监会《关于做好证券公司客户交易结算资金第三方存管有关账户规范工作的通知》以及本公司《关于进一步规范账户管理工作的通知》的规定，经证券公司核实、申报的休眠账户数；⑦本周 5 个交易日。

有的上市公司的股东 A 数多达几十万，这些股民一般都有自己固定的工

---

[1]　此数据来源于中国证券登记结算有限责任公司官方网站，http://www.chinaclear.cn/main/03/0303/030305/1353400691978.htm.

作，多为业余炒股，对于其购股所属公司的经营管理多无暇顾及或无能力参与管理，就连一年一度的股东会也多不参与。然而，股东对于与公司经营效率密切相关的其投资收益则十分在意，这样投资者欲寻找他人代其行使权力，积极参与公司的经营决策活动，就必须正确行使表决权。如果股东不行使其表决权，使得股东会决议难以通过或者股东会被人为操纵，则可能影响公司的经营发展战略决策，最终导致公司的经营效率下降。在这种情况下，立法如果硬性规定股东亲自行使表决权，未免强人所难且不合实际。因此，建立起诸如表决权代理（Voting proxy）、表决权信托（Voting trust）等制度，就能解决股东不能亲自行使表决权所产生的诸多问题。

表决权的代理行使分为一般情形下的代理行使（即普通代理行使）和表决代理权征集行使两种情况。

1. 普通代理行使。股东既可以亲自到股东会现场投票，也可以委托代理人代为投票，两者具有同样的法律效力，即股东出席股东会行使表决权可以委托他人代理。表决权的代理行使制度既可给股东提供行使表决权之便，又可使股权分散的公司出席股东会的股份数达到法定要件，[1]这对于股权分散的上市公司而言作用尤甚。我国《公司法》第 118 条规定，股东委托代理人出席股东会会议，代理人应当向公司提交股东授权委托书，并在授权范围内行使表决权。但对于代理人资格、代理人人数、委托书的效力期限等重要问题该条均未作出具体规定，显得过于原则和抽象，可操作性较差。所以，在现实生活中，还需要通过公司章程或股东会决议将其进一步完善和细化。

根据民法上代理制度的一般原理，凡具有民事行为能力的自然人均可为代理人。对于代理人是否必须为公司股东，《公司法》和《上市公司章程指引》未作规定，《到境外上市公司章程必备条款》规定代理人可以不是股东。显然，从表决权的行使方便起见，代理人不应限定为股东。上市公司是资合性公众公司，股东之间没有如同人合性的有限责任公司那样的人身信任关系。由于股份流转的便捷，股东之间完全可能互不相识，若要求代理人必须是股东，则可能使那些既不能直接出席又不愿委托其他股东的股东放弃表决权的

---

[1] 通过股东大会决议的法定表决权数分为出席会议的法定数和决议表决时同意的法定数。各国法律都规定，股东大会决议是以出席股东过半数或 2/3 或 3/4 以上的表决权通过。但它是以出席会议的股东要符合法定数为前提的，表决权的代理行使制度使股权分散的上市公司出席股东大会的股份数达到法定要件的可能性增大。

行使，有违表决权代理行使制度保障中小股东权利的立法目的。

《上市公司章程指引》规定委托代理人出席股东会时，代理人应出示委托人身份证、代理人身份证、授权委托书及持股凭证。授权委托书应当载明的内容有：代理人的姓名；是否具有表决权；分别对列入股东会议程的每一审议事项投赞成、反对或弃权票的指示；委托书签发日期和有效期限；委托人签名（或盖章）。委托人为法人股东的，应加盖法人单位印章。委托书应当注明如果股东不作具体指示，股东代理人是否可以按自己的意思表决。〔1〕代理投票授权委托书由委托人授权他人签署的，授权签署的授权书或者其他授权文件应当经过公证。经公证的授权书或者其他授权文件，和投票代理委托书均需备置于公司住所或者召集会议的通知中指定的其他地方。委托人为法人的，由其法定代表人或者董事会、其他决策机构决议授权的人作为代表出席公司的股东会。〔2〕

代理人应当按委托股东的授权行使表决权，如果代理人不履行代理职责或越权行使代理权时，应对委托股东承担相应的民事责任，但越权代理行为不会影响股东会决议的效力。当股东委托数个代理人时，各代理人在各自代理权限内行使表决权。关于委托股东在作出授权之后，是否可以撤回其授权，从理论上讲应该可以，因为委托代理关系具有较强的人身信任关系，委托人与代理人都享有终止委托代理关系的权利。但有关一般委托代理关系终止的规定，并不完全适用于表决权的代理行使，如《到境外上市公司章程必备条款》第63条规定："表决前委托人已经去世、丧失行为能力撤回委任、撤回签署委任的授权或者有关股份已被转让的，只要公司在有关会议开始前没有收到该等事项的书面通知，由股东代理人依委托书所作出的表决仍然有效。"

2. 表决代理权征集。在实践中，表决权的代理行使，往往与表决代理权征集相联系。所谓表决代理权征集（Solicitation of proxies），又称为表决权代理行使劝诱，是指代理人主动征集表决代理权的行为，即代理人请求股东授予其表决代理权的行为。其方式是将已经格式化的征集书发送给股东，经股东签章后，由征集代理权的代理人行使表决权。征集人可以是任何具有民事行为能力的人，但在公司实践中，实际上通常是公司管理层，或者是公司的

---

〔1〕　参见《上市公司章程指引》第61~63条。
〔2〕　参见《上市公司章程指引》第64条。

反对股东。通常表决代理权的征集目的有二：①公司为了股东会的召开具备法定人数或者董事会提出的议案能够被通过。在这种情况下，一般是公司管理层代为行使。②公司以外的人，或者是公司的反对股东（Insurgents），用来作为一种争夺公司控制权的工具，形成所谓的"表决代理权竞争"（Proxy contest）。

可见，在股份持有比较分散的上市公司中，许多公众股东对于参加公司股东会议没有多大兴趣，往往放弃行使表决权。但是，如果采用主动征集代理权的方式，则可以征集到本来没有打算行使表决权的股东的表决权。一方面可以确保股东会议满足法定人数的要求；另一方面可以形成一种竞争局面，使公司管理层不断提高管理水平。但是，这一制度不能避免被滥用以操纵公司从而损害中小股东利益的弊端。因而，有必要对其进行规制，我国《公司法》虽然没有关于表决权委托劝诱的直接规定，但第118条关于："股东委托代理人出席股东会会议的，应当明确代理人代理的事项、权限和期限；代理人应当向公司提交股东授权委托书，并在授权范围内行使表决权"的规定，应当视为对表决代理权征集的法律认可的原则性依据。此外，我国《股票条例》第65条规定："股票持有人可以授权他人代理行使其同意权或者投票权。但是，任何人在征集25人以上的同意权或者投票权时，应当遵守证监会有关信息披露和作出报告的规定。"这一规定应当是对表决代理权征集的直接法规规定，而《到境外上市公司章程必备条款》《上市公司独立董事管理办法》和《上市公司治理准则》等规章则更是进一步对表决代理权征集作出了较为周全的规定，这些规定的主要内容如下：①《到境外上市公司章程必备条款》第62条规定："任何由公司董事会发给股东用于任命股东代理人的委托书的格式，应当让股东自由选择指示股东代理人投赞成票或者反对票，并就会议每项议题所要作出表决的事项分别作出提示。委托书应当说明如果股东不作指示，股东代理人可以按自己的意思表决。"对委托书的内容与格式进行限制，其目的是使委托书尽量反映出股东明示的意思，防止委托书劝诱制度成为经营者控制公司的手段。②《上市公司独立董事管理办法》第18条第4项规定，独立董事可依法公开向股东征集股东权利。公开征集股东权利，是指符合条件的主体（如独立董事）公开请求不特定的股东委托其代为行使股东权利的行为。独立董事的根本特征在于其"独立性"，即独立于公司和大股东，因此由其代理股东代理行使表决权，有助于降低中小股东参与公司治理的成本，激发中小股东行使股东权利的积极性，从而充分发挥股东会机能，有利于中小股东利益的保护。③我国《上市公司治理准则》第 16 条规定，上市公司董事会、独立董事和符合有关条件的股东可向上市公司股东征集其在股东大会上的投票权。投票权征集应采取无偿的方式进行，并应向被征集人充分披露信息。

（三）表决权信托

我国《公司法》没有对表决权信托作出规定，《信托法》中也无相关内容的规定，所以，在我国目前尚无表决权信托制度。表决权信托是美国首创的一种制度，主要在英美法系国家尤其在美国公司法实践中较为盛行，大陆法系一些国家的公司立法引进了英美法的做法，也设有股东表决权信托制度。

表决权信托源自英美法系的信托制度，信托是英美衡平法设计的一种财产移转及管理机制。在英美法系的相关制度中，信托是基于"双重所有权"的观念，即委托人将其所有权一分为二：一份授权给受托人，一份留给自己。名义上的所有权由受托人拥有，实质上的所有权则由自己（受益人）拥有。信托的核心机制就在于"双重所有权"的运用，授权出去的财产所有权所产生的责任、义务及风险均归属于名义上的所有权人，而财产运作的收益则归属于委托人（受益人）。仅从投资与收益的角度来看，有学者认为，信托制度与股份公司制度极为相似，具体表现是：①这两项制度都是把资金、财产交给他人管理、处分的制度。在信托制度里，委托人交付财产即为"信托财产的移转"，其因此所享受的权益为"受益权"或"信托利益"；而在股份公司里，投资人交付财产即为"投资"或"股份认购"，其因此所享受的权益为股东权，所获取的收益为"股利"。②受托人或公司享有名义上的所有权，委托人或投资人享有实质上的所有权或者说终极所有权。③委托人或投资人对财产的管理与处分承担"有限责任"。委托人以信托财产为限承担责任，股东的风险以投资为限承担责任。④投资收益关系相似。[1]

当然，信托制度与股份公司制度在个人化程度、财产运作管理、受益人（或投资人）权益保障以及利益分配等方面还是存在较大差异的，因而各有其发展空间。不过信托制度下受托人为受益人的利益管理，其所有权与控制权的分离，这与股份公司制度下的所有权与控制权分离、董事为股东利益经营

---

〔1〕　梅慎实：《现代公司机关权力构造论》，中国政法大学出版社 2000 年版，第 285 页。

管理公司财产的制度是极为相似的。因此，在探索和完善股东表决权行使机制时，不妨建立表决权信托机制，使投资者成为只获取股息红利的股东，将其表决权的行使委托给受托人，这样还可以减少公司与股东之间人力、财力与时间上的耗费，从而充分显示出信托制度的优越性。[1]下面就美国公司立法中的表决权信托制度略作解读。

表决权信托作为美国公司治理的一项有效制度，是利用信托原理来控制公司经营的一种法律设计，既与公司法密切相关，又涉及信托法的若干原理。它对于提高少数股东在公司的主动地位、加强其对公司影响力和控制力起着十分重要的作用。表决权信托，是指股东在一定期间，以不可撤回（Irrevocably）的方式将其股份的表决权转移给受托人（Voting trustee），由受托人持有并集中统一行使，而股东只享有股份受益权的信托制度。在这一信托关系中，受托人为股票的"法律所有人"（Iegal owner），股东（受益人或信托人）是股票的"受益所有人"（Beneficial owner）。美国《示范公司法》第7.30（a）条规定："1个或多个股东可以设立1个投票信托组织，授予受托人投票权或其他为他们活动的权利，并把股票转让给受托人；办法是签订协议，在协议中规定信托组织的条款（在条款中可以包含和信托组织目的不抵触的任何内容）。当投票信托协议签署后，受托人应当准备好受益权所有人的名单，名单中要开列其姓名、地址以及上述受益权所有人转让给信托组织的股票的数量和类别，信托组织还应将上述名单和协议的副本若干份送交公司的主要办事处。"该法还规定："投票表决必须符合以下最低要求：①协议不可以超过10年；②协议须为书面的，经在公司簿册中将他们的股份转让给投票受托人的1名或多名股东签署；③股票受托人必须准备1份在投票信托中受益人的清单，并将该清单和协议的复本交到公司的主要办事场所。此后，这些文件可供股东检阅。"[2]从美国《示范公司法》的规定中可以概括出表决权信托具有如下法律特征：

1. 股权包含自益权和共益权。受益权是自益权的主要内容，表决权是共益权的主要内容，而表决权信托就是将股权中共益权的表决权分离出来的制

---

〔1〕 梅慎实：《现代公司机关权力构造论》，中国政法大学出版社2000年版，第285页。
〔2〕 ［美］罗伯特·W.汉密尔顿：《美国公司法》（第5版），齐东祥等译，法律出版社2008年版，第211页。

度设计。表决权信托制度将原本由股东统一行使的自益权和共益权，改造成股东可以借助一定的形式使作为共益权内容的表决权从股权中分离出来，让渡给第三人，而完整地保留了作为自益权内容的受益权。这里的第三人在实践中往往可能是一个善于经营管理的机构，由其行使表决权不仅解放了股东纠结于行使表决权的问题，而且使公司决策更加专业化。

2. 表决权信托是根据信托协议来设定股东（受益人）与受托人之间的权利义务关系。设立表决权信托必须订立书面信托协议，股东按照协议将其信托的股份转让给受托人，并办理股东名义变更，从而使表决权受托人成为登记在册的记名股东。此外，为使善意第三人了解股权信托的真实状况，以受托人名义记载的股东名册及受托人持有的公司股票上应注明"股权信托"的字样。信托协议应对受托人行使权利的范围有所约定。因为股权信托毕竟不等同于股权转让，受托人所获得的仅仅是股东权中出席股东会并行使表决权的权利，以及与这些权利密切相连的其他附属权利，如召开股东会通知获悉权等。股东的其他诸多共益权和全部自益权都不属于受托人，如未经信托人的同意，受托人无权以其受托股份为其他债权人设定质押；无权出售或更换公司财产；无权增发新股；无权合并、分立及解散公司；等等。如果受托人越权行为，侵犯了信托人的权利，应承担相应的法律责任。[1]

3. 表决权信托中股东对表决权的让渡是一种长期的、相对稳定的权利转移。如果仅从表决权与受益权相分离来看，表决权代理也具有从股权中将表决权分离出来的功能，但这种分离是按照民法中的代理原理来设计的，具有短暂的、一次性的、可随时撤回的特点；而表决权信托由于是按照信托原理来设计的，因此股东对表决权的让渡不是简单的分离，其重要的特点就是具有长期性和不可撤回性：就长期性而言，美国《示范公司法》规定可以达到10年甚至更长的时间；[2]就不可撤回性而言，生效后表决权信托在设定的期间内不能撤回，以至于股东对受托人如何行使表决权都无法加以控制。"表决信托把股份的法定所有权授予了受托人，而且股份是以受托人的名字登记在公司的簿册中的……尽管表决信托协议可以限制受托人对某些事项进行表决

―――――――――

〔1〕　梅慎实：《现代公司机关权力构造论》，中国政法大学出版社2000年版，第288页。

〔2〕　《示范公司法》第7.30（c）条是关于延长表决权信托至超过它的10年最长期间的事项。美国若干个州的法律也允许在表决权信托的期限来临的前1年予以延长。参见［美］罗伯特·W.汉密尔顿：《美国公司法》（第5版），齐东祥译，法律出版社2008年版，第211页。

的权利，或者限制受托人未经实际所有人同意而向第三人转让其所持有股份的权利，但在表决信托中，对股份的法定所有权以及整个的表决权都是与衡平法上的股份所有权相分离的。"[1]这也就意味着，设立表决权信托后，受托人不仅是表决权的行使人，而且成为了公司的名义股东。[2]

4. 表决权信托设定的目的必须具有合法性。有学者甚至认为，英国的信托制度因规避法律而产生，法律可以合理规避，但是信托的目的必须合法。表决权信托作为一种信托方式，与信托制度在实践中运用一样，有可能出现规避法律的情况。因此，必须强调设定目的的合法性。如果旨在以合法的方法促进公司和所有股东的利益，则合法有效；但其目的违法或不正当，如设立信托的唯一目的是使委托人获益而牺牲公司或其他股东利益，或是为了规避法律，或是通过信托实施不法行为或欺诈行为的，则此种信托将被法院宣告为无效。[3]

5. 受托人在行使表决权时，应当履行信托法上一般受托人的受信托义务。由于受托人为衡平法上的受托人，因此其行使表决权时，应当履行信托法上一般受托人的受信托义务，即受托人在行使表决权时负有忠实义务、善良管理人的注意义务等。如果受托人违反受信托义务，不当运用公司资金、贪污、受贿、谋取私利及从事其他违法、违反信托的行为，就会导致受托人解职或信托契约失去效力。此外，受托人执行信托事务产生的侵权行为，由其本人对被侵权者负责。[4]

总之，表决权信托作为一种适应公司和社会发展现状而创设的制度，既有利于第三人不必认购公司股份而实现控制公司经营之目的，也有利于少数股东对公司经营管理的监督。从确保公司管理政策的延续、防止外部入侵者获得本公司的控制权、保护小股东权益等方面考虑，我国的公司法有设置表决权信托规范条款之必要。[5]

(四) 书面行使

表决权的书面行使，又称书面投票，是指不出席股东会会议的股东以书

---

〔1〕 [美] 罗伯特·W·汉密尔顿：《公司法概要》，李存捧译，中国社会科学出版社1999年版，第163页。

〔2〕 周友苏主编：《上市公司法律规制论》，商务印书馆2006年版，第356页。

〔3〕 周友苏主编：《上市公司法律规制论》，商务印书馆2006年版，第357页。

〔4〕 梅慎实：《现代公司机关权力构造论》，中国政法大学出版社2000年版，第295～296页。

〔5〕 梅慎实：《现代公司机关权力构造论》，中国政法大学出版社2000年版，第288页。

面的形式就股东会决议事项进行赞成、反对或弃权的投票，并将该书面投票在股东会召开之前提交给公司以产生表决权行使的法律效果。在股东不愿或不能出席股东会会议时，其固然可以委托他人代为行使表决权，可是难免存在一定的风险，代理人可能不按股东意思行使表决权或代理人不能清楚表达股东的意思，因此书面行使表决权有其存在的意义。值得注意的是，表决权的书面行使制度是以股东会的召开为前提的，与有限责任公司的全体股东一致同意不召开股东会的书面表决制度（Action without meeting）有别。[1]关于表决权的书面行使还有三个问题需要说明：

1. 关于表决权的书面行使与代理行使的关系。二者的共同点是在股东自身不出席股东会的前提下，使股东的表决意图能够在股东会上反映出来。二者的区别是：①表决权的代理，是通过代理人的行为将股东的意思在股东会上进行表达，如果代理人投票时违反股东本人的意思，则该股东的表决意图不能在股东会的决议中反映出来；而表决权的书面行使，则使股东的意思直接在股东会决议中反映出来。②在股东会进行之中，一旦提出动议，如果代理人就此项动议享有代理权，则出席股东会的代理人可就此行使代理权，而进行书面表决的股东由于自身未出席股东会，因而不能就此反映其自身的意思。我国《公司法》规定了表决权的代理行使，但未规定表决权的书面行使。法无禁止即可为，所以这并不妨碍公司章程规定表决权的书面行使。鉴于表决权的代理行使与书面行使的区别，公司可从中任选其一，亦可同时采用。

2. 关于书面投票的用纸。书面投票用纸，又称书面表决票。采用表决权书面行使的公司必须在股东会召集的通知中，附有书面表决票以及关于表决权行使的参考文件。书面表决票中必须就每项议案设有记载股东赞成、反对与弃权的栏目，以确保股东意思能准确地体现于书面表决票之中，且必须记载一定的必要事项，以确保股东的知情权。若股东以其书面表决票丢失为由，私自制作书面表决票，其表决权之行使一般应视为无效，这是由于书面表决

---

[1] 我国《公司法》第59条第3款规定，对本条第1款所列事项股东以书面形式一致表示同意的，可以不召开股东会会议，直接作出决议，并由全体股东在决定文件上签字或者盖章。可见，我国法律承认有限责任公司股东会会议可以书面表决并要求全体一致同意，此即所谓的"全体一致书面同意规则"（Unanimous written consent rule）。这一规定符合公司实际运作需求。但应注意的是，《公司法》第112条规定，本法第59条第1款、第2款关于有限责任公司股东会职权的规定，适用于股份有限公司股东大会。这里没有提及上述《公司法》第59条第3款的适用。也就是说，股份有限公司能否采取书面表决的方式，《公司法》在此未作规定。

票理应由公司制作，并记载法定的必要事项，但并不妨碍丢失书面表决票的股东向公司请求重新索要并提交书面表决票。

3. 关于书面表决权行使的方法和效果。不出席股东会的股东，在书面表决票上记载必要事项后，应在股东会召开前向公司提交。若股东会进行中对原议案提出了修正案，则赞成原议案的投票作为反对修正案的投票对待。以书面行使的表决权数应当算入出席股东的表决权数。

（五）表决权的不统一行使

表决权的不统一行使是指一个股东持有两个以上股份时，其使用一部分股份的表决权来对股东会议案表示赞成，而使用另一部分股份表决权来对议案表示反对。研究这一问题的意义在于当公司发生"隐名出资"情形时，如果多个"隐名出资人"都由一个显名股东来行使股权时，就可能出现表决权不统一行使的情况。而"隐名出资人"在公司实践中往往是"实际控制人"的一种形式，对公司有相当大的影响力。这里需要区分的是，表决权不统一行使不同于上述表决权的代理行使。在代理关系中，代理人代理数个股东行使表决权时，如果委托股东的意思各不相同，代理人应当分别按照委托股东的意思去行使表决权，显然这与表决权的不统一行使迥异。

学界对于是否允许"表决权的不统一行使"的态度，有肯定说与否定说之分。肯定说认为，公司法规定一个股份享有一个表决权，持有数个股份就享有数个表决权，根据民事主体意思自治的一般原则，股东应当享有不统一行使表决权的权利，没有理由要求数个表决权必须统一行使；否定说认为，每一股东享有的表决权是一个整体，持股数额的多少只决定表决权的影响力，不应当允许表决权不统一行使。两种说法各有道理，但肯定说道理更充分。但是，允许表决权的不统一行使应当有一定的限制，否则可能造成股东会运作的混乱。因此，大多数国家的公司法规定，只有行使表决权的名义股东为反映其背后数名"隐名出资人"各自的真实意思时，才可为"不统一行使表决权"的行为。

我国 2023 年之前的《公司法》对"表决权的不统一行使"未作表态，而《到境外上市公司章程必备条款》第 68 条则规定："在股票表决时，有 2 票或者 2 票以上的表决权的股东（包括股东代理人），不必把所有表决权全部投赞成票或者反对票。"该条规定赋予了到境外上市公司的股东可以不统一行使表决权的权利。由于我国《公司法》当时并未对"表决权不统一行使"作出否定的规定，根据民事行为法无禁止即可的法理，从股东意思自治角度，只要其行为不损害公司和其他股东的利益，就应当允许"表决权的不统一行使"行为的存在。2023 年《公司法》确立了类别股制度，"不统一行使表决权"的行为从此于法有据。该法第 95 条第 1 款第 5 项规定，发行类别股的，每一类别股的股份数及其权利和义务应当在股份有限公司章程中载明；第 116 条又规定，股东出席股东会会议，所持每一股份有一表决权，类别股股东除外。以上规定，均属于类别股股东所持表决权的例外规则，突破了所持每一股份有一表决权的规则。

（六）弃权票的性质与计算

股东会在实际运行过程中，持有表决权股份的股东除了投赞成票或反对票外，还存在投弃权票的情形。首先弃权票是一个不容忽视的投票类别，因为弃权票在构成股东会的出席法定数时具有法律意义。而对于弃权票性质的认识则涉及是将其视为赞成票，还是反对票，还是忽略它的问题。这并不是一个简单的问题，因为要通过弃权行为来判断出权利人的真实意思其实是很困难的。

在学界和立法上，上述三种态度均有：

1. 有学者赞成将弃权票视为赞成票。例如，中国香港学者何美欢主张，在计算股东批准程度时是否把弃权者计算在分子内可能是成败的关键。[1]德国学者迪特尔·梅迪库斯也认为，对于弃权票"正确的做法也许是把弃权票算入赞成票的范围，因为投弃权票的成员恰恰是不想拒绝决议"[2]。

2. 美国传统立法上将弃权票视为反对票。在美国，其 1984 年《示范公司法》修订之前，大多数州的法律都规定，在形成法定数的情况下，该法定数的多数赞成票才能对公司具有约束力。按照这些传统的法律规定，弃权票实际上被视为了反对票，因为只有当出席会议的全部表决权数中的多数赞成时，股东会决议才能够获得通过。

3. 美国现行立法忽略弃权票在意思表示上的态度，而承认其构成出席股东会的法定数。美国在其 1984 年的《示范公司法》（修订本）中，改变了传

---

〔1〕　何美欢：《公众公司及其股权证券》（中册），北京大学出版社 1999 年版，第 601 页。

〔2〕　［德］迪特尔·梅迪库斯：《德国民法总论》，邵建东译，法律出版社 2000 年版，第 842 页。

统的规则，该法第 7.25（c）条规定，如果出席数符合法定数，又如果投赞成票超过了反对票，则决议就获通过。除非公司章程对赞成票有更高的要求。这意味着，所谓多数通过，是指赞成票与反对票相比的结果，而不是赞成票和出席法定数相比的结果。即当赞成票除以赞成票和反对票的总和之比值超过 1/2，也即当赞成票超过了反对票时，股东会普通决议获得通过；当赞成票除以赞成票和反对票的总和之比值超过 2/3 时，特别决议获得通过。股东之所以投弃权票，正是因为既不想明确赞成议案，也不想明确反对该议案。因此，无论简单地把它视为赞成票还是反对票都不符合投票股东的真实意愿。这时，最好的办法只能是不将其计算在有效表决权总数之内。可见，美国现行立法忽略弃权票在意思表示上的态度，而承认其构成出席股东会的法定数。

我国有学者认为，投票虽然是股东的一项权利，但表决权在性质上属于共益权，因此股东在行使共益权时应当负有义务。所以，股东出席股东会表决时，应作肯定的赞成票或否定的反对票，不得投弃权票。或者，在立法上明文规定过半数或 2/3 或 3/4 以上的赞成票通过，以免争议。[1]但是，以下两方面的原因决定了这种规定是不现实的，一是这种规定股东不得投弃权票在法理上很难站得住脚；二是这种规定不具有可操作性，现实中无法捆绑股东不投弃权票，所以其不具有约束的可行性。

故美国现行《示范公司法》（修订本）对于弃权票的态度还是可取的。

（七）表决权排除

股东表决权排除是指股东与股东会所拟审议的事项有关联关系时，应当回避表决，同时也不能由他人代理其行使表决权，其所持有表决权的股份不计入出席股东会有表决权的股份总数。表决权排除主要适用于股东会决定涉及关联交易的事项，其作用主要体现在两个方面：一方面，关联方采取回避可以防止大股东利用持股优势通过有损公司及其他股东的决议，比如股东会决定董事、监事的报酬事项时，担任该董事或监事的股东就不得行使表决权；另一方面，为股东表决权的行使提供自由、公正的环境，防止股东表决权的行使受到特殊利害关系股东人为因素的影响。该制度对于消除有特殊利害关系的股东，尤其是大股东滥用表决权，保护小股东和公司利益，确保公司的

〔1〕 钱玉林：《"资本多数决"与瑕疵股东大会决议的效力——从计算法则的视角观察》，载《中国法学》2004 年第 6 期。

正常经营活动和公司目的的实现具有重要意义。各主要国家和地区的公司法对表决权排除制度均有相关规定。我国台湾地区"公司法"第 178 条规定，股东对于会议之事项，有自身利害关系致有害于公司利益之虞时，不得加入表决，并不得代理其他股东行使其表决权。欧盟《公司法指令》第 34 条规定，股份有限公司股东及其代理人，在股东会决议涉及①减轻该股东负担；②公司对该股东可以行使的权利；③免除该股东对公司所负义务；④批准公司与该股东之间订立的协议时，不允许行使表决权。在韩国商法中，有特别利害关系的股东为：在免除发起人、董事、监事责任的决议上，担任该发起人、董事、监事职务的股东；在营业让渡的承认决议时，作为受让人的股东；决定高级职员的报酬时，担任该高级职员的股东。从各国家和地区的立法来看，主要是以概括或列举的方式规定与股东会议题有特殊利害关系的股东不得行使表决权。[1]

我国 2005 年《公司法》新增加了股东表决权排除的内容，该法第 16 条中规定，公司拟为公司股东或实际控制人提供担保，必须经股东大会或股东会决议；拟被担保的股东或受拟被担保的实际控制人支配的股东不得参加表决。该项表决由出席会议的其他股东所持表决权的过半数通过。2023 年《公司法》第 15 条对上述规定未进行实质性修改。可见，我国《公司法》关于股东表决权排除的范围只涉及为公司股东或者实际控制人提供担保的事项，其范围较为狭窄，对于除上述之外的其他事项，《公司法》并没有强行要求股东回避。然而，中国证监会的有关规章性文件中对股东涉及关联交易事项时实行表决权排除则作出了较为全面的规定，其主要内容如下：

1.《上市公司股东大会规则》（2022 年修订）第 31 条规定，股东与股东大会拟审议事项有关联关系时，应当回避表决，其所持有表决权的股份不计入出席股东大会有表决权的股份总数。

2.《上市公司章程指引》（2022 年修订）第 80 条规定，股东大会审议有关关联交易事项时，关联股东不应当参与投票表决，其所代表的有表决权的股份数不计入有效表决总数；股东大会决议的公告应当充分披露非关联股东的表决情况。该条中的注释还注明：公司应当根据具体情况，在章程中制订有关关联关系股东的回避和表决程序。

---

〔1〕　周友苏主编：《上市公司法律规制论》，商务印书馆 2006 年版，第 359 页。

（八）利用网络与通信技术投票是实现上市公司管理民主化的重要通途

由于利用网络与通信技术投票简易方便，有利于更多股民参与其中，有利于实现上市公司管理的民主化，为保证上市公司股东会利用网络与通信技术投票的规范性，中国证监会制定了一系列规范性文件，笔者将其内容综合归纳如下：

1.《上市公司治理准则》第 15 条规定，股东大会会议应当设置会场，以现场会议与网络投票相结合的方式召开。现场会议时间、地点的选择应当便于股东参加。上市公司应当保证股东大会会议合法、有效，为股东参加会议提供便利。股东大会应当给予每个提案合理的讨论时间。《上市公司章程指引》也就此作了出了相似的规定。

2. 2004 年《上市公司股东大会网络投票系统技术管理规范（试行）》，此规范是根据《上市公司股东大会网络投票工作指引（试行）》和网络与信息安全管理的有关要求而制定。其宗旨是：为保证股东大会网络投票系统规范建设、安全稳定运行，方便上市公司股东参加股东大会并行使表决权。这里所称"股东大会网络投票系统"是指利用网络与通信技术，为上市公司股东非现场参加股东大会并行使表决权服务的信息技术系统。股东大会网络投票系统技术管理应当遵循三项基本原则，即安全性原则、实用性原则和标准化原则。2010 年该规范被废止，上述相应的规范纳入到两个交易所发布的上市公司自律监管指引。

3.《上市公司股东大会规则》（2022 年修订）第 35 条规定，同一表决权只能选择现场、网络或其他表决方式中的一种，同一表决权出现重复表决的以第一次投票结果为准；该规则第 37 条规定，通过网络或其他方式投票的上市公司股东或其代理人，有权通过相应的投票系统查验自己的投票结果。

二、股东会决议瑕疵的救济

（一）无效的决议和可撤销的决议

针对公司决议的瑕疵，我国《公司法》第 25、26 条将有瑕疵的股东会、董事会决议分为无效的决议和可撤销的决议，由此产生的法律后果即为股东会、董事会决议的无效和撤销。股东会、董事会决议根据其意思形成过程及效力特征，应当属于民事法律行为中的决议行为。它与民事法律行为中的单方行为和契约行为所不同的是：决议行为是具有团体性质的法律行为，反映团体成员的共同意思并对团体成员产生约束力。由于决议行为涉及多数人的意思表示和利益，因此，股东会、董事会决议如果出现违法，与单方行为和契约行为的违法所适用的法律及其处理原则也是有区别的。股东会是公司的权力机关，通过召开会议，形成决议行使权力。该决议一旦依法作出并生效，则变为公司的意志，对公司及股东具有约束力。因此，股东会决议对股东关系重大，一旦决议有瑕疵，可能损害股东的合法权益，所以股东有权对其提起无效或撤销之诉。有些国家还规定了决议不存在或决议不成立之诉和变更不当决议之诉，我国《公司法》第25、26条则规定了股东会、董事会决议的无效与撤销两种诉讼方式；第27条则规定了决议不成立的情形。

我国《公司法》第25、26条对股东会、董事会决议的无效和撤销制度作了较为完善的规定。该法第25、26条的具体内容如下：①公司股东会或者股东会、董事会的决议内容违反法律、行政法规的无效。②公司股东会、董事会的会议召集程序、表决方式违反法律、行政法规或者公司章程，或者决议内容违反公司章程的，股东可以自决议作出之日起60日内，可以请求人民法院撤销。③股东会、董事会的会议召集程序或者表决方式仅有轻微瑕疵，对决议未产生实质影响的不予撤销。④未被通知参加股东会会议的股东自知道或者应当知道股东会决议作出之日起60日内，可以请求人民法院撤销。⑤自决议作出之日起1年内没有行使撤销权的，撤销权消灭。

（二）不成立的决议

我国《公司法》第27条规定了公司股东会、董事会决议不成立的四种情形：①未召开股东会、董事会会议作出决议；②股东会、董事会会议未对决议事项进行表决；③出席会议的人数或者所持表决权数未达到本法或者公司章程规定的人数或者所持表决权数；④同意决议事项的人数或者所持表决权数未达到本法或者公司章程规定的人数或者所持表决权数。

（三）申请撤销登记

我国《公司法》第28条规定了公司股东会、董事会决议无效、撤销或者确认不成立而办理相应登记的情形。具体内容如下：公司股东会、董事会决议被人民法院宣告无效、撤销或者确认不成立的，公司应当向公司登记机关申请撤销根据该决议已办理的登记。

这里需要强调的是，股东会、董事会决议被人民法院宣告无效、撤销或者确认不成立的，公司根据该决议与善意相对人形成的民事法律关系不受影响。

（四）对上述内容的理论分析：

1. 《公司法》将股东会决议瑕疵与董事会决议瑕疵作一并规定，并赋予完全相同的法律效力与救济措施。其他国家和地区则一般仅确立股东会决议的无效与撤销制度，而未规定董事会决议的无效与撤销制度。究其原因，便在于董事会决议瑕疵可通过股东代表诉讼制度寻求救济。我国明确规定董事会决议的无效与撤销制度倒也能使董事会决议瑕疵获得更为坚实的救济制度。

根据《公司法》25、26条的规定，股东会、股东会和董事会决议的瑕疵分为内容瑕疵和程序瑕疵：内容瑕疵分为违反法律、法规的瑕疵和违反章程的瑕疵；程序瑕疵主要指召集程序、表决方式违反法律、行政法规及违反公司章程的瑕疵。由于公司权力机关和经营决策机关的决议能否顺利执行，直接影响公司行为的效率，而决议是否公平、合法也是涉及股东权益的重要问题，所以法律规定对三者均要兼顾。《公司法》25、26条分别针对不同情况，考虑到决议内容的瑕疵和程序瑕疵在法律后果上轻重有别，违反法律及违反章程的瑕疵从性质及后果上也不相同，本着兼顾公平和效率的原则分别作了规定。公司股东会或者股东会、董事会的决议内容违反法律、行政法规的无效。任何股东认为有关决议内容违反本法及其他有关法律、行政法规规定的，可以提起决议无效之诉。决议被法院认定为无效的，自始无效。无效之诉有以下三个问题需要注意：

（1）关于提起无效之诉的条件。我国1993年的《公司法》规定提起无效之诉，除了决议内容违反法律、行政法规的规定外，还要求必须侵犯了股东的合法权益，否则不给予救济。由于存在权益受侵犯这一要件的要求，那么股东就必须向法院证明其权益受侵害的事实，而对处于弱势地位的中小股东来说，要完成这一举证责任并非易事，暂且不论这一诉讼的结果会如何，其先期付出成本就可能是巨大的，而实际的受益者则是其他诸多未行起诉的股东。其实每位股东都存在"搭便车"的心理，所以，这种规定在现实中很难真正地对股东进行救济，最终导致救济的落空。所以，2005年修订后的《公司法》则取消了决议必须侵害股东合法权益这一要求，不论股东会决议是否导致股东利益受到侵害，只要决议内容违反法律和行政法规的规定，股东就有权提起无效之诉，使之真正能起到权利救济的作用。

（2）关于提起无效之诉的主体。从第 25 条的规定来看，仅有股东有权提起决议无效之诉，这是不够的。对于股东会决议的无效之诉，监事会也应当有权提起诉讼，因为监事会是公司的监督机构，由其提起无效之诉不仅与监事会的监督职责相适应，同时也是维护公司和股东利益的需要。因此，从法理上讲，对于股东会决议违反法律、行政法规的，公司股东既可以自己的名义起诉，也可要求监事会提起诉讼。在撤销之诉中，监事会提起诉讼的道理相同。

（3）关于决议无效的法律后果。股东会决议无效，意味着股东会决议自始不发生法律效力，因而，股东会决议无效的确认之诉的判决效力具有对世性，即其效力及于第三人，且具有绝对的溯及力。股东会决议内容全部无效的，整个决议当然无效，但是，如果股东会决议中的部分内容无效，是否导致整个股东会决议无效？在这里要区分以下两种情况：①决议各项内容不具有可分性，则部分决议事项无效导致整个决议当然无效；②决议各项内容具有可分性，则部分决议事项无效并不必然导致决议中的其他事项无效，即除去无效决议事项，股东会决议亦可成立的，则其他决议事项仍然有效。

2. 股东会决议的撤销。我国《公司法》第 26 条规定的是关于股东会决议撤销的问题。

（1）关于决议撤销的事由或原因。关于股东会决议撤销的事由或原因，各国公司立法不尽一致。[1]按照我国《公司法》第 26 条的规定，决议可撤销的事由主要有：①召集程序违反法律、行政法规或公司章程。比如未向全体股东发出通知，或通知的内容不完整、或通知时间、方法不合法。②表决方式违反法律、行政法规或公司章程。比如决议通过的股份数未达法定要求、表决权计算违法或将特别决议事项以普通决议来表决等情形。③决议内容违反公司章程。如控制股东滥用表决权，侵害了公司章程赋予公司和小股东的利益，即为可撤销的原因。《公司法》第 26 条之所以没有将决议违反公司章程的情形规定为无效决议而作为可撤销决议看待，是因为如果股东未对该违

---

〔1〕　我国台湾地区"公司法"将召集程序或决议方法违反法律或公司章程作为可撤销的原因。日本、意大利的公司法规定不仅召集程序或决议方法违反法律或章程为可撤销，决议内容违反章程也可以撤销。参见赵旭东主编：《公司法学》（第二版），高等教育出版社 2006 年版，第 379 页。

反章程的决议提出可撤销之诉，则视为股东接受该决议，即意味着对公司章程的非正式修改；如果股东在法定期限内提起撤销之诉，则表明股东并不同意以此种方式对公司章程进行修改。

另外，如果决议内容不具有可分性，部分决议事项被撤销当然导致整个决议被撤销；若决议各项内容具有可分性，则部分决议事项被撤销并不必然导致决议中的其他事项被撤销，即股东提起股东会决议撤销之诉时，可以选择只申请撤销部分决议事项，而保留其他决议事项的效力。

（2）关于撤销之诉的原告和被告。

首先，关于原告。股东固然可以提起股东会决议的撤销之诉，但是如果股东会召集程序或表决方法有瑕疵，参加股东会的股东一致通过了股东会决议，那么参加股东会的这些股东是否仍然有权就股东会决议提起撤销之诉？对此我国《公司法》未作规定。从公司立法保护股东利益的宗旨出发，应当允许其具备原告主体资格，这可以保护那些尽管在表决中同意议案但并不知道召集程序或表决方法有瑕疵的股东的利益，并且也能起到督促公司股东会在召集和表决中严格依法办事。如无效之诉一样，公司的监事会同样有权提起股东会决议的撤销之诉。

其次，关于被告。决议撤销之诉的被告是造成该决议通过的股东，还是公司？通说认为被告应当是公司。这是由于资本多数决原则将股东的意思拟制为公司的意思，既然决议体现了公司的意思，自然应将公司列为决议撤销之诉的被告。

（3）关于提起撤销之诉的期限和担保限制。

首先，各国或地区公司法一般未对股东会决议无效诉权的行使作特别限制，也不设置提起诉权的期限，但对股东会决议撤销请求权设置一定的限制。这是因为引起决议撤销之诉的事由并非很严重，所以在法律规定的期间内，没有提起决议撤销之诉的，不得再提起决议撤销之诉，以维护决议的稳定性。各国或地区通常都对决议撤销之诉的期间加以规定，如日本规定为3个月，韩国、瑞士规定为2个月，我国台湾地区规定为30天。各国公司法大多不对股东会决议无效诉权的行使作特别限制，也不设置提起诉权的期限，故应适用民法一般诉讼时效，我国亦然。我国《公司法》第26条第1款规定为60日，自决议作出之日起计算。这个60日应为除斥期间，不存在中止、中断和延长的情形，如果在此期间无人提起股东会决议撤销之诉，则股东会决议成为具有确定法律效力的决议。

其次，为防止股东滥用决议撤销之诉，图谋不当利益，各国公司法都对股东会决议撤销请求权作了另一限制，即担保限制。2005 年《公司法》第 22 条第 3 款就决议撤销之诉规定了原告股东的提供担保的义务，即如果公司提出请求，人民法院可以要求股东提供相应担保。立法这一规定，加大了那些没有正当理由而滥用诉权的股东的成本，若原告出于恶意或重大过失而败诉，应对公司负损害赔偿的责任。2023 年《公司法》修订取消了上述由原告股东提供担保的义务，这主要是考虑到实践中提起诉讼撤销决议的多为中小股东，取消其提供担保义务有利于降低中小股东维权成本。通过制度安排实现中小股东的权利，始终是上市公司法治化的一项价值目标。

（4）关于撤销之诉的法律后果。根据法理，被撤销的法律行为自始无效，因此，决议撤销判决的效力应当溯及决议形成之时。当被撤销的股东会决议仅涉及公司内部关系时这种溯及力没有任何问题，但是，如果存在善意第三人基于撤销前的股东会决议而产生了交易关系的情形，该如何处理？从保护善意第三人和维护法律关系的稳定与交易安全、交易效率的立场出发，撤销之诉的判决就此个案不应当具有溯及力，否则有违善意第三人的正当利益。因此，2023 年《公司法》第 28 条新增第 2 款，股东会、董事会决议被人民法院宣告无效、撤销或者确认不成立的，公司根据该决议与善意相对人形成的民事法律关系不受影响。

3. 公司根据股东会决议已办理变更登记的，人民法院宣告决议无效后，公司应当向公司登记机关申请撤销变更登记。基于被撤销的股东会决议而实施的变更登记事项，在法院撤销决议之诉生效后，公司也应当向公司登记机关申请撤销变更登记。

最后需要指出的是，对于程序瑕疵如果不分轻重而一律认定会议决议无效或撤销的法律后果其实是无益的，甚至是低效或有害的。理由是：首先，对决议的无效与撤销毕竟会引起已有法律关系的不稳定，对股东、公司以及第三人的利益可能会产生损害。其次，就法理而言，程序正义的目的在于保障实体正义的实现，虽然程序正义是法律的生命，但是在某些情形下对于程序的违反并不必然导致实体权利受损及实体正义的落空，因为有些程序与实体正义并无关系。因此，应当根据程序上的瑕疵是否对公司实体决议产生实质上的影响来确定决议的效力，如果对实体决议并不产生实质性影响则不宜使该决议无效或被撤销。因此，2023 年《公司法》第 26 条第 1 款新增"但书"："但是，股东会、董事会的会议召集程序或者表决方式仅有轻微瑕疵，对决议未产生实质影响的除外"。同样，根据中国证监会《上市公司章程指引》（2022 年修订）第 170 条、《到境外上市公司章程必备条款》第 58 条，上市公司因意外遗漏未向某有权得到通知的人送出会议通知或者该等人没有收到会议通知，会议及会议作出的决议并不因此无效。

第八章

上市公司董事（会）制度特别问题研究

上市公司的董事和董事会制度与普通股份公司的相应制度相比，其较为特殊的部分主要是独立董事制度和董事会秘书制度，所以本章着重研究这两个问题，这也是上市公司监管法需要解决的重大问题。

第一节　上市公司独立董事研究

2004 国务院颁发的"国九条"（即《国务院关于推进资本市场改革开放和稳定发展的若干意见》）提出了规范上市公司的要求，其中明确规定"完善上市公司法人治理结构，按照现代企业制度要求，真正形成权力机构、决策机构、监督机构和经营管理者之间的制衡机制。强化董事和高管人员的诚信责任，进一步完善独立董事制度"。2005 年修订的《公司法》对此作出积极回应，第 123 条规定："上市公司设立独立董事，具体办法由国务院规定。"以基本法的形式正式确立了独立董事制度。[1]因而国务院相关部门（即中国证监会）应当在此基本法的基础之上，根据立法者的授权进一步完善独立董事的相关制度，并妥善处理好独立董事制度与监事会制度之间的相互关系，避免上市公司内部监督资源的浪费。2023 年 7 月 28 日中国证监会通过《上市公司独立董事管理办法》，对独立董事制度进行了进一步的完善。

一、独立董事制度溯源

（一）独立董事的含义及其特征

1. 独立董事含义辨析。"独立董事"一词源于美国的"independent direc-

---

[1]　此前中国证监会曾于 2001 年发布《关于在上市公司建立独立董事制度的指导意见》；2002 年 1 月中国证监会与国家经贸委发布《上市公司治理准则》，其在第三章专节规定了独立董事制度。

tors"，在英国被称为非执行董事（Non-executive directors）。独立董事是指不在公司担任除董事外的其他职务，并与其所受聘的公司及其主要股东不存在可能妨碍其进行客观判断的重要关系的董事。独立董事制度起源于英美法系，独立董事这一概念最早产生于美国，其在美国普通公司法上的正式法律术语称为"非利害关系董事"（Disinterested directors），主要适用于公司中"利益冲突交易"（Conflict-of-interest transactions）的情形。在美国法上，根据与公司及股东的利害关系，可以从多个角度对董事和独立董事进行分类：

（1）就与某一特定问题或者交易的关系而言，董事可区分为"利害关系董事"和"非利害关系董事"（Interested or Disinterested directors）。现代公司法在许多问题的决策方面都要求利害关系董事回避，而由非利害关系董事作出决议。独立董事制度正是按照这种思维逻辑发展起来的。

（2）从董事会的构成来看，其成员可以分为"内部董事"（Inside directors）和"外部董事"（Outside directors）。内部董事指的是全职董事，这些董事由公司的内部人（Insiders）担任，包括股东以及管理人员。外部董事则是指不担任公司职务的董事，他们由外部人（Outsiders）担任。外部董事一般是其他公司的在任的 CEO 或者退休的 CEO，也可能是社会贤达，如律师、教授、银行家或者其他人。外部董事不一定就是独立董事，但独立董事则必须来自于外部董事。

（3）按照外部董事是否与公司存在关联关系，可将外部董事再区分为"关联外部董事"（Affiliated outside directors）和"非关联外部董事"（Unaffiliated outside directors）。关联外部董事是指与公司之间存在商业利益的外部董事，如本公司的投资顾问、财务顾问或者法律顾问等专业人员兼任公司董事，关联外部董事缺乏与公司利益的独立性；而非关联外部董事则是指与公司之间不存在商业利益的外部董事，这正是独立董事所必须具有的"独立性"的体现。独立董事是非关联外部董事。

从以上分类可以看出，关联外部董事和非关联外部董事均指外部董事，而利害关系董事和非利害关系董事则同时针对内部董事和外部董事。

（4）根据董事是否执行业务，可将董事区分为执行董事（Executive directors）与非执行董事（Non-executive directors）。执行董事又称为管理董事（Managing directors），非执行董事又称为非管理董事（Non-managing directors）。一般而言，内部董事是执行董事，外部董事是非执行董事。这间接地反映了独立董事主要以监督为其职能，而非以管理公司为其职能。独立董事是非执行董事。

2. 独立董事的基本特征。从对独立董事概念的辨析，可见，独立董事区别于其他董事的最根本的特征在于其"独立性"，主要表现在法律地位的独立性、意思表示的独立性和职能的独立性等诸多方面。在美国，独立董事被界定为与公司经营董事及管理层"无利害关系"（Disinterested）或者没有"重要关系"（Significant relationship）的董事。SEC 对于和公司有"重要关系"的董事作了如下界定：①他受雇于公司或在前 2 年中曾受雇于公司；②他是一位在前 2 年中被公司聘为高级管理人员或高级执行人员的人士的直系亲属；③他在前 2 个财政年度中的任何一个曾向公司作出商业支付或从公司获得商业支付超过 20 万美元，或者他在公司创办的一家商业组织中享有权益资本或拥有投票权，或者在前 2 个财政年度中的任何一个他从这个商业组织中得到的商业支付乘上他的权益资本份额超过了 20 万美元；④他加盟于一家律师事务所并在其中担任专业职务，而这家事务所在前 2 年中是公司主要的法律咨询机构。不具备上述条件的董事即为"独立"的"外部董事"。[1]由此可见，美国对"独立性"标准的评判是以没有"重要关系"为准绳。其背后的深意是：董事作为公司成员是有"利害关系"的，只有将其置身公司利益冲突之外，才有"独立性"可言。

总之，独立董事的基本特征在于，其由股东会选举产生，与公司没有任何业务关联和物质利益关系，而且可以就公司董事、高级管理人员的提名、任免、报酬等事项发表独立意见，对公司关联交易、聘用或解聘会计师事务所等重大事项进行审核并发表独立意见。

（二）独立董事制度的产生与发展

美国传统公司治理结构中并不存在独立董事制度。最早引入独立董事制度的是美国 1940 年《投资公司法》。至于投资公司之外的公司，尤其是上市公司的董事会在 20 世纪六七十年代以前基本由内部董事控制，偶尔设立的外部董事往往由公司总裁的亲朋好友担任。结果，外部董事往往对公司总裁言听计从，扮演着花瓶角色。

20 世纪六七十年代以后，西方国家尤其是美国各大公众公司的股权越来

---

〔1〕　费方域：《董事和董事会的结构》，载《上海经济研究》1996 年第 11 期。

越分散。在美国"一元制"公司治理模式下，公司没有专门的监督机构，董事会是公司的经营决策机关，同时又履行监督职能，特别是负责对处于经理层的高级管理人员实施监督。这种模式有两个方面的不足：首先，由于监督的目标之一是指向董事会的决策，在董事会既决策又监督的情况下，结果只能是自己监督自己；其次，监督的另一目标是经理层的经营管理活动，而经理人员是由董事会聘任的，或者直接由董事担任，不论是哪一种情况，董事会的监督都会因缺乏独立性而变得收效甚微。特别是随着各大公司社会化的程度越来越高，股权日益分散，董事会逐渐被以 CEO 为首的经理人员操纵，以至于董事会对经理层的监督更加软弱无力，董事会被视为公司管理的"橡皮图章"。人们开始普遍怀疑现有制度安排下的董事会运作的独立性、公正性、透明性和客观性，继而引发了对董事会职能、结构和效率的深入研究。之后人们认为，在董事会中引进独立的非执行董事可以增加董事会的客观性与独立性，从而降低经理们串通的可能性。在理论研究成果与现实需求的双重推动下，[1]美国立法机构及中介组织自 20 世纪 70 年代以来加速推进独立董事制度的进程，独立董事的设立最终完成。20 世纪 90 年代，《密歇根州公司法》在美国各州的公司立法中率先采纳了独立董事制度，该法不仅规定了独立董事的标准，而且同时规定了独立董事的任命方法以及独立董事拥有的特殊权力。其中，由独立董事批准的"自我交易"法院可以从宽审查的规定特别引人关注。[2]

　　综上所述，美国建立独立董事制度的根本原因在于其认识到公司法上传统的董事会作为一元化的公司经营机关存在着制度设计上的瑕疵，为了改变除股东会和股东代表诉讼无人能够撼动董事会权威的局面，因而在董事会内部强行设置监督机制。如果说大陆法系许多国家公司法设立的监事会是董事会的外在监督机制的话，那么美国的独立董事就是董事会的内在监督机制。这二者的结构虽异，但它们的功能和目的却是相同的。

---

　　〔1〕 美国上市公司监管法或证券监管法的每一次重大变革几乎都与现实生活中上市公司的丑闻相联系，美国 1970 年代，公司的不端行为被大量地揭露，特别是"水门丑闻"（The Water Gate Scandal）暴露出来的公司丑闻，如在国内政治选举中的非法捐款、在国际贸易中向外国官员行贿等，引起美国广大中小投资者对董事会监督职责的怀疑，人们谴责董事会对经理层没有起到监管作用。这也促使美国证券会强制要求所有上市公司设立由独立董事组成的审计委员会，以审查财务报告、控制公司内部违法行为。

　　〔2〕 殷少平：《关于独立董事制度的思考》，载《中国证券报》2001 年 4 月 25 日，第 16 版。

独立董事制度在美国创立后，引起了许多国家和地区的效仿。英国在 20 世纪 80 年代后期，将董事会制度改革列入重要日程，在先后出现的几个研究改善公司治理的委员会报告中，都突出强调了建立独立董事制度的重要性。英国建立独立董事制度的直接导火索是 1990 年冬、1991 年春广大投资者高度怀疑英国公司财务信息披露的真实性以及董事会对公司管理层的有效监控。于是，在 1991 年由英国伦敦证券交易所、金融报告理事会和会计师协会三家单位共同组成成立了公司财务治理委员会，因凯德博瑞（Adrian Cadbury）勋爵任该委员会主席，所以该委员会又被称为凯德博瑞委员会。该委员会于 1992 年发布了著名的关于上市公司《良好行为准则》（The Code of Best Practice）的报告，又称为《凯德博瑞报告》（全称为《凯德博瑞委员会有关公司治理财务方面的报告》）。《凯德博瑞报告》提出，在董事兼任公司总裁的情况下必须引入一定数量的非执行董事即独立董事，独立董事要对公司战略、经营和资源配置包括关键职员的任命等作出独立的判断。在董事会的组成上，董事会中要设立不少于 3 名独立董事，多数被任命的非执行董事不应从事或具有会实质影响他们独立判断的生意或其他关系。《凯德博瑞报告》本身对上市公司不具有法律强制执行力，属于推荐性质的公司治理方案。但证券交易所规则规定，上市公司披露对《凯德博瑞报告》的遵守程度是公司在证券交易所上市的一项持续义务。虽然上市公司不遵守《凯德博瑞报告》并不违反法律及交易所规则，但由于遵守水平的披露可能影响投资者买卖股份的决定，因而上市公司管理层很可能作出遵守的选择。《凯德博瑞报告》出台后的执行效果较好，上市公司纷纷设立非执行董事，以致出现了非执行董事供不应求的局面。就非执行董事的专业而言，律师、会计师和行政人员是非执行董事的主要成员。伦敦证券交易所也要求上市公司在年报中披露其贯彻《凯德博瑞报告》的情况或未予遵守的原因。当然，英国非执行董事制度尚有许多不足，比如，大多数非执行董事由董事会主席个人出面邀请，而非由规范化的董事会和提名委员会举荐；律师、会计师和行政人员作为非执行董事未必能对公司的经营决策进行有效监督，并提出切中要害的挑战意见；约 1/3 的受访非执行董事认为其从管理层获得的信息有限；风险与报酬不成正比，致使不少非执行董事在就职前往往犹豫再三。当前，英国非执行董事制度仍在不断完善之中。

在英美法系其他国家和地区，如加拿大、澳大利亚、印度、新加坡及我国香港地区等也相继引进了独立董事制度。在大陆法系国家和地区，如法国、意大利、日本、韩国和我国台湾地区，也在推行和发展这一制度。20世纪90年代以来，更多国家纷纷效仿，引发了一场公司治理中的"独立革命"。为增强公司在瞬息万变的社会经济环境中的应变能力，各国普遍推行独立董事，优化董事会结构，以提高董事会的战略决策水平和控制经营者的能力。

独立董事制度也越来越得到国际组织的关注。经济合作与发展组织（Organization for Economic Cooperation and Development，OECD）在《1999年世界主要企业统计指标的国际比较》报告中专门列项比较了董事会中独立董事成员所占的比例，其中：美国是62%，英国是34%，法国是29%。另据科恩—菲瑞国际公司2000年5月份发表的研究报告，《财富》美国公司1000强中，董事会的平均规模为11人，其中内部董事2人，占18.2%，独立董事9人，占81.8%。西方国家的许多公司认识到，拥有大多数的外部董事可以大大改进公司治理结构。[1] 1999年，OECD发布了《公司治理原则》要求董事会对公司事务作出客观判断时应独立于管理层，并明确要求董事会设立足够数量的非执行董事对有可能产生冲突的事项（如财务报告、提名、高管人员与董事薪酬）作出独立判断。独立董事制度在一定程度上对于提高公司决策的科学性、安全性，预防公司内部控制人侵害公司和股东利益，强化公司内部民主机制，维护小股东的利益发挥了积极作用。然而，英美国家的独立董事制度同样存在诸多问题，对其进一步改进和完善也是英美国家公司治理面临的重要课题。

（三）独立董事制度的功能

英美国家的公司法实行的是单层制公司治理模式，即在董事会之外没有一个单独的如同大陆法系国家监事会的制衡机构，而是以独立董事作为董事会的内设机构实施监督，其功能类似于双层制公司治理结构下的监事会。从法经济学角度看，无论是单层制，还是双层制，其监督机制的建立都是为解决由于公司所有权与经营权分离而产生的"代理问题"。1932年，美国哥伦比亚大学的两位教授伯利与米恩斯在其经典著作《现代公司与私有财产》一书中首次提出了"所有权与控制权相分离"（The separation of ownership and control）的命题，即所有权与控制权的分离使公司财产的所有权由投资者享

---

〔1〕 周友苏主编：《上市公司法律规制论》，商务印书馆2006年版，第85页。

有，而财产的控制权却由经营者掌控。[1]市场中的经济人，其基本特征是追逐自身利益的最大化，当公司经营者在谋求自身利益最大化的同时，另一方面又要为投资者谋求最大利益，此时经营者能否运用投资者的财产去最大限度地增进投资者的利益？这就是公司制度安排中存在的"代理问题"。由于"代理问题"的存在，投资者在决定将其财产投入公司以追求更大投资回报的同时，就不得不考虑对经营者的监督问题，由此所耗费的成本即为解决"代理问题"所必须付出的"监督成本"。所以，对投资者来讲，对经营者的监督与对最大化投资效益的追求显得同等重要，因为只有通过监督防止代理人的败德行为，投资者的利益才能够得到保障。

　　监督由于是对人的监督，因而监督机制没有最好，只有相对更好。更好的监督机制一方面要能够对经营者进行有效地监督，另一方面，又要不影响经营权的独立行使，不因此而降低公司经营的效率。监督机制的有效性首先是确定由谁来行使监督权的问题。对于行使监督主体的选择有三种情形：①由投资者亲自行使监督权；②由经营者行使监督权，即自己监督自己；③在前两者之外选择一个第三方来行使监督权。第一种情形，由投资者亲自行使监督权，这在有限责任公司是一种可行而有效的监督方式。但是，对于股份有限公司，尤其是对于上市公司而言则必然造成监督成本很高、监督效果不佳的结果，如果在上市公司每个投资者都来行使直接的监督权，则是根本不可能的事。第二种情形，由经营者自己监督自己无异于没有监督。因此，第三种情形是相对可行的方案，即选择一个专门的监督者或监督机构来进行监督。监督者或监督机构由投资者选择并代表投资者的利益，建立这样一个合理的监督机制正是公司治理的核心问题。各国公司制度尽管有许多差别，但在公司法人治理结构中均坚持经营职能与监督职能相分离，双层制是在董事会之外另设机构行使监督之责，单层制则在董事会内部实行了独立董事监督职能与内部董事经营的分开。[2]

　　独立董事制度在英美国家尽管早已作为一项公司基本法律制度，对其功能也多为肯定的声音。但也有观点认为，独立董事制度的功能并非如人们所

　　〔1〕　参见［美］阿道夫·A.伯利、加德纳·C.米恩斯：《现代公司与私有财产》，甘华鸣、罗锐韧、蔡如海译，商务印书馆2005年版，第130~135页。

　　〔2〕　周友苏主编：《上市公司法律规制论》，商务印书馆2006年版，第87页。

期待的那样有效。其主要观点如下：

1. 独立董事制度中最重要的"独立性"难以真正落实。在公司的实际运行中，独立董事首先是董事，其既要参与公司决策，又要履行监督职责，这种角色的双重性使独立董事通常把执行董事看作同事，往往容易认同执行董事的经营行为。除此感情色彩之外，更重要的还在于，在英美国家，大多数独立董事同样也是（其他企业的）高管，他们对于公司管理者所经受的巨大压力和面临的困难感同身受，因而，不到万不得已是不会反对管理层的经营行为的。

2. 信息偏在给独立董事履行监督职能造成困难。独立董事需要依赖经营者以发现公司正在发生的情况，经营者的经营活动是独立董事直接的信息来源，公司经营信息偏在于经营者一方，因此独立董事可能无法接触到他们与那些经营者对抗所需要的通过信息而获取的事实依据。如果经理人员不披露事实，即使最有动力的独立董事也会失败。另外，即使独立董事能够获取准确的信息，他们也往往会因为为公司工作的时间太短而无法彻底弄清楚正在发生的情况，因为他们每个月只会在公司事务上花一到两天时间，且很大一部分又是花在董事会议或委员会会议中的。[1]

3. 独立董事由于"独立性"的内在要求，使其自身利益与公司业绩基本无关，其在履行监督职能时缺乏内在驱动力。由于独立董事不能分享高风险决策成功所带来的效益，在面对高风险高回报的战略决策时，他们往往倾向于谨慎与保守，而过分的谨慎与保守则可能使公司丧失良好的商业机会。

上述观点，反映出独立董事制度的功能确实存在诸多不尽如人意之处，表明该项本身还不是一个很成熟的制度，即使在英美国家也同样存在将其进一步完善的问题。

二、独立董事制度在中国的实践

（一）我国独立董事的立法进程及其基本框架

1. 立法进程。

我国引进独立董事制度的主要原因是股权结构"一股独大"，控股股东滥

---

〔1〕 ［加］布莱恩 R. 柴芬斯：《公司法：理论、结构和运作》，林华伟、魏旻译，法律出版社2001年版，第112页。

用权利、内部人控制现象时有发生，监事会的作用被虚化。我国的独立董事制度主要针对上市公司而言，早在 1997 年 12 月 16 日中国证监会发布的《上市公司章程指引》就规定，"公司根据需要，可以设立独立董事"。2001 年 8 月 16 日，中国证监会正式发布《关于在上市公司建立独立董事制度的指导意见》（已失效），要求在 2002 年 6 月 30 日以前，上市公司董事会成员中应当至少包括 2 名独立董事，在 2003 年 6 月 30 日以前，至少包括 1/3 的独立董事。2002 年 1 月中国证监会与国家经贸委发布《上市公司治理准则》，其在第 3 章专门规定了独立董事制度。2005 年修订的《公司法》第 123 条明确规定，上市公司设立独立董事，具体办法由国务院规定。这为独立董事制度的存在提供了基本法依据。2023 年《公司法》的对应条款，即 136 条略作修改，新增第 2 款，要求"上市公司的公司章程除载明本法第 95 条规定的事项外，还应当依照法律、行政法规的规定载明董事会专门委员会的组成、职权以及董事、监事、高级管理人员薪酬考核机制等事项"，即新增了上市公司章程应当载明的法定记载事项。

同时，该法新增第 137 条的规定，即上市公司在董事会中设置审计委员会的，董事会对下列事项作出决议前应当经审计委员会全体成员过半数通过：①聘用、解聘承办公司审计业务的会计师事务所；②聘任、解聘财务负责人；③披露财务会计报告；④国务院证券监督管理机构规定的其他事项。本条新增上市公司审计委员会有权对有关财务和审计工作等四类决议事项作出前置性同意的规定。本条所规定的审计委员会职权，是穿越单层制和双层制的规定，即无论是单层制下的审计委员会，还是双层制下的审计委员会，均须遵守本条规定。

针对上市公司治理和证券市场的新变化，依据上述《公司法》，中国证监会于 2023 年新出台《上市公司独立董事管理办法》，对独立董事制度作了新的完善。

2. 独立董事的定义、义务与上市公司设立独立董事要求。

（1）独立董事的定义，是指不在上市公司担任除董事外的其他职务，并与其所受聘的上市公司及其主要股东、实际控制人不存在直接或者间接利害关系，或者其他可能影响其进行独立客观判断关系的董事。独立董事应当独立履行职责，不受上市公司及其主要股东、实际控制人等单位或者个人的影响。

（2）忠实与勤勉义务，独立董事对上市公司及全体股东负有忠实与勤勉义务，应当按照法律、行政法规、中国证监会规定、证券交易所业务规则和公司章程的规定，认真履行职责，在董事会中发挥参与决策、监督制衡、专业咨询作用，维护上市公司整体利益，保护中小股东合法权益。

（3）上市公司应当建立独立董事制度。独立董事制度应当符合法律、行政法规、中国证监会规定和证券交易所业务规则的规定，有利于上市公司的持续规范发展，不得损害上市公司利益。上市公司应当为独立董事依法履职提供必要保障。

上市公司独立董事占董事会成员的比例不得低于 1/3，且至少包括 1 名会计专业人士。上市公司应当在董事会中设置审计委员会。审计委员会成员应当为不在上市公司担任高级管理人员的董事，其中独立董事应当过半数，并由独立董事中会计专业人士担任召集人。上市公司可以根据需要在董事会中设置提名、薪酬与考核、战略等专门委员会。提名委员会、薪酬与考核委员会中独立董事应当过半数并担任召集人。

3. 独立性与特别职权的规定。

独立董事监督作用的有效发挥，首先是要求其具有独立性；其次是独立董事要有异于普通董事的特别职权：

（1）为保障独立董事的独立性，中国证监会《上市公司独立董事管理办法》第 6 条规定，独立董事必须具有独立性，下列人员不得担任独立董事：①在上市公司或者其附属企业任职的人员及其配偶、父母、子女、主要社会关系；②直接或者间接持有上市公司已发行股份 1%以上或者是上市公司前 10 名股东中的自然人股东及其配偶、父母、子女；③在直接或者间接持有上市公司已发行股份 5%以上的股东或者在上市公司前 5 名股东任职的人员及其配偶、父母、子女；④在上市公司控股股东、实际控制人的附属企业任职的人员及其配偶、父母、子女；⑤与上市公司及其控股股东、实际控制人或者其各自的附属企业有重大业务往来的人员，或者在有重大业务往来的单位及其控股股东、实际控制人任职的人员；⑥为上市公司及其控股股东、实际控制人或者其各自附属企业提供财务、法律、咨询、保荐等服务的人员，包括但不限于提供服务的中介机构的项目组全体人员、各级复核人员、在报告上签字的人员、合伙人、董事、高级管理人员及主要负责人；⑦最近 12 个月内曾经具有第 1 项至第 6 项所列举情形的人员；⑧法律、行政法规、中国证监会规定、证券交易所业务规则和公司章程规定的不具备独立性的其他人员。

上述第 4 项至第 6 项中的上市公司控股股东、实际控制人的附属企业，不包括与上市公司受同一国有资产管理机构控制且按照相关规定未与上市公司构成关联关系的企业。独立董事应当每年对独立性情况进行自查，并将自查情况提交董事会。董事会应当每年对在任独立董事独立性情况进行评估并出具专项意见，与年度报告同时披露。

（2）为了充分发挥独立董事的监督作用，除法律赋予董事的职权外，法律一般还赋予独立董事一些特别的职权。根据中国证监会《上市公司独立董事管理办法》第 18 条的规定，我国独立董事的特别职权包括：①独立聘请中介机构，对上市公司具体事项进行审计、咨询或者核查；②向董事会提议召开临时股东大会；③提议召开董事会会议；④依法公开向股东征集股东权利；⑤对可能损害上市公司或者中小股东权益的事项发表独立意见；⑥法律、行政法规、中国证监会规定和公司章程规定的其他职权。

独立董事行使前款第 1 项至第 3 项所列职权的，应当经全体独立董事过半数同意。独立董事行使上述所列职权的，上市公司应当及时披露。上述职权不能正常行使的，上市公司应当披露具体情况和理由。

4. 履职方式。

（1）独立董事应当亲自出席董事会及其专门委员会和专门会议。因故不能亲自出席董事会会议的，独立董事应当事先审阅会议材料，形成明确的意见，并书面委托其他独立董事代为出席。独立董事连续 2 次未能亲自出席董事会会议，也不委托其他独立董事代为出席的，董事会应当在该事实发生之日起 30 日内提议召开股东大会解除该独立董事职务。独立董事对董事会议案投反对票或者弃权票的，应当说明具体理由及依据、议案所涉事项的合法合规性、可能存在的风险以及对上市公司和中小股东权益的影响等。上市公司在披露董事会决议时，应当同时披露独立董事的异议意见，并在董事会决议和会议记录中载明。

独立董事在上市公司董事会专门委员会中应当依照法律、行政法规、中国证监会规定、证券交易所业务规则和公司章程履行职责。独立董事应当亲自出席专门委员会会议，因故不能亲自出席会议的，应当事先审阅会议材料，形成明确的意见，并书面委托其他独立董事代为出席。独立董事履职中关注到专门委员会职责范围内的上市公司重大事项，可以依照程序及时提请专门委员会进行讨论和审议。上市公司应当按照《上市公司独立董事管理办法》的规定在公司章程中对专门委员会的组成、职责等作出规定，并制定专门委员会工作规程，明确专门委员会的人员构成、任期、职责范围、议事规则、档案保存等相关事项。国务院有关主管部门对专门委员会的召集人另有规定的，从其规定。

上市公司应当定期或者不定期召开全部由独立董事参加的会议（以下简称独立董事专门会议）。《上市公司独立董事管理办法》第18条第1款第1项至第3项、第23条所列事项，应当经独立董事专门会议审议。独立董事专门会议可以根据需要研究讨论上市公司其他事项。独立董事专门会议应当由过半数独立董事共同推举1名独立董事召集和主持；召集人不履职或者不能履职时，2名及以上独立董事可以自行召集并推举1名代表主持。上市公司应当为独立董事专门会议的召开提供便利和支持。

（2）独立董事应当持续关注董事会决议执行情况，发现存在违反法律、行政法规、中国证监会规定、证券交易所业务规则和公司章程规定，或者违反股东大会和董事会决议等情形的，应当及时向董事会报告，并可以要求上市公司作出书面说明。涉及披露事项的，上市公司应当及时披露。上市公司未按上述规定作出说明或者及时披露的，独立董事可以向中国证监会和证券交易所报告。

（3）独立董事每年在上市公司的现场工作时间应当不少于15日。除按规定出席股东大会、董事会及其专门委员会、独立董事专门会议外，独立董事可以通过定期获取上市公司运营情况等资料、听取管理层汇报、与内部审计机构负责人和承办上市公司审计业务的会计师事务所等中介机构沟通、实地考察、与中小股东沟通等多种方式履行职责。

（4）上市公司董事会及其专门委员会、独立董事专门会议应当按规定制作会议记录，独立董事的意见应当在会议记录中载明。独立董事应当对会议记录签字确认。独立董事应当制作工作记录，详细记录履行职责的情况。独立董事履行职责过程中获取的资料、相关会议记录、与上市公司及中介机构工作人员的通讯记录等，构成工作记录的组成部分。对于工作记录中的重要内容，独立董事可以要求董事会秘书等相关人员签字确认，上市公司及相关人员应当予以配合。独立董事工作记录及上市公司向独立董事提供的资料，应当至少保存10年。

（5）上市公司应当健全独立董事与中小股东的沟通机制，独立董事可以就投资者提出的问题及时向上市公司核实。

（6）独立董事应当向上市公司年度股东大会提交年度述职报告，对其履行职责的情况进行说明。独立董事年度述职报告最迟应当在上市公司发出年度股东大会通知时披露。

5. 专门委员会。独立董事制度的运行，如前所述，即使在美国也同样至少面临以下两个方面的问题：第一，独立董事利益的独立性问题。因为独立董事并不意味着他就能真正独立于管理层的影响，他与管理层可能存在经济利益或者其他这样或者那样的关系。比如，独立董事实际上是由管理者聘请的，他们也许不想更换有权决定在将来是否继续聘任他们的管理者。如果独立董事是另外一家公司的 CEO，他可能采取消极态度，因为他可能指望他的独立董事也以同样态度对待自己。为了解决这一问题，许多人进一步建议不仅董事会的大多数或者全部成员应当由独立董事构成，而且建议公司应当成立主要由独立董事构成的专门委员会。第二，决策信息的获得和工作时间的保障等问题。独立董事是独立于本公司的外部人员，自然缺乏对公司业务的了解，缺乏足够可信赖的决策信息；同时，独立董事往往是其他单位的全职骨干雇员，其中大多数有自己的公司和业务需要去管理，因而没有充足的时间保障。为了解决独立董事的信息和时间问题，一种观点认为，应当建立职业董事制度，即职业董事专任公司董事，不兼做其他事情，这样他就有时间了，同时也有利于了解公司业务。但更多的意见则认为，应当利用委员会制度来帮助董事会履行职责，这样既可以使董事会了解公司情况，又不至于太花费时间。

为解决上述两方面的问题，美国现代公司法选择了委员会制度，即董事会可以设立专门委员会，并在董事会的授权下从事某些属于董事会职能的活动。这种专门委员会实际上是公司董事会的咨议机构。这些委员会可以向董事会提供建议，并在某种意义上代表董事会（但不能代替董事会）行使董事会职能。应当注意的是，委员会的设立及其权限的授予并不构成董事法定注意义务的满足和责任的免除。这种专门委员会制度亦为其他国家所借鉴，在我国的公司治理中也引进了这一制度。下面具体讨论一下专门委员会制度。

专门委员会是由董事会设立的，由公司董事组成的行使董事会部分权力或者为董事会行使权力提供帮助的董事会内部常设机构。其发端于美国的公司治理之中，为了保证决策和管理的科学性，许多大型公众公司均在董事会下设立若干专门委员会，作为董事会决策管理的参谋、咨询机构，同时也是非执行董事行使职权的主要组织形式。当然，董事会专门委员会的设置并非强制性要求。这些委员会主要包括：执行委员会、薪酬委员会、提名委员会、审计委员会、战略委员会、诉讼委员会等。下面就各委员会的构成及其职能作一简要讲解：

（1）执行委员会（Executive committee），执行委员会通常由公司管理人员、董事或执行董事构成。其职能在于，在董事会休会期间作为董事会的代表，代理董事会执行管理。一些法律专门就执行委员会的权力作出限制以确保其权力受到约束。对执行委员会的授权一般并不免除董事会或其他成员应承担的任何责任。

（2）薪酬委员会（Compensation committee），薪酬委员会基本上由清一色的非执行董事构成。薪酬委员会的地位在特定公司中取决于董事会及其与CEO之间的关系，许多公司设立薪酬委员会以解决薪酬和雇员退休的利益问题。薪酬委员会的具体职能是：审查、批准或向董事会建议；制定、审查CEO、其他管理董事或其他高级管理人员的年薪、奖金或其他直接或间接利益；就有关新的管理报酬或股票计划进行审查或向董事会建议；建立和定期审查公司对所谓的管理者额外报酬的政策；审查有关董事会成员的报酬政策；审查雇员退休计划的运行；审查公司与董事之间的利益冲突交易。

（3）提名委员会（Nominating committee），提名委员会的地位通常取决于董事会议及其与CEO的关系。在有些公司中，提名委员会在选择董事会董事或首席执行官的候选人时具有很大的发言权。提名委员会主要履行下列职能：负责在股东年会上提名董事候选人；设定董事资格；审查在任董事的业绩，并就在任董事的续任或更换提出建议；就董事会的规模和构成提出建议。

（4）审计委员会（Audit committee），公众公司应设立审计委员会，这是SEC的要求。其主要履行下列职能：负责与公司外部审计师事务所一道检查公司的财务情况；向公司推荐会计师事务所作为独立审计师；就有关审计计划向所聘用的独立审计师进行咨询；经咨询独立审计师后，审查审计报告及相关财务报告；咨询独立审计师有关内部会计控制的适当性及相关问题；向董事会就审计结果进行汇报并就改进控制程度的适当性提出建议。

（5）战略委员会（Strategic planning committee），又称战略规划委员会，

一般由 CEO 或半数以上独立董事提名，并由董事会选举产生。其主要履行战略规划咨询方面的职能。

（6）诉讼委员会（Litigation committee），当股东代表公司提起派生诉讼时，可能设立一个由非利害关系董事组成的诉讼委员会来审查该诉讼并决定该诉讼的进行是否符合公司的最佳利益。一般来说，法院对这种独立诉讼委员会的决定是尊重的，并可能根据这种委员会的决定来裁判是否驳回派生诉讼。

在上述委员会中，审计委员会、提名委员会和薪酬委员会具有特别重要的意义，因为这三个委员会在协调经理层与董事会的权力平衡时发挥着重要的作用。总之，专门委员会的设置有助于董事会更加专业、独立地行使职权。

我国《公司法》对董事会专门委员会没有作出详细规定，只是在第 121 条和第 136 条作了一些原则性规定。第 121 条主要是针对股份公司治理结构选择单层制时要求审计委员会，行使《公司法》规定的监事会的职权。该条第 2~5 款规定，审计委员会成员为 3 名以上，过半数成员不得在公司担任除董事以外的其他职务，且不得与公司存在任何可能影响其独立客观判断的关系。公司董事会成员中的职工代表可以成为审计委员会成员。审计委员会作出决议，应当经审计委员会成员的过半数通过。审计委员会决议的表决，应当一人一票。审计委员会的议事方式和表决程序，除本法有规定的外，由公司章程规定。公司可以按照公司章程的规定在董事会中设置其他委员会。而该法第 136 条则是要求在公司章程中载明董事会专门委员会的组成、职权以及董事、监事、高级管理人员薪酬考核机制等事项。

但是，《上市公司独立董事管理办法》和《上市公司治理准则》对董事会专门委员会的设立和运行规范作了较为详细的规定，上市公司董事会可以按照股东会的有关决议，设立战略、审计、提名、薪酬和考核委员会。专门委员会成员全部由董事组成，其中审计委员会、提名委员会、薪酬与考核委员会中独立董事应占多数并担任召集人，审计委员会中至少应有 1 名独立董事是会计专业人士。根据专门委员会的特征和作用，是否设立上述委员会属于公司内部经营管理事务，应由董事会根据公司经营状况进行决定。

6. 履职保障。

（1）工作条件。上市公司应当为独立董事履行职责提供必要的工作条件和人员支持，指定董事会办公室、董事会秘书等专门部门和专门人员协助独立董事履行职责。董事会秘书应当确保独立董事与其他董事、高级管理人员及其他相关人员之间的信息畅通，确保独立董事履行职责时能够获得足够的资源和必要的专业意见。上市公司应当保障独立董事享有与其他董事同等的知情权。为保证独立董事有效行使职权，上市公司应当向独立董事定期通报公司运营情况，提供资料，组织或者配合独立董事开展实地考察等工作。董事会及专门委员会会议以现场召开为原则。在保证全体参会董事能够充分沟通并表达意见的前提下，必要时可以依照程序采用视频、电话或者其他方式召开。

独立董事行使职权的，上市公司董事、高级管理人员等相关人员应当予以配合，不得拒绝、阻碍或者隐瞒相关信息，不得干预其独立行使职权。

独立董事依法行使职权遭遇阻碍的，可以向董事会说明情况，要求董事、高级管理人员等相关人员予以配合，并将受到阻碍的具体情形和解决状况记入工作记录；仍不能消除阻碍的，可以向中国证监会和证券交易所报告。

独立董事履职事项涉及应披露信息的，上市公司应当及时办理披露事宜；上市公司不予披露的，独立董事可以直接申请披露，或者向中国证监会和证券交易所报告。中国证监会和证券交易所应当畅通独立董事的沟通渠道。

（2）独立董事责任险。上市公司可以建立独立董事责任保险制度，降低独立董事正常履行职责可能引致的风险。

（3）津贴。上市公司应当给予独立董事与其承担的职责相适应的津贴。

（二）我国独立董事制度的评价

在我国学界，对独立董事制度的评价主要有以下三种不同的态度：

1. 肯定评价。这部分学者认为，独立董事制度有利于促进我国公司董事会的改造，通过独立董事制度能够增强董事会的监督职能，并有效填补监事会监督的盲区。对于上市公司，独立董事有助于提高企业股票价值，特别是在企业面临兼并与收购的情况下，独立董事能够维护公众股东的利益。

2. 否定评价。这部分学者认为，在我国独立董事制度未能发挥预期的作用。这主要有以下几个方面原因：首先，在公司实践中，独立董事由于所获得的公司经营信息有限，在经营决策和公司财务上无法真正有效实施监督；另外，独立董事均为兼职，大多数在本单位都是一线骨干力量，因而在履行职责方面往往投入的时间不够。其次，在我国国有股"一股独大"的股权结构下，无法通过独立董事来制约内部人的控制；在现有公司法框架内嫁接英美法系的独立董事制度，会导致我国公司制度不协调，因为我国《公司法》已将监督权职能赋予了监事会，如果独立董事再履行监督职能，则必然存在职能的重复和冲突，其结果是浪费资源或相互推诿。

3. 折中评价。这部分学者认为，独立董事制度运行的实际效果的确不尽如人意，但完全否定也根据不足。由于独立董事的特殊任职要求和享有的特别权利，的确能够发挥一般董事和监事难以发挥的作用。但不能对独立董事制度期望过高，仅仅依靠独立董事制度来彻底解决上市公司所有权与经营权高度分离所产生的"代理问题"是不现实的，上市公司治理的改善应当是综合治理的结果。

应当说折中评价是一种辩证思维的方式，在对待独立董事的态度上更为可取。

笔者担任独立董事工作的一点体会是，股权越分散，独立董事制度越适宜；股权越集中，独立董事制度越难以发挥作用。在英美国家上市公司的股权更为分散，少有像中国上市公司普遍存在的"一股独大"现象（国有企业改制的上市公司与民营企业上市公司均存在"一股独大"的问题），这也是为什么在英美发达国家独立董事制度相对好用的原因之一。在股权集中"一股独大"的背景下，还会出现如下情况：在没有独立董事的情况下是不同的股东根据资本的多寡安排不同比例的董事进入董事会代表自己的利益，一人一票，中小股东的利益一致时可以共同投反对票对付大股东。现在董事会中有了受控于大股东的独立董事，其不仅不能起监督作用，反而为大股东代表在董事会行事提供了方便，这里分三种情况：一是，由于董事会人数有限，独立董事的名额排挤了其他更多股东代表进入董事会，从而加大了大股东的代表在董事会的话语权；二是，现在董事会中有了一边倒向大股东的独立董事，稀释了反对票的力度，从而使大股东的代表控制力更强；三是，有利于大股东减持股套现，增加了大股东的金融杠杆比例，以较少的股份杠杆控制上市公司。换言之，大股东能够以较少的资本控制董事会，通过独立董事杠杆取得对上市公司的控制权。

（三）我国独立董事制度的完善

无论如何评价，目前联系中国实际对独立董事制度进行进一步的探索和完善则是必需的，下面就此项制度完善的重点问题进行讨论。

1. 独立董事的角色定位。独立董事的角色定位包括两个方面的定位：一是利益代表的定位，二是职责的定位。

（1）利益代表的定位。在我国上市公司普遍存在着"一股独大"的背景下，同时又伴随着国有股主体虚位和中小股东对参与公司治理毫无兴趣的情况，这就愈加导致公司"内部人控制"的现象突出。因此，我国上市公司独立董事角色的定位与英美国家条件下的独立董事角色定位应当有所不同，这也正是我国在已经设置监事会这一法定监督机关的基础上还要引入单层制公司结构国家的独立董事制度的最主要缘由。从法律地位上看，我国的独立董事既不同于一般的董事，也不同于监事，而是享有经营决策权和监督权的、代表全体股东利益和公司利益，尤其是中小股东利益的公司领导成员。如果说英美国家建立独立董事制度的目的是通过独立董事来对公司经营者进行监督，以维护委托人股东的利益的话，那么，我国建立独立董事制度的目的，除了意在通过加强公司监督力量来弥补我国监事会制度的不足之外，更重要的还在于将独立董事定位为公司整体利益和中小股东利益的代表，通过其参与公司的重大问题决策和对管理层实施监督来发挥维护中小股东利益和公司利益的独特作用，有效地遏制公司实践中"一股独大"产生的负面影响并解决"内部人控制"的问题。独立董事角色的这一定位，在《关于在上市公司建立独立董事制度的指导意见》（失效）第1条也得以体现，即独立董事要"维护公司整体利益，尤其要关注中小股东的合法权益不受损害"。

（2）职责定位。将独立董事定位为公司整体利益和中小股东利益代表的角色，这就决定了独立董事首要职责是履行决策和监督职责。由于独立董事本质上是一种外部董事，平时不参加公司的日常经营活动，对于决策事项的相关情况不可能如天天在公司参加经营活动的内部董事那样清楚。因此，其决策主要是一种参与型决策。在这种参与型决策中能够更好发挥监督作用，这种监督作用是董事会成员之外的监事所无法发挥的。其次，在我国，独立董事多从社会资深人士中选任，其中不乏专家学者，因此要为公司作出贡献，就应当履行其顾问和咨询职责，公司也有理由期待独立董事的专业知识和经验为公司创造财富。当然，这是第二位的，甚至是为履行监督职责服务的。因为顾问角色并非我国引进独立董事制度的初衷，而且公司完全可以另行聘用各类一流的顾问。

从目前我国上市公司实施独立董事制度的状况来看，应当说独立董事的表现还不尽如人意。独立董事在履行职责的过程中也并非全都尽心尽职，独立董事市场也会存在"劣币驱逐良币"的现象。假定一些独立董事勇于行使监督者职责，敢于从公司整体利益或者中小股东的利益出发提出反对意见；而另一些独立董事则奉迎大股东和内部董事。由此，后者多半驱逐前者。据调查，我国"目前敢于公开对董事会或大股东发表反对意见的独立董事，几乎在事后都选择了辞职"。[1] 笔者将此视为"劣币驱逐良币"的结果。所以，对于独立董事的选任不能只看重其专业能力，还应当考查其意志品质，当然如何考查是个问题。最重要的还是制度本身能够鼓励独立董事敢于坚持已见，建立"良币驱逐劣币"的制度。

2. 完善独立董事的选任机制。独立董事的选任机制在很大程度上决定着其是否具有独立性。《上市公司独立董事管理办法》第9条规定，上市公司董事会、监事会、单独或者合并持有上市公司已发行股份1%以上的股东提出独立董事候选人，并经股东会选举决定。依法设立的投资者保护机构可以公开请求股东委托其代为行使提名独立董事的权利。该条第1款规定的提名人不得提名与其存在利害关系的人员或者有其他可能影响独立履职情形的关系密切人员作为独立董事候选人。按此规定，1%以上的股东虽然可以提出独立董事候选人，但由于大股东能够控制股东会，通过股东会的选举结果，仍然改变不了大股东决定独立董事人选的命运。既然独立董事任选最终由大股东决定，而非中小股东的自主选择，则要求其代表中小股东的利益，监督和挑战董事会和内部控制人则几无可能。因而有学者提出，"为预防控制股东和内部人左右独立董事人选，可考虑以下方案：①进一步降低股东提名独立董事候选人的持股比例（如0.5%）。②将独立董事提名权限定为中小股东的权利。大股东将提名权让渡给中小股东后仍享有表决权。法理依据在于，既然独立董事的重要职责是关怀中小股东，中小股东理应享有提名权。在这种情况下，独立董事既有提名权，也有表决权。③大股东享有对独立董事的提名权，但在选举独立董事时要回避表决。法理依据在于，独立董事的重要职责在于监督大

---

　　[1]　李东平：《三大问题困扰独董制度实践——完善独董制度有利于发挥独立董事维护广大股东利益、实施有效监管》，载《证券时报》2003年3月23日。

股东。大股东既然与独立董事之选任存在利害关系，当然应回避表决。"〔1〕这些方案的核心思想是对大股东在独立董事的提名和选举上实行限制，而由中小股东选举产生。这种主张虽有一定道理，但也会产生一些问题。我国上市公司股权结构既有"一股独大"的问题，也有公众股东股权分散、中小投资者普遍对参与公司治理不感兴趣的问题，如果真的只允许让中小股东来选举独立董事，在这种情况下，恐怕连独立董事的产生都会成问题。另外，如果只允许中小股东来选举独立董事，反过来又会造成对大股东的不公平，而小股东专权同样是不能容忍的，这样甚至会从根本上否定公司本身作为资本企业的属性。在独立董事选任机制的完善方面较为可行的方案是：一是借鉴英美国家的做法，在董事会下设一个以独立董事为主要成员的提名委员会，由其负责独立董事的提名；而初始独立董事则由单独或合并持有上市公司已发行股份1%以上的股东提名，并由股东会采取累积投票的方式选举产生。二是建立健全独立董事人才市场，形成竞争机制，具体措施可以考虑如下：独立董事协会建立独立董事数据库，并主动向各个公司推荐独立董事候选人，例如，2023年《上市公司独立董事管理办法》就采纳了这一学术建议，该办法第16条规定："中国上市公司协会负责上市公司独立董事信息库建设和管理工作。上市公司可以从独立董事信息库选聘独立董事"；独立董事协会负责制定独立董事任职资格条件，组织全国性独立董事资格考试；鼓励猎头公司向各个公司推荐独立董事候选人，同时上市公司也可以直接公开招聘独立董事候选人，鼓励适格人士参加独立董事公开竞聘。

3. 独立董事的利益激励机制。独立董事竞争机制的形成离不开利益激励机制的作用。对独立董事的利益激励可以从以下两个方面着手：一是报酬激励，二是声誉激励。

（1）报酬激励。首先要明确对独立董事进行报酬激励的必要性和必然性：①根据权利义务对等原则独立董事应当领取报酬。独立董事与内部董事及其他高管一样，对公司而言都是人力资本的支出者，都是企业家队伍中的一部分，只是分工不同而已，独立董事为公司的发展而付出其劳动，按照权利义务对等原则，其理应享有分享公司利益的权利。②公司支付报酬对独立董事履行职责具有重要的激励作用。"独立性"对独立董事固然重要，但激励对发

---

〔1〕 刘俊海：《中国资本市场法治前沿》，北京大学出版社2012年版，第192页。

挥独立董事的聪明才智也同样重要，如果绝对地强调独立董事与公司无利害关系，则意味着独立董事没有报酬，作为同样具有"经济人"属性的独立董事就可能失去履行其职责的动力。独立董事的"独立性"是指独立于大股东、独立于经营者，这与独立董事领取报酬并不绝对矛盾，只是应当选择合适的报酬限度和报酬的支付方式。

根据中国证监会《上市公司独立董事管理办法》第41条规定，上市公司应当给予独立董事与其承担的职责相适应的津贴。津贴的标准应当由董事会制订预案，股东会审议通过，并在公司年报中进行披露。除上述津贴外，独立董事不得从上市公司及其主要股东、实际控制人或者有利害关系的单位和人员取得其他利益。

如何确定独立董事报酬的限度不是一个简单的问题。就独立董事而言，要价过高上市公司难以接受，要价过低又与自己的付出不成比例，甚至担心降低自己的身份。目前的现状是独立董事从上市公司取得的报酬普遍大大低于内部董事，有的甚至仅为象征意义。据调查，2011年独立董事平均津贴年薪5.52万元，民生银行最高达年薪百万。调查数据显示，A股市场2300多家上市公司，截至2011年底，总共提供了7893个独立董事职位，2011年上市公司为独立董事支付的薪酬总计4.36亿元，每个独立董事平均薪酬5.52万元，且高校教授占据了独立董事的大半壁江山。[1] 据上海证券报记者报道，自2023年9月初独立董事新规施行以来，上市公司独立董事履职生态日渐趋严、趋实，而独立董事的待遇也发生着变化，百余家企业上调了独立董事津贴。Choice数据统计，截至4月10日，综合已披露年报企业情况，2023年A股上市公司独立董事平均年薪为10.38万元，2022年该数值为9万元。此外，不同上市公司的独立董事津贴存在较大差异。[2] 关于独立董事津贴，我国立法可以规定独立董事薪酬结构（包括固定现金年薪、股份薪酬与股份期权），也可授权公司章程酌定，但立法必须确保独立董事不能成为类似于内部董事的利益中人。至于独立董事薪酬的具体数额，立法者无权干预，应委诸独立董事市场确定。

---

〔1〕 李文艺、郎晓俊：《2011年独董平均津贴5.52万 民生银行百万最高》，载《每日经济新闻》2012年6月18日。

〔2〕 张雪：《新规优化独董履职生态 A股公司密集调整独董津贴标准》，载中国青年网，https://baijiahao.baidu.com/s？id=1795992642211924547&wfr=spider&for=pc，最后访问时间：2024年6月2日。

独立董事可否和其他高管一样采取股权激励措施，即可否持有任职公司的股份？研究表明，在美国独立董事持有本公司的股份越多，公司的经营绩效越高。因此，研究者建议美国公司的独立董事获得更多的激励机制。这一研究结论值得我国立法机构参考。但立法者也面临两难问题：禁止独立董事持股时，立法者担心其缺乏参与公司治理的积极性、主动性与创造性；允许独立董事持股时，立法者又担心其丧失独立性。关键是控制独立董事的持股上限。根据《上市公司独立董事管理办法》第 6 条第 2 项的规定，直接或间接持有上市公司已发行股份 1%以上或者是上市公司前 10 名股东中的自然人股东及其配偶、父母、子女不得担任独立董事。照此推理，只要独立董事的持股比例不超过 1%，或者尚未达到上市公司前 10 名股东中的自然人的程度，就具有担任独立董事的资格。因此，独立董事有限度地持有任职公司股份不为法律所禁止。

对于独立董事津贴的支付方式，现在是由上市公司直接支付给独立董事，这种方式对于保证独立董事的独立性似乎不利。可以考虑借鉴国有独资公司外部董事津贴的支付方式，国有独资公司不直接向外部董事支付津贴，而是由同级国资委支付该笔津贴。借鉴之处在于，上市公司每年缴纳独立董事津贴给某第三方，由第三方支付给所在公司的独立董事。第三方可以是专门为独立董事津贴而设立的基金机构，该基金机构受证券监管机构的监管。

（2）声誉激励。独立董事在上市公司中如果能够坚持独立和客观，恪守职责，无形中有利于其声誉的提升，这对于他们未来的独立董事竞聘和本职工作都是无形的财富。一般认为，具有上市公司独立董事的任职资格并受聘于某一上市公司往往是一个人社会声望较高、才能较为突出的体现。从这一角度考虑，独立董事通常会尽力工作以维护自己的声誉。因此，聘请社会知名人士、专家学者担任独立董事，这不仅会改变董事会的知识结构，更重要的是知名人士、专家学者出于个人声誉的考虑，既不太容易在人格上受大股东的控制，也不大可能仅为经济利益而置公平于不顾，从而能够更好地履行自己的监督职责。

4. 独立董事与内部董事构成比例的合理性。独立董事在董事会人数中所占比例的大小，关系着独立董事能否在公司决策及监督中发挥重要作用。人数太少，孤掌难鸣，比例太高则内部董事的执行力会降低。那么，在董事会的构成中究竟应该有多少独立董事为好？这个问题值得探讨。目前各国对此比例的要求各不相同，有的要求独立董事必须过半数，有的则不作此要求，但大多数国家都要求上市公司董事会中至少要有 3 名独立董事，其理由在于三人为众，是在董事会中形成一个批评群体的底线。

各国对独立董事规定的人数在董事会中所占比例都只是下限，而无上限之规定。那么，有无必要规定上限？由独立董事组成在加入了独立董事的董事会，其职能就在于经营与监督，在这两项职能中，内部董事有着独立董事不具有的优势，其对公司经营的执行力是独立董事无法替代的，或者说，一旦内部董事全无则公司无法运行。所以，即使立法中不对独立董事在董事会中的构成上限作出规定，董事会也不可能全由独立董事组成，在董事会中独立董事的人数上限应当由公司根据具体情况自行确定。

《关于在上市公司建立独立董事制度的指导意见》也只对独立董事的人数作了下限规定，即到 2003 年 6 月 30 日前，上市公司董事会至少应当有 1/3 的成员为独立董事。2023 年《上市公司独立董事管理办法》依然保持了只对独立董事的人数作下限的规定，即"上市公司独立董事占董事会成员的比例不得低于 1/3"。不少学者以美国为例，[1]认为《关于在上市公司建立独立董事制度的指导意见》对独立董事在董事会中所占比例要求过低，要发挥独立董事的监督职能，独立董事在董事会的构成中应过半数，以形成一个优势群体。这种观点在理论上不无道理，但目前我国的公司实践还得不出这一结论，尚无法证明设置较多独立董事的董事会就一定优于独立董事设置较少的董事会。除美国外，其他国家均未要求上市公司中独立董事在董事会所占比例过半数，也并没有研究表明其他国家的上市公司效益普遍低于美国的公司。即使美国公司的竞争力强于其他国家的公司，也不能证明是因为独立董事设置较多而使美国公司强于其他国家的公司，美国上市公司治理中的认股期权激励制度、完善的资本市场及其他外部因素也是促进上市公司效益增加的重要原因。就我国当前的实际情况来看，独立董事在董事会中占 1/3 的要求还是基本合理的。因为独立董事制度在我国尚属新生事物，目前能够胜任独立董事一职的人并不多，如果要求上市公司董事会设立过半数的独立董事，许多独立董事

---

〔1〕　来自美国的一些经验数据表明，设置较多独立董事的上市公司效益普遍较好，《财富》杂志显示，美国公司 1000 强中，董事会的平均规模为 11 人，独立董事就高达 9 人。参见罗培新：《"冷眼"看独立董事》（中），载《金融法苑》2001 年第 1 期。

可能会成为公司的摆设。[1] 其实，今后就算是能够胜任独立董事一职的人多了，独立董事在董事会中占多数，也未必合理，未必适合中国的国情。独立董事在董事会所占人数的比例，是由综合因素决定的，尤其与上市公司的股权结构联系紧密，如果仍然是在"一股独大"的情况下，独立董事在董事会中人数比例越多，越便于大股东的代表在董事会专行，因为此时失去了其他股东代表的董事的有效制约，独立董事在公司没有切身利益，很难依靠其奋勇抵制大股东的专制行为，对此笔者前面已有说明。

5. 独立董事的责任制度。

（1）承担与内部董事同等的法律责任。独立董事与其他董事一样，应当对公司负有忠实义务与勤勉义务，违反该义务的，独立董事要对公司、甚至股东承担民事赔偿责任。尽管独立董事是兼职董事，对公司的情况不如内部董事熟悉，且投入公司的时间非常有限，但是独立董事毕竟不同于公司顾问或其他名誉职务。独立董事既握有参与公司重大经营决策、对其他董事和经理层进行监督的权力，又肩负沉重的法律义务。因而，在法律规定上，独立董事与经营董事违反受托义务所承担的法律责任是相同的。独立董事的独立性不是独立董事逃避责任的护身符，相反，在忠实义务方面独立性只会加重，而非减轻独立董事所担负的义务。当然，在勤勉义务方面内部董事始终处于公司经营的第一线，他们既是公司董事，又是公司高级雇员，理应承担比独立董事更重的勤勉义务；而独立董事客观上投入公司的时间有限，且不在公司担任其他职务。在诉讼过程中，这类情形可作为法院在处理案件时判断独立董事是否减轻或免除责任的正当理由。对于独立董事的归责原则和责任追究和的特殊性，《上市公司独立董事管理办法》第45、46条提供了较好的方案，其主要内容如下：

对独立董事在上市公司中的履职尽责情况及其行政责任，可以结合独立董事履行职责与相关违法违规行为之间的关联程度，兼顾其董事地位和外部身份特点，综合下列方面进行认定：①在信息形成和相关决策过程中所起的作用；②相关事项信息来源和内容、了解信息的途径；③知情程度及知情后的态度；④对相关异常情况的注意程度，为核验信息采取的措施；⑤参加相关董事会及其专门委员会、独立董事专门会议的情况；⑥专业背景或者行业

---

[1] 周友苏主编：《上市公司法律规制论》，商务印书馆2006年版，第105页。

背景；⑦其他与相关违法违规行为关联的方面。

独立董事能够证明其已履行基本职责，且存在下列情形之一的，可以认定其没有主观过错，依照《行政处罚法》不予行政处罚：①在审议或者签署信息披露文件前，对不属于自身专业领域的相关具体问题，借助会计、法律等专门职业的帮助仍然未能发现问题的；②对违法违规事项提出具体异议，明确记载于董事会、董事会专门委员会或者独立董事专门会议的会议记录中，并在董事会会议中投反对票或者弃权票的；③上市公司或者相关方有意隐瞒，且没有迹象表明独立董事知悉或者能够发现违法违规线索的；④因上市公司拒绝、阻碍独立董事履行职责，导致其无法对相关信息披露文件是否真实、准确、完整作出判断，并及时向中国证监会和证券交易所书面报告的；⑤能够证明勤勉尽责的其他情形。在违法违规行为揭露日或者更正日之前，独立董事发现违法违规行为后及时向上市公司提出异议并监督整改，且向中国证监会和证券交易所书面报告的，可以不予行政处罚。独立董事提供证据证明其在履职期间能够按照法律、行政法规、部门规章、规范性文件以及公司章程的规定履行职责的，或者在违法违规行为被揭露后及时督促上市公司整改且效果较为明显的，中国证监会可以结合违法违规行为事实和性质、独立董事日常履职情况等综合判断其行政责任。

（2）保护手段。经营判断规则有利于减轻或免除善意、勤勉、谨慎的独立董事的赔偿责任，鼓励其积极进取精神；而董事责任保险则可以减轻独立董事的赔偿责任，由此可以解除独立董事因担心承担赔偿责任而趋于过度保守的心理。

第一，经营判断规则的保护。为了使善管义务不至于束缚住董事的手脚和创造力，各国在强调董事注意义务的同时，也设计出一些董事善管义务的责任例外规则或制度，最具代表性的就是经营判断规则。经营判断规则，又称商业判断规则，是指当董事会所作决策基于合理的信息并具有一定合理性时，即使该决策从公司的角度来看是错误的、有害的，也不能追究董事的责任。这是由美国法院创设而发展出来的、免除董事就合理经营失误承担责任的一项法律制度。商业判断规则成立的条件是：①董事和高管与所进行的商业决策事项不存在利害关系。②董事及高管知晓决策内容，并且决策适当。③董事及高管应当理性地相信其行为符合公司利益最大化。目前，在美国，经营判断规则不仅在法官判案中得到了广泛的运用，而且在公司运行的实践中，也普遍使用。其运用从公司重组、股利的分配、选任董事等情形，扩展到公司收购、股东代表诉讼等领域。而这一制度所蕴含的促进公司治理结构的完善、保护经营者经营自主权、鼓励企业家的首创精神、保护公司经营效率等积极价值也日益受到应有的重视。因此，借鉴与吸收这一制度，以完善我国公司立法和指导司法实践，具有十分重要的现实意义。[1]

第二，购买董事责任险。公司为独立董事提供部分保险费补贴购买董事责任险，以减轻其赔偿责任。2023年《公司法》第193条第1款规定，公司可以在董事任职期间为董事因执行公司职务承担的赔偿责任投保责任保险。《上市公司独立董事管理办法》第40条规定，上市公司可以建立独立董事责任保险制度，降低独立董事正常履行职责可能引致的风险。对独立董事责任保险的范围及内容，《上市公司独立董事管理办法》没有作出明确规定。但是，2023年《公司法》第193条第2款规定，公司为董事投保责任保险或者续保后，董事会应当向股东会报告责任保险的投保金额、承保范围及保险费率等内容。据此，结合我国实践，借鉴英美国家在这方面的经验，独立董事的责任险可考虑包括如下几项内容：①独立董事的责任险只适用于独立董事违反勤勉义务的情形，违反忠实义务则不能通过责任险减轻其责任。②独立董事的责任险的范围应当有适当限制。为防止独立董事的道德风险，独立董事应当对其行为承担一定的责任。为此，独立董事责任的保险范围不能是独立董事所应支付的全部赔偿额，在最低限度的赔偿额之内由独立董事承担，超过最低限度赔偿额的部分纳入保险责任范围。③独立董事因违反勤勉义务而导致的惩罚性赔偿、罚款及刑事罚金不属于保险范围。[2]

除上述保护措施之外，对独立董事因承担责任所导致的损失由公司对其进行适当补偿，也是合理的，但这一措施应在公司章程中事先载明。

应该看到，董事责任保险是一把"双刃剑"。一方面当公司购买了董事责任险时，董事可以获得承担赔偿责任的保险保障，从而调动董事主动作为、勇于创新的积极性；另一方面也可能引发董事在尽勤勉义务方面的道德风险，与此同时，公司由于已给其董事投保，其本该与董事对外共同承担的连带赔偿责任便无后顾之忧了，公司也可能由此产生道德风险。因此，在这种情况

---

〔1〕 详见李东方：《公司法学》（第三版），中国政法大学出版社2024年版，第380~381页。

〔2〕 周友苏主编：《上市公司法律规制论》，商务印书馆2006年版，第113页。

下，保险人必须严格把握补偿立法的有关规定以及给予补偿的依据、受补偿人的行为标准、补偿程序等方面，对补偿的正当性予以认定，从而避免或减少投保公司和被保险董事可能产生的道德风险。

（四）独立董事制度与监事制度的关系

独立董事制度产生于英美法系实行单层制公司治理结构的国家，而监事制度产生于大陆法系实行双层制公司治理结构的国家。双层制与单层制的共同点在于实现经营职能与监督职能的分开，区别点则在于单层制在董事会内部实行了独立董事监督职能与内部董事经营的分开，而双层制是在董事会外部另设上位（如德国）或者平行（如中国）机构行使监督之责。我国与多数大陆法系国家一样，采取了双层制的公司结构，我国 2023 年之前的《公司法》规定股份有限公司必须设置董事会和监事会，与此同时，我国在双层制的基础上在上市公司的治理结构中又引入英美法系国家的独立董事制度，这就面临着两个问题：一是从长远来看独立董事制度与监事制度的关系如何定位；二是在这种条件下这两种不同的制度如何协调。

1. 对于第一个问题，有学者主张通过修订公司法，由公司法授权公司在其章程中自由选择单层制或者双层制，并且选择单层制的公司经过一段时间的磨合，既可继续坚持单层制，也可以变更而改行双层制；反之亦然。其理由是，唯有公司自己，而非立法者，才最清楚哪种公司治理结构模式适合本公司的实际情况，立法者的责任就是给公司及其股东提供更多可供选择的法律路径，而非限制和堵塞公司及其股东的自治。目前独立董事制度在一定程度上，已经得到了广大投资者和经营者的感情和理性上的认同，全面抛弃独立董事制度或全面抛弃监事会制度，而独独保留任何一方都是不明智的选择。[1] 我国现行《公司法》并未禁止股份公司选择使用独立董事制度，只是强行要求在上市公司必须设独立董事，因此，任何股份公司要自行设立独立董事职位是没有问题的，但是 2023 年之前的《公司法》规定所有股份公司均

---

[1] 该观点还以法国为实证对象：修改后的法国《股份公司法》即允许公司选择单层制或者双层制模式。截至 1990 年，只有 7.6% 的法国股份公司选择了双层制模式。截至 1995 年，158 000 家股份公司中有 155 000 家股份公司选择了单层制，而仅有 3 000 家公司选择了双层制，这 3 000 家股份公司中的一些公司有很强的竞争力。一些股份公司则在单层制或者双层制模式之间不断变换选择。法国绝大多数股份公司之所以青睐岁月悠久的单层制，主要源于法律传统的力量和多年来法国人对单层制的法律与实务经验的积累。刘俊海：《中国资本市场法治前沿》，北京大学出版社 2012 年版，第 184 页。

必须设立监事会。实行上述自行选择方式之后，同时又能够实现监督目的，则实行单层制的公司就可以不设监事会，实行双层制的上市公司也可以不必强行设独立董事职位，这样就可以减少公司的运行成本（例如，现行两套人马同时并存的两套薪酬），因而是可取的。事实上，2023 年《公司法》已经允许有限责任公司和股份公司可以选择设立单层制的治理结构。[1]

2. 关于在设立监事会的条件下，独立董事制度与监事制度如何协调的问题。只有在区别独立董事与监事会二者的差异之后，才能够讨论二者的协调问题。并行于上市公司的监事会和独立董事二者均拥有业务监督权和财务监督权，但二者存在着如下实质性的差异：

第一，法律地位上的差异。监事会是公司机关，监事不能以个人名义个别地行使监督权。在我国，《公司法》没有规定监事的个人职权，监事只能通过监事会这一机关来行使职权；而独立董事并不具有公司机关的性质，《上市公司独立董事管理办法》中的独立董事职权是赋予独立董事以个人名义行使，虽然在有的公司事项决定上需要独立董事相互间的协调，甚至召开独立董事专门会议，但最终也只能是以个人名义行使其职权。

第二，监督职能上的差异。监事会只是公司的监督机构而非公司的经营决策的机构，不能参与公司的经营决策；独立董事作为董事会的成员，除了负有监督职责外，还要参与公司的经营决策；在决定公司重大问题时，享有投票权。这就决定了二者在监督方式上的不同：①监事会的监督是非参与性的外部监督，不能干预董事会独立行使职权；独立董事则是参与性的内部监督，能够以影响公司经营决策的方式进行监督。②监事会的监督一般为事后监督；独立董事的监督则重在事前和事中，如对重大关联交易的事前认可权、发表独立意见权等均为事前和事中的监督。③监事会一般只对公司经营事务的合法、合规性进行监督；独立董事除了要对公司经营事务的合法、合规性进行监督外，还要对其正当性及合理性进行监督。[2]

通过上述比较可以看出，独立董事与监事会都具有对公司的业务监督权

---

[1]《公司法》第 69 条规定，有限责任公司可以按照公司章程的规定在董事会中设置由董事组成的审计委员会，行使本法规定的监事会的职权，不设监事会或者监事。公司董事会成员中的职工代表可以成为审计委员会成员。该法第 121 条第 1 款规定，股份有限公司可以按照公司章程的规定在董事会中设置由董事组成的审计委员会，行使本法规定的监事会的职权，不设监事会或者监事。

[2] 周友苏主编：《上市公司法律规制论》，商务印书馆 2006 年版，第 114 页。

和财务监督权，就业务监督职权部分来看，由于独立董事的监督主要在事前和事中，而监事会的监督主要在事后，因而基本没有交叉重合的内容。而且从法理上讲，法律和行政规章明确赋予一方的职权只能归属该方，他方不得行使；因此，只要独立董事在《公司法》规定的董事会权限范围内运作，不侵占监事会的业务监督权限的范围，就不会存在独立董事与监事会发生业务监督职权撞车的问题。

　　然而，在财务监督职权部分，二者就存在着明显的交叉和重合：按照《上市公司独立董事管理办法》的规定，独立董事可以向董事会提议聘用或解聘会计师事务所，独立聘请外部审计机构和咨询机构，参与董事会审计委员会并通过其对公司财务实行监督；而《公司法》同样规定，监事会享有检查公司财务并对公司财务进行监督的权力。可见，目前的状况是由独立董事与监事会分享财务监督职权，并且二者的职权之间也无明确的分工与边界，由此产生的以下两个结果：一是可能相互推诿，都不行使监督职权；二是可能都要求行使监督职权，这又会产生两种后果：①导致资源的浪费（比如，重复聘请中介机构的费用）；②二者在行使权力的过程中发生冲突或碰撞从而导致监管效率的低下。因此，解决的办法要么是由独立董事独享财务监督权，要么是由监事会独享财务监督权。如果让独立董事独享财务监督权，则意味着取消监事会的这一职权，监事会在公司法人治理结构中的功能将会大大削弱，其存在必要性会受到动摇；如果让监事会独享财务监督权，则意味着取消独立董事的这一职权，独立董事的功能也会受到削弱。也就是说，无论独立董事还是监事会，财务监督权都是其职权的重要组成部分，任何一方缺少这一职权都将导致其监督功能的削弱。[1]

　　由此看来，要从根本上避免独立董事与监事会制度在财务监督职权上的交叉重叠，减少监督资源的不必要浪费，只能从制度上变革当前独立董事与监事会并存的格局，这也进一步说明授权公司自由选择独立董事制度或监事会制度是比较合理的。[2]

　　正是基于上述原因，2023 年《公司法》第 121 条允许股份公司可以选设

---

　　〔1〕　周友苏主编：《上市公司法律规制论》，商务印书馆 2006 年版，第 117 页。

　　〔2〕　据介绍，日本在 2002 年公司法修改之后，就规定大型公司可以选择独立董事制度或者监事会制度两者之中的一种监督模式。参见姚德年：《我国上市公司监事会制度研究》，中国法制出版社 2006 年版，第 231 页。

单层制的治理结构，即股份有限公司可以按照公司章程的规定在董事会中设置由董事组成的审计委员会，行使《公司法》规定的监事会的职权，不设监事会或者监事。在这种情况下，单层制治理结构公司的审计委员会的作用就显得特别重要，它实际上要起到监事会的监督作用。因此，该条第2~4款规定，审计委员会成员为3名以上，过半数成员不得在公司担任除董事以外的其他职务，且不得与公司存在任何可能影响其独立客观判断的关系。公司董事会成员中的职工代表可以成为审计委员会成员。审计委员会作出决议，应当经审计委员会成员的过半数通过。审计委员会决议的表决，应当一人一票。审计委员会的议事方式和表决程序，除《公司法》有规定的外，由公司章程规定。

第二节　上市公司董事会秘书制度

董事会秘书制度是上市公司治理结构中的一项重要制度，《公司法》在2005年修订之后以基本法的形式确立了董事会秘书制度以及董事会秘书在上市公司中的高管地位。[1]

一、董事会秘书的概念及其制度沿革

（一）董事会秘书的概念及其法律地位

董事会秘书是专门为实现董事会职能而服务的专职工作人员，是上市公司的必设机构。董事会秘书由公司董事会聘任或解聘。董事会秘书在公司中居于公司高级管理人员的法律地位，在公司组织机构中，董事会秘书隶属于董事会，是协助董事会执行业务的助理机构。例如，英国1985年《公司法》就将董事会秘书界定为公司"高管"的范畴。[2]美国纽约州《公司法》第715（a）条的规定也是将董事会秘书定位为高级职员的，即"公司可以选举或任命1位总裁、1位或数位副总裁、1位秘书和1位司库为公司的高级职员"。[3]我国香港地区的《公司条例》规定："香港公司的组织机构为成员大

---

〔1〕《公司法》第138条规定，上市公司设董事会秘书，负责公司股东会和董事会会议的筹备、文件保管以及公司股东资料的管理，办理信息披露事务等事宜；第265条第1项又规定，高级管理人员，是指公司的经理、副经理、财务负责人，上市公司董事会秘书和公司章程规定的其他人员。

〔2〕［英］丹尼斯·吉南：《公司法》，朱羿锟等译，法律出版社2005年版，第275页。

〔3〕胡果威：《美国公司法》，法律出版社1999年版，第170页。

会、董事会和董事会秘书"。〔1〕《澳门商法典》是将董事会秘书规定为公司一个独立的机关，与股东会、行政管理机关、监事会并列成为澳门公司的法定组织机构。〔2〕

（二）董事会秘书制度的产生与发展

1. 在英美国家的产生与发展。董事会秘书制度源自英国，这一制度在英美国家的公司治理中发挥着重要作用。在 19 世纪末的英国，秘书只是普通文员，未经授权不享有任何公司行政权力，董事会秘书的职责主要局限于管理公司内部性事务，后来董事会秘书的权力逐渐扩大，取得了一定条件下的公司对外代表权。在"巴罗那马发展公司诉费德利斯装饰织品公司"案中，法院承认，1887 年以来，公司秘书的地位已经有了很大的改变，秘书作为公司管理方面的主要高级职员，现在已具有广泛的义务和责任，明显地包括代表公司签订行政事务合约的权力。〔3〕英国《公司法》第 445 条（1）规定：公司的高级职员包括董事、经理或秘书在内。公司秘书同董事一样，通常有权代理公司执行董事会决议，如签署文件。〔4〕在英国，董事会秘书作为公司代理人时具有与其他公司代理人相同的法律地位。其代表权主要体现在以下两个方面：①有权就日常经营管理方面的事务代表公司；②其作为公司代表有权与公司监管机关和公司登记机构进行沟通，行使对外代表权。可见，董事会秘书在公司治理中的地位，是随着其所承担职责的增加而日益上升，并逐渐发展成为公司的高级管理人员，最终被英国 1985 年《公司法》以法律形式正式予以确认。

2. 在我国的产生和发展。董事会秘书制度在我国经历了从境外上市的外资股，到境内上市的外资股，再到境内上市的内资股这样一个逐渐产生和发展的过程。20 世纪 90 年代初期，上海证券交易所和深圳证券交易所刚刚成立，国内证券市场处于初步形成阶段，证券市场的筹资作用无法得到充分发挥，而当时国务院证券监管机构对申请上市的证券采取的是额度审批制，证券上市门槛甚高。在这种情况下，一些实力雄厚的股份公司就开始寻求去境

---

〔1〕 黄来纪、顾经仪：《公司法比较》，福建人民出版社 1999 年版，第 79 页。

〔2〕 参见《澳门商法典》第 214 条的规定。

〔3〕 ［英］R. E. G. 佩林斯、A. 杰弗里斯：《英国公司法》，《公司法》翻译小组译，上海翻译公司 1984 年版，第 237 页。

〔4〕 何美欢：《香港代理法》（上册），北京大学出版社 1996 年版，第 395 页。

外上市。境外上市有间接上市和直接上市之分，我国一部分到境外间接上市的公司，其所借助的都是符合境外交易所上市条件的外国公司，因而这些国内公司在制度上不存在与他国法律冲突的问题。但是，另一部分直接去境外上市的公司就面临与他国法律、特别是与英美法系国家法律制度的差异问题，其中就包括董事会秘书制度。设置董事会秘书是英美法系国家公司法对上市公司治理结构的法定要求，而我国公司法当时尚无此项制度，因此，为了这些公司能够海外直接上市就必须对其进行制度上的改造。20 世纪 90 年代初主要是国有企业去我国香港地区上市面临直接的法律制度障碍，为此，1993 年 4 月 26 日深圳市人大通过了《深圳经济特区股份有限公司条例》，其中第 102 条规定："董事会设秘书。秘书负责董事会的日常事务，受董事会聘任，对董事会负责"。1993 年 6 月 10 日，国家经济体制改革委员会发布《到香港上市公司章程必备条款》，其中第 4.3 条对公司董事会秘书作出专门规定："章程必须包括具有下列内容的条款：①公司应设公司董事会秘书，由董事会委任。②公司董事会秘书是公司的高级管理人员，其主要责任保证公司有完整的组织文件和记录，准备和递交工商行政管理机关以及其他机构所要求的文件和表格，保证公司的股东名册妥善设立，保证有权得到公司有关记录和文件的人及时得到有关记录和文件。③董事会应任命他们认为具有必备知识和经验的自然人担任公司董事会秘书……"1994 年 8 月 27 日，为适应股份有限公司向境外募集股份和到境外上市的需要，规范到境外上市的股份有限公司的行为，国务院证券委员会、国家经济体制改革委员会根据《国务院关于股份有限公司境外募集股份及上市的特别规定》第 13 条，制定了《到境外上市公司章程必备条款》。[1]该条款也以专章（即第 11 章第 96~98 条）规定了董事会秘书制度：第一，公司设董事会秘书，董事会秘书为公司的高级管理人员。

---

[1] 国务院证券委员会、国家经济体制改革委员会在《国务院证券委员会、国家经济体制改革委员会关于执行〈到境外上市公司章程必备条款〉的通知》中要求：到境外上市的股份有限公司（简称"到境外上市公司"），应当在其公司章程中载明《到境外上市公司章程必备条款》所要求的内容，并不得擅自修改或者删除《到境外上市公司章程必备条款》的内容。到境外上市公司可以根据具体情况，在其公司章程中规定《到境外上市公司章程必备条款》要求载明以外的、适合本公司实际需要的其他内容，也可以在不改变《到境外上市公司章程必备条款》规定含义的前提下，对《到境外上市公司章程必备条款》作文字和条文顺序的变动。《到境外上市公司章程必备条款》中明确规定到香港上市的股份有限公司章程所应当载明的内容，无须载入到香港以外的其他地区或者国家上市的股份有限公司的公司章程。由此可见，《到境外上市公司章程必备条款》对于到境外上市公司具有强制力。

第二，公司董事会秘书应当是具有必备的专业知识和经验的自然人，由董事会委任，其主要职责是：①保证公司有完整的组织文件和记录；②确保公司依法准备和递交有权机构所要求的报告和文件；③保证公司的股东名册妥善设立，保证有权得到公司有关记录和文件的人及时得到有关记录和文件。第三，公司董事或者其他高级管理人员可以兼任公司董事会秘书，当公司董事会秘书由董事兼任时，如某一行为应当由董事及公司董事会秘书分别作出，则该兼任董事及公司董事会秘书的人不得以双重身份作出。公司聘请的会计师事务所的会计师不得兼任公司董事会秘书。

此时对设立董事会秘书的要求仅限于境外上市公司，尚未涉及境内上市公司。两年之后，我国证券监管部门又将董事会秘书制度逐步推广到 B 股上市的境内公司。1996 年 3 月 21 日，上海市证券管理办公室、上海证券交易所联合发布了《上海市证券管理办公室、上海证券交易所关于 B 股上市公司设立董事会秘书的暂行规定》，要求 B 股公司必须设立董事会秘书，将董事会秘书定位为公司高级管理人员，明确提出其任职条件，并将其职权增加到 9 条，旨在规范上市公司行为，提高董事会工作效率，保护投资者利益。1996 年 8 月，上海证券交易所发布《上海证券交易所上市公司董事会秘书管理办法（试行）》，该办法明确规定，所有获准上市的公司必须聘任董事会秘书，强调董事会秘书为公司高级管理人员，同时提出 5 项任职条件，9 项职权范围，6 项任免程序，以及 3 项法律责任，从而基本确立了董事会秘书制度的框架。1997 年 12 月 16 日，中国证监会发布《上市公司章程指引》，该指引在第 5 章"董事会"中专门以一节内容规定"董事会秘书"条款，要求所有上市公司都必须配备董事会秘书，并具体规定了董事会秘书的法律地位、任职条件、主要职责及任免程序等内容，从而正式确立了董事会秘书在所有上市公司中的法定地位和作用。2002 年中国证监会发布的《上市公司治理准则》只是在第 47 条提及"董事会秘书对会议所议事项要认真组织记录和整理。出席会议的董事、董事会秘书和记录人应在会议记录上签名"。随着董事会秘书制度在上市公司治理中所发挥作用的加强，立法者也注意到董事会秘书制度在上市公司治理中的重要性，因而将董事会秘书制度纳入到 2005 年《公司法》修订的范围，最终以基本法的形式确立了董事会秘书制度。但是对董事会秘书的任职资格、职权、义务与法律责任等内容未作具体规定，而是留待于实施细则或者行政规章去具体规范。

在 2005 年《公司法》对董事会秘书制度予以基本法律效力确认之后，中国证监会在2006年修订的《上市公司章程指引》中，对董事会秘书制度的具体内容再度予以规范。此后，沪深两大证券交易所又陆续发布了一系列相关文件，[1]这些文件对董事会秘书的职责、任职资格、解聘和辞职等进行了详细规定，进一步完善了董事会秘书制度。

二、中英董事会秘书制度基本内容的比较与我国该项制度完善的思考

(一) 董事会秘书的任职资格

董事会秘书的任职资格主要包括积极条件和消极条件。

1. 积极条件。在英国，董事会秘书的资格包括两个方面：一是必须具备履行秘书职责所需的知识和经验；二是秘书必须拥有法律要求的资格证书中的一种，如认可的会计师资格、法律方面的资格或董事会认为合适的其他资格。[2]我国关于董事会秘书的积极条件是：第一，具备专业知识、经验以及良好的个人品质。根据沪深两地证券交易所的股票上市规则规定，董事会秘书应当具备履行职责所必需的财务、管理、法律专业知识，具有良好的职业道德和个人品德，并取得证券交易所颁发的董事会秘书资格证书。2024年上海证券交易所新修订的《上海证券交易所股票上市规则》第4章第4节"董事会秘书"，则对董事会秘书的职业道德、个人品质、专业知识、工作经验等进行了规定。第二，自然人身份。虽然《上市公司章程指引》没有明确规定董事会秘书必须是自然人，但从沪深两地证券交易所的相关规定来看，董事会秘书只能是自然人。

2. 消极条件。英国和我国公司法均规定法律关于董事的消极资格的规定，也适用于公司秘书。即我国《公司法》第178条所规定的不得担任公司高级管理人员的消极条件，也适用于董事会秘书。此外，沪深两地证券交易所的股票上市规则还规定，受过中国证监会或者证券交易所一定处罚的董事会秘书在一定时期或条件下不得再担任董事会秘书职务。兼职禁止情形也属于消

---

〔1〕 沪深两市完善上市公司董事会秘书制度的文件主要包括：《上海证券交易所股票上市规则》(2008年修订本第3章第2节) 和《深圳证券交易所股票上市规则》(2008年修订本第3章第2节) 以及2011年4月上海证券交易所修订的《上海证券交易所上市公司董事会秘书管理办法》(第13~16条)。2024年4月第18次修订的《上海证券交易所股票上市规则》，其中第4章第4节是关于"董事会秘书"的规定。

〔2〕 吴云飞、谢荣：《英国股份公司面面观》，人民出版社1995年版，第156页。

极条件，对此，英国公司法规定，董事可以兼任秘书，但在公司仅有一名董事的情况下，则不得兼任秘书。若由董事兼秘书的同一人代表两种身份办理，也为法律所禁止。而我国主要强调监事不得兼任董事会秘书，公司聘请的会计师事务所的注册会计师和律师事务所的律师不得兼任公司董事会秘书。董事会秘书原则上由专职人员担任，也可由公司董事或其他高级管理人员兼任。但如一行为应由董事及董事会秘书分别作出时，兼任董事会秘书的董事应以董事会秘书的身份作出，而不得以双重身份作出。通过比较可知，我国董事会秘书的任职资格要严于英国公司秘书。

（二）董事会秘书的职权

在英国，公司秘书拥有下列职权：①行政管理性合同的签署权；②设立和保管公司的账册和登记册，例如股东名册；③根据董事会的指示，发通知给有权得到通知的人；④处理公司的往来信函，特别是催缴股款、转让股份、支付股息等例行事务和股东通信；⑤向公司注册人员呈送必要的报告；⑥办理股权转让证明；⑦签署某些文件，例如法定的宣告书、资产负债副本、业务报告等。在我国，关于董事会秘书的职责，《公司法》第138条规定，上市公司设董事会秘书，负责公司股东会和董事会会议的筹备、文件保管以及公司股东资料的管理，办理信息披露事务等事项。这属于公司基本法规定的董事会秘书的法定职责。此外，作为自律性的规则，我国《上海证券交易所股票上市规则》第4.4.2条则对董事会秘书的职责作了详细规定，即董事会秘书对上市公司和董事会负责，履行如下职责：①负责公司信息披露事务，协调公司信息披露工作，组织制定公司信息披露事务管理制度，督促公司及相关信息披露义务人遵守信息披露相关规定；②负责投资者关系管理，协调公司与证券监管机构、投资者及实际控制人、中介机构、媒体等之间的信息沟通；③筹备组织董事会会议和股东大会会议，参加股东大会会议、董事会会议、监事会会议及高级管理人员相关会议，负责董事会会议记录工作并签字；④负责公司信息披露的保密工作，在未公开重大信息泄露时，立即向本所报告并披露；⑤关注媒体报道并主动求证真实情况，督促公司等相关主体及时回复本所问询；⑥组织公司董事、监事和高级管理人员就相关法律法规、本所相关规定进行培训，协助前述人员了解各自在信息披露中的职责；⑦督促董事、监事和高级管理人员遵守法律法规、本所相关规定和公司章程，切实履行其所作出的承诺；在知悉公司、董事、监事和高级管理人员作出或者可能作出违反有关规定的决议时，应当予以提醒并立即如实向本所报告；⑧负责公司股票及其衍生品种变动管理事务；⑨法律法规和上海证券交易所要求履行的其他职责。

与英国公司秘书相比，我国上市公司董事会秘书不具有对外订立行政管理性合同的签署权，即不具有对外代表权。应当说对外代表权属于董事会秘书职责或者职权的一个重要方面。从上述我国《公司法》第138条规定的内容可见，《公司法》对于董事会秘书的对外代表权没有涉及，而《上市公司章程指引》《上市公司治理准则》《上海证券交易所股票上市规则》对其对外代表权亦未作明确规定。由于董事会秘书是公司与证券交易所、证券监督管理机构及众多投资者之间的重要桥梁，不可避免地要与公司外界发生各种联系，因此，是否赋予其对外代表权，其代表的法律效力如何，与公司其他代表人如何协调等问题显得十分重要，这在理论上和实践中都值得深入探讨。

（三）董事会秘书的义务与责任

从广义的角度来讲，董事会秘书的职权既是其权力（权利），同时也是其职责，职责就必须强制履行，因而从这个角度而言上述董事会秘书的职权（职责）就是其义务。但是，这里所要论述的是在董事会秘书职责之外的法律义务。

在英国，从公司法法理上讲，董事会秘书属于公司高级管理人员，其义务和责任与董事和经理一样也适用英国公司法的相关规定，即董事会秘书也要依法承担勤勉义务和忠实义务并承担相应的法律责任。当然，董事会秘书毕竟与董事的地位不同，因此，英国公司法对此作出例外规定，如果滥用资金确系董事会的过失，即使秘书在当时可能已经得知，亦不应由他负责。[1] 除上述一般责任之外，英国公司法根据董事会秘书的职责，还就其法律责任作出了专门规定，公司秘书有下列违法行为的，可能受到监禁或罚金的处罚：①公司清理过程中，不完全和没有真诚地向清理人公布或交出公司所有的动产和不动产，或者在歇业之前2个月内或歇业后，典当、抵押或处理了以信贷方式所取得的任何财产，而这些行为又与公司营业的正常方式不符。②处

---

[1] [英] R.E.G. 佩林斯、A. 杰弗里斯：《英国公司法》，《公司法》翻译小组译，上海翻译公司1984年版，第236页。

理公司表册方面的违法行为。包括：伪造公司账册和登记簿；没有设置正式的账簿，指在歇业开始之前的整个 2 年期间没有正式记账；未妥善保管正式的表册；在年度报告、汇报或账册中故意作虚假说明。③从事欺诈性交易，明知故犯地充当欺诈交易中的一方。④明知故犯或肆无忌惮地向公司查账员作出使人误解的、虚假的或欺骗性的声明。[1]

在我国，董事会秘书属于公司高级管理人员，其义务和责任与董事、监事和经理一样也适用《公司法》第 179、180、181 条的规定，即董事会秘书也要依法承担勤勉义务和忠实义务并承担相应的法律责任。这些内容在本书的第六章第五节"上市公司'董监高'的义务"已作讨论，在此不再赘述。由于董事会秘书与证券市场联系紧密，这里需要补充讨论其证券法律责任。根据我国证券法律法规的有关规定，公司董事会秘书有下列违法行为的，应当承担行政责任，构成犯罪的，依法追究刑事责任：①不规范或者违法披露证券信息，包括不充分、不准确、不及时和不合法地披露证券信息的行为。②在准备和递交有关的报告、文件和其他资料中，故意作虚假不实或者误导性的说明。③没有妥善保管公司表册、会议文件和记录的行为。④非法泄露上市公司内幕信息或者商业秘密的行为。此外，自律监管机构对于董事会秘书也制定了相应的惩戒措施。

最后，关于董事会秘书对外责任的承担，这主要是指其对外民事责任的承担。董事会秘书是公司组织机构的一部分，其行使职权的法律效果归属于公司，因此，由董事会秘书违法行为致第三人损害的民事责任应当由其所属的公司承担。中英公司法在这方面的规定无异，但在公司秘书为公司所订立合同的责任归属上，两国规定反差较大。这是因为，英国公司秘书有对外签署合同的权力，因履行由其所签合同而产生的民事责任由公司承担；而我国公司董事会秘书没有订立合同的权力，其所订立合同属于私自行为，对公司不产生法律约束力，因合同所生的民事责任由其个人承担。显然，这种规定一方面不利于保护债权人利益，另一方面也不利于调动董事会秘书的积极性。另外，英国公司秘书在相关民事或刑事诉讼中进行辩护而产生的债务均应自公司资产中给予相应的补偿。为保障我国公司董事会秘书的权益，这一制度值得借鉴。

---

[1] ［英］R. E. G. 佩林斯、A. 杰弗里斯：《英国公司法》，《公司法》翻译小组译，上海翻译公司 1984 年版，第 438 页。

第一节　中外上市公司监事会制度分析及其在我国的运行

一、中外上市公司监事会制度的比较分析

我国《公司法》在股份有限公司的内部治理结构问题上，主要是吸收了日本《公司法》和我国台湾地区"公司法"的一些经验和模式，即由股东会选任董事，由其组成的董事会作为公司经营的核心领导机构，与此同时，在董事会之外又设置独立的监事会，作为监督董事会和经理人员的公司内部机构。

如何完善公司监督机制一直是我国公司治理制度的重点研究内容，2023年《公司法》从两方面完善公司监督机制：一是完善现有的监事会制度，强化监事会职权，增强监事的独立性和专业性，增加监事获取信息的渠道；二是引入单层制模式，允许公司通过章程在单层制和双层制之间自主选择，选择单层制的公司应当在董事会中设置审计委员会负责监督，不再设置监事会或监事。〔1〕下面以中外监事会制度的基本框架为基础，进行比较分析。

（一）监事会的组成

1. 监事会的组成人数。各国公司法一般对监事会组成人数的下限作出要求，对人数上限不作硬性规定，而由公司根据其自身的经营规模、业务类型和经营范围自主决定。

比如，在大陆法系国家的日本，按其《公司法》规定，原则上监事会

---

〔1〕　参见刘斌：《公司治理中监督力量的再造与展开》，载《国家检察官学院学报》2022年第2期。

人数由各个公司股东会根据自己的需要确定，法律不加限制；但是，对于规模较大的公司，1993 年 6 月 4 日修改前的《关于股份公司监察的商法特例法》规定，大公司的监事人数必须为 2 人以上；修改后的《商法特例法》第 18 条第 1 款将大型公司的监事人数修改为必须是 3 人以上，以加强监事会的监督力量。

在我国台湾地区，其"公司法"第 216 条规定，股份公司至少设监察人 1 人，但是无上限限制，实际数量为多少，由各股份公司的章程规定。但是，公开发行股票之公司，即公众公司的监察人必须为 2 人以上。[1]同时，各个监察人在行使监察权的时候，不采用委员会制度，而是采用各自独立执行制，即任何一个监察人都可以在不征求其他监察人同意的情况下，独立行使权力。所以，公司内部实际上并不存在类似于我国的监事会机构，其立法用意是保障监察人充分行使监督权，避免受到其他监察人的牵制。

法国《商法典》第 225-69 条规定："监事会由至少 3 名至多 12 名成员组成。公司章程确定监事会的最高人数。监事会最多不得超过 24 人。"[2]而在德国，其《股份法》第 95 条规定，在职工人数 2000 人以下的非采矿、钢铁行业的公司里，其"监事会由 3 名成员组成。章程也可以规定某个较多的成员数。成员数必须是 3 的倍数。监事会成员的最大数目在拥有注册资本金不同的各公司中分别为：不足 150 万欧元的为 9 人；超过 150 万欧元的为 15 人；超过 1000 万欧元的为 21 人"。

在英美法系的美国，其董事会内部设置的审计委员会行使的职能与监事会部分职能相近，纽约证券交易所的《上市公司指南》（NYSE Listed Company Manual）第 303 条款中规定："上市公司必须依照证券交易法第 10A-3 条款的规定在董事会内部设置审计委员会，而且审计委员会的人数不能少于 3 人"。

根据我国《公司法》第 130 条规定，股份有限公司设立监事会，其成员为 3 人以上。在一些地方性法规中，有的具体规定下限人数高于此限。比如，河北省人民政府 2000 年发布并施行的《河北省规范公司法人治理结构暂行办法》第 42 条第 1 款就规定："监事会成员不得少于 3 人。股份有限公司注册

---

〔1〕　参见林纪东等编纂：《新编基本六法参照法令判解全书》，五南图书出版公司 2005 年版，第叁-35 页。

〔2〕　参见《法国公司法典》（上），罗结珍译，中国法制出版社 2007 年版，第 128 页。

资本在 5000 万元以上的，监事会成员不得少于 5 人。"

对于上市公司监事会人数下限需要考虑的因素，主要有以下几个方面：

（1）规模因素。[1]一般说来，上市公司的规模越大，监督与管理难度也就越大，则公司监事会组成的人数就应该相应增加。特别是对一些巨型公司而言，其内部管理十分复杂，公司可能有数十个甚至数百个子公司和分公司，业务遍及全国甚至全球，比如，中国石油在全球数十个国家设立子公司和分公司，开采石油和天然气，这样的公司如果没有良好的内部控制机制，尤其是内部审计机制，那么极容易出现经营的混乱。有时候，一次失误或漏洞就会造成数亿美元以上的经济损失，甚至导致公司的破产。比如，中国航油（新加坡）股份有限公司 2004 年下半年在新加坡证券交易所做石油期货的时候，由于内部的风险控制机制的缺失，导致交易员在判断失误之后，不是及时止损，而选择不断加码补仓，结果造成 5 亿美元以上的经济损失，中国航油被迫向新加坡法院申请破产保护。这样的公司就应该需要更多的内部监察人员，以完善内部的风险控制机制；而且就其财力来说，多聘用几个监事所增加的管理成本对其公司经营业绩几乎不产生任何影响。但是，由于经营漏洞的减少所带来的收益经常是巨大的。[2]

（2）公司股东与董事会之间关系的疏密程度。在上市公司的实际运行中，某些上市公司的控股股东可能直接参与和主导公司的运营，比如，控股股东直接担任上市公司的董事长或者 CEO。[3]此时，董事会与股东之间就出现了利益高度一致的情形。在这种情况下，监事会的功能基本上只能萎缩到协助董事会进行内部审计的范畴，因为这些公司的被监督对象——董事长和 CEO，均为公司的控股股东，他们远比监事们更加关心公司的利益，监事会对董事

---

[1] 在国际上，衡量一个公司规模大小的标准主要是公司的营业收入和公司的市值，比如，《财富》杂志评选的世界公司 500 强，就是以公司年度的营业收入作为评选标准的。所以，我国一些管理较为落后的国有银行也能够凭借其每年巨额营业收入而跻身于 500 强之中；而美国道琼斯 30 种工业指数成分股的选择标准则是以公司的市值作为其主要参考因素。参见姚德年：《我国上市公司监事会制度研究》，中国法制出版社 2006 年版，第 124 页。

[2] 参见姚德年：《我国上市公司监事会制度研究》，中国法制出版社 2006 年版，第 125～126 页。

[3] 据介绍，雅戈尔（600177）、美的电器（000527）、瑞贝卡（600439）、福耀玻璃（600660）等公司就是如此。参见姚德年：《我国上市公司监事会制度研究》，中国法制出版社 2006 年版，第 128 页。

和经理的监督功能无法发挥，监事会规模过大不仅没有必要，反而造成资源浪费人浮于事。另一种情况则相反，即控股股东不直接参与公司的经营，而是将上市公司交给职业经理人经营，比如，万科企业（000002）、招商银行（000063）等上市公司就是如此，由于职业经理人与上市公司的股东利益并非完全一致，客观上存在以权谋私的可能性，那么强化公司的内部监督机制就显得很必要了，所以这些公司监事会的人数可以适当增多一些。[1]

（3）经营业务的繁简程度。一般而言，上市公司经营的业务越繁复，则监事会的规模就应该越大、人数相对增多；反之，规模就应该越小、人数减少。经营业务的复杂程度主要表现在公司主营业务的模式和分布上，比如，一个水力发电公司与一个零售连锁公司的业务就很不相同，水电公司在安装完水力发电机组之后，只需要定时检修机组的安全性能即可，其他的工作就是将发出来的电输送给电网公司，业务非常简单。比如，我国的长江电力（600900）尽管是一个规模很大的水力发电公司，但是 2003 年底其员工总数只有 1634 人，参股或者控股的公司总数只有不到 5 家，[2]可见，这样的上市公司，其内部管理活动相对简单，人数较少的监事会完全能够胜任相应的监督任务。而零售连锁公司需要采购员、售货员、送货员、信息系统管理人员、市场开拓人员，还有分派各地的监督人员，管理系统非常复杂，而且由于进入门槛低，导致行业的经营利润率很低，如果管理稍有不善，就可能被其他企业淘汰出局。比如，华联综超（600361）是一家连锁超市公司，尽管 2003 年的营业额只有 44 亿元，但是 2003 年底其员工总数却达到 10701 人，参股或者控股的公司总数达到 43 家，遍布全国各地。[3]这样的上市公司，其内部管理繁复，出现疏漏的概率比一般公司要大，公司高管玩忽职守或者以权谋私的可能性也比一般公司要大，因此监事会面临的监管任务更重，需要更多人手。

关于上市公司监事会人数，最后还有一个想强调的问题，就是我国上市公司监事会的人数以奇数为宜。由于我国上市公司监事会在工作方式上实行

---

〔1〕 参见姚德年：《我国上市公司监事会制度研究》，中国法制出版社 2006 年版，第 128 页。

〔2〕 数据来源于长江电力公司的 2003 年报，公司网站为 www.cypc.com.cn，转引自姚德年：《我国上市公司监事会制度研究》，中国法制出版社 2006 年版，第 127 页。

〔3〕 数据来源于华联综超公司的 2003 年报，公司网站为 www.beijing-hualian.com，转引自姚德年：《我国上市公司监事会制度研究》，中国法制出版社 2006 年版，第 127 页。

委员会式的合议制，而不是如同台湾地区上市公司的独立监察人制度，我国上市公司监事会成员不能独立行使监督权，必须集体决策，监事会在表决时采取少数服从多数的民主集中制原则。所以，为了提高监事会内部表决的效率，防止在行使表决权时出现持不同意见的双方表决权相等的僵局，在监事会人数的安排上应该以奇数为宜。

2. 监事的成分及其任期。监事会由依法产生的监事组成，现代公司的监事会中多吸收公司职工代表参加，称为职工监事制。我国就实行职工监事制，根据我国《公司法》第76、130条的规定，监事会应当包括股东代表和适当比例的公司职工代表，并且，无论是有限责任公司，还是股份有限公司，其中职工代表的比例均不得低于1/3，具体比例由公司章程规定。对于股东监事和职工监事，分别采取不同的选举方式，前者由股东会选举产生，后者由公司职工通过职工代表大会、职工大会或者其他形式民主选举产生。但对于国有独资公司而言，其监事会成员由国有资产监督管理机构委派，其中的职工代表仍由公司职工代表大会选举产生。根据我国《公司法》规定，董事、高级管理人员不得兼任监事。因为，监督者不能与被监督者重叠，否则监督功能就会失灵。

关于监事的任期，各国和地区公司法的规定不尽相同。比如，法国的《商事公司法》规定："监事会成员的任期由公司章程确定，但由股东大会任命的监事会成员，其任期不得超过6年；由公司章程任命的监事会成员，其任期不得超过3年。……除章程有相反的规定外，监事会成员可连选连任。普通股东大会可随时解除他们的职务。一切违反上述规定的任命无效，但可按照第137条规定的条件进行任命，不在此限。"日本《有限责任公司法》第273条对监事任期的规定是："①监事的任期，在就任后4年内有关最后会计年度的股东大会年会闭会时终止。首任监察人的任期，不管前项的规定，至与最终决算相关的定期股东大会结束时为止；②首任监事的任期，不拘前款规定，在就任后1年内最后会计年度的股东大会年会闭会时终止；③前2款的规定，并不妨碍以章程规定，作为在任期届满之前离任监事的补缺而被选任的监事的任期，在离任监事的任期届满时终止。"我国台湾地区的"公司法"第217条规定："监察人任期不得逾3年。但得连选连任。监察人任期届满而不及改选时，延长其执行职务至改选监察人就任时为止。但主管机关得依职权，限期令公司改选。届满仍不改选者，自限期届满时，当然解任。"[1]

对于监事任期长短的利弊，学者们看法不一。一般而言，监事会的任期应当短于董事会的任期，这样有利于避免熟人效应，促进监督作用的发挥，但此种做法却不利于保证监督的专业性和持续性。根据我国《公司法》的规定，监事的任期每届为 3 年。监事任期届满，连选可以连任。监事任期届满未及时改选，或者监事在任期内辞职导致监事会成员低于法定人数的，在改选出的监事就任前，原监事仍应当依照法律、行政法规和公司章程的规定，履行监事职务。

3. 监事会主席。监事会主席是监事会的负责人以及监事会会议的召集和主持人。根据我国《公司法》第 76 条和第 130 条的规定，监事会设主席一人，由全体监事过半数选举产生。监事会主席召集和主持监事会会议；监事会主席不能履行职务或者不履行职务的，由半数以上监事共同推举一名监事召集和主持监事会会议。另外，股份有限公司的监事会可以设副主席，在监事会主席不能履行或者不履行召集和主持监事会会议的职务时，由监事会副主席召集和主持。

（二）监事的资格

研究监事资格的意义在于明确担任上市公司监事所需要的基本条件。监事资格分为积极资格（positive qualifications）和消极资格（passive qualifications）。积极资格是指担任监事应当具备的有效条件，消极资格则是指什么样的人不能担任监事。

对于监事的积极资格，我国《公司法》中没有作出明确规定。于是在上市公司实践中出现很多根本没有监督能力的人充任了监事的角色，这种现象严重削弱了监事会的制度功能。为此，《上市公司治理准则》第 45 条对上市公司监事人选的积极资格作了明确的规定："监事会的人员和结构应当确保监事会能够独立有效地履行职责。监事应当具有相应的专业知识或者工作经验，具备有效履职能力。"原来美国的法律法规也没有对上市公司的审计委员会委员的积极资格提特别的要求，但是在发生了安然公司、世通公司等系列财务丑闻之后，在检讨这些案件发生的原因时，得出一个重要的结论是，审计委

---

[1]　林纪东等编纂：《新编基本六法参照法令判解全书》，五南图书出版公司 2005 年版，第叁-35 页。

员会委员不具备相应的财务知识，对执行董事与外部独立审计师互相勾结、利用会计规则虚报利润欺诈投资者的行为难以甄别。所以，2004 年 11 月纽约证券交易所颁布的《上市公司指南》第 303 条款补充规定中规定："审计委员会的每个成员必须具备一定的财务知识，能够帮助上市公司董事会形成明智的商业判断，至少在该独立董事担任审计委员会委员之后的合理期限内具备这种知识。同时，在审计委员会委员中至少必须有 1 名委员具备专业的会计或者相关财务管理知识。"

由于积极资格的弹性过大，不像消极资格那样容易把握和确认，因此，各国和各地区公司法律制度主要是从消极资格的角度来规定担任监事的条件。比如，我国台湾地区"公司法"第 216 条第 4 款规定，有下列情事之一者，不得充任股份有限公司的监事，其已充任者，当然解任："①曾犯组织犯罪防制条例规定之罪，经有罪判决确定，服刑期满尚未逾 5 年者；②曾犯诈欺、背信、侵占罪经受有期徒刑 1 年以上宣告，服刑期满尚未逾 2 年者；③曾服公务亏空公款，经判决确定，服刑期满尚未逾 2 年者；④受破产之宣告，尚未复权者；⑤使用票据经拒绝往来尚未期满者；⑥无行为能力或限制行为能力者。"[1]

关于监事的消极资格，我国《公司法》及相关法规均作出了详细规定。

1. 关于国家公务员不得担任上市公司监事的问题。我国 1993 年《公司法》第 58 条规定："国家公务员不得兼任公司的董事、监事、经理。"此为世界各国公司法的通行规定，因为公务员受雇于政府机构，政府授权其行使公共权力，从广义上讲，在国家公务员与上市公司之间形成了监管者与被监管者的关系。如果允许公务员担任公司的监事，那么从社会整体关系的角度来看，就会发生监管关系与被监管关系的重合，受到监管的上市公司可能会出现监管失效的结果。然而，面对中国的现实状况：国家控股的少数大公司的管理人员，尤其是董事长人选，难以回避其公务员的身份，在 2005 年修订的《公司法》中删除了 1993 年《公司法》第 58 条的规定，即取消了国家公务员不得担任上市公司高管人员的禁止性规定。但是，无论如何我们不能够忽视国家公务员担任上市公司的监事以及众多的国有控股公司给社会带来的负面影响，比如，本书第一章第三节有关政府监管失灵中所论述的"福利腐败"

---

[1] 转引自姚德年：《我国上市公司监事会制度研究》，中国法制出版社 2006 年版，第 149 页。

问题就是其负面影响之一。

2. 基本法对"董监高"消极资格的全面规定。我国《公司法》第178条规定："有下列情形之一的，不得担任公司的董事、监事、高级管理人员：①无民事行为能力或者限制民事行为能力；②因贪污、贿赂、侵占财产、挪用财产或者破坏社会主义市场经济秩序，被判处刑罚，或者因犯罪被剥夺政治权利，执行期满未逾5年，被宣告缓刑的，自缓刑考验期满之日起未逾2年；③担任破产清算的公司、企业的董事或者厂长、经理，对该公司、企业的破产负有个人责任的，自该公司、企业破产清算完结之日起未逾3年；④担任因违法被吊销营业执照、责令关闭的公司、企业的法定代表人，并负有个人责任的，自该公司、企业被吊销营业执照、责令关闭之日起未逾3年；⑤个人因所负数额较大债务到期未清偿被人民法院列为失信被执行人。违反前款规定选举、委派董事、监事或者聘任高级管理人员的，该选举、委派或者聘任无效。董事、监事、高级管理人员在任职期间出现本条第1款所列情形的，公司应当解除其职务。"

3. 部门规章针对上市公司"董监高"消极资格的进一步规范。中国证监会《上市公司章程指引》（2022年修订）第136条规定："本章程第95条关于不得担任董事的情形，同时适用于监事。董事、经理和其他高级管理人员不得兼任监事。"而第95条的规定是："公司董事为自然人，有下列情形之一的，不能担任公司的董事：①无民事行为能力或者限制民事行为能力；②因贪污、贿赂、侵占财产、挪用财产或者破坏社会主义市场经济秩序，被判处刑罚，执行期满未逾5年，或者因犯罪被剥夺政治权利，执行期满未逾5年；③担任破产清算的公司、企业的董事或者厂长、经理，对该公司、企业的破产负有个人责任的，自该公司、企业破产清算完结之日起未逾3年；④担任因违法被吊销营业执照、责令关闭的公司、企业的法定代表人，并负有个人责任的，自该公司、企业被吊销营业执照之日起未逾3年；⑤个人所负数额较大的债务到期未清偿；⑥被中国证监会采取证券市场禁入措施，期限未满的；⑦法律、行政法规或部门规章规定的其他内容。违反本条规定选举、委派董事的，该选举、委派或者聘任无效。董事在任职期间出现本条情形的，公司解除其职务。"可见，《上市公司章程指引》（2022年修订）第95条比较前述《公司法》第178条的内容，实际上扩大了监事人选消极资格的范围，即"被中国证监会采取证券市场禁入措施，期限未满的"，不得担任上市公司的监事。

（三）监事会的职权

1. 监事会职权的各国和地区比较。监事会作为公司的法定监督机关，不同的国家和地区对其职权的规定不尽相同。德国是公司治理结构双层制的代表，故首先考察德国监事会的职权。德国《股份法》第111条对监事会的职权作了如下规定："①监事会应对公司业务的执行情况进行监督；②监事会可以查看和检查本公司的账簿和文件以及财产物品，特别是公司的现金及有价证券和商品的库存。监事会也可以为此目的而委托某个监事会成员，或者为了某些特定任务而委托个别专家；③如果公司的利益需要，监事会应召集股东会。对于一般决议只需简单多数就可以了；④执行业务的各项措施不能交由监事会承担。但是章程和监事会却可以规定，某种业务只能在取得监事会同意之后才能进行。如果监事会拒绝同意进行这类业务，董事会可以要求股东会作出同意进行这类业务的决议。股东会作出的同意决议需要得到投票数的至少3/4的多数。章程既不能规定另外一个多数，也不能提出其他要求；⑤监事会成员不得让他人来完成自己的任务。"从上述规定可以看出，监事会的职责是监督公司的经营和管理。除此之外监事会还有权监督经营计划、任命公司的内部协调和管理人员等。[1]

德国《股份法》第90条则详细规定了监事会对股份公司的知情权，也即董事会汇报义务：第一，对于下列事项，董事会须向监事会报告：①意欲实行的营业政策和其他有关企业计划的原则性问题（特别是财务、投资和人员计划）；②公司的盈利性，特别是自有资本的盈利性；③业务的进展情况，特别是营业额，以及公司的状况；④对公司的盈利性或流动性可能具有重大意义的行为。此外，有其他重大事由的，董事会也应向监事会主席进行通知；为董事会所知悉的、在一个对公司的状况可能具有重大影响的关联企业的营业事件，也应该被认为是重大事由。第二，上述第1点至第4点的报告，应以下列方式提出：①第1点的报告每年至少提出1次，但以因状况变更或出现新的问题而不得不迟延地提出报告为限；②第2点的报告在讨论年度决算的监事会的会议上提出；③第3点的报告应定期提出，每季度至少提出1次；④第4点的报告应尽可能及时地提出，以保证监事会在行为实施前有机会对

---

〔1〕 参见［德］托马斯·莱塞尔、吕迪格·法伊尔：《德国资合公司法》，高旭军等译，法律出版社2005年版，第175页。

其进行表态。第三，监事会可以随时请求董事会对公司的事务、对其余关联企业的法律和营业关系，以及对那些对公司的状况可能具有重大影响的企业的营业事件进行报告。单个监事会成员也可以请求报告，但只能请求向监事会报告；董事会拒绝提出报告的，只有在另外一名监事会的成员支持此项请求时，才可以请求报告。第四，董事会的报告必须符合认真并忠实报告的原则。第五，任何一名监事会的成员均享有知悉报告的权利。报告是以书面方式提出的，经请求，也应将其交付任何一名监事会的成员，但以监事会未作出其他决议为限。监事会主席至迟应在下一次监事会会议上向全体监事会成员告知上述第 1 点的报告。由于监事会本身并不参与公司的经营和管理，所以他们必须依靠董事会提供的报告来进行监督。因此，监事会必须设法保证董事会提供的报告是完整的、准确无误的，他们也必须详细地审查这些报告。为此，监事会必须亲自了解公司的状况，了解董事会将要采用的经营决策，以估计成功实施计划的可能性[1]。另外，德国《股份法》第 112 条赋予监事会代表公司起诉的权利，而且监事会还可以代表公司对已经离任的董事提出诉求，代表公司向非法行为的董事提起损害赔偿之诉。监事会通常授权某一监事（通常为监事会主席）代表监事会行使这一权利。在实践中，公司章程通常规定了这一授权。此外，在其他的一些情况下，监事会也有代表公司行事的权力，例如，监事会可以为了完成其承担的任务以公司的名义开展一些辅助性业务，也可以代表公司与其聘请的专家签订合同。[2]

　　法国通过其商法典赋予了监事会较为强势的职权，法国《商法典》在其第二编"各种商事公司的特别规定"有关"股份有限公司的领导与管理"中规定："管理委员会［Directoire（法语）］的全体成员由监事会［Conseil de surveillance（法语）］任命；监事会委任其中 1 人为管理委员会主席。"该委员会成员由股东会解除职务，但是公司章程也可规定由监事会解除其职务。[3]可见，法国股份有限公司的监事会实际上享有公司经理人员的任免权，而不是像我国由董事会享有此项权力，其监事会的权力类似于德国股份公司监事会

---

〔1〕　参见［德］托马斯·莱塞尔、吕迪格·法伊尔：《德国资合公司法》，高旭军等译，法律出版社 2005 年版，第 175~176 页。

〔2〕　参见［德］托马斯·莱塞尔、吕迪格·法伊尔：《德国资合公司法》，高旭军等译，法律出版社 2005 年版，第 179 页。

〔3〕　参见《法国公司法典》（上），罗结珍译，中国法制出版社 2007 年版，第 122~123 页。

的权力一样强势。

日本《公司法典》在其第381~383条规定了监事的权限：监事，监察董事的业务执行。本场合，监事须依法务省省令的规定，制作监查报告。监事，可随时向董事会及会计参与以及其他适用人要求经营报告，或调查设监事公司的业务及财产的状况。监事，为执行其职务所必要时，可向设监事公司的子公司要求经营报告，或调查其子公司的业务及财产的状况。前款子公司有正当理由时，可以拒绝同款的报告或调查。监事，在认为董事实施不正当行为或存在实施该行为之虞时，或者认为有违反法令或公司章程的事实或显著不当事实时，须及时将其意旨向董事或董事会报告。监事须出席董事会，并在认为有必要时陈述意见。[1]从这些规定可以看出，日本股份公司中的监事介入公司的经营和管理活动是比较深入的。

在我国台湾地区，其"公司法"中没有规定监事会的公司机构，但是"监察人各得单独行使监察权"。[2]台湾"公司法"第218条规定监察人之检查公司的业务权："监察人应监督公司业务之执行，并得随时调查公司业务及财务状况，查核簿册文件，并得请求董事会或经理人提出报告。监察人办理前项事务，得代表公司委托律师、会计师审核之。违反第1项规定，妨碍、拒绝或规避监察人检查行为者，各处新台币2万元以上10万元以下罚锾。"第218条之一规定了董事对监察人的报告义务："董事发现公司有受重大损害之虞时，应立即向监察人报告。"第218条之二规定了监察人列席董事会的权利和制止董事的违法行为："监察人得列席董事会陈述意见。董事会或董事执行业务有违反法令、章程或股东会决议之行为者，监察人应即通知董事会或董事停止其行为。"第219条则规定了监察人的查核表册权："①监察人对于董事会编造提出股东会之各种表册，应予查核，并报告意见于股东会；②监察人办理前项事务，得委记会计师审核之；③监察人违反第1项规定而为虚伪之报告者，各科新台币6万元以下罚金。"第220条规定了监察人召集股东大会的权利："监察人除董事会不为召集或不能召集股东会外，得为公司利

---

〔1〕 参见《日本公司法典》，崔延花译，中国政法大学出版社2006年版，第179~180页。

〔2〕 台湾"公司法"第221条的规定，参见林纪东等编纂：《新编基本六法参照法令判解全书》，五南图书出版公司2005年版，第叁-36页。

益，于必要时，召集股东会。"[1]

2. 我国监事会职权的法律制度。在我国，监事会作为公司的法定监督机关，其职权主要包括两个方面，一是对公司董事及高级管理人员的经营管理行为进行监督，二是对公司的财务状况进行监督。监事会的监督职权由公司法和公司章程进行规定。下面从基本法和部门规章两个层面来考察我国上市公司监事会的职权。

（1）基本法层面。我国《公司法》第78条和第131条的规定，监事会行使下列职权：①检查公司财务；②对董事、高级管理人员执行公司职务的行为进行监督，对违反法律、行政法规、公司章程或者股东会决议的董事、高级管理人员提出解任的建议；③当董事、高级管理人员的行为损害公司的利益时，要求董事、高级管理人员予以纠正；④提议召开临时股东会会议，在董事会不履行《公司法》规定的召集和主持股东会会议职责时召集和主持股东会会议；⑤向股东会会议提出提案；⑥依法对董事、高级管理人员提起诉讼；⑦公司章程规定的其他职权。

针对上述《公司法》关于监事会职权的规定，有学者将其监督权归纳为三个部分：财务监督、合法性监督和妥当性监督，[2]即第一项的规定是财务监督权，第二项的规定是合法性监督权，第三项则属于妥当性监督权。至于监事有权利提议召开临时股东会、向股东会提出议案、代表诉讼权和列席董事会，这些只是监事实现其监督职能的具体途径。我国《公司法》对于监事会怎样行使其职权，确保监事会制度能够达到其预设目的，规定得较少，主要是将这个问题交给公司自己去处理，《公司法》第132条第2款规定："监事会的议事方式和表决程序，除本法有规定的外，由公司章程规定。"

（2）部门规章层面。首先，部门规章层面最早规范上市公司监事会职权的是由原国家经济体制改革委员会和国务院证券委员会1994年颁布的《到境外上市公司章程必备条款》，该规章第108条规定："监事会向股东大会负责，并依法行使下列职权：①检查公司的财务；②对公司董事、经理和其他高级

---

[1]　林纪东等编纂：《新编基本六法参照法令判解全书》，五南图书出版公司2005年版，第叁－35~36页。

[2]　参见王保树：《竞争与发展：公司法改革面临的主题》，载《现代法学》2003年第3期。由于新旧《公司法》对监事会职权的规定前3项基本一致，故该学者2003年的看法同样适用于修订后的《公司法》。

管理人员执行公司职务时违反法律、行政法规或者公司章程的行为进行监督；③当公司董事、经理和其他高级管理人员的行为损害公司的利益时，要求前述人员予以纠正；④核对董事会拟提交股东大会的财务报告、营业报告和利润分配方案等财务资料，发现疑问的，可以公司名义委托注册会计师、执业审计师帮助复审；⑤提议召开临时股东大会；⑥代表公司与董事交涉或者对董事起诉；⑦公司章程规定的其他职权。监事列席董事会会议。"在该规章中，境外上市公司的监事会的职权比1993年《公司法》关于监事会的职权扩大了一项，规定监事会应当核对董事会拟提交股东会的财务报告、营业报告和利润分配方案等财务资料，发现疑问的，可以公司名义委托注册会计师、执业审计师帮助复审；复审费用由上市公司支付。对于该规章还有值得一提的一点是，其首次规定了监事会在特定情况下，具有一定的公司代表权，即代表公司与董事交涉或者对董事起诉。这本来是国外上市公司中一项比较常见的制度安排，股东在董事或者董事会不履行自己职责的情况下，可以向法院提起代表诉讼，即"派生诉讼"。但是，那时我国1993年《公司法》对此并无规定。

其次，中国证监会2022年修订的《上市公司章程指引》第145条对上市公司监事会的职权也作了具体规定："监事会行使下列职权：①应当对董事会编制的公司定期报告进行审核并提出书面审核意见；②检查公司财务；③对董事、高级管理人员执行公司职务的行为进行监督，对违反法律、行政法规、本章程或者股东大会决议的董事、高级管理人员提出罢免的建议；④当董事、高级管理人员的行为损害公司的利益时，要求董事、高级管理人员予以纠正；⑤提议召开临时股东大会，在董事会不履行《公司法》规定的召集和主持股东大会职责时召集和主持股东大会；⑥向股东大会提出提案；⑦依照《公司法》第152条（2023年《公司法》第189条）的规定，对董事、高级管理人员提起诉讼；⑧发现公司经营情况异常，可以进行调查；必要时，可以聘请会计师事务所、律师事务所等专业机构协助其工作，费用由公司承担。注释：公司章程可以规定监事的其他职权。"此外，监事会还有权提议召开临时股东大会，即该指引第48条所规定："监事会有权向董事会提议召开临时股东大会，并应当以书面形式向董事会提出。董事会应当根据法律、行政法规和本章程的规定，在收到提案后10日内提出同意或不同意召开临时股东大会的书面反馈意见。董事会同意召开临时股东大会的，将在作出董事会决议后的5

日内发出召开股东大会的通知，通知中对原提议的变更，应征得监事会的同意。董事会不同意召开临时股东大会，或者在收到提案后 10 日内未作出反馈的，视为董事会不能履行或者不履行召集股东大会会议职责，监事会可以自行召集和主持。"

值得注意的是，自我国《公司法》实施以来，我国上市公司监事会的监督职能效果差强人意，存在失效的情况。

（四）我国监事会会议的基本规则

1. 监事会会议的召集和主持。根据上面对监事会主席的讲述，监事会会议原则上由监事会主席召集和主持。在设立副主席的股份有限公司，在监事会主席不能履行职责或者不履行职责的情况下，则由监事会副主席负责召集和主持；在有限责任公司和未设副主席的股份有限公司，当监事会主席不能履行职责或者不履行职责时，则由半数以上监事共同推举 1 名监事召集和主持监事会会议。

根据《公司法》第 81 条的规定，有限责任公司的监事会每年度至少召开 1 次会议，监事可以提议召开临时监事会会议。根据《公司法》第 132 条的规定，股份有限公司的监事会每 6 个月至少召开 1 次会议。监事可以提议召开临时监事会会议。

2. 监事会决议的形成。监事会的议事方式和表决程序，除公司法另有规定的外，由公司章程规定。监事会决议应当经半数以上监事通过。监事会通过决议的法定比率过半数，应是公司全体监事的过半数。监事会决议的表决，应当一人一票。监事会应当将所议事项的决定作成会议记录，出席会议的监事应当在会议记录上签名。会议记录可以作为监事出席监事会会议、为监事会决议承担责任的依据。

总体而言，我国《公司法》关于监事会的会议程序的规定比较原则，这是因为监事会与董事会同为委员会制的公司机构，它们的会议程序大体相同，所以《公司法》关于董事会会议程序的规定可以参照适用于董事会。当然，公司自身也可以通过公司章程对监事会的会议通知、议事方式、表决程序、监事表决权的行使等各个环节参照董事会的相关规则作出具体规定。

二、上市公司监事会制度在我国运行的现状及其失效原因

以上就中外上市公司监事会制度的基本框架作了一个分析比较，那么，这一制度在实践运行中的情况如何呢？答案是在有的国家，监事会制度的效率比较高，能够在较大程度上提高上市公司财务报告的真实度，从而增强了投资者的信心；而在另外一些国家，监事会制度存在职能失效现象，对提高股东的信心和投资收益几乎起不到什么积极作用。客观地说，目前中国上市公司监事会的运行情况属于后者。究其原因，主要有以下几点：

1. 我国公司的股权结构过于集中，控股股东不仅控制了股东会、董事会，也控制了监事会，从而使监事会丧失了其独立性，也就丧失了监事会行使对董事、高级管理人员的监督职权的基本前提。

2. 我国《公司法》对监事会的监督职权的制度安排缺乏系统性和保障性，如监事会和经营管理层的信息不对称，监事会所得到的信息只能出自于经营管理层，甚至是经过筛选过后的信息，监事也就无法有效监督。

3. 体制上的原因。在国有控股、参股的上市公司中，监事多由工会主席、党委副书记、纪委书记等人兼任，与董事长、总经理等监督对象存在党政职务上的上下级关系，使其在身份、利益关系上难以独立。

4. 专业素质的原因。多数监事不具备基本的财务、经营管理知识，在专业素质上无法胜任财务、业务监督工作。

5. 必要的激励和约束机制的缺乏也在很大程度上导致了监事怠于行使其监督职权；一方面，我国公司普遍缺乏一种对监事业绩的评估体系，更没有一种对监事监督权的激励措施，监事的奖酬大幅度地低于管理层，监事没有工作积极性；另一方面，公司法对监事怠于行使职责的法律责任缺乏基本规定，有的监事消极怠工，有的监事甚至与其监督对象——董事、经理层同流合污，共同从事不正当交易以牟取私利，但却很少受到法律责任的追究。[1]

"形而上者谓之道，形而下者谓之器"，上述我国上市公司监事会的运行失效的原因还只是"形而下"的具体原因。其实，我国上市公司监事会制度失效还有更深层次的原因，这将在第二节进一步讨论。

---

［1］ 赵旭东主编：《公司法学》（第二版），高等教育出版社2006年版，第398页。

第二节　我国上市公司监事会制度的检讨与完善

一、我国上市公司监事会制度运行的公司治理环境检讨

我国上市公司监事会制度运行的公司治理环境，是指在整个公司治理结构中监事会与内外部股东、内部人以及董事会等主体之间相互作用和影响的关系。本来上市公司监事会制度定位是为全体股东的利益服务，通过对董事和高级管理人员的监督，促进上市公司的规范发展，从而维护所有股东的利益。但是，由于我国上市公司以"一股独大"为特征，导致内外部股东之间的利益割裂，甚至互相对立。内部股东可以通过不公平的关联交易或者直接转移上市公司的资产，以实现自己的最大利益，而这对于公司和外部股东都是一种严重的利益侵害。因此，当我们说监事会的目标是为股东的利益服务时，就面临着是为哪一部分股东利益服务的问题，即为内部股东的利益服务，还是为外部股东的利益服务？如果说为外部股东的利益服务，现在监事会制度的表现不尽如人意，在所有发生的上市公司丑闻中，监事会都没有起到应有的制约作用，相反在有些案件中，监事会反而与违法违规者互相勾结，欺诈外部股东。但是，如果将监事会定位为内部股东的利益服务，那么我国上市公司的监事会做到了为其所用。可见，现行监事会制度的运行状况是一边倒，几乎只为内部股东的利益服务。

如果假设内部股东也希望通过合法经营，与外部股东一起获得并分享公司的收益，则监事会制度对于内部股东的作用也会虚化。因为在"一股独大"股权集中的状态下，大股东可以直接决定大部分的董事和经理人员的人选，他们对这些董事和经理人员都非常熟悉和信任，如果不是出于公司法的要求，客观上无需安排监事来监督这些董事和经理人员。即使大股东对个别职业经理人不是非常信任，他们也不会通过监事会来对他进行监督，而是通过自己信任的董事会成员来进行监督。在我国上市公司中，由于监事会在公司的权力有限，对于公司经营的影响力小，绝大多数控股股东都愿意自己或者自己的亲信直接担任上市公司的董事，而不是监事。大批民营控股股东都倾向于直接担任上市公司的执行董事和 CEO，比如雅戈尔、美的电器、华海药业、用友软件、思源电气、苏宁电器等，他们最关心公司的长远发展，与公司的

利益也最密切。因此，在大股东完全主导上市公司经营的情况下，现有的监事会制度不能完全发挥监督的功能。在公司违法违规的情况下，监事会难以制止；在公司合法经营的情况下，董事会和经理人员无需监事会监督。[1]在现有的公司实践中，大股东实际上控制着董事会和监事会两个公司机构，使得监事会和董事会多以内部股东的意志为指向，监事会对于大股东掠夺中小股东利益的行为难以起到监督和制止的作用。在这种体制下，服务于所有股东的利益，实际上就是服务于大股东或内部股东的利益。我国上市公司监事会制度在这种背景下，其服务定位为为全体股东利益服务有效性的前提有两个：一是改善我国上市公司监事会制度运行的公司治理环境；二是允许上市公司根据自身情况在公司治理结构中就监事会制度和独立董事制度任选其一。[2]而不是将目前的为全体股东利益服务的定位改变为为外部股东利益服务的定位。[3]因为根据"股权、股东平等原则"[4]，法律规制的只是大股东对"资本多数决规则"的滥用，而对大股东和中小股东的法律保护却是一致的，并且在公司运行中"一股一票"的股权平等机制始终会发挥作用的，"将上市公司中的监事会定位为外部股东的利益服务"这既不合理也无法操作，是不现实的。

二、监事会成员选任的检讨与完善

（一）监事选任的来源决定监事的立场

现代组织理论的一个假设是：在有效的监督机制的前提下，组织中的代表（如官员、董事等）由谁任免，他就代表谁的利益从而就为谁的利益效力。其实，现代民主制度、代理人制度和信托制度等都是基于这一假设而建立的。当然，一个强有力的反证是国有控股的上市公司的股东受托人都是由股东任免的，却屡屡发生股东受托人侵害股东利益的行为。这里有如下两个原因：

---

[1] 参见姚德年：《我国上市公司监事会制度研究》，中国法制出版社2006年版，第257~258页。

[2] 其理由见本书第八章第一节中"独立董事制度与监事制度的关系"的相关论述。

[3] 有学者认为"法律应该考虑对于私人公司和上市公司的监事会制度定位进行重新考虑，将上市公司中的监事会定位为外部股东的利益服务"。参见姚德年：《我国上市公司监事会制度研究》，中国法制出版社2006年版，第272页。

[4] 李东方：《公司法学》（第三版），中国政法大学出版社2024年版，第25~26页。

一是国有股东的股东受托人是由政府官员任免的，政府官员虽然是受国家委托的受托人，但在缺乏有效的监管机制时，腐败就容易滋生。由其选任的股东代表也很难代表国家的利益，况且股东代表自身也需要被监督，否则同样会发生受托人的道德风险。二是国有股东其所有权与经营权的代理层级过多，容易产生监督失控。[1] 这个反证说明：仅有权利人的任免还不够，还要以有效的监督机制为前提，被任免人才会为任免人的利益服务。

当然，现代组织的内在机理还是由任免人决定被任免人的立场，即监事选任的来源决定监事的立场。在一个上市公司里，股东有许多界别，这些不同界别的股东其利益不尽一致，另外公司员工的利益也有其相对独立性。所以需要各个不同界别的利益主体选派自己的代表，共同管理上市公司，在公司高管中形成互相监督、权力制衡的良性互动机制。既然监事选任的来源决定监事的立场，故其来源应尽可能多样化，除了来源于不同的股东，尤其是中小股东选出的监事，还要有来源于职工的监事。2005 年《公司法》修订后新增加的"累积投票制"，为中小股东选出自己的监事成员提供了一项保证措施。

（二）监事监督能力的检讨与提高

据统计，我国上市公司监事会成员大多数来自国企改制而来的原企业的工会、党委、普通管理机构的干部，具有财务和法律专业知识的比例较低，这与监事会所要承担的监督职能不相匹配。如前所述，按照有些学者的观点，我国监事会在上市公司中的职权主要是财务监督、合法性监督和妥当性监督等。这三项监督权应当说具有相当的专业性，尤其是其中的财务监督和合法性监督职能，需要监事有较强的财务和法律专业能力。很难想象，一个不懂财务的人能够检查上市公司的财务账目；一个不懂法律的人能够监督董事与经理人员行为是否合法。即使监事会在必要的时候依法可以聘请外部的会计师或律师协助工作，但是，如果监事们对于财务和法律知识欠缺，则很难发现被监督对象的可疑之处，也就谈不上判断何时求助于外部监督机构。可见，监事的专业能力是其监督能力的基础，而监督能力则是监事会制度发挥作用的重要因素。如果监事自身没有足够的监督能力，往往会陷入一种十分尴尬的位置：如果积极行使监督职权，由于自己缺少相应专业知识，不知问题的症结

---

[1] 其原理见本书第七章第一节关于"上市公司国有股东权的主体地位实现"问题的探讨。

何在，监督得不是地方，态度越积极，结果越添乱，必然引起公司董事和经理人员的不满或抵制。反之，如果该监事有自知之明，就会态度消极，只能依据外部中介机构出具的财务或法律意见照本宣科或说些无关痛痒的套话。

为提高监事会成员的监督能力，应当从以下两个方面着手：

第一，提高现有监事会成员的专业知识，特别是财务和法律知识。为此，需要对监事会成员进行定期的专业知识培训。我国的证券交易所、中国证监会、证券业协会、上市公司协会或者其他机构均可提供这些培训服务。

第二，要设置相应的资格标准把好监事选任的入门关。在监事会成员的提名时就要求必须有一定比例的监事具有会计师或者律师资格，或者其他能够证明其具有财务、法律知识的资格证书。正是这个原因，《上市公司治理准则》第 45 条就明确要求监事应具有相应的专业知识或工作经验。监事会的人员和结构应确保监事会能够独立有效地行使对董事、经理和其他高级管理人员及公司财务的监督和检查。

三、监事会职权制度的检讨与完善

(一) 监事会行使职权存在的障碍

1. 监事会监督权边界的界定不明晰。采纳监事会制度的国家近年来都在加强监事会监督权边界的研究，并从立法上不断进行相关的完善，其中以日本的改革最为频繁和具有典型性。然而，我国对公司监事会监督权的规定，历经公司法修改后，仍有模糊之处。举例而言，我国公司法规定监事会"检查公司财务"，但对具体检查的内容和方式没有作出细致的规定；规定监事会在"董事、高级管理人员的行为损害公司的利益时，要求董事、高级管理人员予以纠正"，但这里的损害公司利益究竟指有损害之虞还是指已经造成了损害，仅根据《公司法》无法得知，并且予以纠正的实现方式和实现程度并不十分明确；公司法中规定监事可以列席董事会会议、监事会可以调查公司异常情况，这里的"可以"意味着权利抑或是带有义务的含义，也不得而知。

2. 监事的独立性不明确。监事的独立性与监事是否勤勉尽职之间具有直接的关联。监事的独立有两个方面的含义：一是指监事在利害关系上的独立性；二是指监事在行使监督权方面相对于监事会的独立。

监事的独立性程度首先意味着监事是否以及在多大程度上与公司的经营

具有利害关系。从原理上分析，监事如果独立性过高，必然会因其远离公司经营而难以获取业务信息；而如果监事不具有独立性，则极易出现监事被董事会俘获的现象。一般来讲，内部监事有较强的监督动力，但却因利害关系的私利性而缺乏监督的公允；外部监事既可能缺乏监督动力，又可能因为信息获取的困难而无力监督。因此，在公司监事会中实行监事来源的多元化安排，能够让具有不同利益背景的监事之间形成利益关系的制衡，这将能够弥补单类监事在监督上的缺陷和不足，但我国公司监事会成员来源的多元化程度目前还不够。

监事的独立还表现在监事相对于监事会在监督权行使上的独立性。明确监事个人在特定的情形下有权监督并且强调监事个人的勤勉尽职义务，能够在一定程度上遏制强势监事垄断监督权或者滥用监督权，并能够弥补监事会出现怠于监督或不当监督情形时对公司治理带来的不良后果。因此，赋予监事一定条件下的单独监督权，通过充分发挥监事的监督作用，将能够提升监事会整体的监督效率。

3. 公司监事之间利益协调机制的缺失。监事代表谁进行监督？有日本学者尖锐地指出，监事由股东会选出，股东会根据资本多数决的原则选出监事。在这种情况下，监事能否不为大股东或控制股东摆布存在很大的疑问，即使监事被置于"法院"的位置，根据资本多数决原则选出的监事也不可能为"万民的利益"去进行监督。[1] 因此，在所代表的利益上，监事制度不仅面临大股东和小股东之间的利益平衡，而且还面临股东和其他利益相关者之间冲突的协调。日本监事制度在多次修改中试图协调这些矛盾，例如，日本曾一度将监事的资格限于股东，后来又取消了这种限制，但结果也不甚理想。除日本在这方面积极进行探索之外，德国也有理论认为"如果监事亲自履行职权，他们无论如何必须首先考虑企业的利益。对于无法解决的利益冲突，必须采用禁止投票、弃权的方式；在特别严重的情况下，有关监事必须辞去其监事职务"[2]。就我国公司监事会而言，尽管我国《公司法》在对于监事会行使职权的要求中笼统地将监事所应关注的利益称为"公司利益"或"全

---

〔1〕〔日〕大冢英明："日本股份公司机关制度的历史沿革——浅谈"监事"制度的修改"，载中国政法大学民商经济法学院于2006年在北京主办的《"中国与世界：公司法改革国际峰会"论文集》，第508~523页。

〔2〕〔德〕托马斯·莱塞尔、吕迪格·法伊尔：《德国资合公司法》，高旭军等译，法律出版社2005年版，第212~218页。

体股东的利益", 但监事是一定利益群体的代表并在监督时所处的立场会有所区别, 这是一种难以抹杀的事实。怎样从制度上力求"不管监事原来的身份是什么, 也不管他们与外界有什么样的联系, 他们都千方百计地为了企业的利益努力工作, 并且成功地完成监事会承担的任务"[1], 这是摆在设置监事会国家面前的一个难题, 我国也不例外。

（二）排除障碍的对策

监事会职权行使障碍的产生原因既有立法的粗疏, 也有立法的尴尬。克服上述障碍需要对我国公司监事会制度进行完善, 针对上述分析, 笔者认为应当主要从以下几个方面着手完善我国的公司监事会制度:

1. 明晰公司监事会的监督权边界。公司监事会的监督权范围不仅是监事会监督董事会的权力依据, 还应该被视为是对监事会监督权边界的界定。加强职权和进行限定都必然要求尽可能明晰公司监事会监督权的内涵, 并予以制度保障。

（1）强化监事会的财务监督权。公司监事会的核心职权是财务监督。我国《公司法》第 78 条只是原则性地规定了监事会检查公司财务的权利, 因此公司监事会对公司财务的监督缺乏可操作性的制度支持。监督的基础和核心是知情, 在监事会制度较为发达的国家, 知情权往往处于监督权中的首位。[2]为使监事会对公司财务的监督更加具有可操作性, 应当首先强化监事会的财务知情权。监事会财务知情权制度的核心是对公司财务报告的请求权和审查权, 主要体现为: 首先, 监事会应当根据真实性、准确性和完整性原则, 审查公司每月、中期及年终财务报告; 其次, 监事会可以查阅董事会向股东会或股东会报告的相关财务会计资料, 可以要求董事、高级管理人员汇报财务工作或提交相关报告; 再次, 应当明确董事会就公司财务活动的主要情况, 根据公司章程的具体规定, 向监事会进行例行报告, 并不得隐匿和伪报。最后, 公司监事

---

〔1〕 ［德］托马斯·莱塞尔、吕迪格·法伊尔:《德国资合公司法》, 高旭军等译, 法律出版社 2005 年版, 第 217 页。

〔2〕 如日本《公司法》第 381 条和第 389 条规定了监事的知情权, 规定监事可以检查公司账簿以及可以向相关人员要求会计报告等。因为日本认可监事的单独监督权制度, 因此其主要规定了监事的知情权; 德国《股份法》也规定了监事会必须对董事会编制的由审计师审计的年终报表、状况报告以及公司盈余分配方案进行审查。严格意义上讲, "知情" 除了是权利以外, 本质上已经具有了义务的性质。监事会应当对公司的财务状况尽到注意义务, 而注意的基础就是 "知情"。

会应当有权对公司财务状况进行评价，即监事会定期对公司的财务管理质量进行评估，并做成专项报告。检查报告应当遵循"监督事"和"评价人"相结合的原则，并应当成为公司对财务质量进行评估、对董事及高级管理人员进行考核和任免的重要依据之一。

（2）界定监事会对董事及高级管理人员职务行为的监督权。监事会的一大重要职权就是对董事及高级管理人员执行职务的行为进行监督，监事会制度存在的意义就是通过监督而使公司的董事及高级管理人员努力经营、勤勉忠实。监事会工作的成效取决于这种监督最终能否影响到董事及高级管理人员的切身利益，包括薪酬、职位和声誉等。如果监事会所做的一切最终不能影响到上述主体的切身利益，就会造成你监督你的，我腐化依旧，那么监事会制度必然失效；如果监事会的正面评价能够给董事及高级管理人员带来好处，负面评价能够给他们带来不利，那么监事会制度才能真正发挥作用。

监事会对董事及高级管理人员执行职务的行为进行监督主要包括调查以及处理两个方面。就调查权而言，我国《公司法》第79条第2款规定，监事会发现公司经营情况异常的，可以"进行调查"。监事会在公司治理中承担着不可或缺的监督职责，为了敦促监事会有效行使监督权，应当强化监事会的调查权。这意味着公司法不仅应当将监事会的"调查"定为权力，更应该强调其义务的性质。因此，应当规定，监事会有权要求董事及高级经营管理人员报告其职务执行情况，发现情况异常的，监事会"应当"展开调查。

相比调查权而言，监事会对董事及高级管理人员职务行为进行监督时的控制和处理较为复杂。基于对公司经营自主权的确保，监事会对董事及高级管理人员执行职务的行为进行的监督一般重在合法性监督，往往较少地进行妥当性的评价。其实，除了特别明显的违法和不当行为外，合法性和妥当性之间并非总是泾渭分明的。我国公司法律实际上回避了这个区分的问题，因而仅仅在原则上笼统规定了监事会对于经营管理层职务行为的监督权，并没有予以细化。[1]然而，界定公司监事会对经营管理层职务行为的控制权边界，是督促监事会勤勉监督的保证，也是防范监事会滥用监督权的保证，因此对

---

〔1〕 我国《公司法》第78条规定，监事会对董事、高级管理人员执行公司职务的行为进行监督，当董事、高级管理人员的行为损害公司利益时，要求董事、高级管理人员予以纠正。但是，在何种情况下可以将纠正权行使到何种程度，并没有予以明确。

于监事会功能的实现具有相当重要的意义。

尽管监事会由于不参与公司的经营，从而其对公司经营的监督方式和程度一直为理论和实务界所争议。但是，如果将监事会的监督方式和监督程度限定得过于狭窄和僵化，将不利于监督权的有效行使。因此，在强调董事会经营中心地位的今天，监事会的监督权仍然应当得到充分的加强。具体而言，涉及董事及高级管理人员执行职务违反法律、法规或公司章程时，监事会应当有较强的处理和控制权，其有权以向该董事或高级管理人员发出书面通知的方式要求相关人员立即停止行为并进行纠正。涉及董事及高级管理人员执行职务的行为欠缺妥当性的问题时，为了保护公司的利益以及监督和制约董事会，赋予公司监事会对经营管理行为妥当性的判断权以及一定程度上的处理权具有极大的必要性。鉴于我国监事会的地位，以及对董事会经营权的保护，[1]当监事会认为董事及高级管理人员执行职务的行为没有违法但是对公司利益有损害之虞时，作为公司的专门监督机构，监事会可以对董事及高级管理人员提出质询或者纠正建议，并在必要时就该事项与董事会或股东会进行沟通。但对于经营管理层的行为缺乏妥当性，并且已经造成公司利益损害的情形，则应当进行具体分析。有投资就必定会面临风险，如果是基于经营的风险，则追究经营管理层的责任有苛求之嫌，而如果过于严苛，则会极大地干扰公司的经营。因此，适宜的做法是，只有在董事及高级管理人员执行职务有明显并且严重的过错而致使公司蒙受严重损失的情形下，监事会才有权阻止经营管理层损害公司利益行为的继续。

(3) 界定监事会对董事会决议的监督权。实践中，由于股东精力有限，加上董事会权力的日益膨胀，股东日益难以行使对董事会会议决议的监督。在这种背景下，公司监事会无疑应当对董事会会议决议加强监督。

公司监事会对于董事会决议的监督可以从两个方面分别进行，一是监事会凭借对经营管理人员职务行为的监督权，直接对相关个人在董事会会议中的违法或者不当行为进行监督，监督的原理和方式如上文所述；二是当监事会发现董事会决议内容或董事会会议召集程序、表决方式违反法律、行政法规或公司章程时，监事会有权向股东会披露相关信息以便于股东会以及股东对董事会决议行使监督权。当然，为保障上述权利的顺利行使，在公司监事会

---

〔1〕 对董事会经营权的尊重和保护是现代公司治理的核心理念之一。

制度中应当规定保障措施。在这方面可以借鉴日本新《公司法》的做法，[1]将监事的董事会会议出席权明确为出席的义务，以解决信息获取的问题。

2. 完善监事会成员的成分制度。监事的适格性和监事的来源是公司监事会成员成分制度的两个主要方面。有关监事的适格性和来源，在上述"监事会成员选任的检讨与完善"中已有所涉及，在此再从成分制度的角度作进一步讨论。

关于监事适格性的问题，有观点认为"监事会人员的选择和组合应该严格和科学。应选择懂经营、善管理、会理财、有威望的专门人才参加监事会，并讲究各种专门人才的优势互补、合理搭配，决不能把监事会当作一个安置闲散人员的机构"[2]。的确，公司监事会成员应当由有一定资质的人员来担任，对资质的确认不仅应当要求具备一定的专业知识，还应当要求有一定的执业经验。我国的公司法律应当尽快完善监事的资格要求制度，以保证监事会成员能够"在其位谋其政"。

公司监事来源的多元化已经是目前的一个趋势，特别要提出的是，公司监事来源的多元化其实是对监事在与上市公司经营的利害关系方面独立性程度的回答。监事在利害关系上独立性过高或过低都不可取，而监事会多元化的组合之优势在于：其一，可以为与公司之间利害关系紧密程度不同和监督动机不同的监事提供监督的平台；其二，在具有不同利害关系背景的监事之间形成相互牵制，有利于在监事会内部形成监督机制，从而防止监事会在公司利益目标定位上的偏差。

需要强调的是，由于谈判能力在实际中的差异，相关主体依靠谈判而参与公司监事会具有较大的不确定性，因此，监事来源的多元化从根本上需要制度提供保障。借鉴外国的相关实践经验，[3]公司监事会既应当吸纳公司主要利益相关者的代表，除了股东代表、职工外，还可以包括债权人；也应当包括在利益关系上比较独立的监事，如独立监事。公司监事来源的多元化可以让监事会内部聚集多方监督力量，既有利于相互监督，又有利于弥补彼此

---

〔1〕　日本《公司法法典》第383条规定，监事须出席董事会，在监事为2人以上时，通过监事的互选来确定出席董事会的监事。由此可见，监事出席董事会是必须要尽的义务，并不是监事的选择权。

〔2〕　顾奋玲、赵丽玲：《国有企业内部监控体系问题的研究》，载《当代财经》2001年第8期。

〔3〕　以最具有典型借鉴意义的日本和德国公司制度为例，日本创建了独立监事制度，并且要求股份公众公司不能将监事限定为股东；而德国是监事多元化传统最为浓厚的国家，以银行为代表的债权人、职工等参与监事会已经有着悠久的历史，并且已经形成了较为稳定的制度传统。

专业和能力上的不足，从而让监事会整体提升监督能力。

四、监事会工作方式的检讨与完善

在我国上市公司中，监事会的工作方式是通过召开监事会会议，然后作出相关决议的形式来实现其监督职能的。围绕监事会的这一工作方式，至少有以下两个问题需要探讨：一是委员会制度的适应性；二是监事会会议的程序与会议的内容。

（一）委员会制度适应性的质疑及其改进

我国在各个组织体，一般都实行少数服从多数的民主集中制，民主集中制的典型形式是委员会制度，所有成员在委员会中享有均等的表决权。在我国上市公司中，董事会与监事会实行的也是这种民主集中制的委员会制度，董事和监事的所有决定和意见必须以董事会决议或者监事会决议的形式体现出来。在我国《公司法》和其他相关法律法规中所规定的监事会的职权是指整个监事会的职权，而不是单个监事的职权（不设监事会的有限责任公司除外）。所以，在我国上市公司中，监事会是监事表达自己意见的唯一正规渠道，监事会成员对公司财务报表的不同意见、对公司董事和高级管理人员是否违法违规的质疑、对董事和高级管理人员的业绩评价以及对关联交易是否公平的意见也必须以监事会决议的形式表达出来，通过其他形式表达或许会对错误的纠正会产生一定的影响，但是并不发生法律效力。在监事会中，所有监事的地位与权力应该是平等的，对于监事会讨论的事项都有平等的表决权，实行的是一人一票制。在监事会中，尽管设置监事会主席，但这只是为了监事会工作的方便，起一个召集人的作用，监事会主席没有超出普通监事的表决权。

那么，监事会的这种委员会制是否适合监督职能的发挥，这个问题值得分析：在监事会行使的财务监督、合法性监督和妥当性监督三项职权中，财务监督与合规性监督都是一种监察性的工作，是对现存状况合法与否的一种觉察，而这种觉察是对某种客观存在的违法事实的发现，不需要得到多数人的确认。如果一个监事发现了公司的财务欺诈行为或者董事的违法行为，按照现在的委员会制，必须要获得其他多数监事的同意形成会议决议，才能有效行使监督权。如果其他监事由于被买通或者认识能力有限，监事会不能通过该项决议，则该项发现就变得毫无价值，错失追究违法行为的良机。可见，委员会制在财务审计和合规性监督中存在不合理之处，不仅会降低监事会的工作效率，而且还可能使监督职能无效。

妥当性监督是另一种模式的监督工作，一件事物是否合理，并不是客观的，而是监督者的主观判断。比如，某项投资是否损害股东的利益，是一项主观推断。所以，在妥当性监督中，为了集中多数人的智慧，防止各自为政，损害公司的效率，实行委员会制是合理的，[1]这正是适合董事会的工作方式。监事与董事的工作性质有很大的不同。委员会制度更适合董事工作，但不太适合监事所从事的监督工作。由于我国监事会的主要职能是财务审查和合规性监督，妥当性监督主要是通过董事会内部董事之间、执行董事与独立董事之间去完成，而监事会则很难介入对公司经营行为的妥当性监督。由此看来，如有的学者所主张，学习日本和我国台湾地区的做法是比较合理的，即规定监事在监事会中各自独立行使监督权，除妥当性监督之外，监事的监督工作不受其他监事约束，各个监察人单独行使监察权。[2]

为了避免过高的制度改革成本和出于公司内部监督秩序的要求，公司监事会目前仍宜延续集体行权原则。但为了更为有效地发挥监事会整体的监督作用，应当在一定条件下赋予监事的独立监督权。德国公司也实行监事会制度，其《股份法》规定监事会原则上应以整个机关的名义行使权力，但在查看公司的账簿与文件以及财产物品时，法律允许监事会成员个人或聘请其他独立的专家行使监事会的权力。我国可以学习德国将以监事会机关的名义行使权力与监事个人行使权力相结合。在我国基于对监事以个人名义对公司经营管理进行介入的情形进行谨慎对待的考虑，可将公司监事对于经营管理行为的违法性和合理性的单独处理权分开。监事会以集体的名义对公司经营管理行为的合理性进行介入时尚需谨慎，何况监事以个人名义的干预和介入。因此，在肯定监事具有一定的独立监督权的基础上，应当加以合理的限制。监事的独立监督权包括：监事独立检查权的行使和监事独立处理权的行使。

1. 监事独立检查权的行使。依监事会集体行权原则，监事应当在监事会的统一安排下，以监事会的名义进行检查，而在监事会检查之外以自己的名

---

〔1〕　参见姚德年：《我国上市公司监事会制度研究》，中国法制出版社 2006 年版，第 232 页。

〔2〕　参见姚德年：《我国上市公司监事会制度研究》，中国法制出版社 2006 年版，第 232 页。

义进行检查应当是例外。当出现特殊情况时，如果监事会不能及时进行检查或者无正当理由怠于检查时，监事应当有以个人名义进行检查的权力。从具体制度的构建角度出发，公司监事应当可以自行决定列席董事会会议并行使质询权和建议权。[1]在发现公司经营情况异常并认为有立即进行调查的必要时，如果监事会来不及安排调查或者监事会怠于调查，监事应当有权自行展开调查，公司除有明显正当的理由外，不得拒绝提供相关资料。另外，监事的这种独立检查权同样应当得到保障，即监事应当有权聘请中介辅助机构协助其工作，公司无明显正当理由的，不得拒绝支付费用。

监事单独检查权的赋予，是为了保证监事一定程度上的独立性。但是，这种独立性必须被限制在一定程度上，否则将会给公司的经营造成不当干预。所以，必须强调监事单独检查权行使的前提是监事会有怠于或者其他不能及时调查的情形。由于监事来源的多样化，监事与公司之间的利益关系也变得多元化，因此，监事出于私利的考虑有可能滥用独立检查权。为了尽量避免这种滥用权利的可能，应当赋予经营管理层一定的制约权，其主要表现为异议权。尤其是对于涉及公司经营秘密、商业秘密的，经营管理层可以行使异议权。这种异议权的赋予对于保护经营管理层的经营权和公司利益是必要的。

这里必须强调的是，在我国认可监事会集体监督方式的基础上，赋予监事独立监督权的最根本价值在于借助监事多元化来源的力量去尽量避免监事会集体监督所容易出现的"怠于监督"或者"滥用监督权"的两种极端情形，而并不是为监事提供各自为政的平台。监事会所维护的利益应当是综合性的公司利益，而不是局限于某些特别的利益。因此，监事在行使独立检查权后，应当及时将检查的缘由和结果报告给监事会，以提请监事会对于有关事项的注意和处理，这也是出于对监事会集体行权原则的尊重。[2]毕竟，由

---

〔1〕 我国《公司法》实际上是认可这一权力的：该法第 79 条规定，监事可以列席董事会会议，并对董事会决议事项提出质询或者建议。《公司法》仅仅在这一项中明确了监事是行权主体，在其他场合，基本都规定应由监事会来行使。

〔2〕 既然我国实行的是监事会委员制的集体工作方式，目前就应当要求监事从根本上尊重这一方式，因此即使赋予监事的单独监督权，监事仍然应当负有对监事会的报告义务。按照德国对监事会集体工作的理解，"监事会不是某一团体进行政治演说的地方，同样，监事也不能通过其在监事会中的活动为其代表的团体获得好处。尤为重要的是法律规定的监事会集体负责制度，这就要求监事为了完成其所承担的任务，所有监事必须相互正确、完整地通告与此有关的重要事项"。参见 ［德］托马斯·莱塞尔、吕迪格·法伊尔：《德国资合公司法》，高旭军等译，法律出版社 2005 年版，第 213 页。

于监事各自利益目标的差异，我们对监事的单独监督权仍有审慎赋予的必要。即使是有着监事单独行权传统的日本公司法，其《公司法法典》第390条也规定，在监事会有请求时，监事须随时向监事会报告其职务执行情况。也就是说，无论监事有何种程度的独立监督权，监事与监事会之间的关系必须由制度予以必要的协调。

2. 监事独立处理权的行使。监事的独立检查权是为了知情，在知情之后便涉及处理权的行使问题。监事的处理权比监事会的处理权更为复杂，因为这容易引起多头监督。但既然赋予了监事一定条件下的检查权，那么赋予监事适当的单独处理权是必须的。与上文对监事独立检查权的限制同理，顾及到公司权力秩序稳定和有序的需要，监事的这种单独处理权应当受到特别的限制，对监事的单独处理权的定位应当是出于避免监事会处理权的怠于监督以及滥用监督权的情形，而不是取代监事会的处理权。就具体制度构建而言，当公司的监事发现董事及高级管理人员的职务行为违反法律、法规或公司章程，或者对公司利益造成损害时，应当立即向监事会反映，提请监事会进行处理。在公司因相关人员的违法行为有可能遭受损失或所遭受的损失有可能扩大，并且这种情形已经非常紧迫时，该监事应当有权在监事会作出处理之前根据实际情况及时进行预先处理，同时应当及时将处理情况报告监事会。如果监事认为董事及高级管理人员的职务行为有不妥当之嫌时，有没有单独处理权呢？在这种情况之下，即使是监事会也没有直接的控制权，因此若赋予单个监事，显然不妥。所以，如果监事发现董事及高级管理人员的职务行为有不妥当之处，并且对公司利益有损害之虞的，只能是有权进行质询并提出建议，并有权向监事会反映。另外，为了避免监事会怠于监督或滥用监督权，在遇有监事会怠于处理监事所报告的问题之情形，还宜赋予监事向股东会的直接报告权。赋予监事这种报告的权利可以减少股东会与监事会之间以及与董事会之间的信息不对称程度，从而不仅可以敦促监事会勤勉监督，也有利于股东会以及股东适时对公司进行监督。

在赋予监事单独监督权的同时，还应当明确监事在监事会中的义务。明确监事对监事会的义务不仅是监事会进行有效监督的必然要求，而且在赋予监事单独监督权的情况下，如果不明确监事对监事会的义务，则容易造成监事以各自为政的方式行使监督权，这将导致公司内部监督的混乱。监事在监事会中的义务主要体现为监事向监事会的报告义务，即监事应当向监事会就其职务履行情况进行例行报告，并且监事会可以随时要求监事汇报其职务履行情况。另外，列席董事会会议的代表监事应当将与会情况真实、完整、及时地报告给监事会。

关于监事独立监督权的最后一点，需要强调的是，监事会成员要履行监督职责，一个前提条件就是要能够掌握公司运营的真实信息，而不是被监管对象提供的虚假信息所迷惑。因而，必须扩大监事会成员的信息渠道，该渠道主要有三种：①监事会成员的个人抽样调查；②收集公司知情人员以及其他知情人员举报的信息；③自己抽查和研究公司的财务记录。〔1〕在我国上市公司监事会中，现在尚未建立规范的违规举报制度。违法违规信息举报制度是监事会成员获取公司真实信息的一个便捷渠道，我国公司法应当建立起这一制度。2002 年美国国会颁布的《萨班斯-奥克斯利法案》的一个重要规定就是在上市公司的审计委员会中建立了违规举报制度，用以收集公司知情人员以及其他知情人员对于公司违法违规行为的举报信息，并且注重对举报人利益的保护。

（二）监事会会议的程序与内容

监事会会议的程序与内容，是指监事会的议事方式和表决程序以及会议应当讨论的事项。

1. 监事会会议的程序。监事会会议是监事会成员行使监督权、表达监督意见的基本方式。监事会会议如果没有一个有效的程序规则，即使个体监事会成员有积极监督的意愿，甚至有重要发现，也可能因外部环境的掣肘而无法实现。我国《公司法》没有十分具体地规定监事会会议的议事规则和表决程序，〔2〕而是由各个公司对于法定之外的内容在其章程中自行规定，以体现公司的意思自治。监事会的议事方式和表决程序主要涉及五个问题：①每年召开的监事会会议的次数；②监事会会议的最少参加人数；③监事会决议有

---

〔1〕 参见姚德年：《我国上市公司监事会制度研究》，中国法制出版社 2006 年版，第 233 页。

〔2〕 我国 1993 年《公司法》第 127 条规定："监事会的议事方式和表决程序由公司章程规定。"2005 年《公司法》的 120 将其修改为："监事会每 6 个月至少召开 1 次会议。监事可以提议召开临时监事会会议。监事会的议事方式和表决程序，除本法有规定的外，由公司章程规定。监事会决议应当经半数以上监事通过。监事应当对所议事项的决定作成会议记录，出席会议的监事应当在会议记录上签名。"2023 年《公司法》第 132 条未作实质性修改，只是增加了一款，明确规定："监事会决议的表决，应当一人一票"。

效的最少同意人数；④监事会会议召集权和监事对会议决议的监督权；⑤监事会决议的表决方式。

上述第一个问题，《公司法》第 132 条已作明确规定，监事会每 6 个月至少召开 1 次会议。第二个问题，《公司法》中并没有规定监事会会议的最少参会人数，该问题由各个上市公司章程自行规定。在实践中，各个上市公司在其章程中一般都是比照董事会会议的参会人数作出规定。[1]第五个问题是关于监事会决议的表决形式，无论是董事会还是监事会，对于其会议决议的表决形式《公司法》均未作规定，因为相对于股东会，董事会和监事会人数都很少，无论是举手表决，还是无记名投票或者记名投票，对表决结果产生的影响都不大，况且监事会与董事会会议均必须作成会议记录，所以，即使采取投票表决的方式，也必须是记名投票，而记名投票与举手表决都是公开的，目的在于使每个参会董事或者监事须对自己在会议中的言论和表决负法律责任。所以，法律将具体的表决方式交给各个上市公司自行规定是合理的。在我国上市公司的实践中，监事会表决主要是举手表决、记名投票和通讯表决 3 种方式。

这里需要重点讨论的是上述第三、第四个问题。

第三个问题，即关于监事会决议有效的最少同意人数问题。监事会决议有效的最少同意人数，是指监事会决议必须获得多大比例的监事会成员同意才算通过。1993 年《公司法》对于这个问题没有规定，2023 年《公司法》第 132 条第 3 款作出了明确规定：“监事会决议应当经全体监事的过半数通过。”这与对董事会的规定是一致的。[2]董事会与监事会的工作性质有很大差异：董事会主要是一种面向未来的经营决策，或者战略规划，其对妥当性的要求甚高，一旦失误损失巨大，因此越稳妥越好，为了避免决策失误，必须要在董事会中发挥集体智慧，按照少数服从多数的民主集中制原则作出决议；而监事会则是一种面向过去的事后监督，监察违规违法行为，不一定要实行民主集中制，因为已发生的财务造假以及其他违规违法都是客观存在的，不会因为多数监事的不同意就消失了。因此，《公司法》应当区别对待董事会与监

---

〔1〕《公司法》第 124 条第 1 款规定，董事会会议应当由过半数的董事出席方可举行。第 125 条还规定了董事出席董事会会议的方式：“董事会会议，应当由董事本人出席；董事因故不能出席，可以书面委托其他董事代为出席，委托书应当载明授权范围。”

〔2〕《公司法》第 124 条第 1 款规定：“……董事会作出决议，应当经全体董事的过半数通过。”

事会的表决机制，而不是不加任何区别的统一要求"过半数通过"。在此，笔者赞成某些学者的主张：为了充分发挥每个监事的监督功能，在会议所有内容是否定董事会与经理人员的监事会决议中，通过的最低比例应该规定得越低越好，只有这样才能降低监事会成员被董事会或者经理人员收买或者威胁的可能性。如果规定只要有一个监事对上市公司的财务状况或者董事、经理的合规经营产生疑问，就应该对外进行披露的话，那么就可以在现有基础上大大提高监事会的监督功能。[1]

第四个问题，即监事会会议召集权和监事对会议决议的监督权。

首先，监事的监事会会议召集权。召集权是监事会会议的发动机制，也是监事会启动监督程序的首要环节。我国《公司法》仅在第 81 条第 1 款规定了"监事可以提议召开临时监事会会议"，但如何保障这种提议权的行使并无下文。在此，法律应当明确，当监事提议召开临时监事会会议时，会议召集权人应当召集。如果召集权人拒绝召集的，监事有权自行召集。

其次，对监事会会议决议的监督权。一般而言，监事会以集体决议的方式开展工作，以民主表决的方式进行决议，监事之间是平等的关系。但是，谁来监督监事会的决议？这在我国目前的规定中还是空白。毫无疑问，对监督者本身进行监督是相当必要的。笔者认为应当赋予监事对监事会决议的监督权，在《公司法》已经规定"监事会应当对所议事项的决定作成会议记录，出席会议的监事应当在会议记录上签名"的基础之上，还应当允许当公司监事认为监事会决议内容或形成程序有瑕疵时，有权报告股东会以便对监事会的工作进行监督。

最后，关于监事会决议的效力问题。由于是公司的内部监督机构，其行为并不能直接对公司外部产生效力。因此，从原理上讲，只有因为直接由监事会决议受到损害的人才能够对监事会决议的瑕疵和错误提出有关的要求。从德国的司法判决来看，通常只有法律保护的利益受到损害的人，才可以对决议的效力提出要求。一般而言，监事会决议内容违反法律、公司章程、股东会通过的业务守则或者善良风俗的决议，都是无效的。但是如果违反的仅仅是秩序性规则，则将视具体情况而定。另外，如果监事会超越其权限范围

---

〔1〕 参见姚德年：《我国上市公司监事会制度研究》，中国法制出版社 2006 年版，第 240 页。

作出了一个决议，则该决议也没有法律效力。[1]我国公司监事会决议的瑕疵最终会导致决议效力的何种后果，应视瑕疵的具体程度而定。通常而言，类比董事会会议的效力，如果监事会决议内容违法的，应当归于无效；如果程序违法或者违反章程的，则应当属于可撤销。

2. 监事会会议的内容。[2]监事会的会议内容，即监事会会议应当讨论的事项。由于我国监事会的职能是通过会议决议的形式实现，因此从理论上讲，凡是监事会职责范围之内的事项，监事会都需要在会议上讨论，并最终形成决议。在现实的公司实践中，上市公司监事会会议主要是就公司的财务状况、董事和高级管理人员的经营行为是否合规以及董事和高级管理人员的经营行为是否具有妥当性等三个问题进行评价。从上市公司年度报告中的"监事会报告"部分可以看出，上市公司监事会会议一般主要讨论以下几个问题：①公司即将披露的财务报告；②募集资金的投资问题；③重大的关联交易；④董事和高级管理人员行为的合规性；⑤重大资产收购事项；⑥董事和高级管理人员的业绩。尤其是第1项，即公司即将披露的财务报告，是各个上市公司监事会会议讨论的主题。监事会会议对财务报告的讨论不仅仅局限于财务报告的真实性，还包括公司财务的风险评估，比如应收账款是否过多、公司的经营现金流是否太少、资产负债率是否过高、公司负债结构是否合理、存货是否太多等问题。这也是监事会与外部独立审计师的区别之所在。外部独立审计师的工作重点是审计，确保经过审计的财务报告是真实的；而监事会的审计工作重点是评估，评价公司的财务状况是否健康。在上市公司年度报告中，监事会需要就以下几个事项发表独立意见：①公司的财务报告是否真实、完整；②公司的财务状况是否健康、良好；③公司董事和高级管理人员是否依法经营；④董事和高级管理人员的行为是否损害了公司和股东的利益；⑤公司的募集资金投向是否与招股说明书保持一致；⑥公司的重大资产收购或出售行为的程序是否正当，是否有损于公司和股东的利益；⑦公司与关联方发生的关联交易是否符合公平、合理的原则等。

---

〔1〕 参见［德］托马斯·莱塞尔、吕迪格·法伊尔：《德国资合公司法》，高旭军等译，法律出版社2005年版，第197~200页。

〔2〕 参见姚德年：《我国上市公司监事会制度研究》，中国法制出版社2006年版，第241~244页。

五、监事的激励与约束机制

对于一个监事会成员来说，是否有监督的内在动力比其是否具备前面讨论的监督能力更加重要，因为如果监事怠于监督，那么即使其具备很高的监督能力，监督的效果也会很差。监督动力主要取决于外部因素对个人行为的激励和约束。尽管激励和约束两种机制对监事的监督动力都有意义，但是，需要明确的是约束机制对于监事或者监事会的效果不如激励机制明显，因为监事和监事会本身就是专门履行监督职责的机构，如果还要对监事会进行强有力地监督的话，那么不如把这种监督力量直接用于监督董事会或者经理人员，那样还可以节约一个监督环节的成本。所以，促使监事会努力行使监督权的主要方式应该是激励机制，比如良好的声誉、优厚的报酬、监事本人持有上市公司的股票或者买入期权，能够从良好的公司经营中受益等。而且，提高对监事的激励程度也是避免监督者与经营者合谋牟取公司利益的方法之一；而约束机制重在监事会内部完善监事会对监事的考核机制。

（一）建立以股权激励为重要因素的综合激励机制

有学者提出，授予监事剩余索取权会在一定程度上激发公司监事积极行使监督权的动机，如引进股票期权制度、增加监事持股比例等。当然，也有学者经实证检验发现，监事股权激励并不能起到预期效应，如监事持股比例与公司经营绩效不存在显著的正相关关系，持有股份的监事比例、监事会主席是否持股等与代理成本无显著关系，监事会成员持股状况与财务监督水平等监事会治理效应之间不存在显著关系。更为严重的是，监事作为理性经济人，其利益并非总是与委托人利益相一致，有可能被代理人收买，与经营者合谋损害委托人利益，或者与大股东合谋侵害中小股东利益，即产生双向的合谋倾向。由于这种双向合谋倾向的存在，有些学者认为，授予监事股权激励会降低其独立性从而引致合谋，为消除该类风险，应当将监事排除在激励对象范围之外。[1]

其实，在公司治理体系中存在多种的治理机制，它们不仅在作用权重程度上有所不同，也存在替代或者互补的关系。有人通过运用传统的成本效益

---

[1] 参见徐宁、徐向艺：《监事股权激励、合谋倾向与公司治理约束——基于中国上市公司面板数据的实证研究》，载《经济管理》2012年第1期。

分析方法，引入了"治理机制束"的概念，认为治理绩效取决于多个公司治理机制的组合而不是任何单一的公司治理机制。在此基础上，又有学者提出"治理整合理论"，指出由于现代公司中委托代理链条信息分布的非对称性，单一治理机制的边际效用呈递减趋势，甚至会产生因滥用或失控等导致的负面效应，因此，单个机制所达到的实际效率总是次优的。援引该理论的要义在于说明，股权激励作为一种重要的治理机制存在于复杂的公司系统中，并不是孤立存在而单独发挥作用的。债务融资约束、独立董事监督与大股东治理等内生性因素对股权激励契约合理性的实现具有显著的影响，这为公司"治理整合理论"提供了新的经验证据。[1]所以，考察监事股权激励效应，应当加入适当的治理机制调节变量，从公司治理整合的角度出发，综合分析多种因素的互动对其效应产生的影响。

综合激励机制的另一个值得讨论的问题是监事的薪酬决定机制。在我国现有上市公司的实践中，公司董事、监事的薪酬方案均由董事会拟定预案，然后由股东会表决通过。由于股权高度集中的原因，股东会基本上都是由内部股东控制的，上市公司的内部董事人选也一般由内部股东决定，因此，内部董事所提出的监事会成员的薪酬预案，在股东会上获得通过一般不会有问题。所以，如果监事会成员的薪酬由董事决定，其必然面临一方面要取悦董事会，以获得优厚报酬；另一方面又要履行其监督职责，去监督董事或董事会的尴尬处境。其监督的效果便可想而知。所以，监事的薪酬决定机制值得重视。为解决这一问题，实行以独立董事为主导的"薪酬委员会"决定监事薪酬的办法较为可取。其意义在于可以从制度上削弱内部董事对于监事薪酬的决定权，其内在逻辑是董事和高管等被监督对象对于作为监督者的监事的利益决定权越小，监督者的监督力度就会越大。

（二）完善监事会对监事的考核机制

监事会对监事的考核属于监事会内部的监督机制，根据上述"治理机制束"或者"治理整合理论"，完善这一机制也是十分必要的。监事会对监事进行考核目的在于解决监事"搭便车"和滥用权利的问题，因此，应当明确公司监事会定期对监事的工作情况进行考核和评估，并向股东会提出奖惩和任

---

〔1〕 参见徐宁、徐向艺：《监事股权激励、合谋倾向与公司治理约束——基于中国上市公司面板数据的实证研究》，载《经济管理》2012 年第 1 期。

免建议。监事会对监事的考核应当作为股东会进行监事的人事任免及确定监事报酬的重要依据。具体而言，考核监事的标准主要包括：是否正确履行公司法和公司章程所规定的有关监事活动的权利义务；是否及时并且高质量地履行了报告义务；会议的出勤率及参加培训的情况；所关注的议题是否具备重要性与紧迫性；监督的主动性及对公司利益的关切程度；同会计人员、审计人员的交流情况；监事对所交付的任务的完成效率等。当然，为了防止公司监事会中强势监事对监督的控制，出于保证监事独立性的需要以及单独监督权的有效实施，监事对于监事会的考核结果可以提出异议。

约束机制从广义上讲还包括监事的义务，即监事对委托人（即公司股东）承担勤勉和忠实义务，这在本书第六章第五节"上市公司'董监高'的义务"已作论述，在此不加赘述。

六、监事与监事会的法律责任

当今我国上市公司监事会制度之所以很少发挥监督作用，其中的一个重要原因就是监事的法律责任形同虚设。纵观各上市公司违法违规的案件，很少见到监事会及其成员承担过法律责任。究其原因，主要在于：

1. 就行政责任而言，监事的责任一般属于监督失察的间接责任，非行政责任主体。监事所从事的工作通常是一种事后监督，除极端情况之外（比如泄露公司商业秘密），监事本人很少有可能直接导致公司和股东利益受损，相对于公司和股东的损失而言，其承担的是一种对违法违规行为失察的间接责任；而行政处罚一般是针对直接责任人进行的，事实上，中国证监会这些年所处理的上市公司行政案件，其处罚的都是董事及其他高管等直接责任人，而对于在公司行使监督职能的监事会成员则很少处罚过。

2. 就民事责任而言，监事或监事会的违法行为与损害后果之间非直接因果关系。正是由于上述监事的责任多为间接责任，因此，监事或监事会的违法行为与公司和股东的损害后果之间的因果关系也就是间接因果关系。《公司法》第188条规定："董事、监事、高级管理人员执行职务违反法律、行政法规或者公司章程的规定，给公司造成损失的，应当承担赔偿责任。"可见，只有监事"违反法律、行政法规或者公司章程"的行为给公司造成损害的，才应当承担赔偿责任，即监事的违法行为与损害后果之间必须具有直接因果关系。因而要追究监事的民事责任依据也不充分。

监事及监事会在公司的位置和功能使其较为容易逃脱责任的追究，因此进一步完善对监事和监事会的法律责任制度就显得十分迫切和重要。

在公司监事会制度较为成熟的国家，其监事的责任制度较为健全。以日本为例，根据《日本公司法典》第 423、424 条规定，监事怠于其任务时，对公司承担赔偿由此产生的损害的责任，无全体股东的同意，不得免除。该法第 429 条规定，监事就执行其职务存在恶意或重大过失时，承担赔偿由此对第三人造成的损害的责任。其中，特别提到当监事就应记载于审计报告的重要事项进行虚假记载或记录时，监事如果不能证明其未怠于注意，将承担这种对第三人的赔偿责任。[1]日本规定监事在怠于监督的情形下就应当对公司因此受到的损失承担赔偿责任，但是同时规定在其执行职务善意且无重大过失时，可以在一定的额度内，经股东会决议免除。而德国由于其监事会的决议与董事会的经营紧密相关，其规定如果监事会以决议的方式同意董事会甚至要求董事会进行违法行为，那么监事会的决议以及行为都是违法的。根据德国《股份法》第 116 条和第 93 条明确规定如果监事违反了其承担的义务，必须对公司承担损害赔偿责任。德国的法律对于监事会的各项义务规定得非常详细，这无疑增强了追究监事责任的可操作性。[2]并且，监事责任的承担在司法实践中也不断得到明确和完善，德国学界对于监事责任的承担所进行的讨论甚至详细到了监事之间是否应当在过失标准上进行区别对待的程度。[3]

监事的责任主要包括对公司和对第三人的损害赔偿责任。首先应当明确监事对于公司的损害赔偿责任。在何种情况下要对公司承担损害赔偿责任，不同国家由于监事会的地位和职权的不同，因此规定监事承担责任的具体情形并不相同。但总体来看，只有较为具体地明确监事对公司承担损害赔偿责任的情形，才能将对监事的责任追究落到实处。根据我国公司监事会在公司治理中的定位而言，在监事对相关事务已经知情或者应当知情的前提下，监事对公司的经营行为怠于监督、错误监督或者滥用监督权，并由此导致公司

---

〔1〕 参见《日本公司法典》，崔延花译，中国政法大学出版社 2006 年版，第 197~201 页。

〔2〕 德国《股份法》规定了监事的谨慎义务、忠诚义务、个别的具体义务、监督义务、集体工作义务等，并且每种义务都被进行了细化。参见 [德] 托马斯·莱塞尔、吕迪格·法伊尔：《德国资合公司法》，高旭军等译，法律出版社 2005 年版，第 208~220 页。

〔3〕 德国有学者认为，监事会适用共同负责制，法律从原则上对监事适用同一过失标准，而由于现实中监事之间的差别，有必要对监事的注意义务进行程度上的区分。参见 [德] 托马斯·莱塞尔、吕迪格·法伊尔：《德国资合公司法》，高旭军等译，法律出版社 2005 年版，第 214 页。

利益受到损失的，应当承担损害赔偿责任。当然，如果监事能够证明自己并无故意或重大过失，并经股东会决定，可以免责或部分免责。

就监事对第三人的责任而言，尽管监事并不直接参与经营，但是考虑到监事会往往是公司对外界进行信息传递以及公司内外监督相互沟通的桥梁，监事会对公司信息的披露通常是第三人的重要信息来源，因此公司监事在一定条件下应当对第三人负责。结合目前我国的公司治理现状，如果相关监事被明确赋予了对公司某经营事项的严格审查和记载义务，并且这种审查属于应当予以公开之列，那么当第三人对此产生信赖时，监事如果此时对职务的履行具有恶意或者重大过失，将不排除被要求对第三人承担损害赔偿的责任。

在 2005 年《证券法》修订之后，增加了多条"与发行人、上市公司承担连带赔偿责任"的规定，诸如：证券服务机构为证券的发行、上市、交易等证券业务活动制作、出具的审计报告、资产评估报告、财务顾问报告、资信评级报告或者法律意见书等文件有虚假记载、误导性陈述或者重大遗漏，给他人造成损失的，应当与发行人、上市公司承担连带赔偿责任，但是能够证明自己没有过错的除外。其归责原则是过错责任和过错推定原则。

对于监事也可以通过因过错而承担连带责任的形式追究其民事责任。比如，监事会拥有的关于外部独立审计师的提名权，实际上是一种保荐权，其必须对自己的保荐行为负责，因此，可以规定监事会成员应该与外部审计师就公司财务报告的审核意见承担连带责任，但是能够证明自己没有过错的除外（如在工作底稿中签署反对或者保留意见的除外）。

最后，法律应当明确规定监事的行政责任。由于行政处罚追究违法行为的直接责任人，为此，在立法中应该明确规定监事必须对自己的监管意见承担法律责任，一旦出现公司的实际状况与监事会报告或者监管意见不相一致的，证券监管部门就应当对监事会成员的直接责任人给予行政处罚。

第三篇

上市公司证券发行与交易监管法治论

第十章
上市公司证券发行与上市监管法治化

第一节　证券发行的基市原理

一、证券发行的一般理论

（一）证券发行的含义和法律特征

1. 证券发行的含义。要准确界定证券发行的含义，首先要厘清民法上的证券发行和证券法上的证券发行之间的区别，这二者之间的区别如下：①民法上的证券发行，包括任何可代表民事权利的书面凭证，投资证券只是其中的一种；而证券法上的证券发行，只能是适用证券法规制的投资证券，如股票、债券和投资基金等。②民法上的证券发行，其发行对象包括但不限于投资者；而证券法上的证券发行，其发行对象仅限于投资者。③民法上的证券发行，并非都需要按一定的法定程序进行，更多是取决于当事人的意思自治；而证券法上的证券发行，必须按法定程序进行，有完备的发行审核制度。④民法上的证券发行并非都需要信息公开；而证券法上的证券发行必须依照法定格式进行信息公开。⑤民法上的证券发行，可以是个别发行，也可以是公开发行；而证券法上的证券发行，限于公开发行。[1]可见，民法上证券发行的外延要大于证券法上的证券发行，证券法上的证券发行包含民法上的证券发行。这二者的关系是一般和特殊的关系，正如民法上的证券与证券法上的证券是一般和特殊的关系一样。下面来具体讨论证券法上的证券发行。

对于证券发行概念的揭示，学术界观点各异。列举7例如下：①证券发行

---

[1]　陈甦主编：《证券法专题研究》，高等教育出版社2006年版，第78页。

是指发行人或承销机构对非特定人以同一条件进行证券要约和销售的行为；〔1〕
② "证券发行是指证券集资决策、证券发行制度、证券发行活动和证券发行
管理的总和"，是 "发行人以集资或调整股权结构为目的，作成证券并交付相
对人的单独法律行为"；〔2〕③证券发行是指经批准符合条件的证券发行人，按
照一定程序将有关证券发售给投资者的行为；〔3〕④证券发行是指证券发行主
体以筹集资金为目的的第一次将证券销售给投资人的活动，包括募集、制作、
交付、直接销售或委托中介机构承销代销证券等一系列活动；〔4〕⑤证券发行
是指证券的发行人将自己所发行的证券出售给投资者的行为；〔5〕⑥证券发行
是一个整体概念，它所包含的是公司初次申请发行证券，初次发行证券公司
申请挂牌上市，已上市公司发行新股及已上市公司大股东转让大批股份等交
易行为；〔6〕⑦证券发行是指符合条件的公司或政府以筹集资金为直接目的，
向社会公众或特定投资者以同一条件销售股票或债券的行为；〔7〕等等。综合
上述对证券发行的不同定义以及外国证券立法上的相关规定，可以概括出对
证券发行有以下两种不同的认识：

（1）证券发行仅证券的制作与交付，而不包括资金的募集。募集，是指
发行人于证券发行前，向其以外的人招募资金，即劝诱他人认购或应募其将发
行证券的要约邀请或要约的行为；而证券发行，则专指发行人于募集资金后，
制作并向认购人或应募人交付证券的行为。有的甚至认为证券的发行仅仅指证
券在制作后的交付。这种界定，多是在民法上对证券发行概念的界定。〔8〕

在证券立法上将募集与证券发行相区别的，主要有日本、韩国及我国台
湾地区的 "证券交易法"。如日本《证券交易法》第2条第3款规定，有价证
券募集，指向不特定的相对人劝诱其要约取得新发行有价证券的行为。我国
台湾地区 "证券交易法" 第7条规定，募集是指 "发起人于公司成立前或发

---

〔1〕 成涛、鲍瑞坚主编：《证券法通论》，中国大百科全书出版社1994年版，第31页。
〔2〕 杨志华：《证券法律制度研究》，中国政法大学出版社1995年版，第49、53页。
〔3〕 顾肖荣主编：《证券交易法教程》，法律出版社1995年版，第26页。
〔4〕 韩松：《证券法学》，中国经济出版社1995年版，第109页。
〔5〕 刘淑强、赵雷、郝作成：《中华人民共和国证券法条文解释》，四川人民出版社1999年版，
第41页。
〔6〕 齐斌：《证券市场信息披露法律监管》，法律出版社2000年版，第124页。
〔7〕 汪鑫主编：《金融法学》，中国政法大学出版社2004年版，第165页。
〔8〕 陈甦主编：《证券法专题研究》，高等教育出版社2006年版，第77页。

行公司于发行前，对非特定人公开招募有价证券之行为"；第 8 条规定，证券发行是指"发行人于募集后制作并交付，或以账簿划拨方式交付有价证券之行为"[1]。

（2）证券发行包括资金的募集和证券的制作与交付。从上述列举中可见，国内对证券发行概念按此定义者较居多。

另外，我国《证券法》第 35 条第 1 款规定："证券交易当事人依法买卖的证券，必须是依法发行并交付的证券。"这表明该条款认为证券的发行是指资金的募集与认购，而与证券交付相区别。按照证券法对整个证券发行制度的规定，证券发行自然包括证券的交付；证券如未交付，不能认定证券已经发行完毕。既然只有依法发行的证券才得以买卖，当然是只有在发行中依法交付的证券才得以买卖。所以，此款规定似乎多余，且易造成概念上的混乱。[2]

我国《证券法》未对证券发行作直接定义，但国务院发布的《股票条例》对股票公开发行、承销、要约、要约邀请等作了定义。依照《股票条例》的规定，股票公开发行是指发行人通过证券经营机构向发行人以外的社会公众就发行人的股票作出的要约邀请、要约或者销售行为。而《上海市证券交易管理办法》亦将发行定义为"以同一条件向公众招募及发售证券的行为"。依上述定义，证券发行由证券募集和证券发售两种行为构成。如上所述，与此不同的观点是，认为证券募集与证券发行是两个独立的法律概念。因此，在这里有必要将募集与发行作进一步的辨析。

首先，关于募集。英文中，募集为"recruit subscribers"，发行为"issue"。考察外国证券立法，可以得出所谓募集是指发起人于公司成立前或发行公司于发行前，对非特定人公开招募股份或公司债的行为。换言之，募集是证券发行人以发售证券为目的，而向非特定人作出的一种要约或要约邀请。在要约邀请的情况下，相对人的购股申请系要约行为，承诺由发行人做出，即发行人有权决定是否接受相对人的申请。

其次，关于发行。发行是指发行人于募集后制作并交付有价证券的行为，即发行是证券发行人在作出承诺以后，为履行义务而做成证券并交付给相对

---

〔1〕 林纪东等编纂：《新编六法参照法令判解全书》，五南图书出版公司 2005 年版，第捌－五－114 页。

〔2〕 陈甦主编：《证券法专题研究》，高等教育出版社 2006 年版，第 78 页。

人的单独法律行为。单从行为本身的性质而言，发行与募集是不同的，但是从一件事物的全过程来看，募集又是在为发行做准备，而在时间顺序上募集行为发生在发行行为之前，并以前者为必要前提。所以，如果把发行看作是一个程序或一个阶段，那么，发行前的一系列行为，如决策、申请、审核、募集等都可包括其中，募集只是发行程序的一个组成部分或一个阶段而已。也正是从这个意义上讲，将募集包括在发行之中才有一定道理。为论述方便，本章所讨论的发行，也是从这个意义上而言的。

2. 证券发行的法律特征。

（1）证券发行的主体是符合法定条件的组织或政府。现代各国（地区）证券法通常都对证券发行人规定了严格的条件限制和资格限制，我国也是如此。我国《证券法》第9条就规定："公开发行证券，必须符合法律、行政法规规定的条件……"这里所谓的"条件"即包括了发行主体应当符合的条件。就股票而言，我国《股票条例》作了比较详细的规定，[1] 其中最主要的是关于股票发行人必须是具有股票发行资格的股份有限公司的规定；另外，关于设立股份有限公司申请公开发行股票必须符合的七大条件的规定和关于对原有企业改组设立股份有限公司申请公开发行股票、股份有限公司增资公开发行股票必须满足的其他条件的规定也是其中的主要内容。就债券和证券投资基金而言，我国先后颁布的《国库券条例》《公司法》《企业债券管理条例》《可转换公司债券管理暂行办法》（2006年废止）和《证券投资基金法》等法律法规，都有关于对政府债券、企业债券（包括可转换公司债券）、金融债券和证券投资基金的发行人的严格的资格限制和条件限制的规定。一般来说，发行主体主要包括以下五类：①股份公司。对拟设立的股份有限公司而言，发行股票的目的是达到法定注册资本从而设立公司；而对已经成立的股份有限公司而言，发行股票和债券的目的则是扩大资金来源，满足生产经营发展的需要。②企业。非股份公司的企业经过批准，可在证券市场上发行企业债券等筹集资金。③金融机构。商业银行、政策性银行和非银行金融机构为筹措资金，经过批准可公开发行金融债券。④证券投资基金发行人。证券投资基金发行人通过发行基金券，将投资者的资金集中，由基金托管人托管，基

---

〔1〕 参见《股票条例》第7~10条，这些条款与2019年《证券法》不一致的，以2019年《证券法》为准。

金管理人管理，主要从事证券等金融工具投资，并由投资者按出资比例分享所得利益和分担投资风险。⑤政府。中央政府为筹措经济建设所需资金或弥补财政赤字，在证券市场上发行国库券、国家重点建设债券、财政债券等。地方政府可为本地公用事业的建设发行地方政府债券。

（2）证券发行的客体是有价证券。我国《证券法》规定的证券即有价证券，它具体包括股票、公司债券、证券投资基金份额以及政府债券及其国务院依法认定的其他证券。从资本形态来看，证券是一种虚拟资本，它不直接对应于公司的特定财产；证券权利以投资收益请求权为核心，其相关权利则较为广泛，如股票所包括的公司主要管理人员的选择权和其他重大事项的决策权等，再如债券所包含的清偿请求权和证券投资基金券所代表的信托受益人权利等。

（3）证券发行的目的在于筹集资金或者调整股权结构。作为公司而言，其设立与生产经营均离不开资金，获得这些资金的一条途径是向银行申请贷款，另一条重要途径就是通过发行股票或者公司债券的方式吸收社会资金来解决企业资金不足的问题。此外，股份有限公司为调整公司资本结构，也可以通过发行股票的方式来进行。作为国家而言，其出于内政、外交、军事、经济建设等原因需要支出大量资金，当国家财政支出大于收入时，需要以整个社会为筹资对象发行公债。地方政府、公共社团等由于市政建设、文化进步、公共安全、自然资源保护等需要，也常以发行债券作为筹资渠道。因此，筹集社会闲置、分散资金，将它们用于企业的生产经营和国家的基本建设是证券发行的根本目的。

证券发行的目的虽然在于筹集资金，但是，证券发行人与证券投资者的目的及其性质还是有较大区别的。证券发行人是为了筹集资金而获取盈利，然而，证券发行本身不具有营利性，即发行人不能通过证券发行而从投资者处直接获取利润。发行人的营利目的只能通过将所筹集到的资金投入生产经营过程，通过生产经营活动来实现。[1] 而投资者是为了实现其投资目的而认购证券，即是为了要从发行人那里获取投资回报，所以，投资者认购证券并非是为了取得证券本身，而是为了获取证券给自己带来的收益。

（4）发行人与投资者通过合同建立的是一种证券发行法律关系，而非证券买卖关系。在证券发行过程中，发行人与投资者之间是基于合同关系而建

---

〔1〕　陈甦主编：《证券法专题研究》，高等教育出版社 2006 年版，第 80 页。

立的证券发行关系，只是其中的合同关系所体现是一种集团性的契约关系，即发行人为一个主体，证券发行条件也是同一的，而证券认购者则是不特定的多数人。

根据《民法典》的规定，招股说明书为要约邀请，因此，发行人只要按照招股说明书规定的方式[1]确认有效认购，即使有的投资者的认购因供不应求而不能满足时，发行人也不承担合同法上的责任。将招股说明书视为要约邀请，并不等于承认招股说明书对发行人无拘束力。从合同法上讲，要约邀请同样是有法律效力的意思表示，行为人如果不按照要约邀请中确定的承诺条件或承诺方法承诺，将承担缔约过失责任。

在证券发行活动中，作为投资者的认购人以将其资金的所有权转移给发行人为代价，从发行人处取得证券的所有权，表面上看似乎是在认购人与发行人之间进行着证券的买卖关系。而且，我国的证券立法在规范发行行为时也经常使用与买卖有关的词语，例如前文提及的《股票条例》的规定，"'公开发行'是指发行人通过证券经营机构向发行人以外的社会公众就发行人的股票作出的要约邀请、要约或者销售行为"，其中就有"销售"一词；《证券法》第26条第2款规定"证券代销是指证券公司代发行人发售证券，在承销期结束时，将未售出的证券全部退还给发行人的承销方式"，其中使用了"发售"一词等。其实，证券法律法规中对有关证券发行活动使用"销售""发售"等词语，只是借用交易活动中的常用术语以形象地描述证券发行过程中的某些活动，并不意味着证券发行是一种交易活动，也不意味着证券发行人与认购人之间是一种买卖关系。这种在证券发行过程中，认购人出资并取得证券，而发行人制作并交付证券所形成的关系，不是一种商品交易关系，而是一种出资行为与取得证明凭证的关系，即投资者在向发行人交付了资金后，从发行人那里取得证券形式的投资凭证。[2]

（5）证券发行是证券效力的形成过程。[3]在发行人向认购人交付证券之前，其做成的证券并无法律效力，还只是记载有关证券事项的物质载体，尚不能够起到代表权利的书面凭证。在发行人通过证券发行活动将证券交付认

---

[1] 例如，在股票发行量供不应求时，实务中往往通过摇号抽签的方式来确定申购人。

[2] 陈甦主编：《证券法专题研究》，高等教育出版社2006年版，第82页。

[3] 陈甦主编：《证券法专题研究》，高等教育出版社2006年版，第82页。

购人之后，此时的证券就产生了法律效力，成为认购人可以主张其权利的书面凭证。只有经过合法发行的证券，才能成为金融商品，进入证券流通市场。

（6）证券发行的程序按法定原则。由于证券发行多为特定发行人向不特定多数人的承诺，或者说证券发行是发行人向社会公众投资者筹资的行为，因此，证券发行行为牵涉面广、影响大，蕴含着巨大的信用和投资风险，故此，各国证券法均规定了证券发行程序法定原则，以保证整个证券发行过程的公开性和公正性。证券发行的法定程序一般包括证券发行的前期保荐准备、申报、注册、信息公开等。

（二）证券发行的类别

按照不同的分类标准，可以对证券发行作多种分类：

1. 依证券发行是否通过发行中介机构分为直接发行和间接发行。直接发行指证券发行人不通过证券承销商，而由自己办理发行事宜，自己承担发行风险的发行方式。直接发行表现为发行人直接和投资者签订证券购销合同。该发行方式的长处在于发行费用低廉，但往往要求发行人具备较高的知名度和良好信誉。如果证券未能全部发售出去，发行人有认购其余额的义务，故这种发行方式的不足在于时间较长、风险过高。在证券市场发展的初期一般采用直接发行方式，现代证券市场已经很少采用这种方式。但近年来随着计算机互联网的发展和普及，又为直接发行方式创造了条件。

间接发行必须借助于证券承销商的帮助来完成，它表现为发行人和证券商之间签订证券承销合同。间接发行分为证券包销和证券代销。间接发行的长处表现在，由于证券承销商有丰富的发行经验，有众多的发行网点，因此，证券发行一般都能够顺利及时地完成；而且在证券包销的情况下，发行人无需承担发行风险。间接发行的不足之处就是发行人必须支付较高昂的承销费用，从而增大了发行成本。间接发行是现代各国普遍采用的证券发行方式。

2. 依发行对象是否特定分为公募发行和私募发行。公募发行是以非特定公众投资者为对象，公开募集发行证券的发行方式。公募发行涉及投资者的范围甚广。因而，从保护投资者利益的角度出发，对发行者有较为严格的要求，各国公司法和证券法一般都规定公募发行应向证券监管机构提出审核申请，并依法公开相关信息及财务资料，以供投资者判断。

私募发行则是以特定少数投资者为发行对象，私募发行人多为资本雄厚、社会信誉较高的银行、保险公司和股份有限公司以及个人投资者。有些国家的证券法律规定对私募发行实行注册豁免。在西方成熟的证券市场中，随着保险公司、养老基金和共同基金等机构投资者的迅速增长，私募发行亦呈逐年增长的趋势。由于中小企业融资困难，目前在我国正兴起私募股权基金投资热，相关立法应当进一步建立和完善。

3. 依发行目的分为设立发行和增资发行。依我国《公司法》第 91 条之规定，设立股份有限公司采取发起设立和募集设立两种方式。发起设立是指由发起人认购应发行的全部股份而设立公司；而募集设立则是指由发起人认购公司应发行股份的一部分，其余部分向社会公众公开募集或者向特定对象募集而设立公司。无论是发起设立还是募集设立，在设立公司时向发起人和社会公众发行股份均被视为设立发行，设立发行属于初次发行。

所谓增资发行是指已成立的股份有限公司因生产经营需要，追加资本而发行股份。增资发行依认购股份者是否缴纳股款，分为以下三种情况：①有偿增资。这是指投资者对所认购股份，按面值或市价缴纳现金或实物的增资方式，包括股东配股、第三人配股和公募发行。②无偿增资。这是指将股份有限公司的公积金、盈余及资产重估增值转为资本发行股份，按照比例无偿分配给股东。③有偿无偿混合增资。这是指公司增发新股时，采取将投资者缴纳股款的有偿增资和不缴纳股款的无偿增资相结合的方式。

4. 根据发行证券的种类不同，主要可分为股票发行、债券发行和基金份额发行三种类型。股票发行是指股份有限公司以募集设立或增资扩股为直接目的，按法定程序向社会投资者出售股票，它是证券发行的基本类型。债券发行则是指符合发行条件的政府组织、金融机构或企业部门，以借入资金为目的，按法定程序向投资者出售债券。按照不同的发行主体，债券发行又可分为政府债券发行、金融债券发行和企业债券发行三类。基金份额发行是指符合条件的基金管理公司以筹集受托资金和进行投资管理为目的，按照法定程序向社会投资者公开发售基金份额。

5. 其他分类。证券发行还存在着其他多种分类，例如，依发行价格与证券票面金额关系分为溢价发行、平价发行和折价发行；依发行条件确定方式不同分为议价发行和招标发行；依发行地域范围不同分为国内发行和国外发行；等等。

（三）证券发行市场

证券发行是证券交易的前提，没有证券发行，就不可能有证券交易。作为证券发行而建立起来的市场称为证券的一级市场，也就是证券发行市场。对于发行市场通常将其定义为证券发行人以证券形式，即发行股票或债券来吸收闲散资金，并使之转换成生产资本的场所。随着现代计算机网络和通信技术的不断进步，证券发行市场已经突破了有形场所概念的限制，成为一个时间与空间合一、存在状态上从有形走向无形的概念。

证券发行市场作为证券市场不可分割的重要组成部分，其主要功能是：①筹资功能。证券发行市场的筹资功能是指生产者通过证券发行将社会闲散资金转化为生产资金。在市场经济运行过程中，社会的资金闲置与企业的营运资金不足是并存的，而证券发行市场的诞生，则为资金的需求者和供给者提供了一种条件，即运用证券信用方式，通过发行证券实现资金的合理流动，将储蓄转化为投资。由于在证券交易市场是投资者之间相互融通资金，而在发行市场上则是生产者向投资者直接筹资，因此，从筹资的意义上讲，证券发行市场更直接、更深刻地促进了经济增长。②产权复合功能。证券发行市场将货币转变为生产资本，将货币的所有者转化为资本所有者，这主要表现在股票发行的后果上。股票的发行为产权的分割、融合与重组创造了条件。在没有证券市场的情况下，人们积累的货币资产转化为投资并不必然导致产权的分割。而股票的发行则使投资者通过购买股票，首先取得或占有金融资产，借以间接占有物质资产，并获得股息、红利等收益，形成股票所有者共同的复合产权结构。在发行市场股票的每一次发行，都必将引起产权结构的巨大变化。

二、设立发行股票与上市公司的增资发行

股票发行一般分为两种情况：一是设立发行股票。通常情况下，这是为募集设立公司而发行股票。[1]二是发行新股。这一般是为再融资或扩大已有公司的规模而发行股票。

我国规范股票发行的法律法规主要是《证券法》《公司法》与《股票条

---

〔1〕　在实践中，由于中国证监会规定拟上市公司须"先改制运行，后公开发行股票"，因而目前募集设立股份有限公司的公司设立方式的情形较少存在。而所谓的首次公开发行股票，也简称"首发"，在我国现阶段主要是一种首次公开发行股票并上市的机制，是指企业通过证券交易所首次公开向投资者发行股票，以期募集用于企业发展资金的过程，并不一定是指募集设立而发行股票的形式。为了避免将这里的"首次公开发行股票"与募集设立而发行股票的形式相混淆，应当严格按照《首次公开发行股票并上市管理办法》的提法，完整地称为"首次公开发行股票并上市"。

例》以及 2023 年中国证监会颁布的《首次公开发行股票注册管理办法》和《上市公司证券发行注册管理办法》等规范性文件。现行法律将股票的发行区分为公开发行与非公开发行，公开发行是规范的重点。在我国，公开发行股票的情况较为复杂，分为募集设立公司发行股票、改组设立公司发行股票、转换为股份公司发行股票以及已经成立的股份公司发行新股等。需要说明的是，在我国的法律文件中，"首次"概念的内涵与通常意义上谈的"首次"含义不完全相同，如 2006 年 5 月 17 日中国证监会发布的《首次公开发行股票并上市管理办法》（失效）中规定首次发行的发行人为依法设立且合法存续的股份有限公司，这种发行实际上是一种新股发行。2023 年颁布的《首次公开发行股票注册管理办法》第 2 条规定："在中华人民共和国境内首次公开发行并在上海证券交易所、深圳证券交易所（以下统称交易所）上市的股票的发行注册，适用本办法"，也是指新股发行的意思。

（一）募集设立发行股票

设立公司公开发行股票出现在募集设立公司的情况下，依据法律，募集设立公司发行股票应当具备下列条件：

1. 符合公司法规定的条件。这些条件是：发起人应为 1 人以上 200 人以下，并且半数以上发起人在中华人民共和国境内有住所；有符合法定要求的章程；除法律、行政法规另有规定的以外，发起人认购的股份不得少于公司股份总数的 35%。[1]

2. 符合国务院批准的证券监督管理机构规定的条件。这些条件主要是：生产经营符合国家产业政策；发行的普通股限于一种，同股同权；公开发行的部分不少于拟发行总额的 25%，其中股本总额超过人民币 4 亿元的，公开发行股份的比例不少于拟发行总额的 10%；发起人在近 3 年内无重大违法行为。[2]

（二）首次公开发行股票并上市

我国《证券法》第 9 条规定，公开发行证券，必须符合法律、行政法规规定的条件，并依法报经国务院证券监督管理机构或者国务院授权的部门注册；未经依法注册，任何单位和个人不得公开发行证券。结合《公司法》和

---

〔1〕 参见《公司法》第 92 条和第 97 条的规定。

〔2〕 参见《股票条例》第 8 条。

《首次公开发行股票注册管理办法》的相关规定，首次公开发行股票的具体条件可归纳如下：[1]

1. 主体资格要求。发行人是依法设立且持续经营 3 年以上的股份有限公司，具备健全且运行良好的组织机构，相关机构和人员能够依法履行职责。有限责任公司按原账面净资产值折股整体变更为股份有限公司的，持续经营时间可以从有限责任公司成立之日起计算。

2. 财务会计要求。发行人会计基础工作规范，财务报表的编制和披露符合企业会计准则和相关信息披露规则的规定，在所有重大方面公允地反映了发行人的财务状况、经营成果和现金流量，最近 3 年财务会计报告由注册会计师出具无保留意见的审计报告。发行人内部控制制度健全且被有效执行，能够合理保证公司运行效率、合法合规和财务报告的可靠性，并由注册会计师出具无保留结论的内部控制鉴证报告。

3. 独立性要求。发行人业务完整，具有直接面向市场独立持续经营的能力：①资产完整，业务及人员、财务、机构独立，与控股股东、实际控制人及其控制的其他企业间不存在对发行人构成重大不利影响的同业竞争，不存在严重影响独立性或者显失公平的关联交易；②主营业务、控制权和管理团队稳定，首次公开发行股票并在主板上市的，最近 3 年内主营业务和董事、高级管理人员均没有发生重大不利变化；首次公开发行股票并在科创板、创业板上市的，最近 2 年内主营业务和董事、高级管理人员均没有发生重大不利变化；首次公开发行股票并在科创板上市的，核心技术人员应当稳定且最近 2 年内没有发生重大不利变化；发行人的股份权属清晰，不存在导致控制权可能变更的重大权属纠纷，首次公开发行股票并在主板上市的，最近 3 年实际控制人没有发生变更；首次公开发行股票并在科创板、创业板上市的，最近 2 年实际控制人没有发生变更；③不存在涉及主要资产、核心技术、商标等的重大权属纠纷，重大偿债风险，重大担保、诉讼、仲裁等或有事项，经营环境已经或者将要发生重大变化等对持续经营有重大不利影响的事项。

4. 合法、合规要求。发行人生产经营符合法律、行政法规的规定，符合国家产业政策。最近 3 年内，发行人及其控股股东、实际控制人不存在贪污、贿赂、侵占财产、挪用财产或者破坏社会主义市场经济秩序的刑事犯罪，不

---

[1]　参见《首次公开发行股票注册管理办法》第 10~13 条的规定。

存在欺诈发行、重大信息披露违法或者其他涉及国家安全、公共安全、生态安全、生产安全、公众健康安全等领域的重大违法行为。董事、监事和高级管理人员不存在最近 3 年内受到中国证监会行政处罚，或者因涉嫌犯罪正在被司法机关立案侦查或者涉嫌违法违规正在被中国证监会立案调查且尚未有明确结论意见等情形。

关于首次公开发行股票注册的程序和信息披露，具体见《首次公开发行股票注册管理办法》第 3 章和第 4 章的规定。

(三) 上市公司的增资发行

上市公司的增资发行，又称新股发行或再融资发行。上市公司通过 IPO 并上市取得首次融资后，还会需要进行不断的融资活动。

上市公司公开发行股票，涉及公众投资者的利益和证券市场的秩序，为此，证券监督管理机构依据《证券法》的授权，于 2023 年颁布《上市公司证券发行注册管理办法》，对发行条件进行了细化规定。具体是：[1]

1. 上市公司向不特定对象发行股票，应当符合下列规定：①具备健全且运行良好的组织机构；②现任董事、监事和高级管理人员符合法律、行政法规规定的任职要求；③具有完整的业务体系和直接面向市场独立经营的能力，不存在对持续经营有重大不利影响的情形；④会计基础工作规范，内部控制制度健全且有效执行，财务报表的编制和披露符合企业会计准则和相关信息披露规则的规定，在所有重大方面公允反映了上市公司的财务状况、经营成果和现金流量，最近 3 年财务会计报告被出具无保留意见审计报告；⑤除金融类企业外，最近 1 期末不存在金额较大的财务性投资；⑥交易所主板上市公司配股、增发的，应当最近 3 个会计年度盈利；增发还应当满足最近 3 个会计年度加权平均净资产收益率平均不低于 6%；净利润以扣除非经常性损益前后孰低者为计算依据。

2. 上市公司存在下列情形之一的，不得向不特定对象发行股票：①擅自改变前次募集资金用途未作纠正，或者未经股东大会认可；②上市公司或者其现任董事、监事和高级管理人员最近 3 年受到中国证监会行政处罚，或者最近 1 年受到证券交易所公开谴责，或者因涉嫌犯罪正在被司法机关立案侦查或者涉嫌违法违规正在被中国证监会立案调查；③上市公司或者其控股股东、实际

---

〔1〕 参见《上市公司证券发行注册管理办法》第 9~12 条的规定。

控制人最近 1 年存在未履行向投资者作出的公开承诺的情形；④上市公司或者其控股股东、实际控制人最近 3 年存在贪污、贿赂、侵占财产、挪用财产或者破坏社会主义市场经济秩序的刑事犯罪，或者存在严重损害上市公司利益、投资者合法权益、社会公共利益的重大违法行为。

3. 上市公司存在下列情形之一的，不得向特定对象发行股票：①擅自改变前次募集资金用途未作纠正，或者未经股东大会认可；②最近 1 年财务报表的编制和披露在重大方面不符合企业会计准则或者相关信息披露规则的规定；最近 1 年财务会计报告被出具否定意见或者无法表示意见的审计报告；最近 1 年财务会计报告被出具保留意见的审计报告，且保留意见所涉及事项对上市公司的重大不利影响尚未消除。本次发行涉及重大资产重组的除外；③现任董事、监事和高级管理人员最近 3 年受到中国证监会行政处罚，或者最近 1 年受到证券交易所公开谴责；④上市公司或者其现任董事、监事和高级管理人员因涉嫌犯罪正在被司法机关立案侦查或者涉嫌违法违规正在被中国证监会立案调查；⑤控股股东、实际控制人最近 3 年存在严重损害上市公司利益或者投资者合法权益的重大违法行为；⑥最近 3 年存在严重损害投资者合法权益或者社会公共利益的重大违法行为。

4. 上市公司发行股票，募集资金使用应当符合下列规定：①符合国家产业政策和有关环境保护、土地管理等法律、行政法规规定；②除金融类企业外，本次募集资金使用不得为持有财务性投资，不得直接或者间接投资于以买卖有价证券为主要业务的公司；③募集资金项目实施后，不会与控股股东、实际控制人及其控制的其他企业新增构成重大不利影响的同业竞争、显失公平的关联交易，或者严重影响公司生产经营的独立性；④科创板上市公司发行股票募集的资金应当投资于科技创新领域的业务。关于上市公司增资的发行程序、信息披露、发行与承销，具体见《上市公司证券发行注册管理办法》第 3~5 章的规定。

三、证券发行和上市过程中证券公司的公共职能

在证券发行和上市过程中，证券公司不仅是一个证券业务的经营者，而且对证券发行和上市承担着市场秩序维护者的义务，起着公共职能的作用。证券公司所发挥的公共职能构成对证券发行和上市自律监管的有机组成部分。证券公司在证券发行和上市中的公共职能作用，主要在其证券保荐和承销活

动的市场义务之中体现出来。

（一）证券公司在保荐活动中的基本制度

根据《证券法》第 10 条的规定，发行人申请公开发行股票，依法采取承销方式的，或者公开发行法律、行政法规规定实行保荐制度的其他证券的，应当聘请证券公司担任保荐人。保荐人应当遵守业务规则和行业规范，诚实守信，勤勉尽责，对发行人的申请文件和信息公开资料进行审慎核查，督导发行人规范运作。保荐人的资格及其管理办法由国务院证券监督管理机构规定。关于保荐制度，中国证监会于 2003 年 12 月 28 日颁布《证券发行上市保荐制度暂行办法》，2023 年修订《证券发行上市保荐业务管理办法》（以下简称《保荐办法》），规定对股份有限公司首次公开发行股票和上市公司发行新股、可转换公司债券采用证券发行上市保荐制度。《保荐办法》的目的在于从源头上提高上市公司质量，设立对保荐人和保荐代表人的注册登记制度，明确保荐责任和保荐期限，建立监管部门对保荐人和保荐代表人施行责任追究的监管机制。

保荐制度主要包括以下内容：

1. 保荐业务的资格管理制度。证券公司申请保荐业务资格，应当具备下列条件：①注册资本、净资本符合规定；②具有完善的公司治理和内部控制制度，风险控制指标符合相关规定；③保荐业务部门具有健全的业务规程、内部风险评估和控制系统，内部机构设置合理，具备相应的研究能力、销售能力等后台支持；④具有良好的保荐业务团队且专业结构合理，从业人员不少于 35 人，其中最近 3 年从事保荐相关业务的人员不少于 20 人；⑤保荐代表人不少于 4 人；⑥最近 2 年未因重大违法违规行为而受到处罚，最近 1 年未被采取重大监管措施，无因涉嫌重大违法违规正受到有关机关或者行业自律组织调查的情形；⑦中国证监会规定的其他条件。

2. 保荐职责管理制度。保荐机构应当尽职推荐发行人证券发行上市。发行人证券上市后，保荐机构应当持续督导发行人履行规范运作、信守承诺、信息披露等义务。保荐机构推荐发行人证券发行上市，应当遵循诚实守信、勤勉尽责的原则，按照中国证监会对保荐机构尽职调查工作的要求，对发行人进行全面调查，充分了解发行人的经营状况及其面临的风险和问题。

3. 保荐业务规程管理制度。保荐机构应当建立分工合理、权责明确、相互制衡、有效监督的内部控制组织体系，发挥项目承做、质量控制、内核合规风控等的全流程内部控制作用，形成科学、合理、有效的保荐业务决策、执行和监督等机制，确保保荐业务纳入公司整体合规管理和风险控制范围。保荐机构应当建立、健全并执行覆盖全部保荐业务流程和全体保荐业务人员的内部控制制度，包括但不限于立项制度、质量控制制度、问核制度、内核制度、反馈意见报告制度、风险事件报告制度、合规检查制度、应急处理制度等，定期对保荐业务内部控制的有效性进行全面评估，保证保荐业务负责人、内核负责人、保荐业务部门负责人、保荐代表人、项目协办人及其他保荐业务相关人员勤勉尽责，严格控制风险，提高保荐业务整体质量。保荐机构应当建立、健全内部问责机制，明确保荐业务人员履职规范和问责措施。

4. 保荐业务协调管理制度。发行人应当为保荐机构及时提供真实、准确、完整的财务会计资料和其他资料，全面配合保荐机构开展尽职调查和其他相关工作。发行人的控股股东、实际控制人、董事、监事、高级管理人员应当全面配合保荐机构开展尽职调查和其他相关工作，不得要求或者协助发行人隐瞒应当披露的信息。

（二）证券公司在承销时的市场义务

证券承销，是指证券公司受证券发行人的委托，为证券发行人包销或代销其所发行证券的一种法律行为。证券承销的市场义务主要如下：

1. 核查义务。《证券法》第29条规定："证券公司承销证券，应当对公开发行募集文件的真实性、准确性、完整性进行核查。发现有虚假记载、误导性陈述或者重大遗漏的，不得进行销售活动；已经销售的，必须立即停止销售活动，并采取纠正措施。证券公司承销证券，不得有下列行为：①进行虚假的或者误导投资者的广告宣传或者其他宣传推介活动；②以不正当竞争手段招揽承销业务；③其他违反证券承销业务规定的行为。证券公司有前款所列行为，给其他证券承销机构或者投资者造成损失的，应当依法承担赔偿责任。"比如，主承销商应当对询价对象和股票配售对象的登记备案情况进行核查。对有下列情形之一的询价对象不得配售股票：①未参与初步询价；②询价对象或者股票配售对象的名称、账户资料与中国证券业协会登记的不一致；③未在规定时间内报价或者足额划拨申购资金；④有证据表明在询价过程中有违法违规或者违反诚信原则的情形。

2. 网下配售与网上发行同时进行的义务。网下配售是指不通过证券交易所技术系统、由主承销商组织实施的证券发行。网上发行是指通过证券交易所技术系统进行的证券发行。首次公开发行股票达到一定规模的，发行人及其主承销商应当在网下配售和网上发行之间建立回拨机制，根据申购情况调整网下配售和网上发行的比例。发行人及其主承销商网下配售股票，应当与网上发行同时进行。网上发行时发行价格尚未确定的，参与网上发行的投资者应当按价格区间上限申购，如最终确定的发行价格低于价格区间上限，差价部分应当退还给投资者。

3. 相关方案实施前，主承销商不得承销上市公司证券的义务。上市公司发行证券在相关方案实施前，如存在利润分配方案、公积金转增股本方案尚未提交股东会表决或者虽经股东会表决通过但未实施的，应当在方案实施后发行。主承销商不得承销上市公司发行的证券。

4. 不得进行虚假承销。承销团成员应当按照承销团协议及承销协议的规定进行真实的承销活动，不得进行虚假承销。因而，证券公司在实施证券承销前，应当向中国证监会报送发行与承销方案。

5. 不得以不正当手段诱使他人申购股票。证券公司在承销过程中，不得以提供透支、回扣或者中国证监会认定的其他不正当手段诱使他人申购股票。

6. 聘请会计师事务所验证和律师事务所见证的义务。投资者申购缴款结束后，主承销商应当聘请具有证券相关业务资格的会计师事务所对申购资金进行验证，并出具验资报告；首次公开发行股票的，还应当聘请律师事务所对向战略投资者、询价对象进行的询价和配售行为是否符合法律、行政法规及本办法的规定等进行见证，并出具专项法律意见书。主承销商应当按有关规定及时划付申购资金冻结利息。

7. 及时备案制度。公开发行证券的，主承销商应当在证券上市后10日内向中国证监会报备承销总结报告，总结说明发行期间的基本情况及新股上市后的表现，并提供下列文件：①募集说明书单行本；②承销协议及承销团协议；③律师见证意见（限于首次公开发行）；④会计师事务所验资报告；⑤中国证监会要求的其他文件。

上市公司非公开发行股票的，发行人及其主承销商应当在发行完成后向中国证监会报送下列文件：①发行情况报告书；②主承销商关于本次发行过程和认购对象合规性的报告；③发行人律师关于本次发行过程和认购对象合规性的见证意见；④会计师事务所验资报告；⑤中国证监会要求的其他文件。

第二节　我国证券发行监管制度[1]

一个完善的、公正的、有效率的证券发行监管制度，对保障投资者的利益，提高上市公司的质量、促进证券市场的健康发展和法治化，具有十分重要的意义。因此，如何建立一个较为科学的、符合我国实际的证券发行监管制度，是摆在证券监管部门和证券理论界、实务界面前的重要课题。证券发行监管制度的核心制度是发行审核制度。

纵观各国（地区）对证券发行的审核，主要有三种不同的制度。一是"公开原则"（Full Disclosure）指导下的注册制；二是"实质管理原则"（Substantive Regulation）指导下的核准制；三为审批制。其中，第一种主要以美国联邦证券法为代表；第二种则以美国部分州的证券法（即"蓝天法"）和欧陆国家的公司法为代表，而第三种主要被一些市场经济起步较晚的发展中国家采用，如我国在《证券法》实施以前就一直采用审批制。无论是注册制，还是核准制和审批制，其实质都体现了各国（地区）政府对证券发行的干预，只是程度上不同而已。

自中共十八届三中全会提出"推进股票发行注册制改革"，到如今"全面注册制改革"，期间经历了"加速—暂缓—试点"的过程。总结我国股票发行注册制改革的经验，使我们清晰地认识到，注册制改革不仅要主动为股票发行注册制创造市场条件，而且要对相关的制度进行积极的考量和设计。

一、注册制改革的背景

过去 20 多年，中国资本市场一直是核准制占主导地位。在核准制下，监管者控制发行上市和退市的数量和节奏，对公司的盈利能力进行实质性审核。该制度的初期还是符合当时市场环境和经济发展阶段的，但随着我国市场经济的不断深入发展，这项制度的种种弊端开始显现：一是发行门槛较高，挫伤发行人的积极性；二是不利于提高效率，未能发挥市场作用；三是容易滋

---

[1]　参见李东方、李耕坤：《全面注册制背景下股票发行制度的完善与风险防范》，载《新疆师范大学学报（哲学社会科学版）》2023 年第 6 期。

生腐败与寻租空间；四是使投资者产生误解和依赖心理；五是监管者可能出现审核失误的情况。

注册制的关键是放权于市场，是一场深化改革开放、优化资本市场制度的重要改革。在注册制下，投资者作为判断公司价值的决定者，监管者负责制定较为宽松的发行上市标准以及监督证券市场中的不法行为，通过真实、准确、完整的信息披露，严格的退市制度，完善的中小投资者保护制度，使市场在配置资源中起决定性作用，实现优胜劣汰。注册制的优势在于：一是降低入市门槛，实现发行人之间的公平公正；二是优化审核注册程序，提高市场效率；三是最大程度减少政府对市场的干预，防止政府不当干预所带来的风险；四是培养更加成熟的投资者、更加专业化的证券中介机构[1]。

因此，在 2013 年 11 月党的十八届三中全会明确提出"健全多层次资本市场体系，推进股票发行注册制改革，多渠道推动股权融资，发展并规范债券市场，提高直接融资比重"。标志着股票发行正式开启注册制的改革大幕。《证券法》修订工作自 2013 年 12 月全国人大财经委员会正式启动，成为我国经济体制全面深化改革、全面推进依法治国的重点领域。其中，推进新股发行注册制改革，以及建立注册制生态体系的一系列配套机制，成为本次修法的重要改革方向[2]。

然而，一系列股价异常波动的危机发生在 2015 年的中国股市。这一股价异常波动经历两轮暴跌，时间从 2015 年 6 月中旬开始，到 8 月底结束。2015 年 6 月 15 日至 7 月 9 日，市场出现第一轮暴跌。沪指 18 个交易日狂泻 1803 点，最大跌幅近 35%；从 8 月 18 日到 8 月 26 日，市场再次出现暴跌。7 个交易日狂泻 1155 点，沪指最大跌幅 29% 左右。从 6 月 15 日到 8 月 26 日，共计 52 个交易日，其中 21 个交易日指数大跌，17 次跌停的个股数量达到 1000 只，跌停个股超过 2000 只。截至 7 日开市前，沪深两市已有 764 家上市公司停牌，至 7 月 7 日晚间，申请停牌的公司又增长近 200 家[3]。千股跌停，这在股市中是不寻常的。这场股市危机的发生，充分反映出交易者不成熟、交易制度不完备、市场制度不健全等诸多中国证券市场的不成熟之处，也充分暴露出

---

〔1〕 参见李东方：《证券监管法论》，北京大学出版社 2019 年版，第 348~349 页。
〔2〕 李曙光：《新股发行注册制改革的若干重大问题探讨》，载《政法论坛》2015 年第 3 期。
〔3〕 参见《2015 年的股灾启示》，载百度股市通，https://gupiao.baidu.com/article/kx1009718，最后访问时间：2023 年 2 月 18 日。

我国证券监管体制上的缺陷以及监管机构不适应、监管不力、监管存在缺陷等问题。这次股市危机暴露出的问题影响到《证券法》修订的进程，并折射出当时我国尚不具备直接推行股票发行注册制的条件。《全国人民代表大会常务委员会关于授权国务院在实施股票发行注册制改革中调整适用〈中华人民共和国证券法〉有关规定的决定》于 2015 年 12 月 27 日十二届全国人大常委会第十八次会议通过，自 2016 年 3 月 1 日起施行，有效期 2 年。决定具体指出：授权国务院调整适用《证券法》关于股票公开发行核准制、注册制的有关规定，在上海、深圳证券交易所上市交易的，具体实施方案由国务院作出规定并报全国人大常委会备案。

但是，注册制在 2016 年 3 月的政府工作报告中只字未提，却一再强调防范风险。这引发舆论的关注，甚至有人质疑这项改革是否会取消。事实上，在十二届全国人大四次会议通过的《国民经济和社会发展第十三个五年规划纲要》中，明确提出了"创造条件实施股票发行注册制"，这说明 2016 年的政府工作报告中没有写入股票注册制，并不等于取消注册制改革。当然，基于上述股市危机反映出的问题，注册制改革需要延缓，在创造一些条件后才能够适时推出。与此相对应的是《证券法（修订草案）》在 2017 年全国人大常委会二次审议时，删除了证券发行注册制的相关规定。

2018 年 11 月 5 日，国家主席习近平在首届中国国际进口博览会开幕式上发表演讲时宣布，科创板将在上海证券交易所挂牌成立，并试点股票发行注册制[1]。随后，中央全面深化改革委员会第六次会议召开，会议审议通过了《在上海证券交易所设立科创板并试点注册制总体实施方案》与《关于在上海证券交易所设立科创板并试点注册制的实施意见》[2]。2019 年 6 月科创板正式开板，标志着中国资本市场注册制正式落地。为与科创板证券发行注册制相衔接，《证券法》三审稿于 2019 年由全国人大常委会公布，在维持现行《证券法》核准制为主的情况下，证券发行章节新增"科创板注册制的特别规定"。至此，除在上海证券交易所科创板实行证券发行注册制之外，沪深两市

---

〔1〕　习近平：《共建创新包容的开放型世界经济——在首届中国国际进口博览会开幕式上的主旨演讲》，载上海证券交易所官网，http://www.sse.com.cn/star/media/news/c/c_20190522_4823220.shtml，最后访问时间：2023 年 2 月 20 日。

〔2〕　张炜：《设科创板试点注册制是重大突破》，载《中国经济时报》2018 年 11 月 7 日，第 A3 版。

交易所其余板块证券发行继续实行核准制,《证券法》规定了两种证券发行制度、两种上市标准、两种审核机制的"双轨制"模式[1]。此后,2020年8月24日党中央、国务院决定在深圳证券交易所创业板进行注册制试点。2021年9月2日,在中国国际服务贸易洽谈会全球服务贸易峰会上,习近平主席提出"深化新三板改革,设立北京证券交易所",股票发行注册制同步试点[2]。

全面推行股票发行注册制的相关制度规则于2023年2月17日由中国证监会发布,自发布之日起施行。全面推行注册制是一项重大改革,关系到资本市场的全局,标志着在我国资本市场改革发展进程中,向全市场和各类公开发行股票行为、推广注册制制度的安排基本定型。本次发布的制度规则共165条,其中中国证监会发布57条,证券交易所、全国中小企业股份转让系统有限责任公司、中国证券登记结算有限责任公司发布108条配套制度[3]。内容主要包括:(1)发行条件的优化与精简;(2)改进注册审核程序;(3)优化发行与承销体系;(4)完善与重大资产重组相关的上市公司制度;(5)加大监管执法和保护投资者工作力度[4]。

可见,中国资本市场上的股票发行注册制改革经历了一个"加速—暂缓—试点"的过程。加速期未能充分透析当时我国证券市场的发展阶段,未能认清当时证券市场存在的问题与风险。2015年的"股市危机"为过快地推行股票注册制改革降温;在暂缓期,规划者、立法者以及学者对我国证券市场的认识不断深化,对如何适当地推行股票发行注册制改革进行充分论述,意识到注册制改革不仅是股票发行制度的变化,同时也是退市制度、信息披露制度、中小投资者保护制度等一系列的制度改革。经历暂缓期的"冷静"阶段后,"设立科创板并实行注册制"标志着逐步推进注册制改革进入到试点阶段。在科创板试点注册制5年、创业板试点近3年、北京证券交易所试点近2年后,有关制度与规则不断试验与完善,最终达到可以在我国全面推行股票

---

[1] 参见席涛:《〈证券法〉的市场与监管分析》,载《政法论坛》2019年第6期。

[2] 新华社:《习近平在2021年中国国际服务贸易交易会全球服务贸易峰会上宣布重大举措》,载中国政府网,http://www.gov.cn/xinwen/2021-09/02/content_5635048.htm,最后访问时间:2023年2月17日。

[3] 中国证监会:《全面实行股票发行注册制度规则发布实施》,载中国证监会官网,http://www.csrc.gov.cn/csrc/c100028/c7123213/content.shtml,最后访问时间:2023年2月17日。

[4] 参见吴晓璐:《全面实行股票发行注册制正式实施 资本市场改革发展再迎里程碑事件》,载《证券日报》2023年2月18日,第A1版。

发行注册制的要求。总结我国股票发行注册制改革的经验，使我们清楚地认识到我国的证券市场仍处于发展阶段尚未完全成熟，注册制改革并非一朝一夕之功。"全面注册制改革"具有里程碑式的意义，但需要注意的是，注册制改革并非终点，而是一个全新的起点。过去在核准制下的有关制度和规则需要完善，监管机构的职责变化需要适应，发行人和中介机构的关注对象需要调整，投资者的投资理念需要更新。未来在全面注册制下，不仅应主动为股票发行注册制创造市场条件，而且要对相关的合理制度不断地进行积极的考量、设计与完善。因此，需要总结当下股票发行注册制有关制度的变化，结合目前我国证券市场的发展现状，评价制度变化所带来的影响与问题，有针对性地提出注册制下股票发行制度的完善与风险防范建议。

二、注册制下法律制度的变化及其评价

（一）注册制下法律制度的变化

2015 年至今，理论界的研究成果颇丰。这些论文在学术上对股票注册制进行了较为深刻的论述[1]。如上所述，近期关于注册制改革的相关制度规则共发布 165 部，而其上位法所依据的则是 2019 年新修订的《证券法》。结合股票发行注册制改革的相关法律和规则，主要有以下几个方面的制度变化：

1. 在各板块的定位方面，主板与其他板块错位发展。主板服务于大型成熟企业、科创板服务于科技型企业、创业板专注于成长型创新创业企业、北京证券交易所致力于专精特新中小企业等，这些对于多层次资本市场的深化都是有益的。截至 2023 年 2 月 22 日，沪市主板共有上市公司 1677 家，市值约为 43.4 万亿元，占 A 股总市值的 50.43%[2]。深市主板上市公司共有 1514 家，市值约为 23.2 万亿元，占全部 A 股流通市值的 27.11%[3]。

---

[1]　参见李东方：《证券发行注册制改革的法律问题研究——兼评"《证券法》修订草案"中的股票注册制》，载《国家行政学院学报》2015 年第 3 期；李曙光：《新股发行注册制改革的若干重大问题探讨》，载《政法论坛》2015 年第 3 期；叶林：《关于股票发行注册制的思考——依循"证券法修订草案"路线图展开》，载《法律适用》2015 年第 8 期；陈洁：《科创板注册制的实施机制与风险防范》，载《法学》2019 年第 1 期等。

[2]　上海证券交易所：《市场数据》，载上海证券交易所官网，http：//www.sse.com.cn，最后访问时间：2023 年 2 月 22 日。

[3]　深圳证券交易所：《市场数据》，载深圳证券交易所官网，http：//www.szse.cn，最后访问时间：2023 年 2 月 22 日。

2. 在注册程序方面，为提高审核登记效率和可预期性，中国证监会将在20个工作日内，对发行人的登记申请作出是否核准的决定[1]，但是中国证监会仍会继续关注发行人是否符合国家产业政策和板块定位。同时，取消中国证监会发行审核委员会和上市公司并购重组审核委员会。

3. 在上市标准方面，新增市值指标，以财务指标或"市值+财务"为总体条件，对主板上市标准进行三选一。具体为"净利润+现金流+营业收入"，"市值+净利润+营业收入+现金流"，"市值+净利润+营业收入"[2]。在上市门槛等级方面，主板的上市要求高于科创板与创业板，相较而言定位于服务科技型中小企业的北京证券交易所的上市要求最少。若以市值指标衡量，以50亿元为门槛，主板上市门槛最高；北交所挂牌门槛低至2亿市值；科创板上市门槛10亿元；创业板10亿元。

4. 在信息披露方面，进一步强化与完善信息披露的要求与程序。一是问询和答复的内容，发行人及其保荐机构和证券服务机构应当在回函后及时在本所网站予以披露，答复不符合信息披露条件的，前述主体在披露前应按要求修改。本发行上市审核机构可以退回，但相关退回后再补充回复是否计入审核时限内，尚未明确。二是对会后事项范围进行修改，明确将受理发行上市申请列入相关事项进行审核，而不是受理会后事项，直至股票上市交易。三是调整交易所股票发行上市工作的咨询服务，将原来审核业务系统反馈信息改为具体的咨询沟通，并将服务链条辐射至项目申报前、首轮审核问询发出后以及上市委员会审议后。

5. 在投资者保护机制方面，加强监管执法，构建具有中国特色的证券集体诉讼制度。转变中国证监会职能，加强对证券交易所审核的统筹协调和监督，加强事前事中事后的全程监管。中国版集体诉讼首次亮相的"康美案"，以24.59亿元赔偿投资者的判决结果圆满收官，折射出对资本市场领域腐败现象的"零容忍"。

6. 在退市制度方面，常态化的退市机制将加速形成。随着退市制度的不断改革和优化，当前我国证券市场强制退市的标准主要有四类：财务类、交

---

〔1〕 参见《证券法》第21条，《首次公开发行股票注册管理办法》第20~24条。

〔2〕 参见《首次公开发行股票注册管理办法》。

易类、规范类以及重大违法类[1]。自科创板率先试点以来，内地退市公司已达101家，与前20年退市企业数量之和相差无几，这对于推动资本市场的正常出清是有利的。

（二）对注册制下法律制度变化的评价

对于有关法律和规则中规定的股票发行注册制度既有亮点也尚存不足，对此笔者作如下评价：

1. 在各板块定位上：一是各板块定位分明、错位发展，为处于不同发展阶段、不同行业的企业提供上市融资渠道；二是全面注册制改革有利于扩大直接融资比重，促进资本市场与科技创新良性循环。虽然各板块有不同的功能定位，服务于不同类型的企业，但需要注意的是，各证券交易所仍应以保护投资者利益为审核注册的出发点，不能以服务企业上市融资而降低对投资者的保护程度。

2. 在股票注册的程序上：去除核准制时期的弊端。取消发行审核委员会制度，彻底革除发行审核委员会存在的种种弊端，同时也把"寻租"空间堵得严严实实。取消发行审核委员会的同时，负责审核注册文件的齐备性、一致性和可理解性的权力下放由证券交易所行使。上市的核准权从中国证监会下放到交易所，这并不是一种简单的形式变化，它标志着中国证监会在自我革命，把主业放在监管上，即在20日内作出是否登记的决定，中国证监会将不再对发行人进行实质审查。当然，登记生效并不代表中国证监会对本公司股票的投资价值或者投资收益做出实质性判断或者保证，亦不代表中国证监会对被审核公司股票的真实、准确和完整的注册文件做出任何保证[2]。

3. 在发行条件方面：多元指标为企业上市提供更多选择，但仍有进一步完善和优化的空间。一是保留可把握的积极条件，剔除难以把握的积极条件。前一种情况是，发行人最近3年有符合法律规定的机构出具标准无保留意见

---

[1] 财务类：连续亏损4年会终止上市、营业收入连续低于1000万元4年退市、未在法定期限内披露年度报告或中期报告6个月退市、营收低于1亿退市、科创板和创业板现行的营业收入和扣非净利润的组合指标引入主板和中小板，企业年度净利润为负且营业收入低于1亿元退市等。交易类：股价低于1元或市值低于3亿则退市。规范类：连续3年亏损暂停上市，如次年转盈可恢复上市变为取消暂停上市和恢复上市，连续2年触发财务类标准即退市。重大违法类：连续3年的利润造假金额超过当年对外披露利润的100%；累计造假金额要达到10亿元以上等。

[2] 参见冷静：《注册制下发行审核监管的分权重整》，载《法学评论》2016年第1期。

的财务会计报告；后一类则应取消，如对发行人的财务状况、持续盈利能力等方面的要求。二是规定了能够在一定程度上反映人性善恶及贪婪与否的负面条件，如发行人及其控股股东、实际控制人在最近3年内没有被法律所列举的罪名，这类消极条件是具有相当的合理性和可操作性。这与公安机关破案类似，在暂时没有线索时，对有前科的人员先进行排查，具有相当的合理性。因为有档案记载，所以操作起来远比掌握上述积极条件容易得多。三是市值标准应根据市场变化而调整。全面注册制已经实行，但目前主板的上市市值标准并没有变化。原因在于虽然放宽上市的注册标准，但仍需设置一定门槛，防止短时间过多企业蜂拥上市，触碰市场承受能力的上限；以及阻止未达到标准的企业上市，扰乱市场定价和交易的秩序。

4. 在中国证监会角色转变方面：随着中国证监会角色转变为监管者，其工作重点也发生变化：一是将证券交易所纳入监管范围。伴随着全面注册制的推出，未来必须明确中国证监会和证券交易所是两个不同的法人之间的关系。中国证监会的监管权在全面注册制下并不必然比证券交易所的审核权弱。因此，把行使审核权力的证券交易所纳入监管范围，这是证监会和证券交易所关系发生的实质变化，也是日后中国证券市场能否健康发展的关键。二是监管要切实把保护投资者的利益放在首要位置。投资者在证券市场中处于弱势地位，投资者只能依赖信息披露去了解上市公司，而信息披露的真假由券商等中介机构把关。伴随全面注册制的落地，中国证监会要把对发行人与中介机构的教育和培训落到实处，彻底改变过去仅重视投资者教育的状况。三是严厉打击证券市场上的违法行为。中国证监会退出上市审核之后，工作重点不再是选择哪些企业上市融资，而是集中精力去发现和打击违法造假的企业。

5. 在证券交易所与中国证监会的关系方面：证券交易所与中国证监会分立审核监管、相互制约的模式，恰恰是有中国特色的股票发行注册制的设计。但任何制度设计都难以尽善尽美，证券交易所行使其审核权会出现以下问题：一是目前国内有沪、深、京三家交易所，审核时难以统一行使其裁量权；二是交易所之间的竞争，审核的宽严程度会有所区别；三是公司制证券交易所的设立在《证券法》中预留了法律空间，而一旦转换或设立公司制的证券交易所，从盈利的角度对上市公司的客户数量进行争夺，对发行公司的争夺力度必然加大。在全面注册制下，上市由各个交易所把握，而各个交易所每年要从资本市场收取一定的费用。如果三个证券交易所进行"逐底竞争"（Race to the bottom），进一步降低上市标准与弱化监管水平，就会导致发行人争相去抢低门槛的交易所上市，在此背景下其审核标准的把握不得不让人心生疑虑。中国证监会应在监督证券交易所与关注发行人是否符合国家产业政策的基础上，做好短期与长期全面注册制改革的规划。

6. 在信息披露方面：为保证所披露信息的真实、准确和完整，股票发行注册制改革必须明确参与各方应尽的责任。因此，注册制要求发行人和证券中介机构在承担相应责任的情况下，应当确保信息披露的真实、准确和完整。但值得探讨的是，与发行人签订服务合同并向发行人收取有关手续费的证券服务机构，不仅要为发行人服务，还要对社会投资公众负责，对政府负责，并且按照法律规定，要确保对文件真实、准确、完整地进行披露。这实际上是代表社会投资公众和政府对发行人的相关行为进行监督，然而，服务费用是发行人支付的，那么证券服务机构在这种情况下，一方面要收取报酬，另一方面又要求他们严格监管发行人，使其产生自我矛盾。反观证券服务机构与发行方在实践中联手造假、联手造势的现实情况比比皆是。为解决这一问题，可以考虑由监管层出面设立基金，按一定比例向发行方收取，由基金机构代缴证券服务机构的服务费，而不是由发行方自行支付服务费。

7. 在上市公司退市方面：上市公司的退市制度是为优化市场的资源配置，激励上市公司提高公司运营效率，保护投资者利益的一项由市场决定的体现优胜劣汰的重要制度。将不符合法律法规规定的上市公司有序地退出证券市场，实现证券市场生态环境的稳定运行。虽然全面注册制改革在退市方面坚持常态化，但目前我国上市公司的退市制度还存在一些问题：一是退市标准不合理。我国退市标准比较单一，可操作性不强，容易滋生权力寻租等现象，导致退市机制运行不畅[1]；二是中国证监会与证券交易所在退市方面的权利划分并不明确清晰；三是退市中投资者保护方面还存在问题。上市公司退市将会给投资者造成重大损失，因此，在严格执行退市机制的同时如何保护投资利益是一个值得考虑的问题[2]。

---

〔1〕　江海、贺捷：《论我国主板退市制度的完善——兼评〈关于完善上海证券交易所上市公司退市制度的方案〉》，载《湖北大学学报（哲学社会科学版）》2013年第4期。

〔2〕　杨峰：《我国实行股票发行注册制的困境与路径分析》，载《政法论丛》2016年第3期。

三、注册制下股票发行制度的完善与风险防范

注册制改革并非终点，而是一个全新的起点，过去在核准制下的有关制度和规则需要进一步完善。因此，笔者对注册制改革的股票发行有以下几点思考与建议：

（一）将中小投资者利益的保护确立为注册制改革的指导思想并建立和完善其具体制度

股票发行注册制改革实行后，我国三大证券交易所必然收到大量申请股票发行的注册申请，一旦上市发行的股票数量巨量增加，如果全面注册制的相关制度设计的指导思想未能明确或有所失当，必然会进一步增加中小投资者的投资风险，这是注册制改革应当以保护中小投资者利益为指导思想的根本原因[1]。在证券市场中，中小投资者处于弱势，主要体现在以下三个方面：一是证券市场的信息偏差。上市公司是证券信息的源头。证券中介机构在信息的发现和获取方面占据优势，也有可能直接成为其中的信息来源者。相反，在信息获取过程中，处于被动状态的是处于信息传递末端的中小投资者。二是中小投资者拥有的股权是由多项权能构成的权利束，而中小投资者享有的请求权弱于发行人对公司财产享有的支配权。中小投资者只享有资产收益的请求权，而不是取得资产收益前的实际支配权。这种请求权最初属于一种抽象的期待权，并不直接导致股息的收益，被称为抽象的红利分派请求权，此项请求权在股东会决议通过确定股利后，才转变为特定的股利请求权，变成对公司的纯债权[2]。三是证券市场所带来的风险后果的主要承担者是中小投资者。证券市场的风险来源可以分为发行风险、交易风险、结算风险等。实行注册制，证券发行门槛降低，证券发行风险必然随之增大。正如前文所述，在证券信息来源方面中小投资者处于末端，致使其在风险来临时血本无归，因为他们最不善于识别风险，最不善于止损。

基于上述中小投资者的弱势地位，特别需要注册制下的特殊保护。《证券

---

[1] 李东方：《论股市危机后中国股票发行注册制改革的对策》，载《中国政法大学学报》2017年第5期。

[2] 郑玉波：《公司法》，三民书局1980年版，第159页。

法》将"投资者保护"专设一章，并且创设多项新制度加强投资者保护，包括在公司章程中应当明确规定上市公司派发现金红利的具体安排和决策程序、依法保障股东资产收益权等。在公开发行证券的过程中，保护中小投资者主要体现在：一是公开发行债券的，应当设立债券持有人会议，在募集说明书中明确债券持有人会议的召集程序、会议规则等重要事项，并按照证券监管部门的规定执行。债券受托管理协议应当由发行人聘请债券受托管理人为债券持有人办理。受托管理人应由承销机构或其他证券监管部门认可的机构作为本次发行的受托管理人。二是先行赔付制度。因欺诈发行等重大违法违规行为给投资者造成损失的，发行人控股股东、实际控制人、相关证券经营机构、证券服务机构以及中国证监会认定的投资者保护机构可与投资者就赔偿事宜达成一致，先行赔付后可依法向发行方或其他连带责任人追偿〔1〕。《证券法》对先行赔付做了原则性规定，但针对全面注册制下的先行赔付制度需要明确以下几个方面：①在启动时间方面，先期赔付无需以中国证监会做出相应的行政处罚决定为前置条件，在发行人自行承认或监管部门启动调查程序且已有一定的结论时便可启动；②在赔付主体方面，在能够适用先行赔付制度的情况下发行人可能缺乏偿付能力，应当以保荐人为优先赔付主体，即使保荐人最终未必一定会承担连带责任上的赔偿份额，如此有利于落实先期赔付制度，也有利于督促保荐人在发行保荐中的尽职尽责；③在适用范围方面，先期赔付制度应适用于以欺骗手段取得上市资格以及其他较为严重的虚假陈述的情形，而相对较轻的违法违规行为或是过失行为应按照一般赔付程序进行；④在赔偿基金的存放保管方面，可以由投资者保护基金存管〔2〕。

（二）注册制的制度设计重点要以事中、事后监管和信息披露为主要内容

注册制改革的核心并不是放松监管，而是监管的重点和时间段发生了变化。从过去试图实质判断股票投资价值或投资收益，设定较高的入市前监管门槛，转向事中、事后监管和信息披露监管〔3〕。但是，实践中却存在一种误解，即认为实行股票发行注册制是放松监管。事实上，注册制改革并非中国

---

〔1〕　陈洁：《证券市场先期赔付制度的引入及适用》，载《法律适用》2015 年第 8 期。

〔2〕　陈洁：《科创板注册制的实施机制与风险防范》，载《法学》2019 年第 1 期。

〔3〕　参见甘培忠、张菊霞：《IPO 注册体制下证券监管机构的功能调整——从证监会和交易所分权视角观察》，载《法律适用》2015 年第 7 期。

证监会放松监管权，而是将股票发行的审核权下放至证券交易所。作为股票发行注册制发源地的美国，SEC 在招股书审核上更加严格，在所提出的问题上也更多、更尖锐。SEC 所提问题大致可分为三类[1]：第一类是带有提示性质的常规型问题；第二类是监管者根据发行人提交的材料而形成的自主了解型问题，例如当发行人的招股说明书对一些问题披露得不清楚，或者是负责审阅的审核人员不太熟悉相关行业的情况，会对某些问题提出一些疑问，以达到进一步了解披露内容、披露背景的目的；第三类是质疑型或者要求型的问题，SEC 认为发行人的披露并不充分，其会根据发行人答复的情况，对发行人为何未作相应披露进行质疑，或者对相关审计师提出质疑，并进一步提出要求。很多时候，SEC 会提出一轮或者两轮的审查意见，也有很多人提出十轮或者十轮以上的意见[2]。由此可见，强调放松管制的国家，如英国、美国等，并没有放弃监管，同时也将核准制中合理的部分予以吸收[3]。由于注册制与核准制各有优势、各有不足，世界上具有代表性的那些国家和地区的证券立法，都在将注册制与核准制有机结合，通过不同的形式在近几年发生着变化。中国的证券发行审核制度，应当取注册制与核准制之长，在符合我国国情的前提下为我所用[4]。事实上，综合考量注册制与核准制的优势与劣势，并对两者进行有机结合的证券发行审核注册制度，是我国股票发行注册制按照由中国证监会批准监管、证券交易所审核注册的"监审分离"、相互合作与制约的模式设计。

注册制改革的重点是信息披露制度改革，笔者对此的思考主要有以下几点：

1. 在注册制下，全面注册制改革意在把对公司进行价值判断的权利更多地交还投资者，也即投资者成为股票发行入口处的把关者。在核准制下，主要参与主体是发行人和监管者，而非彼此之间存在天然信息鸿沟的发行人和投资者，信息披露的指向对象是监管部门而非市场投资者[5]。而在注册制

---

[1] 金幼芳，李有星：《论证券发行注册制的理想与现实》，载《证券法苑》2014 年第 2 期。

[2] 刘君：《美国证券公开发行如何做到"注册制"》，载《中国证券报》2013 年 11 月 18 日，第 A17 版。

[3] 李东方：《证券监管法律制度研究》，北京大学出版社 2002 年版，第 118 页。

[4] 李东方：《上市公司监管法论》，中国政法大学出版社 2013 年版，第 461 页。

[5] 郭雳：《注册制下我国上市公司信息披露制度的重构与完善》，载《商业经济与管理》2020 年第 9 期。

下，股票发行相比核准制更为容易和高效，作为买方的投资者成为发行人和相关中介机构争取的对象以及信息披露的重点，而不是证券监管部门。从这个角度看，核准制是信息公开制度，它以政府审批为先导；注册制是以投资者判断为导向的信息披露制度[1]。因此，在全面注册制实施背景下，信息披露理念亟待完成由"监管者导向"向"投资者导向"的逻辑转变。发行人应让市场及投资者自行判断，只要有关信息披露充分，便可自行判断是否有投资价值；监管机构应以合规审查为主，不对发行人及其有价证券进行价值判断，不对发行人及其有价证券进行优劣评价，更不能为发行提供担保[2]。也即，监管机构由实质审查转变为以合规为主的发行人资格审查和相关信息审查。

2. 多样化的信息披露的监管措施、披露形式和公开手段。

一是中国证监会在信息披露方面的监管措施应该是多元并举，但同时不能让企业承担的过重的信息披露义务。我国推行注册制，也要考虑发行人的承受能力，给不同的发行人多样化的选择标准，同时保护投资者的利益，尽量避免因信息披露义务过重而让企业背上包袱的情况发生[3]。

二是充分利用互联网技术手段，提高信息公开工作效率[4]。如今，在降低企业信息披露成本、方便公众查阅相关信息的同时，互联网已经成为证券市场信息传播的首要途径，而信息披露制度的电子化也成为信息披露能否取得实效的基础保障。

三是完善信息披露的形式与程序。逐步探索建立起差异化的信息披露机制，发行人应在披露法定信息内容的基础上，依照公司的自身情况以及根据本公司主要投资者的需求，主动披露有关信息。同时，可以在信息披露的格式上适当灵活，使之对社会公众股股东的投资决策有用，并使相关信息在语言上简明扼要、清晰明了，便于投资者阅读和理解。

2. 在信息披露监管中，政府监管部门和自律监管者应形成合力，相互补

---

〔1〕　周友苏、杨照鑫：《注册制改革背景下我国股票发行信息披露制度的反思与重构》，载《经济体制改革》2015 年第 1 期。

〔2〕　参见叶林：《关于股票发行注册制的思考——依循"证券法修订草案"路线图展开》，载《法律适用》2015 年第 8 期。

〔3〕　周友苏、杨照鑫：《注册制改革背景下我国股票发行信息披露制度的反思与重构》，载《经济体制改革》2015 年第 1 期。

〔4〕　李东方：《证券监管法论》，北京大学出版社 2019 年版，第 306 页。

充。全面注册制虽然降低企业上市的门槛，减少相关审核注册程序，但在本质上并不意味着监管的弱化，而是通过"监审分离"，将审查权下放至证券交易所，中国证监会全身心地履行监管权。为此，需要监管部门通过对监管模式的调整来予以弥补，中国证监会要与证券交易所、中介机构在发行信息披露监管方面形成合力，提高发行人、投资者、监管部门、中介机构等多方主体的参与程度。一是充分发挥证券交易所对发行人有关信息的审核作用；二是监管机构应当强化对证券交易所、上市公司以及有关中介机构的监管，防止证券交易所之间的逐底竞争，对发行人所处行业是否符合国家发展要求与对其初次与持续信息披露进行监督与审查，对有关中介机构加强培训与抽查；三是对有过错的发行人以及相关中介严厉惩处，通过行政罚款、中止或终止上市审查、从业禁止、强制退市等方式，加强警示效果与事后惩戒机制。

（三）注册制背景下改进强制退市制度

证券市场中两个最重要的环节分别为上市和退市，在注册制背景下这二者必须要同步推进配套改革。注册制改革是市场化改革，但不能片面理解。优化上市审核注册程序，并不意味着只要有申报材料就应当批准上市。目前我国的投资者还不够成熟，还需要保留着一些高门槛。但仅仅优化上市规则还不足以面对全面注册制带来的挑战，同样需要进一步完善退市规则。退市制度分为两种情况：一是主动退市，二是强制退市。自愿退市主要取决于上市公司自身的意思自治。本书的研究只限于强制退市制度在内的与注册制改革相配套的退市制度。在全面注册制改革过程中，强制退市制度是一个非常重要的配套制度，入口市场化的同时出口也要市场化，注册制的健康发展必须执行严格的退市制度。如果上市公司在股价、利润等方面不符合法律法规的规定就应当立刻退出证券市场。全面注册制实行后大量公司进入证券市场，优质和劣质公司难以判别，由于劣质上市公司的股票交易价格往往起点很低，成为驱逐很多优质公司的工具，导致"劣币驱逐良币"的怪现象[1]。所以，一定要保证"出口"畅通，按照市场规律淘汰劣质上市公司。

在注册制的大背景下改进强制退市制度，笔者主要有以下几点思考[2]：

1. 中国证监会不再对企业强制退市做价值判断。在全面注册制下，监管

---

〔1〕 李东方：《上市公司监管法论》，中国政法大学出版社 2013 年版，第 536~537 页。

〔2〕 参见李东方、陈邹：《上市公司强制退市监管法论》，载《证券法律评论》，2016 年第 0 期。

机构对股票发行上市和强制退市两个环节均不做价值判断，而应由市场决定。在强制退市方面，证券监管机构只需及时作出重大违法违规行为的认定、处罚或移送司法机关，最终由证券交易所依法作出是否对上市公司实施强制退市的裁定即可。在真正实现股票发行市场化后，我国证券市场中独有的"壳资源"价值则会弱化甚至贬值，对于那些已符合退市标准的公司在股票发行全面注册制改革后会逐渐选择主动退市。

2. 中国证监会在强制退市的过程中应适度、适当行使监管权。在强制退市制度的权力分配上，中国证监会从台前转到幕后，应适当地履行监管权。一方面，其应当重点监管证券交易所的利益冲突行为，即中国证监会应当对证券交易所所作决定进行正当性审查，防止证券交易所在作出上市决定和强制退市决定时，将其自身利益置于优先地位；另一方面，在手段上应坚持行政监管原则，对于在上市规则中有建议证券交易所将有利于保护投资者利益的条款写入的自律规则，法律应授权中国证监会进行实质性审查。中国证监会对证券交易所的强制退市行为具有监督和纠偏的权力，笔者认为，证券登记应当继续作为中国证监会在发审权和上市权相分离的基本条件下所掌握的一种行政许可权，在证券交易所因利益冲突而不作为的情况下，使上市公司不再具备上市条件；或者法律为保护公众利益，赋予中国证监会暂停或终止上市的特殊情形和紧急情况下的权利。

3. 保证自主行使强制退市权。一是要将证券交易所强制退市规则的制定权、执行权等充分授权给法律，《证券法》还应当规定中国证监会在特殊情况下的监督权、强制退市决定权等，在立法层面应当保障行政机关不能不当干预强制退市的权利行使。二是中国证监会、证券交易所地位相互独立，《证券法》应予立法明确。一方面，目前我国证监会仍是国务院直属机关。同样，在中国证监会的直接领导下，独立性不足的问题同样存在于证券交易所。人事权和预算权被控制，是其独立性缺失的根本原因。中国证监会和证券交易所今后的改革方向应该是逐步脱离国务院在人事和预算方面的管辖。在人事方面，证券法可以规定，中国证监会和证券交易所的主管人员的人事任免不受不当干预，不能撤职，但滥用职权、玩忽职守等违法违规行为或其他不当行为发生的除外。未来我国证券交易所实行公司制后，将证券交易所高管人员的任免权交给股东，这是证券交易所人事方面改革的另一条路径。在预算权方面，较小的行政影响能够保证一定的独立性，证券交易所可以自收自支，在中国证监会不能摆脱财政预算限制的情况下，向证券交易所全面下放强制退市的权利是比较恰当的做法。

4. 以数量标准为主、质量标准为辅的退市标准。

依主观判断为标准，可以把强制退市标准分为：数量标准和质量标准。在我国强制退市制度演进过程中，规则的不确定性和主观性给了上市公司带来过多的规避余地。所以，全面注册制下未来对指标的设计上，应以减少人为操作空间的数量标准为主，公平地适用于所有的上市企业，不断丰富我国强制退市的指标设计。但是，数量标准则相对容易被上市公司通过会计核算、股市操纵、关联交易等手段规避。为此，必须通过证券交易所自由裁量权，对上市公司的上市价值作出实质性判断，对数量标准不足进行补充，同时完善质量标准以辅助判断，如引入具有权威性意见的证券价值评估要求、退市标准等。例如，纽约证券交易所的持续上市准则规定，若出现下列情形，除股本及分配准则、财务准则及价格准则外，纽约证券交易所亦可依程序强制退市：a. 减少营运资产或营运范围；b. 破产或者清盘的情形；c. 证券失去投资价值的认定是交易所认可的权威意见；d. 证券登记事项不再发生效力；e. 违反约定行为；f. 由于赎回、缴款或整体撤换等原因；g. 违反公共利益的经营行为；h. 可能引起摘牌的其他因素。上述的强制退市标准在某种程度上是有参考意义的。

5. 在强制退市中进一步完善了"重大违法行为"的认定标准。

一是将重大违法违规概念的范围拓宽，不仅仅局限于"证券违法违规"这一种概念。在笔者看来，应该以"与上市地位相关联""公众利益"的标准来判断何种违法行为才能导致退市。一是上市公司从事经营行为构成严重犯罪的，应当强制退市，但其违法违规行为不限于《证券法》所称的"证券违法违规行为"；二是从事"证券违法违规活动"不仅限于造假上市、信息披露违法违规行为，而且上市公司作为能够构成单位犯罪的主体，也可以对此类证券违法违规行为实施市场操纵，因此上市公司在从事"证券违法违规活动"的过程中，不能仅仅局限于造假上市、信息披露违法违规行为；三是重大违法违规行为所触犯的法律规范范围，既包括法律、行政法规、部门规章，也包括应当强制退市的证券交易所自律规则。

二是关于"重大违规强制退市规定"之所以成为"纸面规定"，笔者认为最重要的原因，是对于重大违规强制退市的规定主观性太大。证券交易所可以根据市场诚信情况对"重大违规"的规定进行细化、量化。规定对 3 次以上行为予以公开谴责，宽限期届满仍不披露的暂停上市，对虽不构成不披露重要信息罪，但 3 次以上行为或违规行为拒不在限期内纠正的，应当认定为重大违法。

（四）建议股票和债券市场统一适用证券发行注册制

证券发行实行统一的发行制度，证券法调整后的证券品种全部实行注册制。一般从投资原理上来说，投资公司债比投资股票风险要小，而股票发行注册制相对宽松，发行公司债则采取更加严格的审核制度，应该说这样的制度安排并不合理。究其原因，实际上是立法机关为当前落后于市场经济发展需要的现行体制寻求最大公约数，以保证注册制改革的顺利出台，减少争议[1]。企业债在国内有三种名称，由于主管部门的不同而各有侧重，在监管制度上也各自适用[2]。多机构在债券市场的分散监管，容易造成监管机构之间存在监管寻租、利益冲突等现象，导致监管陷入"囚徒困境"，成为阻碍债券市场乃至整个证券市场良性发展的制度性障碍[3]。

上述债券市场多机构分散监管、监管标准不统一的弊端主要体现在：一是由于部门利益、争夺监管权、监管竞争等原因，在多机构分散监管的情况下，容易造成发行市场中某一部门审核的债券无法在交易所流通等情况。如企业债受中国证监会监管，未获准在中国人民银行监管的银行间证券市场发行流通，原因是投资者数量不足、资产不够雄厚，这对该品种的功能发挥形成制约[4]。二是也会带来监管的重复，降低监管效率。在多机构分散监管的情况下，债券发行成本大大提高。以金融债为例，在债券发行市场上，发行主体

---

〔1〕　李东方：《证券发行注册制改革的法律问题研究——兼评"《证券法》修订草案"中的股票注册制》，载《国家行政学院学报》2015 年第 3 期。

〔2〕　分别是：①中国证监会主导的，主要适用《公司债券发行与交易管理办法》并在证券交易所交易，由中国证券登记结算公司办理登记结算的公司债券市场；②国家发展和改革委员会主导的，主要适用《企业债券管理条例》等规则，同时在证券交易所和银行间债券市场交易并办理相应登记结算的企业债券市场；③中国人民银行主导的，由银行间市场交易商协会自律监管，主要适用《银行间债券市场非金融企业债务融资工具管理办法》并在银行间债券市场交易，由上海清算所办理登记结算的中期票据市场。

〔3〕　刘晓剑、邢森杰：《基于博弈论的债券市场监管主体重构分析》，载《湖南大学学报（社会科学版）》2012 年第 4 期。

〔4〕　冯果、刘秀芬：《优化债券市场监管体系的法律思考》，载《江西财经大学学报》2016 年第 5 期。

的资质由银监会审核，金融机构在发债时需要获得市场监管机构的核准发行。这就不可避免地延长发债时间，降低监管效率，当然也提高发债主体的发债成本。在债券交易市场中，受监管的机构有 2 家，分别是交易所债券市场、商业银行柜台债券市场和银行间债券市场，依据《证券法》等法律法规，由中国人民银行和中国证监会管理。交易市场及其基础设施分别由两家监管机构独立监管。这些基础设施包括债券产品、市场主体、托管结算后台等基础设施，这些基础设施的建设都是非常重要的。这种将两个主体分割开来的监管制度，使得整个证券市场监管效率低下的同时，也造成了监管的重复。三是容易造成监管套利等损害公平竞争的不良行为。制度受益最大的是大型国企，被拒之门外的是中小企业，不均衡的市场融资机会造成不公正不平等，限缩中小企业的融资空间。四是多头监管可能引发监管的过度放松，无法有效预防风险，出现监管真空。五是多机构分散监管也可能造成过度管制，扼制资本市场金融产品的创新，降低市场活力，无法满足投资者的投资需求与发行人的融资需求[1]。

因此，为实现我国资本市场中证券与债券统一适用发行注册制，第一步便是将三类债券进行统合，改革多机构分散监管的局面，由中国证监会统一进行监管。党的二十届二中全会通过的《党和国家机构改革方案》中明确了"中国证券监督管理委员会由国务院直属事业单位调整为国务院直属机构"、"划入国家发展和改革委员会的企业债券发行审核职责，由中国证券监督管理委员会统一负责公司（企业）债券发行审核工作"。可见，我国市场经济发展到今天，进一步深化市场在资源配置中的决定性作用，更好发挥政府作用，强化资本市场监管职责，统一债券市场监管权更好发挥债券在我国资本市场中的作用。

（五）完善注册制有关法律责任制度

为注册制改革提供有力保障，必须在良性的证券法律体系下健全证券发行和信息披露的法律责任追究机制。证券法对虚假陈述等市场违法行为，可以通过行政处罚、刑事责任与民事责任相结合等手段，加大惩戒力度，以保证信息披露的真实、完整和有效。

---

〔1〕 参见洪艳蓉：《公司债券的多头监管、路径依赖与未来发展框架》，载《证券市场导报》2010 年第 4 期。

关于注册制的良性运行及对其他证券违法行为的惩戒，除了加大对虚假陈述的法律责任追究力度外，同样重要是证券民事侵权责任制度。笔者认为，主要有以下两个方面的原因，将证券侵权责任列入侵权责任法予以规范：

1. 取决于证券法的性质。证券法具有十分突出的国家干预性，从性质上讲属于经济法，其以公法规范为主[1]。所以其法律责任的形式也是以相应的行政责任为主，目前在《证券法》"法律责任"一章中所列明的规定主要是行政责任的现状也是无可厚非的，正体现了证券监管法的经济法属性。

2. 证券民事侵权责任的特殊性。证券民事侵权责任与普通民事侵权不同点在于，证券侵权行为一旦发生，侵害的对象一般会带有明显的公共性和类别性，而普通民事侵权一般发生在个体与个体之间。证券侵权行为与我国现行《民法典》侵权责任编规定的七种特殊责任中的"环境污染和生态破坏责任"所侵害的对象较为相似。事实上，2009 年对于是否应该对证券民事侵权责任制度在当时的《侵权责任法》中作出规定，曾引发过十分激烈的争议，但最终因问题复杂而未能顺利修改[2]。笔者认为，除在我国现行《民法典》侵权责任编规定的 7 种特别责任之外，应当继续完成这一立法工作，进而加大对证券侵权行为的责任追究。

（六）完善与证券民事法律责任制度相配套的证券民事诉讼制度

1. 在证券法体系内建立和完善证券民事诉讼制度。当发行人违法违规行为发生时，为保证被侵害的投资者能够依法获得权利救济，便需要建立和完善相应的法律机制，这既需要上述证券法律责任体系的完善，也需要与之配套的民事程序法律体系的完善。其中一种行之有效的手段就是证券民事诉讼程序法。与政府监管的"公共执行"机制相对应的是将通过证券民事诉讼实现损害赔偿的机制称为"民间执行"，而这种民间执行机制的证券民事诉讼，可以让市场参与者在公共执行不能发挥作用时获得更多的救济机会[3]。从属性上讲，证券民事诉讼的程序法应当属于诉讼法的范畴，但在证券法律体系中规范证券民事诉讼则有必要，因为证券民事诉讼有其自身的特殊性，表现

---

[1]　参见李东方：《证券监管法律制度研究》，北京大学出版社 2002 年版，第 53~67 页。

[2]　周荣祥：《中国民法学研究会会长王利明：证券法应明晰证券侵权责任制度》，载《证券时报》2011 年 11 月 28 日，第 A2 版。

[3]　沈贵明：《证券诉讼的证券法规范》，载《法学论坛》2013 年第 4 期。

为：一是在诉讼主体上，一方面，人数众多且比较分散，体现为原告多是中小投资者；另一方面，证券民事诉讼具有集团性和相似性，体现为原告针对的被告和案件事实具有同一性。二是诉讼的标的物和对象具有特殊性和复杂性。证券民事诉讼的标的物为证券，证券是指能够均分、可转让、可交易、代表特定财产权益的凭证[1]。证券的特殊之处在于其具有很大的不确定性，因为证券市场的具体信息决定了证券价格的高低。三是证券民事诉讼案件的专业性强，要求控辩双方以及中间的裁判者具有较强的专业知识储备和知识运用能力。

可见，证券民事诉讼的特殊性导致其不能完全适用一般的民事诉讼程序，需要法律对其进行特殊的规则设计。从《证券法》的性质来看，其兼具实体法与程序法的特征，完全能够为证券民事诉讼规则提供一个适当的制度空间。《证券法》与《民事诉讼法》的诉讼程序规则是具有优先适用性的，是特别法与一般法之间的关系。基于上述原因，《证券法》在证券民事诉讼程序方面也作出了对应性的变化[2]。

2. 在未来适时修订《民事诉讼法》，以适应我国证券民事诉讼的需要。尽管在证券法体系中可以规定一定程度的证券民事诉讼规则，但有关诉讼规则仍均属于在《民事诉讼法》的基本制度框架内的特殊规定，其不能有根本性的突破。例如，在证券民事诉讼主体方面，上述有关《证券法》中证券民事诉讼的主体制度，基于我国现行《民事诉讼法》基本制度的限制，对于美国的集体诉讼制度，只能限定在代表诉讼的框架范围之内[3]。我国虽然已经制定出中国版的集体诉讼制度，仍需在诉讼代表人、诉讼程序、诉讼费用等

---

[1] 李东方主编：《证券法学》（第三版），中国政法大学出版社2017年版，第6页。

[2] ①发行人董事、监事、高级管理人员在执行公司职务时，违反法律、行政法规或者公司章程的规定，给公司造成损失，中国证监会认定的投资者保护机构持有公司股份的，因发行人董事、监事、高级管理人员违反法律、行政法规或者持股比例和持股期限不受《公司法》限制，可以为公司利益以个人名义向人民法院提起诉讼。②债券受托管理人可代表债券持有人以个人名义提起或参与民事诉讼或清算程序，如债券发行人不能按期兑付债券本息。③当事人一方人数较多时，投资者提起证券民事赔偿诉讼，如虚假陈述、内幕交易、市场操纵等，可依法推选代理人提起诉讼。④可以作为代理人参加诉讼或清算程序的是经证监会批准的投资者保护机构。⑤明确表示不受判决约束的，人民法院作出的生效判决、裁定除外，对所有投资者均有效。这些改革措施既在一定程度上适应了证券民事诉讼的特殊需要，又体现了使投资者更好地维护自身合法权益的基本原则，既方便快捷，又节约了救济成本，节约了司法资源。

[3] 参见郭雳：《美国证券集团诉讼的制度反思》，载《北大法律评论》2009年第2期。

方面进一步完善。

沪深交易所建立、股权分置改革与注册制改革是中国资本市场最具标志性的三座丰碑。自 2013 年十八届三中全会提出推进股票发行注册制改革以来，中国注册制改革的大幕就已经拉开。科创板正式开板，标志着注册制在中国资本市场的正式落地。四年来，创业板和北京证券交易所陆续展开注册制试点，资本市场全面深化改革工程取得重大突破。全面实行注册制制度规则的发布实施，标志着注册制的制度安排基本定型，注册制已推广到全市场和各类公开发行股票行为中。然而，全面注册制改革并非终点，而是一个全新的起点。全面注册制仍需要在未来不断地完善各项制度，围绕将选择权交给市场的注册制改革本质，监管重塑继续向前。作为中国特色现代资本市场建设的重要工作之一，全面注册制改革本身也充满了中国特色，其最鲜明的表现就是中国证监会的"监审分离"，把好市场入口和出口两道关口，而非为了单纯的上市扩容。改革并非一蹴而就，为此，全面注册制改革既要主动为存量注册制创造市场条件，也要主动为相关制度进行合理的思考和设计。总结以往经验可知，注册制改革是一项需要诸多配套制度与之配合的系统工程，如果单是建立股票发行注册制注定是行不通的，还需要其他部门法的建立或完善，如证券法之外的民法、刑法、诉讼法等，使证券发行注册制不仅可以建立，而且良好运行。

第三节　证券上市监管制度

一、证券上市监管概述

一般认为，证券上市是指发行公司与证券交易所之间订立上市契约，使发行公司能将其发行的有价证券在证券交易所的集中交易市场买卖，而证券交易所向发行公司收取上市费用的法律行为。[1]凡在证券交易所内交易的有价证券统称为上市证券，主要包括股票、债券、证券投资基金券等。证券上市是联结证券发行市场和交易市场的纽带，它使证券持有人与其他证券投资者在证券交易所相互移转证券成为可能。对于上市公司而言，一方面，由于

─────────

〔1〕　吴光明：《证券交易法论》，三民书局 1996 年版，第 165 页。

证券上市需满足一定的标准和条件，获准上市是对上市公司业绩、管理水平等实力的肯定，因此证券上市能大大提高上市公司的社会地位和社会形象，同时证券上市加强了证券的流通性，便于公司筹措资金，另外股票上市后，上市公司因股权分散程度高，使其减少了因证券过度集中而为少数投资人把持的危险，为公司的科学管理提供了股权结构基础；而另一方面，因上市公司有价证券之上市，使该公司变成大众公司，从而使该公司及相关人士的责任加重，"故为建立公正证券市场，需对上市之证券品质加以管理，此有赖于证券主管机关对于上市，订定各种严格之规范，并以公权力介入私法契约，以达到监督之效果"〔1〕。对于证券监管机关而言，证券上市可使其通过对上市公司证券上市条件、上市程序的监管和通过上市公司法定信息披露制度以及二级市场交易情况对所有上市公司、投资者、证券商进行监管，更能及时发现、解决市场问题和隐患，从而达到维护证券交易秩序和保障投资公众利益之目的。证券上市监管制度是上市公司法治化的有机组成部分。

二、证券上市条件

证券上市条件的监管是指一国政府通过制定法律来规定公司发行的股票或债券在证券交易所集中竞价交易所必须达到的条件而实施对证券上市的监督和管理。因此，各国都规定了证券上市交易的条件。

对于证券上市的条件，国外一般由证券交易所来制定，我们可以从纵横两个角度来考察外国证券交易所上市的条件。从纵向看，上市条件的历史演变，受一国企业经营与管理及其认识水平的限制；从横向看，各国证券交易所上市条件的差异，与该交易所所处国度的历史进程和经济发展水平密切相关。因此，不同的证券交易所确定的证券上市条件是不可能完全相同的，甚至同一个国家的若干证券交易所也会在证券上市条件上存在一定的差异。

在我国，证券上市的条件是由法律、法规直接规定并辅之以沪深两交易所的有关上市规则来确定的。

（一）股票上市的条件

股票上市的条件经历了一个不断发展和完善的过程。发展时期不同，对股票上市条件的要求也不相同。在证券交易活动开展的初期，公司经营者通

---

〔1〕 吴光明：《证券交易法论》，三民书局1996年版，第165页。

常认为，公司的经营活动、盈余状况、所控制的财产以及与此相关的事务纯属公司的内部事务，因此，他们一般都不愿将自己公司的经营状况对外公开。直到 20 世纪 30 年代，申请上市的公司才开始愿意接受证券交易所要求公开其财务状况的政策。至此，股票上市的条件才逐步完善起来。

1. 综合考察外国和地区的上市条件。从各国证券交易所对股票上市条件的规定来看，尽管不同国家的不同时期，同一国家的不同交易所的具体规定各不相同，但就其共性而言，可概括出以下基本内容：

（1）经营条件。经营条件通常包括一定的经营年限、财产净值占资本总额的比率、连续盈利能力、偿债能力等指标。这些指标主要用来考察上市公司的经营是否具有收益性和是否具备稳定性。如英国证券交易所协会规定，申请上市的公司须有 3 年以上经营并且连续盈利的记录；纽约证券交易所规定，申请上市的公司上一年度的税前利润总额不应低于 250 万美元，并且近 2 年来的税前利润总额均不低于 200 万美元；我国香港联合交易所《上市规则》规定，发行人发行后的预期市值须为 1 亿港元或以上；我国台湾地区证券交易所要求申请上市的公司近 1 年的流动资产与流动负债比率达 100%以上。

（2）规模条件。各国都规定，公司资本须达到一定数额或股票发行量达到一定规模时，才可向证券交易所申请股票上市。如美国纽约证券交易所规定，申请股票上市的公司的有形资产净值不低于 1800 万美元，公众股东持有的股份数额不应少于 110 万股；英国伦敦证券交易所规定，申请证券在该所上市，公司股票的市值不少于 70 万英镑；德国法兰克福证券交易所规定，申请证券在该所上市，证券预期市值不得低于 250 万马克。上市股票只有达到一定规模才能形成交易，才能形成证券市场。

（3）股权分散条件。股权分散即要求股东人数众多，并且达到规定的数量。如果股东较少，股权集中在少数人手中，股票市场便极易被这些少数大股东所操纵，在这种情况下，即使股票的发行规模再大，也同样会严重影响股票的上市交易。因此，纽约证券交易所规定，申请上市公司的股东总人数应在 2200 人以上；英国伦敦证券交易所则规定，申请发行的证券必须全部上市，不允许存在非流通股，公众持股的比例不低于 25%；我国香港联合交易所规定，申请上市公司已发行股份总额中至少应有 25%由公司关联人员以外的公众人士持有；我国台湾地区证券交易所《股份有限公司有价证券上市审查准则》规定，第一类上市股票记名股东人数应在 2000 人以上，其中持有

1000 股至 5 万股的股东不得少于 1000 人，且其所持股份合计应占发行股份总额 20%以上或满 1000 万股。

（4）经保荐人保荐或者推荐人推荐。比如，我国台湾地区证券交易所规定，外国公司申请证券在该所上市，必须有该所认可的券商推荐并出具推荐书。我国大陆地区证券上市同样实行保荐制度。保荐人应当遵守业务规则和行业规范，诚实守信，勤勉尽责，对发行人的申请文件和信息披露资料进行审慎核查，督导发行人规范运作。

（5）其他条件。主要包括上市信息披露的准确性与完整性；相关财务报表无虚假记载并且经注册会计师认证；证券制作符合标准格式、对证券转让未加限制；上市目标明确、公司制度健全以及在证券市场中无违法行为等。

2. 我国法律规定的股票上市条件。从我国立法来看，在证券上市条件方面，旧《公司法》和《证券法》采取严格管制态度。2005 年修订《证券法》以后，证券上市条件相对有所降低，证券上市审核职权也移交给证券交易所，同时，证券交易所可以规定高于《证券法》规定的上市条件。2019 年《证券法》修订之后，上市审核权更是下放给了交易所。因此，《证券法》《上海证券交易所股票上市规则》《深圳证券交易所股票上市规则》是确定股票上市条件的主要文件。

普通股股票的上市条件。按照《证券法》第 47 条的规定，申请证券上市交易，应当符合证券交易所上市规则规定的上市条件。证券交易所上市规则规定的上市条件，应当对发行人的经营年限、财务状况、最低公开发行比例和公司治理、诚信记录等提出要求。

（二）债券上市的条件

债券上市依照上市程序不同，可以划分为授权上市和认可上市两种。授权上市是指由上市发行的股份有限公司提出申请，并经证券交易所依照规定程序而批准的债券上市。授权上市的条件和程序较为严格，证券交易所要对申请债券上市的发行公司进行严格的资格审查，并有权否决不符合本证券交易所上市条件的上市申请，也有权在公司债券上市后终止其继续在本交易所上市。

认可上市是指直接经证券交易所认可后就可以进入本证券交易所上市。认可上市的债券仅限于各种政府债券，如国库券。这种债券可以豁免申请而直接成为证券交易所的交易对象，证券交易所也无权拒绝或终止这种债券的上市。[1] 由于政府债券可以豁免申请而成为证券交易所交易对象，没有严格的审查条件和审查程序，因此，该种债券上市的条件并无讨论的实际意义。而对公司债券和金融债券来讲，则必须符合一定的条件，方可在证券交易所上市交易。其目的，一是保证上市交易债券应有的信誉，二是确保投资者的利益不受损害。各国证券交易所对债券上市条件的审查主要包括债券的发行量、期限、信用等级和发行者的投资规模、偿还本金利息的能力等内容，这与股票上市条件的一般要求基本相同。

三、证券上市程序

证券上市程序监管是指一国政府通过证券立法，规定证券发行者在其证券上市过程中必须履行的法定义务，从而达到对证券上市实施监管的目的。各国证券法或者证券交易法一般都会对证券上市程序作出基本规定，各证券交易所再根据具体情况作出补充规定。但是，证券交易所的补充规定不得与证券法或证券交易法的规定相抵触，有的补充规定还必须获得政府监管机构的批准。证券交易所必须遵循证券上市程序办理证券上市。一般来讲，证券上市交易应当遵循的法定程序包括以下内容：

1. 上市申请。上市申请是公司股票或公司债券上市的前提。上市申请可分为强制申请和自愿申请两种。除少数国家在证券市场发展初期曾经采用过强制申请外，绝大多数国家和地区均实行自愿申请，即由发行公司自行决定是否申请其证券上市，在我国也是这样。我国证券上市申请，根据证券的不同类型，分为股票、债券和可转换公司债券上市申请三种情况。

2. 上市审核。证券上市审核，是证券交易所依照法律规定和上市规则对申请人是否符合上市条件进行审查的行为与过程。各国关于证券上市的审核制度可分为许可上市与申报上市两种。许可上市是指发行者必须向政府主管部门申请，经政府主管部门许可后才能上市；申报上市是指证券交易所拥有证券上市的决定权，发行者只需向政府主管部门申报即可。多数国家采用申报上市制。

---

〔1〕　如修订之前的《深圳证券交易所业务规则》第 6 条就规定："国债和深圳市人民政府发行的债券或经主管机关批准豁免的证券在本所上市，免于申请、上市审查及收费等一应事项。"

我国证券上市的审核机构，经历了重大的变迁。1998 年《证券法》规定，证券上市审核机构包括中国证监会和获得中国证监会授权的证券交易所。然而，由于中国证监会并未实际将审核职权授权给证券交易所，而是始终由中国证监会同时审核证券发行与上市，从而形成证券发行和上市一体化审核机制。2019 年《证券法》第 46 条第 1 款规定："申请证券上市交易，应当向证券交易所提出申请，由证券交易所依法审核同意，并由双方签订上市协议。"据此，证券交易所成为证券上市审核机构。

证券交易所的审核由其内设的上市审核委员会负责，经审核合格后，再以证券交易所的名义作出同意上市的表示。

上市审核委员会是证券交易所内部设立的工作机构，承担对证券上市申请的审核工作。该委员会委员由证券交易所内部成员和外部成员组成，每届任期 2 年，任期届满，可以连任。每次审核时，证券交易所在上市委员会委员中选定 7 名委员参加审核，审核事项的表决采用记名投票方式，参加审核的委员每人享有一票表决权。上海证券交易所的审核决议须由参加审核的 2/3 以上委员表决通过方为有效；深圳证券交易所则规定同意票需要达到 5 票方为通过。上市审核委员会审核时主要考虑证券上市申请是否符合《证券法》、其他法律法规以及证券交易所制定的上市条件。

证券交易所在完成审核程序后，应将审核结果通知申请人，以便申请人及早安排上市事宜。如果证券交易所同意证券上市，应当与申请人签订上市协议；如果不同意上市申请，亦应尽快通知申请人。

3. 订立上市协议。上市申请人收到证券交易所发出的证券上市通知后，应当与证券交易所签订上市协议。上市协议是上市申请人与证券交易所签订的，用以明确相互之间权利义务关系的协议。根据上市协议，上市公司应当接受证券交易所的管理，并承担上市准则或交易所自律规章规定的各项义务；而证券交易所则有义务安排上市公司在集中交易市场挂牌买卖。上述上市准则对缔约各方均自始存在约束力，缔约各方不得违反。但上市准则有别于法律规范，因为它不是由国家立法所确立的；同时，它亦有别于一般法人的自律规章，因为在上市准则中包含了若干法定上市条件，对此当事人不能以协议形式进行更改，而且，自律规章只以规范内部行为为限，不包括对外部缔约者的拘束。

4. 发布上市公告。证券上市时，证券交易所应当安排该上市公司披露其重要信息，从而使广大投资者能够作出自己的投资决策和判断。

5. 挂牌交易。证券获准上市后，发行人的股票或者公司债券即可在证券交易所指定的日期上市交易。挂牌交易是完成证券上市程序的最终标志，上市公司所发行的证券必须在证券交易所内，按照证券交易所交易规则交易。

证券上市后，随着时间的推移，原本符合上市条件的证券可能因其发行主体的变化或交易过程中发生的变化而不再符合上市条件，这时证交所或证券监管部门就有必要采取终止其上市的措施，以保护投资公众的利益和维护证券市场的正常秩序。关于终止上市的具体内容，将在本书第十三章"上市公司退市监管法治化"中进行讨论。

上市公司收购是一种特殊的股权转让和证券交易活动。收购者通过证券市场的股票交易或者其他合法途径，取得被收购公司即目标公司依法发行在外的股份，进而取得对目标公司的控制权或合并该公司。目标公司控制权的变更，直接关系到目标公司的股东、经营者、雇员、债权人和收购公司及其股东的利益，乃至证券市场的稳定。其中目标公司和收购公司的中小股东是公司收购中极易受到损害的群体，如何有效保护这一群体的利益，是各国公司收购立法的核心。尽管我国现行立法在这方面作出了很大努力，但仍感不足。随着上市公司数量的不断增多和企业改革的进一步深化，通过证券市场实现资产重组和资源优化配置的情况将时有发生，上市公司收购的数量会不断增加。如何进一步规范上市公司收购行为、保护广大中小股东的合法权益、维护证券市场秩序，是上市公司法治面临的一个重要课题。

第一节 上市公司收购的基本理论

一、上市公司收购的概念辨析与上市公司收购行为的认定

（一）上市公司的概念辨析

"上市公司收购"这一表达并不严谨，其本意是指"收购上市公司"，即上市公司是被收购的客体[1]，而非指上市公司是收购的主体。在 2005 年

---

[1] 其实，更严格地讲，其内涵是指收购上市公司的股票，从而取得对上市公司的控制权，即上市公司的股票是被收购的客体，收购人购买的标的物是上市公司的股票而不是上市公司本身，因为上市公司作为企业法人是证券市场的主体而不是客体。但是取得一家上市公司的控制权，就好像把这家上市公司购买下来一样，因而可以把为取得上市公司控制权而购买上市公司的上市股票，形象地称之为"收购上市公司"。

《证券法》的修订过程中，在这一表达中加了一个"的"字，改为"上市公司的收购"，用以弥补过去的不足。然而，"上市公司收购"的这一表达，无论是在实务界还是在理论界均已约定俗成，故本书予以沿用。

上市公司收购是公司并购（Merger and Acquisition，M&A）的一种重要形式，是通过收购上市公司的股份达到控制公司目的的手段，是资产重组、产权交易的重要方式。就并购本身而言，已经成为我国法学、经济学界日益关注的热点：一方面，社会主义市场经济体系的建立与完善必然导致并购这种资产扩张形式的诞生与普遍存在；[1]另一方面，大量的国有企业需要通过资产重组、产权交易的形式去掉包袱、获得重新展翅的机会，而收购是一个建设性方法。上市公司收购作为并购的一种形式，不仅涉及资产重组等重要问题，更是涉及众多中小股东公共利益的社会问题。因此，对上市公司收购的法律规范，理应纳入上市公司监管法的范畴。[2]

上市公司收购是指投资者依法购买股份有限公司已发行上市的股份，以达到对该公司控股或兼并目的的行为。上市公司收购在各国证券立法中的含义各不相同，一般有广义和狭义之分。狭义的上市公司收购即要约收购，是指收购方通过向目标公司[3]股东发出收购要约的方式，购买该公司的有表决权证券的行为（美国称为 tender offer，英国称为 take over bid）；[4]广义的上市公司收购，除要约收购以外，还包括协议收购，即收购方通过与目标公司的股票持有人达成收购协议的方式进行收购。

我国《公司法》未对上市公司收购作出直接的规定。而《证券法》也没有对上市公司收购进行法律定义，该法只在第62条规定："投资者可以采取

---

[1]　在中国资本市场发生的企业并购和产权（股权）转让事件，从20世纪90年代中国证券市场产生的初期就开始了，且一直没有间断过。比较典型的案例有，1993年发生的"宝延风波""恒凌风波"，1994年发生的光大"标购"玉柴，绍兴百大法人股转让给上海中桥等事件；以及自1994年开始至1996年完成的，上海棱光和珠海恒通之间、浙江凤凰与康恩贝集团之间的产权（股权）双向收购事件。参见卓夫：《兼并与收购：中国资本市场进入新阶段》，载《金融时报》1996年1月11日。

[2]　从股权转让的角度来看，上市公司收购应当属于《公司法》上的股权特殊转让的内容；如果从上市公司收购行为与证券交易市场密切联系的角度来看，它又属于《证券法》规范的内容，是证券法的重要组成部分，我国《证券法》就以第4章共16条（62~77条）对上市公司收购作出了较为全面的规范。而上市公司监管法正是横跨公司法与证券法两域为特征的法律制度。

[3]　由于被收购的上市公司是收购人意欲取得控制权的目标，故证券法上所称的"被收购公司"，可称之为"目标公司"，亦可称之为"标的公司"。

[4]　[日]铃木竹雄、河本一郎：《证券取引法》，有斐阁1984年版，第173页。

要约收购、协议收购及其他合法方式收购上市公司。"可见，我国《证券法》对上市公司收购取广义的含义，即我国上市公司收购可以采取要约收购、协议收购及其他合法的方式进行收购。本书下面讨论的上市公司收购，也指广义上的上市公司收购。中国证监会 2002 年 9 月 28 日发布的《上市公司收购管理办法》对上市公司收购作出了较为明确的定义，第 2 条规定："本办法所称上市公司收购，是指收购人通过在证券交易所的股份转让活动持有一个上市公司的股份达到一定比例、通过证券交易所股份转让活动以外的其他合法途径控制一个上市公司的股份达到一定程度，导致其获得或者可能获得对该公司的实际控制权的行为。"然而，中国证监会于 2006、2008、2012、2014 年修订，2020 年修正后发布的《上市公司收购管理办法》均回避了对上市公司收购的定义，应当是缘于准确的定义难以作出。

（二）上市公司收购行为的认定

上市公司收购与短线交易和长线投资相比，从外观上看，这些行为均表现为在证券交易市场上从事买卖股票的行为。那么，如何判断证券市场上一个具体的股票买卖行为是否属于上市公司收购？根据证券法律的相关规定，可以从以下几个角度进行判断：

第一，收购人是否明示收购目的。收购人是否明示收购目的，是判断某类股票交易行为是否为上市公司收购行为的重要依据。在收购人明确表示其购买被收购公司股票是出于收购目的的情况下，例如股份大量持有报告或发出公开收购要约等，通常可以认定该买进股票的行为属于上市公司收购行为。至于目的本身是否能够实现，并不影响其收购行为的定性。

第二，购买股票的行为是否对被收购公司的控制权造成影响。收购人出于其收购策略的考虑，在购买股票时往往要隐蔽，甚至否认其具有收购某一上市公司的目的。在此情况下，就要看其购买股票的行为是否对该上市公司的控制权产生影响。如果对上市公司股票的大量购买行为，会导致行为人实际控制被收购公司，或者使行为人成为控制股东等，在这种情形下，就可以判定该行为属于上市公司收购行为。

第三，上市公司收购人虽然是购买被收购公司股票的特定人，但是这并不意味着收购人只能是一个人，还应当注意是否存在"一致行动人"的问题。收购人为了隐蔽其收购意图，或者为了规避证券法的相关义务，比如收购信息公开义务、强制要约收购义务等，往往采取多人分散购买被收购公司股票的做法。这种多人分散购买而共同持有一个上市公司已发行股份的情形，就存在上市公司收购"一致行动人"的可能性。为此，《证券法》第65条规定，通过证券交易所的证券交易，投资者持有或者通过协议、其他安排与他人共同持有一个上市公司已发行的有表决权股份达到30%时，继续进行收购的，应当依法向该上市公司所有股东发出收购上市公司全部或者部分股份的要约。其中的"通过协议、其他安排与他人共同持有一个上市公司已发行的有表决权股份"，即是我国《证券法》对上市公司收购中"一致行动人"的立法表述，而《上市公司收购管理办法》则对上市公司收购中的"一致行动人"作了明确的界定。

二、上市公司收购的法律特征分析

上市公司收购具有以下法律特征：

1. 上市公司收购是一种特殊的股权转让和证券交易行为，因而受到证券法和反垄断法的特别调整。通常上市公司的股票都具有自由流通性，因而，意图取得上市公司控制权的投资者，可以利用上市公司股票的流动性，通过大量购买行为，使上市公司股票集中掌握在自己手里，从而取得对某一上市公司的控制权。所以，上市公司收购是指在证券交易市场上对某一上市公司股票的大量购买行为，本质上属于证券交易行为。

虽然上市公司收购的外在形式表现为一般的股票交易，但收购人的目的却与一般购买股票的投资者不同。上市公司收购人的目的是取得对目标公司的控制权，因而必须采取收购大量股票的手段，才能够实现其收购目的。大量收购股票的行为在证券市场上往往会伴随出现被收购公司股票剧烈波动、操纵市场和内幕交易等现象。因此，证券法在对证券交易作一般规定之外，专门对上市公司收购，主要是收购人的行为给予特别调整，如我国《证券法》就单列第四章"上市公司的收购"进行特别规制。

对上市公司收购特别调整的法律，以强制性法律规范为主。各国证券法制度的核心，几乎毫无例外地确立了保护社会公众投资者利益的基本理念。而收购人的控股或兼并目的可能对目标公司的生产经营产生重大影响，并将进一步影响目标公司其他股东的利益，因此各国对基于收购行为逐渐获得上市公司控制权，并在此基础上逐渐进行的各种资产交易或产权性交易，给予了相当程度的监管。尤其是在此种状况将逐渐形成垄断或者削减市场竞争程度的情况下，往往要借助国家干预手段予以特别规范，从而形成了上市公司收购上的一系列强制性法律规范。这里强制性法律规范有两种表现形式：一种是如上所述的，通过证券立法进行的强制性规范，如依照我国《证券法》规定，持有上市公司发行在外股票5%以上的大股东，其持有公司有表决权股份每发生5%的增减，必须履行法定信息披露义务，且在一定期限内禁止其继续购买该上市公司股票的规则。另一种是，在证券立法之外，通过反垄断立法的形式来进行规制，如国外反垄断法在公司购并方面颁布和执行的国家审查规则。我国《反垄断法》也主要是从审查"经营者集中"等方面强行规范上市公司收购中的垄断行为。

2. 上市公司收购的主体是不特定的证券投资者。各国证券法律一般都规定，收购人可以是目标公司发起人以外的任何人，既包括上市公司，也包括非上市公司；既包括法人，也包括自然人及其他组织。然而，对此规定，我国证券立法却经历了一个变化过程。我国《证券法》出台前，有关上市公司收购的规定主要见于1993年制定的《股票条例》和上海、深圳证券交易所股票上市规则的规定。《股票条例》规定，任何个人不得持有一个上市公司5‰以上的发行在外的普通股。也就是说，自然人本身是不允许通过收购来控股上市公司的。针对这一法律限制，有些自然人往往采取变通的办法，即专门成立一家公司，再通过这家公司来参股5‰以上或达到间接控制上市公司的目的。《证券法》颁布之后，取消了《股票条例》中对法人和自然人的双重标准，把参与收购的主体统一称为"投资者"，使得自然人在上市公司的控股、兼并方面取得与法人完全相同的法律地位，为自然人直接控股上市公司扫清了法律障碍。这有利于提升个人投资者参与证券市场的积极性，促进股票市场的活跃程度，使上市公司大股东的构成更趋多样性，同时这也是市场经济公平与民主精神的体现。

应当指出的是，上市公司不能成为自己的收购人，[1]否则会出现"自己收购自己""自己购买自己股份"的悖论。[2]因为回购股份往往会对公司及

---

[1] 公司收购自己的股份，又称股份回购（share repurchase/redemption，回赎），是指公司作为受让人从本公司股东手中买回股份。

[2] 韩斌：《上市公司收购概念析论》，载《法学》1997年第9期。

股东产生以下后果：第一，公司利用发行股票筹集的资金去购买自己的股票，这实际上减少了公司注册资本，违背了资本充实和资本不变原则；第二，公司回购股份后如不予以注销，公司成为自身的股东，使公司资本和财产的所有权关系发生混淆，容易造成公司管理上的混乱；第三，公司大批购进和抛售自己的股票，容易发生操纵市场、内幕交易等行为，损害其他股东的利益。因此，在我国，对公司持有自身股份的态度是原则禁止、例外允许。[1]

3. 上市公司收购的对象是上市公司已经依法发行在外的股票。所谓发行在外的股票，是指由上市公司以外的投资者持有的公司发行的股票，它不包括公司持有的库存股票和公司以自己名义直接持有的本公司发行在外的股票。[2]前者如上市公司在发行股票过程中预留的部分未出售的股票，后者如公司通过证券市场购买公司股票而尚未注销的部分。我国现行法律因采取实收资本制，公司拟发行股票必须全部发行完毕后才得以办理公司登记，故我国证券制度中实际排斥了公司库存股票的存在；同时，我国仅允许公司为注销股份、奖励本公司职工等原因而购买本公司股票，因此，上市公司持有本公司股票也属于禁止之例。据此，上市公司收购中所称"发行在外的股票"，是指上市公司依法发行的各类股票。

在我国证券实践中，股票种类比较复杂。我国在接受国外证券法关于股票的传统分类的同时，还根据我国特有的经济及社会现状，创设了若干中国特有的股票形式。前者如记名股票与不记名股票、普通股票与优先股票等，后者如国家股股票、法人股股票和社会公众股股票，以及 A 股普通股股票和 B 股普通股股票等类别股股票，还有流通股股票与非流通股股票等。因此，我国上市公司收购制度中所称的"发行在外的股票"，应当包括上市公司发行的各种股票，而不应当仅限于流通股股票或者社会公众股股票。当然，随着我国股权分置改革任务的完成，上述非流通股实际上已不存在。而境外上市的外资股如 H 股、N 股由于要到另一国家或地区上市，其必须受上市所在地的法律管辖，并受所在证券交易所有关自律性规则的约束，因此不能成为我国上市公司收购的标的。

4. 上市公司收购的目的是对目标公司进行控股或者兼并。收购人购买目

---

〔1〕　参见我国《公司法》第 162 条的规定。

〔2〕　参见《股票条例》第 81 条。

标公司股票的行为既区别于一般的投资行为，也区别于一般的投机炒作行为，它是为了实现对目标公司的控股或者兼并而实施的行为。

所谓控股，即投资者通过购买上市公司的股份达到对该上市公司享有控制权的程度。[1]由于各国公司法一般都规定了股份有限公司实行一股一票制度和资本多数决的原则，股东的表决权取决于其持股的数量。因此，某投资者（股东）的持股数量一旦达到某种程度，即可拥有对公司经营决策的控制权。[2]至于持有上市公司多少股份才可被认为具有某种程度的控股权，目前，各个国家和地区的规定不尽相同，如美国规定为5%，日本、加拿大联邦规定为10%，我国香港地区和英国则分别规定为35%、30%，我国《证券法》规定为30%以上。[3]

在现实经济活动中，能否达到控股所要持有的最低股份比例，主要决定于上市公司股份的分散度。在公司股份集中的情况下，即使股东持有的股份所占比重大，也不一定能控制公司；在公司股份分散的情况下，即使股东持有股份所占比重较小，也可能控制该公司。我国为何把控股标准定得比其他许多国家高，这是由我国上市公司的股权分布及企业规模决定的。一方面，我国上市公司规模普遍比外国上市公司偏小，易于收购；另一方面，在股权分置改革之前，我国股份有限公司的股份中，约有70%的非流通股即国家股和法人股，其余约30%才为流通股。非流通股集中在国家和几个法人手中，几乎处于绝对控股地位。若要在流通市场上实现对上市公司的控制权，一般应持有已发行股份的30%才有可能。

所谓兼并，是指投资者将上市公司的全部资产收购为自己所有，使得上市公司的产权发生转移的行为。《证券法》第76条第1款规定："收购行为完

---

[1] 我国《上市公司收购管理办法》第84条，对上市公司的控制权作了较为全面的界定，即有下列情形之一的，为拥有上市公司控制权：①投资者为上市公司持股50%以上的控股股东；②投资者可以实际支配上市公司股份表决权超过30%；③投资者通过实际支配上市公司股份表决权能够决定公司董事会半数以上成员选任；④投资者依其可实际支配的上市公司股份表决权足以对公司股东大会的决议产生重大影响；⑤中国证监会认定的其他情形。徐兆宏：《论上市公司协议收购法律制度》，载《财经研究》1996年第10期。

[2] 取得上市公司的控制权，也可以通过公司合并、购买上市公司资产、实行业务控制等方式实现，但这些方式均不是在证券市场上通过购买被收购公司股票的方法实现，故其不属于证券法上的上市公司收购。

[3] 这主要是参考我国《证券法》第65条将"有表决权股份达到30%"作为公开收购的触发点。

成后，收购人与被收购公司合并，并将该公司解散的，被解散公司的原有股票由收购人依法更换。"该条所称的公司合并是指目标公司的全部财产、债权和债务被收购人概括承受，成为收购人的财产、债权和债务，而目标公司则予以解散，不再享有独立的主体资格，目标公司的股东成为收购人的股东。

综上所述，上市公司收购制度实际是国家旨在保护社会公众投资者利益、规范大股东买卖上市公司股票的特殊规则体系，大股东买卖上市股票的行为无论是否构成对上市公司的控制权，均受到这一规则体系的限制与规范。

三、上市公司收购的分类

上市公司收购，依照不同的标准可作以下分类：

（一）要约收购、协议收购和其他合法方式收购

根据收购人在收购中使用手段的不同，上市公司收购可分为要约收购、协议收购和其他合法方式收购。

1. 要约收购是指收购人公开向目标公司股东发出要约，以收购目标公司一定数量的股权，从而控制该公司的行为。要约收购事先不需征得目标公司管理层的同意。一般来说，收购要约人发出要约的目的是获取目标公司的控制权；发出要约的对象是目标公司的全体股东；发出的要约必须公开，在美国，要约收购的形式可以是报纸或广告。我国则要求以法定的方式公告；收购要约的内容包括收购期限、收购价格、收购数量及其他规定事项。要约收购是上市公司收购的一种传统方式，也可以说是最重要的一种方式，各国的上市公司收购立法均将其作为规范的基本内容。

2. 协议收购是指收购人通过与目标公司的特定股东反复磋商，并在征得目标公司管理层同意的情况下，达成协议，并按照协议所规定的收购条件、价格、期限以及其他规定事项，收购目标公司股份的收购方式。在协议收购中，收购人的谈判对象为目标公司管理层或少数特定股东，这一点使得协议收购与要约收购明显区别开来。由此所决定，协议收购在信息公开、机会均等、交易公正方面具有较大局限性，因而许多国家的立法限制甚至排除了协议收购的合法性。[1]我国的《股票条例》对协议收购未作规定，但在《证券法》中则明确规定上市公司收购可以采取协议收购的方式，并对协议收购的

---

〔1〕　徐兆宏：《论上市公司协议收购法律制度》，载《财经研究》1996 年第 10 期。

程序作了进一步的规定。作为要约收购的补充，协议收购有其存在的必要性。在我国，由于上市公司的股权结构特殊，在股权分置改革之前，大量的非流通股存在，使得协议收购一度成为收购的主要方式。协议收购对于当时我国证券市场上大量不能上市的国家股和法人股的流通转让发挥过重要作用。当然，协议收购的对象不限于非流通股，流通股也是协议收购的对象。

3. 其他合法方式收购。要约收购与协议收购是上市公司收购的两种基本方式。除了这两种收购方式外，我国还存在过集中竞价收购，它是指收购人在场内交易市场上，通过证券交易所集中竞价交易的方式对目标公司进行的收购。《证券法》为了给上市公司收购方式的创新留出空间，在要约收购与协议收购方式之外，规定了其他合法方式收购（该法第 62 条）。依据《上市公司收购管理办法》第 15 条及其第 5 章的规定，其他合法方式应包括国有股权的行政划拨、执行法院裁定、继承、赠与等方式。需要说明的是：在国有股行政划拨、司法裁定等方式构成的上市公司收购中，收购方（即行政划拨的受让方和司法裁决的胜诉方）可能没有取得上市公司控制权的主观动机，但如果上述行为的结果是收购方获得了或可能获得上市公司的控制权，即是收购，收购方就应履行相关义务。本书后面是以间接收购集中体现其他合法方式收购，并且将其与要约收购和协议收购并列论述。

（二）控股收购与兼并收购

根据收购目的的不同，上市公司收购可分为控股收购与兼并收购。

1. 控股收购是指以取得目标公司控制权为目的的收购，目标公司的法人资格并不丧失。收购人要掌握目标公司的控制权，从理论上应当有目标公司 50% 以上的股份；但在目标公司股份分散的情况下，则往往不需持有目标公司 50% 以上的股份，亦可达到掌握控制权的目的。

2. 兼并收购是指以合并目标公司并使之失去法人资格为目的的收购。通过兼并收购，收购人概括承受原目标公司的财产、债权和债务，原目标公司不再存在。兼并收购属于公司合并行为。依照公司法理，公司合并分为"新设合并"和"吸收合并"两种方式，其中，新设合并公式为 A+B＝C；吸收合并公式为 A+B＝A。显然，兼并收购属于吸收合并方式。

（三）自愿收购和强制收购

根据收购是否受到法律强制因素介入，上市公司收购可分为自愿收购和强制收购。

1. 自愿收购是指投资者及其一致行动人持有一个上市公司的股份达到一定比例时，自主决定通过发出收购要约以增持目标公司股份。自愿收购对于收购方不是法定义务，而是自愿行为。

2. 强制收购是指投资者及其一致行动人持有一个上市公司的股份达到一定比例时，如果愿意继续增持股份的，应当向上市公司所有股东发出收购要约，表示愿意以收购要约中的条件购买该上市公司的股份。在证券立法中，当某一股东持股达到上市公司全部股份的一定比例时，该股东有义务向该公司所有股东发出收购要约的情形，这时收购行为不仅是收购者的意志，更体现出国家法律对其他股东利益的保护，对于收购者而言，这是一种法定义务。如我国《证券法》即规定一旦发起人以外的任何人持有一个上市公司发行在外的普通股达到30%时，继续进行收购的，应当向该公司所有股票持有人发出收购要约。强制要约收购受到法律的严格规制。

（四）友好收购与敌意收购

根据目标公司与收购人合作与否来划分，上市公司收购可分为友好收购与敌意收购。

1. 友好收购（Friendly takeover），是指收购人事先与目标公司进行沟通，在得到目标公司管理层同意的情况下实施的收购。友好收购的成本低，有利于保守商业秘密，成功率高。协议收购多发生在目标公司的股权相对集中，尤其是目标公司可能存在控股股东的情况下，因此协议收购的目标公司一般为所有者控制型公司，即股东掌握着公司的终极控制权，大部分协议收购会得到目标公司经营者的合作，因而协议收购多为友好收购。

2. 敌意收购（Hostile takeover），是指收购人事先不与目标公司沟通，在目标公司的管理层毫无防备的情况下而进行的公司收购。敌意收购的成本较高，因为在收购的过程中，目标公司的董事会往往会反抗或阻挠，一旦目标公司的董事会拒绝被收购而采取反收购措施，就会对双方造成不必要的人力、财力消耗。

要约收购多发生在目标公司的股权比较分散，目标公司的股东与公司的控制权分离的情况下，其收购的最大特点是不需事先征得公司管理层的同意，因而要约收购一般是敌意收购。由于敌意收购是在目标公司管理层抵制的情况下进行的，因此目标公司必然会采取反收购措施，力阻收购的成功，这时收购方与公司将发生争夺股东支持的激烈冲突，这种情况下的敌意收购，实质成为对股东支持的争夺，收购方要付出的代价往往比较巨大，其收购要约中规定的价格必须高出市价许多才能够实现收购目的；这种争夺往往会给股市带来巨大的影响。

（五）横向收购、纵向收购与混合收购

根据收购人与目标公司是否处在同一行业部门，上市公司收购可以分为横向收购、纵向收购和混合收购。

1. 横向收购，又称水平收购（Horizontal takeover），是指收购人与目标公司处在同一行业而进行的收购。收购的目的是追求规模经济效益，这是采用最早、也是最常见的一种收购形式。

2. 纵向收购，又称垂直收购（Vertical takeover），是指收购人与目标公司分处不同的行业而进行的收购。这种收购的收购人与目标公司之间通常存在着协作关系，或者在生产过程、经营环节上相互衔接。纵向收购可以形成供、产、销一条龙，更好的应对市场的竞争。这种收购的目的在于保证原材料的供应、实现生产经营的连续性，降低销售成本，争取更好的经济效益。

3. 混合收购（Conglomerate takeover），是指既非竞争对手，又非现实中或潜在的客户或供应商，而是从事不相关类型经营的公司之间的收购。

（六）现金收购与换股收购

根据支付收购对价的不同，上市公司收购可以分为现金收购与换股收购。

1. 现金收购是指收购者以现金收购目标公司的股份。我国目前采取的方式主要为现金收购。《证券法》规定，在收购报告书中要载明"收购所需资金额及资金保证"；[1]在协议收购中应"将资金存放于指定的银行"。[2]

2. 换股收购则是指收购者用本公司的新股或库存股换取目标公司的股票。换股收购的情况比现金收购在价位确定方面更复杂一些。我国《证券法》没有规定换股收购方式，而不少国家和地区都允许这一方式。

（七）部分收购与全面收购

根据收购人收购目标公司股份数量的不同，上市公司收购可分为部分收

---

〔1〕 参见《证券法》第66条。
〔2〕 参见《证券法》第72条。

购与全面收购。

1. 部分收购是指投资者收购一家上市公司少于100%的股份而获得该公司控制权的行为。

2. 全面收购是指投资者收购一家上市公司全部股份的行为。例如，1992年深圳市人民政府颁布的《深圳市上市公司监管暂行办法》〔1〕，该办法第50条规定，收购分为部分收购和全面收购两种：①部分收购是指收购一家上市公司股份或投票权累计达到25%以上，但少于100%股份或投票权的行为；部分收购为三个控制档次，即控制权分别累计达到25%以上、50%以上、75%以上，每当达到或超过上述比例时须按收购合并行为处理；②全面收购是指收购上市公司100%的股份或投票权的行为。

全面收购与部分收购是要约收购中使用的一种分类，我国2005年修订后的《证券法》既允许全面收购，也允许部分收购。

四、上市公司收购的意义

上市公司收购是在证券市场上进行资产重组的重要方式，是调整公司经营战略的重要措施，是调整产业结构的重要手段，也是市场经济的必然产物。在市场经济条件下，通过市场包括证券市场对资源进行优化配置，提高资源效率是市场经济的客观要求，市场主体之间为争夺市场份额而展开的竞争和优胜劣汰不可避免。对于上市公司而言，如果内部管理混乱、经营效率低，就可能成为被收购的对象。竞争、被淘汰和失业的压力促使经营者不断改善经营管理，调整经营战略，寻找新的经济增长点，努力提高经营效率。另一方面，潜在的收购者在适时调整自身经营战略的同时，为扩大经营规模，保住既得的市场份额，在竞争中立于不败之地，会千方百计地寻找目标公司，将目标公司的"壳资源"加以充分利用，增强自身的竞争能力和实力。被收购的威胁和竞争的压力成为促进经济发展的动力。

上市公司收购的法律意义在于上市公司控制权的转移。上市公司收购是一种特殊的证券买卖行为，这一买卖行为的标的是目标公司的有投票权的股份。收购者以比较高的溢价大量购买目标公司的有表决权的股份，达到足以对公司进行控制时，即可以取得一般股份所不具有的控制价值。当收购者

---

〔1〕　1993年《股票条例》颁布后，该办法不再适用。

"占有了一定数量的股份而取得了公司的控制权时，他就占有了这些股份所具有的控制利益。他可以利用它来指定他自己的董事来贯彻他的经营意图，也可以无视其他股东的意见与其他公司合并，还可以不受其他股东的限制出卖这一控制利益来获得较高的溢价"。[1]上市公司收购实质上就是这种控制利益的交换。在要约收购中，收购者购买的是本该属于股东、却因股份分散不能有效联合而被公司经营者占有的控制利益；在协议收购中，收购者购买的是控制股东的控制利益。

当然，上市公司收购也会产生一些消极的后果，对社会经济的发展产生不利影响。例如，横向收购在形成规模经济效益的同时，可能导致垄断，破坏竞争。收购的过程中会引起股市的震荡，并常常伴有内幕交易、操纵市场和欺诈投资者等行为。

五、上市公司收购法律监管的基本原则

上市公司收购作为一种证券交易方式，在性质上与一般的证券交易有所区别，它具有双重性：一方面它具有平等主体之间相互交易的共性，应当遵守公开、公平、公正、诚实信用等证券交易的一般原则；另一方面，由于上市公司收购的行为一般都会对原有股东的利益带来很大的影响，并且这种影响直接牵涉证券市场秩序的稳定与否，因此上市公司收购的主要程序均带有较强的国家干预性，故这种证券交易方式还应遵循其特有的基本原则。

（一）目标公司股东公平待遇原则

目标公司股东公平待遇的基本含义是：在上市公司收购中，目标公司所有股东均须获得公平待遇，而属于同一类别的股东必须获得同等待遇。[2]目标公司股东公平待遇原则是各国有关上市公司收购立法和制度的核心，各国对上市公司收购进行法律监管的根本目的，就在于维护证券市场的公平，保护投资者的利益特别是投资公众的合法权益。目标公司股东公平待遇是公司法理论中股东平等原则的体现。所谓股东平等原则，是指公司在基于股东资格而发生的法律关系中，不得在股东间实行不合理的不平等待遇，并应按股

---

[1] 张舫：《公司收购法律制度研究》，法律出版社1998年版，第12页。

[2] 周友苏主编：《证券法通论》，四川人民出版社1999年版，第343页。

东所持有的股份的性质和数额实行平等待遇的原则。[1]

关于目标公司股东公平待遇这一原则，在我国香地区的《香港公司收购及合并守则》和英国《伦敦城收购与合并准则》中均作了明确的规定，美国、加拿大、日本等国的收购法虽未明确规定目标公司股东待遇平等原则，但在其具体的规定中则体现出了该原则的精神。我国《证券法》在上市公司收购一章中未明确规定此原则，但从具体的条文中可以体会出该原则的要求。例如，我国《证券法》第69条第1款规定："收购要约提出的各项收购条件，适用于被收购公司的所有股东。"目标公司股东平等待遇原则在上市公司收购中主要体现在两个方面：

1. 目标公司股东有平等参与要约收购的权利，要约人应向目标公司某类股份全体持有人发出收购要约。有的国家，如英国的《伦敦城收购与合并准则》还规定，如果目标公司有不同类别股份的，则对不同类别的股份应作出条件类似的要约，此即所谓的"全体持有人规则"。另一项保证平等参与权的规则是"按比例接纳规则"，即收购要约人要约购买股份的总数低于受要约人接受要约总数的，要约人应按比例从所有接受要约人中购买股份。[2]

2. 为避免造成目标公司股东间的不平等，目标公司股东有权获得平等的收购条件，对不同种类持有人提供的收购条件也应当类似。如果在要约有效期内，要约人变更要约条件，提高要约价格，则要约人应向所有受要约人提供该变更后的条件，不论其是否在该变更前已接受了要约。

（二）保护中小股东利益原则

在上市公司收购的过程中，中小股东始终处于弱者的地位，并且其得失涉及更广泛的公众利益，因此，中小股东的利益必然成为上市公司监管法所要保护的客体。上市公司监管法在上市公司收购过程中对中小股东利益的保护主要体现在强制要约收购制度之中，强制要约收购是指当某一持股者持股比例达到法定数额时，强制其向目标公司同类股票的全体股东发出公开收购要约的法律制度。这一制度是保护中小股东利益原则的具体表现形式。因为

---

[1]　刘俊海：《股份有限公司股东权的保护》，法律出版社1997年版，第30页。

[2]　例如，我国《证券法》第65条第2款规定："收购上市公司部分股份的要约应当约定，被收购公司股东承诺出售的股份数额超过预定收购的股份数额的，收购人按比例进行收购。"就是"按比例接纳规则"的体现。

在当今上市公司股权日益分散的情况下，假如某持股者持有一个上市公司30%的股份，即已基本上取得了该公司的实际控制权。该股东不仅可以根据公司的章程自由选任高级管理人员，对公司的日常经营、管理作出决定，而且在市场上进一步购买该公司的股票以达到绝对控制地位也并不是一件难事，此时中小股东实际上处于任人支配的地位。中小股东既然失去了经营管理的权利，那么从公平的角度来讲，他们至少应享有将股票以合理的价格卖给大股东的权利。因此，要求持股达一定数额的大股东作出强制性收购要求是公平的。

（三）反收购措施不得滥用原则〔1〕

上市公司收购对于目标公司、目标公司股东以及整个社会经济总体而言是有利的，因此，目标公司经营者不得任意采取反收购的措施阻挠收购行为的发生，并且，反收购措施不得滥用被确立为上市公司收购的一项基本原则。

反收购措施不得滥用原则的依据，来源于目标公司经营者应当忠实于股东利益的基本要求。上市公司收购法律关系的主体是收购者与目标公司股东，目标公司在这一法律关系中不具有当事人的主体资格。上市公司收购表面上是股权的交易与易手，而实质上则是对目标公司控制权的争夺，收购行为直接危及的是目标公司经营者的地位和利益，因而公司经营者往往采取相应的反收购措施，以期挫败收购者的收购行为。然而，这些反收购措施未必都有利于公司股东利益，相反，有些是有害于股东利益的；而收购行为在不少情况下则是有利于目标公司股东利益的。在收购者提出的价格合理的情况下，接受要约的股东可以得到高于要约前市价的溢价收益；不接受要约的股东，可以与新的具有较高管理水平的收购者合作，以实现公司的长远利益，从而增进自己的利益。如果目标公司经营者反收购措施取得成功的话，那么目标公司还是在原来的那种较低管理水平下生存，公司资源利用的效率未能借收购而提高，这不但违背公司"股东利益最大化"的经营宗旨，而且也造成社会资源的浪费。因此，目标公司经营者不得随意阻挠收购，除非已有证据证明该项收购对股东不利。总之，目标公司的经营者所采取的反收购措施不能对公司股东或公司的利益产生负面影响。法律应当甄别出那些明显有损于目

---

〔1〕　不少学者称之为"阻挠不得滥用原则"，但其实质就是反收购措施不得滥用，因而直接使用"反收购措施不得滥用"的表达更为准确和直观明了。

标公司及其股东利益的反收购措施，并予以禁止。

我国《证券法》在上市公司收购立法中，没有对目标公司在收购过程中的行为进行规制，但《上市公司收购管理办法》对上市公司管理层采取反收购措施作了规制，以防范其滥用反收购措施，损害上市公司股东的利益。该办法第8条第2款规定，被收购公司董事会针对收购所作出的决策及采取的措施，应当有利于维护公司及其股东的利益，不得滥用职权对收购设置不适当的障碍。该办法第33条对收购期间董事会的权限直接作了限制，规定收购人作出提示性公告后至要约收购完成前，被收购公司除继续从事正常的经营活动或者执行股东会已经作出的决议外，未经股东会批准，被收购公司董事会不得通过处置公司资产、对外投资、调整公司主要业务、担保、贷款等方式，对公司的资产、负债、权益或者经营成果造成重大影响。可见，在实践中遏制滥用反收购措施的行为，较为可行的办法是把采取反收购措施的权力赋予股东会，从而切实保护股东利益。

第二节　上市公司收购监管法律制度的比较研究

由于公司收购涉及社会各个领域，并对经济发展、公平竞争等起到重大作用，许多国家和地区都制定了一系列的法律对公司收购实行一定程度的监管，因此研究典型国家和地区的上市公司收购法律制度，对于完善我国相应的法律制度是有益的。

一、美国公司收购监管的法律制度

美国对公司购并监管的法律制度主要是从反托拉斯法，即《谢尔曼法》开始的。美国经济中的基本商业公共政策是促进和维护竞争，以此作为最理想的资源配置手段。美国实行反托拉斯政策源于经济中的反对垄断，保护竞争。美国最高法院的布莱克法官曾在一个判决中指出："谢尔曼法依据的前提是，不受限制的竞争将产生最经济的资源配置、最低的价格、最高的质量和最大的物质进步，同时创造一个有助于维护我们民主政治和社会制度的环境。"[1]因此，反托拉斯法规定，对竞争的不当限制、垄断、图谋垄断和不正

---

〔1〕　M. C. Howard, *Antitrust and Trade Regulation*, New Jersey, 1983, p. 1.

当的竞争方法均属违法行为。反托拉斯法作为美国政府对公司兼并进行管制的工具，在历史上曾经对美国企业兼并活动的发展有过重大影响。

（一）美国的反托拉斯法和兼并准则

美国历史上有关企业兼并的反托拉斯法主要有以下几个：首先是《谢尔曼法》，该法是美国历史上第一次企业合并高潮的产物。1890 年，联邦政府通过的《谢尔曼法》是反托拉斯法的基础，它是保护贸易和商业不受非法限制和垄断侵害的法案。它认为，凡是限制几个州之间的贸易或商业活动的合同，以托拉斯或其他形式进行兼并或暗中策划都是非法的。在企业合并的情况下，法院不仅需要测度因合并被减弱的市场竞争的程度，而且还要考虑有关市场竞争的所有情况，即要考虑合并可能产生的所有后果。这一法案的不足之处在于没有给"限制贸易"和"垄断"下精确的定义，而把解释权交给了法院。尽管如此，作为美国第一个反托拉斯法，它从法律上禁止了竞争者联合起来控制价格，实行商业抵制和划分市场势力范围。它对于限制处于垄断或接近垄断地位的大公司势力的扩张起了重要作用。

1899 年，美国又一次掀起了企业合并的高潮。通过这些合并，在美国的许多经济部门，例如石油、钢铁、铜、烟草、橡胶和电器工业，托拉斯都占据了统治地位。出于对经济集中的恐惧，人们开始建议补充《谢尔曼法》。1914 年，美国众议院司法委员会主席克莱顿提出了一个对付控股公司和企业兼并的法律草案。这个法就被称为《克莱顿法》。[1]《克莱顿法》（The Clayton Antitrust Act of 1914）比较详细地解释了《谢尔曼法》所没有表达的细节，它的着眼点在于防止垄断力量的形成和积累。对兼并来说，《克莱顿法》最重要的是第 7 条。它规定公司之间的任何兼并，如果"其交易可能使竞争大大削弱"，或"可能导致垄断"都是非法的。[2]《克莱顿法》后来经过《罗宾逊—帕特曼法》和《塞勒—凯弗维尔反兼并法》的修正，成为美国政府监管兼并活动最主要的法令。这里需要指出的是，修正后的《克莱顿法》关心的是"保护竞争，而不是竞争者"，有些兼并虽然消灭了竞争者，但并没有削弱竞争，反而促进了竞争。例如两家小公司之间的兼并就有利于它们与大公司进行竞争，

---

〔1〕 American Bar Association, Section of Antitrust Law, op. cit. , p. 3, et. seq.

〔2〕 参见［美］马歇尔·C·霍华德：《美国反托拉斯法与贸易法规——典型问题与案例分析》，孙南申译，中国社会科学出版社 1991 年版，第 39 页。

这种兼并对于工业的集中并不会有多大影响。又如一家濒临破产的企业，被一家经营得法的竞争对手所收购，对于前者来说，由于资源经费耗竭，除了把自己出售之外另无出路。因此，修正后的《克莱顿法》对上述情形的兼并是鼓励的。

为了便于执行反托拉斯法，美国司法部每隔若干年颁布一次兼并准则，用来衡量什么样的兼并可以被批准，什么样的将得不到批准。第一次颁布兼并准则是在 1968 年，此后在 1982 年重新颁布了一次，1984 年对 1982 年的兼并准则作了修正。需要说明的是，在此期间，反托拉斯法和对它的解释并没有变，只是准则所体现的标准变了，这种变化反映了产业经济学更加完善和政府对执行反托拉斯法的措施有了变化。

（二）美国对上市公司收购监管的法律制度

美国《1933 年证券法》对以股换股的收购要约作出必须向 SEC 注册的规定。然而，现金形式的收购却仍然基本上处于无人监管的状态。很多上市公司控股权在不知不觉中被转移；中小股东对其所持有股票的未来走势的认识较大股东来说非常落后，处于被动地位。面对这种情况，美国国会于 1968 年通过了《威廉姆斯法案》（Williams Act），[1]该法案对通过证券交易所逐步收购（Creeping Acquisitions）和通告发出收购要约一次性收购作了详细的规定。《威廉姆斯法案》的目的是想通过一系列的信息披露，使广大投资者在作出股票投资决策时，平等地享有与该投资决策有关的重要信息。《威廉姆斯法案》是作为《1934 年证券交易法》的补充来规范上市公司收购行为的，它后来被补充进《1934 年证券交易法》的 13D 和 14D 条款。

13D 条款涉及的是要求持有一个上市公司 5% 以上股票的股东披露其持股情况的条款。这一条款要求一个股东在成为 5% 以上股东之后 10 个日历日内向美国 SEC、证券交易所（如该公司还在全美证券商自动报价系统上市，则还需向全美券商协会）以及该公司备案。美国 SEC 为该备案制定了 13D 表格，表格的内容包括该股东的持股数量、持股意图及其他相关事项。一个股东在作了 13D 备案后，其买入或卖出每 1% 以上该种股票，或其购股意图有改变，都要及时（一般认定为 1 天之内）向上述机构补充备案。美国 SEC 和证

---

〔1〕　有关《威廉姆斯法案》立法的详细背景及更多内容，参见［美］莱瑞·D·索德奎斯特：《美国证券法解读》，胡轩之、张云辉译，法律出版社 2004 年版，第 225～245 页。

券交易所都有现代化的通讯系统和工具，可以迅速将这些备案信息传播出去。

13D 表格要求持股 5%以上股东备案的主要内容有：①所购股票的名称、种类，该股票发行人的名称及主要决策机关的地址；②该股东的身份及背景资料，包括其主要职业、过去 5 年的刑事记录以及违反证券法规的记录；③该股东所购股票的资金来源，如果需要贷款，还要提供贷款方的名单；④购股目的，对公司的经营发展有何计划，尤其是有无将公司购并、重组或解体的计划；⑤该股东持有该种股票的总额以及过去 60 天内买卖该种股票而订立的合同、协议，所达成的默契、关系等。

14D 条款所涉及的是通过发出收购要约一次性收购一个上市公司的程序和要求。美国法中并没有明确规定"收购要约"的概念，一般认为，如果一个投资者向多人发出收购股票的邀请，并且收购价格比市场价格高，就构成了一个收购要约。收购要约必须向除要约人以外的其余所有股东发出。该投资者必须按照法律的规定填写 14D-1 表格送美国 SEC 备案，并同时通知该公司和该股票上市的证券交易所。

14D-1 备案的内容除了 13D 表格要求的内容之外，还需要披露收购要约的内容，包括收购股票的数量、收购价格、要约有效期、付款方式、收购人的财务状况等。

收购要约的有效期不得低于 20 个工作日，受要约的股东有权在收购要约开始后 15 个工作日内撤回其承诺。如果同期有第二个收购要约公布，那么受要约的股东在第二个收购要约公布后 10 天之内有权撤回其对第一个收购要约的承诺。即使收购要约期已结束，只要收购要约人没有实际购买该股票，承诺要约的股东也有权在要约开始后的 60 天内撤回其承诺。这是给予中小股东以充足的时间去考虑是否接受一个收购要约。收购要约必须向其余所有股东发出。如果接受要约的数量超过要约人意欲购买的数量，收购要约人必须按比例从所有接受要约的股东中强制收购这种股票。收购要约的主要条件有了变化，该要约的有效期必须延长 10 个工作日以上。在收购要约的有效期内，收购要约人不得以收购要约以外的条件购买该种股票。

美国法律还就收购要约过程中信息披露的真实性、准确性和完整性以及惩治收购过程中的内幕交易行为作出了规定。这一系列的规定对于监管证券市场上的收购问题、保护中小投资者的权利起了很大作用。

二、英国上市公司收购监管的法律制度[1]

英国对上市公司收购的监管是通过《伦敦城收购与合并准则》（以下简称《伦敦守则》）来实现的，《伦敦守则》由英国证券业委员会颁布并由其下属的收购与兼并庭具体执行。它是由英国证券业委员会基于以下目的而制定的：①确保待遇与机会均等；②确保有充分的资料和意见；③禁止未经股东同意便采取阻碍行动；④维护市场秩序。其中，所谓确保待遇与机会均等，其含义为：①要约发出人提出的收购价格对所有股东来讲都是一样的；②在提出要约期间或者考虑提出要约的时候，无论要约人、受要约公司或各自的财务顾问，都不能向某些股东提供其他股东所没有的信息；③行使控制权时必须信实，受要约公司的董事或多数股东不得欺压少数股东。英国证券业委员会由英格兰银行、证券交易所理事会及证券业有关的一些协会的代表组成，这些成员的支持使得《伦敦守则》具有强制力。

《伦敦守则》详细规定了英国上市公司收购兼并的规则。其中最主要的内容是规定持有一个上市公司30%以上股权的股东必须向所有其余股东发出购买其余股票的强制性收购要约。为了防止投资者在持股达到这一比例之前，就乘人不备偷偷买进。《伦敦守则》还作了以下修订：一个投资者意欲7天之内购买某种股票达该种股票总额的15%以上，或者在购买之前就已达15%，则他在7天之内的购股就必须通过向其余所有股东发出收购要约进行。以上规定使中小股东能够在掌握公开信息的情况下，以较高的价格将自己的股票出售，从而保护中小投资者的利益。[2]强制性收购迫使有收购意图的股东以较高的同一价格向其余所有股东收购某种股票，从而体现了英国证券监管机构维护证券市场的公开性、公平性的价值取向。

除此之外，英国公司法还规定了大股东的报告义务，即一个股东购买一上市公司股票达5%以上时，必须按规定进行备案，并通知该上市公司；一个股东持有一个上市公司15%股票时，必须在第二天中午以前，将这一事实通知该上市公司和该股票上市的证券交易所；持有15%以上30%以下的股票的

---

〔1〕　Phaedon John kozyris, *Corporate Takeovers through the Public Markets*, Kluwer Law International, 1996, pp. 305~310.

〔2〕　Krefetz, *The Basics of Stocks*, Dearborn Financial Publishing Inc., 1992, p. 112.

股东，其以后每购买 1% 以上的该种股票，也必须按其持股 15% 的方式报告。

在成文法规方面，英国虽然没有专门适用于上市公司收购活动的法律，但其不少成文法规都涉及规范上市公司收购的活动。其中最重要的是 1986 年《金融服务法》。该法为"自律机制"提供了法律依据。因为该法第 3 条规定，任何人要在英国从事投资业务（Investment business），除根据该法得到豁免者外，均须得到自律机构的许可。该法的另一个重要作用是，禁止投资业务中引入误解的陈述和做法。该法第 47 条规定，如果一方出于故意或作出误导性的、虚假或欺骗性的陈述、许诺或预测，或者故意隐瞒重大事实，并且上述行为是为了引诱他人签订投资协议、收购或处分投资，则上述行为就是违法的，将会受到处罚和禁止。

此外，与上市公司收购有关的法律还有：①1973 年《公平贸易法》（Fair Trading Act 1973）。根据该法第 65 条第 1 款的规定，合并包括一个企业取得对于另一个企业的控制权，故该法规定的合并控制机制是适用于上市公司收购的，该法构成英国对合并和上市公司收购进行控制的主要法律基础，该法规定的合并与垄断管理体系分工如下：MMC 有调查和报告权、公平贸易总局有建议权、国务大臣有裁决权；②1989 年《公司法》（The Companies Act 1989），它规定了公司的设立和运作原则；③1975 年《工业法》（Industry Act 1975），它规定国务大臣有权禁止非英国居民收购英国的生产企业，并有权收购上述已被收购或受到收购威胁的企业的资产或股份；④1976 年《限制性商业惯例法》（Restrictive Trade Practices Act 1976），该法有关限制商业惯例的规定在一定程度上涉及上市公司收购活动。

英国和美国同为判例法国家，但在对上市公司收购的法律规制上却有着完全不同的做法。美国的做法已如前述，它是通过大量的制定法来规制上市公司收购的；而英国则是借助行业自律性规则来规制上市公司收购的，它没有美国那样专门针对上市公司收购的法律，甚至没有成文的证券法。[1] 这种做法使它成为对上市公司收购进行自律性监管的典型代表。究其原因，除了直接归因于英国自律性的证券交易管理体制外，主要是由于上市公司收购涉及面广、发展变化快，英国的立法体制难以作出及时和适当的反应，并使其上升为法律。而通过行业自律性规则来进行规制，则具有灵活易变和切合实

---

〔1〕 Klaus T. Hopt, *European Takeovers—Law and Practice*, Buttworths, 1992, p. 133.

际等诸多好处。归纳起来，这种体制主要有如下优点：①由以证券交易所、专业团体、中介服务机构和证券投资机构的代表为主组成收购与合并专门小组，并由该小组负责制订和执行行业自律性规则，这就从根本上确保了规则的社会公众基础和权威性，使规则能够得到顺利执行，在事实上发挥收购法律的作用，并且取得良好的效果；②作为行业自律性规则，它所反映的并不是最低标准或通常的做法，而是最高标准和最好的做法，并且可以在出现问题时及时和灵活地做出反应，这就使其在示范性、规范性和灵活性上都有优于制定法的作用。当然，行业自律性监管体制能够得以顺利实行，立法、司法和政府部门的坚定支持也是重要原因。

英国的上述以自律监管为主的体制在世界上具有重要影响，并为不少欧洲国家所效法。

三、我国香港地区公司收购监管的法律制度

我国香港地区对公司收购与合并的监管规范，主要体现在由香港证券及期货事务监察委员会（简称"香港证监会"）制定的《香港公司收购及合并守则》（Hong Kong Code on Takeover and Mergers，以下简称《香港守则》）。该守则是由香港证监会制定的专门监管上市公司收购及合并活动的非法定守则。它以 20 世纪 60 年代中期英国公司收购守则为样本，最初制定于 1975 年 8 月，以后曾多次进行修订。守则内所载各项基本原则及程序都是有关商业上收购及合并的认可标准。[1]

《香港守则》虽为非法定守则，但香港联合交易所的上市规则中已明确规定在香港联合交易所上市的公司必须遵守《香港守则》，这就赋予该守则很大的执行效力。该守则的目的是为有意收购香港公众上市公司、或与它合并的机构提供指引，从而确保公司在控制权改变时为少数股东提供保障，使他们有机会获得全部资料及所持股份得到公平和平等的待遇。[2]该守则由香港证监会的专门下属机构收购及合并委员会负责执行。《香港守则》规定了一系列的原则，包括所有同类股东都应得到公平、平等的对待；如果公司的控股权转移，则控股人必须向所有其余股东发出全面收购要约，即强制性全面收购

---

〔1〕　武为群：《香港证券市场》，中国金融出版社 1996 年版，第 216 页。

〔2〕　武为群：《香港证券市场》，中国金融出版社 1996 年版，第 216 页。

等。《香港守则》的主要内容包括：

（1）规定任何初次获得一家上市公司发行股本超逾35%（触发点）的股权人（无论是个别或一致行动），必须向该公司其他股权持有人提出全面无条件的收购建议；而已持有股本介于35%~50%之间的股东，倘若于任何12个月内增购超过5%股权限额的话，亦须向其他股东提出全面无条件的收购建议。建议收购价应当为在6个月内购入该股份的最高价格。

（2）规定一项连锁性原则，即在特殊情况下须向母及子两家或同系公司提出收购。这些情况包括：收购第一家公司控制权的目的在于巩固对第二家公司的控制权；或是第二家公司拥有第一家公司主要或大部分资产。

（3）规定对收购及合并委员会之授权，该委员会有权对任何收购及合并活动进行聆讯，并对违反《香港守则》的行为人采取非法律性的处分行动。

（4）规定对违反《香港守则》行为人的处分种类，包括私人谴责和公开责难两种。

在收购合并的监管过程中，最难的是香港证监会介入时机的选择，即主管机关何时应对收购行为进行干预。由于收购行为纯属商业活动，只是基于保护投资者的目的才需要主管机关在适当的时候出面干预。因此，监管介入时间的选择极为敏感，不能太早也不能太迟，不能太多也不能太少。这个介入度量的标准定在当持有一个公司35%或35%以上投票权时必须向全体股东作出收购要约。这一比例一般是由一个国家或地区内公司的组织结构、证券市场完善程度、政府的监管思想等综合因素而决定的。一般而言，如果一个国家或地区的公司，其公众持股比较低，如加拿大、澳大利亚，其标准是投票权的20%。在中国香港地区，家庭型公司十分普遍，大部分家族对其公司均有50%以上的绝对控股权，公司收购的难度相对较大，因而主管机关介入时间就相对较迟。由于家族公司的特点，在香港敌意收购往往难以奏效，近20年无一成功案例；而善意收购发生频率则较高，善意收购实质上是公司内部大股东控股地位的转移。因此，在收购者与大股东之间容易达成秘密协议而危及其他股东的利益。香港证监会的职责就是要确保信息不仅仅在这两者之间传递，而且必须进行公开披露，使中小型股东都可获悉，以达到保护中小投资者的目的。

四、我国的上市公司收购监管立法的沿革

上市公司收购离不开证券市场，自从我国 20 世纪 90 年代初建立证券市场以来，我国的上市公司收购监管立法，大致经历了以下四个阶段：

（一）深圳市人民政府的地方性法律规范阶段

1992 年 4 月 4 日由深圳市人民政府发布的《深圳市上市公司监管暂行办法》（以下简称《暂行办法》）是我国最早对上市公司收购行为进行规制的规范性文件。《暂行办法》第 5 章"收购与合并"共 19 条，依照我国香港地区的类似提法，采用收购与合并的概念，明确了收购的含义，对部分收购与全面收购以及收购各方面应遵守的一般原则及其基本义务作出了规定；对收购公开说明书应包括的事项进行了列明；对收购协议进行了较为详细的规范。但是，受当时的历史条件所限和理论准备不充分，该《暂行办法》有诸多不足和粗疏之处。1993 年，我国《股票条例》颁布后，该《暂行办法》不再适用，事实上，该办法在现实中也并未真正被适用过。《暂行办法》作为我国第一个对上市公司收购行为进行规范的法律文件，反映了我国资本市场早期对上市公司收购这一特殊证券交易法律行为的认识水平，无论如何具有一定的历史意义。

（二）国务院行政规章阶段

1993 年 4 月颁布的《股票条例》，在第 4 章专门规定了上市公司收购。这一章的内容共 7 条，分别规定了自然人持股比例超过限制时，上市公司对超过部分股票的收购；[1]法人持有一个上市公司发行在外的普通股达到5%及其后增减持股幅度为2%时的公开、报告义务及其时限；发起人以外的任何法人直接或间接持有一个上市公司发行在外的普通股达到30%时必须公开收购股权的方式、程序、时限等内容。与上述《暂行办法》相比，《股票条例》显然更符合上市公司收购在立法上的要求，收购行为主要定位在收购人与持有

---

[1]　参见《股票条例》第46条的规定："任何个人不得持有一个上市公司5‰以上的发行在外的普通股；超过的部分，由公司在征得证监会同意后，按照原买入价格和市场价格中较低的一种价格收购。但是，因公司发行在外的普通股总量减少，致使个人持有该公司5‰以上发行在外的普通股的，超过的部分在合理期限内不予收购。外国和香港、澳门、台湾地区的个人持有的公司发行的人民币特种股票和在境外发行的股票，不受前款规定的5‰的限制。"

目标公司股票的股东（受要约人）之间，程序上也以收购要约的发生、接受和履行为主线，反映出立法者对上市公司收购行为的认识和把握达到了一个新的高度。[1]

（三）基本法制定阶段

1998年12月29日，全国人大常委会通过的《证券法》，也在第4章规定了"上市公司收购"，《证券法》对上市公司收购的立法有以下两个方面的特征：①放宽了对收购的限制，提高了收购行为在技术上的可操作性，以此来鼓励企业通过收购进行资产重组，从而为经营有方、管理科学的公司提供了资本扩张的广阔空间；②对收购的程序有了更为明确和严格的规定，以避免收购双方利用收购的内幕信息来操纵股票市场，从而有利于保护广大中小投资者的合法权益。

将《证券法》与《股票条例》相比较，前者有了很大的改进，具体表现如下：[2]①放宽了对进行收购的行为主体的限制。《股票条例》中规定"任何个人不得持有一个上市公司5‰以上的发行在外的普通股"，这说明自然人是不被允许通过收购来控股上市公司的；而《证券法》则取消了这一限制，使得自然人在上市公司的购并、控股方面取得与法人完全相同的法律地位。②放宽了对持股增减比例的限定。《股票条例》规定任何法人在持有一家上市公司5%以上发行在外的普通股后，每增持或减持2%股份须作出书面报告并公告，而《证券法》将这一比例提高到了5%。这起到了降低收购难度和收购成本的作用。③允许对收购要约进行豁免。《证券法》规定持股达到30%的股东，如要继续进行收购，可经国务院证券监督管理机构批准免除发出收购要约，而《股票条例》无此规定。《证券法》的规定给收购者提供了较为灵活的选择余地，提高了收购成功的概率。④取消了对要约收购价格的要求。《股票条例》中对要约收购价格明确规定，"在收购要约发出前12个月内收购要约人购买该种股票所支付的最高价格"和"在收购要约发出前30个工作日内该种股票的平均市场价格"两者中较高的那种定价作为收购价格，这就大大

---

〔1〕 耿志宏：《上市公司收购法律问题探析》，载法律图书馆法律论文资料库，http：//www.law-lib.com/lw/lw_ view.asp? no=1425，最后访问时间：2023年2月11日。

〔2〕 参见耿志宏：《上市公司收购法律问题探析》，载法律图书馆法律论文资料库，http：//www.law-lib.com/lw/lw_ view.asp? no=1425，最后访问时间：2023年2月11日。

增加了要约收购方的收购成本，人为地阻碍了收购的顺利进行；而《证券法》未作此限制，使得收购者能比较主动地掌握收购价格，制定收购策略。⑤取消了对收购失败的界定。按《股票条例》规定，若收购要约期满时收购方的持股数仍未达到50%，则视为收购失败，并对其进一步增持股份作出了限制；而《证券法》未作此界定，如果收购方通过要约收购没有达到50%的绝对控股权，它仍能通过其他方式（如协议收购）来继续完成其收购行为。⑥明确将协议收购作为一种收购形式。虽然《股票条例》未对协议收购进行规定，但实践中，协议收购不可避免地普遍存在。《证券法》给予协议收购明确的法律地位，为上市公司收购行为提供了更多的操作工具，开辟了更大的制度空间。⑦为协议收购双方提供了中间媒介。由于协议收购从文件的草签到审查直至正式公告，其间经历的时间较长，为了防止收购一方中途违约而导致收购的失败，《证券法》规定协议双方可以通过委托证券登记结算机构临时保管转让的股票并把资金存入指定银行的方法来确保收购的最终完成。

（四）《上市公司收购管理办法》的颁布与修改、《证券法》的修改以及《反垄断法》的颁布至今阶段

2002年，中国证监会发布《上市公司收购管理办法》，后来随着2005年《证券法》的修订，2006、2008、2012和2014年中国证监会对《上市公司收购管理办法》也作出大幅度的修改，从原来的6章64条增加到10章90条的篇幅，重新发布以作为《证券法》的实施细则，2020年中国证监会又对《上市公司收购管理办法》作了一次小的修正。与该法规配套的还有中国证监会发布的《内容与格式准则第16号——上市公司收购报告书》。

2005年《证券法》对上市公司收购修改的主要内容如下：

（1）增加了上市公司收购的方式。1998年《证券法》第78条规定："上市公司收购可以采取要约收购或者协议收购的方式。"2005年《证券法》第85条规定："投资者可以采取要约收购、协议收购及其他合法方式收购上市公司。"即投资者还可以采取"其他合法方式收购上市公司"。这是关于我国上市公司收购的法律制度的一个重要变化。"其他合法方式"范围较宽，[1]比如，通过公开市场的买卖、国有股行政划拨、收购上市公司的控股股东、

---

[1]　这里的"其他合法方式"，根据《上市公司收购管理办法》的规定，主要是指"间接收购"的方式。

定向发行股份、遗产和馈赠等。有的收购方式，如通过被收购公司向收购人定向发行的方式进行反向收购，可能既不属于协议收购，又不属于要约收购。随着市场的发展和创新，将来还会出现新的收购方式。[1]

（2）增加了"一致行动人""共同持有"的规定。2005年《证券法》第86、88条和第96条将1998年《证券法》第79条规定的"投资者持有一个上市公司已发行的股份的5%"修改为"投资者持有或者通过协议、其他安排与他人共同持有一个上市公司已发行的股份达到5%"。这一规定实际上涉及上市公司收购中的一致行动人和一致行动。为此，2006年《上市公司收购管理办法》对上市公司收购中的一致行动人和一致行动作了明确的界定。

除此之外，还在以下诸多方面对1998年《证券法》进行了修改或增补：通过对强制性要约范围的修改，放松了收购方的义务；对目标公司的退市条件作出调整；增加协议收购转为强制要约收购的内容；对收购人持有目标公司股票的转让期限作出调整等。[2]

2019年《证券法》对上市公司收购主要体现在第63条对2014年《证券法》第86条的5处修订。一是将"股份"修改为"有表决权股份"。随着公司实践的发展，现实中已经出现了无表决权股份。例如，《国务院关于开展优先股试点的指导意见》规定，除以下情况外，优先股股东不出席股东大会会议，所持股份没有表决权：①修改公司章程中与优先股相关的内容；②一次或累计减少公司注册资本超过10%；③公司合并、分立、解散或变更公司形式；④发行优先股；⑤公司章程规定的其他情形。上市公司收购过程中对"举牌"行为的规制，主要针对的是有表决权股份。收购无表决权股份对于上市公司的控制权没有影响，没有必要规制。二是为报告、通知、公告期内禁止收购人继续买卖股票预留豁免空间，具体由国务院证券监督管理机构规定。三是将持有一个上市公司已发行的有表决权股份达到5%后，其所持该上市公司已发行的有表决权股份比例每增加或者减少5%，收购人不得继续买卖该上市公司股票的时间从以前的"在报告期限内和作出报告、公告后2日内"修改为"在该事实发生之日起至公告后3日内"，即延长了1日。四是增加了第3款，即"投资者持有或者通过协议、其他安排与他人共同持有一个上市公

---

〔1〕 李命志：《〈证券法〉的修改与上市公司收购制度的完善》，载《中国金融》2006年第1期。

〔2〕 具体内容可以参见周友苏主编：《新证券法论》，法律出版社2007年版，第309页。

司已发行的有表决权股份达到5%后，其所持该上市公司已发行的有表决权股份比例每增加或者减少1%，应当在该事实发生的次日通知该上市公司，并予公告。"但不限制买卖，这也增加了收购的成本和难度。五是增加规定了违规增持股份部分表决权的限制规则，即第4款："违反第1款、第2款规定买入上市公司有表决权的股份的，在买入后的36个月内，对该超过规定比例部分的股份不得行使表决权。"[1]

除上述修改之外，2019年《证券法》第64、68、69、75、77条对2014《证券法》的相应条款也有修改。《证券法》相关制度的不断修改，使我国上市公司收购的法治化不断升级。

现有上市公司收购法律体系的问题是缺乏有关反垄断的规定，随着我国公司收购规模的不断扩大和市场的不断成熟，必然会面临垄断和限制竞争的问题，制定反垄断法，在操作层面规范上市公司的收购，保证上市公司收购活动不会对市场竞争环境造成影响，成为一种现实的需要。2007年8月颁布的《反垄断法》弥补了这一缺陷，该法在第4章"经营者集中"将通过取得股权方式取得对其他公司的控制权作为经营者集中的一种情形，并规定达到国家规定的申报标准的在事前应向国务院反垄断执法机构进行申报，国务院反垄断执法机构通过反垄断审查作出是否允许经营者集中的决定。[2]由此，在反垄断基本法的层面上对上市公司的收购可能形成的垄断进行了规制。

第三节　上市公司收购监管的主要内容

这里所要讨论的上市公司收购监管的主要内容，是指监管机构（包括证券交易所等市场自律监管机构）对目前我国上市公司收购几种最主要的形式[3]的监管。

---

〔1〕　相关法律法规：《国务院关于开展优先股试点的指导意见》《优先股试点管理办法》。

〔2〕　参见《反垄断法》第25条第2项、第26条。

〔3〕　《证券法》第62条规定："投资者可以采取要约收购、协议收购及其他合法方式收购上市公司。"而这里的"其他合法方式"，根据《上市公司收购管理办法》第5章的规定，主要是指"间接收购"的方式，因此，要约收购、协议收购和间接收购构成我国上市公司收购目前最主要的形式。

一、要约收购监管

要约收购是指收购人公开向目标公司的股东发出要约，并按照要约中的价格、期限等条件收购目标公司的股份，以期获得或者巩固目标公司控制权的行为。由此定义可见，这里的"要约收购"实为公开收购。使用"要约收购"一词是不妥当的，因为协议收购中也有"要约"，以"要约收购"和"协议收购"来作类分，词未达意。使用"公开收购"的表达更为确切，但由于约定俗成了，故本书亦从之。

要约收购是一种在证券交易所市场进行的收购，是成熟证券市场收购上市公司的基本形式。由于要约收购通常会产生大量资金流入股市，股价波动大，又易出现内幕交易、操纵市场等损害投资者利益和影响证券市场稳定的行为，因此各国上市公司监管立法都将要约收购作为公司收购中的重点监管对象。

（一）要约收购的特点[1]

1. 公开性。收购活动公开进行，包括收购人身份公开、收购行为公开、收购目的公开、收购对象公开和收购程序公开。要约收购属于强制公开收购，即投资者在具备法定条件时，必须向被收购公司的股东发出收购其股份的全面收购要约。法律要求强制公开收购的目的，主要是防止利用上市公司收购进行内幕交易、操纵市场，防止利用收购行为损害上市公司利益。另外，由于要约收购往往是被收购公司原有控制者和管理层不予配合下的敌意收购，为防止反收购措施的滥用而损害被收购公司股东的利益，以强制公开收购的方式使收购行为与反收购措施均为公开，这样可以保护投资者对证券市场的信心，有助于资源的有效分配，提高被收购公司股东的收益；但是，强制收购增加了收购人的收购成本。[2]

2. 非谈判缔约。要约收购与普通的合同签订过程不同，它不是一个反复谈判的过程与结果，其间没有讨价还价。

3. 特别监管。要约收购受证券法的特别调整，有一套特别的监管制度。这套特别的监管制度属于上市公司监管法的有机组成部分。

---

〔1〕 参见陈甦主编：《证券法专题研究》，高等教育出版社2006年版，第145页。

〔2〕 参见陈甦主编：《证券法专题研究》，高等教育出版社2006年版，第145~146页。

（二）要约收购方式的适用情形

依据证券法，投资者可以自愿选择以要约方式收购上市公司的股份，既可以向目标公司的所有股东发出全面要约，也可以向目标公司的股东发出部分要约。但是，在下列三种情形下，必须进行强制性要约方式收购，即必须承担强制公开收购义务：

1. 投资者及其一致行动人通过证券交易所的证券交易，持有一个上市公司已发行股份的30%时，继续进行收购的，必须向所有股东发出收购要约，[1]即收购人是否承担强制公开收购义务，是根据其持有上市公司股票的比例是否达到履行该项义务的触发点。根据我国《证券法》的规定，持有一个上市公司已发行的股份30%，便是决定该投资者应履行公开收购义务的触发点。

2. 采用协议收购方式的，收购人收购或者通过协议、其他安排与他人共同持有一个上市公司已发行的股份达30%时，继续进行收购的，应向所有股东发出收购要约，并采取要约收购的程序进行收购。但经证券监督管理机构免除发出要约的除外。[2]

3. 采用间接收购方式的，收购人拥有权益的股份超过该公司已发行股份的30%的，应向该公司所有股东发出全面要约。收购人预计无法在事实发生之日起30日内发出全面收购要约的，应在前述30日内促使其控制的股东将所持有的上市公司的股份减至30%或者30%以下，并自减持之日起2个工作日内予以公告，其后收购人或者其控制的股东拟继续增持的，应当采取要约方式。收购人可以向证券监督管理机构申请免除其要约收购义务。[3]

（三）要约收购的规则

1. 股份大量持有信息披露规则。[4]股份大量持有信息披露规则是指通过证券交易所的证券交易，投资者及其一致行动人持有上市公司一定比例的股份及在该比例后每增减一定比例的股份须报告与公告的规则。依据证券法，通过证券交易所的证券交易，在下列情形下须履行信息披露义务：①投资者及其一致行动人持有上市公司一定比例的股份达5%时；②投资者及其一致行

---

〔1〕 参见《证券法》第65条第1款的规定。

〔2〕 参见《证券法》第73条的规定。

〔3〕 参见《上市公司收购管理办法》第5章"间接收购"中第56条的规定。

〔4〕 参见《证券法》第63条的规定。

动人持有上市公司一定比例的股份达5%后，其所持该上市公司的股份比例每增加或者减少5%时。

披露的义务主体是投资者及其一致行动人；信息披露的时限是事实发生之日起3日内；披露的文件是权益变动报告书。对于持股介于5%～20%之间又不是第一大股东或者实际控制人的，要求其编制简式权益变动报告书，简要披露信息，仅须报告；对于持股介于20%～30%之间或者持股介于5%～20%之间又是第一大股东或者实际控制人的，要求编制详式权益变动报告书，进行详细披露；对成为公司第一大股东或者实际控制人并且持股20%以上的，还要求其聘请财务顾问对权益变动报告书所披露的内容出具核查意见。

信息披露前投资者及其一致行动人的义务是将情况通知证券监督管理机构、证券交易所，最初持股达5%时还应通知上市公司；信息披露期间，投资者及其一致行动人的义务是不得买卖该上市公司的股票，其中持股达到5%后发生5%的增减变化的，限制买卖的期间延长到公告后2日。

股份大量持有信息披露规则具有如下的意义：

（1）让目标公司股东注意到公司控制权发生变化的可能性，从而在重新估计持有股份价值的基础上作出投资决策。由于各个上市公司的股权结构不同，持股达到5%或者持股比例增减变化达5%，并非一定会影响上市公司的控制权。但是，持股达到5%或者持股比例变化达5%，属于上市公司股权结构的较大变化，将此信息予以披露，可以提示投资者和证券监管机构注意观察大股东的持股情况，注意可能发生的上市公司控制权的改变。

（2）可以及时确定收购人持有的股份是否将要达到强制要约收购义务30%的触发点。

（3）这种信息公开有利于防范内幕交易和操纵市场行为，保护中小投资者的权益。

（4）有利于发挥稳定作用。可以避免突发性收购对公司股东和管理层产生的负面影响，保护公司的稳定和持续经营发展。

2. 有表决权股份大量增减信息披露的台阶规则。[1]增减有表决权股份的台阶规则是指投资者及其一致行动人在持股达一定比例后，增减有表决权股份的比例受到限制，并确定增减最短间隔时间的规则。依据证券法，投资者

---

〔1〕 参见《证券法》第63条第2款的规定。

及其一致行动人在持股达 5% 后，每一次增加或者减少 5% 时，应当在事实发生之日起 3 日内进行报告与公告，在该事实发生之日起至公告后 3 日内，不得再行买卖该上市公司的股票。这意味着持股达 5% 后，投资者及其一致行动人每一次可以买进或者卖出股份的最大量是 5%，并且每一次变动后须停止 6 天的交易。

此外 2019 年《证券法》第 63 条第 3、4 款的规定："投资者持有或者通过协议、其他安排与他人共同持有一个上市公司已发行的有表决权股份达到 5% 后，其所持该上市公司已发行的有表决权股份比例每增加或者减少 1%，应当在该事实发生的次日通知该上市公司，并予公告。违反第 1 款、第 2 款规定买入上市公司有表决权的股份的，在买入后的 36 个月内，对该超过规定比例部分的股份不得行使表决权。"

证券法确立股份大量增减信息披露台阶规则的意义在于：控制大股东买卖股票的节奏，让投资者有充分的时间来接收和消化信息，并尽可能作出理性的选择；同时，在立法上阻止了隐蔽的或突然的上市公司收购行为。

3. 强制要约规则。这是指投资者及其一致行动人通过证券交易所的证券交易而控制一定比例上市公司的股份，继续进行收购的，法律强制要求收购人发出收购要约的规则。依据证券法，通过证券交易所的证券交易，投资者及其一致行动人持有一个上市公司已发行股份达到 30% 时，继续进行收购的，应当向上市公司所有股东发出收购上市公司全部或者部分股份的要约。收购上市公司部分股份的收购要约应当约定，被收购公司股东承诺出售的股份数额超过预定收购的股份数额的，收购人按比例进行收购。[1] 这表明强制要约收购的触发点是 30%，但仅仅达到这个触发点还不能触发强制要约义务，它还需要另外一个条件，即"继续进行收购的"。实际上，导致强制要约成为收购人的一项法律义务应该是 30%+1 股。收购要约的发出对象是被收购公司的所有股东。强制仅仅是要约方式的强制，而不是全面要约的强制，收购人可以选择全面要约收购，也可以选择部分要约收购。

强制要约规则的意义如下：

（1）所有股东获得平等的待遇，注重维护中小股东的利益。一旦收购人取得了目标公司的控制权，他就有义务发出要约，以不低于其为取得控制权

---

〔1〕 参见《证券法》第 65 条的规定。

所付的价格收购公司其他股东所持有的股份，以避免大小股东之间的差别待遇。

（2）赋予非控股股东撤出公司的权利。非控股股东作出投资决定，是看好公司原经营者的才能和道德品质以及公司的发展前途，现在公司的控制权发生转移，非控股股东对新的经营者和公司原有的信任基础有可能丧失。既然他们无法影响控制权的转移，至少应有公平的机会撤出他们的投资。但是，如果他们一起在股市上出售股票，必然会引起股价下跌而蒙受损失。所以，法律强制收购人发出收购要约，使这些股东有机会以公平的价格出售其股份，撤回投资。

4. 股东待遇平等规则。股东待遇平等规则是指在要约收购中，收购人应当对被收购的上市公司的所有股东一视同仁，不得实施歧视性待遇。股东待遇平等的具体体现主要是：①被收购公司的股东有平等参与要约收购的权利，部分要约收购中当股东承诺出售的股份数额超过预定收购的股份数额时，收购人应按比例收购；②收购要约提出的各项收购条件，适用于被收购公司的所有股东；③如果在要约有效期限内，要约人需要变更要约收购条件，则应对所有出售股份的股东适用变更后的条件，不论股东是在变更前接受要约，还是在变更后接受要约；④在要约收购期间内，不得采用要约规定以外的形式购入被收购公司的股票。

股东待遇平等规则的意义主要在于：保护中小股东的利益。

5. 价格从高规则。价格从高规则又称最高价规则，是指在公开要约收购中，收购人的要约价格应该是其在一段时期内购买目标公司股份的最高价格。依据《上市公司收购管理办法》，收购人进行要约收购的，对同一种类股票的要约价格，不得低于要约收购提示性公告日前6个月内收购人取得该种股票所支付的最高价格。要约价格低于提示性公告日前30个交易日该种股票的每日加权平均价格的算术平均值的，收购人聘请的财务顾问应当就该种股票前6个月的交易情况进行分析，说明是否存在股价被操纵、收购人是否有未披露的一致行动人、收购人前6个月取得公司股份是否存在其他支付安排、要约价格的合理性等。[1]

价格从高规则的意义：首先，可以防止收购人利用不被市场接受的收购

---

〔1〕 参见《上市公司收购管理办法》第35条的规定。

价格来规避公开收购义务；其次，在上市公司收购中，目标公司大股东与收购人有讨价还价的优势，为了顺利完成收购，收购人往往给予大股东更优惠的条件，而这些优惠是小股东不能享有的。确立价格从高的规则，就可以防止收购人在收购中歧视中小股东。

（四）要约收购的程序

1. **收购人的主体资格。**[1]收购人进行上市公司的收购必须具备主体资格，有下列情形之一的，不得收购上市公司：①收购人负有数额较大的债务，到期未清偿，且处于继续状态；②收购人最近3年有重大违法行为或者涉嫌有重大违法行为；③收购人最近3年有严重的证券市场失信行为；④收购人为自然人的，存在《公司法》（2018修正）第146条规定的情形；⑤法律、行政法规及证券监督管理机构认定的不得收购上市公司的情形。这是证券法律法规规定的收购人主体的消极资格，是对收购人进入上市公司收购市场设立的最低门槛。

规定消极资格的意义在于：避免无良人士利用上市公司的收购损害被收购公司及其股东的合法权益，有利于维护证券市场秩序。

2. **聘请财务顾问、制作并报送要约收购报告书。**[2]收购人进行上市公司的收购，应当聘请在中国注册的具有从事财务顾问业务资格的专业机构担任财务顾问。财务顾问负责对收购人的主体资格、收购目的、实力、诚信记录、资金来源和履约能力进行尽职调查，关注收购中收购人是否对上市公司有不当行为，并对收购人在收购完成后进行持续督导，防范收购人侵害上市公司和中小股东的合法权益。收购人未按规定聘请财务顾问的，不得收购上市公司。

收购人发出收购要约，必须事先向证券监督管理机构、证券交易所提交要约收购报告书，并同时对要约收购报告书摘要作出提示性公告。要约收购报告书的提交由收购人聘请的财务顾问完成。要约收购报告书应载明以下事项：收购人的名称、住所；收购人关于收购的决定；被收购的上市公司的名称；收购目的；收购股份的详细名称和预定收购的股份数；收购期限、收购价格；收购所需资金及资金保证；报送要约收购报告书时持有被收购公司的

---

〔1〕 参见《上市公司收购管理办法》第6条的规定。
〔2〕 参见《上市公司收购管理办法》第7章"财务顾问"的规定。

股份数占该公司已发行的股份总数的比例；等等。

确立上市公司财务顾问制度，可以发挥财务顾问对收购人事前把关、事中监督、事后持续督导的市场自律功能，有利于规范上市公司收购行为，保护被收购公司及其广大股东的合法权益。需要强调的是，由于财务顾问从事上述活动的酬金是由收购人或者上市公司承担，因而其独立性和公信力要经得起考验。监管部门应当对其加强监管。

3. 公告收购要约。[1]收购人在报送要约收购报告书之日起 15 日后，公告其收购要约。在上述期限内，证券监督管理部门发现上市公司要约收购报告书不符合法律、行政法规规定的，应及时通知收购人，收购人不得公告其收购要约。收购要约约定的收购期限不得少于 30 天，并不得超过 60 天。确定法定最短期限是为了确保股东有充裕的时间了解信息，进行投资决策；确定法定最长时间是为了防止被收购公司长期处于前途未卜的状态影响其发展。

在收购要约确定的承诺期限内，收购人不得撤销其收购要约。收购要约的变更须遵守以下规定：①收购人不得随意变更；②需要变更其收购要约的，必须事先向证券监督管理机构及证券交易所提出报告，经批准后予以公告；③收购要约期限届满前 15 日内，收购人不得变更收购要约，但出现竞争要约的除外；④出现竞争要约时，发出初始要约的收购人变更收购要约距初始要约收购期限届满不足 15 日的，应延长收购期限，使延长后的要约期限不少于 15 日，但不得超过最后一个竞争要约的期满日，并须按规定追加履约保证金或者追加证券。

4. 预受和收购。[2]预受是指被收购公司股东同意接受要约的初步意思表示，在要约收购期限内不可撤回之前不构成承诺。预受股东应通过证券公司办理相关手续。在要约收购期限届满前 3 个交易日内，预受股东不得撤回其对要约的接受。为了使受要约人了解其他股东的情况，以便更好地作出投资的安排，在要约收购期限内，收购人应当每天在证券交易所网站上公告已预受收购要约的股份数量。

收购期限届满，发出部分收购要约的收购人应按照约定的条件购买被收购公司股东预受的股份，预受要约股份的数量超过预定收购数量时，按同等

---

〔1〕 参见《证券法》第 67、68 条和《上市公司收购管理办法》第 40 条的规定。

〔2〕 参见《上市公司收购管理办法》第 42、43 条和《证券法》第 70 条的规定。

比例收购预受要约的股份；以终止被收购上市公司为目的的，收购人应按照收购要约约定的条件购买被收购公司股东预受的全部股份；未取得证券监督管理机构的豁免而发出全部要约的收购人应购买被收购公司股东预受的全部股份。收购价格不得低于要约收购提示性公告日前 6 个月内收购人取得该种股票所支付的最高价格。收购人可以用现金、证券、现金与证券相结合等合法方式支付收购上市公司的价款。收购期限届满后 3 个交易日内，接受委托的证券公司应向证券登记结算机构申请办理股份转让结算过户登记手续，解除对超过约定收购比例的股票的临时保管；收购人应公告本次要约收购的结果。

收购人在要约收购期限内不得卖出被收购公司的股票，也不得采用要约规定以外的形式和超过要约的条件买入被收购公司的股票。

5. 收购结束报告与公告。[1]收购期限届满后 15 日内，收购人应向证券监督管理机构报送关于本次收购情况的书面报告，同时抄报派出机构，抄送证券交易所，通知被收购公司，并予公告。

二、协议收购监管

（一）协议收购的定义与特征

协议收购又称"不公开收购"，是指收购人在证券交易所以外与目标公司的个别股东（通常是持股比例较高的大股东）在股票的价格、数量等方面进行私下协商，购买其所持有的股份，从而获得或者巩固目标公司控制权的行为。

与要约收购相比，协议收购具有如下特征：

1. 交易对方具有个别性。在要约收购中交易对方要么不确定，要么是必须面向目标公司的所有股东；而协议收购是收购人与目标公司的个别股东之间进行的收购行为，因而协议收购的相对人是特定的，通常是被收购公司的较大股东，由收购人分析目标公司的股权结构后自行选择交易对象。在协议收购的场合，收购协议实际上就是股份转让合同，其订立方式与一般的合同订立方式无异。

2. 协议转让在场外进行。要约收购在证券交易所内进行，对二级市场的

---

〔1〕　参见《上市公司收购管理办法》第 45 条的规定。

影响较大；协议收购在场外进行，对二级市场所造成的直接冲击相对较小，股市波动的幅度也相对较小。尽管如此，协议收购仍然会对证券市场产生较大的影响，特别是对被收购公司的股票价格和股东权益有较大影响。因此，收购人进行协议收购时，也要遵守证券法有关规定，特别是收购协议达成后信息公开的规定。

3. 协议过程具有不公开性。要约收购必须公开要约，让目标公司所有股东依据要约的条件选择接受或者拒绝。而协议收购是不公开进行的，通过收购人与目标公司个别股东之间个别进行的要约承诺过程达成收购协议。在协议收购的协议达成之前，收购协议的协商过程、收购协议的内容等，通常不需要公开。

4. 协议收购的股票价格具有自主性。要约收购的价格基本上是随行就市，与市场价格保持一定的均衡，如果存在反收购或者竞争要约的情形，价格可能会更高，这使得收购成本较高。协议收购的价格是双方协商谈判的结果，可能与股票市场存在较大的偏离。

5. 收购标的的特定性。在我国，要约收购的标的仅限于上市流通的股份，而协议收购的标的包括流通股和非流通股。这也是过去一段时期及今后股改彻底完成以前，国有股及法人股的主要流转方式。

6. 协议收购方式可以与集中竞价交易方式同时使用，而要约收购只能单独运用。

7. 协议收购的交易程序和法律规制相对简单，交易手续费用低廉，可以迅速地获得对目标公司的控制权。要约收购被各国法律作为重点进行规范，交易程序较为繁琐，收购成本、费用较高。

当然，协议收购也存在如下一些不利的因素：

1. 协议收购具有隐蔽性，协议收购的协商过程不公开，在此期间容易发生暗箱操作或者内幕交易。

2. 协议收购不要求收购人公开其收购成功后经营管理目标公司的计划，对收购人收购成功后的行为约束较弱，不利于保护目标公司其他股东的利益。

因此，协议收购必须遵守证券法有关信息公开的规定，必须按照证券法规定的程序进行。[1]

---

[1] 陈甦主编：《证券法专题研究》，高等教育出版社 2006 年版，第 153 页。

（二）协议收购的程序

协议收购的程序比要约收购的程序简易一些，根据《证券法》与《上市公司收购管理办法》的规定，协议收购的主要程序如下：

1. 聘请财务顾问、协商并签订收购协议。[1]收购人进行协议收购，首先应当聘请财务顾问，由财务顾问对收购人的资格进行把关，并对收购人最近3年的诚信记录、收购资金来源的合法性、收购人具备履行相关承诺的能力及相关信息披露内容的真实性、准确性、完整性进行核查。

收购人在决定收购一个上市公司之前，一般都通过各种渠道对目标公司进行详细的调查。进行协议收购一般先取得目标公司董事会的支持，然后收购人与目标公司的大股东就收购数量、价格等进行具体协商，达成一致并签订书面协议。

收购上市公司中由国家授权投资的机构持有的股份，还应按照国务院的规定，经有关主管部门批准，批准后才可以正式签订收购协议。[2]

2. 报告并公告收购协议。[3]收购人与目标公司的股东达成收购协议后，收购人必须在3日内将该收购协议向证券监督管理部门及证券交易所作出书面报告，并予公告。在未作出公告之前，不得履行收购协议。

证券法规定在公告之前不得履行收购协议，并不意味着收购协议经公告之后才生法律效力。当事人双方就收购协议的内容达成一致时，收购协议即成立并且生效，开始具有合同效力。《证券法》第94条规定在公告前不得履行收购协议，只是对收购协议的履行条件作出特别规定，而不是对收购协议的生效条件作出规定，因此，不能把收购协议视为附法定停止条件的合同。在订立的收购协议公告之前，如果一方当事人拒不履行合同义务，包括法定的公告义务，应当构成违约行为。[4]

3. 保存股票与资金存放。[5]为了保证收购协议的顺利履行，协议收购的相关当事人应当向证券登记结算机构申请办理拟转让股份的临时保管手续，并可以将用于支付的现金存放于证券登记结算机构指定的银行。按照《证券

---

〔1〕　参见《上市公司收购管理办法》第4章"协议收购"和第7章"财务顾问"的规定。

〔2〕　参见《证券法》第77条的规定。

〔3〕　参见《证券法》第71条第2款的规定。

〔4〕　陈甦主编：《证券法专题研究》，高等教育出版社2006年版，第154页。

〔5〕　参见《证券法》第72条和《上市公司收购管理办法》第54条的规定。

法》第95条的原意，保存股票与存放资金只是一种选择性权利，而不是强制性规定。但是在实际操作中，根据《上市公司收购管理办法》第54、55条的规定，保存股票与存放资金实际上带有强制性，否则办理不了股份转让的过户手续。

4. 履行收购协议。[1]收购报告书公告后，相关当事人应当按照证券交易所和证券登记结算机构的业务规则，在证券交易所就本次股份转让予以确认后，凭全部转让款项存放于双方认可的银行账户的证明，向证券登记结算机构申请解除拟协议转让股票的临时保管，并办理过户登记手续。

收购人未按规定履行报告、公告义务，或者未按规定提出申请的，证券交易所和证券登记结算机构不予办理股份转让和过户登记手续。

收购人在收购报告书公告后30日内仍未完成相关股份过户手续的，应当立即作出公告，说明理由；在未完成相关股份过户期间，应当每隔30日公告相关股份过户办理进展情况。

5. 收购结束报告与公告。[2]收购行为完成后，收购人应在15日内将收购情况报告证券监督管理机构和证券交易所，并予公告。

（三）协议收购转化为要约收购及其豁免[3]

1. 协议收购转化为要约收购及其豁免。通过协议收购，当收购人拥有权益的股份达到该公司已发行股份的30%时，继续进行收购的，应当转为要约的方式并按照要约收购的程序进行收购。但收购人可以向证券监督管理机构申请免除发出要约义务。收购人取得证券监督管理机构豁免后，可以履行其收购协议；未获得证券监督管理机构豁免且拟履行其收购协议的，或者不申请豁免的，在履行其收购协议之前，应当发出全面要约。

由此可见，无论是要约收购，还是协议收购，"30%"均为二者的触发点，继续收购的，皆进入强制收购程序。此时，协议收购的收购人若不申请豁免，则与要约收购在程序上具有一致性，换言之，在此背景下的30%以上的继续收购，就没有了要约收购与协议收购在收购程序上的差异。

2. 协议收购超过30%的豁免申请。这里讨论的是以协议方式收购上市公

---

〔1〕 参见《上市公司收购管理办法》第55条的规定。

〔2〕 参见《证券法》第76条的规定。

〔3〕 参见《证券法》第73条和《上市公司收购管理办法》第6章"免除发出要约"的规定。

司股份因《上市公司收购管理办法》第 63 条所规定的某种原因，而导致收购人持有目标公司股份超过 30% 的豁免申请的情形。以协议方式收购上市公司股份超过 30% 的，收购人拟向证券监督管理机构申请免除其要约收购义务的，应自与被收购公司股东达成收购协议之日起 3 日内编制上市公司收购报告书，提交豁免要约收购的申请，委托财务顾问向证券监督管理机构、证券交易所提交书面报告，同时抄送派出机构，通知被收购公司，并公告上市公司收购报告书摘要。派出机构收到报告书后通报上市公司所在地省级政府。收购人获得豁免的，应公告收购报告书、财务顾问专业意见和律师出具的法律意见书。收购人未获得豁免的，应在收到证券监督管理机构通知之日起 30 日内将持有的股份减持到 30% 或者 30% 以下。[1]

可见，协议收购的豁免申请分两种情形：一种是当收购人拥有权益的股份达到该公司已发行股份的 30% 时，继续进行收购的情形；另一种是以协议方式收购上市公司股份并因某种原因获得超过 30% 的豁免申请的情形。在这两种情形中未获得豁免的，其结果不同：前者的结果是在履行其收购协议之前，应当发出全面要约；后者的结果是应在收到证券监督管理机构通知之日起 30 日内将持有的股份减持到 30% 或者 30% 以下。

（四）协议收购中收购人与被收购公司控股股东及实际控制人的义务

由于协议收购在股东待遇平等、交易公正与信息公开、有效监管等方面存在很大的局限性，只有证券市场发达、法律制度完备的国家才允许上市公司的协议收购。我国上市公司在股本结构上具有复杂性与特殊性，证券立法允许协议收购，某种程度上是为了解决国有股、法人股的流通问题。从实践来看，证券市场上已发生的收购上市公司案例中绝大多数都是采用的协议收购方式。为了保护中小股东的权益，防止协议收购过程中的暗箱操作，证券法规定了协议收购中收购人与被收购公司控股股东及实际控制人的义务。

1. 协议收购中收购人的义务。

（1）权益披露义务。[2]由于协议收购较要约收购而言具有天然的封闭性，收购双方就有关收购事宜达成共识后就签订收购协议，而中小股东很可能就收购事宜一无所知。为了使中小股东在上市公司的控制权发生转移或者

---

〔1〕 参见《上市公司收购管理办法》第 61 条的规定。
〔2〕 参见《上市公司收购管理办法》第 2 章"权益披露"的相关规定。

可能发生转移时能够作出选择，同时也为了避免收购中的国有资产流失，我国证券法律制度规定了收购人的权益披露义务。具体内容如下：[1]

第一，在协议收购中，收购人在一个上市公司中拥有权益的股份拟达到或者超过5%时，应当在事实发生之日起3日内编制权益变动报告书，向证券监督管理机构、证券交易所提交书面报告，抄送派出机构，通知上市公司，并予公告。[2]

第二，收购人拥有权益的股份达到一个上市公司已发行股份的5%后，其拥有权益的股份占该上市公司已发行股份的比例每增加或者减少达到或者超过5%的，应当在该事实发生之日起3日内继续履行报告、公告义务。在履行报告、公告义务之前，不得再行买卖该上市公司的股票。

第三，其中持股介于5%~20%之间且不是第一大股东或者实际控制人的，编制简式权益变动报告书，简要披露信息；持股介于20%~30%之间或者持股介于5%~20%之间又是第一大股东或者实际控制人的，编制详式权益变动报告书，进行详细披露；成为公司第一大股东或者实际控制人并且持股20%以上的，还应当聘请财务顾问对权益变动报告书所披露的内容出具核查意见。收购协议达成后，收购人必须在3日内将该收购协议向证券监督管理机构及证券交易所作出书面报告，并予公告，在公告之前不得履行收购协议。

（2）强制要约收购义务。协议收购主要是针对目标公司的大股东进行的，为了保护中小股东的利益，一方面使中小股东在公司控制权发生转移时有机会撤出公司，另一方面使中小股东与控股股东平等地享有股份转移所带来的控制权溢价，我国证券法在协议收购中导入了强制要约收购方式。具体内容如上所述，即收购一个上市公司已发行股份达30%时，继续进行收购的，应转用强制要约方式收购，但经证券监督管理机构同意免除发出要约的除外。

2. 协议收购中被收购公司控股股东及实际控制人的义务。协议收购中被收购公司的控股股东及实际控制人要承担忠实和注意的义务。①忠实义务要求控股股东或者实际控制人不得滥用股东权利损害被收购公司或者其他股东的合法权益；控股股东、实际控制人及其关联方在转让被收购公司的控制权之前，有损害被收购公司及其他股东合法权益行为的，应主动消除损害，未

---

[1] 参见《上市公司收购管理办法》第14、16和17条的规定。

[2] 参见《上市公司收购管理办法》第14条的规定。

能消除损害的，应就其转让股份所得收入对消除损害作出安排；控股股东在转让其对公司的实际控制权时，未清偿其对公司的负债，未解除公司为其负债提供的担保，或者存在损害公司利益的其他情形的，应提出切实可行的解决方案，被收购公司的董事会应对前述情形予以披露，并采取有效措施来维护公司的利益。②注意义务则要求控股股东对收购人的主体资格、财务背景及收购意图进行调查，并在其权益变动报告书中披露有关调查情况，如果发现收购人可能是一个劫掠者，就不得将控股股份出售。

（五）上市公司管理层收购监管

在协议收购中，有一种情况是上市公司管理层收购（Management Buyout，MBO）。这是指上市公司的董事、监事、高级管理人员、员工或者其所控制或者委托的法人或者其他组织，以自有资产或者通过外部融资直接或者间接对上市公司进行收购，从而改变该公司的所有权结构、控制权结构和资产结构，进而达到重组公司并获得预期收益的目的。管理层收购引发的股份转让实际上是一种关联交易，这种交易不仅涉及国家税收及会计监管问题，更关系到公平交易和投资者利益保护等问题，成为各国证券监管的一个重要方面。

我国《证券法》对上市公司收购中的管理层收购未作规定，但是《证券法》第 77 条赋予了国务院证券监督管理机构依据证券法的原则制定上市公司收购的具体办法的权力。因此，《上市公司收购管理办法》第 51 条对管理层收购进行了相应规定。由于一直以来对于管理层收购的现象毁誉参半，证券监督管理机构采取了谨慎的态度，对管理层收购在公司治理、批准程序、信息披露、公司估值等方面作出了特别要求：[1]①在公司治理方面，要求上市公司应当具备健全且运行良好的组织机构以及有效的内部控制制度，独立董事的比例应当达到或者超过董事会成员的 1/2；②在批准程序方面，要求本次收购经董事会非关联董事作出决议，并且 2/3 以上的独立董事赞成本次收购，之后经出席公司股东会的非关联股东所持表决权的半数通过；③在信息披露方面，要求管理层及其直系亲属就其在最近 24 个月内与上市公司业务往来情况、定期报告中就管理层还款计划落实情况等予以披露；要求独立董事就管理层收购一事发表意见，独立董事在发表意见前必须聘请独立财务顾问出具专业意见。独立董事聘请的独立财务顾问，应对上市公司进行估值分析，就

---

〔1〕　参见《上市公司收购管理办法》第 51 条。

本次收购的定价依据、支付方式、收购资金来源、融资安排、还款计划及其可行性，上市公司内部控制制度的执行情况及其有效性，管理层及其直系亲属在最近 24 个月内与上市公司业务往来情况以及收购报告书披露的其他内容进行全面核查，发表明确意见。独立董事及独立财务顾问的意见应当一并予以公告；④上市公司必须聘请具有证券、期货从业资格的资产评估机构提供公司资产评估报告；⑤收购人必须聘请财务顾问，由财务顾问进行事前把关、事中跟踪及事后持续督导，独立董事聘请的独立财务顾问不得担任收购人的财务顾问或者与收购人的财务顾问存在关联关系；⑥上市公司董事、监事、高级管理人员存在《公司法》第 178、180 条规定的情形，或者最近 3 年有证券市场不良诚信记录的，禁止收购上市公司。

（六）协议收购的过渡期内收购人与被收购公司的义务[1]

所谓协议收购的过渡期，是指自签订收购协议至相关股份完成过户的期间。在过渡期内，应保持上市公司的独立与稳定经营。收购人不得通过控股股东提议改选上市公司的董事会，确有充分理由改选董事会的，来自收购人的董事不得超过董事会成员的 1/3；被收购公司不得为收购人及其关联方提供担保；被收购公司不得公开发行股份募集资金，不得进行重大购买、出售资产及重大投资行为或者与收购人及其关联方进行其他关联交易。但收购人为挽救陷入危机或者面临严重财务困难的上市公司的情形除外。

三、间接收购监管

如前所述，《证券法》第 62 条规定上市公司收购的"其他合法方式"，被《上市公司收购管理办法》具体化为这里的"间接收购"的形式。[2]因此，从法律地位上看，间接收购与要约收购和协议收购属于并列的上市公司收购的形式。对应于"间接收购"，后二者可统称为"直接收购"。

（一）间接收购的定义及其特征

这里的间接收购是指不具有目标公司股东身份的人通过受其支配的目标公司股东来实现自己对目标公司的收购，并由此取得对目标公司实际控制权的上市公司收购形式。其基本特征如下：

---

[1] 参见《上市公司收购管理办法》第 52 条。
[2] 参见《上市公司收购管理办法》第 5 章"间接收购"。

1. 收购人间接掌控目标公司的股份。即收购人虽不是目标公司的股东，但通过投资关系、协议、其他安排导致其实际取得该目标公司拥有权益的股份。这里"拥有权益的股份"根据《上市公司收购管理办法》第 12 条的规定，是指"投资者在一个上市公司中拥有的权益，包括登记在其名下的股份和虽未登记在其名下但该投资者可以实际支配表决权的股份。投资者及其一致行动人在一个上市公司中拥有的权益应当合并计算"。收购人拥有权益的股份如果达到控股的比例或者达到掌握目标公司控制权的程度，[1]即可视为收购人实现了对目标公司的间接收购。此时收购人处于公司法规定的"实际控制人"的地位。

2. 收购人需要借助目标公司的股东实现其收购目的。即收购人需要通过受其支配的目标公司的股东相互配合来最终完成对目标公司的收购。

（二）间接收购的法律监管

对间接收购的法律监管主要包括以下内容：

1. 间接收购人拥有权益的股份达到或者超过一个上市公司已发行股份的 5% 但未超过 30% 的，应当在该事实发生之日起 3 日内编制权益变动报告书，向中国证监会、证券交易所提交书面报告，抄报该上市公司所在地的中国证监会派出机构，通知该上市公司，并予公告；在上述期限内，不得再行买卖该上市公司的股票。[2]

2. 收购人拥有权益的股份超过该公司已发行股份的 30% 的，应当向该公司所有股东发出全面要约；收购人预计无法在事实发生之日起 30 日内发出全面要约的，应当在前述 30 日内促使其控制的股东将所持有的上市公司股份减持至 30% 或者 30% 以下，并自减持之日起 2 个工作日内予以公告；其后收购人或者其控制的股东拟继续增持的，应当采取要约方式；如果申请豁免并获得批准的，则可以选择协议收购方式。[3]

3. 当收购人取得目标公司实际控制人的地位时，该实际控制人及受其支配的股东，负有配合上市公司真实、准确、完整披露有关实际控制人发生变化的信息的义务；实际控制人及受其支配的股东拒不履行上述配合义务，导

---

〔1〕 控制权的具体标准，见前引《上市公司收购管理办法》第 84 条的规定。
〔2〕 参见《上市公司收购管理办法》第 56 条和第 13 条的规定。
〔3〕 参见《上市公司收购管理办法》第 56 条第 2 款的规定。

致上市公司无法履行法定信息披露义务而承担民事、行政责任的，上市公司有权对其提起诉讼。实际控制人、控股股东指使上市公司及其有关人员不依法履行信息披露义务的，中国证监会依法进行查处。[1]

4. 当收购人取得目标公司实际控制人的地位时，该实际控制人及受其支配的股东未履行报告、公告义务的，目标公司应当自知悉之日起立即作出报告和公告。目标公司就实际控制人发生变化的情况予以公告后，实际控制人仍未披露的，目标公司董事会应当向实际控制人和受其支配的股东查询，必要时可以聘请财务顾问进行查询，并将查询情况向中国证监会、派出机构和证券交易所报告；中国证监会依法对拒不履行报告、公告义务的实际控制人进行查处。目标公司知悉实际控制人发生较大变化而未能将有关实际控制人的变化情况及时予以报告和公告的，中国证监会责令改正，情节严重的，认定目标公司负有责任的董事为不适当人选。[2]

5. 当收购人取得目标公司实际控制人的地位时，该实际控制人及受其支配的股东未履行报告、公告义务，拒不履行前述配合目标公司信息披露义务，或者实际控制人存在不得收购上市公司情形的，目标公司董事会应当拒绝接受受实际控制人支配的股东向董事会提交的提案或者临时议案，并向中国证监会、派出机构和证券交易所报告。中国证监会责令实际控制人改正，可以认定实际控制人通过受其支配的股东所提名的董事为不适当人选；改正前，受实际控制人支配的股东不得行使其持有股份的表决权。目标公司董事会未拒绝接受实际控制人及受其支配的股东所提出的提案的，中国证监会可以认定负有责任的董事为不适当人选。[3]

四、上市公司收购的后果

上市公司收购完成后，将产生一系列的法律后果。这些后果包括：

（一）在一定期限内禁止转让股份

《证券法》第 75 条规定，收购人持有的上市公司的股票，在收购行为完成后的 18 个月内不得转让。这是因为以获得或者巩固上市公司的控制权为目

---

〔1〕 参见《上市公司收购管理办法》第 58 条的规定。
〔2〕 参见《上市公司收购管理办法》第 59 条的规定。
〔3〕 参见《上市公司收购管理办法》第 60 条的规定。

的的收购行为，在收购行为完成后，收购人不会在很短的时间内而是要在一定期间内支配被收购的上市公司。但是有的投资者可能会进行恶意收购，利用收购来操纵上市公司股票行情，阻碍与其存在竞争关系的上市公司的正常经营。因此，为了遏制操纵市场行为，维护证券市场的交易秩序，保护投资公众的利益，法律有必要规定在一定期限内禁止转让股份。

（二）目标公司的股票终止上市交易[1]

股票上市的一个重要条件是公司公开发行的股份达到公司股份总数的25%以上，如果公司的股权结构发生变化不再符合上市条件，在证券交易所规定的期限内又不能扭转局面，说明公司已丧失了公众性，其股票就应当终止上市交易。

在上市公司的收购中，收购期限届满时，若收购人持有的被收购公司的股票在75%以上，股权结构就不再符合上市条件，由于18个月内不得转让，意味着短期内无法改变股权结构，则该公司的股票应由证券交易所依法终止上市交易。

（三）余额股东享有强制性出售权

强制性出售权是指上市公司的收购导致被收购公司的股票终止上市交易时，法律赋予被收购公司的其余股东以收购要约的同等条件出售其所持有的被收购公司股票给收购人的权利。强制性出售权是法律为了避免控股股东对少数股东可能的劫掠与压榨，为少数股东提供的一条退出通道。

依据《证券法》第74条第1款的规定，强制性出售权的行使条件是收购期限届满后被收购的上市公司的股票终止上市交易；行使时间是收购期限届满后；行使主体是收购期限届满后仍持有被收购公司股票的股东；行使的权利内容是要求收购人按照收购要约的同等条件购买其股票；行使的法律效力是收购人必须按照收购要约的同等条件收购其股票。

（四）变更企业形式[2]

收购行为完成后，被收购公司不再具备股份公司条件的，应当依法变更其企业形式。例如经过收购，收购人已经持有了被收购的上市公司的全部股

---

[1]　参见《证券法》第74条。
[2]　参见《证券法》第74条第2款的规定。

份，被收购的上市公司的股东就只有收购人一人，该公司将不再是股份公司，而要变更为其他形式的企业。变更的企业形式，可以是有限责任公司，也可以是有限公司以外的企业形式。

（五）更换股票[1]

收购行为完成后，需要更换被收购的上市公司股票的情形是，收购人购入被收购的上市公司具有控制权的股份，通过股东会决议，将被收购上市公司与收购人合并，解散被收购的上市公司。

收购人兼并被收购的上市公司后，被收购的上市公司成为收购人的一部分，被收购的上市公司的股东成为收购人的出资人，收购人应给这部分出资人签发证明其对本企业出资的出资证明，并注销这部分人持有的被收购上市公司的股票。

（六）收购结束后的报告与公告[2]

收购行为完成后，收购人应当在 15 日内将收购情况报告国务院证券监督管理机构和证券交易所，并予公告。

第四节　上市公司收购中的反收购措施与反垄断监管

一、上市公司收购中的反收购措施监管

（一）反收购概述

上市公司收购作为一种证券交易行为，其主体是收购人与目标公司的股东，本与目标公司经营者无关。但由于收购的结果往往意味着公司经营者的改变和公司经营策略的变化，这对目标公司原经营者的利益、目标公司及股东的利益都至关重要。为了维护自己的利益或公司股东的利益，目标公司的经营者经常运用手中的权力，动用公司的资源，采取一系列措施防止收购的发生或者挫败已经发生的收购。这些措施由两大部分组成，即"收购防御策略"（Defensive tactics/measures）和"收购抵御策略"（Anti-takeover tactics/

---

[1]　参见《证券法》第 76 条的规定。
[2]　参见《证券法》第 76 条的规定。

measures）。

　　一般来说，收购人在收购要约中都会向目标公司的股东提出高于当时市场股价的有吸引力的溢价，股东可以由此获利。因而，对收购的阻碍可能不利于股东的利益。但是，目标公司的经营者也可能有充分的理由认为收购人提出的要约价格仍然没有反映公司股票的内在价值，或者收购人提出的对公司未来的经营计划会损害公司的发展，因而收购行动并不符合公司股东的最大利益，应当对收购行动予以防范和回击。由于目标公司经营者和公司股东之间存在着潜在的利益冲突，因而如何既要鼓励公司董事会运用其专业知识和技能保护公司股东的利益，又要防止经营者为保护自己的私利而阻止、破坏对目标公司有利的收购行动，一直是各国立法者费尽心思要解决的问题。

　　上市公司反收购的法律规制所涉及的主要是目标公司股东和公司经营者之间的问题，这在本质上是一个公司法人内部治理结构的问题。因此，一些国家收购立法中反收购的规制主要体现在公司法中，证券法中的有关规定仅仅是对公司法的补充。

　　（二）反收购措施

　　随着公司收购的发展，目标公司为对抗敌意收购行为，创造出了许多反收购措施。根据采取反收购措施的阶段不同，主要分为防御策略与抵御策略两种类型。

　　1. 防御性策略。这是公司经营者为防止本公司成为他人收购的目标，事先采取的预防性措施。其典型策略如下：

　　（1）"驱鲨剂条款"。"驱鲨剂条款"（Shark repellent provision）是指通过在公司章程中设计一些收购人不愿接受的条款而为控制权的转移制造障碍的反收购措施。这一做法有时被称为"豪猪条款"（Porcupine provision）。这类条款较为常见的有：①交错选举董事条款（Staggered terms provision），规定每次股东会只改选一部分董事（如1/3），每个董事任期3年，这一条款使得获得多数股权的人，至少要经过两次股东会才能获得公司的控制权，但这一条款的作用有限，收购人可以利用自己的股权通过股东会修改公司章程。②更换董事需要说明理由（Remove with cause），加大了收购后改组董事会的难度。如果更换董事需要说明理由再配合以交叉董事制，就更能够有效地防御公司收购。特别是在正常情况下，股东可以更换董事而无需说明理由，但是在交又董事的情况下，股东没有合理的理由则不能更换董事，除非章程有相反规定。③特别决议条款又称公平价格条款（Fair price provisions），是规定在收购人取得目标公司一定比例的股份时，除非经非利害关系人股东多数同意（或收购人以公平价格收购持异议股东），否则该取得股份没有投票权。

（2）"毒丸策略"。"毒丸"（Poison pill）从其原始形式来看，是指目标公司以股利形式向公司原有普通股东发行一系列可转换优先股（Convertible preferred stock）。"毒丸策略"是公司分配给股东具有优先表决权、偿付权的有价证券，或者一种购买期权（call option）。当某些"触发事件"（Triggering event）发生时（比如，外部人对目标公司进行现金要约收购），将会导致目标公司股东能够以较低价格购买公司的股票或债券，或以较高的价格向收购人出售股份或者债权。"毒丸策略"的指导思想是通过发行若干不同证券或期权，稀释收购人的持股或者弱化目标公司的财务状况，使收购人在收购后遭受经济上严重不利的后果。

"毒丸策略"在实践中有多种形式，如向内翻转毒丸和向外翻转毒丸。①向内翻转毒丸条款（Flip-in provision）是目标公司给予股东一种购买权，当收购人未经目标公司经营者同意而收购目标公司股份达一定比例时，其他股东低价认股的权利即生效，有权以较低的价格购买目标公司的股份，这将导致目标公司的股份总数激增，不仅稀释了收购人持股，而且加重了其负担。②向外翻转毒丸条款（Flip-over provision），是指公司作为分红给予股东一种购买权，如果收购人将目标公司兼并，被挤出的股东可以凭此权利以半价购买合并后存续公司（一般是收购公司）的股份。

（3）为收购制造法律障碍。目标公司可以设置合法的障碍以阻止收购（Creating legal obstacles to the takeover）。比如，目标公司可以收购一家其股份的转让需要获得政府同意的企业（例如一家母公司持有一家保险子公司），以此增加收购难度。又如，目标公司可以购买一个同行企业，以此增加收购违反反托拉斯法的危险性。再如，目标公司可以提起诉讼，以违反收购法（如起诉收购人的收购要约中有错误陈述或者误导陈述或者重大遗漏）、反托拉斯法或者其他法律为由，要求禁止该收购要约。采用这种防御措施的真实目的并非在于目标公司管理层希望在诉讼中最终获得胜诉，而是为其赢得宝贵时间而已。

2. 抵御策略。这是发生在收购行为后，公司经营者为对抗收购而采取的各种策略。其典型策略如下：

（1）新股发行。新股发行是指目标公司向原股东配售新股，或者向特定主体定向发行或向社会公众发行新股，通过增加股本总额稀释收购者持股，或使特定主体持股增加的方式使收购难度加大。

（2）股份回购。股份回购（Repurchase/redemption），又称"自我收购"（self tender offer），是指目标公司购买自己发行在外股份的行为，该方式可以提高目标公司经营者或控股股东的持股比例，增加他们对公司的控制力，同时还会提高目标公司股份价格，迫使收购人提高出价。但是应当说明的是，在进行这样的购买时需要预先予以披露，且在不同的国家将受到不同的回购法律制度的限制。

（3）寻找白衣骑士。寻找白衣骑士是收购发生后，目标公司经营者往往寻找一个更能友好合作的公司，使其以更高的价格向目标公司的股东们发出收购要约，以挫败敌意收购者，这个友好公司被形象地称为"白衣骑士"（White knights）。白衣骑士实际上是一个救援者，目标公司为了吸引救援者或减少本公司的吸引力，往往给予救援者一种选择权，即购买期权，使救援者在敌意收购人获得目标公司一定比例的股份时，有权以一定价格（多为优惠价格）购买目标公司最有价值的子公司、分公司或财产，即所谓的"皇冠明珠"（Crown jewels），而这种交易则被称为"定局交易"或"锁定交易"（Lock up）。定局交易会使敌意收购人在完成收购后一无所获，因此在很大程度上增加了救援者在收购战中获胜的可能性；另外，救援者一旦收购失败，这种选择权可以为救援者提供补偿。

反收购措施的核心思想是使目标公司变得不再具有吸引力，或者是使收购者为取得公司控制权而付出高昂代价，乃至不可能取得目标公司控制权，以防止收购行为的发生，或者挫败已发生的收购行为。区分收购预防策略与收购抵御策略的意义在于法律规制不同，而在实践中并无严格界限，比如"毒丸策略"，目标公司在收购开始前可以采取，在收购开始后同样也可以使用。

此外，在公司收购实务中，反收购的策略还有许多，比如花钱打发收购人上路（To pay off the acquirer to go away），即通常所谓的"绿色邮件"（Greenmail）；再如，目标公司可以通过杠杆资本重组（Leveraged capitalization）或者杠杆翻新（Leveraged recap）而使自己变得不具有吸引力以及"拒绝出售"（Just Say No）、"焦土政策"（Scorched earth）等都是行之有效的反收购措施。

（三）我国法律对反收购措施的规制

我国现行《公司法》没有直接针对反收购问题的规定，而是侧重于董事行为是否符合忠实义务的审查。《证券法》对上市公司收购的立法则过于原则，没有涉及上市公司的反收购问题。但在实践中，上市公司收购中的反收购现象已经出现，如在1993年发生的"宝延事件"中，延中公司在整个事件中采取了一系列宣传、经济等方面的反收购措施。宝延事件之后，许多上市公司对反收购问题给予了高度重视，采取了一系列相应的反收购预防措施，比如员工内部持股计划、在公司章程中增订反收购条款限制董事会改选的人数等。修订后的《证券法》于第77条第1款授权国务院证券监督管理部门制定了《上市公司收购管理办法》，该办法第8、32~34条对反收购问题进行了规定。具体内容是：被收购公司的董事、高级管理人员对公司负有忠实义务和勤勉义务，应当公平对待收购本公司的所有收购人；被收购公司董事会针对收购所作出的决策及采取的措施，应当有利于维护本公司及其股东的利益，不得滥用职权对收购设置不适当的障碍，不得用公司资源向收购人提供任何形式的财务援助，不得损害公司及股东的合法权益。

被收购公司的董事会应当对收购人的主体资格、资信情况及收购意图进行调查，对要约收购条件进行分析，对股东是否接受要约提出建议，并聘请独立财务顾问提出专业意见，在收购人公告要约收购报告书后20日内，被收购公司董事会应当将被收购公司董事会报告书和独立财务顾问的专业意见报送证券监督管理部门，同时抄报派出机构，抄送证券交易所，并予公告。当收购人对收购要约条件作出重大变更时，被收购公司董事会应在3个工作日内提交董事会及独立财务顾问就要约条件的变更情况所出具的补充意见，并予以报告、公告。

收购人作出提示性公告后至要约收购完成前，被收购公司除继续从事正常的经营活动或者执行股东会已作出的决议外，未经股东会批准，被收购公司董事会不得通过处置公司资产、对外投资、调整公司主要业务、担保、贷款等方式，对公司资产、负债、权益或者经营成果造成重大影响。在收购期间，被收购公司董事不得辞职。由此可以看出，我国不禁止董事会提出有关反收购的议案，但必须经股东会批准方可采取反收购措施。

二、上市公司收购中的反垄断监管

(一) 反垄断立法源于垄断缺陷的存在

所谓垄断缺陷是指垄断行为对公平竞争的限制和破坏所造成的种种弊端或危害。垄断缺陷主要表现在以下两点：第一，垄断使企业不必经过激烈竞争就可获得超额利润，同时也使企业失去了外界竞争压力，企业因此往往丧失降低成本的动力，从而使社会生产的效率大大减低。第二，垄断者通过减少产量提高产品价格，使价格高于边际成本，从而获得高额垄断利润。与此同时，消费者却支付了较高的垄断价格。由此，垄断使本应由消费者获得的一部分利益转移给了垄断者，有悖民事主体之间的公平原则。另一方面，垄断产品产量减少，表明用于该行业的社会资源转移至其他行业，从而人为地改变了原有竞争市场形成的有效率的产品组合，其结果是整个社会资源给社会带来的福利减少了，垄断给整个社会造成了福利净损失。

正是由于垄断存在的缺陷，政府应当着手保护公平竞争，进行反垄断立法。长期以来，各主要市场经济国家都力图制止某些限制竞争的行为，力图不使任何一家厂商或几家厂商的结合具有过大的经济力量。

由于上市公司股权分布较为分散，投资者一般仅需购买小部分股票即可取得公司控制权，上市公司收购容易造成行业集中度的提高乃至形成垄断，就上市公司个体而言，公司如果能够在市场中处于垄断地位，这就意味着高效和高额的垄断利润，因此以营利为目的而设立的公司，其理所当然地会在公司收购中寻求对市场的垄断，上市公司收购也是公司规模成长壮大的重要途径之一。

然而，就整个社会而言，当公司收购形成的垄断超过一定的限度，则可能极大地限制正常竞争，危害一国的市场经济秩序。因此，应当对减弱竞争的公司收购进行监管。在这种前提下，许多国家根据本国经济背景的不同以及依据不同的法律传统，制定出了具有本国特色的，对公司收购进行规制的反垄断法律。

(二) 几个主要市场经济国家对公司收购中垄断行为的规制

1. 美国。如前文所述[1]，美国是世界上最早制定反垄断法的国家，其

---

[1]　本章第二节已对美国反垄断法有所涉及，这里作补充说明。

对公司合并进行规制的法律主要有《谢尔曼法》《克莱顿法》和《兼并指南》。其中，1914年的《克莱顿法》第7条就是专门针对企业合并行为而作出的规定。该条规定，禁止任何人获得他人的股份，如果该获得行为将实质削弱竞争，或在任何产品市场、地域市场可能导致垄断。经过几十年的不断实践，该法增加了许多有关企业合并的内容，美国反垄断主管机关为判断一项合并是否严重减少竞争，还专门设计了五步分析法[1]：第一步，在界定相关市场的基础上，分析企业合并是否显著增加市场集中度并导致集中化的市场；第二步，根据市场集中度及有关事实，分析合并对市场的影响及是否引起潜在的反竞争效果；第三步，评估新的市场进入是否能及时、充分地抵消合并的反竞争效果；第四步，分析合并是否产生当事人不能通过其他途径实现的效率；第五步，评估在没有合并的情况下，合并当事人是否会因破产退出市场。通过对市场集中、潜在反竞争效果、市场进入、效率、破产等五大因素的详细分析，反垄断主管机关可判断一项合并是否严重减少竞争。《克莱顿法》还增加了大企业合并事前申报制度的规定，该法成为美国规制企业合并最重要的法律。

2. 英国。1948年，英国第一部成文竞争法《垄断与限制行为法》（The Monopolies and Restrictive Practices Act 1948）诞生。这部法律与其说是一部新的立法，不如说是对先前散乱、零碎的判例法的系统总结与修订。其立法目的在于保障公平竞争，禁止和限制有违公共利益的反竞争行为。根据该法，英国成立了垄断委员会（Monopolies Commission），该委员会就是日后有名的MMC的前身。[2]1965年以后，英国加速了竞争立法的步伐。该年颁布了《垄断与合并法》（Monopolies and Mergers Act 1965），1973年通过了《公平交易法》（Fair Trading Act of 1973），1980年制定了《竞争法》（Competition Act 1980）。至此，英国竞争法体系基本形成。1973年《公平交易法》和1980年《竞争法》正式确立了MMC的法律地位，并对其权责作了界定。这是一个由专家组成的顾问委员会，直接对国会负责，其职能主要是负责对垄断和兼并行为、不正当竞争行为进行调查。

---

〔1〕 刘和平：《欧美并购控制法实体标准比较研究》，载《法律科学（西北政法大学学报）》2005年第1期。

〔2〕 何勤华主编：《英国法律发达史》，法律出版社1999年版，第377页。

MMC 是一个顾问机构，没有裁决权，只有在报告中提出建议的权力，然而，MMC 做出的报告在很大程度上左右了具体行政机关。如对于垄断和兼并情形，只有在 MMC 的报告认为存在违背公共利益的前提下，商业部长方可采取措施。而另一竞争法的执法机构公平交易局（Fair Trading Commission, FTC）在负责垄断与兼并的管理上则负有很大的权力，主要包括：掌管英国境内的各种商业活动，制定有关垄断、合并或不正当竞争的具体措施和规则；向政府机关（指贸易大臣）提供有关资信、建议和协助；协助 MMC 的工作，酌情从当事人手中接管企业。

根据《垄断与合并法》的规定，当一宗购并被请求时，MMC 应当调查该宗购并，通常英国的购并调查程序分两个步骤：第一步由 FTC 作初步调查。第二步再由 MMC 作资格调查。在第一步骤中，FTC 认为满足下列所有条件时，这项购并就值得 MMC 进行审查：①兼并将导致两家或多家企业倒闭；②其中至少一家是英国或英国控制的公司；③假如一项兼并已被完成，那么它是在提交 FTC 之前的最近 6 个月内，就已经发生；④兼并企业合并在一起的市场份额将超过 25%，或者被收购企业的净资产账面总额超过 7000 万英镑。但是，并非所有满足以上条件的并购都推荐给 MMC，FTC 还将根据下列因素考虑是否推荐：①英国国内的竞争；②兼并企业的效率；③就业和产业的区域分布；④英国企业的国际竞争力；⑤国家战略利益；⑥作为一种融资方法的结果，兼并企业今后的生存能力；⑦被兼并企业被改组的范围。至此，第一步骤基本完成。在第二步骤中，MMC 的任务是对购并案例进行资格调查。MMC 必须用下列标准决定一项购并在全国或者区域内是否不利于公众利益：①英国国内有效竞争的维护；②消费者利益的提高；③促进成本的降低、新技术和新产品以及新的竞争者；④英国就业工业布局的平衡；⑤提高英国公司的国际竞争力。根据这些标准，MMC 作出此项购并是允许、制止还是修改的决定。

3. 德国。在德国，对企业购并的法律规制主要是通过《反对限制竞争法》（Gesetz gegen Wettbewerbsbeschrankerungen）来进行的。根据《反对限制竞争法》的规定，企业购并如果完全有可能形成或加强某种市场支配地位，联邦卡特尔局则有权禁止正在筹划中的购并或撤销已经完成的购并，除非购并企业能有相反的证明。《反对限制竞争法》前后经过 5 次修改，1957 年颁布的《反对限制竞争法》对企业合并未做限制性的规定，仅在第 23 条要求一定规模的企业合并进行登记，以便当局掌握市场集中的情况，从而可以及时对一些取得了市场支配地位的企业滥用其支配地位而进行监督。合并登记的前提条件是，合并企业共同取得或者其中一个企业在合并前就已经取得 20% 的市场份额。1973 年对《反对限制竞争法》进行第二次修订，其中最大的成果是引进了企业合并控制，规定了企业合并的概念、控制程序、实质性干预标准、法律救济以及取得联邦经济部长特许的条件等。1976 年的修订改善了对报界企业的合并控制。为了有效控制这个领域的企业合并，干预的标准从合并企业年销售额 5 亿马克降至 5 千万马克。1980 年的第四次修订对合并控制是又一次全面的强化，最引人注目之处是在第 23a 条第 1、2 款增加了对企业合并后果的法定推断。通过这些推断，《反对限制竞争法》的市场结构导向更加明显，从而也更便于操作。1989 年的最新修订虽然在合并控制方面未做重大改动，但也增加了两条对"显著的市场地位"的推断标准。一条是关于企业转产的能力，另一条是抵制交易对手的可能性，由此强化了对商业企业合并的控制。

总之，德国自 1957 年颁布《反对限制竞争法》以来，到 1998 年经历了多次修订，在修订中增加了许多关于企业合并的内容，对企业合并控制存在着一个不断强化的趋势。对企业合并规制的不断加强，并不是因为合并本身违法，而是因为合并可以迅速导致经济集中，而经济高度集中则可构成对社会市场经济和竞争秩序的重大威胁。该法与欧共体企业合并的规制法的共同适用，对规制合并中可能出现的限制竞争性垄断发挥了重要作用。1990 年欧共体理事会颁布了《欧共体企业合并控制法》，适用于欧共体成员国企业合并中的垄断规制。

4. 日本。日本制定《禁止垄断法》的目的有三：[1]①通过禁止私人垄断、不当的交易限制和不公正的交易方法，防止事业支配力过度集中，排除用结合、协定等方法对生产、销售、价格、技术等进行不当限制以及其他一切对事业活动的不当的约束；②促进公正而自由的竞争，发挥事业者的创造性，繁荣事业活动，提高雇佣和国民收入的实际水平；③确保一般消费者的利益和促进国家经济民主而健康地发展，这是《禁止垄断法》最终之目的。

---

〔1〕 参见 〔日〕丹宗昭信、厚谷襄儿编：《现代经济法入门》，谢次昌译，群众出版社 1985 年版，第 78~80 页。

该法经多次修改，加强了对公司合并规制的内容。1947 年的修改，把彻底限制企业结合作为其主要内容之一；1953 年的修改，放宽了原有规定，其中大幅度放宽关于互持股票、兼任董事、合并与转让等方面的条款；1977 年的修改，又加强了对卡特尔的限制以及对寡头垄断企业的市场支配力的限制，其中加强了对银行和大规模非金融企业持股的限制，金融机构对非金融机构的持股限制在 5% 以内。

为了对公司合并进行反垄断规制，其前提必须是了解公司合并的有关情况，通过一定程序对可能引起垄断、限制竞争的合并进行审查。因此，不少国家建立了公司合并的申报、审查法律制度。有申报义务的公司向反垄断执法机构申报其合并意向后，合并审查程序即开始。反垄断机构按照法律规定的程序，在规定的期限内决定是否批准该合并。[1]

（三）我国上市公司收购中的反垄断监管

在我国的《反垄断法》出台之前，2003 年 1 月，原对外贸易经济合作部、国家税务总局、国家工商行政管理总局、国家外汇管理总局颁布了《外国投资者并购境内企业暂行规定》。这是我国第一个具有反垄断意义的规制合并垄断的法律规范。其中，对外国投资者并购境内企业作了反垄断的原则性规定，如第 3 条规定："外国投资者并购境内企业应遵守中国的法律、行政法规和部门规章，遵循公平合理、等价有偿、诚实信用的原则，不得造成过度集中、排除或限制竞争，不得扰乱社会经济秩序和损害社会公共利益。"2006 年商务部、国务院国资委、国家税务总局、国家工商行政管理总局、中国证监会、国家外汇管理局等六部委对上述规定进行了重大修订，由 26 条增加至 61 条，修订后的规定被命名为《关于外国投资者并购境内企业的规定》且正式颁布实施。其中，专设第 5 章"反垄断审查"。由于该规章的适用范围有限，法律位阶较低，起不到基本法的作用，对我国公司合并中所形成的垄断还难以起到规制的作用。

在我国，股权分置改革基本成功完成之后，股市即进入全流通时代，利用证券市场，通过公司收购实现产业结构调整、追求规模经济效益已在资本

---

〔1〕　参见卢代富：《严厉与宽容：反垄断中的企业合并控制政策》，载《现代法学》1998 年第 4 期；朱宏文：《现代反垄断法的发展与我国的反垄断立法——以企业合并控制为中心》，载《社会科学研究》2001 年第 3 期。

市场兴起。作为经营者集中的一种方式的股权收购，被纳入了 2007 年 8 月 30 日颁布的《反垄断法》中，这标志着我国上市公司收购中的反垄断问题步入了有法可依的时代。《反垄断法》第 4 章专章对"经营者集中"进行了规定，在我国正式建立了经营者集中规制制度。但是，《反垄断法》的规范较为原则性，仅对反垄断审查的机构、审查应予考虑的因素、初步审查与进一步审查进行了框架性规定。对于达到什么标准应进行反垄断申报以便启动审查程序、未进行申报的责任等均未作出具体规定。

此后，国务院制定并发布了《国务院关于经营者集中申报标准的规定》；商务部作为法定的反垄断执法机构先后制定并发布了《经营者集中申报办法》《经营者集中审查办法》《关于评估经营者集中竞争影响的暂行规定》等文件对《反垄断法》的内容进行了细化规定。

根据上述规定，在上市公司收购中，达到申报标准的收购人必须向国务院反垄断执法机构进行申报，具体的申报标准是：①参与集中的所有经营者上一会计年度在全球范围内的营业额合计超过 100 亿元人民币，并且其中至少两个经营者上一会计年度在中国境内的营业额均超过 4 亿元人民币；②参与集中的所有经营者上一会计年度在中国境内的营业额合计超过 20 亿元人民币，并且其中至少两个经营者上一会计年度在中国境内的营业额均超过 4 亿元人民币。营业额的计算，应当考虑银行、保险、证券、期货等特殊行业、领域的实际情况，具体办法由国务院商务主管部门会同国务院有关部门制定。

收购人向国务院反垄断执法机构申报集中，应当提交下列文件、资料：①申报书；②集中对相关市场竞争状况影响的说明；③集中协议；④参与集中的经营者经会计师事务所审计的上一会计年度财务会计报告；⑤国务院反垄断执法机构规定的其他文件、资料。申报书应当载明参与集中的经营者的名称、住所、经营范围、预定实施集中的日期和国务院反垄断执法机构规定的其他事项。

国务院反垄断执法机构自收到申报文件、材料之日起 30 日内进行初步审查，作出是否实施进一步审查的决定；国务院反垄断执法机构决定实施进一步审查的，应当自决定之日起 90 日内审查完毕，作出是否禁止经营者集中的决定。

收购人实施收购在向证券主管部门提供的申报材料中，应当说明其经营者集中行为是否达到国务院规定的申报标准并提供有关依据；对于达到申报标准的，收购人应当提供国务院反垄断执法机构作出的不实施进一步审查的决定或对经营者集中不予禁止的决定；收购人聘请的财务顾问应就相关经营者集中行为是否达到国务院规定的申报标准、是否符合有关法律规定等进行核查，并发表专业意见；收购人聘请的法律顾问应就相关经营者集中行为是否符合《反垄断法》的有关规定、是否已经有权部门审查批准、是否存在法律障碍等问题发表明确意见；收购人的有关说明、国务院反垄断执法机构作出的有关决定以及相关专业机构出具的专业意见，均应作为信息披露文件的组成部分予以公告。

收购人为外国投资者，并且收购行为涉及国家安全的，收购人还应当提供国家安全审查的相关文件及行政决定，并由财务顾问、法律顾问发表专业意见。

第一节　股权分置与股权分置改革的历史背景

一、股权分置的由来

如本书前文所述，与西方发达国家的证券市场是基于自由竞争的市场经济而内生自然发展起来不同，我国的证券市场主要是在政府干预的外生背景下产生和发展起来的。[1]中国股票市场建立之初，国内经济尚未完全脱离计划体制的制约，保持公有制经济主体地位不动摇仍是一切制度设计的基本指导思想。所以，为防止国有资产在股市交易中流失，政策制定者规定，在国有企业进行股份制改革时，国有股份不得低于51%，且不能在股市上自由流通、转让和交易，以此来保证国有经济成分在经济结构中的主导地位。因此，政策规定国有企业在上市之后，国有股、国有法人股不得流通，也可谓丧失了上市流通的权利。这便是中国股市在成立之初就形成了流通股与非流通股并存的股权分置格局的缘由。这种流通股与非流通股并存的"双轨制"对于减小改制对证券市场扩容的压力，保持证券市场稳定，保护社会公众投资者利益起到了积极的作用，但也不可避免地产生了后面将要论述的一系列问题。

---

　　[1]　中国股票市场形成于20世纪90年代初。当时，中国经济在历经十余年的改革开放之后已经进入新的发展阶段，而作为经济主体形态的国有企业却因为历史沉淀下来的人员冗余、债台高筑、资金短缺等问题，已无法适应新形势下的发展需求，国有企业改革势在必行。为此，1993年11月，中国共产党的十四届三中全会正式提出，国有企业改革要进行制度创新，建立以股份制为主要形式的现代企业制度。在政府的直接运作和干预下，中国证券市场才真正建立和发展。对于人造证券市场的利弊分析，详见本书第二章第五节的相关内容。

如果给股权分置下一个定义的话，似乎可以将其描述为：股权分置是指在我国证券市场上上市公司流通股与非流通股同时并存，其中一部分股票，即普通社会公众股、部分内部职工股、B 股市场的外资法人股等可以在沪深证券交易所挂牌交易，而另一部分股票，即国有股、国有法人股和社会法人股等则不能上市流通。股权分置虽然在设计之初是为了适应当时中国经济体制改革发展的需要，但是从根本上它也体现了中国证券市场的缺陷。随着我国市场经济发展的不断深入，证券市场因股权分置所造成的市场扭曲程度也就越来越大，进而破坏了上市公司全体股东共同的利益基础，使中国资本市场持续发展的内在动力不足。按照中国证监会截至 2005 年 12 月底的统计，我国深沪两市境内上市公司有 1381 家，市价总值为 32 430.28 亿元，流通市值为 10 630.52 亿元，流通市值占市价总值的 32.8%，非流通市值占了67.2%；另外，上市公司的股份总数为 7629.51 亿股，其中，尚未流通的股份为 4714.74 亿股，尚未流通股份占股份总数的 61.8%。上述两组统计数据都表明，在当时我国上市公司的股份总额中，约占 2/3 的股份（主要是国有股）是不能上市流通的。[1]这种流通股与非流通股并存的"双轨制"不可避免地会产生如下一系列的问题：相同性质的股票具有内在价值的同质性而转让单价不同；非流通股股东和流通股股东的权利、义务、责任、风险不对等；上市公司收购等资产重组行为受到较大的制约；股票价格不能正确反映上市公司经营业绩，从而给整个证券市场带来系统性风险等。[2]因此，这种格局不可长此以往，必须进行改革。

二、股权分置改革的历史回顾

第一次尝试解决股权分置的问题发生在 1998 年下半年到 1999 年上半年，那时我国试图通过国有股减持变现的方式解决国企改革和发展的资金需求，当时称之为"国有股减持"。这种国有股减持的探索实践，本质上已经开始触及股权分置的问题，但是由于实施方案与市场预期存在差距，试点很快被停止了。

随后，在 2001 年 6 月 6 日，国务院颁布《减持国有股筹集社会保障资金

---

〔1〕　资料来源于中国证监会网站，网址：http//www.csrc.gov.cn.
〔2〕　周友苏主编：《上市公司法律规制论》，商务印书馆 2006 年版，第 317 页。

管理暂行办法》（以下简称《减持国有股暂行办法》），规定"国有股减持主要采取国有股存量发行的方式。凡国家拥有股份的股份有限公司（包括在境外上市的公司）向公共投资者首次发行和增发股票时，均应按融资额的 10% 出售国有股；股份有限公司设立未满 3 年的，拟出售的国有股通过划拨方式转由全国社会保障基金理事会持有，并由其委托该公司在公开募股时一次或分次出售。国有股存量出售收入，全部上缴全国社会保障基金"。这一方式的实施引起了股票市场波动，股价大跌。同年 10 月 22 日，中国证监会考虑到有关具体操作办法尚需进一步研究，经报告国务院，决定在具体操作办法出台前，停止执行《减持国有股暂行办法》第 5 条关于"国家拥有股份的股份有限公司（包括在境外上市的公司）向公共投资者首次发行和增发股票时，均应按融资额的 10% 出售国有股"的规定。但随后又出现股市的持续下跌。到 2002 年初，上证指数已跌破 1350 点。从 2001 年 6 月国有股减持方案推出到 10 月暂停，中国证券市场经历了巨大的波动，损失惨重。[1] 其余波深远，甚至使中国证券市场经历了一段艰难的熊市，进入十几年来最困难的时期。[2]

2002 年 6 月 23 日，国务院决定，除企业海外发行上市外，对国内上市公司停止执行《减持国有股暂行办法》中关于利用证券市场减持国有股的规定，并不再出台具体实施办法。解决股权分置问题的第二次尝试又宣告失败。

经过几年的酝酿之后，国务院于 2004 年 1 月 31 日发布前文多次提及的"国九条"，"国九条"明确提出"积极稳妥解决股权分置问题"。据此，中国证监会于 2005 年 4 月 29 日发布了《关于上市公司股权分置改革试点有关问题的通知》（以下简称《试点通知》），标志着股权分置改革正式启动。《试点通知》指出，为了落实"国九条"，积极稳妥解决股权分置问题，决定启动上市公司股权分置改革试点工作。改革试点须遵循"国九条"提出的"在解决这一问题时要尊重市场规律，有利于市场的稳定和发展，切实保护投资者

---

〔1〕 参见李振宁：《全流通改制应让利于民》，载《中国证券报》2003 年 11 月 27 日，第 10 版。

〔2〕 据统计，国有股减持失败后的两年中，沪深两市流通股市值缩水达 6000 亿元以上，90% 以上的投资者亏损，平均亏幅超过 30%。2002 年股市交易额只相当于 2000 年的 46%，实际参与交易的客户已不到 30%，保证金只剩下约 40%。整个证券业都陷入了生存困境，2002 年券商出现全行业性亏损，上市公司融资越来越难；同时，股市在国民经济中的作用日渐减弱，股市占总融资额的比重已由 2001 年的 7.5% 降至 2002 年的 4%，再降至 2003 年的 1.6%，而股票融资占 GDP 的比重也由 2000 年的 2.27% 逐年下滑至 2002、2003 年的 1.3% 和 0.92%。参见赵维、闻召林：《一盘亟待打破僵局的棋——近期理论界及市场人士对全流通问题的思考》，载《中国证券报》2003 年 10 月 20 日，第 1 版。

特别是公众投资者的合法权益”的总体要求，按照市场稳定发展、规则公平统一、方案协商选择、流通股东表决、实施分步有序的操作原则进行。由此，三一重工股份有限公司（以下简称“三一重工”）、上海紫江企业集团股份有限公司（以下简称“紫江企业”）、清华同方股份有限公司（以下简称“清华同方”）和河北金牛能源股份有限公司（以下简称“金牛能源”）四家上市公司成为首批股权分置改革的试点公司。

　　2005 年 9 月 4 日，中国证监会颁布了《上市公司股权分置改革管理办法》（现行有效），上述《试点通知》同时废止。《上市公司股权分置改革管理办法》的出台，意味着股权分置改革从试点阶段开始转入积极、稳妥地全面铺开的新阶段。截至 2006 年 12 月 31 日，累计完成或进入股改程序的公司数已达 1303 家，总市值约为 60 504.47 亿元，约占沪、深 A 股总市值的 98.55%，股权分置改革得以顺利完成。[1]

　　股权分置改革的历史意义在于从制度上重塑了中国证券市场，有学者认为，其历史地位几乎可以与 20 世纪 90 年代初证券市场的建立相提并论。中国证券市场股权分置的“二元股权”结构，经过近十几年的发展，对中国证券市场的影响愈加严重，中国股市长期处于无序增长、投机盛行、保护失衡的混乱状态。对于股权分置的种种弊端，经济学界和法学界，特别是经济学界的学者们很早就进行了各种探讨，并结合实际从理论层面提出各种消除股权分置的建议，最终在理论界和实务界的共同努力下，股权分置改革得以顺利推进。

　　股权分置改革至今，随着各上市公司限售股份解禁期的陆续到来，中国股市正在经历由“后股权分置改革”时代向“全流通”时代的历史性转变。在这一转变过程中，我国上市公司“人造”的“二元股权”结构现在已经得到矫正。随着时间的推移，限售股逐步解禁又会促进上市公司现有的股权结构产生新的变化，股权结构是上市公司内部治理结构的基础，股权分置改革对上市公司内部治理机制所产生的各方面影响效应会得到进一步的释放。至此，经济学界关于股权分置现象的研究重心开始逐步从如何消除股权分置状态转移到股权分置改革会对中国资本市场及上市公司产生什么样的效应和影响。[2]而法学界

---

〔1〕　淳伟德：《中国上市公司股权分置改革效应研究》，经济管理出版社 2012 年版，第 2 页。

〔2〕　淳伟德：《中国上市公司股权分置改革效应研究》，经济管理出版社 2012 年版，第 2 页。

则应当从历史和现实两个角度对股权分置改革进行深入的法律分析，把握我国上市公司在股权分置改革之后的走向，对在全流通市场条件下，上市公司监管将要遇到的新问题和新挑战进行深入研究，从而使上市公司监管法律制度能够与时俱进，不断完善，能够始终为我国上市公司的发展保驾护航。

第二节　股权分置改革的法律分析

一、股权分置必改的法理分析

所谓股权分置改革，其实这一表达是不准确的，因为"改革"具有"革新"的内涵，而股权分置本来就不符合证券市场的常理，全流通才是常理。"股权分置改革"的目标就是全流通，也就是恢复到证券市场的常理或者常态，何来革新之有。因此，从严格的意义上讲，"股权分置改革"实为中国证券市场常态化，应当称之为"股市入常"。

股权分置必改具有其内在的法理性。按照《公司法》第 157 条规定："股份有限公司的股东持有的股份可以向其他股东转让，也可以向股东以外的人转让；公司章程对股份转让有限制的，其转让按照公司章程的规定进行。"第 158 条规定："股东转让其股份，应当在依法设立的证券交易场所进行或者按照国务院规定的其他方式进行。"《公司法》和《证券法》尽管对股份有限公司的一些股份转让有所限制，但无论从持股人的范围，还是期限上都有明确的规定，〔1〕这与股权分置所规定的国有股等不流通完全是两回事。现行法律不

---

〔1〕《公司法》与《证券法》对于股份转让限制的内容，具体归纳如下：①发起人。公司公开发行股份前已发行的股份，自公司股票在证券交易所上市交易之日起 1 年内不得转让（《公司法》第 160 条第 1 款）。②公司负责人。公司董事、监事、高级管理人员应当向公司申报所持有的本公司的股份及其变动情况，在就任时确定的任职期间每年转让的股份不得超过其所持有本公司股份总数的 25%；所持本公司股份自公司股票上市交易之日起 1 年内不得转让。上述人员离职后半年内，不得转让其所持有的本公司股份（《公司法》第 160 条第 2 款）。③公司持有本公司的股份除法定的减少公司注册资本、与持有本公司股份的其他公司合并、将股份奖励给本公司职工、股东因对股东大会作出的公司合并、分立决议持异议要求公司收购其股份之外，公司不得收购本公司股份，公司也不得接受本公司的股票作为质押权的标的（《公司法》第 162 条）。④为证券发行出具审计报告或者法律意见书等文件的证券服务机构和人员，在该股票承销期内和期满后 6 个月内，不得买卖该种证券。除前款规定外，为发行人及其控股股东、实际控制人，或者收购人、重大资产交易方出具审计报告或者法律意见书等文件的证券服务机构和人员，自接受委托之日起至上述文件公开后 5 日内，不得买卖该证券。实际

仅没有规定上市公司股权结构中存在不能流通的非流通股，恰恰相反，公司法和证券法均明确赋予股份有限公司的股份依法转让的权利，即所谓"非流通股"的流通权自始存在。如果硬性禁止股权依法流通，是严重背离公司法和证券法的法理的。所以，股权分置改革势在必行，否则，中国的证券市场将会始终处于扭曲而不能够回到符合法理的常态。

为了论述的方便，下文经常将股权分置改革简称为"股改"。

二、股改"对价"的提出及其性质的法律分析

（一）股改对价的提出

股改中"对价"一词以正式文件的形式出现，始于 2005 年 8 月 23 日中国证监会和国资委等国务院五部委联合颁布的《关于上市公司股权分置改革的指导意见》，其中第 8 条规定，非流通股股东与流通股股东之间以对价方式平衡股东利益，是股权分置改革的有益尝试，要在改革实践中不断加以完善。"对价"一词的提出使非流通股股东在股权分置改革中对流通股股东负有了支付现金或股份等以换取所持股份流通权的义务。对于对价的不同理解和定性，不仅决定着不同的定价方式，也直接决定着某一上市公司股改方案的成败。上述首批进行股改的"清华同方""三一重工""紫江企业""金牛能源"等四家公司的非流通股股东根据自己对对价的理解，有的单独向流通股股东转增股票，有的向流通股股东送股，有的甚至在送股之余还要向流通股股东支付现金。

然而，流通股股东对此并不满意，有的甚至声称，如此低的对价将使流通股股东对股改方案彻底丧失信心。

（二）对价的性质

应当说，对于对价的不同理解，是导致在平衡股东利益时，非流通股股

（接上页）开展上述有关工作之日早于接受委托之日的，自实际开展上述有关工作之日起至上述文件公开后 5 日内，不得买卖该证券（《证券法》第 42 条）。⑤上市公司、股票在国务院批准的其他全国性证券交易场所交易的公司持有上市公司股份 5% 以上的股东、董事、监事、高级管理人员，将其持有的该公司的股票或者其他具有股权性质的证券在买入后 6 个月内卖出，或者在卖出后 6 个月内又买入，由此所得收益归该公司所有，公司董事会应当收回其所得收益。但是，证券公司因包销购入包销售后剩余股票而持有 5% 以上股份，以及有国务院证券监督管理机构规定的其他情形的除外（《证券法》第 44 条）。

东与流通股股东发生分歧的重要原因之一。所以，有必要对股改对价的内涵及其性质进行分析。

在对股改对价内涵分析之前，先考察一下作为法律术语的"对价"：

对价又称约因（Consideration），是英美合同法上的一个概念，由英国普通法院于15~16世纪在审判实践中确立。其含义是"具法律上价值之约因可能系当事人一方所得之权利、利益、利润或获利（或好处），或是他方当事人因克制自己所受之不作为、不利益、损失或责任（或义务）"[1]；"一方之行为，或容忍或所为之诺言，乃换取对方诺言之代价，此项诺言既有对价关系，自属有效"。[2] 简而言之，对价主要是指一方为取得约定的权利而向对方所作的给付或义务。甚至可以理解为"对价"就是"对应的代价"的简称。从其含义，我们可以看出，对价只在有偿合同中存在。

在大陆法系国家的民法制度中，借鉴了英美法系的对价概念，并将其运用于立法之中。比如，《法国民法典》第1131条规定："无约因之债或者基于错误约因或不法约因之债，不发生法律效力。"可见，其将约因作为契约成立的法定条件。我国《民法典》第6条规定："民事主体从事民事活动，应当遵循公平原则，合理确定各方的权利和义务"，其中表达双方当事人互为对待给付的"公平原则"就相当于对价的意思。我国《民法典》上虽然没有直接的对价概念，但是我国《民法典》却从合同当事人法律地位平等、权利义务对等的角度体现出英美法上对价概念的内涵，即在合同关系中，当事人取得一定权利须履行相应义务，履行一定义务能够获得相应的权利。

下面来讨论股改中对价的性质：

按照上述英美合同法关于对价的原理来解释股权分置改革中非流通股股东向流通股股东所支付的对价，是不具有严密的对应性的。这种非对应性表现在：流通权，也就是股份转让的权利，本来就是股权的有机组成部分，它只是在股权分置的体制下，国家用公权力人为地限制了法人股和国有股的流通。因此根本不存在流通股股东享有非流通股的流通权，更谈不上支配非流

---

[1] 参见杨桢：《英美契约法论》，北京大学出版社2007年版，第83页。该书作者在该页的注释5中，附录了上述对价解释的英文原文：a valuable consideration "may consist either in some right, interest, profit, or benefit accruing to the one party, or some forbearance, detriment, loss, or responsibility given, suffered, or undertaken by the other."

[2] 参见杨桢：《英美契约法论》，北京大学出版社2007年版，第84页。

通股的流通权。股权分置改革让非流通股恢复流通，只是因为国家意志发生了变化，需要非流通股开始流通，而不是非流通股股东向流通股股东支付对价去购买流通权。[1]可见，非流通股股东向流通股股东所支付的对价，从本质上看，并非英美合同法意义上的对价。当然，在股改中借用对价的概念，还是有一定依据的，毕竟非流通股股东向流通股股东支付相应股份或者现金，反映了我国民事法律上当事人权利义务对等的要求，也体现了英美法上以对价平衡当事人利益关系的一面。

那么，如何来全面认识股改中的对价呢？对此，学术界主要有以下观点：

（1）让利说。该说认为，为使非流通股股东与流通股股东协商一致，非流通股股东应当让出一部分利益给流通股股东。[2]这可以说是在"国不与民争利"和"让利于民"指导思想下，主观地认为股权分置改革要对以广大民众为主要主体的流通股股东让利。但如前所述，非流通股股东对流通股股东支付对价其实是一项义务。该说的弊端在于容易给非流通股股东造成一种误导，认为在股权分置改革过程中让利与否全在于自己的决断，甚至是一种施恩，而非自己的义务。[3]这样会在一定程度上误导市场，会削弱流通股股东的博弈力量。[4]

（2）补偿说。"补偿说"与"让利说"一脉相承。此说认为，非流通股股东必须补偿流通股股东，并且补偿的程度越高越有利于方案的执行和市场的认同。[5]在一个完全的市场里，股票价格会受到诸如市场预期（例如大盘走势）、对公司的未来预期、同类公司的股价、宏观经济走势等各种因素的影响。而在一个股权分割的市场，股票价格还会受到一个特定因素的影响，这种特定的因素就是流通股股东对于非流通股股东所持股份不流通的一种预期，这称之为流通股的流通权价值，而且只要这种市场格局不被打破，这种市场预期将一直存在。也就是说，流通股的流通权价值一直存在。现在，非流通

---

[1]　在这里支付对价的行为仅从"等价有偿"的民法视角是很难解释得通的，只有结合"需要国家干预"的经济法才能够进行合理的解释：基于国家的干预，原来的非流通股现在获得流通（权），使流通股稀释或者贬值，国家的这种干预行为使非流通股股东受益而流通股股东受损，因而须要由前者给予后者以相应的对价来平衡这种失衡。可以认为，股权分置改革是民商法与经济法综合运用的一个实例。

[2]　参见郭宏超等：《全流通新政》，载《经济观察报》2003年11月24日，第A3版。

[3]　参见刘俊海：《中国资本市场法治前沿》，北京大学出版社2012年版，第231页。

[4]　参见罗培新：《公司法的合同解释》，北京大学出版社2004年版，第248页。

[5]　罗培新：《公司法的合同解释》，北京大学出版社2004年版，第247页。

股股东提出要获得其所持股票的流通权，这将打破流通股股东的稳定预期，从而势必影响流通股股东的流通权价值，理论上，流通权的价值将归于零。因此，非流通股股东必须为此支付相当于流通股股东流通权价值的对价。[1] 补偿说包括"认股差价补偿说"和"合同变更损失补偿说"。然而，这二者的理由都不充分。

首先，"认股差价补偿说"认为，补偿是对社会公众股股东与国有股、法人股股东认股差价的补偿。这一观点存在的问题是：第一，证券溢价发行的价格偏高，超出股票面值和发起人股每股净资产的溢价发行是国际通例。况且，公司公开发行时非流通股股东以较低的折股价（或认股价）取得股份，在很大程度上是由于他们对公司无形资产的贡献和承担了更多的风险。因此，要求非流通股股东向流通股股东补偿其认股差价，理由不充分。第二，即使补偿认股差价，也缺乏可操作性，因为公司股东（包括非流通股股东和流通股股东）经常处于变动不居之中，补偿主体、补偿形式、补偿标准等难以确定。[2]

其次，"合同变更损失补偿说"认为，支付对价是因合同变更导致非流通股未来上市流通给流通股股东造成损失的补偿。这一观点存在的问题是：第一，股改之后并不意味着非流通股全部都会（事实上也不可能）进入二级市场交易，只有在特定的非流通股进入二级市场实际交易时才会对股票价格产生影响，也只有此时才会使原流通股股东利益受损。对于一项未来才会发生的损失，现在就要求非流通股股东预先给予补偿似无道理。第二，流通股股东进入二级市场参与证券交易是其自主的投资行为，基于《证券法》的有关规定，除因发行人、上市公司等欺诈导致的损失外，股票交易的投资风险与损失由投资者自行负责。因此，要求补偿投资者在证券交易中所受的损失缺乏相应的法律依据。[3]

（3）买卖说。该说认为，非流通股股东须要从流通股股东受理购买流通权或流通权价值。这是源于经济学界如下认知的基础上而产生的：股权分置市场中的股票价格还受到部分股票不流通的特定因素的影响，这称之为流通权价值，因此，必须向流通股股东支付一定的对价购买其所拥有的流通权价

---

[1] 周代春等：《股权分置改革"对价"的法律分析》，载《上海证券报》2005年6月8日，第8版。

[2] 参见刘俊海：《中国资本市场法治前沿》，北京大学出版社2012年版，第229页。

[3] 参见刘俊海：《中国资本市场法治前沿》，北京大学出版社2012年版，第229～230页。

值。[1]据说上述股权分置改革首批试点的4家上市公司均持此观点。[2]

买卖说的不足是基于其对流通权的误解。其不足表现在：第一，股票的流通权是法律赋予的，即可转让性为股份的本质属性[3]，股份的流通权和转让权是法律赋予股东的固有权利。所以，流通权不是通过支付对价买来的。第二，流通权既然是流通股股权的固有内容，就不可能脱离股权而存在，无法剥离出来单独买卖；同一股权上只存在单一的流通权，流通股股东不可能把流通股的流通权卖给非流通股股东。第三，任何人都不可能出卖自己没有的东西。流通股股东并不拥有非流通股股东的流通权，也就无法把非流通股股东的流通权卖给非流通股股东。[4]

（4）承诺变更说。持这一观点的法律界人士占了多数。[5]该说认为，由于非流通股股东变更此前所持股份"暂不上市流通"的承诺，为获得流通股股东对原非流通股上市流通的认可，即为获得流通股股东放弃对因认可该变更而可能遭受损失的请求权的允诺而为的对待给付。非流通股股东变更此前所持股份"暂不上市流通"的承诺，实际上是对原合同约定的变更。这种合同变更，所产生的后果如下：[6]第一，导致非流通股未来上市流通会给流通股股东造成股价损失。"股市的核心关系就是股票的供给和需求之间的关系。股市的供给就是股票的数量和质量，股市的需求就是进入股市的资金。"[7]据

〔1〕 周代春等：《股权分置改革"对价"的法律分析》，载《上海证券报》2005年6月8日，第8版。

〔2〕 参见刘俊海：《中国资本市场法治前沿》，北京大学出版社2012年版，第230页。

〔3〕 参见江平主编：《新编公司法教程》，法律出版社2003年版，第194页。

〔4〕 周代春等：《股权分置改革"对价"的法律分析》，载《上海证券报》2005年6月8日，第8版。

〔5〕 参见罗培新：《公司法的合同解释》，北京大学出版社2004年版，第250~251页；周代春等：《厘清法律关系试点少走弯路》，载《证券时报》2005年6月8日，第3版；刘俊海：《中国资本市场法治前沿》，北京大学出版社2012年版，第231~232页。

〔6〕 参见刘俊海：《中国资本市场法治前沿》，北京大学出版社2012年版，第231~232页。

〔7〕 该作者进一步论述："股市的供给由上市公司决定，上市公司主要是国有企业。因此，股市供给方面的制度决定关系可以表述为：股票的供给数量和质量取决于上市公司的状况，上市公司的状况取决于国有企业的改革，国有企业的改革取决于企业制度的改革，企业制度的改革取决于经济体制的改革，经济体制的改革取决于政治体制的改革。股市的需求取决于进入股市的资金量，股市的资金量取决于我国的投融资体制，投融资体制取决于国有银行体制的改革，银行体制的改革取决于金融体制的改革，金融体制的改革取决于经济体制的改革，经济体制的改革取决于政治体制的改革。"参见林义相：《以制度创新保护流通股股东合法权益》，载《中国证券报》2003年11月6日，第13版。

此，股票实现全流通后的价格必定低于改革前的流通股股价，但又高于改革前的非流通股股价。如果流通股股东和非流通股股东的持股数量保持不变，原流通股的流通市值必然下降，而原非流通股的市值必然上升，且流通股股东流通市值下降的金额等于非流通股股东市值上升的金额，由此形成财富的转移，给流通股股东造成股价损失。第二，给流通股股东所造成的股价损失是一种未来发生的预期损失。对于预期损失的补偿具有未来的请求权，但不具有现实的操作性。

由于合同的变更意味着非流通股股东变更此前所持股份"暂不上市流通"的承诺，并且流通股股东因此放弃对预期损失的请求权。因此，非流通股股东通过支付对价，如支付一定量的股票或者货币、对所持股份的转让作出限制等，才能求得二者的利益平衡。

上述各说，虽然都存在这样或者那样的问题，但是毕竟开阔了我们认识对价性质的视野，因而各有其价值。对对价性质的全面认识，就是上述观点合理部分的总和，而其中的不合理部分，则从反面加深了我们对这一问题的认识。

三、股改对价确定程序的法律分析

股改对价的确定是通过类别股东分类表决机制来实现的，所以对股改对价确定程序的法律分析，主要是对类别股东分类表决机制的法律分析。

（一）类别股东分类表决机制的法规依据

1. 根据《关于上市公司股权分置改革的指导意见》第8条的规定，股权分置改革方案实行分散决策、分类表决政策，即股权分置改革方案要实行分散决策。上市公司非流通股股东依据现行法律、法规和股权分置改革的管理办法，广泛征求A股市场相关流通股股东意见，协商确定切合本公司实际情况的股权分置改革方案，参照股东会的程序，由A股市场相关股东召开会议分类表决。非流通股股东与流通股股东之间以对价方式平衡股东利益。

2. 根据《上市公司股权分置改革管理办法》第5条的规定："公司股权分置改革动议，原则上应当由全体非流通股股东一致同意提出；未能达成一致意见的，也可以由单独或者合并持有公司2/3以上非流通股份的股东提出。非流通股股东提出改革动议，应以书面形式委托公司董事会召集A股市场相关股东举行会议（以下简称相关股东会议），审议上市公司股权分置改革方案（以下简称改革方案）。相关股东会议的召开、表决和信息披露等事宜，参照执行上市公司股东大会的有关规定，并由相关股东对改革方案进行分类表决。"该办法第16条又规定："相关股东会议投票表决改革方案，须经参加表决的股东所持表决权的2/3以上通过，并经参加表决的流通股股东所持表决权的2/3以上通过。"

上述规范性文件，确立了在股改中实施流通股股东与非流通股股东的分类表决机制。

（二）类别股东分类表决机制的法律分析

对于类别股东表决机制，我国公司法没有明确规定，故上述规定一经公布，在学界和股改市场均反响强烈。在此有必要对这一机制进行法律制度层面的分析。

1. 关于类别股东表决制度的一般原理。类别股东表决机制的前提是类别股的存在。类别股是指在公司的股权设置中，存在两个以上不同种类、不同权利的股份。这些股份因认购时间和价格不同、认购者身份各异、交易场所有别，而在流通性、价格、权利及义务上有所区别。[1]普通股和特别股是两种最基本的类别股，这是依据股东所享有的权利和承担的风险大小不同为标准来划分的：[2]

（1）普通股（Ordinary shares or common stock），是指股东权利一律平等，在行使权利时无任何差别待遇的股份。普通股是股份有限公司最重要、发行数量最多、构成公司资本基础部分的股份。持有普通股的股东按股份比例享有公司利润分配权、优先认股权和剩余资产分配权，并承担公司经营亏损的风险。在公司分配利润时具有不确定性，不享有特别权利，由公司盈利状况决定。在公司破产清算时，后于公司债权人及特别股中的优先股股东分得剩余财产。普通股的另一类权利就是其股东享有表决权，也就是说享有决定公司一切重大事务的决策权。股东的表决权是通过股东会来行使的，通常的规则是每一股份的股东享有一个表决权，即所谓的"一股一权"。

（2）特别股（Special stock），是指股份所代表的权利、义务不同于普通

---

〔1〕　参见罗培新：《公司法的合同解释》，北京大学出版社2004年版，第243页。
〔2〕　有关股份的详细分类，参见李东方：《公司法学》（第三版），中国政法大学出版社2024年版，第310~318页。

股，持股股东由此而享有特别权利和承担特别义务的股份。特别股根据其所含权利义务的内容可分为优先股与后配股两类：①优先股（Preferred stock）是公司在筹集资金时，给予投资者在分配收益及分配剩余资产等方面某些优先权的股份；②后配股，又称劣后股，是指在普通股之后参与公司盈余分配和剩余财产分配的股份。后配股因参与分配的顺序须排在优先股及普通股之后，故其风险更大。但后配股的股东对公司事务往往有高于其他股东的表决权，此类股份公开发行时，多由发起人认购，所以又被不是很准确地称为发起人股。后配股适用性不大，亦不常见。

在普通股和特别股这一分类中，依照股东有无表决权又可将股份再划分为表决权股和无表决权股：表决权股，是指享有表决权利的股份；无表决权（Non-voting stock），是指不享有表决权的股份。

许多国家和地区的公司法都确立了类别股东表决制度，规定当公司某项决议可能给某类股东带来损害时，除经股东会决议外，还必须事先经该类别股东会决议通过，这就是所谓的类别股东表决制度。[1]《美国模范公司法》（MBCA）中有团体投票（Class voting）的概念，即依照法律或公司章程享有投票表决权的全部股东，依照其所持股票的种类的不同而形成不同的投票团体（Voting group），即同一种类股票的所有持有人形成一个投票团体。在股东会议上对某一事项进行投票表决时，各投票团体在投票计数时分别计算。[2]日本公司法称因类别股东表决而召开的会议为种类股东会，《日本公司法典》第 321 条规定，种类股东会，以公司法和公司章程规定的事项为限，可作出决议；该法第 322 条第 1 款则规定，在发行种类股份公司实施下列行为的场合，存在对某一种类的股份的种类股东造成损害之虞时，该行为未经过该种类股份的股东为成员的种类股东会的决议，不发生效力。[3]韩国公司法也将因类别股东表决而召开的会议称为种类股东会，该种类股东会的宗旨是：公司发行数种股份时，根据不同的事案，各种类股东所持的利害关系就会不同。这时，数量上占优势种类的股东会控制股东会决议，数量上占劣势的股东因此而受损害。因此，商法就股东会的特别决议事项中存在这种危险可能性的

---

〔1〕 参见谈萧：《股权分置改革中若干法律问题探析》，载《证券市场导报》2005 年第 12 期。

〔2〕 参见薛波主编：《元照英美法词典》，法律出版社 2003 年版，第 233 页。

〔3〕 《日本公司法典》，崔延花译，中国政法大学出版社 2006 年版，第 153 页。

事案，除股东会决议以外，还要求有可能受损害的种类股东们的决议。种类股东会的决议只是为使股东会决议发生效力而附加要求的要件，而其本身并非为股东会，也不是公司机关。[1]

综上所述，类别股东表决制度的本质，就是当公司股东会某项决议可能给某一类别股东的利益带来不利或者损害时，须要事先经该类别股东会议决议通过，该类别股东会的决议只是股东会决议发生效力的一个必备条件，而类别股东会其本身并不是股东会，也不是公司机关，它不能够改变作为公司机关股东会的任何决议。这一制度从类别股东行使表决权的角度入手，在一定程度上纠正了在股权平等原则下，资本多数决规则所造成的不同股东之间事实上的不公平，意在追求股东间的实质平等。[2]

2. 我国类别股东表决制度的现状。

（1）在基本法层级。我国 2023 年《公司法》修订之后，对发行类别股作出了直接规定。具体见《公司法》第 144~146 条的规定。

（2）在部门规章层级。对于类别股东表决制度，我国部门规章层级的法律文件早在 20 世纪 90 年代开始就有所涉及，或者说，类别股东分类表决在我国证券市场上已经现实存在。1994 年发布的《到境外上市公司章程必备条款》以第 9 章专章规定了"类别股东表决的特别程序"共 8 条（第 78~85 条）。2002 年 7 月，中国证监会发布的《关于上市公司增发新股有关条件的通知》第 5 条规定，增发新股的股份数量超过公司股份总数 20% 的，其增发提案还须获得出席的流通股（社会公众股）股东所持表决权的半数以上通过。2004 年 11 月，中国证监会发布《上市公司股东大会网络投票工作指引（试行）》第 3 条第 2 款规定，股东大会议案按照有关规定需要同时征得社会公众股股东单独表决通过的，除现场会议投票外，上市公司应当向股东提供符合前款要求的股东大会网络投票系统；第 8 条第 2 款规定，股东大会议案按照有关规定需要同时征得社会公众股股东单独表决通过的，还应单独统计社会公众股股东的表决权总数和表决结果。

上述我国部门规章层级的类别股东分类表决的相关规定，并不违反 2023 年修订之前的《公司法》和《证券法》的立法宗旨和禁止性规定。我国事实

---

[1]　参见［韩］李哲松：《韩国公司法》，吴日焕译，中国政法大学出版社 2000 年版，第 434 页。
[2]　参见李东方：《公司法学》（第三版），中国政法大学出版社 2024 年版，第 25~26 页。

上已经形成流通股和非流通股两种不同权益的类别股。在此情况下，建立社会公众股股东单独表决机制不仅不违反"同股同权、同股同利"原则，[1]相反有利于实现流通股股东和非流通股股东之间的利益平衡和实质公平。

本次股权分置改革再次引入类别股东分类表决制度，在制度上为流通股股东提供了充分表达意愿的平台，是保护流通股股东权益的具体体现。该制度通过纠正资本多数决原则导致的实质不公平而对中小股东给予倾斜保护，从而维护了股东之间的实质平等。该制度有助于恢复股权平等原则的真意，提升在经济实力、持股比例、表决力和信息占有等方面处于弱势群体的流通股股东的地位，从制度上有效预防资本多数决的传统公司法原则与"一股独大"的股权现实结构导致的资本多数决滥用现象，从而避免股东大会演变为"大股东会"。[2]

通过上述法律分析可以看出，以类别股东分类表决机制作为确定股改对价的程序，是相对公平并且可行的一项制度。

最后需要强调的是，上市公司作为参与股改的重要当事人，其主体地位不容忽视。一方面，流通股股东和非流通股股东的所有博弈和讨价还价都离不开这二者共同所在的上市公司这一组织体；另一方面，股改并非仅仅是流通股股东和非流通股股东之间的利益问题，它还涉及我国证券市场的整体变革。在这一变革过程中随着股权结构的变化，上市公司的治理结构、经营机制等诸多方面都可能发生重大变化，上市公司必然要作为一方主体参与到股改关系之中，并且其行为也要受到上市公司监管法的调整。

---

〔1〕 "同股同权、同股同利"原则的法律依据来自于《公司法》第143条的规定，即"股份的发行，实行公平、公正的原则，同类别的每一股份应当具有同等权利。同次发行的同类别股份，每股的发行条件和价格应当相同；认购人所认购的股份，每股应当支付相同价额。"
〔2〕 参见刘俊海：《类别股东表决制度构筑七大工程》，载《上海证券报》2004年12月14日。

第十三章
上市公司退市监管法治化

第一节　上市公司退市监管法治的基础理论

一、上市公司退市监管法律制度的界定

在界定上市公司退市监管法律制度之前，先要明确退市的含义。所谓退市，又称"终止上市""撤回上市""摘牌"或"下市"，是指上市公司股票因各种原因不再在特定的证券交易所挂牌，从而退出特定证券交易所的一种法律行为。英美国家一般将退市分为以下三种情形：①上市公司因不符合上市标准被交易所（或证券监管部门）宣布退市（亦称摘牌，Delisting/Cancellation of listing），这是上市公司的被迫退市；②原来在多个市场上挂牌交易的公司，经证券交易所批准，上市公司主动提出撤回在其中的一个或多个市场上的上市（Withdrawal of listing）；③上市公司的股票或资产被非上市公司或其他投资者收购，从而上市公司转为非上市公司（又称下市，Going private）。[1]

如本书第十章结尾部分所述，证券[2]上市交易后，原本符合上市条件的证券可能因其发行主体的变化或交易过程中发生的变化而不再符合上市条件，这时证券交易所或证券监管部门就有必要采取停牌或终止其上市的措施，以保证金融资源的合理配置和维护证券市场的正常秩序。由停牌或终止等一系列措施而形成的制度就是上市公司退市监管法律制度，它是上市公司法治化

---

〔1〕　许长新：《境外上市公司的退市规定及其对我国的启示》，载《世界经济与政治论坛》2001年第1期。

〔2〕　根据《证券法》第2条的规定，证券包括股票、债券、存托凭证和国务院依法认定的其他证券等。《证券法》在第48条规定了公司的证券终止上市。为与本书第一章第一节关于上市公司的概念相对应，本章仅讨论股票终止上市，这里的证券如果未特别指明，则仅指股票。

的重要组成部分。无论是上市停牌还是上市终止，对于上市公司而言，均属重大事件，因此上市公司监管法规定，停牌或终止上市必须经有权机构依照法定程序作出。上市公司监管立法的这一规定表现出法律对经济生活的干预、对公共利益的保护，体现出上市公司监管法律制度的公法属性。

具体而言，上市公司退市监管法律制度，是指上市公司在退市过程中规范和调整证券监督管理机构、证券交易所、上市公司等证券市场参与主体的各类活动以及它们之间形成的各类社会关系的法律规范的总称，它由在上市公司股票退出证券交易市场时起规范和调整作用的一系列法律法规共同构成。从广义上讲，上市公司的退市监管法律制度包含了停牌（预备退市）、复牌和终止上市（正式退市）三种情形；而狭义的退市监管法律制度仅指终止上市（正式退市）。本章将从广义的角度探讨退市监管法律制度，具体内容包括上市公司的上市停牌制度、上市复牌制度和终止上市制度三个部分。上市公司退市监管法律制度（以下有时简称"上市公司退市监管法"）是上市公司法治化的重要组成部分。

二、上市公司退市监管法中几个重要概念的辨析

由于上市停牌、上市复牌与终止上市共同构成上述广义的退市监管法的基本内容，因此有必要首先辨明其含义。其中，上市复牌是上市停牌的后果之一，故在此不单独讨论，而将其并入到上市停牌之中一并研究。

（一）上市停牌

上市停牌，又称暂停上市，是指已获准上市的证券，由于上市公司发生一定的事由，而经证券交易所或证券监管机关决定或者自动停止其在证券交易所的集中交易的情形。证券上市的停牌可分为自动停牌和强制停牌两种形式。自动停牌是指在上市公司发生法定事由时，自动暂停其证券上市，或者根据其申请暂停其证券上市；强制停牌是指在上市公司发生法定事由时，由证券交易所或者证券监管机关依法决定暂停其证券上市。

（二）终止上市

终止上市是指已获准上市的证券，因发生法定事由，由证券交易所或证券监管机关决定终止其上市资格的情形。上市公司的股票上市后，并不意味着这些股票永久具备在证券交易所进行上市交易的资格，原来具备上市条件

的公司，随着上市公司经营状况的变化，可能会丧失上市条件，从而被证券交易所或者证券监管机关取消其证券上市的资格。

上市停牌与终止上市既有区别又有联系。二者的区别在于，证券上市的停牌在具备法定条件时，可恢复上市交易；而证券上市的终止则不能恢复上市，只能永远退出市场或者另行申请重新上市。二者共同之处是上市证券均停止交易活动，当上市暂停原因造成严重后果或法定期间内未能消除暂停的原因时，将导致证券上市的终止，可见，上市终止是一定条件下上市暂停的后果之一。

需要注意的是，上市停牌与终止上市都只是停止上市公司进入特定证券交易市场的资格，而公司的主体资格依然存在。换言之，终止上市之后，上市公司所具有的股份有限公司的身份并未受到影响，此时其发行的股票也依然可以在特殊的场合进行交易。比如，在我国，退出证券交易所的股票可以在一定条件下进入全国中小企业股份转让系统[1]进行交易；而在美国，其上市公司的股票退市之后，一般就进入到场外交易市场继续进行交易。可见，上市公司的退市与公司的解散、清算是有明显差异的，后者发生时上市公司的主体资格往往会发生重大变化。

（三）暂停上市与终止上市的监管机构

在国外，证券上市暂停与终止的决定权一般由证券交易所行使或由证券交易所申请监管机构同意而后行使。在我国台湾地区，发行人还得依上市协议自行申请终止上市，由证券交易所作出处理报告并由监管机构批准。我国在 1993 年《公司法》颁布之前，沪、深两地证券上市的暂停与终止，采取由证券交易所决定、报主管机关核准或备案的做法。《公司法》实施后，一律改由国务院证券监管部门决定，证券交易所执行；[2] 1998 年颁布的《证券法》也规定，证券上市的暂停与终止，原则上由国务院证券监督管理机构依法决

---

〔1〕 2013 年 1 月 16 日，全国中小企业股份转让系统正式揭牌运营，全国中小企业股份转让系统是经国务院批准设立的全国性证券交易场所，全国中小企业股份转让系统有限责任公司为其运营管理机构。为此，中国证监会于 2013 年 1 月颁布并实施《全国中小企业股份转让系统有限责任公司管理暂行办法》，其中第 34 条规定，在证券公司代办股份转让系统的原 STAQ、NET 系统挂牌公司和退市公司及其股份转让相关活动，由全国股份转让系统公司负责监督管理。

〔2〕 参见 1993 年《公司法》第 157、158 条的规定，2005 年《公司法》修订之后，将此两条规定删除而统一交由《证券法》规范。

定。在必要的时候，国务院证券监督管理机构可以授权证券交易所依法暂停或者终止股票或者公司债券上市。例外地，对于公司解散、依法被责令关闭或者被宣告破产的，证券上市的终止由证券交易所决定，并报国务院证券监督管理机构备案。[1]2005年《证券法》修订之后，则一律改由证券交易所行使该项权力，对证券交易所作出的不予上市、暂停上市、终止上市决定不服的，可以向证券交易所设立的复核机构申请复核。[2]2019年《证券法》修改后直接删除了暂停上市的规定，完全交由证券交易所进行规范。《上海证券交易所股票上市规则（2024年4月修订）》第8章"停牌与复牌"和第9章"退市与风险警示"对我国退市行为进行了详细规范。

由于证券市场与公共利益的联系程度甚大，停牌或终止上市不单纯由契约自由原则决定，它还必须受到证券监管机构（包括自律监管机构）从维护公共利益原则出发而进行的约束。2005年《公司法》和《证券法》修订之后，将停牌或终止上市的监管权由国务院证券监管机关转给证券交易所统一行使，是符合我国实际情况的。这说明我国证券市场自治能力比过去有了相当程度的提高，在此背景下更应当重视发挥市场自律监管机构的作用。2019年《证券法》更是进一步下放这方面的权力，删除了在证券基本法中的不必要的相关条款。

基于上市公司退市监管机构的变化，上面所陈述的上市公司退市监管法是上市公司监管法的重要组成部分，在这里可以更进一步地明确，上市公司退市监管法主要是上市公司监管法之中自律监管法部分的有机组成部分。[3]

有关我国上市停牌、复牌与终止上市的具体内容，将在本章下一节讨论。

三、上市公司退市制度的意义

金融市场是资金供求双方运用资金工具进行各种金融交易活动的总和。它由三个要素构成：①市场主体，主要是资金需求者和资金供给者；②市场客体，即金融工具，所谓金融工具是指交易双方在交易活动中按照一定的格

---

[1] 参见1998年《证券法》第55~57条的规定。

[2] 参见2005年《证券法》第55~62条的规定。

[3] 如本书第一章第二节所述，本书所论述的上市公司监管法始终包含政府监管法和自律监管法两个部分，前者具有国家公法性，后者具有社会公法性。所以，退市监管法的公法性指的主要就是其社会公法性。

式明确各自权利义务的书面凭证，如股票、债券；③市场组织方式，金融市场的组织方式，主要有证券交易所方式和柜台交易方式等。[1]证券市场是金融市场的一个重要组成部分，一个运行正常的证券市场必须对市场有限的资金起到有效的配置作用，而资金作为稀缺资源在一定的时期里往往是一个常量，一部分上市公司占用了资金，另一部分上市公司的资金供应量就会相应减少。投入资金的回报率如果高，就代表着资金的利用是有效率的，这种有效率的利用资金反过来可以带动其他资源的有效配置。在运行良好的证券市场上，通常是资金向优质上市公司集中，优质、盈利的上市公司就可以多占用资金资源，劣质公司就会退出，能够起到优胜劣汰的作用。

具体来讲，上市公司退市制度有如下积极意义：

1. 有利于优化金融资源的配置。劣质上市公司如果持续在证券交易所交易，将产生以下不良后果：①它可能误导投资者将有限的资本金投向本应被淘汰的那些上市公司，一方面浪费了有限的金融资源，另一方面又给投资者增加了风险；②对劣质上市公司的资金投入，便意味着向优质上市公司投入资金的减少，这与优化金融资源配置的制度目标背道而驰；③由于劣质上市公司其股票交易价格往往起点较低，容易被炒作，许多情况下优质公司反而竞争不过，导致"劣币驱逐良币"[2]的怪现象。

基于上述理由，退市制度应该与上市制度一起共同作为证券市场优胜劣汰的过滤器。通过这样的过滤筛选机制，使得投资者能够根据市场信息理性选择投资对象，让资本在优质公司和朝阳产业中集结，才能促进统一交易的证券市场中资源的合理有效配置，提高资源的配置效率和利用效率，推动结构调整和产业升级，从而充分发挥证券市场的优胜劣汰功能。就证券市场而言，上市交易的公司是有管理成本与运营成本的，这决定了证券市场的规模和能够上市交易的资源都是有限的。如果没有一个合理的退市机制，就不仅

---

〔1〕　顾功耘主编：《商法教程》，上海人民出版社 2001 年版。转引自井涛主编：《退市法律研究》，上海交通大学出版社 2004 年版，第 3 页。

〔2〕　"劣币驱逐良币"为 16 世纪英国伊丽莎白铸造局局长提出，也称"格雷欣法则"（Gresham's Law）。"劣币驱逐良币"是指当一个国家同时流通两种实际价值不同而法定比价不变的货币时，实际价值高的货币（良币）必然要被熔化、收藏或输出而退出流通领域，而实际价值低的货币（劣币）反而充斥市场，后来被引申为经济学上的一条定律。当事人的信息不对称是"劣币驱逐良币"现象存在的基础，因为如果交易双方对货币的成色或者真伪都十分了解，劣币持有者就很难将手中的劣币用出去，即使能够用出去也只能按照劣币的"实际"而非"法定"价值与对方进行交易。

不能杜绝绩差上市公司占用证券市场有限的资源，反而会造成绩差上市公司成为证券市场的僵尸而祸害市场，危及优质上市公司的正常运行，影响准备上市的企业上市。可见，退市制度有利于避免"劣币驱逐良币"，从而实现优胜劣汰、优化金融资源的配置。

2. 有利于保护投资公众的利益。在沪深两市上市的公司会越来越多，其中亏损绩差的公司数量在增加，相应的交易风险也在增长。如果任由这些绩差的公司继续在市场上融资，最终将会损害投资公众的利益。对于投资公众而言，运行在证券市场上的劣质公司有如定时炸弹，各类风险随时可能发生。在事发前通过退市制度将其淘汰出局，有利于降低市场风险，规范市场运行，这对相对弱势的投资公众无疑是有利的。

3. 有利于提高上市公司的整体质量。通过退市制度建立起来的优胜劣汰机制是证券市场可持续发展的制度保证，它有助于上市公司参考相应的标准加强对自身运营的管理。在有退市制度发挥威慑力的情况下，上市公司将努力保持自己的上市地位，从而优化上市公司内部治理，建立起有效的约束和制衡机制，防止上市公司高管操纵股价、掏空公司的行为。可见，退市制度是上市公司整体质量得以提高的一个有效途径。

上述上市公司退市制度的三条积极意义，也可以从其对应保护的三类主体的角度来认识：①保护优质上市公司。退市制度有利于优化金融资源的配置，自然是有限的资金集中到优质的上市公司，这些优质的上市公司不会受到"劣币驱逐良币"的困扰。②保护投资公众的利益。劣质上市公司越多，市场风险就越大，市场风险越大，投资公众便越容易受损。劣质上市公司的及时退出，有利于降低市场风险，有利于保护投资公众的利益。③保护全部上市公司。退市机制的存在，给全部的上市公司以压力，特别是对那些接近退市边缘的上市公司以巨大压力，促使它们及时整改，提高管理水平和营利能力，使上市公司的整体质量得以提高。

最后需要强调的是，随着注册制的全面实施，严格的信息披露措施必然会增大发行环节和公司的透明度，那些依靠包装或造假发行的公司就可能被市场淘汰，退市也就成为其应当承受的后果。注册制在降低门槛"入口"的同时，还应当维护"出口"的畅通，否则大量公司的进入，难免泥沙俱下，由于劣质上市公司其股票交易价格往往起点较很低，容易被炒作，在许多情况下优质公司反而竞争不过，容易导致"劣币驱逐良币"的怪现象。因此，对于劣质上市公司必须按照市场规律将其淘汰出局，这就依赖于更加完善的退市制度。

第二节　我国上市公司退市监管法律制度的建立与完善

一、我国上市公司退市状况及其监管法律制度的建立

（一）我国上市公司退市的实际状况

2001 年 4 月 23 日 PT 水仙宣告退市，我国上市公司退市制度正式启动。截至 2010 年 8 月，我国主板上市公司总计 1894 家，其中共有 70 家上市公司的 74 只股票（70 只 A 股、4 只 B 股）退市，包括上交所和深交所的各 35 家上市公司，约占上市公司总数的 3.85%。[1]2020 年，我国启动新一轮退市制度改革，全面完善退市标准，简化退市程序，拓宽多元退出渠道，加大退市监管力度。退市改革以来，已有 104 家公司强制退市，是改革之前 10 年的近 3 倍。[2]

从我国上市公司历年的退市数量上看，我国近年来上市公司退市的绝对数量较少，而且占上市公司总数的相对比例也很低。数据显示，我国 2006 年上市公司总数为 1421 家，退市的公司为 11 家，占上市公司总数的 0.77%；2007 年上市公司总数为 1530 家，退市的公司为 10 家，占上市公司总数的 0.65%；2008 年上市公司总数为 1604 家，退市的公司为 2 家，占上市公司总数的 0.12%；2009 年上市公司总数为 1700 家，退市的公司为 6 家，占上市公司的 0.35%。我国证券市场的这种"进多退少""只进不出"现象，导致了上市公司数量的有增无减和证券市场资源优化配置功能的失灵。

从现有的我国上市公司退市的类型上看，根据退市原因的不同，主要可以分为以下两种类型：一种是因亏损原因被动退市的情形，另一种是因公司

---

〔1〕　数据来源于上海证券交易所网站：http：//www.sse.com.cn/；深圳证券交易所网站：http：//www.szse.cn/.

〔2〕　沙千、董彬：《证监会：退市改革以来已有 104 家公司强制退市》，载央视新闻客户端，https：//content-static.cctvnews.cctv.com/snow-book/index.html？item_ id = 11427272041121324681&toc_ style_ id = feeds_ default&share_ to = copy_ url&track_ id = e9e37208-6f16-4b56-af77-177706ab180c，最后访问时间：2024 年 6 月 8 日。

合并或分立的原因主动或自动退市的情形。

据统计，在 70 家已退市的公司中，有 46 家公司是因亏损退市，有 24 家公司是因公司合并或分立退市。因亏损退市的公司都存在连续亏损，且有亏损幅度大、亏损持续时间长等特点。以上海证券交易所被强制退市的 21 家上市公司为例，其中连续亏损 3 年以上的公司有 17 家，有 16 家公司的每股收益曾降到-1 元以下，有 18 家公司的净资产收益率曾降至-100% 以下。而 2008 年以来，大部分退市公司因公司合并或分立而退市，2008 年至今我国股市退市的 12 家公司中，有 11 家是因公司合并或分立退市。这些公司具有以国有公司为主，且有股权结构相对集中的特点。据统计，在 24 家因合并分立退市的公司中，有 21 家公司的第一大控股股东属于国有性质，并且这 24 家退市公司的前三大股东的平均持股比例高达 53.31%，有超过 2/3 的公司第一大股东持股比例高于 30%，有超过 1/3 的公司第一大股东持股比例高于 50%。[1]

从我国上市公司退市分布的地域和行业上看，退市公司分布广泛且呈集聚态势。在 70 家已退市的公司中，其所属地域遍及了全国各地 20 多个省和直辖市，地域分布广泛。但退市公司的地域分布极不均衡，广东和上海两地的退市公司比例为最高，两地退市公司总计有 24 家，约占退市公司总数的 32.88%。

我国退市公司的行业分布较为广泛，行业分布的不平衡性也很突出，其中因亏损原因退市的公司大部分集中于市场化程度较高且竞争较为充分的行业，如制造业、综合类和服务业等，而因公司合并或分立退市的公司主要是集中在垄断性行业，如房地产业、石油和天然气开采业、建筑业等。[2]

在发达国家证券市场上，上市公司有进有退、进退有序，退市是一种常态现象。这些国家上市公司退市的规则较为宽松，而市场却并未因此而让劣质股大量充斥。其中的一个重要原因就在于，这些国家拥有发达、便捷的上市公司收购机制，绩差公司很容易成为被廉价收购的目标公司，无需启动退市规则就因被收购而退出证券市场。[3]资料显示，在 2009 年度，纽约交易所新上市公司 94 家，退市公司 212 家，占上市公司总数的 9.11%；东京交易所

---

〔1〕 数据来源于国泰君安数据库（CSMAR）中的上市公司研究数据库。

〔2〕 数据来源于国泰君安数据库（CSMAR）中的上市公司研究数据库。

〔3〕 但是，我国在股权分置改革之前，上市公司中的国有股、法人股多居于控股地位且不能流通，因而不具备进行大量的、市场化的上市公司收购的条件，因上市公司收购而退市的案例不多。

新上市公司 23 家，退市公司 78 家，占上市公司总数的 3.34%；德国交易所新上市公司 6 家，退市公司 61 家，占上市公司总数的 7.79%；伦敦交易所新上市公司 73 家，退市公司 385 家，占上市公司总数的 13.79%。[1]这些国家的证券市场的退市机制，发挥了较好的资源优化配置功能。

（二）我国上市公司退市监管法律制度的建立

我国上市公司退市机制的最早规定，是 1993 年《公司法》第 157、158 条关于暂停上市和终止上市的规定。这两条规定奠定了我国上市公司退市制度的基本框架。

1998 年 4 月，根据沪深证券交易所的股票上市规则规定，当上市公司出现"财务状况或其他状况异常"，导致投资者对公司的前景难以判定，可能损害投资者利益的情形，交易所对其股票进行"特别处理"（Special Treatment，ST），并将这些股票简称为"ST 股"。ST 股票是中国资本市场特有的证券品种。上述"财务状况或其他状况异常"，主要包括两种情形：一是上市公司经审计连续 2 个会计年度的净利润均为负值；二是上市公司最近 1 个会计年度经审计的每股净资产低于股票面值。在上市公司的股票交易被实行特别处理（ST）期间，其股票交易应遵循下列规则：①股票报价日涨跌幅限制为 5%；②股票名称改为原股票名前加"ST"；③上市公司的中期报告必须审计。

1998 年《证券法》也作了暂停上市和终止上市的规定，虽与 1993 年《公司法》的规定相重复，但是其确认了证券交易所在上市公司退市中的地位和作用，即"国务院证券监督管理机构可以授权证券交易所依法暂停或者终止股票或者公司债券上市"。这是其对 1993 年《公司法》相关规定的突破点。

1999 年 7 月，中国证监会发布实施的《股票暂停上市相关事项的处理规则》推出了股票的特别转让制度，即 PT[2]制度，该制度是指证券交易所对存在连续亏损而被暂停上市的上市公司，指定其股票集中于每周五的开市时间内以特定的方式进行交易。从表面上看，PT 制度是给投资理念不成熟的投资者"一个缓冲的机会"，[3]实则导致退市制度名存实亡。因为在 PT 制度

〔1〕　数据来源于全球交易所数据查询网站：http：//www.world-exchanges.org.

〔2〕　PT 是英文 Particular Transfer（特别转让）的缩写。沪深交易所从 1999 年 7 月 9 日起，对这类暂停上市的股票实施特别转让服务，并在其简称前冠以 PT，称之为 PT 股票。

〔3〕　李荣：《关于进一步完善我国上市公司退市机制的几点思考》，载《商业研究》2003 年第 11 期。

下，一个公司的退市必须要达到连续 6 年亏损，才能做到真正退市。因此，在当时的情况下，有的公司尽管已经连续 5 年亏损，甚至连续 6 年亏损，依然能够大难不死。PT 制度所造成的这种"该退不退、退而不出"的现象，与 1993 年《公司法》的立法意图未必相符。[1]后来由中国证监会发布，2002 年 1 月 1 日开始实施的《亏损上市公司暂停上市和终止上市实施办法（修订）》规定，连续 3 年亏损的公司不再被继续提供特别转让服务，从此宣告了 PT 制度的终结。

随着证券市场中亏损上市公司数量日渐增多，社会对启动上市公司退市机制的要求也日益强烈。在多方面的压力下，中国证监会于 2001 年 2 月发布了《亏损上市公司暂停上市和终止上市实施办法》，对连续亏损 3 年的上市公司在暂停上市后的恢复上市和终止上市作了具体的且有很强操作性的规定。2001 年 4 月 23 日，上海证券交易所作出不同意上海水仙股份有限公司宽限期申请的决定，连续 4 年亏损的 PT 水仙成为首家依上述办法退市的上市公司，成为我国第一家被终止上市的公司，是我国股市发展史上的重要里程碑，标志着我国退市机制的正式启动。随后，PT 中浩、PT 粤金曼也相继退市，我国的上市公司退市制度进入了实践期。[2]

2005 年《公司法》和《证券法》同时修订，进一步建立起我国的上市公司退市监管法律制度。2005 年《证券法》第 55、56 条对 1993 年《公司法》和 1998 年《证券法》规定的退市标准进行了修订，主要内容如下：①将公司不按规定公开其财务状况，或者对财务会计报告作虚假记载这一暂停上市的条件加上了"可能误导投资者"这一结果限制；②将公司不按规定公开其财务状况，或者对财务会计报告作虚假记载，且拒绝纠正作为终止上市的条件，删除了原"后果严重"的结果限制；③公司连续 3 年亏损且在其后 1 个年度内未能恢复盈利作为终止上市的条件，也即公司只有"连亏 4 年"才能被最终终止上市；④不再将公司有重大违法，且后果严重作为终止上市的条件，替之以"公司解散或者被宣告破产"；⑤将证券交易所上市规则规定的其他情形作为上市公司退市的标准。

---

〔1〕 1993 年《公司法》第 157 条规定，公司最近 3 年连续亏损，其股票要暂停上市；第 158 条则规定，在限期内未能消除，不具备上市条件的，由国务院证券管理部门决定终止其股票上市。

〔2〕 周友苏主编：《上市公司法律规制论》，商务印书馆 2006 年版，第 303 页。

中国证监会和沪深两个证券交易所根据 2005 年《证券法》所作的上述修订，对其原有的规范性文件也作了相应的修订。2019 年《证券法》进一步修订，证券交易所上市规则也作了进一步修订。具体内容见下文。

二、我国上市公司退市监管法律制度的特征及其内容

（一）上市公司退市监管法律制度的特征

1. 上市协议不同于一般民事合同，它受到具有明显公法特征的上市公司退市监管法的调整。《证券法》第 46 条规定，公司申请证券上市交易，应当向证券交易所提出申请，在证券交易所审核同意后双方签订上市协议。可见，上市公司之所以能够在交易所挂牌上市，是基于其与交易所之间的上市协议。上市协议作为双方权利义务的合同书，以公司符合法定上市条件和不违背退市条件为前提，一旦上市公司行为违反上市协议所订立的法定或约定退市条件，则上市协议的相对方有权依据法定程序决定上市公司退市，即直接取消其上市资格。上市公司退市虽然是基于上市公司违反上市协议所要承担的法律后果。但是，对于上市协议，特别是其中的退市条款，不是由一般合同法所能单独调整的，它还受到带有浓厚公法特征的上市公司退市监管法的调整。也就是说，只要上市公司没有达到上市标准，符合了法定的退市条件，作为合同的相对方证券交易所不能够如一般合同的主体谅解对方，放宽条件。此时交易所没有意思自治的空间，其行为此时只能以国家或者社会意志为转移。

2. 上市公司退市监管法涉及的法律关系主体具有多元性。在上市公司退市这一监管法律关系中，涉及主体包括中国证监会、证券交易所、其他合法的证券交易场所、证券业协会、证券登记结算机构、上市公司、投资者等，这些主体都各自从不同的角度参与到上市公司退市监管法律关系中来。

3. 上市公司退市监管法由实体法与程序法规范共同构成。上市公司退市监管法由实体规范与程序规范共同构成，这也是所有带有公法属性的法律规范的一个共同特点。在实体法方面，退市标准是上市公司退市的基本依据。《证券法》第 48 条关于终止上市的规定，即是退市制度的实体法规范；而各证券交易所制定的退市规范除遵循上述实体法之外，还规定了退市程序规则。如 2001 年 11 月 30 日，中国证监会发布的《亏损上市公司暂停上市和终止上市实施办法（修订）》，就作了一系列关于暂停上市、恢复上市和终止上市的

程序性规定。比如，其中的第 7 条和第 19 条就分别规定，上市公司应当在接到证券交易所股票暂停上市或者终止上市决定之日起 2 个工作日内，在中国证监会指定的报纸和网站登载《股票暂停上市公告》或者《股票终止上市公告》，并对公告的事项作了规定。而《上海证券交易所股票上市规则（2024 年 4 月修订）》同样作出了"停牌与复牌""退市与风险警示"的实体规范和程序规范。

（二）上市公司退市监管法的具体内容

1. 停牌与复牌。

（1）基本法层面的制度。我国 2019《证券法》删除了 2014 年《证券法》第 55 条关于暂停股票上市交易的规定。将该项权力下放给证券交易所的上市规则去规制。

（2）自律监管机构颁布的自律性规范。这主要是指证券交易所等自律监管机构颁布的自律性规范。关于停牌，或者称暂停上市，主要见诸两个证券交易所的股票上市规则。下面以《上海证券交易所股票上市规则（2024 年 4 月修订）》为准，说明与停牌与复牌相关的自律性规范的内容：[1]

①上市公司股票被交易所实行风险警示，或者出现终止上市情形的，公司股票及其衍生品种应当按照本规则第 9 章的有关规定停牌与复牌。

②上市公司未在法定期限内披露年度报告或者半年度报告的，或者公司半数以上董事无法保证年度报告或者半年度报告真实、准确、完整且在法定期限届满前仍有半数以上董事无法保证的，股票及其衍生品种应当自相关定期报告披露期限届满后次一交易日起停牌，停牌期限不超过 2 个月。在此期间内依规改正的，公司股票及其衍生品种复牌。未在 2 个月内依规改正的，按照本规则第 9 章相关规定执行。

③上市公司财务会计报告因存在重大会计差错或者虚假记载，被中国证监会责令改正但未在规定期限内改正的，公司股票及其衍生品种应当自期限届满后次一交易日起停牌，停牌期限不超过 2 个月。在此期间内依规改正的，公司股票及其衍生品种复牌。未在 2 个月内依规改正的，按照本规则第 9 章相关规定执行。

④上市公司信息披露或者规范运作等方面存在重大缺陷，被本所要求改

---

［1］ 参见《上海证券交易所股票上市规则（2024 年 4 月修订）》第 8 章的规定。

正但未在要求期限内改正的，公司股票及其衍生品种应当停牌，停牌期限不超过 2 个月。在此期间内依规改正的，公司股票及其衍生品种复牌。未在 2 个月内依规改正的，按照本规则第 9 章相关规定执行。公司在规范运作和信息披露方面涉嫌违反法律法规及交易所相关规定，情节严重而被有关部门调查的，本所在调查期间视情况决定公司股票及其衍生品种的停牌与复牌。

⑤上市公司因存在控股股东（无控股股东，则为第一大股东）及其关联人非经营性占用资金，余额达到最近一期经审计净资产绝对值 30% 以上，或者金额达到 2 亿元以上，被中国证监会责令改正但未在规定期限内改正的，公司股票及其衍生品种应当自期限届满后次一交易日起停牌，停牌期限不超过 2 个月。在此期间内依规改正的，公司股票及其衍生品种复牌。未在 2 个月内依规改正的，按照本规则第 9 章相关规定执行。

⑥上市公司因股本总额、股权分布发生变化导致连续 20 个交易日不具备上市条件的，交易所将于前述交易日届满的次一交易日起对公司股票及其衍生品种实施停牌，停牌期限不超过 1 个月。在此期间内公司披露股本总额、股权分布重新符合上市条件公告的，公司股票及其衍生品种复牌。未在 1 个月内披露的，按照本规则第 9 章相关规定执行。

⑦上市公司因收购人履行要约收购义务，或者收购人以终止上市公司上市地位为目的而发出全面要约的，要约收购期满至要约收购结果公告前，公司股票及其衍生品种应当停牌。根据收购结果，被收购上市公司股本总额、股权分布具备上市条件的，公司股票及其衍生品种应当于要约结果公告后复牌。股本总额、股权分布不具备上市条件，且收购人以终止上市公司上市地位为目的的，公司股票及其衍生品种应当于要约结果公告日继续停牌，直至交易所终止其上市。股本总额、股权分布不具备上市条件，但收购人不以终止上市公司上市地位为目的的，公司股票及其衍生品种应当于要约结果公告日继续停牌，公司披露股本总额、股权分布重新符合上市条件公告后复牌。停牌 1 个月后股本总额、股权分布仍不具备上市条件的，参照本规则第 9 章第 4 节有关股本总额、股权分布不具备上市条件的规定执行。

⑧媒体报道或者传闻中出现上市公司尚未披露的信息，可能或者已经对公司股票及其衍生品种交易价格产生较大影响的，交易所可以在交易时间对公司股票及其衍生品种实施停牌，公司披露相关公告后复牌。

⑨上市公司出现股票交易重大异常情形，交易所可以对公司股票及其衍

生品种实施停牌，并要求公司进行核查，公司披露相关公告后复牌。公司出现股票衍生品种交易重大异常情形，交易所可以对该衍生品种实施停牌，并要求公司进行核查，公司披露相关公告后复牌。

⑩上市公司实施现金选择权业务的，应当向交易所申请其股票及其衍生品种停牌。

⑪上市公司筹划重大事项确有必要申请停牌的，应当按照中国证监会及交易所相关规定，向本所申请停牌。公司应当审慎申请停牌，明确停牌事由，合理确定停牌时间，尽可能缩短停牌时长，并及时申请复牌。

⑫上市公司在其股票及其衍生品种被实施停牌期间，应当每5个交易日披露一次未能复牌的原因和相关事项进展情况，交易所另有规定的除外。

此外，交易所还可以按照中国证监会的要求或者基于保护投资者合法权益、维护市场秩序的需要，作出上市公司股票及其衍生品种停牌与复牌的决定。

2. 终止上市。

（1）基本法层面的制度。《证券法》第48、49条规定，上市交易的证券，有证券交易所规定的终止上市情形的，由证券交易所按照业务规则终止其上市交易。证券交易所决定终止证券上市交易的，应当及时公告，并报国务院证券监督管理机构备案。对证券交易所作出的不予上市交易、终止上市交易决定不服的，可以向证券交易所设立的复核机构申请复核。

（2）自律性规范。有关证券交易所的自律性规范，主要体现《上海证券交易所股票上市规则（2024年4月修订）》第9章的规定。其核心内容如下：

①上市公司触及本规则规定的退市情形，导致其股票存在被终止上市风险的，交易所对该公司股票启动退市程序。本规则所称的退市包括强制终止上市（以下简称强制退市）和主动终止上市（以下简称主动退市）。强制退市分为交易类强制退市、财务类强制退市、规范类强制退市和重大违法类强制退市等四类情形。

②上市公司出现财务状况异常情况或者其他异常情况，导致其股票存在被强制终止上市的风险，或者投资者难以判断公司前景，投资者权益可能受到损害，存在其他重大风险的，本所对该公司股票实施风险警示。

③风险警示分为警示存在强制终止上市风险的风险警示（以下简称退市

风险警示）和警示存在其他重大风险的其他风险警示。

④上市公司股票被实施退市风险警示的，在公司股票简称前冠以"＊ST"字样；上市公司股票被实施其他风险警示的，在公司股票简称前冠以"ST"字样。公司股票同时被实施退市风险警示和其他风险警示的，在公司股票简称前冠以"＊ST"字样。

⑤交易所设立风险警示板，上市公司股票被实施风险警示或者处于退市整理期的，进入该板进行交易。风险警示板的具体事项，由交易所另行规定。

⑥上市公司应当按照本章规定和要求履行信息披露和办理停复牌等义务。公司未按照本章规定履行信息披露义务的，本所知悉有关情况后可以对其股票及其衍生品种实施停复牌、风险警示或终止上市等，并向市场公告。

⑦上市公司存在股票被实施风险警示或者股票终止上市风险的，应当按照本规则第9章相关规定披露风险提示公告。交易所可以视情况要求公司增加风险提示公告的披露次数。

⑧上市公司出现股票被实施风险警示情形的，应当按照本规则第9章要求披露公司股票被实施风险警示的公告，公告应当包括实施风险警示的起始日、触及情形、实施风险警示的主要原因、董事会关于争取撤销风险警示的意见及具体措施、股票可能被终止上市的风险提示（如适用）、实施风险警示期间公司接受投资者咨询的主要方式以及交易所要求的其他内容。

⑨上市公司申请撤销风险警示的，应当向交易所提交申请书、董事会决议、符合撤销风险警示条件的说明及相应证明材料等文件。

⑩交易所上市审核委员会（以下简称上市委员会）对上市公司股票终止上市事宜进行审议，作出独立的专业判断并形成审议意见。交易所根据上市委员会的意见，作出是否终止股票上市的决定。

⑪交易所在作出是否撤销风险警示、终止股票上市决定、撤销对公司股票终止上市的决定前，可以要求上市公司提供补充材料，公司应当在交易所要求期限内提供补充材料，补充材料期间不计入交易所作出相关决定的期限。公司未在交易所要求期限内提交补充材料的，交易所继续对相关事项进行审核，并按照本规则作出相关决定。交易所在作出是否撤销风险警示、终止股票上市决定、撤销对公司股票终止上市的决定前，可以自行或委托相关机构就公司有关情况进行调查核实，调查核实期间不计入本所作出相关决定的期限。

⑫交易所决定不对上市公司股票实施终止上市的，公司应当在收到交易所相关决定后及时公告。

⑬交易所作出上市公司股票终止上市决定的，在2个交易日内通知公司并披露相关公告，同时报中国证监会备案。交易所决定对公司股票实施终止上市的，公司应当在收到交易所相关决定后，及时披露股票终止上市公告，公告应当包括终止上市的日期、终止上市决定的主要内容、终止上市后股票转让安排、公司联系方式等内容。

⑭上市公司股票被交易所强制终止上市后，进入退市整理期，因触及交易类退市情形终止上市的除外。

⑮上市公司股票被强制终止上市后，应当聘请具有主办券商业务资格的证券公司，在交易所作出终止其股票上市决定后立即安排股票转入全国中小企业股份转让系统等证券交易场所进行股份转让相关事宜，保证公司股票在摘牌之日起45个交易日内可以转让。公司未聘请证券公司或者无证券公司接受其聘请的，交易所可以为其协调确定。主动终止上市公司可以选择在证券交易场所交易或转让其股票，或者依法作出其他安排。

⑯上市公司出现2项以上风险警示、终止上市情形的，交易所按照先触及先适用的原则对其股票实施风险警示、终止上市。公司同时存在2项以上退市风险警示情形的，已满足其中1项退市风险警示撤销条件的，公司应当在规定期限内申请撤销相关情形对应的退市风险警示，经交易所审核同意的，不再适用该情形对应的终止上市程序。公司同时存在2项以上风险警示情形的，须满足全部风险警示情形的撤销条件，方可撤销风险警示。公司虽满足撤销退市风险警示条件，但还存在其他风险警示情形的，交易所对公司股票实施其他风险警示。

⑰上市公司股票被终止上市的，其发行的可转换公司债券及其他衍生品种应当终止上市。可转换公司债券及其他衍生品种终止上市事宜，参照股票终止上市的有关规定执行。交易所对可转换公司债券及其他衍生品种的终止上市事宜另有规定的，从其规定。

⑱交易所作出强制终止上市决定前，上市公司可以向交易所申请听证。

4. 公司退市之后的出路解决及其地位变化。

（1）相关规范。股票上市终止的情形消除后，不可以恢复上市交易，在具备条件的情况下可以重新申请上市。为解决公司退市之后的出路和申请再次上市，中国证监会和中国证券业协会制定了相应的规范，下面按照时间顺序说明如下：

2001 年 6 月，中国证券业协会颁布了《证券公司代办股份转让服务业务试点办法》，以解决公司退市后的股份流通问题；同年 11 月，又颁布了《股份转让公司信息披露实施细则》，用以解决公司退市后股份流通相关的信息披露问题。

2003 年 3 月，中国证监会发布了《关于执行〈亏损上市公司暂停上市和终止上市实施办法（修订）〉的补充规定》，明确了公司股票终止上市后转至股票代办系统的程序，解决了公司股票退市后如何转至代办系统的问题，对可能终止上市公司的股票交易和股东权益的保护作了制度性的安排。

2004 年 2 月，中国证监会颁布了《关于做好股份有限公司终止上市后续工作的指导意见》，对上市公司终止上市后保护股东权益、转让股份、资产重组和申请再次上市等事宜提出了指导性的规范意见。

2004 年 11 月，中国证券业协会根据中国证监会《关于做好股份有限公司终止上市后续工作的指导意见》，颁发了《关于做好代办股份转让系统股份转让公司非转让股份登记业务的通知》，以确保做好股份转让公司非转让股份登记申报业务，保护投资者权益。

2013 年 1 月 18 日中国证监会颁布并实施《全国中小企业股份转让系统有限责任公司管理暂行办法》，该办法规定，退市公司及其股份转让相关活动，由全国股份转让系统公司负责监督管理。

如上所述，2024 年修订的《上海证券交易所股票上市规则》第 9 章的内容对公司退市之后的出路作出了最新安排。

（2）退市公司重新上市。如上所述，股票上市终止的情形消除后，在具备条件的情况下可以重新申请上市。退市公司重新上市是指已经退市的股份有限公司重新向证券交易所提出上市申请，经证券交易所上市委员会审核同意之后，与证券交易所重新签订上市协议，约定其股票重新挂牌交易，从而再次获得上市资格的行为。由于退市公司曾经有过的退市背景，退市公司的持续营利能力、遵守法律、法规的自觉性和自律能力自然将受到证券交易所的合理怀疑，因此证券交易所上市委员会在审议退市公司的重新上市资格时，还应对退市公司退市之后至再次申请上市这段时间内的经营与相关市场行为进行考察，比如，其在中国证券业协会针对退市公司在股份代办转让系统中的规范运作记录，就属于交易所上市委员会应当关注的一个重点。

《上海证券交易所股票上市规则（2024年4月修订）》第10章专门规范了"重新上市"，其核心内容如下：

①上市公司在其股票终止上市后，申请其股票重新上市的，应当符合本规则规定的重新上市条件，交易所依据该规则第10章规定的程序审议和决定其股票重新上市事宜。

②公司申请重新上市，应当及时、公平地披露或者申报信息，并保证所披露或者申报信息的真实、准确、完整，不得有虚假记载、误导性陈述或者重大遗漏。公司董事、监事和高级管理人员应当勤勉尽责，保证公司所披露或者申报信息的及时、公平、真实、准确、完整，并声明承担相应的法律责任。

③保荐人及其保荐代表人应当勤勉尽责、诚实守信，认真履行审慎核查和辅导义务，并声明对其所出具文件的真实性、准确性、完整性承担相应的法律责任。为公司重新上市提供有关文件或者服务的其他中介机构和人员，应当严格履行职责，并声明对所出具文件的真实性、准确性和完整性承担责任。

④交易所同意公司股票重新上市的决定，不表明对该股票的投资价值或者投资者的收益作出实质性判断或者保证。投资者应自行承担投资风险。

（3）上市公司退市之后法律地位的变化。上市公司退市后，除因解散或破产退市之外，退市公司将会转换成以下股份有限公司的一种：

第一，普通股份有限公司。根据《证券法》第9条和第47条的规定，若上市公司因股权变动导致公开发行的股份小于公司股份总数25%或10%而退市，且其公开发行股份的持有人少于200人，该公司退市后便成为普通的股份有限公司，普通股份有限公司应当遵守《公司法》和《证券法》相关的规定进行市场活动。

第二，非上市公众公司。退市公司满足《证券法》第9条第2款关于"公开发行"条件的，该公司便转换为股份有限公司中的公众公司，即非上市公众公司。非上市公众公司不但应遵守《公司法》与《证券法》的相关规定，还应遵守证券监管机构所制定的与公众公司有关的部门规章。非上市公众公司不但应接受工商行政管理部门的行政管理，同时也受到证券监管机构中非上市公众公司监管部门的监管。

三、上市公司退市监管法律制度的完善

我国退市监管法律制度虽然已经建立并得到了很大程度的发展，但从总体上看，还有诸多需要完善的地方。

（一）降低入市门槛，淡化"壳资源"，突出"投资价值"

我国上市公司退市机制难以发挥作用的一个根本原因，在于上市公司"壳资源"的昂贵。这导致公司一旦上市便死不肯退，因为当初上市成本太高，必须用尽"壳资源"。因此，改革的方向应该是突出上市公司投资价值，结合企业上市条件，科学设置严格的退市标准，更加精准实现"应退尽退"，建立健全不同板块上市公司差异化的退市标准体系，依法治理各种违法"保壳""炒壳"行为，着力削减"壳资源"价值。[1]换言之，治理退市问题不能只是"头痛医头脚痛医脚"，而应当辨证施治，从证券发行和上市的源头降低"壳资源"的价值。由于融资管制过严是"壳资源"昂贵的根源所在，所以降低"壳资源"的有效途径就是降低入市门槛，充分吸纳"注册制"的优点，[2]减少国家干预因素，减少寻租空间，使股票市场进一步市场化，让市场的供求规律调节上市公司的退市机制。只有当公司上市的所费成本低廉才会换来其退市的所费成本的降低；只有证券市场进一步放开，供求规律才会客观地发挥作用，如果股票市场的供求平衡，"壳资源"不再稀缺，劣质股票就会在很大程度上被自然淘汰，此时退市也就成了自然周流的结果。当某一天，监管机构所要做的工作只是维护市场秩序、执行法律法规，这便是上市公司监管法实施的最高境界。

2024 年 4 月中国证监会在《关于严格执行退市制度的意见》中提出大力削减"壳资源"价值的具体措施：①加强重组监管，强化主业相关性，严把注入资产质量关，防止低效资产注入上市公司；从严监管重组上市，严格落实"借壳等同 IPO"要求；严格监管风险警示板（ST 股、＊ST 股）上市公司并购重组。②加强收购监管，压实中介机构责任，严把收购人资格、收购资金来源，规范控制权交易。③从严打击"炒壳"背后的市场操纵、内幕交易行为，维护交易秩序。④对于不具有重整价值的公司，坚决出清。

---

〔1〕　参见 2024 年 4 月中国证监会发布的《关于严格执行退市制度的意见》。

〔2〕　"注册制"的相关论述，见本书第十章第二节的相关内容，在此不再赘述。

（二）建立多层次的资本市场，让退市公司有交易渠道

在证券市场发达的国家和地区，均存在多层次的资本市场体系，上市公司从主板市场退出后，可以进入二板市场交易，从二板市场退出后，可以进入场外交易市场交易。我国上市公司因强烈抵触而导致退市难的另一个重要原因，就是缺乏多层次的资本市场体系，退出之后其股票交易难有出路。按照《公司法》的规定，股份公司的股票可以在依法设立的证券交易场所转让，但我国实际上只有上海和深圳两个在机构设置、规模、公司上市条件均相似的证券交易所，当然，还有后起的北京证券交易所。上市公司从这三个交易所退出后，其股票无法实现顺利的转让。上市公司退市并不意味着该公司的股票就不再具有任何内在价值，退市后仍有价值的股票应当有合适的流通渠道。虽然根据中国证券业协会在 2001 年 6 月发布的《证券公司代办股份转让服务业务试点办法》（失效）的规定，[1] 退市后的公司的股票可以由指定的证券公司代办股份转让服务，但是，代办股份转让服务机构存在以下不足：①这些证券公司的营业网点的分布和规模有限，投资者不能随时随地进行交易，给交易带来不便；②挂牌企业的质量难以提高，这是因为一方面由于代办市场缺乏再融资功能，很难吸引大股东推进实质性重组，另一方面，挂牌公司投资价值的缺失也很难吸引投资者，市场缺乏双向对流机制；③对于直接交付的不记名股票的交易，交易机构无法进行监督，给投资者带来不可预期的风险。

解决上述问题的一个有效途径就是完善场外交易市场。场外交易可以不在固定的场所和固定的时间内进行，而主要通过网络或者电话成交；场外交易市场不进行挂牌交易，由交易双方自由协商价格。场外交易制度的上述特点避免了代办股份转让系统的缺点，实现股票的自由交易，符合市场经济的发展规律。上市公司从主板市场或二板市场退市后，仍然可以进入场外交易市场进行交易，进行股票流通，实现股票价值，同时也可以为非上市的股票买卖提供市场。这种场外交易市场与主板市场和二板市场是互动的，不仅上

---

〔1〕《证券公司代办股份转让服务业务试点办法》第 1 条规定，为解决原 STAQ、NET 系统挂牌公司的股份流通问题，规范证券公司代办股份转让服务业务活动，根据《公司法》《证券法》的有关规定，制定本试点办法；第 2 条规定，本试点办法所称代办股份转让服务业务，是指证券公司以其自有或租用的业务设施，为非上市公司提供的股份转让服务业务。该办法被 2022 年《关于退市公司进入退市板块挂牌转让的实施办法》所取代。

市公司退市后可以进入场外交易系统，在场外交易系统中发展得较好的、重新符合股票上市条件的公司，经过一定程序，其股票可以重新申请回到主板市场或二板市场流通。通过不同层次的交易市场的上市和退市制度，引导不同质量的上市公司在不同层次的市场之间流动，实现优胜劣汰。

2019 年《证券法》第 7 章，将原来的证券交易所，改称为"证券交易场所"，第 96 条又规定，证券交易所、国务院批准的其他全国性证券交易场所为证券集中交易提供场所和设施，组织和监督证券交易，实行自律管理，依法登记，取得法人资格。以上改革，为多层次证券市场的建立和发展提供了制度供给。

2022 年 4 月 29 日，全国中小企业股份转让系统有限责任公司、上海证券交易所、深圳证券交易所、北京证券交易所、中国证券登记结算有限责任公司共同发布《关于退市公司进入退市板块挂牌转让的实施办法》，分为：总则、交易所退出安排、退市公司股票确权登记程序、股票挂牌与转让、自律管理和附则共 6 章。其核心内容为：①为规范退市公司股票进入退市板块挂牌转让及相关活动，依据《公司法》《证券法》《关于完善上市公司退市后监管工作的指导意见》，制定该办法。该办法所称退市板块，是指全国中小企业股份转让系统有限责任公司（以下简称全国股转公司）依托原证券公司代办股份转让系统设立并代为管理的两网公司及退市公司板块。②上海证券交易所、深圳证券交易所和北京证券交易所（以下简称交易所）退市公司的股票退出交易所市场的登记及进入退市板块的确权、登记、挂牌转让等事宜，适用该办法。③退市公司应确保公司股票及时进入退市板块挂牌转让，保障投资者的交易权利。④退市公司应当聘请证券公司（以下简称主办券商）为其办理公司股票在交易所摘牌（以下简称摘牌）后进入退市板块挂牌转让的相关业务，包括办理交易所市场的股份退出登记、股份重新确认、退市板块的股份初始登记、股票挂牌及提供股份转让服务等。主办券商原则上应在摘牌后 45 个交易日内完成挂牌手续。托管退市公司股票的证券公司（以下简称托管券商）、托管银行等其他市场参与主体应按该办法规定做好退市公司股票登记结算、挂牌转让等工作。⑤投资者参与退市公司股票转让，应主动关注退市公司、主办券商及托管券商发布的公告或信息，充分了解投资风险，按要求办理退市公司股份确权及退市板块交易结算等手续。⑥交易所、中国证券登记结算有限责任公司（以下简称中国结算）、全国股转公司加强协同配合，强化程序衔接，推动退市公司平稳、有序进入退市板块。交易所强化退市过程中的风险防范和处置，压实退市公司及相关主体责任，做好相关协调工作，推动证券公司主动承接退市公司股票进入退市板块挂牌转让业务，并为主办券商承接挂牌转让业务提供必要的支持。中国结算提供退市公司交易所证券账户及登记数据格式初步转换服务，收集并发布各托管券商用于托管退市公司股份的托管单元信息，办理退市公司股票在退市板块的登记、存管、结算等业务。全国股转公司明确退市公司股票挂牌流程，指导主办券商履行退市公司股票进入退市板块挂牌转让的程序。

（三）上市公司主动退市制度

我国《证券法》规定的是强制退市方式，只在股票上市规则涉及主动退市方式。这与我国上市公司主动退市的需求密切相关，在我国公司领域唯恐上不了市，少有主动要求退市的情形。除了上述"壳资源"的昂贵之外，还有以下三个原因：①我国建立证券市场的初衷是为国有企业改革服务，以使国企能转换经营机制、建立现代企业制度，在这种背景下，已经实现了上市目的的国有企业是不会去主动要求退市的；②由于上市公司保有上市地位，其效益能够辐射公司的供货商和客户群、公司的证券市场关系人以及公司内部，最为明显的就是具备在证券市场上直接融资的功能，因而在我国证券市场及相关背景下，没有上市公司愿意主动申请退市；③不少地方政府把上市公司数量的多少看作是当地经济发展的标志，因此即使有上市公司面临被强制退市的危险，地方政府也会花大力气将其退市风险化解。

在证券市场发达的国家和地区，既有强制退市，也有上市公司主动退市。前者是指因上市公司经营状况、股权结构、股票市价或违法行为等不再符合股票继续上市的标准，由证券监督管理机构或证交所责令其退出证券交易所的一种退市方式；后者则是指上市公司基于上市合同的约定，行使有限的合同解除权的情形。上市作为一种公司的自主行为，是否继续在集中的交易所进行交易、在哪一个交易所进行交易都可以由公司自己来自行决定，并不能用公权力加以限制。所以，只要公司自己提出申请，无需说明理由，就可以退市。[1] 主动退市的情况主要包括以下几种：①股票市场价格与股票实际价格长期严重不符，极易成为敌意收购的目标，为了维护公司声誉及长远利益，

---

[1] 井涛主编：《退市法律研究》，上海交通大学出版社 2004 年版，第 106 页。

主动申请退市；②为省去公司上市的费用和由此产生的信息公开及其他义务，主动申请退市；③原在两个或两个以上的交易所挂牌交易的上市公司，基于维持上市成本的考虑，主动申请退出在部分交易所的上市。[1]

《上海证券交易所股票上市规则（2012 年修订）》已将主动退市制度纳入其中，第 14.3.1 条第 12 项将"股东大会在公司股票暂停上市期间作出终止上市的决议"作为终止上市的情形之一；第 14.3.10 条又对主动退市作了程序性的规定。2024 年修订的《上海证券交易所股票上市规则》第 9 章第 7 节较为详细地规范了上市公司的"主动退市"。其中，第 9.7.1 条规定，上市公司出现下列情形之一的，可以向本所申请主动终止上市：①公司股东会决议主动撤回其股票在本所的交易，并决定不再在交易所交易；②公司股东会决议主动撤回其股票在本所的交易，并转而申请在其他交易场所交易或转让；③公司向所有股东发出回购全部股份或部分股份的要约，导致公司股本总额、股权分布等发生变化不再具备上市条件；④公司股东向所有其他股东发出收购全部股份或部分股份的要约，导致公司股本总额、股权分布等发生变化不再具备上市条件；⑤除公司股东外的其他收购人向所有股东发出收购全部股份或部分股份的要约，导致公司股本总额、股权分布等发生变化不再具备上市条件；⑥公司因新设合并或者吸收合并，不再具有独立主体资格并被注销；⑦公司股东会决议公司解散；⑧中国证监会和交易所认可的其他主动终止上市情形。已在交易所发行 A 股和 B 股股票的上市公司，根据上述规定申请主动终止上市的，应当申请其 A、B 股股票同时终止上市，但存在特殊情况的除外。

上述主动退市制度的进一步完善，在我国退市制度方面是一个进步。

（四）退市中投资公众利益的保护机制

虽然上市公司退市、股票摘牌是针对上市公司的，但是退市在客观上必然殃及二级市场投资者，特别是中小投资者，他们往往会成为真正的受害者。证券市场的内在逻辑是，在股票依法发行后，发行人自行负责其经营风险与收益，投资者自行负担其投资风险。投资者依据自己的理性判断作出投资决策，并由此承担可能产生的风险。但投资者风险自负的前提是市场已具备公开、公正、公平的市场条件，即投资者有权也应得到其所投资的上市公司真

---

[1]　周友苏主编：《上市公司法律规制论》，商务印书馆 2006 年版，第 314 页。

实、充分的信息。然而，中小投资者本应有的这一权利却受到了侵害：这些公司经虚假包装，隐瞒了公司真实财务状况后得以上市，上市后又通过连续做假账等手段欺骗股东，最终因财务状况恶化，而不得不面临退市，这种情况下，要求中小投资者来承担投资风险，显失公平。投资公众的这种风险损失应当有适当的救济途径。

1. 明确退市责任人的法律责任，完善民事赔偿制度。针对上市公司在退市活动中出现的违法和侵权行为，应当追究相关责任人的法律责任。责任人除了可能被追究刑事责任和行政责任之外，因上市公司退市而受到侵害的投资者还可以通过民事诉讼追究责任人的民事法律责任。但是，目前我国证券民事赔偿制度很不完备，完善民事赔偿制度是在退市活动中保护投资公众利益机制的重要一环。

完善退市中的民事赔偿制度应当从实体法和程序法两个方面着手。

（1）实体法方面。按照民事侵权责任法的四个要件，确定行为主体的主观过错、违法行为、损害后果、违法行为与损害后果之间的因果关系。在上述四个要件中有两点需要强调，一是确定侵权主体及其过错：①存在违法行为的上市公司；②该上市公司的控股股东、实际控制人有过错的，应当承担连带责任；③保荐人、会计师、律师等中介机构对于造假上市、披露虚假信息等没有尽到相应的职责而存在过错行为的，应当与该上市公司承担连带责任。二是确定侵权行为与损害后果之间的因果关系：如果中小股东在投资决策前，所获得的是虚假信息，或者被上述侵权主体所欺骗、误导而购买该公司股票，并因此而遭受投资损失，可以确定违法行为和损害结果存在因果关系。

（2）程序法方面。主要是通过完善民事诉讼法律制度以及通过最高人民法院专门就退市民事赔偿诉讼作出相应的司法解释，从司法程序上保护中小投资者的诉讼权利。

2. 建立股本保险制度。有学者提出尝试建立股本保险制度，即由商业保险公司提供股本保险，使之充当二级市场投资者最终保护人的角色。一旦某个上市公司被强制退市，且其所具有的违法行为又给投资者造成了损失，此时受损失的投资者可向保险公司索赔。通过这样的制度安排，一方面可以稳定广大投资者对股市的信心；另一方面也有利于克服中小股东对上市公司软约束的问题。一旦由保险公司肩负起被终止上市公司投资者的赔偿责任，它就会有动力利用其拥有的风险管理、投资理财、营销企业等方面的专家去监控上市公司的经营状况，也有利于弥补当前我国对上市公司监管不力的缺陷。[1]

2024 年 4 月中国证监会《关于严格执行退市制度的意见》提出更大力度落实投资者赔偿救济的三项措施：①退市公司及其控股股东、实际控制人、董事、高管违法违规行为对投资者造成损害的，证券投资者保护机构要引导投资者积极行权。②对于上市公司重大违法退市，应当推动综合运用支持诉讼、示范判决、专业调解、代表人诉讼、先行赔付等方式，维护投资者合法权益。③对重大违法退市负有责任的控股股东、实际控制人、董事、高管等，要依法赔偿投资者损失。

[1]　戴念念：《论上市公司退市机制的完善》，载《中南财经政法大学学报》2002 年第 2 期。

第四篇

上市公司法律责任法治论

第十四章
上市公司监管法律责任

法治只有以责任制度做后盾，才具有公权力依法强制的功能，被强制者受到公权力不公正对待时也才有获得救济的渠道。上市公司监管法治也是如此。本章拟就上市公司监管法律责任制度的一般理论和具体责任形式进行探讨。

第一节　上市公司监管法律责任的一般理论

一、上市公司监管法律责任的含义和特征

（一）上市公司监管法律责任的含义

"上市公司监管法属于证券监管法的一部分，是对证券监管法进一步地专业化和精细化。"[1]而证券监管法属经济法的范畴，是经济法的部门法。[2]本书笔者也始终将上市公司监管法纳入经济法的体系，以经济法的基础理论为指导奠定上市公司监管法的理论基础。所以，作为上市公司监管法律制度组成部分的上市公司监管法律责任与经济法责任亦当属个别与一般的关系。矛盾的普遍性寓于矛盾的特殊性之中，而普遍性对于特殊性具有指导作用。因此，先掌握了具有普遍性的经济法责任，再来研究上市公司监管法律责任的特殊性就有了一般性的理论指导。

关于什么是经济法责任，国内学者意见颇不一致。[3]其中较具代表性的

---

〔1〕　参见本书第一章第二节的论述。

〔2〕　关于证券监管法为什么是经济法的系统论述，参见李东方：《证券监管法律制度研究》，北京大学出版社 2002 年版。

〔3〕　参见许明月主编：《经济法学论点要览》，法律出版社 2000 年版，第 549~550 页。

观点认为，经济法责任是指经济法主体因实施了违反经济法律法规的行为而应承担的由法律规定的具有强制性的法律后果。[1]笔者赞同这一观点，持这一观点的学者还认为经济法责任具有复合性，[2]行政、民事和刑事三种责任形式兼容于经济法责任之中。在经济法中同时使用行政、民事和刑事性质的责任形式，从立法技术上讲，有利于经济法律关系主体清晰而又全面地认识到某一行为可能招致的各种不同程度的法律后果，这既有利于守法，又有利于执法。[3]经济法责任的若干基础理论完全可以用来指导对上市公司监管法律责任的研究。据此，笔者认为上市公司监管法律责任是指上市公司在证券市场运行过程中，行为人因违反上市公司监管的法律法规而应当承担的具有强制性的法律后果。

（二）上市公司监管法律责任的特征

上市公司监管法律责任的特征主要表现在以下几个方面：

1. 上市公司监管法律责任是以监管职责和公司法、证券法义务为存在前提的。一般的法律责任是以法律义务的存在为前提的，无法律义务，就无承担和追究法律责任的依据，这于上市公司监管法律责任也是适用的。但是，在上市公司监管法律关系中，上市公司监管机关是最为常见的法律关系主体，而上市公司监管机关在拥有国家法律赋予的监管职权的同时，也承担着必须履行监管职权的监管职责。如果监管机关滥用监管职权或者怠于履行监管职责而给相对人造成侵害或者损失，也应承担相应的证券监管法律责任。因此，除公司法和证券法律义务外，监管职责也是证券监管法律责任的存在前提。

2. 上市公司监管法律责任具有复合性，它是由不同性质的多种责任形式构成的统一体。上市公司监管法律责任包含了公法责任和私法责任，过错责任、无过错责任和公平责任，职务责任和非职务责任，财产责任和非财产责任等性质相异的责任形式，它们共同构成完整意义上的上市公司监管法律责任。其中，公法责任和私法责任的复合性，使上市公司监管法律责任中既包含有公法性质的行政法责任和刑法责任，同时又包含有私法性质的民法责任。

---

〔1〕 李昌麒：《经济法——国家干预经济的基本法律形式》，四川人民出版社 1995 年版，第 482 页。

〔2〕 李昌麒主编：《经济法学》，中国政法大学出版社 1999 年版，第 118 页。

〔3〕 参见李昌麒主编：《经济法学》，中国政法大学出版社 1999 年版，第 121~122 页。

上述特征是其他部门法责任所不具有或者不甚明显具有的现象。

3. 上市公司监管法律责任具有社会性。上市公司监管法律制度的根本宗旨是维护广大投资者的社会公共利益，在上市公司监管法律制度中对于法律责任的设定，在诸多方面都是基于维护证券市场秩序和保护投资者的共同利益而考虑的。或者说，从社会公众利益的角度来规定证券一、二级市场和上市公司监管领域中违法者的法律责任，是上市公司监管法不同于其他法律部门的一个重要特点。

4. 上市公司监管法律责任与公司和证券法律责任的区别在于前者一般不包括违反公司与证券合同关系的民事责任。公司和证券法律责任除了包含上市公司监管法律责任的全部责任形式之外，还包括平等主体之间以意思自治为存在前提的合同关系的民事责任，即公司违约责任，特别是其中的公司法律责任以平等主体之间的民事责任为主。所谓公司违约责任是指在公司股东与股东之间以及在证券发行、交易、委托、代管、认购、取息等过程中，合同主体不履行或不适当履行合同义务而产生的民事责任。可见，公司和证券法律责任的范围大于上市公司监管法律责任，后者即使涉及私法责任也主要是私法责任中与公共利益有联系的那部分内容。换言之，上市公司监管法律责任的责任形式虽然有属于私法领域的民事责任，但这种民事责任主要是与侵害公共利益有关的民事侵权责任相联系。对此，在后面还将详细论述。

5. 上市公司监管法律责任主要是上市公司在证券市场运行过程中，相关行为人违反了上市公司监管法而应当承担的民事责任、行政责任和刑事责任。

6. 民事责任优先原则。民事责任优先原则是指当某一上市公司证券违法主体须同时承担民事、行政和刑事责任时，应当先承担民事责任。我国《证券法》第 220 条明确规定了这一原则，即"违反本法规定，应当承担民事赔偿责任和缴纳罚款、罚金、违法所得，违法行为人的财产不足以支付的，优先用于承担民事赔偿责任"。民事赔偿、罚款、罚金、违法所得是分属于民事责任、行政责任和刑事责任的责任形式，其共同点是责任人都要承担财产责任。由于上市公司监管法律责任具有复合性特点，上市公司证券违法行为可能同时要承担两种以上的法律责任，这就牵涉承担责任顺序的问题。民事赔偿是对投资者损失的补偿，而罚款和罚金则是属于对侵害人的惩罚。根据法律的一般原理，违法行为发生后，法律的首要目的是恢复原状，即恢复到违法行为发生前的状况，维护市场秩序；在有损害的情况下，即表现为首先补偿投资公众的损失，然后才是对侵害人进行惩罚。因此，上市公司证券民事责任的顺位优先原则符合《证券法》"保护投资者的合法权益，维护社会经济秩序和社会公共利益"的立法宗旨。

二、上市公司监管法律责任的归责原则

上市公司监管法律责任的归责是指由特定国家机关或者国家授权的组织针对违犯上市公司监管法的违法行为所引起的违法后果依法进行判断、确认、追究的活动。上市公司监管法律责任制度的确立仅仅解决了上市公司监管法律责任的形式存在，而追究法律责任的实现还必须借助于上市公司监管机构和司法机构的归责活动。从我国公司法和证券法的规定来看，我国上市公司监管法律责任的归责原则包括：过错责任原则、过错推定原则、无过错责任原则和严格责任原则。

（一）过错责任原则

过错责任原则是指行为人由于过错实施了上市公司监管法的违法行为而应承担法律责任的归责原则。过错责任原则强调行为人的主观过错，并以过错作为确定责任的要件。一般而言，在追究上市公司证券民事责任和行政责任时，考虑到上市公司证券侵权案具有影响范围广、受害主体不特定、信息不对称等特点，在过错责任原则下利益受损的投资公众对侵权行为人的主观过错难以举证，这势必阻碍其救济权利的行使，所以《证券法》对一般上市公司证券违法行为的法律责任并没有规定行为人主观上必须有过错。但是，在追究证券刑事责任时，相关的上市公司证券犯罪，如内幕交易、操纵市场、证券欺诈等都需要依据《刑法》各相关罪名的具体犯罪构成，将主观过错作为认定行为人是否构成犯罪主观要件的依据。

（二）过错推定原则

过错推定原则属于过错责任原则的一种特殊表现形式。它是指在法律有特别规定的场合，从违法行为以及损害事实本身推定行为人有过错，除非行为人能够证明自己没有过错，否则将据此确定该行为人应承担法律责任的归责原则。例如，《证券法》第24条规定，发行人对不符合法定条件或程序的、已经注册的证券发行决定承担无过错责任，应当按照发行价并加算银行同期存款利息返还证券持有人，发行人的控股股东、实际控制人以及保荐人应当

与发行人承担连带责任，但是能够证明自己没有过错的除外；第85条规定，发行人、上市公司对虚假陈述行为承担无过错责任，对其给投资者造成的损失应当承担赔偿责任；发行人的控股股东、实际控制人、董事、监事、高级管理人员和其他直接责任人员以及保荐人、承销的证券公司及其责任人员，应当与发行人、上市公司承担连带赔偿责任，但是能够证明自己没有过错的除外。本来按照民事诉讼法举证的基本原则，应当是"谁主张，谁举证"，但是在证券市场上受损的投资者对侵权行为人的主观过错举证甚难，因此采用过错推定原则将举证责任倒置，即由侵权行为人证明自己没有过错。可见，过错推定原则的意义主要是减轻原告的举证责任，而加重了被告的举证责任。

（三）严格责任原则

严格责任原则是指行为人只要实施了上市公司证券违法行为，就必须承担法律责任的归责原则。严格责任原则突出的是追究上市公司证券违法行为本身的法律责任，其责任的构成不以损害后果和主观过错为前提。我国《证券法》采用了严格责任原则的归责原则，明确规定了上市公司证券违法行为的基本表现形式及其法律责任的内容、范围、归属和追究程序，行为人只要实施了法律规定的违法行为，无论其主观上是否存在过错，客观上是否造成损害结果，都必须承担相应的法律责任。严格责任原则在上市公司证券行政责任方面采用最多。

（四）无过错责任原则

无过错责任原则是指行为人实施了上市公司证券违法行为并造成一定损害后果的，无论其主观是否存在过错，都应承担法律责任的归责原则。与严格责任原则相比，无过错责任原则主要适用于上市公司证券民事责任方面，并且以损害后果作为构成其责任的前提。比如，《证券法》第197条规定，信息披露义务人未按照本法规定报送有关报告或者履行信息披露义务，责令改正，给予警告，并处罚款。并且只要上述行为给投资者造成了损失，就应当依法承担民事赔偿责任，而不以行为人的主观过错为责任要件。

第二节　上市公司监管法上的民事责任

一、上市公司监管法上民事责任的概念及其特征

通常民事责任可大致分为违约的民事责任和侵权的民事责任两大类，这两大类责任又是依据民事义务的性质不同来划分的：一种是当事人依法按照意思自治原则而自行约定的义务，这主要是合同义务，它通常是指当事人约定的特定的作为或者不作为义务。这种义务也具有法律约束力，违反此义务即构成违约责任。另一种是法定的义务，即由法律的强行性规范、禁止性规范所设定的义务。依据法律规定，任何人不得侵犯他人的人身权、物权、知识产权、经济权等民事权利，这是法律对每个民事主体所应负的一般性义务的要求，是一种普遍性的不作为义务，违反这种义务，即能构成侵权责任。

就上市公司所在的证券市场而言，维护证券市场秩序、保护社会公共利益是监管主体和受监管主体的法定义务；不得侵犯他人的合法权利是证券法的禁止性规范，违反了这种义务，就构成了侵权的民事责任（当然，对于侵权行为严重的行为人，还可能被追究行政责任或刑事责任）。申言之，上市公司监管法律制度上的民事责任主要是一种侵权责任，是上市公司监管者或被监管者因破坏证券市场秩序、损害社会公共利益而导致他人经济权益的损害所应当承担的法律后果。

上市公司监管法上的民事责任作为整个民事责任的一部分，其适用要受到民事责任一般规定的制约；同时，它又是与其他民事责任相区别的一种独立的责任。上市公司监管法上的民事责任的法律特征表现为：

1. 上市公司监管法上的民事责任是一种侵权的民事责任，它是上市公司监管法律关系的主体因违反上市公司监管法规定的法定义务而应承担的法律后果，它不同于违约责任。

2. 上市公司监管法上的民事责任以侵权行为为前提，而这种侵权行为除一般侵权外，还包括特殊侵权行为。特殊侵权行为是指当事人基于与自己有关的行为、事件或其他特别原因致人损害，依照民法上的特别规定或特别法的规定而应承担民事责任；特殊侵权行为的责任形式主要是无过错责任和公平责任两种形式，在举证责任上，采取举证责任倒置的方式。例如对于追究

信息公开文件虚假或重大遗漏的法律责任，各国法律一般规定承担无过失责任。只要信息公开文件有虚假或重大遗漏事项，除发行人或发起人证明原告取得时知悉外，应就整个文件内容承担绝对责任。

3. 上市公司监管法上的民事责任具有强制性。当不法行为人违反了上市公司监管法设定的不得侵犯他人权益的义务，并致他人受损以后，行为人必须向受损人承担赔偿责任。这种损害赔偿是以国家强制力作为保障的，是行为人对受损人、也是对国家应负的责任，它不取决于行为人的个人意志。正因为上市公司监管法上的民事责任具有强制性，才能够强有力地督促义务人履行其义务，更宏观地维护证券市场主体的全局利益。

4. 上市公司监管法上的民事责任的责任形式以财产责任形式为主，但不限于财产责任形式。由于上市公司监管法上的侵权行为一般都会给他人造成财产上的损害后果，侵权行为人相应地应当以自己的财产来对其不法行为所造成的损害后果承担责任，因此上市公司监管法上的民事责任的形式主要是财产责任。但是，由于在许多情况下并非仅靠承担财产责任就能消除侵害后果或防止损失继续扩大，所以上市公司监管法上的民事责任，还应当包括停止侵害、排除妨碍、消除危险等非财产内容的责任形式。

5. 连带责任的普遍应用。上市公司离不开证券市场，而证券市场上的各类活动专业性强、风险大，绝大多数证券活动需要多个不同主体共同参与，例如证券发行活动就涉及发行人、证券公司、证券服务机构等。因此，一旦出现上市公司证券违法行为，往往就属于共同过错，或者法律规定为推定过错，这时相应主体可能就要承担连带的民事责任。比如，《证券法》第24、85条就是较为典型的连带责任条款，其中规定了发行人、上市公司与其高级管理人员和为其提供服务的中介机构以及发行人、上市公司的控股股东、实际控制人之间承担连带赔偿责任的情形。

二、上市公司监管法上的民事责任的构成

上市公司监管法上的侵权行为，其侵权结果具有更为显著的双重性。它一方面是投资者个体的财产遭受直接损害的后果，另一方面是造成社会公共利益和证券市场秩序遭受破坏的结果，进而影响到整个社会经济发展的协调和稳定。由于两种不同性质的危害结果，既相互联系又有所区别，使得上市公司监管法上的侵权行为问题复杂化。也正因为如此，上市公司监管法上的

民事责任在其构成要件上与传统的民事责任相比，有了新的内容。具体而言，前者民事责任的构成要件如下：

1. 有损害事实存在。损害事实是承担民事责任的基本前提，它是构成一般民事责任与上市公司监管法上的民事责任都必须具备的要件。但是，在上市公司监管法上的民事责任中，由于证券市场自身的特殊性，即在证券市场的任何一个环节发生问题都可能像多米诺骨牌那样，引发一系列的连锁反应和损害后果。所以，在证券市场上侵权所造成的损害事实不仅包括直接的投资者个体的财产损失，而且会更多地包括因造成证券市场秩序破坏所引起的更大程度上的社会财产损失。

2. 侵权行为不以存在违法性为其必要条件。传统的民事责任以侵权行为具有违法性为必要条件，行为人只对违法行为承担责任，通常情况下，损害他人人身和财产的行为，总是由违法行为所导致的。但在上市公司监管法的侵权行为中，却并不以该行为具有违法性为其必要条件，而是以侵权行为损害的客观性作为承担证券监管法律责任的要件。因为在证券市场中，上市公司等经营主体属于强势的一方，而投资者特别是其中的公众投资者属于金融消费者，处于证券信息和举证能力弱势的一方。如果一味地以行为是否具有违法性为标准来衡量侵权行为是否构成，实际上是忽视了上市公司监管法上的侵权行为的特殊性，更重要的是，不利于切实有效地保护投资者和其中大量存在的金融消费者的利益，以及维护证券市场的公平性。

3. 不必然要求行为人有主观过错。一般的民事责任是以行为人主观上存在故意或过失而作为承担民事责任的必要条件，即采取的是过错责任原则。但在上市公司监管法的民事责任中，因为其特殊侵权行为采取的是无过错责任原则，所以行为人的主观过错不再是承担上市公司监管法上的民事责任的必要条件。

4. 致害行为与损害结果之间的因果关系。在追究一般民事责任时，要求违法行为与损害结果之间存在直接因果关系，由于上市公司监管法上的民事责任不以违法行为为构成要件，因此，在致害行为与损害结果之间的因果关系中，侧重强调的是其侵害行为的危害性，而对这种因果关系不再强求要有严格的、直接的证明。因为因果关系是一个比较复杂的问题，在证券侵权行为与后果之间又有社会因素的介入，更加大了这一问题的难度，所以在上市公司监管法上的民事责任中放宽了因果关系方面的证明，采用"因果关系推定"等新的理论，而不再苛求有传统民事责任那种直接的、严密的因果关系的证明。

三、上市公司监管法上承担民事责任的情形

上市公司监管法上的民事责任主要是在证券发行、交易过程中因当事人违反国家法律法规，侵害他人合法权益而应当承担的民事责任。其主要情形如下：

（一）违法发行证券行为的民事责任

在我国，公开发行证券实行较为严格的核准制度。公开发行的证券首先必须符合法律、行政法规规定的条件，然后依法报经国务院证券监督管理机构或者国务院授权的部门注册后，才能公开发行；未经依法注册，任何单位和个人不得公开发行证券。[1]违法发行证券的行为有以下两种情况：

1. 擅自发行证券。证券发行人未经证券监管部门批准擅自发行证券，当监管部门宣布无效后即造成了证券持有人的经济损失，此即属非法发行的侵权责任，应予赔偿损失。证券发行人未经证券监管部门注册，擅自发行或变相公开发行的，监管部门责令停止发行，由发行人对擅自发行给投资者造成的损失予以赔偿。目前，法定赔偿范围是投资者认购资金的利息损失，即发行人应退还所募资金并加算银行同期存款利息。证券公司承销或者代理买卖未经核准擅自公开发行的证券，给投资者造成损失的，应当与发行人承担连带赔偿责任。发行人的控股股东、实际控制人有过错的，也应当与发行人承担连带责任。

2. 不符合法定条件或者法定程序发行证券。此即《证券法》第 24 条规定的情形：国务院证券监督管理机构或者国务院授权的部门对已作出的注册证券发行的决定，发现不符合法定条件或者法定程序，尚未发行证券的，应当予以撤销，停止发行。已经发行尚未上市的，撤销发行注册决定，发行人应当按照发行价并加算银行同期存款利息返还证券持有人；保荐人应当与发行人承担连带责任，但是能够证明自己没有过错的除外；发行人的控股股东、实际控制人有过错的，应当与发行人承担连带责任。

---

〔1〕　参见《证券法》第 9 条的规定。

（二）内幕交易行为的民事责任

（三）操纵市场行为的民事责任

（四）虚假陈述行为的民事责任

（五）欺诈客户行为的民事责任

上述第（二）至（五）项属于各国证券法上禁止从事的典型证券违法行为，行为人除了要承担民事责任，情节严重的还要承担相应的行政责任和刑事责任。故本书在第十五章设专章进行综合讨论。

第三节　上市公司监管法上的行政责任

一、上市公司监管法上的行政责任概述

（一）上市公司监管法上行政责任的概念与特征

在上市公司监管法中，行政责任是指国家机关基于上市公司监管法律关系主体的上市公司证券行政违法行为，对上市公司监管法律关系主体依行政程序或者行政诉讼程序所给予的法律制裁或加予的其他法律后果。其特征如下：

1. 上市公司监管法上的行政责任是上市公司监管行政违法行为的必然法律后果。上市公司监管行政法律责任必须以行政违法行为为前提，没有行政违法行为也就无所谓行政法律责任。上市公司监管的行政违法行为在证券发行、交易、上市公司收购和上市公司退市等各个环节均可能发生。

2. 上市公司监管法上的行政责任是上市公司监管法律关系主体的责任，它包括被监管主体和监管主体的责任。即其责任主体既可以是上市公司监管行为的相对人，如上市公司、证券公司、证券服务机构，也可以是证券监管机构以及其他组织、机构的相关工作人员。从主体形式的角度看，责任主体既可以是公司法人、自然人，还可以是行政机关、行业自律性组织等。

3. 责任追究的职权性与主动性。职权性体现在两个方面：①行政责任的追究是特定行政执法部门的专属职权，只有法律明确规定或授权的组织或机构才能成为执法主体，其他任何组织与机构均不能行使追究行政责任的职权；

②国家相关的行政管理与执法部门（包括同一部门的不同级别的机构），它们之间的行政执法权是有明确界线的，同样是行政执法机构，因职权分工的不同而拥有不同内容的行政执法权；在执法中，不同的执法权之间是不容许相互混淆的。

职权性决定了行政责任追究的主动性。行政责任是由国家主动追究的一种法律责任，它不依赖于行为是否已经发生结果，也不依赖于有无特定的受害人，也不取决于有无原告，追究行政责任是国家行政执法部门积极主动的行为。这与民事责任的"不告不理"，追究责任依赖于权利人或者原告意志的被动性、事后性等特点形成鲜明的对比。

（二）行政责任的形式

从上市公司监管行政违法行为后果来看，法律上主要反映为两个方面：一是对违法行为进行惩罚；二是对证券违法行为进行补救。与此相适应，上市公司监管行政责任的形式可分为惩罚性行政责任和补救性行政责任。

1. 惩罚性的行政责任。这是指上市公司监管行政违法行为必然导致的在法律上对违法主体进行惩罚的法律后果，具体形式包括行政处分和行政处罚。行政处分适用于监管主体或被监管主体内部，而行政处罚则只适用于被监管主体。

（1）行政处分。行政处分是行政机关对其工作人员或行政监察机关对国家工作人员违法行为进行包括：警告、记过、记大过、降级、撤职、留用察看、开除等七种形式的处罚。作为自律性组织的证券业协会和会员制事业法人的证券交易所，可以对其会员及其工作人员的违法、违纪行为给予纪律处分，证券公司、证券交易服务机构对其从业人员的违法、违纪行为也可给予纪律处分。

（2）行政处罚。行政处罚是指证券市场中有权进行管理、监督、指导、协调的行政机关对违反上市公司证券法律、法规、规章的单位或个人所给予的一种强制性制裁措施，主要包括：

第一，罚款，即上市公司监管行政执法机关依据有关法律、法规和规章的规定，对各类上市公司证券违规行为依其危害程度作出的不同幅度的罚款处罚。这种行政处罚形式常与没收非法所得合并适用。例如，中国证监会根据《股票条例》的规定，于1998年11月对成都红光实业股份有限公司编造虚假利润、骗取上市资格、隐瞒重大事项、挪用募集资金买卖股票等严重违法、违规行为进行了查处，对其进行了罚款处罚。

第二，没收非法所得，即上市公司监管行政执法机关依法对证券违规相对人的非法所得追缴上交国库。如上例红光公司违规案中，中国证监会在对成都红光公司处以罚款处罚外，还对其处以了没收非法所得的处罚。

第三，行为罚，即上市公司监管行政执法机关依据有关法律、法规、或规章的规定，限制或剥夺证券违规行为人的某种特定权利能力，如经营活动、从事某种证券业务资格能力的一种处罚。其主要形式有：限制或暂停证券业务，暂停或取消发行、上市资格，责令改正，责令停业整顿，责令关闭，吊销证券业务许可证等。

2. 补救性的上市公司证券行政责任。这是指上市公司监管行政违法行为的主体补救履行自己的法定义务或补救自己的违法行为所造成的危害后果的法律责任。这类责任既适用于监管主体，又适用被监管主体，其具体的责任形式主要是责令赔偿，即上市公司监管机关按照有关法律、法规和规章，并根据违法行为人的违法情况和受损人的受损程度，责成违法行为人对受损人给予一定的经济补偿。但我国现有的上市公司监管法律、法规和规章对此并未作出明确规定，因此有必要建立和完善这一制度。

二、监管主体的行政责任

（一）监管主体的上市公司监管行政违法

监管主体的上市公司监管行政违法是指上市公司监管机构及其工作人员在具体的监管活动过程中所进行的侵害受法律保护的上市公司监管法律关系，尚未构成犯罪的有过错行为。笔者将这种行为简称为上市公司监管违法行政。上市公司监管违法行政具有以下特点：

1. 上市公司监管违法行政的行为人是上市公司监管法上的监管主体，只有依法享有上市公司监管权的行政组织或得到授权的其他组织及其工作人员才有可能成为上市公司监管违法行政的主体。

2. 上市公司监管违法行政是通过上市公司监管人员表现出来的。上市公司监管主体的一切行为都是通过具体人员作出的，其违法行为也是通过上市公司监管人员的违法表现出来的。只要某上市公司监管机关工作人员是以上市公司监管人的身份进行职务活动时违法，均可归属为上市公司监管主体的违法。

3. 上市公司监管违法行政是在上市公司监管过程中的违法。监管主体是实施上市公司监管权的主体，它的违法行为必须发生在上市公司监管权的执行过程中，包括作为的和不作为的违法。

4. 上市公司监管违法行政包括违反上市公司监管法律的行为与违反上市监管行政法规的行为。

5. 上市公司监管违法行政承担的惩罚性后果是行政处分，补救性后果主要是行政赔偿。上市公司监管行政违法人员大多是公务员，所以，一旦他们违法就要在行政组织内部依法承担相应的法律责任——行政处分；同时上市公司监管人员又是代表国家在行使职权，如果他们的侵权行为给被监管主体造成了经济损失，则要依照《国家赔偿法》对被害人承担行政赔偿责任。

（二）上市公司监管违法行政的种类

我国上市公司监管法律、法规并未统一对上市公司监管违法行政作出规定，笔者归纳各相关上市公司监管法律、法规的规定，可将上市公司监管行政违法分为以下几类：

1. 程序违法，即上市公司监管主体不按法律规定的程序进行相应的行为，如不经过法定步骤、顺序颠倒、不遵守时间限制等，违反程序可能会影响监管行为的公平与正确，因而属违法行为。如我国《证券法》第216条规定，国务院证券监督管理机构或者国务院授权的部门有违反规定采取本法规定的现场检查、调查取证、查询、冻结或者查封等措施的；以及违反规定对有关机构和人员实施行政处罚等情形之一的，对直接负责的主管人员和其他直接责任人员，依法给予处分。

2. 对事实认定上的错误，即上市公司监管主体在执法过程中因对具体事实的认定不当或不全面而导致的违法行为。这种行为主要表现为上市公司监管主体所作出的具体监管行为的证据不足。

3. 适用法律上的错误，即上市公司监管主体在具体监管行为中出现的法律适用上的错误，本来应当适用这个法律或这个条款的，却适用了那个法律或那个条款。

4. 滥用职权，即上市公司监管机构及其监管人员在其职权范围内违反上市公司监管法律规定的目的和原则，以及考虑一些与上市公司监管法律规定不相关的因素而作出的具体管理行为。这种行为虽未超越监管主体的职权，但行使该行为的目的不当，或该行为的作出不符合法律规定的目的。例如，我国《证券法》第 217 条规定：国务院证券监督管理机构或者国务院授权的部门的工作人员，不履行本法规定的职责，滥用职权、玩忽职守，利用职务便利牟取不正当利益，或者泄露所知悉的有关单位和个人的商业秘密的，依法追究法律责任。这其中当然包括追究其滥用职权的行政责任。

5. 行政越权，即上市公司监管机构及监管人员超越职务权限的行为。如上市公司监管主体在不具备法律要求的事实而采取法律规定的行为，或虽然具备这样的事实但权力超越了法定范围，均为越权行为，而越权的行为属于无效的监管行为。

6. 行政失职，即上市公司监管机构及其工作人员不履行法定义务或消极履行法定义务的行为。行政失职的成立必须是监管主体或有关人员有法律上的相关义务，而监管主体或有关人员没有履行或消极履行这个义务。

三、被监管主体违法的行政责任

(一) 被监管主体行政违法的概念及其特征

被监管主体行政违法是指被监管人违反上市公司监管法律法规，实施危害证券市场秩序但尚未构成犯罪的行为。这种行为与监管主体违法在内容、形式和法律后果上均有很大不同，与监管主体违法行政比较，被监管主体违法具有如下特征：

1. 违法行为人是被监管主体，即在上市公司监管关系中被监管的一方。

2. 被监管主体的违法行为是行为人直接实施的危害上市公司和证券市场经济秩序的行为。比如，未经法定机关核准，擅自公开或者变相公开发行证券的；发行人不符合发行条件，以欺骗手段骗取发行核准，尚未发行证券的；发行人、上市公司或者其他信息披露义务人未按照规定披露信息，或者所披露的信息有虚假记载、误导性陈述或者重大遗漏的；发行人、上市公司擅自改变公开发行证券所募集资金的用途的；上市公司未按照有关规定保存有关文件和资料的，等等。

3. 被监管主体的违法行为既可以是个人的违法，也可以是法人组织的违法。

4. 被监管主体的违法行为只限于违反上市公司监管法规范的行为，不包括违反其他行政法规范的行为。

（二）被监管主体违法的行政法律责任

被监管主体违法的行政法律责任包括补救性责任和惩罚性责任。

1. 补救性责任。补救性的行政责任包括消除危害、恢复原状、缴纳费用、赔偿损失等，其中一些责任形式与承担民事责任的形式完全相同。值得注意的是，出现这种相同意味着上市公司监管领域行政权的扩大，而行政权扩大的原因则是证券经济秩序健康和稳定的重要性与迫切性的要求。整个证券经济秩序被破坏的后果十分严重，必须及时采取制止和补救措施，避免造成更大的危害，而依民事法律程序则不利于及时、迅速地制止非法行为。上市公司监管法将原应由司法机关追究的民事责任转由上市公司监管机关追究，以便发挥行政程序简便、迅速的特点，更好地保护证券经济秩序和社会公共利益。

2. 惩罚性责任。上市公司行政处罚是经上市公司监管主体依法对违反上市公司监管行政法律规范的相对人所给予的制裁。根据我国上市公司监管法律法规的有关规定，上市公司监管行政处罚的形式包括：罚款，即上市公司监管主体强制违法的相对人向国家缴纳一定数额的款项的经济处罚；没收，即上市公司监管主体对相对人从事违法行为的非法所得予以强制收缴的处罚；扣留或吊销许可证，即上市公司监管主体对违法的相对人所持有的许可证予以吊销或扣留的处罚；停业、关闭，即对从事证券营业性活动的相对人强令其停止证券营业的处罚。

上市公司监管行政处罚在具体的证券法律法规中都有明确规定，对不同的处罚形式，法律规定了不同的构成要件，上市公司监管主体必须严格依法实施，否则也必须承担侵权的法律责任。

归纳我国上市公司监管法律、法规的内容，能够承担行政责任的被监管主体共有以下七种：①证券发行人和上市公司；②证券公司及其从业人员；③证券交易所及其从业人员；④上市公司证券中介组织及其从业人员；⑤证券投资者；⑥证券登记结算机构、证券交易服务机构；⑦证券欺诈行为人。

第四节　上市公司监管法上的刑事责任

一、证券刑事责任的概念及其特征

（一）证券刑事责任的概念

从罪刑法定的原则出发，为了不产生歧义，与我国《刑法》和刑法原理保持高度一致性。上市公司监管法上的刑事责任均离不开证券和证券市场，并且刑事责任均为公法责任，故在此均统一称为证券刑事责任。[1]证券刑事责任是指行为人在证券发行、交易或证券管理过程中实施了证券法、公司法和刑法等法律禁止的行为，构成证券犯罪而应当承担的责任。

危害证券市场的犯罪的后果都极为严重，破坏证券市场秩序所造成的影响有时是难以估计甚至是不可逆转的，更不是以经济价值可以计量的。正因为如此，各国的刑法均采取严厉的制裁措施，运用刑法的威慑力保护证券市场秩序。

（二）证券刑事责任的特征

1. 适用违法行为的严重性。违法行为具有严重的社会危害性是构成犯罪的事实前提，也是一般证券违法行为与证券刑事违法行为（罪与非罪）的区别。一般而言，同一违法行为是民事违法行为、行政违法行为还是犯罪行为，主要就是看该违法行为的危害程度是否达到需要用刑罚制裁的程度。作为国家最严厉的制裁手段，证券刑事责任只适用于违反证券法并已经构成犯罪的证券刑事违法行为。

2. 构成要件的相对完全性。与证券民事责任和行政责任的追究不同，证券刑事责任承担的行为要件，法律一般要求比较全面，既要求有主观罪过（故意或过失）的存在，又要求行为要"情节严重"或"造成严重后果"。而民事责任与行政责任常常不需要这些方面的要件。

3. 责任追究的权威性、强制性和程序性。证券违法行为一旦构成证券犯

---

〔1〕证券刑事责任均为公法责任，此时上市公司监管法上的刑事责任与证券刑事责任基本等同一致，可以互相指代；而证券民事责任以私法责任为主，同时又有公法责任，故上市公司监管法上的民事责任与证券民事责任不适宜等同互相替代称谓。

罪，其法律责任的追究就演变为国家和犯罪行为人之间的刑事法律关系。行为人是否有罪以及应承担何种刑罚必须由司法机关按照法定程序确定，具有较强的权威性、强制性和程序性。

4. 普遍适用双罚制。证券发行和交易的高技术性、高风险性在客观上要求市场参与主体多以法人、事业单位、自律组织以及行政机关等形式出现，因此，单位犯罪也是证券犯罪中的重要表现形式。在许多证券犯罪行为中，单位及其负责人、直接责任人都可能被追究相应的刑事责任。

5. 自由刑与财产刑相结合。我国《刑法》对证券犯罪的刑事责任主要规定了有期徒刑、拘役以及罚金。一般来说，单位犯罪只适用财产刑，即罚金，而对自然人犯罪则三种刑罚都可以适用。由于证券犯罪行为往往会造成受害人严重的财产损失，所以财产刑的适用是比较普遍的，但这并不意味着可以"以罚代刑"。

二、证券刑事责任的构成

根据犯罪构成理论，任何犯罪的成立，都必须具有犯罪主体、犯罪主观方面、犯罪客体和犯罪客观方面等四个要件。证券犯罪的构成同样必须具备这四个要件。

1. 证券犯罪的主体。证券犯罪的主体既可是自然人，也可是法人（单位）。在传统的刑法中，只有自然人才能成为犯罪主体，自然人实施犯罪，自然人承担责任，法人是不能成为犯罪主体的。但在证券犯罪中，法人犯罪的观点日益为各国立法所接受，追究法人的证券刑事责任成为一种趋向。在20世纪70年代以前，对于法人能否成为犯罪主体的争论进行得十分激烈，其基本观点可以分为两大类。一种观点是"法人拟制说"，认为法人是一种拟制的人格，其自身并没有独立的行为意识和行为能力，不可能发生主观过错，因而无犯罪和刑事责任可言。另一种观点为"法人实在说"，认为法人作为一个整体，具有独立的意识能力，法人的意见可以直接通过其代表人的行为表现出来，因而代表人的行为应视为法人的直接行为，法人可以构成犯罪主体并应承担刑事责任。法人承担刑事责任的方式主要是要求法人接受国家法律对其行为的否定性判决，制裁的形式主要为财产刑和名誉刑等。现在，法律界大多接受了法人犯罪的观点并在立法中得到体现，法人犯罪在追究证券刑事责任中也得到了广泛的运用。

自然人（即公民个人）作为证券犯罪的主体，包括以下三类人员：①证券业从业人员，即从事证券发行、交易及其他相关活动的工作人员，证券业从业人员在证券活动中应当具备诚实信用的职业道德，应该自觉地遵守有关法律法规以及本单位的职业规则，因此一旦这类人员违反证券法律法规的规定，实施证券犯罪活动，理应受到法律的严惩；②证券业监督管理人员，即证券监管部门和证券业自律性管理组织中的工作人员；③其他人员，例如证券投资者等。

法人作为证券犯罪的主体，包括以下几类：①证券发行人和上市公司；②证券经营机构；③证券管理机构；④证券服务机构；⑤投资基金管理公司；⑥证券业自律性组织；⑦其他组织机构。当法人作为证券犯罪的主体时，通常实行双罚制：一方面，要对构成犯罪的从事证券活动的法人单位处以罚金；另一方面，要追究从事证券活动机构的直接负责的主管人员和直接责任人员的刑事责任。

2. 证券犯罪的主观要件。刑法上犯罪的主观要件是指犯罪主体对他所实施的犯罪行为及其危害后果所持的故意或过失的心理状态。我国刑法规定，行为在客观上虽然造成了损害结果，但是，如果不是出于故意或者过失，而是由于不能抗拒或者不能预见的原因所引起的，不构成犯罪。上市公司监管法上的民事责任中，有时实行"无过错责任原则"。但是在刑事责任中是不能适用这一原则的，必须以行为人主观上具有故意和过失作为构成要件。

3. 证券犯罪的客体。证券犯罪侵害的客体是上市公司与证券市场的正常管理秩序和证券投资者的合法权益。在大多数情况下，证券犯罪侵害的是上述双重客体。当然，在这两种客体中，上市公司与证券市场的正常管理秩序是起决定作用的，是主要客体，因为它直接关系到上市公司与证券市场的整个运作，从而影响证券投资者的合法利益。所以，在惩治证券犯罪的立法中，我们应当在重视保护投资者合法权益的同时，加强对上市公司与证券市场管理秩序的保护。

4. 证券犯罪的客观要件。证券犯罪的客观要件是指证券犯罪行为和由这种行为所造成的危害后果。证券犯罪行为是证券犯罪构成的要素之一，它一般也包括作为与不作为两种形式。证券犯罪的危害后果是指由于证券犯罪对于客体所造成的损害，这是决定某一证券犯罪行为的社会危害性程度的重要因素。

三、证券犯罪行为的种类

从世界各国对证券违法的刑事制裁来看，典型的证券犯罪行为通常包括以下五种：①非法发行与交易；②操纵证券市场；③欺诈客户；④内幕交易；⑤虚假陈述和说明。这五种行为都是危害极大、后果严重的证券犯罪行为，都是需要用严厉的刑罚手段加以制裁和打击的。

我国刑法借鉴外国的立法经验并结合我国的国情，在修正后的《刑法》（2023修正）中规定了13个罪名的证券犯罪行为。[1]

1. 擅自发行股票、公司、企业债券罪。[2]本罪的客观方面包括：①犯罪主体已经实施了违法发行证券的行为，如果发行工作尚处于准备、筹备阶段，则不构成本罪。②发行人的发行行为属于擅自发行，没有依法得到国家法定主管部门（即国务院证券监督管理机构）的批准。具体表现形式主要有：未向证券监督管理机构申请而私自发行；虽向证券监督管理机构申请，但未获批准而私自发行；超过批准限额的发行；虽经批准，但发行人未通过承销机构承销而私自直接发行。③所发行证券的数额巨大、后果严重或者有其他严重情节。擅自发行行为有下列情形之一的，应予追诉：发行额巨大（如在50万元以上）；不能及时清偿和清退的；造成恶劣影响的。

2. 欺诈发行证券罪。[3]本罪的客观方面是在招股说明书、认股书、公司与企业债券募集办法中隐瞒重要事实或者编造重大虚假内容，情节严重的违法行为。

---

〔1〕　我国修订后的《公司法》和《证券法》，在法律条文中取消了关于公司、证券犯罪的犯罪构成以及制裁内容的表述，各自在第264、219条中笼统规定，违反本法规定，构成犯罪的，依法追究刑事责任。具体内容则由《刑法》予以规范，这种做法不仅避免了可能与《刑法》有关规定的重复，也避免了可能与《刑法》有关规定的冲突。因此，目前有关证券犯罪与证券刑事责任的内容统一由我国《刑法》加以规定。这也使《公司法》《证券法》与《刑法》在证券刑事责任方面的紧密性进一步加深，在实务中这三部法律的相互参照和衔接十分重要。

〔2〕　参见《刑法》第179条的规定，对擅自发行证券，数额巨大、后果严重或者有其他严重情节的，处5年以下有期徒刑或者拘役，并处或者单处非法募集资金金额1%以上5%以下罚金。单位犯前款罪的，对单位判处罚金，并对直接负责的主管人员和其他直接责任人员，处5年以下有期徒刑或者拘役。

〔3〕　参见《刑法》第160条的规定，在招股说明书、认股书、公司、企业债券募集办法中隐瞒重要事实或者编造重大虚假内容，发行股票或者公司、企业债券，数额巨大、后果严重或者有其他严重情节的，处5年以下有期徒刑或者拘役，并处或者单处罚金。单位犯前款罪的，对单位判处罚金，并对其直接负责的主管人员和其他直接责任人员，处5年以下有期徒刑或者拘役。

3. 擅自设立金融机构罪。[1] 本罪的客观方面是未经国家有关主管部门批准，擅自设立证券交易所、证券公司的违法行为。

4. 内幕交易、泄露内幕信息罪。[2] 本罪客观方面的要件包括两个方面：①实施了内幕交易行为。内幕交易行为主要是指证券、期货交易内幕信息的知情人员或者非法获取证券、期货交易内幕信息的人员，在涉及证券的发行，证券、期货交易或者其他对证券、期货交易价格有重大影响的信息尚未公开前，买入或者卖出该证券，或者从事与该内幕信息有关的期货交易，或者泄露该信息，或者明示、暗示他人从事上述交易活动。②达到"情节严重"的程度。所谓"情节严重"，实践中主要有以下几种情形：内幕交易的数额巨大（如在 20 万元以上）的；多次进行内幕交易、泄露内幕信息的；致使交易价格和交易量异常波动的；造成恶劣影响的。

5. 利用未公开信息交易罪。[3] 关于本罪有以下四点需要说明：

（1）本罪的犯罪主体是特殊主体。一般来讲，资产管理金融机构的从业人员才能成为本罪的主体，而在证券、期货监管机构或者行业协会工作的人员，也有可能因职务便利获取不属于内幕消息的未公开信息，提前建仓或撤仓。因此，本罪的犯罪主体为：证券交易所、期货交易所、证券公司、期货经纪公司、基金管理公司、商业银行、保险公司等金融机构的从业人员以及有关监管部门或者行业协会的工作人员。

（2）本罪的主观方面是故意，目的是通过用客户资金买入证券或者其衍

---

[1] 参见《刑法》第 174 条第 1 款的规定，未经国家有关主管部门批准，擅自设立商业银行或者其他金融机构的，处 3 年以下有期徒刑或者拘役，并处或者单处 2 万元以上 20 万元以下罚金；情节严重的，处 3 年以上 10 年以下有期徒刑，并处 5 万元以上 50 万元以下罚金。

[2] 参见《刑法修正案（七）》第 2 条第 1 款的规定，将《刑法》第 180 条第 1 款修改为：证券、期货交易内幕信息的知情人员或者非法获取证券、期货交易内幕信息的人员，在涉及证券的发行，证券、期货交易或者其他对证券、期货交易价格有重大影响的信息尚未公开前，买入或者卖出该证券，或者从事与该内幕信息有关的期货交易，或者泄露该信息，或者明示、暗示他人从事上述交易活动，情节严重的，处 5 年以下有期徒刑或者拘役，并处或者单处违法所得 1 倍以上 5 倍以下罚金；情节特别严重的，处 5 年以上 10 年以下有期徒刑，并处违法所得 1 倍以上 5 倍以下罚金。

[3] 参见《刑法修正案（七）》第 2 条第 2 款的规定，增加 1 款作为第 4 款：证券交易所、期货交易所、证券公司、期货经纪公司、基金管理公司、商业银行、保险公司等金融机构的从业人员以及有关监管部门或者行业协会的工作人员，利用因职务便利获取的内幕信息以外的其他未公开的信息，违反规定，从事与该信息相关的证券、期货交易活动，或者明示、暗示他人从事相关交易活动，情节严重的，依照第 1 款的规定处罚。

生品、期货或者期权合约等金融产品前，以自己名义或假借他人名义或者告知其亲属、朋友、关系户，先行低价买入证券、期货等金融产品，然后用客户资金拉升到高位后自己率先卖出牟取暴利。

（3）本罪所侵害的是多重客体，其中既有正常的金融管理秩序，市场的公平、公正和公开，还有上市公司投资者的利益和金融行业信誉以及从业人员所在单位的利益。

（4）本罪客观方面的要件包括两个方面：①行为人实施了利用因职务便利获取的内幕信息以外的其他未公开的信息，违反规定，从事与该信息相关的证券、期货交易活动，或者明示、暗示他人从事相关交易活动。所谓"内幕信息以外的其他未公开的信息"，主要是指资产管理机构、代客投资理财机构即将用客户资金投资购买某个证券、期货等金融产品的决策信息。因不属于法律规定的"内幕消息"，也未要求必须公开，一般属于单位内部的商业秘密，故称"内幕信息以外的其他未公开的信息"。所谓"违反规定，从事与该信息相关的证券、期货交易活动"，不仅包括《证券投资基金法》等法律、行政法规所规定的禁止基金等资产管理机构的从业人员从事损害客户利益的交易等行为，也包括中国证监会发布的禁止资产管理机构从业人员从事违背受托义务的交易活动等行为。具体行为主要是指，资产管理机构的从业人员在用客户资金买入证券或者其衍生品、期货或者期权合约等金融产品前，自己先行买入，或者在卖出前，自己先行卖出等行为。所谓"明示、暗示他人从事相关交易活动"，主要是指行为人在自己建仓的同时，常常以直接或者间接方式示意其亲朋好友也同时建仓。②达到"情节严重"的程度。所谓"情节严重"，实践中具体包括以下几种情形：多次建仓的；非法获利数额巨大的；对客户资产造成严重损失的。

6. 编造并传播证券、期货交易虚假信息罪。[1]本罪的犯罪主体为一般主体，凡是达到刑事责任年龄并具有刑事责任能力的自然人都可以成为本罪主体，单位也能成为本罪主体。但是，本罪主体不包括证券交易所、证券登记结算机构、证券服务机构、证券公司及其从业人员，以及证券业协会、证券

---

[1]　参见《刑法》第181条第1款的规定，编造并且传播影响证券交易的虚假信息，扰乱证券交易市场，造成严重后果的，处5年以下有期徒刑或者拘役，并处或者单处1万元以上10万元以下罚金。

期货监督管理部门及其工作人员。本罪的客观方面表现为：编造虚假信息并传播虚假信息以及该虚假信息能够影响证券交易。扰乱证券交易市场，造成严重后果，是指虚假信息引起证券价格发生大幅波动，或在投资者中引起心理恐慌，大量抛售或买进某种证券，给投资者造成重大经济损失，或造成恶劣的社会影响。根据相关规定，编造并传播影响证券交易的虚假信息，扰乱证券交易市场，有下列情形之一的，应予追究：造成投资者直接经济损失数额巨大（如 3 万元以上）的；致使交易价格和交易量异常波动的；造成恶劣影响的。

7. 诱骗投资者买卖证券、期货合约罪。[1]本罪的犯罪主体都是特殊主体，具体包括证券交易所、期货交易所、证券公司、期货经纪公司及其从业人员、证券业协会、期货业协会或者证券期货监督管理部门及其工作人员。本罪的客观方面是犯罪主体故意提供虚假信息或者伪造、变造、销毁交易记录，诱骗投资者买卖证券合约，造成严重后果。根据相关规定，有下列情形之一的，应予追诉：造成投资者直接经济损失数额巨大（如 3 万元以上）的；致使交易价格和交易量异常波动的；造成恶劣影响的。

8. 操纵证券、期货市场罪。[2]本罪的客观方面表现为犯罪主体违反法律、法规，利用其资金、信息等优势或滥用职权，实施了操纵证券交易价格的行为。操纵市场的行为有：单独或者合谋，集中资金优势、持股或者持仓优势或者利用信息优势联合或者连续买卖，操纵证券交易价格或者证券交易量的；与他人串通，以事先约定的时间、价格和方式相互进行证券交易，影响证券交易价格或者证券交易量的；在自己实际控制的账户之间进行证券交

---

[1] 参见《刑法》第 181 条第 2 款的规定，证券交易所、证券公司的从业人员，证券业协会或者证券管理部门的工作人员，故意提供虚假信息或者伪造、变造、销毁交易记录，诱骗投资者买卖证券，造成严重后果的，处 5 年以下有期徒刑或者拘役，并处或者单处 1 万元以上 10 万元以下罚金；情节特别恶劣的，处 5 年以上 10 年以下有期徒刑，并处 2 万元以上 20 万元以下罚金。

[2] 参见《刑法》第 182 条的规定，有下列情形之一，操纵证券、期货市场，情节严重的，处 5 年以下有期徒刑或者拘役，并处或者单处罚金：①单独或者合谋，集中资金优势、持股或者持仓优势或者利用信息优势联合或者连续买卖，操纵证券、期货交易价格或者证券、期货交易量的；②与他人串通，以事先约定的时间、价格和方式相互进行证券、期货交易，影响证券、期货交易价格或者证券、期货交易量的；③在自己实际控制的账户之间进行证券交易，或者以自己为交易对象，自买自卖期货合约，影响证券、期货交易价格或者证券、期货交易量的；……⑦以其他方法操纵证券、期货市场的。单位犯前罪的，对单位判处罚金，并对其直接负责的主管人员和其他直接责任人员，依照前款的规定处罚。

易，影响证券交易价格或者证券交易量的；以其他方法操纵证券市场的。操纵证券交易价格，情节严重，实践中有下列情形之一的，应予追诉：非法获利数额巨大（如在50万元以上）；致使交易价格和交易量异常波动；以暴力、胁迫手段强迫他人操纵交易价格的；虽未达到上述数额标准，但因操纵证券交易价格受过多次（2次以上）行政处罚，又操纵证券交易价格的。

9. 提供虚假证明文件罪。[1]本罪的主体是特殊主体，即承担资产评估、验资、验证、会计、审计、法律服务等职责的中介组织的人员。本罪的客观方面是承担资产评估、验资、验证、会计、审计、法律服务等职责的中介组织的人员故意提供虚假证明文件，情节严重的行为。

10. 出具证明文件重大失实罪。[2]本罪主观方面是故意及过失。客观方面则是承担资产评估、验资、验证、会计、审计、法律服务等职责的中介组织的人员严重不负责任，出具的证明文件有重大失实，造成严重后果的行为。

11. 挪用资金罪。[3]证券公司、证券登记结算机构以及其从业人员挪用客户资金数额较大、超过3个月未还的，或者虽未超过3个月，但是数额较大、进行营利活动的，或者进行非法活动的，构成挪用资金罪。

12. 非法经营罪。[4]本罪的客观方面是未经国家有关主管部门批准，非法经营证券业务的，扰乱市场秩序，情节严重的行为。

---

〔1〕 参见《刑法》第229条第1款的规定，承担资产评估、验资、验证、会计、审计、法律服务等职责的中介组织的人员故意提供虚假证明文件，情节严重的，处5年以下有期徒刑或者拘役，并处罚金。

〔2〕 参见《刑法》第229条第3款的规定，承担资产评估、验资、验证、会计、审计、法律服务等职责的中介组织的人员严重不负责任，出具的证明文件有重大失实，造成严重后果的，处3年以下有期徒刑或者拘役，并处或者单处罚金。

〔3〕 参见《刑法》272条第1款的规定，公司、企业或者其他单位的工作人员，利用职务上的便利，挪用本单位资金归个人使用或者借贷给他人，数额较大、超过3个月未还的，或者虽未超过3个月，但数额较大、进行营利活动的，或者进行非法活动的，处3年以下有期徒刑或者拘役；挪用本单位资金数额巨大的，处3年以上7年以下有期徒刑；数额特别巨大的，处7年以上有期徒刑。

〔4〕 参见《刑法》第225条的规定，违反国家规定，有下列非法经营行为之一，扰乱市场秩序，情节严重的，处5年以下有期徒刑或者拘役，并处或者单处违法所得1倍以上5倍以下罚金；情节特别严重的，处5年以上有期徒刑，并处违法所得1倍以上5倍以下罚金或者没收财产：①未经许可经营法律、行政法规规定的专营、专卖物品或者其他限制买卖的物品的；②买卖进出口许可证、进出口原产地证明以及其他法律、行政法规规定的经营许可证或者批准文件的；③未经国家有关主管部门批准非法经营证券、期货、保险业务的，或者非法从事资金支付结算业务的；④其他严重扰乱市场秩序的非法经营行为。

13. 证券监督管理机构的工作人员渎职罪。本罪的主观方面大多数出于故意，少数出于过失。主体是特殊主体，即只能是证券监督管理机构的工作人员。证券监督管理机构的工作人员，徇私舞弊，滥用职权，对不符合法律规定的证券发行、上市的申请予以核准，或者对不符合法定条件的设立证券公司、证券登记结算机构或者证券交易服务机构的申请予以批准，致使公共财产、国家和人民利益遭受重大损失的，按照《刑法》第403条的规定定罪处罚，处5年以下有期徒刑或者拘役。若有其他不履行法定的监督职责，玩忽职守、徇私舞弊，致使公共财产、国家和人民利益遭受重大损失的，则按照《刑法》第397条的规定定罪量刑。

上市公司法治以保护投资者的合法权益，维护社会经济秩序和社会公共利益以及促进社会经济的发展为立法宗旨，以公开、公平、公正原则为基本理念，以公司证券的发行和交易监管制度为核心规范。为贯彻上市公司法治的立法宗旨和基本理念，上市公司监管法律制度规定一系列强行规范，要求证券市场主体有所为、有所不为；而证券市场主体违反强行规范，当其应当为而不为或不应当为而为时，即应在法律的禁止之列，并课之以法律责任。

证券禁止行为可谓种类繁多，我国《证券法》就专列一节规定"禁止的交易行为"，并在"法律责任"一章中规定各类禁止行为的责任。作为学术研究，当以解剖典型、抓住本质为重，在众多的与上市公司相关的证券禁止行为中，当以内幕交易、操纵市场、虚假陈述、欺诈客户等行为最具典型意义，因此，本章仅就这四类上市公司股票禁止性行为及其法律责任作为研究对象，而不涉及其余。

第一节　内幕交易行为及其法律责任

一、内幕交易行为概述

内幕交易（Insider trading），又称内部人交易[1]或知内情人交易，是证券交易内幕信息的知情人或者非法获取证券交易内幕信息的人，在有关证券

---

[1]　在证券市场运行的实践中，内幕交易主体早已超出内部人的范围，故这一称谓的局限性是显而易见的，我国修订后的《证券法》以"知情人"将其涵盖。

的发行、交易或者其他对证券的价格有重大影响的信息尚未公开前，买入或者卖出该证券或者泄露该信息，或者建议他人买卖该证券的行为。其目的是获取额外利益或避免正常交易风险的损失。

在证券市场发展的初期，法律并没有禁止内幕交易。20世纪初，美国证券市场上内幕交易盛行，证券市场上已无公平、公开、公正可言，使投资者完全丧失对证券市场的信心，可以说，内幕交易行为遍及证券市场是1929年美国证券业大危机的祸首。至此，美国意识到必须用法律手段来管制内幕交易行为。美国规制内幕交易的法律规范主要包括：①普通法上的董事、大股东等公司内部人购买本公司股票的规定；②《1933年证券法》第17条第a项，《1934年证券交易法》第10条第b项、第10条c项及美国证券交易委员会规则10b-5等禁止滥用公司内幕信息的规定；③《1934年证券交易法》第16条，关于持股变动报告与内部人短线交易利益归入公司的规定；④《1984年内幕交易制裁法》。[1]其中，《1934年证券交易法》首次以法律的方式禁止包括内幕交易在内的各种证券欺诈行为，该法第10条（b）款及证券交易委员会据此制定的规则10b-5，成为规制内幕交易的主要法律依据，也是各监管部门处理内幕交易纠纷最常引用的法律条款。自美国禁止内幕交易立法之后，禁止内幕交易行为逐渐成为世界各国的共识，许多国家纷纷仿效美国立法，未立法者亦以自律规则等方式加以监管，禁止内幕交易已为世界各国所普遍重视。

我国对内幕交易行为的规制也形成了自己的制度体系。我国早在1993年颁布的《禁止证券欺诈行为暂行办法》[2]中，即把内幕交易视为重要的欺诈行为而予以严格禁止。1997年修订后的《刑法》也将情节严重的内幕交易行为规定为证券犯罪行为（第180条）。2005年修订《证券法》时又对禁止内幕交易制度作了进一步的充实：一是扩大了内幕交易的范围，明确规定禁止非法获取内幕信息的人利用内幕信息从事证券交易活动（《证券法》第50、

---

〔1〕 杨志华：《证券法律制度研究》，中国政法大学出版社1995年版，第294页。

〔2〕 在1998年的《证券法》颁布实施之前，《禁止证券欺诈行为暂行办法》对我国证券发行、交易及相关活动中的内幕交易、操纵市场、虚假陈述和欺诈客户等行为进行了明确的界定并制定了相应的处罚措施。2005年《证券法》修订之后将其相关内容纳入并进一步完善。根据国务院2008年1月15日颁布的《国务院关于废止部分行政法规的决定》，该办法即被国务院废止。本章多处涉及该法规，都是作为学术上的引用，特别是同现行《证券法》相关规定进行比较研究。

53 条）；二是增加了民事赔偿责任的条款，规定内幕交易行为给投资者造成损失的，行为人依法承担赔偿责任（《证券法》第 53 条）。2007 年 3 月 27 日，中国证监会印发《证券市场内幕交易行为认定指引（试行）》（失效）。2011 年 7 月 13 日，最高人民法院印发《关于审理证券行政处罚案件证据若干问题的座谈会纪要》（现行有效），就内幕交易行为的规制提出了司法指导意见。

　　虽然规制内幕交易已成为各国立法的共识，但在学术界，仍然有人反对用法律手段解决内幕交易问题，其主要理由是：第一，投资者与内幕人员达成交易是一种双方自愿的行为，无任何胁迫或其他外力手段作用于投资者。第二，对内幕交易进行规制成本太高，因为内幕交易渗透广泛，几乎无法控制，既然成本高于规制带来的效益，那么规制就成为毫无价值的举措。反对者认为，上述理由的局限性在于：第一，虽然普通投资者与内幕人员的交易行为是出于自愿，但这种自愿是在内幕人员隐瞒事实真相，使普通投资者在不知情的条件下作出了错误的意思表示，内幕人员实际上已构成对普通投资者的民事欺诈。第二，规制内幕交易更重要的积极意义在于，公众投资者对内幕交易持否定态度，而禁止内幕交易的立法实为对公众投资者这种愿望的积极反应，它有利于增强投资公众的信心，而投资公众的信心是证券市场得以存在的前提条件。另外，查处内幕交易的成本虽然较高，但可以通过没收非法所得、罚款等途径得到一定的补偿。

二、内幕交易的归责理论

　　所谓归责，是指依据某种事实状态确定法律责任的归属；而归责理论则是指确定责任归属所必须依据的法律准则和法律原理。证券法律制度中的归责理念，主要是市场正义、公平观念及一般法律归责的原则。[1] 内幕交易的归责理论首创于美国。内幕交易的归责理论就总体而言，其最主要的根据是所有投资者都享有平等获得证券市场信息的权利。任何人都应当在平等的基础上，基于自身对合法获取的证券信息的研究，自行作出投资的决定，从而保证券市场的平等竞争，维系投资人对证券市场的信心，使得证券市场能够健康发展。因此，任何人都无权利用其地位或机会取得内幕信息，并买卖证券获取额外利益或避免正常交易风险的损失。具体而言，内幕交易的归责理

---

〔1〕　杨志华：《证券法律制度研究》，中国政法大学出版社 1995 年版，第 299 页。

论主要有以下三种学说：

1. "公开信息或停止交易"说。根据这一学说，当公司内幕人员知悉内幕信息后，欲从事该公司的证券交易时，有两种选择：一是在证券市场上公布这条内幕信息，然后进行交易（即公开信息）；二是停止从事对该上市公司证券的交易业务（即停业交易）。由于内幕人员往往都无权，甚至被禁止私自公开信息，所以也就不能利用该信息在市场上买卖证券。违反这一原则的交易行为，即是法律所禁止的内幕交易行为。该学说是美国司法实务界针对内幕人员交易最早提出的理论。随着证券市场的变化，后又产生了下面将论及的两种学说，它们起到了弥补该学说不足的作用。

2. "私用内部信息"说。根据这一学说，任何人因正当理由知悉了内幕信息，在知悉该信息的那一时刻起就负有不得利用该信息去谋取私利的义务，如果在知悉该信息后利用它去进行证券交易以牟取利益，就是欺诈行为。这一理论主要解决非公司内部人员因职务关系而知悉内幕信息，然后利用该信息去谋求一己私利的问题。

3. "信赖义务"说。根据这一学说，代理人在受托为他人的最大利益处理事务时，代理人对委托人负有因信赖关系而产生的义务。在内幕交易问题中，公司的大股东、高级管理人员与公司之间存在这种信赖关系，正是基于这种关系，他们才得以知悉公司的内幕信息，因此当他们与本公司发生证券交易时，就有向本公司和全体股东告知信息的义务。这种"信赖义务"（fiduciary duty to shareholder）甚至扩大到"临时内部人"（temporary insider），如会计师、律师等，这些人员虽然不是公司职员，但是由于他们与公司之间建立了某种特殊的服务合同关系而得以掌握公司的重要信息，根据"信赖义务"，这些"临时内部人"同样负有不得滥用这些信息的义务。

三、内幕交易的构成要件

内幕交易由内幕交易的行为主体（知情人）、内幕信息的知悉或利用、内幕交易的行为表现和主观故意等要件构成。

（一）内幕交易的行为主体

内幕交易行为的主体为知情人。知情人是指知晓证券发行和证券上市公司内幕信息的人。无论是直接知晓，还是间接知晓内幕信息的人，也无论是合法知晓，还是违法知晓内幕信息的人，凡是事实上知悉内幕信息的人，都可以构成内幕交易中的知情人。考察美、日等国的有关立法，可将内幕知情人分为三类：①公司内幕人员（Corporate insider），即上市公司董事会成员、监事会成员、经理阶层及其他高级人员、从业人员、代理人以及具有控制关系的股东等，其信息通道是基于内幕人员在公司的地位或其关系而能够知晓的公司尚未公开的敏感信息。②市场内幕人员（Market insider），即依据公司业务或契约关系而得以获悉公司内幕信息的证券承销商、会计师、律师、公司顾问、评估公司职员等。对于市场内幕人，美国法称之为临时内部人或阶段性内部人。③公司以外接受第一手信息的人员。这是指直接从公司内幕人员或市场内幕人员处获得内幕信息的人。关于接受第一手信息的人员作为内幕交易的行为主体的范围，各国规定不同，有的国家规定以第一手信息接受人为限，有的国家则不以第一手信息接受人为限，即第一手以下的信息接受人亦应成为规制的对象。主张以第一手信息接受人为规制范围的学者认为，第一手以下的信息接受人与公司内幕人员、市场内幕人员、第一手信息接受人的关系已经比较模糊，如果将其列为规制对象，则在查处时，不仅成本太高，而且亦似无可能，因为信息流传过程举证困难。

我国《证券法》出台之前，《股票条例》和《禁止证券欺诈行为暂行办法》（失效）并没有使用"知情人"这一称谓，而使用"内幕人员"这一术语。所谓"内幕人员"是指任何由于持有发行人的股票，或者在发行人或与其有密切联系的企业中担任董事、监事、高级管理人员，或者由于其会员地位、管理地位、监督地位和职业地位，或者作为雇员、专业顾问履行职务，能够接触或者获取内幕信息的人员。1998年出台的《证券法》，则以"知情人员"取代了前述法规中的"内幕人员"，2005年修订后的《证券法》则以"知情人"取代了"知情人员"。而《证券市场内幕交易行为认定指引（试行）》中则使用了"内幕人"的表述。

从文意的角度来看，"内幕人员"一般应当是指直接参与内部事务并知晓内部信息的人员，如上述公司董事、经理、监事等。我国台湾地区的一些学者甚至将"内幕人员"直接称为"内部人"，将"内幕交易"称为"内部人交易"或"内线交易"。"知情人员"是指知悉公司内幕信息的人员，与"内幕人员"相比，其范围要广得多。它既包括前述"内幕人员"，也包括所有获得公司内幕信息但属于公司外部的所有人员。如我国《证券法》第50条和第

53 条还特别将非法获取内幕信息的人也纳入了知情人范畴之列。因此，"知情人员"更能科学地反映内幕交易主体的现实状况。"内幕人员"和"内幕人"、"知情人"与"知情人员"看上去没有本质的差异，但"人员"一词毕竟在习惯上往往是对自然人（个人）的指称，故它不能精确地反映内幕交易主体包括法人的社会现实。相对而言，使用"知情人"这一术语较为合适，而中国证监会使用"内幕人"这一称谓则值得商榷。

根据不同标准，我们可以将知情人划分为不同的种类。以知情人的身份为标准，可将其分为公司知情人、市场知情人、政府机构知情人和其他知情人；按照获得内幕信息的合法性，可将知情人分为合法知情人和非法知情人。合法知情人是指依其职务合法获得内幕信息的人；非法知情人是指违法地获取内幕信息的人，例如以窃取或者其他非法方式取得内幕信息的人。

根据《证券法》第 51 条的规定，我国将知情人界定为以下 9 类：①发行人及其董事、监事、高级管理人员；②持有公司 5%以上股份的股东及其董事、监事、高级管理人员，公司的实际控制人及其董事、监事、高级管理人员；③发行人控股或者实际控制的公司及其董事、监事、高级管理人员；④由于所任公司职务或者因与公司业务往来可以获取公司有关内幕信息的人员；⑤上市公司收购人或者重大资产交易方及其控股股东、实际控制人、董事、监事和高级管理人员；⑥因职务、工作可以获取内幕信息的证券交易场所、证券公司、证券登记结算机构、证券服务机构的有关人员；⑦因职责、工作可以获取内幕信息的证券监督管理机构工作人员；⑧因法定职责对证券的发行、交易或者对上市公司及其收购、重大资产交易进行管理可以获取内幕信息的有关主管部门、监管机构的工作人员；⑨国务院证券监督管理机构规定的可以获取内幕信息的其他人员。

2011 年最高人民法院《关于审理证券行政处罚案件证据若干问题的座谈会纪要》指出，监管机构提供的证据能够证明以下情形之一，且被处罚人不能作出合理说明或者提供证据排除其存在利用内幕信息从事相关证券交易活动的，人民法院可以确认被诉处罚决定认定的内幕交易行为成立：①2005 年《证券法》第 74 条规定的证券交易内幕信息知情人，进行了与该内幕信息有关的证券交易活动；②2005 年《证券法》第 74 条规定的内幕信息知情人的配偶、父母、子女以及其他有密切关系的人，其证券交易活动与该内幕信息基本吻合；③因履行工作职责知悉上述内幕信息并进行了与该信息有关的证券交易活动；④非法获取内幕信息，并进行了与该内幕信息有关的证券交易活动；⑤内幕信息公开前与内幕信息知情人或知晓该内幕信息的人联络、接触，其证券交易活动与内幕信息高度吻合。

（二）内幕信息的知悉或利用

内幕交易之所以能够实现，是以内幕人员知悉或利用内幕信息为前提条件的。所谓内幕信息[1]是指尚未公开的、可能对证券价格产生实质性影响的信息。因此，内幕信息的认定标准有二：一为未公开，二为价格敏感。

信息公开是上市公司法治的灵魂，所谓信息公开是指上市公司应按照法律的规定将其上市发行及发行后的相关证券信息完全公开。未公开则是指上市公司未向投资公众发布信息，具体而言，在我国，信息未公开是指上市公司尚未在中国证监会指定的报刊上公布其信息，或者尚未通过中央、地方认可的其他信息披露方式向社会公布其信息。

价格敏感是指信息可能会对上市公司的证券价格产生实质性影响。一般来说，信息分为利好信息和利空信息，利好信息往往导致证券价格上升，因为利好信息是有利于证券投资、对多头有利的信息；而利空信息则往往导致证券价格下跌，因为利空信息是不利于证券投资、对空头有利的信息。内幕信息有可能是利好信息，也可能是利空信息，但只能是可能会导致证券价格波动的信息，才算是价格敏感信息，当然，也仅仅是极有可能导致证券价格波动，至于实际波动与否以及波动幅度如何则在所不问。因此，价格敏感是针对信息公开时对投资人的投资判断可能产生的影响而言的，而不考虑该项信息所涉及的事情在以后能否真正实现。

我国最早界定内幕信息的规范是《股票条例》。该条例第81条第15项采取概括的方法规定了内幕信息的概念，即内幕信息是指有关发行人、证券经营机构、有收购意图的法人、证券监督管理机构、证券自律性管理组织以及与其有密切联系的人员所知悉的尚未公开的可能影响股票市场价格的重大信息。而《禁止证券欺诈行为暂行办法》（失效）第5条则采用概括式与列举式相结合的方法来界定内幕信息，该条第1款规定，内幕信息是指为内幕人员所知悉的、尚未公开的和可能影响证券市场价格的重大信息；第2款则列举

---

[1]　我国《证券法》第52条，将内幕信息界定为：证券交易活动中，涉及发行人的经营、财务或者对该发行人证券的市场价格有重大影响的尚未公开的信息。

了 26 项重大信息。这些规定都是以内幕人员为中心来界定内幕信息的，也就是说，衡量某一信息是否构成内幕信息，必须首先确定该信息的持有人是否为内幕人员。这种界定方法存在两个明显的不足：一是内幕人员的范围随着经济生活的变化而不断变化，用内幕人员来推论内幕信息，势必出现法律适用的困境；二是在这种界定中，法律关注的重心是内幕人员，至于内幕信息本身的法律要素，却得不到足够的揭示。《证券法》虽然也采用概括式与列举式相结合的方法，但放弃了以内幕人员为中心的界定方法，并明确了内幕信息的基本构成要素。《证券法》第 52 条第 1 款规定："证券交易活动中，涉及发行人的经营、财务或者对该发行人证券的市场价格有重大影响的尚未公开的信息，为内幕信息。"根据这一规定，可以得出内幕信息具有以下特征：

1. 内幕信息是影响证券价格的信息。内幕交易主要是借助证券价格涨跌而牟取利益或者减少损失，价格波动信息成为知情人实施内幕交易的直接动力。影响证券价格的因素极其复杂，证券价格是整个经济、政治和社会因素的集中体现形式之一。作为内幕信息的价格信息主要指公司内部发生的与投资者判断投资证券价格走势有关的经营、财务等事件、事项、信息及其发生的变动。

2. 内幕信息是有关公司经营、财务等的内部信息。在《证券法》上，内幕信息仅指证券发行与上市公司的信息。根据《禁止证券欺诈行为暂行办法》（失效）第 5 条第 2 款第 9 项的规定，内幕信息还包括"可能对证券市场价格有显著影响的国家政策变化"。但现行《证券法》将内幕信息主要限定于公司或企业内部的信息，而非泛指各种与证券价格相关的信息。

3. 内幕信息是未公开的信息。明确何为"公开"，即知何为"未公开"。《股票条例》规定，公布应以有关消息和文件刊登在中国证监会指定的报刊上为准，公开则以有关消息和文件备置于发行人及其证券承销机构的营业地和中国证监会，供投资人查阅为准。《禁止证券欺诈行为暂行办法》（失效）第 5 条第 3 款规定，内幕信息不包括运用公开的信息和资料，对证券市场作出的预测和分析。信息是否公开，其认定的标准大致有以下几种：①以新闻发布会的形式公布；②通过全国性的新闻媒介；③市场消化了的信息；④只要有相当数量的股票分析师知道，即使大部分投资者不知道，也算公开。从我国《证券法》的规定来看，是否公开主要应以信息是否公告为准。《证券法》第 86 条规定："依法披露的信息，应当在证券交易场所的网站和符合国务院证券监督管理机构规定条件的媒体发布，同时将其置备于公司住所、证券交易场所，供社会公众查阅。"《证券市场内幕交易行为认定指引（试行）》（失效）规定，公开是指内幕信息在中国证监会指定的报刊、网站等媒体披露，或者被一般投资者能够接触到的全国性报刊、网站等媒体揭露，或者被一般投资者广泛知悉和理解。

4. 内幕信息是有重大影响的信息。内幕信息应当是对证券价格有影响的敏感信息，并应当达到一定影响程度。如果内幕信息与证券价格无关或者影响程度轻微，就不属于《证券法》禁止的交易行为。对于重大影响的认定标准，《证券法》分别就不同情况作了规定，主要内容有：①某些事件本身构成具有重大影响的内幕信息，如公司合并、分立、解散、破产，如股东会或董事会决议被法院撤销。凡是出现上述情形的，无论对证券价格的影响程度如何，均属于内幕信息的范畴；②达到一定标准的事件，如超过净资产10%的重大损失及公司营业用主要资产的抵押、出售或者报废一次超过该资产的30%。发生损失或者抵押、出售或报废主要资产的情形并不绝对构成内幕信息，而必须达到法定的数额；③规定一定的弹性标准，如公司的经营方针和经营范围的重大变化、公司的重大投资行为、重大的购置资产的决定、公司债务担保的重大变更，等等。[1]

《证券法》第52条第2款规定了内幕信息的具体类别："本法第80条第2款、第81条第2款所列重大事件属于内幕信息"。根据《证券法》第80条第2款的规定，基于股票交易而发生的重大事件（内幕信息）主要包括：①公司的经营方针和经营范围的重大变化；②公司的重大投资行为，公司在1年内购买、出售重大资产超过公司资产总额30%，或者公司营业用主要资产的抵押、质押、出售或者报废一次超过该资产的30%；③公司订立重要合同、提供重大担保或者从事关联交易、提供重大担保或者从事关联交易，可能对公司的资产、负债、权益和经营成果产生重要影响；④公司发生重大债务和未能清偿到期重大债务的违约情况；⑤公司发生重大亏损或者重大损失；⑥公司生产经营的外部条件发生的重大变化；⑦公司的董事、1/3以上监事或者经理发生变动，董事长或者经理无法履行职责；⑧持有公司5%以上股份的股东或者实际控制人，其持有股份或者控制公司的情况发生较大变化，公司的实际

---

〔1〕　参见《证券法》第52、80、81条的规定。

控制人及其控制的其他企业从事与公司相同或者相似业务的情况发生较大变化；⑨公司分配股利、增资的计划，公司股权结构的重要变化，公司减资、合并、分立、解散及申请破产的决定，或者依法进入破产程序、被责令关闭；⑩涉及公司的重大诉讼，股东会、董事会决议被依法撤销或者宣告无效；⑪公司涉嫌犯罪被司法机关立案调查，公司董事、监事、高级管理人员涉嫌犯罪被司法机关采取强制措施；⑫国务院证券监督管理机构规定的其他事项。

又据《证券法》第81条第2款的规定，基于债券交易而发生的重大事件（内幕信息）主要包括：①公司股权结构或者生产经营状况发生重大变化；②公司债券信用评级发生变化；③公司重大资产抵押、质押、出售、转让、报废；④公司发生未能清偿到期债务的情况；⑤公司新增借款或者对外提供担保超过上年末净资产的20%；⑥公司放弃债权或者财产超过上年末净资产的10%；⑦公司发生超过上年末净资产10%的重大损失；⑧公司分配股利，作出减资、合并、分立、解散及申请破产的决定，或者依法进入破产程序、被责令关闭；⑨涉及公司的重大诉讼、仲裁；⑩公司涉嫌犯罪被依法立案调查，公司的控股股东、实际控制人、董事、监事、高级管理人员涉嫌犯罪被依法采取强制措施；⑪国务院证券监督管理机构规定的其他事项。

（三）内幕交易的行为表现

在证券交易中借助于内幕信息，是内幕交易的客观构成要件。客观行为的表现有多样：[1]一是当内幕人预知上市公司盈余或亏损、资产处分等情况，而抢先买进或卖出证券；二是内幕人向他人泄露内幕信息，使他人利用内幕信息买卖证券或建议他人买卖证券；三是在非内幕人通过不正当手段获取内幕信息后，根据该信息买卖证券或根据该信息建议他人买卖证券。

1. 证券买卖。内幕交易中的证券买卖是指知情人在内幕信息公开以前，利用所知悉的内幕信息，买进或卖出证券的行为。这是最传统也是最典型的内幕交易行为，其构成要件如下：①主体必须是法律上的知情人，即知悉内幕信息的人。在此内幕交易中，交易同样由买卖双方构成，但内幕交易具有单向性质，即只有知情人一方具有内幕交易的条件和目的。交易相对人不是

---

〔1〕《证券法》第53条第1款规定："证券交易内幕信息的知情人和非法获取内幕信息的人，在内幕信息公开前，不得买卖该公司的证券，或者泄露该信息，或者建议他人买卖该证券。"据此，内幕交易行为主要有知情人的"证券买卖""泄露内幕信息"和"建议他人买卖证券"三类行为。

知情人，他们不仅不能成为内幕交易的主体，而且在法律上往往被视为内幕交易的受害人。②主观上是故意且有明确的目的。内幕交易的目的有两种：一是当内幕信息为利好信息（如公司承接重大新项目）时，大量买进证券而谋取超额获利；二是当内幕信息为利空信息（如公司面临破产）时，大量出售证券而避免正常的交易风险损失。③必须利用内幕信息，即据以交易的根据是内幕信息，该信息可能是未公开的利好信息，也可能是未公开的利空信息。④在内幕信息公开前，知情人实施了交易行为。实施交易行为是内幕交易的客观要件。一般而言，知情人进行内幕交易时，不管是一次交易还是多次反复交易，总是以利好信息为依据进行单向的买进，而以利空信息为依据进行单向的卖出。应注意的是，知情人有可能是以其本人名义或他人名义实施交易行为。但不论以何种名义，只要具备上述四个要件，就构成内幕交易。《证券市场内幕交易行为认定指引（试行）》（失效）第13条第2款规定了以他人名义买卖证券的两种情形：①直接或间接提供证券或资金给他人购买证券，且该他人所持有证券之利益或损失，全部或部分归属于本人；②对他人所持有的证券具有管理、使用和处分的权益。

2. 泄露内幕信息。从证券法上讲，知情人在信息依法公开前负有保守内幕信息的义务。因此，《证券法》规定，知情人不得将所知悉的内幕信息泄露给他人。在本质上，泄露内幕信息并不是交易，但从实践来看，它会引发他人的内幕交易或者造成市场的混乱，影响交易秩序，故立法上一般也将其作为内幕交易的一种较特殊的表现形态。

泄露内幕信息的构成要件如下：①行为主体是知情人；②客观上在内幕信息公开前泄露了内幕信息，即负有保密义务的知情人非依法律让知情人以外的他人知道了内幕信息。但是，这里有几个问题值得注意：第一，泄露内幕信息的主观要件。《证券法》并未明确规定泄露内幕信息的主观要件，一般认为，泄露内幕交易信息既可以由故意，也可以由过失构成。第二，泄露内幕信息是否以发生损害后果为要件，如泄露内幕信息是否以发生他人的内幕交易或引起市场秩序的混乱为要件。从《证券法》的立法精神来看，禁止泄露内幕信息的目的在于阻止内幕信息的非法传播，因而，泄露内幕信息本身既是行为，同时也包含着结果（即他人已知悉）。至于是否发生进一步的损害后果，则是决定泄露内幕信息危害程度的考量情节，而不是其构成要件。第三，对泄露内幕信息的对象有无要求，如是否要求"必须向投资者泄露"等。

对此，《证券法》也无规定。从实践来看，泄露内幕信息多为向投资者泄露，但从泄露内幕交易信息的本质来说，只要非法地将内幕信息泄露给他人，而不论他人是否为投资者，都可以构成。第四，泄露的内幕信息是否为某一项内幕信息的全部内容。一般而言，证券市场是一个敏感的信息市场，泄露的内幕信息不一定是该项内幕信息的全部内容和细节，而是其主要内容。只要常人能从其泄露的内幕信息中明确信息的概括性内容，并能作出利好、利空的判断，就足以构成泄露内幕信息。

3. 建议他人买卖证券。这是指知情人根据内幕信息与证券价格的关系，而建议他人购买或出售相关证券的行为。其构成要件如下：①主体是知情人。②有接受建议的对象，即受建议人。建议他人买卖证券中的受建议人总是特定的与内幕信息相关的证券持有人或投资者，既可以是一人，也可以是多人。当然，实践中知情人的建议可能是通过投资者的亲属、朋友等转告投资者的，而这种转告过程不影响本行为的成立。③必须有具体的买进或卖出的建议。如果只是告知内幕信息则是故意泄露内幕信息，如果没有告知内幕信息而只是提出买进或卖出的建议，则构成建议他人买卖证券。至于既告知内幕信息又建议其买卖的，则宜认定为泄露内幕信息，其中的建议可以作为泄露内幕信息的一个重要情节。④知情人的建议必须跟内幕信息与其相关证券的价格变动关系相一致，即建议买进时知情人知道的是利好的内幕信息，建议卖出时知情人知道的是利空的内幕信息。

在认定建议他人买卖证券时，需要注意两点：①受建议人如果没有接受建议或尚未来得及进行交易，即客观上受建议人没有进行证券交易，行为人是否构成建议他人买卖证券？从立法精神来看，出现这种情况也不影响建议他人买卖证券的构成，只是可以将这一情况作为一种决定其法律责任时的情节。②如果受建议人按建议进行了交易，则知情人构成建议他人买卖证券，受建议人则可因非法获取内幕信息而构成内幕交易。

（四）主观故意

内幕交易一般以主观故意为构成要件，即行为人必须是在明知自己所获悉的信息是尚未公开的、可能影响证券价格的重大信息，并且在明知应予以保密而不可私自利用的情况下，但为了获取利益或者避免损失之目的，行为人仍然利用该信息进行交易。当然，在实践中，如上所述，在泄露内幕信息时，有可能存在过失的情况，但仅仅是过失泄露内幕信息并不必然会构成内幕交易，只有当他人故意利用了该泄露的信息才构成内幕交易。单纯的泄露信息，可追究其泄密行为的责任。

四、内幕交易行为的责任形式

（一）内幕交易行为的民事责任

各国有关追究内幕交易行为人民事责任的规定很少，例如日本京都大学龙田节教授便认为日本的规制内幕交易行为的制度结构中欠缺对受害人的救济。[1]这是由于现代证券交易主要是靠众多投资者的集中竞价和电子计算机的自动撮合完成的，由于投资者众多、转手频率高，所以要证明谁是内幕交易直接和真正的受害人十分困难。此外，影响证券价格的因素错综复杂，证券价格瞬息万变，从而难以计算内幕交易的损害赔偿数额。因此，确定内幕交易民事赔偿责任有两大难点：①因果关系的证明；②赔偿金额的确定。所谓因果关系即内幕交易与损害事实的关联性，对此，学者们见解不一，但以同时交易者说最具说服力。该说主张只要内幕交易者隐瞒内幕信息与相对人交易，同一时间内进行相同证券相反交易的同时交易者，只要不能证明存在恶意，均可提起损害赔偿的民事诉讼，法律推定因果关系成立。关于赔偿金的确定问题亦是众说不一，但从总体上看主要可归结为三种方法：①实际价值计算法，即赔偿金额应为受害者进行证券交易时的价格与当时证券的实际价值的差额；②差价计算法，即赔偿金额应为证券交易时的价格与内幕交易行为暴露后一段合理时间内的证券价格的差额；③实际诱因计算法，即内幕交易者只对其行为所造成的证券价格波动负赔偿责任，对其他因素引起的那部分证券价格波动不负赔偿责任。

我国《股票条例》在第 77 条、1998 年《证券法》在第 207 条各自规定了，违反本条例规定，给他人造成损失的，应当依法承担民事赔偿责任的内容。这种规定对于追究内幕交易的民事责任过于原则化，缺乏可操作性，显然需要改进。现行《证券法》修改了与内幕交易相关的两项主要内容：①明确禁止非法获取内幕消息的人利用内幕消息从事证券交易活动，扩大了内幕交易行为的认定范围；②规定内幕交易行为给投资者造成损失的，行为人依

---

[1] ［日］龙田节：《内幕交易之禁止》，胡宝沥译，载《外国法译评》1995 年第 1 期。

法承担民事赔偿责任。也就是《证券法》第53条的规定，证券交易内幕信息的知情人和非法获取内幕信息的人，在内幕信息公开前，买卖该公司的证券，或者泄露该信息，或者建议他人买卖该证券给投资者造成损失的，行为人应当依法承担赔偿责任。下面从责任主体、因果关系、赔偿范围和责任实现等四个方面来讨论内幕交易的民事责任。

（1）责任主体。内幕交易民事责任主体是掌握证券交易内幕消息，并实施内幕交易行为，给投资者造成损失的知情人。按照获得内幕信息是否具有合法性，知情人可以划分为合法知情人和非法知情人：①合法知情人。具体范围见上文的列举。②非法知情人是指以窃取或其他方式非法获得证券交易内幕消息的主体。具体内容见上文所述。上述两类知情人获得内幕交易信息的途径、方式虽有所不同，但只要他们利用所掌握的内幕信息，实施了内幕交易行为，并给投资者造成损害的，都应当依法承担赔偿责任。

（2）因果关系。如上文所述，在证券市场中影响证券交易数量、价格和最终收益的因素比较复杂，因此，很难证明投资者损失与内幕交易行为之间存在符合民事责任追究要求的因果关系。但内幕交易行为违反了证券信息公开制度，侵害了投资者的信息平等权，将本应由广大投资者共享的信息转变为少数人独占的信息，也就相当于，将本应归投资者共享的利益转变为知情人的独占利益。所以，可以建立符合证券内幕交易特点的因果关系证明规则，即推定内幕交易的相对人（与知情人直接进行交易的当事人）所受到的损失与内幕交易之间存在因果关系。至于其他在内幕交易的同时从事与知情人交易方向相反交易的投资者，但未与知情人直接发生交易关系，其所受损失则不宜推定为由知情人内幕交易所造成。

（3）赔偿范围。在缺乏法律明文规定的情况下，可以参考一些基本因素来确定内幕交易赔偿范围，包括损失发生的时间是否在交易信息公开之前；内幕交易所引起的交易价格、数量的变化；投资者的差价损失以及费用税金损失等。

（4）责任实现。1998年《证券法》只规定了内幕交易行为应承担的行政责任和刑事责任，但就经济利益而言，单纯惩治违法行为只能减少或剥夺内幕交易人的非法收益，投资者损失仍未得到补偿。现行《证券法》明确规定了内幕交易的民事责任，从而弥补了1998年《证券法》的不足。但是，该条款只是宣誓性地规定了知情人应当承担民事赔偿责任，并没有更具体、更有操作性的配套性制度，因此，在司法实践中如何适用该条款还存在一些技术障碍，内幕交易民事责任的实现还需要立法进一步的明确和规范。

（二）内幕交易的行政责任和刑事责任

对尚未构成犯罪的内幕交易违法行为，可追究行为人的行政责任。根据美国《1984 年内幕交易制裁法》的规定，对从事内幕交易的证券商，由联邦证券交易委员会限制其经营活动，直到取消注册；对于个人利用内幕信息交易，地方法院可处以罚款，其数额不超过非法所得或避免损失的 3 倍。美国《1988 年内幕交易和证券欺诈执行法》又规定，证交会可对泄露信息者和接受信息者共处罚款，后者又透露给第三者的，法院可视情节轻重追加内幕人员的罚款数。

我国《证券法》对内幕交易的行政责任也作了相应的规制，[1] 即证券交易内幕信息的知情人或者非法获取内幕信息的人违反《证券法》第 53 条的规定从事内幕交易的，责令依法处理非法持有的证券，没收违法所得，并处以违法所得 1 倍以上 10 倍以下的罚款；没有违法所得或者违法所得不足 50 万元的，处以 50 万元以上 500 万元以下的罚款。单位从事内幕交易的，还应当对直接负责的主管人员和其他直接责任人员给予警告，并处以 20 万元以上 200 万元以下的罚款。国务院证券监督管理机构工作人员从事内幕交易的，从重处罚。违反《证券法》第 54 条的规定，利用未公开信息进行交易的，依照前款的规定处罚。上述违法所得，根据《证券市场内幕交易行为认定指引（试行）》（失效）的规定，是指行为人实施内幕交易行为获取的不正当利益，即行为人买卖证券获得的收益或规避的损失。其不正当利益，既可以表现为持有的现金，也可以表现为持有的证券（是指行为人实际控制的账户所持有的证券）。违法所得的计算，应以内幕交易行为终止日、内幕信息公开日、行政调查终结日或其他适当时点为基准日期。

相对于内幕交易的民事责任和行政责任，各国和地区立法对内幕交易者刑事责任的追究更为普遍，并且在刑事处罚上渐趋严厉。美国《1934 年证券交易法》规定，对内部交易可处 5 年以下有期徒刑，处或并处 1 万美元以下罚金。《1988 年内幕交易和证券欺诈执行法》规定，任何有计划地违反联邦证券法的行为，都视为重罪，对行为人可处至 10 万美元罚金或判处有期徒刑

---

〔1〕　参见《证券法》第 191 条的规定。

5 年或将有期徒刑与罚金两者并处。日本《证券交易法》原规定，内幕交易处 6 个月以下徒刑或 50 万日元罚金；1988 年 5 月通过立法规定，对内幕交易处以 3 年以下有期徒刑与 300 万日元罚金。我国台湾地区将内幕交易的刑事责任从 2 年以下有期徒刑、拘役或并处 15 万元台币以下罚金，改为（1988 年）7 年以下有期徒刑、并处 300 万元台币以下罚金。可见，各国和地区对内幕交易在刑事处罚上日趋加重。

根据《刑法修正案（七）》对《刑法》第 180 条第 1 款的修改，对内幕交易的刑事责任作了详细规定，具体论述见本书第十四章第四节的相关内容。

第二节 操纵市场行为及其法律责任

一、操纵市场行为的概念、特征及其危害分析

（一）操纵市场行为的概念和特征

操纵市场行为是指行为人背离市场自由竞价和供求关系原则，以各种不正当的手段，影响证券交易价格或者证券交易量，制造证券市场假象，人为地操纵证券交易价格，以引诱他人参与证券交易，为自己谋取不正当利益或者转嫁风险的行为。操纵市场行为主要有以下特征：

1. 操纵市场具有证券交易行为的外衣。操纵市场是为了谋取不当利益，但其表现形式依然是进行证券交易，故其有别于正常的证券交易。区分操纵市场与正常的证券交易行为不能只看交易行为本身，还必须考虑行为人的交易目的：正常交易行为是为获得正常的投资收益或者规避风险，而操纵市场是为牟取不正当的投资收益或者不正当地规避或转嫁风险。在操纵市场的情况下，买卖证券首先已经作为了操纵市场的具体手段，其次才以此达到自己获得正常的投资收益或者规避风险的目的。需要注意的是，实践中捏造、散布虚假信息或者谣言，是一种常用的操纵手段，但是这种手段只有与谣言制造与散布者的交易相对应，才能构成操纵市场行为。如果只是散布了影响证券价格或交易量的虚假信息，而自身没有从事证券交易活动，可能构成其他证券违法行为，但一般不构成操纵市场行为。

2. 操纵市场是人为影响证券市场价格的行为。对此，可从以下两个角度

分析：①从行为人所造成的客观影响来看，操纵市场是影响证券市场价格的行为，通过这种影响使证券市场价格的走势符合操纵者的预期，以达到其谋利或避险的目的，故操纵市场行为又称"影响证券市场行情"行为。而证券市场行情不仅指证券市场价格，证券成交量也是证券市场行情的有机组成部分，证券市场价格与交易量有着密切的关系，证券市场价格反映着包括交易量在内的诸多变动因素。因此，影响成交量也构成操纵市场行为。②从当事人违法行为的主观要件来看，操纵情形下产生的价格是一种人为控制的价格。这说明操纵市场行为的当事人主观上只能是故意而为，并且经操纵之后的市场价格不是市场机制正常运行中的价格，而是被少数或个别人的人为扭曲所致。可见，操纵市场的行为属于"不正当的交易行为"或"不公平的交易行为"。

3. 操纵市场是一种权利滥用的行为。操纵市场的行为人和其他投资者一样享有市场交易的权利。但他们不是正当行使自己的这一权利，而是利用自己或他人所掌控的资金优势、信息优势或者利用持股上的优势制造虚假的市场行情，诱使其他投资者进行证券交易，以达到自己的不正当目的。这属于典型的民事权利滥用行为。

（二）操纵市场行为的危害分析

操纵市场行为属于上市公司监管法禁止性行为，它是严重扰乱证券市场秩序的行为，危害甚大，现就其危害性分析如下：

1. 妨碍公平竞争，形成违法垄断。恩格斯指出："竞争的对面就是垄断。垄断是重商主义者战斗时的呐喊，竞争是自由主义经济学家厮杀时的吼叫。"[1]质言之，垄断是对公平竞争的阻碍，是公平竞争的天敌。证券市场上的公平竞争，不仅表现为公司凭借在竞争中获得的业绩而得以使自己的证券发行与上市，而且还表现在投资者根据发行公司的业绩，以自由竞价方式决定自己的资金投向。但是，操纵市场行为则必然排斥这种竞争，它使证券行情与公司业绩相背离，使资金流向与效益原则相悖行。操纵市场是对证券价格的垄断，这种证券价格的垄断一经形成，证券市场便无公平竞争可言。

2. 虚构供求关系，导致市场机制失灵。在证券市场上，证券的价格主要

---

〔1〕　［德］马克思：《政治经济学批判大纲》，载《马克思恩格斯全集》（第一卷），人民出版社1995年版，第612页。

是由证券供求关系所决定的，反过来，证券的价格又会对供求关系产生重大影响。而操纵市场行为却把供求关系决定的价格变为计划的人为价格，使证券价格高于或低于正常供求关系所决定的价格。与此同时，由虚假价格造成的非真实的供求关系，又严重误导投资者。这样的市场有名无实，不能真正发挥引导和调节投资、配置资源的功能。

3. 严重损害投资公众的利益。操纵市场行为所造成的虚假交易量和不合理价格，往往使广大普通投资者陷入圈套：在虚假行情下购入证券的被套牢，售出证券的受损失。结果使少数操纵者获取暴利，而大多数投资者遭受损害。长此以往，必然会使投资者对证券市场丧失信心。

总之，操纵市场的行为，对于保障市场的公平、秩序与效率，发挥证券市场应有的功能，维护正当竞争、保护投资者的公众利益，乃至整个证券市场的发展，均可谓贻害无穷！

二、操纵市场行为的表现形式

操纵市场行为的表现形式复杂多变，不同国家和地区的证券立法在不同的历史时期所作的规定也不尽相同。我国证券法律对操纵市场行为的规制前后也有所不相同。比如，《禁止证券欺诈行为暂行办法》（失效）第8条规定的操纵市场行为包括：通过合谋或者集中资金操纵证券市场价格；以散布谣言等手段影响证券发行、交易；为制造证券的虚假价格，与他人串通，进行不转移证券所有权的虚买虚卖；出售或者要约出售其并不持有的证券，扰乱证券市场秩序；以抬高或者压低证券交易价格为目的，连续交易某种证券；利用职务便利，人为地压低或者抬高证券价格；其他操纵市场的行为。而2019年修订后的《证券法》第55条第1款则规定："禁止任何人以下列手段操纵证券市场，影响或者意图影响证券交易价格或者证券交易量：①单独或者通过合谋，集中资金优势、持股优势或者利用信息优势联合或者连续买卖；②与他人串通，以事先约定的时间、价格和方式相互进行证券交易；③在自己实际控制的账户之间进行证券交易；④不以成交为目的，频繁或者大量申报并撤销申报；⑤利用虚假或者不确定的重大信息，诱导投资者进行证券交易；⑥对证券、发行人公开作出评价、预测或者投资建议，并进行反向证券交易；⑦利用在其他相关市场的活动操纵证券市场；⑧操纵证券市场的其他手段。"下面具体分析这几种典型的操纵市场的行为：

1. 连续交易操纵。连续交易操纵是指单独或通过合谋，集中资金优势、持股优势或者利用信息优势联合或者连续买卖，操纵证券交易价格或者证券交易量的行为。主要是资金大户或者持股大户利用其拥有的大量资金或者某种大量证券，或者利用了解某种内幕信息的优势，进行单独或者通谋买卖，对某种有价证券进行集中买卖或连续买卖或对同一种证券反复买进卖出。在出货阶段造成此种证券价升量增，以吸引投资者买入，达到使自己顺利出货的目的；在吸筹阶段造成此种证券价跌量增，使持筹者产生恐慌心理，抛出该种证券，从而使自己获取暴利，而令其他投资者遭受巨大损失。

根据《证券市场操纵行为认定指引（试行）》（失效）第22条的规定，连续交易操纵的构成要件包括：①主体是证券交易人，不论是买方还是卖方，不论是自行炒作还是委托证券经纪商炒作，也不论是单个人的行动还是多人的通谋；②集中资金优势、持股优势或者利用信息优势；③必须有联合（或连续）买卖和影响证券价格（或证券交易量）的事实。根据参加人数量的不同，连续交易操纵分为单一行为人连续交易操纵和合谋的连续交易操纵。单一的行为人集中资金优势、持股优势或者利用信息优势连续买卖，操纵证券交易价格或者证券交易量的，是单一行为人连续交易操纵。2个以上行为人通过合谋，集中资金优势、持股优势或者利用信息优势，联合或者连续买卖，操纵证券交易价格或者证券交易量的，是合谋的连续交易操纵。按照《证券市场操纵行为认定指引（试行）》（失效）第20、21条的规定，联合买卖，是指2个以上行为人，约定在某一时段内一起买入或卖出某种证券。具体包括三种情形：①在某一时段内一起买入或者相继买入某种证券的；②在某一时段内一起卖出或者相继卖出某种证券的；③在某一时段内其中一个或数个行为人一起买入或相继买入而其他行为人一起卖出或相继卖出某种证券的。连续买卖是指行为人在某一时段内连续买卖某种证券。在1个交易日内交易某一证券2次以上，或在2个交易日内交易某一证券3次以上的，即构成连续买卖。

连续交易发生证券权利的实际移转，属于证券的真实买卖，与不转移证券所有权的虚买虚卖有所不同。此外，在判断连续交易操纵时有3个因素需要考虑：①联合或连续买卖的交易次数应当包括未成交的报价，因为报价本身就会影响证券价格，但报价后又主动撤销的不应当包括在其中；②连续交易在事实上引起了一定的证券价格或者证券交易量的变动，至于变动幅度一般没有明确要求；③行为人主观上有恶意，其目的是抬高或压低价格，或者引诱其他交易人买入或卖出证券。

2. 串通相互买卖操纵。串通相互买卖操纵是指两个以上的行为人以事先约定的时间、价格和方式相互进行证券交易，影响证券交易价格或者证券交易量的行为，也称为合谋（Matched orders）或相对委托，它实质上是两个或两个以上的交易人，相互串通，一买一卖，目的在于虚造声势，抬高或压低该证券价格，诱骗其他投资者买入或者卖出该种证券，使行为人达到高位出货或低位吸筹的目的。此种交易的特征是双方或多方在交易中时间相近、价格相近、方向相反。此种交易方式能为操纵者尽量减少操纵市场的资金量和证券筹码数量，有四两拨千斤之功效，对证券市场的正常秩序具有很大的破坏性。综上所述，合谋的要件可归纳如下：①下单的价格、时间的相似性；②下单数量的一致性；③买卖同一证券，而且买卖方向相反；④主观上是故意，且两个故意之间有必然的联络，即恶意串通或合谋。

3. 自买自卖操纵。自买自卖又称洗售、对倒、对敲、虚售，它是指同一投资人在自己实际控制的账户之间进行证券交易，影响证券交易价格或者证券交易量的行为。这种方式俗称庄家对倒，亦称左手卖给右手，主要表现为行为人在各个地方多个不同的营业部开立多个证券交易户头，自己在某地某账户内卖出证券的同时，又在另一地另一账户内买入该证券，其实质是一人自买自卖。虽然行为人的证券所有权并没有转移，持有证券的数量没有变化，但能大大增加该证券一天的成交量，给其他投资者造成该证券交易活跃的假象，从而影响其对该证券行情的判断而作出错误的买卖决策，为行为人出货或吸筹提供机会、创造条件。

自买自卖的构成要件是：①有现实的交易发生；②这些交易发生的时间相同，数量相当，价格一致，方向相反（一买一卖）；③这些交易并不改变该证券的实质所有权，即实质上这些证券仍然为同一人所有；④有自买自卖的故意。不过在证券立法上，国外有的规定，洗售本身就是故意的证据，故主张进行故意推定。据此也有人主张，洗售不需要以主观故意为要件，发生洗售的事实就可以构成。

《证券法》2005年修订前，我国证券立法将洗售规定为"以自己为交易对象，进行不转移所有权的自买自卖"。事实上，行为人往往借助多个证券账户进行相互交易，只要实现了交易，就发生证券权利的法律转移，只不过其背后的真实所有人为同一人或为同一人所控制。现行《证券法》第55条将洗售或者自买自卖定义为"在自己实际控制的账户之间进行证券交易"，与以前的规定相比，更符合生活中的实际情况。《证券市场操纵行为认定指引（试行）》（失效）第28条列举了"自己实际控制的账户"包括：行为人以自己名义开设的实名账户；行为人以他人名义开设的账户；行为人虽然不是账户的名义持有人，但通过投资关系、协议或者其他安排，能够实际管理、使用或处分的他人账户。

4. 其他操纵市场的行为。《证券法》第55条所规定的"操纵证券市场的其他手段"属于"兜底条款"。所谓其他操纵市场的行为应当是指法律已经明确列举的市场操纵行为之外的操纵市场行为。《证券市场操纵行为认定指引（试行）》（失效）第30条列举了其他操纵市场的行为，包括：①蛊惑交易操纵；②抢帽子交易操纵；③虚假申报操纵；④特定时间的价格或价值操纵；⑤尾市交易操纵；⑥中国证监会认定的其他操纵证券市场的行为。这里需要说明的是，根据《证券法》第56条的规定，对于国家机关工作人员、传播媒介从业人员和有关人员编造、传播虚假信息等行为，应按其相应的规定处理，而不应归入操纵市场的行为之列，也就是国家机关工作人员、传播媒介从业人员和有关人员编造、传播虚假信息等行为不属于其他操纵市场的行为。

三、操纵市场行为的法律责任

（一）操纵市场行为的民事责任

操纵市场行为的民事责任主要是损害赔偿责任，即对善意相对交易人的损失承担赔偿责任。如我国台湾地区"证券交易法"第155条规定，操纵者对于善意买入或卖出有价证券之人所受的损害，应负赔偿责任。我国《股票条例》亦规定了操纵市场的民事责任，但是过于原则。《证券法》第55条规定，禁止任何人操纵证券市场。操纵证券市场行为给投资者造成损失的，行为人应当依法承担赔偿责任。由此可见，任何单位或个人都有可能成为操纵证券市场的民事责任主体，但从理论以及操纵行为分析，操纵证券市场民事责任主体只能是参与证券交易，并且其实施的行为在客观上符合法定操纵市场行为要件的交易者。操纵证券市场行为属于法律禁止行为，在追究行政责任和刑事责任时，应当以行为人具有主观故意为法律责任构成要件，这有利于打击证券违法行为，维护正常的交易秩序。行为人承担操纵市场的民事赔偿责任是我国证券立法在法律责任领域的又一大突破，但如何在实体法和程序法方面保障责任的实现，还有一些问题需要解决。由于在追究行为人的民事责任时，法律并未明确规定必须以主观过错为构成要件，因此为了更好地保护投资者的合法权益，在民事责任的追究中应当适用无过错责任的归责原则，以减轻原告的证明责任。

我国证券法律制度虽然规定了操纵市场的民事责任，然而到目前为止，因操纵市场而提起的民事赔偿案件还较为少见。投资公众缺乏权利意识、缺乏自我保护意识固然是其重要原因，但操纵市场民事责任制度乃至整个证券民事责任制度的不足也是其中的重要原因。

（二）操纵市场行为的行政责任和刑事责任

在追究操纵市场行为的行政责任方面，各国立法往往根据行为人的不同情况给予行政制裁。证券商、证券交易场所有操纵行为的，单处或并处警告、罚款、限制或暂停其证券经营业务或证券业务、撤销其证券经营业务许可或证券业务许可；其他机构有操纵行为的，单处或并处警告、没收非法所得、罚款；上市公司有严重操纵行为的，暂停或取消其上市资格。我国《证券法》第192条规定，操纵证券市场的，责令依法处理非法持有的证券，没收违法所得，并处以违法所得1倍以上10倍以下的罚款；没有违法所得或者违法所得不足100万元的，处以100万元以上1000万元以下的罚款。此处的违法所得，根据《证券市场操纵行为认定指引（试行）》（失效）的规定，是指行为人实施操纵行为获取的不正当利益。其所得不正当利益的形式，既可以表现为持有的现金，也可以表现为持有的证券。违法所得的计算，应以操纵行为的发生为起点，以操纵行为终止、操纵影响消除、行政调查终结或其他适当时点为终点。

单位操纵证券市场的，还应当对直接负责的主管人员和其他直接责任人员给予警告，并处以50万元以上500万元以下的罚款。此外，根据上述《证券市场操纵行为认定指引（试行）》（失效）的规定，有下列情形之一的，应依法从重处罚：①涉案金额及违法所得数额较大的；②社会影响恶劣的；③以暴力、胁迫手段强迫他人操纵证券交易价格或证券交易量的；④与上市公司及其关联人合谋操纵证券交易价格或证券交易量的；⑤拒绝、阻碍证券监管机构及其工作人员依法执行公务或以暴力、威胁及其他恶劣手段干扰证券监管机构及其工作人员执行公务的；⑥操纵证券市场受过行政或刑事处罚，又操纵证券市场的。而有下列情形之一的，则应当依法从轻、减轻或者免予处罚：①主动消除或者减轻操纵行为危害后果的；②受他人胁迫有操纵行为的；③配合证券监管机关调查且有立功表现的；④其他依法从轻或者减轻行政处罚的；⑤操纵行为轻微并及时纠正，没有造成危害后果的，依法不予行政处罚。

操纵市场行为构成犯罪的，追究其刑事责任。美、日等国的司法实践均以操纵市场行为人的主观目的的认定作为刑事处罚的依据，认为操纵市场的犯罪属行为犯而非结果犯。我国的立法仍强调操纵行为情节严重才构成刑事责任。我国《刑法》第182条对操纵市场犯罪的刑事责任作了详细规定，具体论述见本书第十四章第四节的相关内容。

第三节　虚假陈述行为及其法律责任

一、虚假陈述概说

证券与其他商品的区别在于证券本身没有使用价值，它只有交换价值，即投资价值，由于证券的投资价值不等同于证券的面额，证券的面额不决定证券的投资价值，因此投资者在进行证券交易时无法直接看到证券的投资价值。证券的投资价值取决于上市公司的财务状况、经营前景、盈利多寡等因素的影响，而对这些因素的判断有赖于上市公司相关信息的全部公开。只有投资者全面、准确、及时地了解到有关信息，才有可能根据该信息，对相关证券的投资价值作出正确判断，并作出相应的投资决定，可见在投资者的判断过程中，信息的真实性与完整性至关重要，因此法律严厉禁止虚假陈述。而所谓虚假陈述，是指证券信息公开义务人违反信息公开义务，在提交或公布的信息公开文件中作出违背事实真相的陈述、记载或者发生重大遗漏的行为。

虚假陈述源于英美法系的"misrepresentation"，大陆法系多采用"欺诈"或者类似术语。美国《1933年证券法》对证券市场虚假陈述作了较为系统和完整的规定，该法第11条（a）款规定：生效的证券发行注册登记文件，其任何部分一旦包含有对重大事实的不真实陈述，或者遗漏了按规定应当报告或者为使该申报文件不致引起误解的重大事实，任何获得这种证券的人都可以向有管辖权的法院提起诉讼，除非其在获得证券时就已经知道该不实陈述或有重大遗漏存在。我国《证券法》颁布前，《禁止证券欺诈行为暂行办法》（失效）就有关于虚假陈述禁止性的规范。该办法第 11 条规定："禁止任何单位或者个人对证券发行、交易及其相关活动的事实、性质、前景、法律等事项作出不实、严重误导或者含有重大遗漏的、任何形式的虚假陈述或者诱导、致使投资者在不了解事实真相的情况下作出证券投资决定。"同时，该办法第 12 条还列举了具体的虚假陈述行为。此外，2005 年《证券法》修订之前，最高人民法院也发布了《最高人民法院关于审理证券市场因虚假陈述引发的民事赔偿案件的若干规定》，明确了相关民事赔偿诉讼的问题。2005 年修订之后的《证券法》第 63 条规定："发行人、上市公司依法披露的信息，必须真实、准确、完整，不得有虚假记载、误导性陈述或者重大遗漏"；2019 年《证券法》第 78 条，将上述内容修改为："发行人及法律、行政法规和国务院证券监督管理机构规定的其他信息披露义务人，应当及时依法履行信息披露义务。信息披露义务人披露的信息，应当真实、准确、完整，简明清晰，通俗易懂，不得有虚假记载、误导性陈述或者重大遗漏。证券同时在境内境外公开发行、交易的，其信息披露义务人在境外披露的信息，应当在境内同时披露"。第 85 条又规定了虚假陈述致使投资者在证券交易中遭受损失的民事责任。值得注意的是，为了防止疏漏，第 56 条还对信息披露义务人之外的相关机构和人员编造、传播虚假信息、虚假陈述，误导投资者的行为作出了禁止性规定，即禁止国家工作人员、传播媒介从业人员、证券业协会、证券监督管理机构及其工作人员，在证券交易活动中作出虚假陈述或者信息误导；各种传播媒介传播证券市场信息必须真实、客观、禁止误导。也就是说，相关机构和人员编造、传播虚假信息、虚假陈述，误导投资者的行为虽然不构成虚假陈述，但却同样属于证券违法行为，依法也要承担相应的法律责任。

从总体上看，虚假陈述行为具有如下特征：

（1）虚假陈述是信息公开义务人所为的行为。不负有公开义务的人所实施的虚假记载、误导性陈述和具有重大遗漏的披露行为，尽管可能构成其他证券违法行为，但不构成虚假陈述。对于各种影响证券价格的重大信息，信息公开义务人应当及时以规定的文件格式、内容和法定的方式、方法向公众公开，在提交或公布的法定信息公开文件中作出与事实不符的虚假记载、误导性陈述和重大遗漏，均构成虚假陈述。

（2）证券法上的虚假陈述，不同于民法上的虚假陈述。民法上的虚假陈述是指行为人故意作出某种意思表示的积极行为，即行为人故意作出某种不符合事实真相的积极意思表示。证券法上的虚假陈述不限于行为人故意作出某种不符合事实真相的积极意思表示，而是泛指各种违反信息公开义务的行为，包括以各种行为形态和因各种主观态度而为的行为，即既包括故意的虚假记载和误导性陈述，也包括过失，甚至包括意外发生的误导性陈述和重大遗漏披露。

（3）虚假陈述中的信息是具有重大性的信息。所谓重大性的信息，是指对证券价格有重大影响的信息，因此，凡是可能对证券价格造成重大影响的事件、事项或者信息及其发生的变动，都具有重大性。虚假陈述就是对重大性信息的虚假记载、误导性陈述和重大遗漏。

总之，虚假陈述是对信息公开真实性与完整性的违反，上市公司公开的信息资料如有虚假、严重误导或重大遗漏，就会干扰投资者的投资判断，纵容不正当竞争，引发过度投机，其结果是投资者丧失对证券市场的信心。投资者对证券市场的信心是证券市场赖以生存、发展的基础，上市公司监管法律制度的根本目的就是为了维系投资者对证券市场的信心，使得证券市场健康发展。因此，证券发行人与信息公开文件制作、签证相关者，应当对信息公开文件的真实性、准确性、完整性承担相应的法律责任。

二、虚假陈述的构成要件

（一）虚假陈述的责任主体

1. 虚假陈述责任主体的一般界定。从各国（地区）立法来看，虚假陈述的责任主体主要有四类：第一类是发行人、发行人（公司）的大股东、发行人的董事、经理以及高级职员等。根据美国证券法的规定，所有在注册申报文件上签名的人，在注册申报文件中载明承担责任的发行人的董事、合伙人和类似职务的人，所有经其同意列名于文件中的现任或将任董事、合伙人或履行类似职务的人，均为责任主体。我国法律亦规定发行人及其工作人员为责任主体。第二类是证券商。我国台湾地区"证券交易法"明确规定证券承销商为责任主体，但证明自己已尽相当注意义务的除外。我国立法亦明确承销商与发行人同为发行、上市文件虚假的责任主体。第三类是律师、会计师、资产评估师等中介服务机构或个人。我国台湾地区"证券交易法"规定，会计师、律师、工程师或其他专门职业技术人员，曾在公开说明书签字，以证实所载内容之全部或部分，或陈述意见者为责任主体，但如能证明已经合理调查，并有正当理由确信其签字或意见为真实者免责。我国法律规定，律师事务所、会计师事务所、资产评估等专业证券服务机构在其出具的法律意见书、审计报告、资产评估报告及参与制作的文件，有虚假陈述的应承担相应的法律责任。第四类是其他法定机构或人员。如证券交易所及其他证券交易场所、证券业协会及其他自律组织、证券投资咨询等机构及其工作人员。这些人可能在某些情况下成为虚假陈述的行为人或连带责任人。

2. 我国证券法律对虚假陈述主体的界定。我国《证券法》将虚假陈述行为的主体区分为行为主体和责任主体，行为主体是实施虚假陈述的主体，责任主体是承担虚假陈述法律责任后果的主体。其中，行为主体一定是责任主体，但责任主体却不一定是行为主体，行为主体包含于责任主体之中，故责任主体的外延大于行为主体。

《证券法》颁布之前，我国证券立法所规定的虚假陈述主体没有区分行为主体和责任主体，均作为行为主体加以规定，涵盖了信息公开义务人以外的单位和个人。《禁止证券欺诈行为暂行办法》（失效）第12条规定："前条所称虚假陈述行为包括：①发行人、证券经营机构在招募说明书、上市公告书、公司报告及其他文件中作出虚假陈述；②律师事务所、会计师事务所、资产评估机构等专业性证券服务机构在其出具的法律意见书、审计报告、资产评估报告及参与制作的其他文件中作出虚假陈述；③证券交易场所、证券业协会或者其他证券业自律性组织作出对证券市场产生影响的虚假陈述；④发行人、证券经营机构、专业性证券服务机构、证券业自律性组织在向证券监管部门提交的各种文件、报告和说明中作出虚假陈述；⑤在证券发行、交易及其相关活动中的其他虚假陈述。"由此可见，虚假陈述的行为主体包括发行人、上市公司、证券交易机构、证券经营机构、证券登记结算机构、证券服务机构和证券业自律性组织等。最高人民法院的司法解释《最高人民法院关于审理证券市场因虚假陈述引发的民事赔偿案件的若干规定》认定的虚假陈述行为人更为广泛，该司法解释第7条规定，虚假陈述证券民事赔偿案件的被告，应当是虚假陈述行为人，包括：①发起人、控股股东等实际控制人；②发行人或者上市公司；③证券承销商；④证券上市推荐人；⑤会计师事务所、律师事务所、资产评估机构等专业中介服务机构；⑥上述②、③、④项所涉单位中负有责任的董事、监事和经理等高级管理人员以及⑤项中直接责任人；⑦其他作出虚假陈述的机构或者自然人。

《证券法》对虚假陈述主体进行了区分，区分为行为主体和责任主体。这两类主体在理论上存在如下差别：

第一，发行人和上市公司依法承担法定信息公开义务，他们是行为主体（当然更是责任主体）。其信息公开必须真实、准确、完整，而发行人和上市公司以外的机构和个人不是信息公开的义务主体，他们是责任主体，[1]只承担谨慎勤勉义务，仅须按惯常的职业或者行业标准编制、审验相关文件。发行人和上市公司有义务提供各种相关信息和资料，并确保相关信息和资料的真实、准确、完整；其他机构和人员负有收集这些资料和信息的义务，并承担核查其真实性、准确性和完整性的义务，只有当这些机构和人员没有尽到谨慎勤勉义务时，才承担相应的单独责任或者连带责任。

第二，行为主体承担全面义务，责任主体承担局部义务。发行人和上市公司作为行为主体承担全面义务，而发行人和上市公司以外的机构和个人作为责任主体承担局部义务。发行人和上市公司承担各项信息的真实、准确、完整地公开的义务；发行人和上市公司以外的机构和个人只就其职责范围内的信息承担真实、准确、完整的义务，如法律服务机构仅对法律意见书及工作文件所涉及事项负有勤勉尽责的义务，包括对中介机构资格的审核义务，但对于中介机构出具的专业报告的内容，没有法定审验义务。

第三，投资公众对行为主体和责任主体的信赖程度不同。投资公众对作为行为人的发行人、上市公司与对作为责任主体的发行人和上市公司以外的机构和个人的信赖程度不同。投资公众认购证券或者买卖证券，是以信赖发行人和上市公司公布的招股说明书和公司财务报告等为基础，而非单纯地信赖保荐书、财务会计报告或者法律意见书等文件。在证券发行过程中，招股

---

〔1〕　由于责任主体是承担虚假陈述法律责任后果的主体，所以，这里所谓的责任主体只是一种可能的责任主体，而不是现实的责任主体，后面相同情况下所称的责任主体也都是指可能的责任主体，为了行文方便就不一一注明了。

说明书属于必须公开的募集文件，但发行人和上市公司以外的机构和个人的文件属于备查文件，不足以单独成为投资者认购或者买卖证券时信赖的法律文件。

下面将我国《证券法》对虚假陈述主体的具体规定归纳如下：

第一，2014 年《证券法》第 63 条规定，发行人、上市公司依法披露的信息，必须真实准确、完整，不得有虚假记载，误导性陈述或者重大遗漏。2019 年《证券法》第 78 条将上述规定修改为，发行人及法律、行政法规和国务院证券监督管理机构规定的其他信息披露义务人，应当及时依法履行信息披露义务。信息披露义务人披露的信息，应当真实、准确、完整，简明清晰，通俗易懂，不得有虚假记载、误导性陈述或者重大遗漏。据此，2019 年《证券法》扩展了信息披露义务人的范围，即行为主体包括发行人及法律、行政法规和国务院证券监督管理机构规定的其他信息披露义务人，而不再仅限于发行人和上市公司。

第二，《证券法》第 82 条规定，发行人的董事、高级管理人员应当对证券发行文件和定期报告签署书面确认意见。发行人的监事会应当对董事会编制的证券发行文件和定期报告进行审核并提出书面审核意见。监事应当签署书面确认意见。发行人的董事、监事和高级管理人员应当保证发行人及时、公平地披露信息，所披露的信息真实、准确、完整。董事、监事和高级管理人员无法保证证券发行文件和定期报告内容的真实性、准确性、完整性或者有异议的，应当在书面确认意见中发表意见并陈述理由，发行人应当披露。发行人不予披露的，董事、监事和高级管理人员可以直接申请披露。据此可见，发行人的董事、监事、高级管理人员是保证主体，其实质是责任主体，如未尽到保证义务，将与行为人一起承担相应的法律责任。当然，这里需要指出的是该条规定中的"确认""审核""保证"是法定勤勉义务的承诺，并非担保法上的保证，所以他们只承担过错推定责任而非保证人责任。

第三，《证券法》第 85 条规定，信息披露义务人未按照规定披露信息，或者公告的证券发行文件、定期报告、临时报告以及其他信息披露资料，有虚假记载、误导性陈述或者重大遗漏，致使投资者在证券交易中遭受损失的，信息披露义务人应当承担赔偿责任；发行人的控股股东、实际控制人、董事、监事、高级管理人员和其他直接责任人员以及保荐人、承销的证券公司及其直接责任人员，应当与发行人、上市公司承担连带赔偿责任，但是能够证明自己没有过错的除外。据此可见，信息披露义务人既是行为主体，又是责任主体，发行人的控股股东、实际控制人、董事、监事、高级管理人员和其他直接责任人员以及保荐人、承销的证券公司及其直接责任人员，根据其主观过错和举证证明情况决定是否是责任主体。

第四，《证券法》第 163 条规定，证券服务机构为证券的发行、上市、交易等证券业务活动制作、出具审计报告及其他鉴证报告、资产评估报告、财务顾问报告、资信评级报告或者法律意见书等文件，应当勤勉尽责，对所依据的文件资料内容的真实性、准确性、完整性进行核查和验证。其制作、出具的文件有虚假记载、误导性陈述或者重大遗漏，给他人造成损失的，应当与委托人承担连带赔偿责任，但是能够证明自己没有过错的除外。据此可见，会计师事务所、资产评估机构和律师事务所等证券服务机构是虚假陈述的责任主体，除非能够证明自己没有过错，否则与行为人承担连带赔偿责任。

第五，《证券法》第 197 条规定，信息披露义务人未按照本法规定报送有关报告或者履行信息披露义务的，责令改正，给予警告，并处以 50 万元以上 500 万元以下的罚款；对直接负责的主管人员和其他直接责任人员给予警告，并处以 20 万元以上 200 万元以下的罚款。发行人的控股股东、实际控制人组织、指使从事上述违法行为，或者隐瞒相关事项导致发生上述情形的，处以 50 万元以上 500 万元以下的罚款；对直接负责的主管人员和其他直接责任人员，处以 20 万元以上 200 万元以下的罚款。信息披露义务人报送的报告或者披露的信息有虚假记载、误导性陈述或者重大遗漏的，责令改正，给予警告，并处以 100 万元以上 1000 万元以下的罚款；对直接负责的主管人员和其他直接责任人员给予警告，并处以 50 万元以上 500 万元以下的罚款。发行人的控股股东、实际控制人组织、指使从事上述违法行为，或者隐瞒相关事项导致发生上述情形的，处以 100 万元以上 1000 万元以下的罚款；对直接负责的主管人员和其他直接责任人员，处以 50 万元以上 500 万元以下的罚款。

（二）虚假陈述的主观要件

对于虚假陈述的主观要件，各国法律一般并不要求责任人一定要有主观上的故意或过失，而是均规定行为人承担无过失责任，即只要信息公开文件有虚假或重大遗漏事项，除发行人或发起人证明原告取得时知悉外，应就整个文件内容承担绝对责任。

（三）虚假陈述行为的客观表现

虚假陈述行为主要表现在证券的发行、上市、交易和逃避监管等过程中：①证券发行中的虚假陈述，即证券发行人、承销商等在发行申请书、招股说明书、募集债券办法等文件中作不实、误导、有重大遗漏的记载；②证券上市中的虚假陈述，即上市公司、中介服务机构在上市报告及相关的文件中对诸如企业实力、经济效益、营业收入、利润水平等方面，作不实、误导、有重大遗漏的记载；③证券交易中的虚假陈述，此即上市公司、证券商、证券交易所、投资咨询机构等在定期报告、重大事件报告、分配方案、收购报告和投资分析报告等文件中作不实、误导、有重大遗漏的记载；④接受证券监管中的虚假陈述，即虚假陈述的责任主体在向证券监管部门提交的文件、报告或者情况说明中作虚假陈述，以逃避监管处罚。

从我国《证券法》和最高人民法院司法解释的规定来看，虚假陈述主要包括虚假记载、误导性陈述、重大遗漏等三种行为方式。

1. 虚假记载。虚假记载是指信息披露义务人在披露信息时，将不存在的事实在信息披露文件中予以记载的行为。具体可分为歪曲事实与捏造事实两类：①歪曲事实是对客观事实加以放大或缩小，改变其本身的状况，比如发行人或上市公司在财务报告中虚增利润；②捏造事实是指对完全不存在的事实进行加工炮制，比如捏造虚增盈利的事实。

2. 误导性陈述。误导性陈述是指行为人在信息披露文件中或者通过媒体，作出使投资人对其投资行为发生错误判断并产生重大影响的陈述。信息披露文件记载事项的表述存有缺陷而容易使人误解，投资者依赖该信息披露文件无法获得清晰、正确的认识，或者据常人的理解该陈述已经使人发生了误解，即可认定为误导性陈述。误导性陈述可以由故意构成，也可以由过失构成。

3. 重大遗漏。重大遗漏是指信息披露义务人在信息披露文件中，未将应当记载的事项完全记载或者仅部分予以记载。它主要指向应公开的事实未予公开的事实状态，而不论其原因为何。重大遗漏的结果是使投资者不能获得充分和完整的信息。重大遗漏既包括出于主观故意而未予记载的情形，也包括由于过失未加记载的情形。

上述虚假记载、误导性陈述和重大遗漏是现行《证券法》所作的规定。而 2003 年公布的《最高人民法院关于审理证券市场因虚假陈述引发的民事赔偿案件的若干规定》中，除了规定上述三种虚假陈述外，还规定了一种虚假陈述的行为，即不当披露。所谓不当披露，是指信息披露义务人未在适当期限内或者未以法定方式公开应当公开的信息，泛指信息公开义务人所进行的信息公开在公开时间、方式、地点等方面不符合通常的披露规则。例如，上市公司不按《证券法》规定的在中国证监会指定的媒体上公告，而采用了记者招待会的形式公开招股说明书；又如，不按《证券法》规定的时间要求公开信息等，都是不当披露。

然而，对于将不当披露作为虚假陈述的一种行为方式，学界持不同观点，理由是：从性质上讲，披露程序中出现的不当披露并不表明其必然虚假，可以将其归入证券违法行为的范畴，但却没有充分的理由将其归入虚假陈述的范畴。因此，最高人民法院 2022 年施行的《审理虚假陈述案司法解释》取消了将不当披露作为虚假陈述的一种行为方式。

三、虚假陈述的法律责任

（一）虚假陈述的民事责任

在虚假陈述的民事责任中，不同的责任主体其归责原则也是不尽相同的，考察我国台湾地区的"证券交易法"，对此有以下两种情况值得注意：一是发行人承担无过失责任。一般各国和地区的法律规定，只要作为信息公开的文件有虚假、重大遗漏或者严重误导，发行人或发行公司的发起人就应当承担无过失责任，但发行公司发起人能够证明原告取得该信息时，就已知道其存在上述瑕疵，即原告存有恶意的情况除外。二是发行人以外的其他责任主体承担推定过失责任。发行人以外的责任主体包括：①上市公司的董事、监事、经理及其他在信息公开文件上签章的职员；②证券承销商；③会计师、律师、工程师或其他专门职业或技术人员。所谓承担推定过失责任，是指责任主体不仅需证明其不知悉，而且需证明已尽相当之注意义务，并有正当理由确信其主要内容无虚伪、隐匿情事或对于签证之意见有正当理由确信其为真实者，免负赔偿责任；但对于专家签证部分，责任主体仅需证明其不知悉即可免责。但日本法对此的规定比较严格，按照日本法，不论是否经专家签证，一律要求行为人尽相当注意仍未知情方可免责。

下面讨论我国证券法和相关司法解释所设计的虚假陈述民事责任制度。

1. 民事责任主体。虚假陈述民事责任主体，见上述"虚假陈述的责任主体"中的相关内容。此外，最高人民法院《审理虚假陈述案司法解释》第五部分进一步将民事责任主体具体化了，其主要内容如下：

（1）发行人的控股股东、实际控制人组织、指使发行人实施虚假陈述，致使原告在证券交易中遭受损失的，原告起诉请求直接判令该控股股东、实际控制人依照本规定赔偿损失的，人民法院应当予以支持。控股股东、实际控制人组织、指使发行人实施虚假陈述，发行人在承担赔偿责任后要求该控股股东、实际控制人赔偿实际支付的赔偿款、合理的律师费、诉讼费用等损失的，人民法院应当予以支持。

（2）公司重大资产重组的交易对方所提供的信息不符合真实、准确、完整的要求，导致公司披露的相关信息存在虚假陈述，原告起诉请求判令该交易对方与发行人等责任主体赔偿由此导致的损失的，人民法院应当予以支持。

（3）有证据证明发行人的供应商、客户，以及为发行人提供服务的金融机构等明知发行人实施财务造假活动，仍然为其提供相关交易合同、发票、存款证明等予以配合，或者故意隐瞒重要事实致使发行人的信息披露文件存在虚假陈述，原告起诉请求判令其与发行人等责任主体赔偿由此导致的损失的，人民法院应当予以支持。

（4）承担连带责任的当事人之间的责任分担与追偿，按照《民法典》第178条的规定处理，但本规定第20条第2款规定的情形除外。保荐机构、承销机构等责任主体以存在约定为由，请求发行人或者其控股股东、实际控制人补偿其因虚假陈述所承担的赔偿责任的，人民法院不予支持。

总之，只要存在虚假陈述并给投资者造成损失的，发行人和上市公司都应依照无过错责任原则承担民事赔偿责任，而其他机构或人员则适用过错责任原则或过错推定责任原则，决定其是否与发行人、上市公司承担连带赔偿责任。

2. 重大性及交易因果关系。最高人民法院《审理虚假陈述案司法解释》第10~12条分别规定了重大性及交易因果关系：

（1）有下列情形之一的，人民法院应当认定虚假陈述的内容具有重大性：①虚假陈述的内容属于《证券法》第80条第2款、第81条第2款规定的重大事件；②虚假陈述的内容属于监管部门制定的规章和规范性文件中要求披露的重大事件或者重要事项；③虚假陈述的实施、揭露或者更正导致相关证券的交易价格或者交易量产生明显的变化。前款第①项、第②项所列情形，被告提交证据足以证明虚假陈述并未导致相关证券交易价格或者交易量明显变化的，人民法院应当认定虚假陈述的内容不具有重大性。被告能够证明虚假陈述不具有重大性，并以此抗辩不应当承担民事责任的，人民法院应当予以支持。

（2）交易因果关系。

第一，原告能够证明下列情形的，人民法院应当认定原告的投资决定与虚假陈述之间的交易因果关系成立：①信息披露义务人实施了虚假陈述；②原告交易的是与虚假陈述直接关联的证券；③原告在虚假陈述实施日之后、揭露日或更正日之前实施了相应的交易行为，即在诱多型虚假陈述中买入了相关证券，或者在诱空型虚假陈述中卖出了相关证券。

第二，被告能够证明下列情形之一的，人民法院应当认定交易因果关系不成立：①原告的交易行为发生在虚假陈述实施前，或者是在揭露或更正之后；②原告在交易时知道或者应当知道存在虚假陈述，或者虚假陈述已经被证券市场广泛知悉；③原告的交易行为是受到虚假陈述实施后发生的上市公司的收购、重大资产重组等其他重大事件的影响；④原告的交易行为构成内幕交易、操纵证券市场等证券违法行为的；⑤原告的交易行为与虚假陈述不具有交易因果关系的其他情形。

这里需要强调的是，上述司法解释中所采用的三个时间概念：①虚假陈述实施日，这是指信息披露义务人作出虚假陈述或者发生虚假陈述之日；②虚假陈述揭露日，这是指虚假陈述在具有全国性影响的报刊、电台、电视台或监管部门网站、交易场所网站、主要门户网站、行业知名的自媒体等媒体上，首次被公开揭露并为证券市场知悉之日；③虚假陈述更正日，这是指信息披露义务人在证券交易场所网站或者符合监管部门规定条件的媒体上，自行更正虚假陈述之日。

3. 赔偿范围与损失认定。

（1）赔偿范围。根据上述司法解释，虚假陈述行为人应当在投资者遭受的实际损失范围内承担赔偿责任，具体包括投资者的投资差额损失以及投资差额部分的佣金和印花税。

（2）损失认定。

第一，投资差额损失计算的基准日，是指在虚假陈述揭露或更正后，为将原告应获赔偿限定在虚假陈述所造成的损失范围内，确定损失计算的合理期间而规定的截止日期。在采用集中竞价的交易市场中，自揭露日或更正日起，被虚假陈述影响的证券集中交易累计成交量达到可流通部分100%之日为基准日。自揭露日或更正日起，集中交易累计换手率在10个交易日内达到可流通部分100%的，以第10个交易日为基准日；在30个交易日内未达到可流通部分100%的，以第30个交易日为基准日。虚假陈述揭露日或更正日起至基准日期间每个交易日收盘价的平均价格，为损失计算的基准价格。无法依上述规定确定基准价格的，人民法院可以根据有专门知识的人的专业意见，参考对相关行业进行投资时的通常估值方法，确定基准价格。

第二，在采用集中竞价的交易市场中，原告因虚假陈述买入相关股票所造成的投资差额损失，按照下列方法计算：①原告在实施日之后、揭露日或更正日之前买入，在揭露日或更正日之后、基准日之前卖出的股票，按买入股票的平均价格与卖出股票的平均价格之间的差额，乘以已卖出的股票数量；②原告在实施日之后、揭露日或更正日之前买入，基准日之前未卖出的股票，按买入股票的平均价格与基准价格之间的差额，乘以未卖出的股票数量。

第三，在采用集中竞价的交易市场中，原告因虚假陈述卖出相关股票所造成的投资差额损失，按照下列方法计算：①原告在实施日之后、揭露日或更正日之前卖出，在揭露日或更正日之后、基准日之前买回的股票，按买回股票的平均价格与卖出股票的平均价格之间的差额，乘以买回的股票数量；②原告在实施日之后、揭露日或更正日之前卖出，基准日之前未买回的股票，按基准价格与卖出股票的平均价格之间的差额，乘以未买回的股票数量。计算投资差额损失时，已经除权的证券，证券价格和证券数量应当复权计算。

第四，证券公司、基金管理公司、保险公司、信托公司、商业银行等市场参与主体依法设立的证券投资产品，在确定因虚假陈述导致的损失时，每个产品应当单独计算。投资者及依法设立的证券投资产品开立多个证券账户进行投资的，应当将各证券账户合并，所有交易按照成交时间排序，以确定其实际交易及损失情况。

第五，人民法院应当查明虚假陈述与原告损失之间的因果关系，以及导致原告损失的其他原因等案件基本事实，确定赔偿责任范围。被告能够举证证明原告的损失部分或者全部是由他人操纵市场、证券市场的风险、证券市场对特定事件的过度反应、上市公司内外部经营环境等其他因素所导致的，对其关于相应减轻或者免除责任的抗辩，人民法院应当予以支持。

4. 责任实现。上述司法解释就虚假陈述民事赔偿案件涉及的诉讼程序问题作出了特别规定。主要内容如下：

（1）受理范围。原告提起证券虚假陈述侵权民事赔偿诉讼，符合《民事诉讼法》第 122 条规定，并提交以下证据或者证明材料的，人民法院应当受理：①证明原告身份的相关文件；②信息披露义务人实施虚假陈述的相关证据；③原告因虚假陈述进行交易的凭证及投资损失等相关证据。人民法院不得仅以虚假陈述未经监管部门行政处罚或者人民法院生效刑事判决的认定为由裁定不予受理。

（2）诉讼时效。

第一，当事人主张以揭露日或更正日起算诉讼时效的，人民法院应当予以支持。揭露日与更正日不一致的，以在先的为准。对于虚假陈述责任人中的一人发生诉讼时效中断效力的事由，应当认定对其他连带责任人也发生诉讼时效中断的效力。

第二，在诉讼时效期间内，部分投资者向人民法院提起人数不确定的普通代表人诉讼的，人民法院应当认定该起诉行为对所有具有同类诉讼请求的权利人发生时效中断的效果。在普通代表人诉讼中，未向人民法院登记权利的投资者，其诉讼时效自权利登记期间届满后重新开始计算。向人民法院登记权利后申请撤回权利登记的投资者，其诉讼时效自撤回权利登记之次日重新开始计算。投资者保护机构依照证券法第 95 条第 3 款的规定作为代表人参加诉讼后，投资者声明退出诉讼的，其诉讼时效自声明退出之次日起重新开始计算。

（3）管辖。证券虚假陈述侵权民事赔偿案件，由发行人住所地的省、自治区、直辖市人民政府所在的市、计划单列市和经济特区中级人民法院或者专门人民法院管辖。《最高人民法院关于证券纠纷代表人诉讼若干问题的规定》等对管辖另有规定的，从其规定。省、自治区、直辖市高级人民法院可以根据本辖区的实际情况，确定管辖第一审证券虚假陈述侵权民事赔偿案件的其他中级人民法院，报最高人民法院备案。

最后需要强调的是，世界各国证券法一般均规定，虚假陈述民事责任的前提必须是相对人为善意，即受害人必须是在不知晓文件有虚假、重大遗漏或者严重误导的情况下，其损害赔偿的请求才可能得以主张。

（二）虚假陈述的行政责任和刑事责任

关于虚假陈述的行政责任，我国《禁止证券欺诈行为暂行办法》（失效）和 1998 年《证券法》均作了相应的规定。[1]主要内容是对虚假陈述责任主体根据不同情况，单处或并处警告、没收非法所得、罚款、责令退还非法所筹资金、暂停或撤销证券经营业务或证券业务、暂停或取消发行或上市资格；对直接责任人员，根据不同情况单处或并处警告、责令改正、没收非法所得、罚款、撤销其从事证券业务的许可或资格。

现行《证券法》第 197 条是对虚假陈述行政责任的规定，即信息披露义务人未按照本法规定报送有关报告或者履行信息披露义务的，责令改正，给予警告，并处以 50 万元以上 500 万元以下的罚款；对直接负责的主管人员和其他直接责任人员给予警告，并处以 20 万元以上 200 万元以下的罚款。发行人的控股股东、实际控制人组织、指使从事上述违法行为，或者隐瞒相关事项导致发生上述情形的，处以 50 万元以上 500 万元以下的罚款；对直接负责的主管人员和其他直接责任人员，处以 20 万元以上 200 万元以下的罚款。信息披露义务人报送的报告或者披露的信息有虚假记载、误导性陈述或者重大遗漏的，责令改正，给予警告，并处以 100 万元以上 1000 万元以下的罚款；对直接负责的主管人员和其他直接责任人员给予警告，并处以 50 万元以上 500 万元以下的罚款。发行人的控股股东、实际控制人组织、指使从事上述违法行为，或者隐瞒相关事项导致发生上述情形的，处以 100 万元以上 1000 万元以下的罚款；对直接负责的主管人员和其他直接责任人员，处以 50 万元以上 500 万元以下的罚款。

另外，最高人民法院《关于审理证券行政处罚案件证据若干问题的座谈会纪要》（2011 年，现行有效）其中涉及虚假陈述的责任主体时认为，根据《证券法》（2005 年修订）第 68 条（现行第 82 条）规定，上市公司董事、监事、高级管理人员对上市公司信息披露的真实性、准确性和完整性应当承担较其他人员更严格的法定保证责任。人民法院在审理《证券法》（2005 年修订）第 193 条（现行 197 条）违反信息披露义务行政处罚案件时，涉及对直接负责的主管人员和其他直接责任人员处罚的，应当区分《证券法》（2005 年修订）第 68 条（现行第 82 条）规定的人员和该范围之外其他人员的不同

---

[1] 详见《禁止证券欺诈行为暂行办法》第 11~12、20~22 条；1998 年《证券法》第 177 条。

责任标准与证明方式。监管机构根据《证券法》(2005 年修订) 第 68、193 条 (现行第 82、197 条) 规定,结合上市公司董事、监事、高级管理人员与信息披露违法行为之间履行职责的关联程度,认定其为直接负责的主管人员或者其他直接责任人员并给予处罚,被处罚人不服提起诉讼的,应当提供其对该信息披露行为已尽忠实、勤勉义务等证据。对上市公司董事、监事、高级管理人员之外的人员,监管机构认定其为上市公司信息披露违法行为直接负责的主管人员或者其他直接责任人员并给予处罚的,应当证明被处罚人具有下列情形之一:①实际履行董事、监事和高级管理人员的职责,并与信息披露违法行为存在直接关联;②组织、参与、实施信息披露违法行为或直接导致信息披露违法。

由于虚假陈述的实质是违反信息公开制度,所以各国管制不法的信息公开行为的行政措施,亦可视为对不法行为人行政责任的追究。

当虚假陈述行为情节严重,行政制裁不足以起到震慑作用时,应予以刑事处罚。我国《刑法》第 181 条对虚假陈述犯罪的刑事责任作了详细规定,具体论述见本书第十四章第四节的相关内容。

第四节　欺诈客户行为及其法律责任

一、欺诈客户行为概述

(一) 欺诈客户的概念及其特征

证券不同于一般商品,其本身并无实际价值,证券的内在价值取决于发行人的财务、业绩等因素。因此,证券市场极易发生证券欺诈,损害投资者利益的情形。同时,证券市场是集中交易市场,普通投资者本身并不能直接入场交易,需委托证券公司方可上市交易,且须将所持证券托管于证券登记结算机构,实际交易的成交与交割要通过证券公司与证券登记结算机构。这一切对投资者都极为不利,上市公司监管法在这一领域应当注意特别保护。

所谓欺诈客户,是指欺诈行为人利用与证券投资人进行交易的机会或利用其受托人、管理人或代理人地位,通过损害投资人、委托人、被管理人或被代理人的利益而进行证券交易,或以虚假陈述诱导顾客委托其代为买卖证券，企图由此获取经济利益或避免损失，或其他不忠实履行其作为受托人、管理人或代理人应尽义务的行为。可见，此处的欺诈与民法上的欺诈是有区别的，后者是指一方当事人故意捏造事实或隐瞒事实真相，致使其相对人作出错误的意思表示，并与之建立某种民事关系的行为。在我国现行《证券法》中，欺诈客户是指证券公司及其从业人员在办理证券经纪业务中，违背客户真实意思，损害客户利益的行为。欺诈客户本质上违背了客户的真实意思表示，损害了客户的利益，故为法律所禁止。

欺诈客户的行为具有以下特征：

（1）行为主体为证券商及其从业人员。在实践中，证券公司等中介机构一般称为证券商；客户通常是指投资者。由于证券欺诈的对象是客户，实施证券欺诈行为必须利用特定的身份，因此，欺诈行为人只能是有证券经营业务资格的证券商，包括承销、自营、经纪商，在广义上还包括登记和清算机构、投资咨询机构等。证券商的有执业资格的从业人员也是行为主体。

（2）行为人主观上为故意。过失不构成证券欺诈，行为人必须是故意提供虚假信息，诱导投资者买卖证券，损人利己。现行证券立法对证券公司欺诈客户采取客观推定标准，只要证券公司实施了《证券法》禁止的欺诈客户行为，即可构成欺诈客户，客户无须证明证券公司存在过错的主观态度，证券公司通常也不能以证明自己没有实施侵害的主观故意而免责。当然，如果确有证据证明行为后果是由于行为人的过失而造成，如证券商内部管理不严、操作程序不当，或遗漏客户委托未予执行，这应视为一般违约而不属欺诈。

（3）欺诈对象为特定的投资者，并且不以投资者作出错误意思表示为构成要件。欺诈客户行为并不针对尚未与行为人建立联系的一般投资公众。行为人只能针对与其已建立委托关系的客户实施欺诈。而且，《证券法》上的欺诈客户无须考虑客户是否受到欺诈，也不要求客户作出错误的意思表示。正因为如此，在认定欺诈时也就无须考虑欺诈客户与错误意思表示之间是否存在因果关系。

（4）欺诈客户一般发生于委托关系成立之后。证券商与客户之间的委托关系成立于投资者开立账户之时，随后委托证券商买卖证券属于双方履行合同权利义务的行为。欺诈客户通常只发生在证券代理关系成立后的履行阶段，是针对证券商受托执行指令、管理账户以及履行附随义务而设定的特别规则，与投资者在证券商处开立账户一般不发生直接的关系。证券商欺诈客户时，客户通常只能要求赔偿损失、返还财产等，无法通过申请变更或者撤销委托合同来实现救济。

（5）欺诈行为必须有损害结果。即已产生客户损失的后果，这些后果包括客户多支出交易手续费用、资金的亏损、盈利机会的丧失等。

（6）欺诈客户具有违约与侵权的双重属性。第一，证券商与客户是基于委托合同而产生联系，证券商的欺诈行为首先具有明显的违约特征；第二，证券商欺诈客户的行为又是对客户利益实施侵害的侵权行为。故欺诈客户是违约行为与侵权行为的竞合。从法理上讲，客户既可以按照合同关系提出违约赔偿请求，也可以提出侵权损害赔偿请求。但是，按照证券市场的交易规则，客户一般只能通过证券商参与市场交易，因而证券商与客户之间的委托合同，在客户退出市场之前不可能消灭，加之双方之间的合同具有标准化、统一化和概括性的特征，因此，欺诈客户行为的侵权性质更为突出。正因为如此，无论在证券立法上，还是在证券实务中都是将欺诈客户行为视为侵权行为的。但是，客户在要求证券商赔偿时，由于存在违约责任与侵权责任的竞合前提，根据《民法典》186 条的规定，客户既可以选择要求证券公司承担证券侵权责任，也可以选择要求证券公司承担证券违约责任。对此，在本节民事责任部分还要涉及。

（二）证券商与客户关系的性质以及证券商的义务

证券商与投资者间的客户关系，是一种委托合同性质的关系，并且具有明显的概括委托合同特征。其中，投资者是委托人，证券商是受托人。受托人对委托人负有受托义务，应诚信地履行受托义务，处理受托事务时应当尽忠实和注意义务。基于上述概括委托合同，证券商对客户应尽的主要义务如下：

（1）处理受托事务的义务。受托人应当在授权范围内处理受托事务，无论是针对某一事务的特别授权，还是就有关事务的概括授权，都应当遵循诚实信用原则处理好事务，不得擅自改动或曲解指示，否则将对由此造成的损失承担责任；受托人应当亲自处理受托事务，不得随意转委托，转委托须经委托人同意，否则受托人应对转委托的行为承担责任，但在法律规定的紧急状况下为维护委托人利益而转委托的除外。

（2）及时报告的义务。受托人在处理委托事务的过程中，应当随时向委托人报告事务处理的进展情况以及存在的问题，使委托人能及时了解情况；事务处理完毕后应向委托人及时汇报最终结果。

（3）交付财产的义务。受托人在处理事务过程中所得的财产应当交付给委托人，办理好证券的清算交割，并应提供交易的书面确认文件。

（4）明示交易状态义务。证券商在代客买卖时，应以对客户最有利为原则确定交易状态，禁止将自营业务和经纪业务混合操作。

（5）为客户保密的义务。受托人对委托人的事务负有严格保密的义务，不得随意向第三人泄露。

（6）赔偿损失的义务。受托人因自己的违约行为或违法行为而给委托人造成损失的，应当依照约定或法律规定承担赔偿损失的责任。

总而言之，受托人对委托人负有信赖义务，应尽善良管理人的注意义务，像处理自己的事务一样处理委托事务，不得利用其受托人的地位从事损害客户利益的行为。

二、欺诈客户行为的表现形式

根据《证券法》第57条的规定，证券公司及其从业人员欺诈客户的行为主要有以下几种：违背客户的委托为其买卖证券；不在规定时间内向客户提供交易的书面确认文件；未经客户的委托，擅自为客户买卖证券，或者假借客户的名义买卖证券；为牟取佣金收入，诱使客户进行不必要的证券买卖；其他违背客户真实意思表示，损害客户利益的行为。这些欺诈客户的行为从理论上可归类为以下五种表现形式：

（一）违背指令

违背指令是指证券商违背客户的交易指令为其买卖证券。证券商是投资者的代理人，理应本着勤勉谨慎之态度执行客户的交易指令，否则就违反了代理人的信赖义务。所以，证券商在代客买卖时，应当严格依照客户委托的证券种类、证券价格、证券数量以及交易时间等指令进行，不得超出委托范围买卖证券。对于证券商超出委托范围买卖证券的，除非事后客户进行追认，否则超出委托范围买卖证券的法律后果应由证券商来承担，由此给客户造成损失的，还应当承担赔偿责任。

（二）混合操作

我国《证券法》第128条规定，证券公司必须将其经纪业务、承销业务、证券做市商业务、资产管理业务和自营业务分开办理，不得混合操作。所谓混合操作，是指证券商将自营业务和经纪业务、承销业务、证券做市商业务、资产管理业务混合操作。在证券交易中，证券商一方面接受投资者的买卖（或管理）委托，充当投资者的受托人而代客买卖（或管理）；另一方面又是投资者的交易相对人，充当交易的一方而自己买卖。在混合操作中，证券商以双重身份从事同一证券交易，使自己处于利益冲突之中，难免会为了自己的利益而损害客户的利益。从理论上看，混合操作属于自己交易。一方面，合同是双方法律行为，而自己交易却是一人兼任双方当事人，与合同本质相背；另一方面，合同双方是利益对立的双方，由一人同时代理，难保公正。

（三）不当劝诱

不当劝诱是指证券商利用欺骗手段诱导客户进行证券交易。在证券交易中，证券商可以对投资者进行投资劝诱，但应正当，否则即构成不当劝诱。证券商及其从业人员不得向投资者提供某种证券价格上涨或下跌的肯定判断，不得允诺保证客户的交易收益或允诺赔偿客户的投资损失，不得以超出证券业公平竞争范围的特殊利益为条件诱导客户进行投资，不得以向投资者表示给予委托手续费回扣为手段进行不当劝诱。

（四）过量交易

过量交易是指证券商以多获取佣金为目的，诱导客户进行不必要的证券买卖，或者在客户的账户上翻炒证券的行为。对投资者而言，证券交易应当以适当为原则；对证券商而言，则负有忠实与勤勉义务，应当依据投资者的投资意向、财产状况以及投资经验，确定适当的交易数量、交易金额、交易次数及交易频率。证券商负有义务进行适当交易，因此禁止证券商以多获取佣金为目的，诱使客户进行过量的证券买卖，或在客户账户上翻炒证券。

（五）其他欺诈客户行为

其他欺诈客户行为是指除上述行为以外，其他违背客户真实意思表示，损害客户利益的行为。例如，在证券交易中，证券公司及其从业人员不在规定的时间内向客户提供交易的书面确认文件；私自买卖客户账户上的证券，或者假借客户的名义买卖证券以及挪用客户所委托买卖的证券或客户账户上的资金等。

三、欺诈客户行为的法律责任

(一) 欺诈客户的民事责任

欺诈客户行为的民事责任主要是赔偿损失，被欺诈行为人侵害的投资者有权要求赔偿，被欺诈行为人侵害的相对交易人也有权要求赔偿。与一般民事欺诈相比，证券公司欺诈客户的行为具有以下三个特点：①对欺诈行为的认定采取客观标准，即只要证券公司实施了法律所禁止的行为，无论其主观上是否具有过错，也无论客户能否证明，都不影响对欺诈行为责任的认定；②证券公司欺诈客户的行为属于证券公司单方行为，无须客户作出错误的意思表示，更不以欺诈行为与错误表示之间存在因果关系为要件；③证券公司欺诈行为发生后，客户只能提出赔偿损失、返还财产等请求，而不能像一般民事欺诈行为一样，还可以要求予以变更或撤销。

《证券法》中关于证券公司欺诈客户的民事责任主要有两项规定：①第57条的规定，禁止证券公司及其从业人员从事损害客户利益的欺诈行为。欺诈客户行为给客户造成损失的，行为人应当依法承担赔偿责任。②证券公司违背客户的委托买卖证券、办理交易事项，或者违背客户真实意思表示，办理交易以外的其他事项的，给客户造成损失的，依法承担赔偿责任。如前文所述，欺诈客户行为的民事责任属于违约责任与侵权责任的竞合。我国《民法典》第186条规定，因一方当事人的违约行为，损害对方人身、财产权益的，受损害方有权选择请求其承担违约责任或者侵权责任。因而，客户既可以选择追究对方证券侵权责任，也可以选择追究对方证券违约责任。

(二) 欺诈客户的行政责任

欺诈客户是以证券商为主体的违法行为，对证券商的监管是证券市场监管的重要方面，证券商就欺诈客户行为承担行政责任，亦是各国立法的内容。我国也不例外，按照《禁止证券欺诈行为暂行办法》（失效）的有关规定，证券经营机构、证券登记或者清算机构以及其他各类从事证券业的机构具有欺诈客户行为的，根据不同情况，单处或者并处警告、没收非法所得、罚款、限制或者暂停其经营证券业务、其从事证券业务或者撤销其证券经营业务许可、其从事证券业务的许可。同时，对于证券经营机构、证券登记或者清算机构以及其他各类从事证券业机构有欺诈客户行为的直接责任人，根据不同情况，单处或者并处警告、3 万元以上 30 万元以下的罚款、撤销其证券经营业务许可、其从事证券业务许可。[1]我国 1998 年《证券法》第 192 条则规定，证券公司违背客户的委托买卖证券、办理交易事项，以及其他违背客户真实意思表示，办理交易以外的其他事项，给客户造成损失的，依法承担赔偿责任，并处以 1 万元以上 10 万元以下的罚款。2005 年《证券法》第 210 条将上述规定修改为，证券公司违背客户的委托买卖证券、办理交易事项，或者违背客户真实意思表示，办理交易以外的其他事项的，责令改正，处以 1 万元以上 10 万元以下的罚款。给客户造成损失的，依法承担赔偿责任。可见，修改之后的条款，其意思表达更准确，并且明确了"责令改正"的行政责任，相当于要求证券公司立即停止侵害，有利于及时保护受到侵害的客户利益。2019 年《证券法》删除了上述条款，在第 194 条规定，证券公司及其从业人员违反本法第 57 条的规定，有损害客户利益的行为的，给予警告，没收违法所得，并处以违法所得 1 倍以上 10 倍以下的罚款；没有违法所得或者违法所得不足 10 万元的，处以 10 万元以上 100 万元以下的罚款；情节严重的，暂停或者撤销相关业务许可。

（三）欺诈客户的刑事责任

欺诈客户行为情节严重、社会危害性大的，应负刑事责任。在美国，犯罪者将被判处 5 年以下徒刑和 10 万~50 万美元的罚款。我国《刑法》第 181 条第 2 款对欺诈客户行为中的"诱骗投资者买卖证券"的行为追究刑事责任，即证券交易所、证券公司的从业人员，证券业协会或者证券管理部门的工作人员，故意提供虚假信息或者伪造、变造、销毁交易记录，诱骗投资者买卖证券，造成严重后果的，处以刑罚。具体论述见本书第十四章第四节的相关内容。

---

[1]　参见《禁止证券欺诈行为暂行办法》第 18、19 条的规定。

结束语 ◀◀◀

——敬畏市场，权在法下

监管缺陷理论说明公权力干预并非包治百病的灵丹妙药，它自身也存在失灵的问题。不仅如此，公权力如果运用不当还会给经济发展造成极大的损害，并且能引起大量的人力和物力的浪费。当然，探讨监管缺陷问题并不是否定政府和自律监管机构监管的必要性，而只是强调监管要适度，要用好监管权力来实现社会的经济目标。那么怎样才能把握监管的适度性呢？总结本书的全部内容，可以得出以下三项结论：

第一，将公权监管[1]严格限制在上市公司市场失灵的领域。发达国家和发展中国家的实践都已证明，尽管市场机制存在缺陷，并且其缺陷在很大程度上只有依靠公权监管才能克服，但是，市场机制却是迄今为止人类所拥有的最有效的资源配置工具，因为市场机制能以最低廉的费用、最快的速度和最简单的形式把资源配置的信息传递给相关的决策者，而且对于金融产品的最佳分配、生产要素的最佳配置以及社会经济的发展，市场机制基本可以圆满解决。在这种情况下，如果公权监管过度，就会破坏上述的"自然生态"，所以，凡是市场能自行调节好的经济活动，公权就没有必要插手，否则不仅是多余的，而且是有害的。

第二，将公权监管限定在对上市公司市场缺陷干预能起积极作用的领域。上面已明确，公权监管当严格限制在市场失灵的领域。但这还不足以界定公权监管的适度范围，因为我们还会面临这样一个问题，公权监管在市场失灵领域的干预，全都有效吗？人们往往有一种错觉，即认为公权监管对所有市场失灵的现象实施监管都会有效。一旦发现市场失灵，马上就想到颁布一个条例，发

---

[1] 公权监管包括以国家公法为依据的政府监管机构的监管和以前述社会公法为依据的自律监管机构的监管。

布一条行政命令，或者实施一项监管措施，而不去分析一下，这些行政行为或者自律监管的社会公法行为到底能不能奏效。结果有些公权监管不仅没有达到预期的效果，反而使问题更糟。比如市场是通过周期性经济波动来调整产品结构和产业结构的，这种周期性波动会造成一定量的资源损失，此可谓市场缺陷。过去在我国，人们认为，通过计划经济的干预措施就能够解决市场经济所固有的周期性的波动问题，可是，政府一旦干预却又使国民经济发生由政府政策而引起的周期性波动，而政策性的周期波动同样会造成资源损失，甚至损失更惨重。实践证明，对于某些市场失灵，监管公权的干预能够起到积极作用，而对另一些市场失灵，公权监管却是不能奏效的。如果硬性干预，就会造成"监管失灵"或"政策失效"。而"监管失灵"所造成的后果可能比"市场失灵"的后果更为严重。所以，公权监管只能限于那些干预有效的市场缺陷范围。

第三，公权监管应当限定在干预能产生效益的范围内。也就是说，公权干预要遵循成本—效益的法则。这里所指的效益主要是指社会的宏观经济效益或公共效益，从本质上讲，在经济领域的公权监管也是一种经济活动，既然是经济活动，就要计较成本，只有当监管后的效益超过其成本时，才符合经济理性，如果某项公权监管增进的资源配置效益为十分，而为此却要付出十一分甚至更高的资源成本，一个理性的政府或自律机构是不应当实施这项公权监管的。因此，在考虑是否实施某项公权监管时，必须要作成本与效益权衡。

以上三项是从经济的角度切入，这是实施公权监管的前提。公权一旦实施监管，则必须严格按照国家公法和社会公法行事，做到权在法下。

中共十八届三中全会提出"使市场在资源配置中起决定性作用和更好发挥政府作用"，从法治的角度来看，就是要求监管机构敬畏市场，充分尊重市场自身的规律，尊重市场主体之间的意思自治，尊重市场主体和全社会人员的私权利。[1]同时，为了避免市场失灵，避免私权的滥用，又需要有政府监管机构和自律监管机构行使公权力，进行适度监管。就上市公司治理而言，就是充分尊重上市公司自身运行的规律，不搞运动式监管，只搞法治式监管。只有坚持权在法下，才能够始终保持法治式监管，让依法经营的上市公司对自己的行为能够有法律上的预判和预期。

以上皆为上市公司法治论的应有之义。

---

〔1〕 王卫国、李东方主编：《经济法学》（第五版），中国政法大学出版社 2023 年版，第 4~5 页。

不忘来时路

——深切怀念杨紫烜教授等众恩师

　　杨老师于 2022 年 2 月 16 日离我们而去，作为杨老师的两位博士后之一，我万分悲痛！而我自己的父亲也于当月 10 日辞世，一周之内，痛失两位父辈！这更加重了我悲痛的心情！

　　我和杨老师的师生缘始于 20 世纪 90 年代。1996 年，西南政法大学（以下简称"西政"）经济法博士点申请下来，并在当年举行了入学考试，我和卢代富同学两人有幸被录取，于是我们成了西政经济法专业的第一届博士研究生。由于当时博士点刚刚申请下来，在培养方式、方法上还需向有经验的兄弟院校学习和交流。当时西政经济法专业的博士生导师是李昌麒和种明钊教授，种明钊教授是我的导师，同时也是西政的校长，行政工作比较忙。所以，那时由李昌麒老师带着我们两个博士研究生到北京交流取经。第一站是中国政法大学，当时我们师徒一行入住的是法大的"法苑公寓"，"法苑公寓"现已拆了，只留存于我们的心中（现在我就住当年的"法苑公寓"附近，人生际遇，这是当时万万没想到的）。拜访的第一位老师是徐杰教授，徐杰老师、种明钊老师和李昌麒老师现在都已仙逝，在此，同样对三位先生表示深深的哀悼和怀念！随后拜访的就是杨紫烜老师，那是 1997 年早春的一天，杨老师尽管已是六十好几的人，但依然是那么精神，高挑清瘦、十分帅气，讲着我特别喜欢听的带有南通口音的普通话，话语中饱含着强大的逻辑力和感染力，给人印象深刻。此时，杨老师还住在北京大学的承泽园。

　　令人没有想到的是，杨老师后来成了我博士毕业论文答辩委员会的主席，而徐杰老师成为了我博士论文的书面评阅人。1999 年，我按期完成博士毕业论文，由于是首届博士生毕业答辩，西政特别重视。邀请的校外专家是北京大学的杨紫烜老师和人民大学的刘文华老师。刘老师也已仙逝，在此，同样对刘老师表示深深的哀悼和怀念！校内专家则是赵学清、李开国和杨树明三位教授，共 5 人组成答辩委员会，杨老师任主席。当时西政经济法专业按期毕业的就只有我一人。一人答辩，学校又如此重视，自然很有压力，丝毫不敢懈怠。好在前期写博士毕业论文很下功夫，博士论文的题目叫《证券监管法律制度研究》（2002 年北京大学出版社出版），该论文得到全体答辩委员和书面评阅人的高度肯定，特别是杨老师认为我的毕业论文运用经济法的基础理论，把证券监管分析得十分透彻，理论与制度水乳交融，认为我在经济法专业领域还有提升空间，希望我能够进一步深造。博士毕业还要继续深造，即意味着做博士后。那时博士后流动站很少，据说法学博士后流动站在当时只有北大和武大两个学校有。听过杨老师的话，只当杨老师是在鼓励我，因为我心想博士后该多么难考，而且当时自己正在经营一家律师事务所，是该律师事务所的创始合伙人，复习考试时间也会很有限。后来才知道博士后不用考试，只是将博士论文和已经发表的核心期刊论文提交给学术委员会委员进行学术评价，达到相应的学术水平就能够进站。

功夫不负有心人，博士论文答辩后的当年，经过严格的评审程序，我进入到北大法学院博士后流动站，得以正式师从杨老师。博士后的一项任务是教学，这期间我按照培养要求承担了北大研究生的一门经济法理论课程。第一次登上北大讲堂的那一天，我心情有些激动，也有些自豪，仗着有杨老师在教室压阵，效果还不错。开始我以为，杨老师只是陪我第一次课，谁知后面的每一次课，杨老师都会到场，而且每次都会进行学术点评，令我和在场的同学们都受益匪浅。这也更加深了杨老师对我的学术指导和师徒情义。在生活上杨老师更是爱生如子女，杨老师前后共带过两位博士后，第一位是现任日本冈山大学终身教授的张红。我进站时，张红刚刚出站，但经常从日本回北京照顾她母亲。此时，杨老师和师母就会让我们去家里吃住家饭，有时我们也会在北大南门的全聚德烤鸭店吃饭。老师和师母的关怀让我们感到无比温暖。

博士后出站，我进入中国政法大学民商经济法学院工作，担任经济法研究所的所长，这不仅要把自己的教学和科研搞好，还要做好研究所的各项工作。我自己这方面经验不足，每每要向杨老师请教。恰巧这期间我和杨老师成了邻居，同住在北大蓝旗营小区，杨老师每天临近傍晚都要进入一墙之隔的美丽的清华园散步，我就利用这个方便时刻，一边陪老师散步，一边向老师讨教教学科研、学科建设工作等方面的经验，收获颇丰。十分不幸的是，向杨老师学习和请教的密切往来止于2016年，此后，杨老师患阿尔兹海默症，逐渐失去记忆，出现交流障碍。

2016年也是整个"杨门"具有特殊意义的一年。"杨门"聚会是比较多的，也是"杨门"弟子最盼望的一种聚会。然而，常规意义的"杨门"聚会停留在2016年。这一次的"杨门"聚会是在北大资源宾馆，这个时候杨老师已有阿尔兹海默症的早期症状。聚会中，杨老师十分郑重，以书面形式作了一个非常正式，生动而深情的发言。杨老师发言的全过程，被同学们用视频记录下来，这个记录已成为"杨门"同学共同深切怀念恩师杨紫烜教授的宝贵资料和精神财富！

恩师们于弟子心中，永垂不朽！

李东方，字修远，号德元
2022年3月12日于蓟门烟树–修远居